RESEARCH ON CIVIL AND COMMERCIAL LAW

民商法研究

第4辑

王利明 著

法律出版社
LAW PRESS · CHINA

目　录

民商法研究(第四辑)
第1~4页

新版序言

自20世纪80年代初期发表学术论文至今,我与民法同行已近三十年。新世纪以来,我在法律出版社陆续出版了个人文集一至八卷。此次应法律出版社之邀,对这八卷个人文集进行修订,并增补第九卷,这确实是一件颇为繁复之事。

这套文集收录了我近三十年来公开发表和未发表的学术论文。今天读来,一些文章显得粗糙甚至肤浅,但这些作品反映了我当时对中国现实民商法问题的一些思考,凝聚了我的汗水和心血。这些作品的写作也是一段冥思苦想、艰苦求索的心路历程。在那个年代,没有电脑网络、图书资料极度匮乏,从事学术研究是件苦差事。许多早期作品都是在那种艰苦的环境中创作的。虽然这些文章或许不乏幼稚之处,但敝帚自珍,更何况那也是对一段艰难困苦历程的记载。

古人云:“君子之为学也,将以成身而备天下国家之用也。”我也一直铭记先师佟柔教授“治学报国、奉献法治”之教诲,以研究中国法治建设中的现实问题为使命,以为中国当代法治建设问题建言献策为己任,借此追求法治梦和民法梦。我国《宪法》通过对“依法治国”方略的确认,书写下我们的法治梦,描绘出中国法治的宏伟蓝图。而新中国几代民法学人的民法梦就是期待一部中国民法典的面世。就我个人而言,民法梦还有一层含义,就是要构建中国民法学理论体系,这样一个体系是立足于中国实践、内生于中国文化传统、回应中国社会现实需求、展示民族时代风貌的理论体系。在世界文化多元化背景下,这样一个中国民法学理论体系也应当是一种具有自身特色、受世人广泛关注、高度评价和普遍尊重的法律文化样态,其能够为促进世界民法文化的繁荣与发展作出我们中国人自己的贡献。那么,我们应当构建什么样的中国民法学理论体系呢?

——它应当以研究中国现实问题为重心。“社会不是以法律为基础的。”“相反地,法律应该以社会为基础”(马克思语)。中国民法学理论体系在内容上应当与市场经济建设过程中诸种问题相照应,包括作为市场经济基本规则和市民生活“百科全书”的民法和商法。所有这些内容都应该在中国大地上谱写,直接回应中国的现实问题。在我看来,本土特色的制度文明也就是国际的文化贡献,扎根于本国现实问题的民商法学也就是居于国际领先水平的民法学文化。解决了市场经济体制构建中的中国特色民商法重大问题就是解决了为世界普遍关注的问题,就是对世界民商法学发展的重大贡献,也就达到了国际领先水平。

——它应当以解决中国现实问题为依归。对于“法律究竟是什么”这一问题,笔者认为,古罗马的西塞罗在其名著《法律篇》中提及的“人民的福祉是最高的法律”(Salus populi suprema lex esto)这一名言给出了最佳的回答。民法学研究应当以实现人民的福祉作为指导理念。民之所欲、法之所系。一个学者研究法律的所有出发点都是实现人文关怀,保障人的自由和尊严,促进人的全面发展。这就要求我们的民法学研究应当来源并服务于中国改革开放的伟大实践,对社会生活中产生的现实问题提出创造性的解决方案,以此为民主法治建设作出贡献。有真问题,才可能有真学问。民法学要成为一门治国安邦、经世济民、服务社会的学问,就必须以中国的现实问题为依归。

——它应当具有对世界优秀民法文化的开放和包容态度。构建以研究我国现实问题为重心的民法学理论体系并不等于对异域法律文化的排斥。相反,在全球化背景下,中国民法学体系应当是一个包容世界民法文化精髓的体系,它反映了人类社会发展进程中面临的共同问题和应对智慧。理论自信不等于盲目自大，学术自信离不开我们对异域法律文化的充分了解，离不开我们对人类社会最新成果和趋势的准确把握。对人类法律文明的优秀成果，应秉持鲁迅所言“我们要运用脑髓，放出眼光，自己来拿”，我想这也是比较法研究的重要任务和价值所在。在文化多元化的时代，中国特色民法学体系的构建将有助于世界民商法学文化的繁荣，有助于增进人类共同的福祉。我们从来都不能完全照搬外国民法理论体系来构建自己的民法学体系，虽然我们的研究需要借鉴两大法系的有益经验，需要把握国际民商法学的发展趋势，但我们不能妄自菲薄，不能对异域研究亦步亦趋、随波逐流。

近三十年来，我本人的民商法研究经历基本上遵循了前述思路。回顾自己的学术历程，从最初在佟柔教授指导下研究民法调整对象和民法体系、民法与经济法的关系以及经济体制改革过程中的所有权形态等问题，到20世纪80年代末期赴美学习后回国开始从事民法总则、侵权责任法归责原则、物权法基本原理等问题研究，再到后来因参与合同法立法而开始全面研究合同法问题，这期间，本人就民法中的诸多重大疑难问题撰写了不少学术论文。90年代末期我又赴哈佛进修，重点研究司法改革等法治热点难点问题。新世纪以来，随着民法法典化的正式启动，我作为起草人之一参与民法典草案的编撰工作，就物权法、人格权法、侵权责任法和民法典体系等基本理论问题展开了专门研究。后又配合物权法、侵权责任法的起草，就相关领域的重大理论问题展开了认真探讨。作为中国民法法典化见证者和参与者，我在整个研究历程中都尽最大的努力提供建设性意见和理论支持，我也与其他民法学同人一道大力助推中国民法学体系的建构和民法学文化的传播。

弹指一挥间，近三十年过去了。当初荒芜的法学园地而今已繁花似锦，当初被称为“幼稚的法学”今天已成为一门显学，民法学在其中表现得尤为突出。记得在改革开放之后相当长的时间内，社会上一般人都不知民法为何物。一些重要的民法制度和民法术语更为人们所陌生。例如，在20世纪90年代初期，我国权威词典仍然把“隐私”这一概念理解为“阴私”，将其视为一种贬义词汇。而今天，“隐私”这一术语已广为人知，保护隐私的观念也已深入人心,这不能不说是一个巨大的社会进步。不得不承认,这一历史性演变进步凝聚了一代又一代民法学人的汗水、心血与期盼。还记得20世纪80年代初我大学毕业时,民法教科书仅寥寥数本,且尚未公开出版,民法论文屈指可数。而今,我国民法学教科书汗牛充栋,民法学论文浩如烟海,民法学研究人才辈出,民法学的未来一片光明。

但我们还应当清醒地意识到,中国仍处于人治向法治的转型时期,法治建设任重道远,市场经济法律制度还处于不断完善之中,与此直接相关的是民法学理论体系仍处于初创阶段。这不仅仅表现在现有民法理论和相应民法制度还未能有效地回应诸多重大现实问题,还表现在我国民法学理论的国际影响尚不尽如人意、民法学理论的国际话语权仍然有限。虽然法治梦和民法梦已经开启,但这些梦想的实现,还有待我们为之做长期不懈的努力。

尼采有句理想主义名言,"不断重复一个梦幻,就能把它变为现实"。我们已经从迷茫中醒来,选择市场经济这一发展道路,法治是中国的唯一选择,舍此别无他路。在这一过程中,法学工作者肩负着重大职责和光荣使命。基于这样一种认识,我希望借此《民商法研究》修订的机会,重复我的中国民法梦想,以助推法治梦的实现。这就像涓涓细流汇入大海一样,学术繁荣就像水流汇集成川一样,需要靠每个人不断地努力和积累。我愿化作沧海一粟,汇入中国民法学文化的江海;我愿作为一粒石子,铺上法治的康庄大道。

期盼中国民法梦梦想成真,期待中国法治梦早日实现。

2013年2月16日于明德法学楼

民商法研究(第四辑)
第1~4页

原版序言

17世纪的自然法学家、被誉为“国际法之父”的胡果·格劳秀斯曾经说过:“对于一个学者而言,没有什么比研究法律更有价值!”此话被法学家们津津乐道、聊以自慰。然而,要享受这句话所带来的荣耀,又岂止是在书斋里殚精竭虑、皓首穷经所能达致。现代社会突飞猛进,日新月异,法治已成为维系社会进步、保障人民福祉、促进经济繁荣的关键所在。对于一个研究法律的学者而言,不仅要认识到法治在现代化进程中的极端重要性,更须意识到自己对中国法制现代化的建树所应承担的责任。

我作为“文革”后第一批经高考入校的大学生,于1978年年初开始接触法律。当时的民法学,可以说是一片荒芜的园地,很多人根本不知民法为何物,课堂上所学的民法,实际上不过是一些有关婚姻、财产继承、损害赔偿的政策规定。直到1981年年初,我准备报考研究生时,才见到了佟柔教授等人编写的民法讲义,那是一部油印的、仅20余万字的教材,然而,我却由此走入民法的殿堂,它是我入门的教科书。

1982年年初,我考入中国人民大学,在佟柔老师的指导下,真正开始学习和研究民法。进校以后,恰逢学术界展开民法、经济法调整对象的争论。根据佟柔教授的意见,我开始研究民法的调整对象和经济法的理论问题,并逐渐形成了经济法就是经济行政法的认识。1982 年,在王家福教授等人的鼓励下,我在由中国社会科学院法学研究所主持的全国经济法理论研讨会上,作了一个有关经济行政法理论构想的大会发言,得到了民法界前辈的支持和鼓励。我的硕士论文选题也因此确定。在论文写作过程中,我经常与梁慧星教授切磋,并在 1986 年与梁教授合作撰写了《经济法的理论问题》一书。

1984 年留校任教以后,我开始给本科生、研究生讲授民法课程。在此过程中形成了自己对民法体系及各项制度的看法和认识。1986 年我和郭明瑞教授等人,合作撰写了《民法新论》上下册,该书对刚刚颁布的《民法通则》作了一定的研究,也对中国民法学的内容和体系,作了较为认真的探讨。其间,我与原国家经委的李时荣同志合作,编写了《经济体制改革中的法律问题》,与最高人民法院唐德华等同志合作编写了《民法教程》。

1987 年,我在佟柔教授的指导下,攻读在职民法博士学位。1988 年受美中法学教育交流委员会的资助赴美进修,在美国著名的财产法教授 Mr. Olin Browder 的指导下,研究英美财产法、信托法、合同法、侵权法等问题。回国后,我以《国家所有权研究》一文,于 1990 年年初,通过了博士学位论文答辩,成为中国大陆首位民法学博士。此后,我开始撰写有关侵权行为法的论著,相继出版了《侵权行为法归责原则研究》、《民法·侵权行为法》(与郭明瑞等合著)、《侵权行为法》(与杨立新合著)、《改革开放中的民法疑难问题》等著作。当时我国的侵权行为法研究领域少人问津,这几本小书的出版,对侵权法理论的发展多少起到了一些推动作用。

1993 年以来,我与杨立新等同志合作开始研究民法学中的一个新领域,即人格权问题。这些研究成果便是后来与他人合著的《人格权法新论》、《人格权与新闻侵权》、《人格权法》。在这些著作中,我极力主张人格权法应与侵权行为法一样作为民法中独立的制度对待,从而改变传统民法历来沿袭的重物轻人的状况,并在此基础上构建新的民法体系。

我对合同法研究始终抱有浓厚的兴趣。在美国学习期间,曾花很大的精力研究英美合同法的历史、现状和发展。自 1993 年以来,由于参与合同法的制定工作,开始集中精力研究合同法问题。独自撰写了《违法责任论》,并与崔建远先生合作出版了《合同法新论 · 总则》。在这两本小书中,我也希望探索中国合同法自身体系和制度的建构,尤其是希望立足于中国的现实,通过不断吸收两大法系的立法和司法经验以及国际惯例,逐步建立先进的、科学的、符合中国国情的合同法体系和规则。

20 世纪 80 年代中期,我曾在佟柔教授的指导下,就国家所有权和国有企业财产权问题,在《中国社会科学》、《法学研究》等杂志上发表过一系列论文,提出通过股份制改造全民所有制企业,使其享有法人所有权;在我的博士论文《国家所有权研究》中,我就企业法人的所有权与国家所有权的关系问题作了专门探讨。同时,我也就物权特别是所有权的基本原理作了研究。最近这几年,基于国家制定物权法的需要,我又重新开始探索物权法的理论问题,并撰写了《物权法论》一书。

作为一个民法学教员,我一直很重视教材的编写,并先后参与、实际主持、主编过 6 本民法教材。近几年,为了改进民法的教学方法,引进英美法的判例教学法,我开始系统编写民法案例研究的教材。由此形成了《合同法疑难案例研究》、《高级司法官法律培训教材 · 中国民法案例与学理研究》(4 辑)(与郭明瑞、杨立新等合作)。

创建中国自己的民法学体系是我自研究民法以来孜孜以求的理想。我始终认为,我们伟大的民族曾经在历史上创造了博大精深的包括中华法系在内的中国文化,数千年来巍然屹立于世界文化之林。我们感激先人的贡献,更应在当代对中国法律体系的建立和法制的现代化有所作为。我们的民法学应当创建自己的体系,这不仅是因为我们所处的历史传统和文化积淀有其特性,我们的现实经济及社会生活独具特点,而且还因为,我们具有将辉煌的中华法系发扬光大的历史责任。我们的民法学需要大量借鉴两大法系的先进经验,但不能完全照搬照抄,成为某些国家民法的简单复制。人在天地间贵在自立,国家和民族贵在自强。我们的民法,也应当在世界民法之林中有自己的重要地位。作为民法学工作者,我们所做的一切,都应是为着这个目标而努力。

黄仁宇先生在《中国大历史》一书中指出:“我们想见今后几十年内是从事中国法制生活人士的黄金时代。他们有极多机会接受挑战、尽量创造。"过去的十多年里,我也曾在治学的道路上面对艰苦的生活和学习条件而产生彷徨,在那些难以忘怀的岁月里,每次总是得到佟柔教授的教诲和鼓励。当我在异国他乡的时候,他每每去信,总是要我学成归国,报效国家;而在他去世的前一天,和我作最后一次长谈,也仍是坚信法治是中国的必由之路,民法的健全乃是法制建设的最重要内容。他勉励我不论今后遇到多大困难,也要坚定地在民法学的研究道路上走下去。斯人已去,但先生的教诲和人格力量,使我得以克服各种困难,在充满崎岖的学术之路上咬紧牙关,走到今天。

我很庆幸的是,在近二十年的学习和治学生涯中,始终得到民法学界德高望重的前辈如谢怀栻先生、江平先生、王家福先生等提携和鼓励。本院高铭暄教授、曾宪义教授、王益英教授曾对我悉心栽培、热情帮助,赵中孚教授在我博士学位论文答辩中也曾给予我不少支持,至于曾给过我各种热情帮助的学术界前辈、同人及朋友,则实在是太多而无法一一列出,我只能在此对他们表示由衷的谢意。

本书的编辑大体采用年代顺序,共分为四辑:第一辑从 1984 年至 1990 年;第二辑从 1990 年至 1993 年;第三辑从 1993 年至 1996 年;第四辑则从 1996 年至今。此书只是对前段工作的总结,今后将继续编写下去。本书中有数篇论文完稿于 1991 年以前,此次修改时,我又增加了一些注释,某些注释中所载的论著发表于 1991 年以后,特此说明。

最后要表达的是对法律出版社及其总编辑贾京平和编辑蒋浩、朱宁的感谢,他们冒着可能亏损的后果出此纯学术的著作,其注重学术的精神及做法令人更有理由对中国学术的未来充满信心。我也对在本书编辑中,曾对我提供许多帮助的姚辉副教授、王轶博士、邓旭博士、石佳友、朱岩等人,表示感谢。

1998 年 1 月 15 日于贤进楼

第一编 | 民法总则

民商法研究(第四辑)
第3～16页

也谈依法治国*

依法治国与法治的概念在内涵上是相同的,因为法治本身表达了一种治国方略或社会调控方式。① 法治是保持社会稳定和长治久安的基础,也是维系社会进步、保障人民福祉、促进经济繁荣的关键所在。随着我国社会主义市场经济的发展,关于法治应成为我国社会所追求的目标的观点,已成为有识之士的共识。有关依法治国问题,学术界曾展开过热烈讨论,本文对此将不作系统探讨,下面仅就立法、执法和司法中的问题谈几点看法。

一、我们需要什么样的市场经济法律体系

依法治国,首先须有法可依。这就需要加强立法,建立完备的社会主义市场经济法律体系。缺乏完备的法律体系,立法将是杂乱无章、相互冲突的,同时也会留下许多法律调整上的漏洞,进而严重影响执法的质量和效果,依法治国,也就无从谈起。

---

* 原载《法学评论》1999年第2期。

① 张文显:《法学基本范畴研究》,中国政法大学出版社1993年版,第284页。

关于社会主义市场经济体制所需要的法律体系,王家福教授等曾在《论依法治国》一文中列举了应完善的法律包括九个方面,即宪法、行政法、经济法、行政诉讼法、民商法、民事诉讼法、刑法、刑事诉讼法和社会保障法。② 这种概括是极为全面和精辟的。对此,我个人深表赞同。但笔者认为,有关社会主义市场经济法律体系中,有一个很重要的问题值得探讨,这就是:在众多的经济立法中,应当突出哪个方面?是应强调民商立法及其原则和精神,还是应强调以政府部门的规章为主要内容的经济行政立法以及其所采纳的国家干预经济的原则?这其实是关系到我国立法方向的问题。

笔者认为,适应社会主义市场经济发展需要的法律体系,应当是以民商法为重心的法律体系。因为民商法作为调整各类平等主体间的交易关系、保护主体的合法权益的法律,乃是市场经济活动的最基本的规则,或者说是市场经济社会的基本法。市场经济的成熟程度是以法律,特别是以民商法规则的健全程度为标志的。如果我们的经济是以平等、等价有偿以及自由竞争为内容,并由市场引导生产要素的自由流转和组合,则必然要加强民商法的作用。这就要求我们尽快建立和健全物权法、合同法、侵权行为法、公司法、合伙法、保险法、破产法、证券法等法律制度。之所以如此,是因为没有健全的民商法律,就不可能形成成熟的市场经济。

民商法的重要性不只体现在它对市场经济关系的调整作用上,还表现在它对法治社会的建立所产生的巨大作用上。我国的社会实践以及学者的研究都揭示了这样一个真理,即民商法以其对人格平等和自由的确认,对主体财产和人身权利的充分保护,对权利和义务相对应的要求,对交易安全的保障和对交易便捷的推动,为法治社会的建立提供了坚实的法律基础。中国步入法治社会的必由之路乃是民商法的完备和充分实施。只要我们不再只是把法治作为手段,而是将其奉为社会发展的目标,那么,充分体现现代法治价值的民商法在社会生活中就应发挥重要的作用。在当前,健全法制,很大程度上应当是指健全民商法。

---

② 王家福、李步云等:“论依法治国”,载《法学研究》1996 年第 2 期。

应当看到,民商法与经济行政法都是调整市场经济关系的基本法律,两者的协调一致和有效的综合调整,是建立市场经济法律体系的基础。然而,民商法的许多规则及原则,有可能与政府部门的某些规章所确立的内容并不完全一致。具体而言:

第一,民商法是以权利为本位的法律,它确认了公民和法人所享有的财产所有权、债权、人格权及知识产权等各项民事权利,并对这些权利实行平等的保护。因此,民商法被称为"权利法"或"保护权利的法律"。而政府部门所制定的许多规章,注重的是对被管理者的管理以及对被管理者从事某类民事活动的限制。毫无疑问,在市场经济条件下,对民事主体施加一定的限制是必要的,国家对经济的宏观调整从来都是必不可少的。但如果限制过多或不合理,则效果可能适得其反,并且对公民或法人基于民商法所享有的合法权利造成诸多不适当的限制。

第二,民商法充分体现了意思自治和合同自由原则。市场是由无数的交易行为构成的,而交易的法律形式便是合同。鼓励当事人缔结合法的契约并保障其实现,必然会促进交易的发展和市场的繁荣。因此,市场经济必须以合同自由为其基本原则,必须确保民事主体在法定范围内根据自己的意思从事各种合法的民事行为。改革开放以来,大量民商法律的颁行,已使在计划体制下受到严格限制的交易当事人享有越来越多的合同自由。然而,正如许多学者所指出的,在实际生活中,当事人的合同自由仍然受到了过多的限制和干预。③ 这些限制和干预,很多正是通过部门或地方的规章来实现的。许多规章的制定,就是为了确立对某类交易的许可和审批制度,而这些许可或审批又往往总是与收费联系在一起的。当然,我们历来强调合同自由是相对的,是应当受到限制的,但政府对合同自由的干预应当适度,应当保持在合理的范围,如果交易的审批、许可过多,则当事人依据民商法所应享有的合同自由就会受到不合理的限制和妨碍。

第三,民商法充分尊重当事人所享有的财产权利。依据民法,所有人

---

③ 刘海年等编:《依法治国 建设社会主义法治国家》,中国法制出版社 1996 年版,第 25 页。

可在法定范围内依法占有、使用、收益和处分其财产；有权自己使用或消费其物，亦可将其财产出租、出让或设置抵押等。所有人有权获得在其财产上所产生的各种收益，凡是合法取得的财产，均受到我国民法的平等保护。不管交易当事人的所有制形式、经济实力等是否存在差别，其合法权益在民法上都应得到一体保护。由于财产所有权是市场交易的基础和前提，因而保护财产所有权、尊重所有人对其财产所享有的自由和利益，是维护交易秩序，促进市场经济发展的前提。但是，目前的许多行政规章在对公民或法人财产所有权，特别是不动产权利的行使和转让方面限制较多，某些限制也不完全合理（如房屋租赁的强制备案及不备案将导致租赁合同无效等规定）。

民商法所奉行的上述原则和精神，正是市场经济所必不可少的规则，也是社会主义市场经济所需要的新的法制基础。④ 对此，我国广大民商法学者已作出了充分的论证和说明。在经济立法方面，我们必须充分尊重和运用上述原则。如果我们的法律、法规、规章不能充分保护主体的权利，或对交易的发展未能起到促进作用，或未能尊重交易当事人的必要的合同自由和财产权利，就根本不可能适应市场经济的需要并促进社会的进步。这样的规范性文件即使制定再多，也不是市场经济所需要的。在这样的法律、法规、规章的基础上，是不可能建立我们所需要的社会主义市场经济法律体系的。

我们所需要的，正是以民商法为重心的、充分保障市场主体的权利而不是动辄限制权利；充分尊重市场主体依法享有的合同自由而不是处处设卡；充分尊重市场主体依法取得的财产权利而不是对其财产自由施加不合理限制的法律。只有以这样的法律为重心而建立起来的法律体系，才是我们真正需要的社会主义市场经济法律体系。我们强调立法质量，应当用上述原则和精神来衡量法律、法规、规章的内容，进而决定其质量。诚然，我们应当坚持经济行政法的国家干预原则，但国家的干预一定要适度，干预的对象要适当，不能过度地不适当地干预经济，妨害市场主体所

---

④ 刘海年等编：《依法治国 建设社会主义法治国家》，中国法制出版社 1996 年版，第 22 页。

享有的必要的民事权利和自由。当前我们正在抓紧制定合同法、证券交易法等法律,物权法的制定也已提上议事日程。笔者认为,仅仅制定这些单行的法律是不够的,必须同时加快民法典的制定工作。作为成文法系国家法律体系建立的客观标准,应是各个重要法律,特别是民法的法典化。民法的法典化和系统化,才能真正实现马克斯·韦伯所称的法的"形式合理性"(formal rationality)。在民法典问世之前,很难说我们的法律体系是完备的。

二、依法治国的关键在于依法行政

依法治国必须要切实贯彻依法行政。法治(Rule of Law)的本来含义是指"法的统治",即法居于国家与社会的统治地位,而不只是国家用法来治(Rule by law),在真正的法治社会,国家机构本身也受法的统治,即受法的制约和监督,[5]只有在政府的行政权力受到法的严格制约的情况下,才意味着法治的真正建立和完善。在实践中流行的所谓"权大于法",很大程度上就是指行政权力大于法律,行政权力不受法律的制约,这显然是与法治的原则背道而驰的。

行政机关是国家机关中对经济和社会发展影响最大、与公民关系最密切,因而也是权力最大、机构最多、人数最众的一个部门。[6] 行政机关在社会生活中的极端重要性,决定了依法治国的关键在于依法行政。一方面,由于行政部门是主要的执法机构,法律赋予公民、法人的权利能否得到实现,为维护公共利益和国家利益而颁行的禁止性规定能否得到遵守,很大程度上取决于政府机关的执法行为。对公民合法权益的侵害行为的制止在很大程度上有赖于行政机关采取措施。如果行政机关勤政廉政、严格执法,自然会为全社会形成表率,法治的实现也就顺理成章。如果政府机关不严格执法,甚至徇私舞弊、贪污腐败、以权谋私、欺压百姓,视法律为

---

⑤ 郭道晖:《法的时代精神》,湖南出版社 1997 年版,第 499 页。

⑥ 应松年:"依法治国的关键是依法行政",载《法学》1996 年第 11 期。

废纸,法的秩序也就荡然无存。在此种情况下,也根本不可能要求公民守法。另一方面,行政机关握有强大的行政权力,尤其是在我们这个具有官本位思想传统的社会,崇尚权力比限制权力的观念在社会中更为流行。如果行政机关不能严格遵守法律,则其行政权力将很难受到限制,而不受限制的权力必然导致腐败。实践中出现的"权钱交易"、"权权交易"、滥用权力等现象,都是因为缺乏必要的监督机制,难以保障严肃执法造成的。⑦尤其应该看到,行政机关在发挥其行政职能时,与公民、法人之间常常要形成管理者与被管理者之间的关系,此种关系是一种命令与服从的关系。行政机关发布行政命令、制定规章等规范性文件、解释行政法规等,都被认为是行政权的行使,而作为被管理者的公民、法人必须遵从。至于这些抽象的行政行为是否合理、合法,极少有人提出疑问。多年来,依法办事被认为仅仅只是司法机关的事情,行政部门不存在依法与否的问题。⑧ 这说明依法行政需要克服许多观念上的障碍。

目前,我国社会正处于一个转型时期,人治社会应当逐步向法治社会过渡,而这种过渡的成功在很大程度上取决于依法行政的实现程度。应当看到,行政机关本身对行政效率的追求,行政管理中所必须采取的首长负责制、行政活动中必要性的自由裁量都给依法行政带来了困难。⑨ 然而,这些困难丝毫不能减少依法行政的必要性和重要性。实践证明,实行依法行政,保障决策的科学性和合理性,才能避免首长负责制下产生的主观随意性和盲目性;实行依法行政,才能避免和减少各种行政违法行为及由此给公民、法人造成的损失,并有助于提高行政效率。不过,要实行依法行政,首先必须树立如下观念:

第一,行政机关严格执法、守法观念。法律赋予行政机关必要的行政权力,使其治理国家和社会,同时行政机关必须在法定的范围内遵循法定的程序行使权力,不管是实施抽象行政行为还是实施具体行政行为,都必须依法进行。行政机关只有严格执法、守法,其权力本身才具有合法性,

---

⑦ 北京人民政府法制办公室:《行政执法问题研究》,1995 年,第 44 页。

⑧ 应松年:"依法治国的关键是依法行政",载《法学》1996 年第 11 期。

⑨ 肖扬主编:《依法治国论》,法律出版社 1998 年版,第 85 页。

其行使权力的行为才是正当的。法治的含义在于人人在法律面前是平等的。在现代社会,行政机关及其工作人员依法办事较之于普通民众的守法更为重要,因为“现代法治的精髓是官吏依法办事,只有官吏依法办事,接受法律的约束,才有法治可言”。[⑩] 诚如美国学者富勒所指出的:“法治的实质必然是在对公民发生作用时,政府应忠实地运用曾公布是应由公民遵守并决定其权利和义务的规则,如果不是指这个意思,那就什么意思都没有。”[⑪]

第二,权力必须受到制约。在我国,一切权力都属于人民,人民为了治理好自己的国家,需要通过经过科学分工的各个国家机关来行使权力。每个行政机关的权限应经过合理配置,其权限都必须是特定的、受到限制的,权力只有受到限制才能真正保障权力的正当行使。而不受限制的权力必然导致腐败,绝对权力绝对腐败,这是亘古不变的真理。每一个机关都必须在法定的范围内行使权力,自觉接受来自于其他国家机构及人民的监督。对行政权力实行有效的制衡,是保障依法行政的重要内容。当然,行政机关也应当主动行使职权,若无故放弃或不行使职权,也是未履行其对国家和社会所应尽的责任。

第三,尊重并保障公民、法人所享有的民事权利。公民所享有的基本的民事权利是人权的法律化,必须受到政府的充分尊重。梁慧星教授指出,与专制主义、自然经济的集权型行政经济体制相适应的公法优位主义,认为“国家利益应绝对优于一切个人利益,国家权力可不受任何限制,国家行为具有天然合理性;一切社会领域、一切社会关系均应受国家行政权力的支配”,[⑫]而建设民主政治和法治国家则要求充分保障公民的权利。按照法治的要求,握有公共权力的行政机关为实现对社会的治理,可以对社会公众施加义务约束,但各种义务的设定都必须以保护人民的法定权利为出发点,公共权力应以保障公民法人的权利作为一切活动的宗旨。[⑬]

---

⑩ 张文显:《法学基本范畴研究》,中国政法大学出版社1993年版,第286页。

⑪ 转引自沈宗灵:《现代西方法律哲学》,法律出版社1983年版,第209页。

⑫ 梁慧星:“须转变公法优位主义观念”,载《法制日报》1993年1月31日版。

⑬ 郑成良等:“论依法治国之法理要义”,载刘海年主编:《依法治国 建设社会主义法治国家》,中国法制出版社1996年版,第127页。

当公民、法人的权利受到来自于政府的侵害以后,公民、法人应有权获得政府的赔偿,只有在此基础上才能形成法治秩序。

应当看到,为实现依法行政,我国已先后制定了《行政诉讼法》、《行政复议法》、《国家公务员暂行条例》、《国家赔偿法》等法律、法规,并已在实施中产生了明显的效果。尤其是在《行政诉讼法》颁行以后,法院已可以对行政机关的具体行政行为实行司法审查,这对保障行政机关依法行政是十分必要的。但在实践中,行政机关的活动离依法行政的要求还有很大的差距。行政“执法活动中乱立章法、以言代法、以权压法、干扰执法、越权执法、滥施处罚、以罚代法、以罚代刑、徇私枉法、贪赃枉法、不履行法定职责等执法违法的现象仍然存在,有些现象表现得还相当突出”。⑭ 笔者认为当前应亟须解决如下问题:

1. 健全对行政规章的审查制度。应当看到,正常的行政管理需要行政机关制定必要的法规、规章和其他规范性文件。行政立法也是我国立法的重要组成部分,它们对有效地调整社会和经济管理关系,发挥了重要作用。然而,应当看到许多政府部门制定的规章因受到部门利益的主导,注重的是“设立机构、行使权力、收取费用、罚款没收”,在制定时缺乏合理的和科学的论证。一些规章与法律的规定并不完全符合。某些规章甚至为乱收费、乱罚款提供了根据。从实践来看,建立和完善各类规章的审查制度对保证依法行政,十分必要。根据行政诉讼法,司法机关无权对这些规章实行审查。但依我国《宪法》第 89 条的规定,国务院有权改变或者撤销地方各级国家行政机关的不适当的决定和命令,因而对规章实行审查具有宪法依据,只是目前缺乏一套程序和制度的规定。如应由哪个政府部门承担审查规章的职责,应由谁提出审查的要求,如果规章不合法,应通过何种程序予以修改,甚至宣告其无效等,这些都需要作出规定。当前,为保障行政机关依法行政,一方面要对现行的规章进行清理,对不合理的甚至在内容上明显违法的规章要予以修改、废除;另一方面也要尽快健全规章的审查制度,对规章的制定和出台应严格把关。

---

⑭ 张民锋、傅斯来:“当前行政执法中亟待解决的几个问题”,载北京市人民政府法制办公室:《行政执法问题研究》1995 年,第 51 页。

2. 尽快制定行政程序法，确保行政机关实施的行政行为在程序上合法。程序是法律的生命，行政程序的法律化是现代法治国家的重要的法律原则。[15] 依法行政，不仅仅是要求行政机关所实施的行政行为在内容上合法，而且包括行政机关行使行政权的行为在程序上也合法。行政机关在从事行政立法、行政许可、行政惩戒、行政处罚、行政调处、行政征收、行政强制和行政救济等行为时，都必须符合法定的程序。当前，为制止行政机关“乱收费”现象，应当对任何一项收费办法的出台规定一套严格的程序，并对行政机关收费的权限范围、收费标准、收费的支出、违反收费程序的责任、对受损害的公民和法人的补救等作出明确的规定。

3. 加强对行政执法的监督。行政执法的效果很大程度上依赖于执法人员的严格执法，执法人员的廉洁公正是广大人民群众极为关心且与其利益极为密切的问题。但行政执法效果与广大人民群众的期望仍有明显的差距，而行政执法中存在的问题，很大程度上是因为缺乏对行政执法的合理的监督机制造成的。我国行政诉讼法的颁布为对行政行为的司法监督提供了法律依据，但行政自由裁量权受司法审查的范围仍然有限，[16]司法监督需要进一步加强。笔者认为，只要公民、法人或其他组织认为行政机关的具体行政行为侵犯了其财产和人身权利，并在法院提起诉讼，法院都应当受理，并应对具体行政行为的合法性予以审查。在对行政执法的监督方面，尤其应加强国家权力机关对各级人民政府的监督。全国和地方各级人大应经常展开一些有针对性的、有效性的执法检查，而不能做流于形式的检查监督，对发现的问题应及时督促有关部门限期改正，而政府有关部门也应及时向人大报告改正的结果。当然，也应加强行政机关的内部监督，充分发挥监察机关和审计机关的监督职能。对“乱收费、乱罚款”现象应予以制止，对所谓处罚和收费中的利益分成制应坚决予以废除，对各种“小金库”和私设的账户要完全纳入审计的监督范围内，从而消除行政执法中因利益驱动而造成的对公民和法人的合法权益的侵害。

---

[15] 张明杰等:《行政法的新理念》，中国人民公安大学出版社 1997 年版，第 168 页。

[16] 张明杰等:《行政法的新理念》，中国人民公安大学出版社 1997 年版，第 168 页。

三、依法治国需要司法公正

党的十五大报告明确指出:“推进司法改革,从制度上保证司法机关依法独立公正地行使审判权和检察权。”这是加强法制建设的重要内容。众所周知,当前司法审判工作中最大的弊端是地方保护主义以及裁判不公。[17] 地方保护主义的表现形式是多样的,审判实践中最常见的是各级地方领导从维护本地当事人和地方的特殊利益出发,在执法活动中对法院的审判工作横加干预,而一些办案人员也置国家法律及案件事实于不顾,偏袒本地当事人,损害外地当事人的合法权益。某些素质较差的法官则以地方保护主义为保护伞,徇私枉法,处处为本地当事人开脱责任或牟取利益,同时也从中获取个人的好处及非法利益。司法腐败、徇私枉法、法律素养差等原因而造成的裁判不公在某些地方的法院中明显存在,引起人民群众的不满。正如江泽民同志所指出的:“当前,政法队伍中还存在着一些突出的问题。有法不依、执法不严、执法不公、吃拿卡要、索贿受贿、贪赃枉法、欺压百姓等问题时有发生,群众反映很强烈。”[18]地方保护主义和裁判不公,正日益亵渎着法律的尊严,损害法院的形象,动摇着人民群众对共和国审判制度的信赖。

依法治国必须要保障司法公正。所谓司法公正,就是指司法审判人员依法独立地行使审判权,切实保障公民和法人的合法权益,真正做到有法必依、执法必严、违法必究。司法公正,直接关系到公民的财产和人身安全、经济的有序和健康发展以及政治的稳定和社会的安宁。

我们为什么需要司法公正?首先是因为司法是保障人民权利、实现社会正义的最后一道防线。在我们这个社会,通过行政的调处、领导的平衡或干预,曾经是解决民间纠纷的重要方式。但随着市场经济的发展,这些

---

⑰ 参见任建新1997年《最高人民法院工作报告》。

⑱ “把维护稳定作为首要任务,建设一支高素质政法队伍”,载《法制日报》1997年12月26日版。

形成于旧体制的解决争议的方法已被证明无法适应变化了的社会的需要。在一个由自由平等的主体的交易构成的市场经济中，平等主体之间的纠纷最终只能由一个独立的、中立的、享有公共权力的司法机构来解决，这个机构就是各级人民法院。公民和法人之间的各种纠纷，不论是民事、经济的，还是刑事、行政的，只有依法院的裁判，才能得以最终解决。这种裁判借助了公共权力的强制执行而具有其他任何类型的裁判所不具有的权威性。当公民和法人的权益受到侵害，当弱者受到强者的欺凌，当社会的良知受到恶势力的践踏，受害人能够寻求的最后一处伸张正义的地方，就是法院。法院是保护人民的权利的最后屏障。司法最终解决纠纷！

我们需要司法公正，乃是因为司法公正是法治的最重要内容。法治意味着法律的普遍适用和至高无上；法律平等地约束社会一切成员的法治原则，必须经由公正的司法活动来贯彻实施。德沃金说："法院是法律帝国的首都"。公正的司法，不仅在于惩恶扬善，弘扬法治；同时也是对民众遵纪守法的法治观念的教化；是对经济活动当事人高效有序地从事合法交易的规制。而枉法的裁判、不公的裁判，不仅扭曲了是非，混淆了正义与邪恶，而且会造成民众对法律的权威性的怀疑、不信任甚至蔑视，法律虚无主义的观念由此滋生，社会主义法制建设的成果将因此而遭受毁灭性的摧残。正如培根所指出的："一次不公的（司法）判决比多次不公平的举动为祸尤烈。因为这些不平的举动不过弄脏了水流，而不公的判决则把水源败坏了。"⑲

我们需要司法公正，是因为公正的司法是市场经济发展的重要条件。在现代社会，经济和法律是绝对不可分开的。经济的增长、财富的创造取决于一个良好的法律环境，法律对经济的保障和规制都需要公正的司法来体现。公正的司法不仅使投资者和交易当事人充分享有法定的投资自由和交易自由，而且，其合法权益能够得到司法的充分保障，这就会使人们产生投资的信心、置产的愿望和创业的动力。经济由此会得到繁荣和

---

⑲ [英]培根："论司法"，载《培根论说文集》，商务印书馆1983年版，第193页。

发展。

我们需要司法公正,是因为它是社会安定的基础。一方面,司法公正真正能够给予民众切实的安全感,使其对于经由正当途径获取的财富产生合理的期待、对于依法享有的人格尊严和人身自由能够获得保障充满信心。这样,人们可以在法定范围内自由行为,全社会的公正观念亦得以形成和强化。另一方面,司法公正真正能够维护民众对公共权力机构的信任,即使公民的权利受到来自行政机构及其工作人员的侵害,也可通过公正的行政诉讼,使其遭受侵害的权利得到充分补偿。公民和政府之间的良好关系,也可通过公正的司法而维系。尤其应当看到,当无辜的受害者、权利受侵害的当事人不能通过诉讼讨回正义和公道,很可能导致其对法律和社会的公平与正义的失望甚至绝望,并可能采用合法途径以外的非法乃至于极端的方式自行解决纠纷,从而危害社会的秩序和稳定。所以,在我们这样一个改革的时代,当各种利益发生冲突纠纷的时候,通过司法公正而保持社会安定,尤其重要。

司法公正是人民的真诚企盼。那些秉公执法、刚直不阿、明镜高悬的清官的故事,千百年来曾给予庶民百姓莫大的慰藉,包拯、海瑞这些“青天”,也因此成为人们崇拜的正义的保护神。我们的法官是人民的法官,法官手中的裁判权来自于人民的授予,如果我们的法官不能够为了人民的利益而公正执法,其手中的权力还有什么价值?维护司法公正是每一个法官的神圣职责,它体现在每个法官所作出的每一项公正裁判之中,贯彻在每一个诉讼活动和环节之内。它既要求诉讼程序的公正,也要求诉讼结果的公正。司法公正的极端重要性,应当使我们的每一个法官意识到自身使命的职责是何等重要!

笔者认为,保障司法公正,首先需要维护司法独立,众所周知,法院是解决民事争议的审判机构。法院所享有的司法权,实质上是判断权、裁判权。从这个意义上说,法官就是裁判者,其只有独立裁判,才能公正裁判。因为法官就像足球比赛中的裁判一样,必须保持独立公正,依法裁判,这样“吹哨”的结果才能令当事人信服。正如马克思所说的,“法官除了法律就没有别的上司”,我国《宪法》第126条明确规定,人民法院应当依法独立行使审判权，不受行政机关、社会团体和个人的干涉。因此，法官行使审判权必须遵循法律，以事实为根据、以法律为准绳，坚决杜绝各种人情案、关系案。保障司法独立，也必须从体制上、机制上依法保障人民法院独立行使审判权，坚决排除各种干预司法机关独立办案的现象和行为。要克服司法地方保护主义的现象，改变目前人民法院的设置与行政区划相一致、法院的人事任免完全由地方决定、法院的经费完全由地方政府提供的状况，各级法院在人财物方面应当逐步与地方适当分离，并最终过渡到完全与地方分离。在法院的机构设置方面，应选择司法区域的独立为改革的突破口，使司法管辖区域与行政管辖区域不重合。各地的法院的法官应定期实行轮换制，从而摆脱司法的地方化和行政化，铲除司法地方保护主义的基础。同时要纠正对司法审判的不当甚至非法的干预。正如江泽民同志所指出的："对执法中存在的地方保护主义和部门保护主义，对一些领导干部以言代法、干预司法部门独立办案的行为……要依据党纪国法严肃查处。"[20]

要充分发挥司法作为维护社会公正最后一道防线的地位和作用，还必须维护司法的权威性，司法的权威实际上体现了法律的权威性。只有当人民群众从每一个个案中感受到司法是公正的，人们才能对司法产生信赖与尊重。司法越具有权威，则表明法律越具有权威。司法的权威性首先要依赖司法的公正性，司法越公正，人们才越尊重和信赖司法。古人说，惟公则生明，惟廉则生威，就讲出了这个道理。司法必须廉洁公正，才能唤取民众的依赖和认同。司法机关在审理案件中，必须禁止任何人进行非法的妨碍和干预，法院的裁判活动本身必须在严肃的公正的程序中进行，整个裁判活动都要有一定的司法秩序，任何人都不得干扰法庭的秩序，已生效的判决必须要得到认真执行，绝不能使判决书成为一张"白条"。否则，不仅法定程序难以进行，而且司法很难具有权威性。

为了杜绝腐败、保障公正执法，必须进行庭审制度的改革。例如，要将公开审判落到实处，凡是依法应当公开审判的案件，一律应当实行公开审

---

[20] "江泽民李鹏参加全国政法工作会议并发表重要讲话"，载《法制日报》1997年12月26日版。

判,并应最大限度地允许人民群众旁听。通过公开审判,在法庭上讲清事实、说明是非,树立法院和法官“讲理、公正、廉洁”形象,也可极大地保障裁判的公正性。在审判方式改革方面,需要强化民事、经济案件判决书的说理,且每一项判决书都应当向社会公布,以利于社会的监督。判决书不详写理由,不仅不能保证司法的公正,而且会掩盖执法不公甚至贪赃枉法等各种非法行为。从审判实践来看,凡是说理透彻、令当事人心服口服的案件,基本上都能表明法官执法的公正。而仅认定事实,不谈理由或理由不清,牵强附会的判决,即使事实清楚,也不能使当事人信服,其中亦难免不出现执法不公。尤其是对败诉一方而言,要其承担成百成千万的财产责任而不对其讲清任何道理,即使理应败诉,当事人也不会服气。所以在不少案件中,当事人在二审终结后,仍然没完没了地告状、申诉、上访,影响了社会的安定。

为了维护司法的独立、公正,保障司法权威,必须推进法官的职业化、专业化建设,即应当建立严格的法官选拔制度,提高法官的职业素养。法官具备较高的职业素养,是司法廉洁公正和司法权威的根本保障。为了保证司法公正,还必须制定严格的法官职业道德和职业纪律。尽管《法官法》中提到了法官的职业道德问题,但该规定过于简单和原则,不具有可操作性。如离退休的法官于一定期限能否在本地区任律师等以及法官在违反职业道德的情况下,应承担何种责任等,均缺乏明确规定。此外,还应当建立和健全法官的考核制度。

最后,为保证公正司法,还必须强化司法监督机制。一方面,要加强人大的监督。各级人大应对司法审判工作实行强有力的监督,不过人大的监督主要应是事后的、一般的监督,而不应是对个案的直接监督,不应当对某个具体案件提出处理意见,并要求法院照办。否则,会妨害法院的独立审判。另一方面,也要加强新闻舆论的监督。应允许新闻界经常披露、报道有关的案件,允许新闻媒体就案件发表评论,展开讨论。当然,这样做绝不意味着法院要受新闻舆论的支配,被舆论导向牵着走。在提倡新闻舆论监督的同时,应切忌出现舆论判案的现象。

民商法研究(第四辑)
第17~31页

“法律关系”说与民法典体系的构建*

体系化是民法典的生命,制定民法典首先要系统研究科学合理的体系化理论。正如高楼大厦的建设首先也需要一个系统完整的设计图纸一样,体系化的准备也能为民法典的制定和颁行提供一个科学的规划、精密的设计与合理的布局。在我国采用分阶段、分步骤立法的情形下,将已经颁布的各个民事基本法律合并、整合为法典,必须以科学的体系为指导。比较各种关于民法典体系构建的学说,笔者认为,潘德克顿(Pandekt)学派所提出的“法律关系”说在今天仍然具有其生命力,对于我国民法典体系的构建具有重要的参考价值。

一、关于民法典体系的“中心轴”的几种学说

民法典体系是各项制度和规范的逻辑统一。此种逻辑性表现在形式上是多方面的,但就其内在体系而言,应当存在着某种“中心轴”,围绕着这条“中心轴”,

* 本文原著于2000年,后收录进拙著《民法典体系研究》,中国人民大学出版社2008年版。

民法典的体系得以逻辑地展开各项具体制度和规范。这根“中心轴”的作用在于贯穿和统辖民法典各项制度，但它又与其他价值体系有所不同，因为价值体系处于民法典的精神和理念层面；“中心轴”虽然也具有抽象性，但是它的主要意义在于为民法典具体制度的逻辑展开提供一个基础。正是基于这条“中心轴”，民法典体系本身才具有逻辑性，易于为人们所把握。这就如同一台庞大车床的运转，其所有的部件与组成部分才能围绕着这根“中心轴”转动并发挥相应的功效。只要有这条“中心轴”存在，那么无论民法典的外在表现形式如何，它都会使得这些制度相互契合，形散而神不散。构建民法典的体系，在很大程度上就需要去把握好这条“中心轴”。所以，我们探讨民法典的体系就必须找到民法典的这条“中心轴”。找到了它就意味着我们找到了构建民法典体系的一把钥匙。

然而，关于构建民法典的“中心轴”究竟是什么，理论上存在不同的看法。下面对几种理论分别进行评述。

（一）意思表示说

意思表示说认为，民法典应当以意思表示作为自己的“中心轴”。例如，萨维尼认为，主体应当通过意思表示创设法律关系以及伴随法律关系的主观权利，通过意思表示的力量，个体的意志在其统治领域进行统治。所以，应该以意思表示作为构建民法体系的基本要素。① 温德沙伊德从萨维尼的自由意志民事权利体系出发，认为意志自由和意思表示，已经一劳永逸地确定了“私法的任务”，②而意志自由分别体现在民法的各项制度之中。他认为，权利的定义是两种主观权利的结合，即权利是某种由法律秩序所赋予的意思力或意思支配；同时，权利的概念并不包括法律的强制在内。③ 在总则中，法律行为是旨在引起法律效果的私人意志表示。④ 在合同制度中，当事人的意思表示受到法律的尊重并具有法律效力。⑤ 物权实

---

① 杨振山、王洪亮：“继受法律的理性科学化”，载《比较法研究》2004 年第 1 期。

② Bernhard Windscheid, *Lehrbuch des Pandektensrechts*, Bd I, 8 Aufl. 1900.

③ 金可可：“论温德沙伊德的请求权概念”，载《比较法研究》2005 年第 3 期。

④ B. Windscheid, aaO. S. 187.

⑤ B. Windscheid, aaO. S. 189.

际上是一种意思支配。[6] 在人身权制度中，意志是对于单个法律抽象的人的某种行为的权利。[7] 即使就侵权损害赔偿责任而言，归责的前提仍然是“一个事件或一个后果可以以某种方式归结于法律抽象的人的意志”，所以，在温德沙伊德看来，意思表示和意思自治贯穿于民法的各个领域和环节，整个民法典应当以意思表示和意思自治为核心加以构建。这一思想对大陆法系很多学者产生了重要影响。我国王泽鉴教授也认为我国民法体系应当贯彻意思理论。分则中债权、物权、亲属与继承各编都要体现意思理论。而侵权行为关系因为不是出于意思表示而形成的，所以侵权责任法不应该成为分则中独立的一编。[8]

应当承认，意思表示理论存在一定的合理性。民法的基本原则就是意思自治，其贯穿于整个民法的基本制度规范。而意思表示与法律行为又是实现意思自治的基本工具和手段。尤其是在债与合同法领域，以意思自治构建整个体系是比较合理的。意思表示是法律行为的核心内容，也是意思自治的具体展开，它确实比较充分地体现了民法的特色与调整技术。但是，就如同法律行为制度本身无法涵盖和贯穿民法的全部内容一样，意思表示理论也不应成为民法典的“中心轴”。一方面，引起民事法律关系产生和变动的原因是多方面的，意思表示只是其原因之一，并且意思自治本身在民法中的适用余地也在不断缩小，诚实信用、公序良俗等基本原则的适用范围不断扩大。此外，在身份法领域，意思自治的适用只是一种例外情形。另一方面，民法典制度不都是意思表示的产物，民事法律关系也不完全是由当事人的意思来决定的，除了法律直接规定产生的民事法律关系之外，还有大量的违法行为的后果不是意思表示的产物，如侵权行为。此外，大量的事实行为，如拾得遗失物、发现埋藏物等，其法律效果都是依法产生的。所以，意思表示不能够作为民法典体系的“中心轴”。

（二）民事权利说

民事权利说认为，民法就是权利法，因此，民法典体系的构建应当以民

---

⑥ 金可可：“论温德沙伊德的请求权概念”，载《比较法研究》2005年第3期。

⑦ B. Windscheid, aaO. S. 103.

⑧ 王泽鉴：“人格权法的体系构成及发展”，2006年9月15日在“中国人民大学民商法前沿”论坛作的报告。

事权利为中心而展开。此种学说来源于自然法学派的思想。自然法学并没有从既定的法的历史出发,而是从先验的法律价值尤其是从自由的哲学意义出发来探讨私法的体系。潘德克顿学派的领袖人物沃尔夫(Christian Wollf)在其私法体系思想中,继承了启蒙运动时期自由法哲学传统,从自然法理论出发,阐述了主观权利在民法中的中心地位,并将人的行为的本质定义为义务(obligatio)。德国学者拉伦茨也认为,法律关系的最重要的要素是权利,与此相对的是所有的其他人的必要的义务、限制与法律约束。⑨ 在法国,也有不少学者持此种观点。例如,根据法国民法理论,民法典和民法学理论的基本内容都是围绕主观权利而分别展开的。⑩ 我国也有不少学者认为,民法是以人为本位、以权利为中心、以责任为手段对社会关系进行调整的。这种关系的逻辑结构就是人—权利—责任的结构,而不是单纯的"人—物"对应的结构或总—分对应的结构,因此,民法典的结构应按照人—权利—责任这一结构来设计。⑪ 有学者认为,民法是权利法,各种民事权利的共同因素包括:权利主体、权利客体、权利变动的原因、权利的救济、权利的时间因素。有关各种权利应该在民法典分则中规定。⑫

在日本,民事权利为中心说,是学界的主流观点。日本松尾弘教授认为,近代民法典的体系,就是权利体系。⑬ 而日本民法体系就是根据"以权利为中心"的思想而构建的。"民法是作为权利的体系而被构建的",⑭它由四部分构成,包括权利主体、权利客体、权利变动和权利效果。其中,第一编"总则",包括自然人、法人、物、法律行为、期间和时效。第二编"物权",包括总则、占有权、所有权、地上权、永小作权、地役权、留置权、先取特权、质权、抵当权。第三编"债权",包括总则、契约、事务管理、不当得

---

⑨ [德]卡尔·拉伦茨:《德国民法通论》(上册),王晓晔等译,法律出版社2003年版,第263页。

⑩ [法]雅克·盖斯坦、吉勒·古博:《法国民法总论》,陈鹏等译,法律出版社2004年版,第141页以下。

⑪ 麻昌华、覃有土:"论我国民法典的体系结构",载《法学》2004年第2期。

⑫ 杨代雄:"私权一般理论与民法典总则的体系构造",载《法学研究》2007年第1期。

⑬ [日]松尾弘:《民法的体系》(第4版),东京庆应义塾大学出版社2005年版,第15页。

⑭ [日]大村敦志:《民法总论》,江溯、张立艳译,北京大学出版社2004年版,第34页。

利、不法行为。第四编"亲族法",包括婚姻、亲子、侵权、扶养。第五编"继承",包括总则、继承人、继承的效力、继承的承认和放弃、财产的分割、继承人的不存在、遗嘱、特留份。[15] 整个体系都是基于民事权利的主体、客体、变动、效果而展开的。

应当承认,与意思表示学说相比,民事权利说更为合理,因为民法的主要制度都是以民事权利制度表现出来的,民法就是权利法,所以,民法典只能以权利为中心来展开,而不能以义务为中心。例如,民事主体就是关于权利主体的制度,法律行为和代理就是民事权利的行使,诉讼时效就是行使民事权利的期间限制,各种民事权利(物权、债权、人身权、继承权等)就是其具体类型,侵权行为就是对于侵害民事权利的救济制度。由此可以看出,将民事权利看作民法典的"中心轴",的确是不无道理的。在我国民法典分则体系构建中,我们仍然坚持以民事权利为中心来展开整个分则体系。[16] 例如,关于债法总则究竟称为"债法总则"还是"债法总则",笔者认为,为了突出民事主体权利的中心地位,称为"债法总则"更为合适。

尽管如此,以民事权利作为"中心轴"构建民法典的体系仍然是狭窄的,因为一方面,现代民法的发展使得民事义务的来源多元化,权利主体与权利本身虽然具有联系,但是并不能等同。权利主体对应于权利能力,民事权利能力是享有权利、承担义务的资格,是一种法律上的可能性,但是并不意味着主体享有法律赋予的实际利益。而民事权利是民事主体已经实际享有的现实权利,民事权利都是以一定的实际利益为内容的。因此,主体内容并不能完全为权利这个"中心轴"所涵盖。另一方面,以权利为"中心轴"无法解释一些以意思表示为中心的法律行为和非表意行为所形成的法律关系,例如要约行为和可撤销的民事行为等,这些都无法归入民事权利的行使之中。权利不能概括法律关系的要素(如行为等)。所以,单纯的权利可以概括民法典分则的部分内容,不能概括总则的全部内容,可见[17]民事权利说是有局限性的。还要看到,因为权利只是法律关系

⑮ [日]松尾弘:《民法的体系》(第4版),东京庆应义塾大学出版社2005年版,第18页。
⑯ 马俊驹主编:《民法典探索与展望》,中国法制出版社2005年版,第62页。
⑰ 许中缘:《体系化的民法与法学方法》,法律出版社2007年版,第139~141页。

展开的一个线索,而不是法律关系的唯一因素。民法在赋予民事主体权利以后,还得为权利相对人设置义务来实现权利,并且需要为违反义务的人科以法律责任来保障权利。民事权利中心说只能概括民法典的分则,而无法容纳民法总则中的责任等制度,而民事责任等制度也应当包括在总则之中。所以,笔者认为,权利本身还难以扮演民法典“中心轴”的重要角色。

(三)法律关系说

法律关系说认为,应当以法律关系为基础来构建民法典的体系。在这种编排方法中,法律关系被作为整理法律和展示法律的技术工具,而且成为体系构建的基本方法。⑱ 罗马法曾经创设了“法锁”(vinculum juris)的概念,但并没有形成法律关系理论。直至19世纪,注释法学派在解释罗马法的基础上提出了以法律关系的要素作为构建民法典总则体系的基础。一般认为,萨维尼最早系统提出法律关系构建整个民法的体系,其代表作《当代罗马法的体系》就详细探讨了法律关系,在此基础上,依据五编制分别讨论具体的民法制度。他认为,“法律关系本质被规定为个人意思独立支配的领域”。意思首先是对本人发生作用,其次是对外发生作用,⑲法律关系是沟通抽象的客观法(法律)与主体享有主观权利之间的关系。例如,法律规定,主体可以享有所有权,但必须在现实中形成一种法律关系,才能真正地享有所有权。萨维尼提出,主观权利的构建应当从法律关系出发,个体意志的独立控制之命令领域(Gebiet)就是法律关系,在此法律关系中,主体的主观权利是核心,⑳主观权利与法律关系应受法律制度的支配并构成法律的“体系”。㉑ 从法律关系出发,萨维尼在该书的第一部分集中讨论了法律关系,从该概念出发,其将民法区分为两部分:一是针对所有人适用的物权法和继承法;二是针对特定人的法律制度如债法和家

⑱ [葡]平托:《民法总则》,法律翻译办公室、澳门大学法学院译,1999年版,第5页。

⑲ [德]萨维尼:“萨维尼论法律关系”,田士永译,载 http://www.civillaw.com.cn/weizhang/default.asp? id=23374。

⑳ Savigny, *System de sheutigen Rmischen Rechts*, Bd. I, Berlin, 1840, I331 f. 7.

㉑ 陈爱娥:“萨维尼——历史法学派与近代法学方法论的创始者”,载《清华法学》2003年第2期。

庭关系法。[22] 在《当代罗马法的体系》一书中，萨维尼从法律关系出发已经大体勾画出了民法的五编体例，即人法、物权法、债之关系法、家庭法和继承法。萨维尼提出的以法律关系为中心建构民法典体系的思想，也称“萨维尼编排法”。萨维尼关于法律关系的理论，为潘德克顿学派所全面接受，并通过后世学者的不断整理，形成了潘德克顿体系。

潘德克顿法学派另外一个著名代表人物是18世纪德国海德堡大学法学教授海瑟(Arold Heisse)，他在讲授民法时，撰写了一个教案，严格依据五编制的安排构建了一个以“总则、物权、债法、家庭和继承”为内容的民法体系，包括第一编总则，第二编物权法，第三编债务法，第四编物、人的权利法(亲属法)，第五编继承法，第六编原状恢复。在海瑟的民法体系中，设立了“人—物—行为”三位一体的总则，由此奠定了潘德克顿体系最核心的总则部分。[23] 萨维尼在柏林大学讲授普鲁士普通邦法时，就是按照海瑟的体系进行讲授的，不过他认为，第六编有关“恢复原状”的编排并不妥当，建议将其删除。[24] 事实上，海瑟在《普通民法的体系概要》一书中对其所提出的五编制体系并没有进行详细的论述，但在体系安排上已经比较完整，与后世的《德国民法典》非常相似。从海瑟关于民法典体系的安排来看，其也是以法律关系为中心构建的。

对《德国民法典》的起草作出决定性贡献的是德国莱比锡大学温德沙伊德教授。温德沙伊德是潘德克顿法学体系的集大成者，其民法体系理论中发张出请求权的概念，并为《德国民法典》所采纳。他在《潘德克顿法教科书》中指出，私法的调整对象是财产关系和家庭关系，据此私法可以分为财产法和家庭法。财产法的调整对象是关于物的法律关系和关于人与人的法律关系，即物权和债权。至于继承法，其实质不过是财产法的一个分野。[25] 其体系建构是包括法律概论、权利概论、物权法、债法、家庭法、

---

[22] 谢鸿飞:《法律与历史:体系化法史学与法律历史社会学》，北京大学出版社2012年版，第151页。

[23] 谢鸿飞:《法律与历史:体系化法史学与法律历史社会学》，北京大学出版社2012年版，第153页。

[24] 陈华彬:“潘德克顿体系的形成与发展”，载《上海师范大学学报》2007年第4期。

[25] 陈华彬:“潘德克顿体系的形成与发展”，载《上海师范大学学报》2007年第4期。

继承法。[26] 关于温德沙伊德对《德国民法典》体系的影响,可以通过对照他的著作与《德国民法典》的条文清晰地发现二者之间的雷同。他在整个民法典的起草工作中起到了理论支持的作用,特别是第一稿基本是按照温德沙伊德的思想起草的,因此,第一草案被称为"小温德沙伊德"。以后的草案中虽然吸纳了日耳曼法学派的一些思想,但起主导作用的仍然是温德沙伊德的思想。[27] 从温德沙伊德关于民法典体系构建的思想来看,其基本上是沿袭了萨维尼以法律关系构建民法典体系的思想。

法律关系说对大陆法系国家民事立法和民法典体系理论产生了重大影响,部分国家民法典就是以法律关系为中心来构建民法典体系的,《葡萄牙民法典》就是典型的代表。[28]

二、应当以法律关系为"中心轴"构建民法典的体系

诚然,上述各种学说不无道理,采用不同的学说将能够建立一个民法典的体系,且这些体系也不会从根本上影响民法典价值的贯彻。但是,我们应当看到,不同学说指导下的民法典体系必然在内部结构、具体制度安排等方面存在较大差异,而这种差异将决定该法典的科学性和调整社会生活关系功能的有效性。比较上述各种观点,笔者认为,法律关系说相对更为合理,我国应当以法律关系为"中心轴"来构建未来民法典的体系。主要理由在于:

第一,法律关系是对社会生活现象的高度抽象和全面概括。法律关系是根据法律规范建立的一种社会关系,[29]是对社会生活关系的一种法律归纳和抽象,反映了社会关系的一些共同特征。既然法律关系是对社会生活现象在法律上的抽象和概括,以法律关系为中心构建民法典体系,一定

---

[26] 谢鸿飞:《法律与历史:体系化法史学与法律历史社会学》,北京大学出版社2012年版,第155页。

[27] [日]大木雅夫:《比较法》,范愉译,法律出版社1998年版,第201页。

[28] [葡]平托:《民法总则》,法律翻译办公室、澳门大学法学院译,1999年版,第5页。

[29] 张文显主编:《法理学》(第2版),高等教育出版社2003年版,第131页。

有利于对社会生活关系作最为准确地把握，也有利于法律对社会生活作最为有效的调整。在法律关系中，每个人、每一项权利、每一项义务、每一项法律责任都成为抽象法律关系的要素，能够在法律关系这一抽象的框架中找到合适的位置，进而全面反映生活关系的本质特点并指引、调整生活关系。

第二，法律关系是构建民法规范的逻辑性和体系性的基础。“法律关系这个概念既清晰又严谨：在处理有关系统编排的问题时，清晰严谨是十分重要的。”㉚因此，法律关系编排方式被大多数学者认为是科学的编排方式，民法的诸制度都是围绕民事法律关系而展开的，法律关系包含主体、客体、内容三项要素，该三项要素可以完整覆盖民法典的各项内容。例如，法律关系的主体可以对应于民事关系的主体制度；法律关系的客体可以包含民事法律行为以及各类财产形式；而法律关系的内容既可以包括民事权利，也可以包括民事义务。所以，与民事权利为“中心轴”相比，以法律关系作为“中心轴”可以具有更大的包容性。其实，法律关系说可以涵盖前两种学说，因为，民事权利就是法律关系的内容，意思表示就是法律关系变动的重要原因。此外，法律关系说还沟通了民法典总则与民法典各分则之间的内在联系，例如，总则中的主体、行为、客体与物权制度结合在一起，就构成完整的物权法律关系。这种构架模式体现了潘德克顿体系的严谨性和科学性。

第三，法律关系编排方法适应了民法发展的需要。民事关系纷繁复杂，但是把握住了民事法律关系的脉络，就把握住了民事关系的核心。“法书万卷，法典千条，头绪纷繁，莫可究诘，然一言以蔽之，其所研究和所规定者，不外法律关系而已。”㉛从法律关系出发，我们不但可以把握整个民事关系的发展，还能够把握民事权利产生、发展、消亡的整个变动线索。民事法律关系是有章可循的。民事权利是民事法律关系的核心，需要经历一个从产生、发展到消灭的过程，在权利受到侵害时，法律关系转变为一种民事责任关系。以物权的变动为例，某个民事主体可以通过劳动创

㉚ ［葡］平托：《民法总则》，法律翻译办公室、澳门大学法学院译，1999年版，第5页。

㉛ 郑玉波：《民法总则》，台湾三民书局2003年版，第63页。

造物品,从而获得对该物品的所有权,其后将该件物品转让给他人,使他人继受取得该物的所有权,在买受人死亡时还可以通过遗嘱将该物移转给继承人。在他人侵犯所有人对该物的所有权时,权利人便享有物权请求权,从而可以诉求法院的保护。物从产生、流转再到消灭,都是处于某一个特定的法律关系之中,我们总能从法律关系的角度来把握特定的物在法律和生活中的角色。这也正如有学者指出的:“时间维度与空间维度的交织造就了法律关系活生生的结构,使之成为一个具备历史性的体系。”㉜

第四,法律关系编排方法揭示了民法调整社会关系的基本方法,即通过法律行为实现的任意性调整方法,也就是民事法律关系的任意性。拉伦茨教授曾将法律关系定义为一种特定人在法律范围内享有的一种自由空间。㉝ 这就说明民事法律关系本身也旨在揭示法律作为一种社会关系调整方法的特殊性,法律关系是主观权利的载体,其允许主体在权利的设定、行使等方面享有一定程度的自由,当事人能够根据自己意愿形成一定法律关系,并通过其合意来规范自身的行为。这样,民法把决定自由直接交给权利人,使其实现机制获得内部性和可选择性,由权利人决定民法授权规范的实现。㉞ 正是在这个意义上,也有学者认为,法律关系是私法的基本工具。㉟

所以,法律关系正是贯穿始终的一根红线,它将民事主体、客体、行为、各种民事权利等诸要素整合为一体,形成清晰的脉络。民法学作为具有自身特点与体系的独立学科,其研究体系与论述方式的展开也是建立在民事法律关系各项要素的基础上的。正是因为这种方法的科学性、严谨性,德国民法被实践证明是比较成功的。尽管我们不能完全照搬德国的模式,但我们可以借鉴德国民法模式,采取依法律关系的要素来构建我国民法典体系。潘德克顿学派的一个伟大的贡献在于,以法律关系的要素

㉜ 杨代雄:“私权一般理论与民法典总则的体系构造”,载《法学研究》2007 年第 1 期。

㉝ [德]迪特尔·梅迪库斯:《德国民法总论》,邵建东译,法律出版社 2000 年版,第 51 页。

㉞ 龙卫球:《民法总论》(第 2 版),中国法制出版社 2002 年版,第 111 页。

㉟ 龙卫球:《民法总论》(第 2 版),中国法制出版社 2002 年版,第 111 页。

作为构建民法典总则体系的骨架，“德国民法创设总则编之一举，意义甚为重大，当时德国法律学者皆认为：对各种法律关系共同事项，另有谋设一般的共同规定之必要”。[36] 也就是说，潘德克顿学派将整个法律关系的理论运用到法典里面去，构建了一个完整的潘德克顿体系结构（Pandektensystem）。这种结构对其他国家民法典的制定也产生了重大影响。例如，《葡萄牙民法典》完全是以法律关系为基础构建体系的。该民法典第一卷（总则）第二编的标题为“法律关系”，并分为四个分编，突出法律关系的各个要素（主体、客体、事实及保障或保证）：第一分编为“人”；第二分编为“物”；第三分编为“法律事实”；第四分编为“权利行使及保护”。[37]

但法律关系编排法也受到了一些学者的批评，批评者提出的理由主要在于，该方法没有突出人的中心地位。人是民法的核心要素，是民法规范的首要范畴。法律关系编排法把人湮没在法律关系主体中，既抽象又形式化，且该方法将人与法人等社会组织编排在一起，作为民事主体加以规定，不能弘扬个人的主体地位和人道主义精神。[38] 这种观点有一定的道理，但也未必妥当。因为法律关系编排法中也可以将人格权纳入其中作为一编，在此种模式下，通过人格权法独立成编，可以起到价值宣示的作用，从而彰显民法典对于人的重视。即使是在人格权法没有独立成编的情况下，也不能认为，这种模式就绝对没有考虑人的主体性问题。因为法律关系要素中首要的是人，人是一切法律关系的出发点。作为法律关系客体的物，是由人支配的，非人力所能支配的物是不能成为客体的。至于作为法律关系要素的行为，也是指人所实施的行为，所以，不能简单地断定，法律关系编排法就忽视了人的中心地位。更何况，民法典是否突出人的中心地位，主要取决于法典的基本原则和法条的内容，编排体例所具有的价值宣示功能并不是决定性的。

---

[36] 陈棋炎：《亲属、继承法基本问题》，台湾三民书局1980年版，第3页。

[37] ［葡］孟狄士：《法律研究概述》，黄显辉译，澳门基金会、澳门大学法学院1998年版，第78页。

[38] ［葡］平托：《民法总则》，法律翻译办公室、澳门大学法学院译，1999年版，第5页。

三、"法律关系"说与民法典体系的构建

我国民法典体系的构建是一个庞大的工程，不仅涉及概念的确定和规则的设计，还包括价值理念的梳理和制度之间的逻辑安排以及整个体系的逻辑建构。在具体构建工作中，我们应当首先立足于我国实际，总结多年来法制建设的经验，广泛借鉴两大法系特别是大陆法系的先进经验，在体系上追求逻辑性和严谨性，追求价值的统一性和一贯性，实现科学性与完备性的结合，实现私法规则的统一性，保持稳定性和开放性之间的平衡，从而制定一部立足实践、面向未来的科学的民法典。

就形式体系的构建而言，以法律关系为"中心轴"来展开民法典的体系，显然是科学的方法。并且，从大陆法系国家民法典的经验来看，这一方法也是可行的，甚至说是成功的。从内容的具体安排来看，各个国家可以从其国情出发有不同的选择，但是，就一种方法而言，其应当是可以直接采用的。

以法律关系为"中心轴"来展开民法典的体系，首先要认真分析法律关系的要素，在把握好这些要素的基础上确定民法典的逻辑结构。法律关系是一个整体，是一种结构，它的具体要素为权利、权能、义务和拘束等多种多样的形式。[39] 具体到民法典中，这些形式表现为总则的主体、行为、客体等制度和分则中的民事权利制度，分则中的民事权利制度又包括人格权、身份权、继承权、物权、债权，如果总则中确立的主体、行为、客体与分则中的权利结合在一起，就构成一个完整的法律关系，例如总则中的主体、行为、客体与物权制度结合在一起，就构成完整的物权法律关系。在我国民法法典化过程中，我们应当以法律关系为中心来展开各项规则的设立，并在此基础上构建一个完备的民法典体系。

（一）以法律关系为"中心轴"构建民法典总则

主张以法律关系为"中心轴"来构建民法典总则，就是说把各种法律

---

[39] 申卫星：《期待权基本理论研究》，中国人民大学出版社2006年版，第157页。

关系的共同要素抽取出来,汇聚于民法典的一个独立部门之中。在民法中,法律关系的形态是多样的,如物权法律关系、债权法律关系,在物权法律关系之中,可以进一步区分为所有权法律关系、他物权法律关系等。各种法律关系都有主体,主体是一切法律关系的基本要素,民法总则就是要提炼出主体要素,使得各种法律关系的适用具有共同的规则,从而使得各个不同的民事法律关系没有必要一一重复规定。例如,如果民法典的各编都要规定民事主体制度,就会形成不必要的重复甚至冲突。总则的设立使民法的各部分形成一个逻辑体系,将会减少对一些共性规则的重复规定,有利于立法的简洁明了。

以法律关系为"中心轴"构建民法典总则,应该区分哪些要素应当归入总则,哪些要素应当置于分则。笔者认为,一个基本的分类标准在于:各种民事法律关系要素中具有共性的内容应当在总则中规定,而非共性的内容应当在分则中具体规定。如前文所述,民事主体的存在是各法律关系得以存在的前提,权利、义务是各民事法律关系的主要内容,客体是民事权利、义务的对象,法律行为是法律关系得以设立和变动的重要事实,法律责任是保持法律关系稳定性的重要保障,因此,这些每一个法律关系都不可或缺的内容应当在总则中统一规定。然而,具体法律关系千差万别,这种区别主要表现为权利、义务具体内容的不同,因而,有关各种具体法律关系中的权利、义务应当留给民法典分则具体规定。正如郑玉波先生指出:"总则分为权利主体、权利客体、权利的变动、法律行为(变动的原因);分则分为法律关系具体内容的展开,即各种法律权利。法律规定,无论其范围大小,总不外乎法律关系,而法律关系之构成,总不外乎上述之要素,整个民法的内容,不外乎法律关系之主体、客体、权利义务及其变动和变动的原因,民法典每一编及每一特别法的内容,也不外乎此,不过各有详略而已。"[40]

(二)以法律关系为"中心轴"构建民法典分则

以法律关系作为构建民法典分则的"中心轴",实际上就是要从民事

---

[40] 郑玉波:《民法总则》,台湾三民书局2003年版,第64~65页。

法律的内容出发来构建民法典的体系,具体来说包括三个方面内容:

第一,分则应当以民事权利的基本划分为依据展开。总则中应当重点就主体、客体、法律行为及民事责任的一般规则作出规定,而分则则应当以权利以及具体的责任制度为中心展开。这首先需要确定哪些权利可以作为分则的内容。《民法通则》第五章列举了四项权利,即财产所有权和与财产所有权有关的财产权、债权、知识产权以及人身权。这种权利体例安排有一定道理,而且通过实践证明和检验,这一体系是比较合理、有效的。可以说,这一体例是我国民事立法经验的总结,在未来我国民法典起草过程中,这一经验应予以保留。《民法通则》中的权利体系将民事权利区分为财产权和人身权两大类,与之相应的便是财产法律关系和人身法律关系。在未来民法典中,这两大类型权利又可以细分为物权(《民法通则》中的财产所有权和与财产所有权有关的财产权)、债权、人格权和身份权等。与身份权相连接的是婚姻家庭法律制度,而继承权同时具备身份因素和财产性质,其可以独立成编。

第二,分则中的民事权利体系在顺序上应当按照一定的逻辑进行安排。如前所述,民法典分则包含物权、债权、人格权和身份权等诸多制度,尽管这些内容围绕"中心轴"展开能够形成一个体系,但分则中的民事权利体系在顺序上如何排列,需要认真研究。例如,物权编和债权编应当如何安排,《德国民法典》采用的是巴伐利亚式体例,将债法置于物法之前;而《日本民法典》采用的是萨克森式,将物法置于债法之前。有学者认为,《德国民法典》采取此种编排体例的理由在于,债法在没有物权法的情况下,也能被人们所理解,但反过来,如果没有债法作为基础,物权法的许多制度十分难以理解。因此将债法置于物权法之前更符合逻辑。[41] 再如,财产权和人身权的顺序,应当按照"人格权优先于财产权"的原则来排列。此外,也要注重参考《民法通则》所确立的顺序,尤其是《民法通则》所确立的权利顺序的安排。

第三,分则中应当设立责任制度。传统的主流观点认为,救济问题不

---

[41] E. H. lder, *Kommentar zum Allgemeinen Theil des Bürgerlichen Gesetzbuchs*, Müchen, C. H. Beck' sche Verlagsbuchhandlung, 1900, p. 60.

是民事法律关系本身的组成部分,具体法律关系中可以不涉及法律责任问题。但随着权利观念的逐步增强,"救济先于权利"、"没有救济就没有权利"等观点得到了日益广泛的承认和法律的确认,这就要求民法设置合理的法律责任制度,对权利提供有效救济。民事责任制度的重要性还在于,它不仅具有制裁违法行为的救济功能,而且还具有创造新的权利类型的规范性功能。例如,很多法国学者认为,人格权和消费者在前契约阶段的知情权等都是由《法国民法典》第 1382 条这个一般条款所创造出来的。[42] 因此,民法典分则不仅要根据民事权利来展开,而且还要考虑对权利如何提供救济。尤其是在现代民法理论中,民事责任制度地位的不断提升是一个非常显著的发展,所以分则体系中应该将权利的救济作为一个非常重要的问题加以考虑。

制定出一部民法典是几代民法学人的梦想,更是当今广大民法学人的历史使命和责任。世易时移、变法宜易,在人类社会已经进入 21 世纪的今天,在民法典体系的构建方面,我们应当顺应社会发展的变化、满足时代的需求,而不应墨守成规或者削足适履。民法是社会经济生活在法律上的反映,民法典更是一国生活方式的总结和体现。因此,我们应当从中国的实际情况出发,在借鉴两大法系的经验基础上构建中国特色的民法典体系。为此,广大民法学人需要研究中国的民法典理论体系,构建中国民法话语体系,从而为中国民法典的问世贡献智慧和力量。

---

[42] Geneviève Viney, *Traité de Droit civil*, *Introduction à la responsabilité*, 2e édition, 1997, LGDJ, pp. 67 – 68.

民商法研究(第四辑)
第 32 ~63 页

论中国判例制度的创建*

自清末沈家本变法修律以来,中国便开始大量借鉴大陆法系国家的立法经验,新中国成立以后,曾四次起草民法典,尤其是改革开放以来,加快了民法典的起草步伐,并将其作为我国社会主义法律体系建设的重要目标。在制定民法典的同时,也应当同时注重判例制度体系及理论的建设,这既是司法改革的重要举措,也是构建我国社会主义法律体系的重要内容。以下谨就建立中国判例制度的创建谈一些看法。

一、法典化与判例制度的相互关系

从比较法的角度来看,判例法与成文法是各有利弊的。就两者的关系而言,应是相互补充、有机协调;优势互补、相辅相成。笔者认为最理想的模式,应是两者的相互补充。事实上,世界上最具代表性的两大法系,正以一种相互融合的方式在发展。

(一)英美法系

众所周知,英美法系国家乃是判例法国家,虽然11 世纪以后英国的普通法的判例便开始形成。但作

---

* 原载《判解研究》2000 年第 1 期。

为判例法制度重要标志的遵循先例原则(the doctrine of stare decisis)直至19世纪才最终完全确立。在1861年“Beamish v. Beamish”一案中,终审法院(House of Lords)宣告本法院应受其前判决之拘束,①在1898年的一个案件中,法官海斯伯里(Lord Halsbury)引用谚语“诉讼应有结果乃是共同的福祉”(Interest rei publical at ist finis litem)而阐述了终审法院应遵从其前判决,②从而使法律具有确定性和安定性。至此,英国法才开始形成严格遵循先例的原则。采纳遵循先例原则的主要意义在于:增进法律的确定性、安全性和可预测性,限制法官的自由裁量权。因为,对于相同或相似的情况,必须适用相同的规则,从而使人们相信法律规则是稳定的、公正的,人们可以从这些规则中预知自己的行为后果,而对于相同的事实和情况,法官必须受先例的拘束,不能随意裁判。所以,只有强调遵循先例原则,才能防止法官独断专行。

美国在英国殖民时期已开始适用普通法。美国的法院在适用遵循先例原则方面,不如英国严格。这不仅表现在联邦最高法院不必遵循其本身的判决先例,从而使其可以较为自由地解释成文宪法,而且表现在联邦法院系统的判决对州法院系统、州法院系统的判例对联邦法院系统均无严格的拘束力。当然联邦最高法院的判例对联邦法院和州法院具有严格的拘束力,在联邦法院、州法院系统内仍要遵循其上级及本法院先前的判例。

关于判例法与制定法孰优孰劣的问题,在英美国家曾有过激烈的争论。英国著名的法官柯克、普通法之父布莱克斯通等人认为,以普通法为主体的判例法优于制定法。理由是,普通法以一般的习惯为基础,反映了人民一般的意志;而制定法往往是立法机关临时的甚至专断的产品。普通法作为人民自由的表达和保障,体现了法律是人们共同的生活习惯的本质;而制定法是立法机关从外部强加的,是创造的法律,这将危及“法律的本质”。制定法往往造成突然的法律变革,不考虑规则的一贯性,因而会打断法律发展的连续性,损害法律的稳定性;而通过司法判例进行循序

① Beamish v. Beamis, (1859 - 61) 9 HLC 274.

② London Street Tramways Co. Ltd. v. London County Council [1898] AC 375.

渐进的改革,则能保持法律的连续性和稳定性。[③] 然而,关于判例法的优越性问题,英国著名的学者奥斯汀(John Austin)提出了不同的看法。他从法乃是主权者的命令的观点出发,认为布莱克斯通所论证的普通法乃是司法过程发现的法的观点,根本是幼稚的杜撰,他认为法官造法使法律变得支离破碎,没有系统,只有在颁布法典以后,立法和司法才不会出现重叠现象。[④] 而边沁(Bentham)从法律本身应是一套完整而且自足地解决纷争的体系的观念出发,认为英国普通法是不可靠的。他指出:"习惯法就是法官造出来的法律。你知道他们如何造出来的吗?就像一个人为他的狗造出许多规则一样,当它做了某种你想禁止的行为时,你就等它做了以后再打它。这就是为你的狗立下许多规则的方法,而这也就是法官为你和我立下规则的方法。"[⑤]他认为法律必须预先指导人们的行为而不能对人们的行为事后惩罚。

在19世纪下半叶,美国围绕着是否编纂法典展开了争论。主张编纂法典一派以纽约律师菲尔德为代表,其曾经批评判例法是只有法律职业者才能读懂的"天书"。判例法给法官和律师带来沉重的负担,因为他们在处理案件时,要从成千上万个乱糟糟的先例中寻找法律原则。而反对编纂法典者认为,编纂法典会束缚法律的发展,法典不可能是完美的,不可能无所不包,与其适用不完善的法典,倒不如没有法典。[⑥] 2004年和2005年,世界银行曾出版了两本研究报告,[⑦]其中对大陆法系进行了批评,认为普通法似乎更有利于经济发展。2006年,法国的著名机构"亨利—卡比当法国法律文化之友协会"组织专家出版了一本研究报告作为回应:《受到质疑的民法法系传统——关于世界银行Doing Business报告的回应》,为大陆法系辩护。该书认为,成文法更易于为民众所掌握和理解,因为成文法的规则具有更大的可预期性,能够保障法律的确定性,而且成文

---

③ 高鸿钧:"英国法的主要特征",载《比较法研究》1991年第4期。

④ Cited in Holdsworth, W. S, Case Law, 50L. Q. R, 180(1934), p. 191.

⑤ Julius Stone, *Legal System and Lawyer's Reasoning* 293(1964).

⑥ 高鸿钧:"英国法的主要特征",载《比较法研究》1991年第4期。

⑦ 这两份报告的原标题是:《Doing business in 2004: Undestanding regulation》、《Doing business in 2005: Removing obstacle to growth》。

法通过一般条款等手段使得自己具有很强的灵活性和适应能力,因此,成文法也具有很高的开放性、包容性和平衡性,具有预防法律风险和纠纷发生的功能,其司法效率并不逊于普通法⑧。

尽管普通法系学者对判例法与法典孰优孰劣的看法并不一致,但不容否认的是,20世纪以来,英美等判例法国家已大大加快了制定成文法的步伐。以美国为例,美国国会和各州每年都要颁布大量的立法。这些成文法已变得越来越重要。从1926年开始,美国国会便对有效的法律进行合并和编纂。所谓的《美国法典》(United States Code,USC)就是以法典的形式合并编纂的官方重述,迄今为止已编纂了50卷。国会通过的著名法案包括1933年的《证券法》、1975年的《美国联邦证据规则》、1994年的《破产改革法案》等。同时美国法学会也制定了《统一商法典》和《美国模范证据法典》等示范法,这些成文法也经美国各州通过而具有法律效力。美国各州也颁布了大量成文法。仅以加州为例,先后有《加州民法典》、《民事诉讼法典》、《公司法典》、《证据法典》、《交通工具法典》等。可以说,在美国所颁布的成文法的数量总和,已不亚于任何一个大陆法系国家。所不同的只是,法官在判案时首先援用的还是普通法,其次才是成文法。⑨ 但成文法与普通法一样都具有法律拘束力。

(二)大陆法系

大陆法系诸国乃是成文法国家,其法律传统渊源于罗马法,在形式上则多以法典的形式表现出来。在罗马法时代,《法学阶梯》和《学说汇纂》曾经使罗马私法体系化,并对大陆法系的法典编纂产生了重大影响。罗马帝国灭亡以后,罗马法曾经沉寂多时。自中世纪始,罗马法在欧洲复兴,至15世纪、16世纪,罗马法继受运动广泛展开,法典化运动也逐渐开始。这个运动首先在法国完成,其代表性成果为1804年的民法典、1806年的民事诉讼法典、1807年的商法典。这三个法典不仅为大陆法系的法典制定提供了典范,而且推动了大陆法系的法典化。在德国,随着拿破仑

---

⑧ Association Henri Capitant des Amis de la Culture juridique française, *Les droits de tradition civiliste en question*, Vol. 1, Société de Législation comparée, 2006, pp. 81 – 95.

⑨ 邓衍森:"司法判例的规范理论",载《东吴法律学报》1984年第4卷第2期。

对欧洲的征服,《法国民法典》也被带进德国,在德国法兰克福等地曾经广泛继受了法国民法。1871 年德国统一以后,编纂民法典的工作得以展开,《德国民法典》最终于 1900 年颁行,这就使大陆法的法典化运动向前迈出了坚实的一步。

应当指出,19 世纪在欧陆大陆的法典化运动无不是以限制法官的自由裁量权为动力的。从普鲁士法典的制定到《法国民法典》、《德国民法典》等著名法典的问世,都以限制法官造法为其主要目的。《法国民法典》的制定目的之一,是"希望预见一切、简化一切",排斥法官的自由裁量。⑩正如大陆法系一些学者所指出的:大陆法系制定法典的目的是,"试图对各种特殊而细微的实情开列出各种具体的、实际的解决办法。它的最终目的,是想有效地为法官提供一个完整的办案依据,以便使法官在审理任何案件时都得心应手地引律据典,同时又禁止法官对法律作任何解释"。⑪但严格限制法官的自由裁量并不利于实现公正裁判,尤其是法典本身,往往很难完全与社会实践的变化相衔接,法律漏洞在法典中总是不可避免地存在。这就导致在大陆法系国家,自法典化运动以来,一直存在有关法典的合理性问题的争论。无论是蒂堡(Anton Friedrich Justus Thibaut,1772—1840)与萨维尼(Friedrich Carl von Savigny,1779—1861)的争论,还是潘德克顿(Pandekten)与日耳曼法学派的争论,各种观点不无道理。直到 19 世纪末期,以德国学者埃尔利希(Eugen Ehrlich,1862—1922)为代表的自由法学否定法典的功能,主张自由发现法律、发展活的法律以及马克斯·韦伯强调法典的形式合理性,实际上都涉及法典化与判例或习惯法的争论问题。

在大陆法系,立法机关制定的法典乃是法官适用法律的主要依据,原则上法官无权造法,即不得自行通过判例创设规则。然而,自 19 世纪以来,尤其是自 20 世纪以来,这种体制有很大的改变。一方面,在学说方面,在法典化运动中非常流行的概念法学因为过度强调法律的安全性价值及

---

⑩ Arthur Taylor von Mehren, *The Civil Law System*, *Little*, *Brown and Company*, 1957, p. 72.

⑪ 梅里曼:《大陆法系》,西南政法学院 1983 年版,第 42 页。

法官在适用法律中的机械性作用，因此受到以后各学派的批评。这些学派都强调因法律漏洞的存在而表明成文法存在着固有的缺陷，法官为实现立法者的意旨和社会的实际需要，应当摆脱逻辑的机械规则的束缚，法官在填补法律漏洞方面应发挥其能动性。另一方面，由于自由法学、法社会学派关于主张法官造法、发现"活的法律"等理论的影响，法官实际上已放弃了传统的"审判不依照判例，而依照法律"（Non exemlis, sed legibus, juricadumest）的原则，在实务中，判例的作用日益加强。总体上说，大陆法系学说正呈现出一种积极鼓励法官发挥其在填补法律漏洞方面的造法功能、发现社会生活中的活的法律的发展趋向，这对大陆法的发展产生了十分重要的影响。自20世纪以来，尤其是第二次世界大战以来，大陆法系极大地加强了法官在创制法方面的作用，主要表现在：法官以个人的司法解释方法来弥补法律规定的不足，已经起到了十分明显的效果；同时，法院的判例也逐渐成为法的渊源。⑫ 例如，大陆法系的侵权行为法极为原则和简略，因而法官在实务中通过司法解释的方法创造了大量的规则。如在危险责任方面，德国法在判例中创造了"社会安全义务的违反等同于过失"的规则，并通过对《德国民法典》第823条第1款作扩大的解释使侵权法保障的对象大大拓宽；而法国的法官对《法国民法典》第1384条关于过失责任的规定作出了十分灵活的解释，使过失的内涵及过失责任的适用范围大大拓宽。也有学者认为法国的侵权行为法，主要是由法官的判例和解释组成的法律。正如台湾地区学者朱柏松所指出的，在大陆法系，因侵权行为法过于原则，因此"在法学方法论上，除非其已有特殊的立法予以规范，否则，自只能期待法官造法予以完成。就此点而言，除可谓系侵权行为法学方法论上的一个转变外，亦可谓与英美法的判例法的法学方法论渐趋融合的一种表现"。⑬ 法国学者 Savatier 承认，"《法国民法典》的某些部分已经不再是成文法，而已变成判例法了"。⑭

---

⑫ Arthur Taylor von Mehren, *The Civil Law System*, *Little Brown and Company*, 1957, p. 1136.

⑬ 朱柏松："侵权行为理论发展之新趋势"，载《法学丛刊》1994年第153期。

⑭ 邓衍森："司法判例的规范理论"，载《东吴法律学报》1984年第4卷第2期。

尽管在绝大多数大陆法系国家,并没有明确采纳遵循先例的判例法原则,但判例在补充法典的规定、指导法官办案方面的作用,无疑大大加强了。以德国为例,在第二次世界大战以后,其特别强调判例在补充法典和法律方面的作用。法官通过判例创设了许多新的规则,法院的主要判例都收集在案例报告中定期出版,在实务中,引用判决的比例比较大。如1990年至1995年期间,联邦宪法法院的判决被采用的比例是97.02%,在1992年至1995年,联邦财政法院颁布的判决有99.29%引用判例。⑮ 尤其是"二战"后设立的联邦宪法法院的判例,对联邦和州各级法院均具有严格的拘束力。当然,在德国,无论是在立法中还是在司法中并没有明确采用遵循先例原则,所以在德国,先例只是具有事实上的拘束力,而并不具有法律上的拘束力。⑯ 日本在这方面比德国走得更远。在"二战"以后,日本受美国法律制度影响,开始借鉴判例法,并采纳了遵循先例原则。日本《裁判所构成法》规定,下级法院必须遵循上级法院的判例。依据该法的规定,如果要作出与先例不同的判决时,"就同一法律问题,有与先前一个或两个以上的庭所为判决相反的意见时,该庭应向大审院长报告,大审院长因该报告,依事件之性质,命联合民事总庭、刑事总庭或民事及刑事总庭再预审问及裁判"(第49条)。在日本,最高法院的判例实际上具有严格的拘束力。

日本学者兼子曾指出:"大陆法乃是成文法国家对各个裁判中所表示的法理,并非直接且当然具有拘束力,然而关于制定法的解释、适用,或关于制定法规定的疏漏之处,如有相同意见的裁判通过重复作成的裁判形成的规则,自然具有了补充制定法内容的功能,且具有法源性。"⑰按照美国学者施莱辛格的看法,在大陆法系,由于法官具有公务员的性质和特点,上下级法院的法官之间有一定的等级性,下级法院的法官不想因抗拒上级法院的判决意见而影响自己的晋升。加上遵循先例既省事又保险,因此法官也乐于遵循先例。尤其是判例定期出版公布,也为判例法提供

---

⑮ 王玧:"判例在联邦德国法律制度中的作用",载《人民司法》1998年第7期。

⑯ 骆永家:"判例的拘束",载《台大法学论丛》第12卷第2期。

⑰ [日]兼子:《裁判法》,有斐阁1956年版,第7页。

了条件。[18] 不过,尽管大陆法加强了判例的作用,但并不是说大陆法系国家已完全成为像英美法那样的判例法国家。事实上,大陆法系的判例法和英美法系的判例法是有区别的,表现在:第一,二者关于判例概念的界定不同。在英美法系,判例详细记载双方当事人所争执的事实与双方当事人的辩论意见,然后记载法官的见解;而大陆法的判例一般只是简单地记载事实的概要与法官的法律意见。两者的主要区别在于:英美法的判例强调详细记载案件事实与法官的见解,认为事实与法律适用规则的意见是不可分的,强调二者的联结性;而大陆法的判例主要是记载了法官对某项法律条文的解释意见,判例的作用旨在正确解释法律,而并不是强调事实与规则之间的联结性。[19] 第二,二者对成文法的态度不同。在英美法系,法官主要适用普通法即判例法作为判案的依据。制定法只是作为判例法的"注脚"而被引用的。当制定法与判例法的规则相冲突时,法官一般要采纳判例法的规则,这是英美法系国家的惯例;[20]正如卡多佐所指出的"遵循先例应当成为规则,而不是一种例外"[21]而在大陆法系国家,法官首先要援引成文法作出裁判,只有在成文法出现空白或缺少详细和明确的规定时,才能援引判例进行裁判,因此判例作为法律渊源是次要的。第三,是否采纳遵循先例原则不同。毫无疑问,先例在大陆法系国家具有事实上的拘束力,但在德国、法国等国家,并没有在法律上和司法中明确确认这一原则。即使在日本,虽然在《裁判所构成法》中有类似的规定,但一些学者对其内容是否与英美法的"遵循先例"原则内容完全相同表示怀疑。[22] 无论如何,在大陆法系国家,先例的拘束力尚不如英美法系国家那样严格。

总之,两大法系的发展表明,20世纪以来大陆法系和普通法系在法律形式方面已有逐渐接近或"趋同现象"。

一种趋势是,大陆法系已越来越重视判例的作用,通过判例的形式对

---

[18] 骆永家:"判例的拘束",载《台大法学论丛》第12卷第2期。

[19] 骆永家:"判例的拘束",载《台大法学论丛》第12卷第2期。

[20] Pound, The Theory of Judicial Decision, 36 *Harv. L. R.* 641(1923).

[21] [美]本杰明·卡多佐:《司法过程的性质》,苏力译,商务印书馆2001年版,第94页。

[22] 骆永家:"判例的拘束",载《台大法学论丛》第12卷第2期。

既有的制定法进行补充和改进,在保障法律的稳定和安全性的同时也不断地引进新的法律原则和精神,以使法律在整体上能够及时适应社会发展的需要;法典为什么需要判例补充呢?原因在于,第一,判例有利于克服法典的滞后性。因为法典与不断变化和发展的社会生活相比,总是具有一定程度的滞后性,立法者的理性是受限制的,其不可能预见到未来应受到法律调整的各种情况,并预先将各种解决纠纷的答案均交给司法者,法律总是存在不周延性和模糊性,所以,法律漏洞的存在是不可避免的。即使法律漏洞不存在,司法者也不可能指望每一个案件都可以从现存的成文法中寻求到正确的解决纠纷的答案。为此,需要通过判例予以弥补。[23] 第二,判例使法典更具有实用性和可操作性。现代社会经济生活发展迅速,科技成果日新月异,人们的社会关系总是在发生各种变化,要求司法者通过其创造性的工作,使总是显得滞后的法律完好地解决各种繁杂的、层出不穷的、急剧变化的纠纷,协调各种新的矛盾和价值冲突,从而使法律更好地实现调整社会关系的作用。而法典往往过于原则和抽象,判例制度有利于使法典的规则具体化,便于法典的实施。第三,判例有助于规范法官的自由裁量权。司法过程也并不是一部自动售货机,只要投进一定的事实便能产生应适用的法律规则和裁判的结果。概念法学派曾经期望成文法典可以解决全部案件的裁判问题,看来只能是一种幻想。由于存在法律漏洞,这就需要法官通过判例加以弥补。在现代社会,司法要完成其应尽的正确适用法律的职责,则必须具有一定程度的能动性和创造性。[24] 但法官的自由裁量权过大,则可能造成司法裁判的专横,因此,判例有利于指导和约束法官的裁判行为,保证司法的统一性。正如学者所指出的,通过遵循先例的原则,使相同的或大体相同的事实情况,获得相同的或大体相同的判决,类似问题通过类似方法解决,[25]而不会出现同样的案情具有不同判决的结果的情况。裁判结果的相同性是保持法的确

㉓ 徐国栋:《民法基本原则解释——成文法局限性之克服》,中国政法大学出版社 1992 年版,第 137 ~ 143 页。

㉔ 张志铭:《法律解释操作分析》,中国政法大学出版社 1999 年版,第 2 页。

㉕ [美]A. L · 考夫曼:《卡多佐》,张守东译,法律出版社 2001 年版,第 214 页。

定性（certainty）和可预测性（predictability）所必需的，是符合人类正义性要求的。[26] 第四，判例可以保持民法典的开放性。尽管法典在其施行一段时期以后，可以考虑采用再法典化等手段来延续法典的生命力，但法典的修改或者重新制定成本很高，法典的体系性追求也使法典的修改更为困难。尤其是法典的修改旷日延时，不能即时解决相应问题。显然，解决法典化的消极效应的最及时最有效手段还是判例。[27]《法国民法典》两个多世纪以来的成功在很大程度上应当归功于判例。例如，法国的侵权责任法就是由法官通过判例发展起来的。[28] 正如法国学者撒宛蒂（Savatier）指出，"《法国民法典》的某些部分已经不再是成文法，而已变成判例法了"。[29]

另一种趋势是，英美法也越来越重视制定法，使法律更具有形式的合理性。判例法之所以需要与成文法结合，其原因在于，第一，成文法有助于使法律规则体系化。由于判例法以经验主义为特征，形式合理性不高，规则缺乏体系性。马克斯·韦伯认为，形式合理性是欧洲法律所具备的一个特征。形式的合理性的法律与形式的合理性的企业、形式的合理性的官僚制都是联系在一起的，它们都具有高度的可预测性（Berechenbarkeit），而法典化正是形式合理性的重要内容。[30] 法典有统一的格式、规范化的语言文字，并能够联结起来组成一个协调的规则体系，它在整体上具有逻辑上的一贯性和条文之间的关联性，法典的最大好处是能够体系化，并提供一套基本的行为规则，且在内容上可以是逻辑严密、前后一致的。庞德认为，法典是对"整个法律内容的完整的立法表述"。[31] 第二，成文法有助于提供明确的裁判依据和行为规则。判例汪洋大海，许多甚至是过去数百年前的判例，它们形成了卷帙浩繁、汗牛充栋

㉖ R W M Dias, Dias Jurisprudence, Aditya Books, 1976, pp. 164－166.

㉗ See Arthur Taylor von Mehren, *The Civil Law System, Little, Brown and Company*, pp. 1136, 1957.

㉘ 邓衍森："法律哲学上司法造法的若干问题"，载《东吴法律学报》1977 年第 4 卷第 2 期。

㉙ 邓衍森："司法判例的规范理论"，载《东吴法律学报》1977 年第 4 卷第 2 期。

㉚ ［美］艾伦·沃森：《民法体系的演变及形成》，中国政法大学出版社 1992 年版，第 32 页。

㉛ Pound, *Sources and Forms of Law*, pt 22 Note Dame Law 1. pp. 71－72(1946).

的判例汇编。这些汇编不仅使人们感到神秘莫测,就连法律职业者也常感到过于复杂和困惑。因此,判例很难为一般民众所理解,难以为人们的行为提供明确的规则指引,也可能导致法官裁判的不统一。第三,成文法在内容上具有全面性,能够覆盖社会生活的基本方面,对市民社会中需要法律调整的主要社会关系能够提供基本的法律规则。成文法内容的全面性,又称为完备性(comprehensive),是指将同一领域同一性质的法律规范,按照某种内在的结构和秩序整合在一起。“法典编纂是一系统性的表述,是以综合和科学方法,对特定国家内一个或若干法律部门诸普遍和永久规则加以组织的整体。”[32]而法典是调整社会关系的法律规则的集中统一,其内容全面、完整。法典提供了一种逻辑性的规则体系,容易被人们所理解。Lobinger 指出,法典化不同于一般的立法的特点在于法典“包含了各种有效地控制主体的法律规则的完整性、逻辑性、科学性”,[33]通过成文法,能够实现资讯的集中,使裁判规则和行为规则体系化,这既有利于法官适用法律,也便于人们遵守法律。

二、判例制度在中国的地位及其完善

在我国,自改革开放以来,在法制方面取得的重大成果首先表现在立法方面。迄今为止,我国已经颁布了《刑法》、《刑事诉讼法》、《民事诉讼法》等具有法典性质的法律以及《民法通则》、《公司法》、《合同法》、《证券法》等许多重要的民事经济法律。在刑法典修改完毕以后,民法典的起草工作已经着手,并被确定为九届人大必须完成的工作目标。尽快制定一部民法典,已成为学术界和司法界的一致呼声。民法作为调整市场经济关系的基本法,其健全程度直接关涉法制建设的进展。从世界各国的立

㉜ [法]让·路易·伯格:“法典编纂的主要方法和特征”,郭琛译,载《清华法学》(第8辑),清华大学出版社2006年版,第13页。

㉝ Lobinger, *Codification*, in 2 Encyclopedia of the social sciences 606, at 609—610(1930, Reissued 1937).

法经验来看，大陆法系国家都以民法典的颁布作为其法制成熟程度的一个重要标志。民法典是更高层次的成文法。[34] 我国要建立市场经济体制，大力发展市场经济，需要建立并完善一套市场经济的法律体系。而建立这样一套体系，就必须尽快制定民法典。自《合同法》颁布以后，我国立法机关对民法典制定采取的分阶段、分步骤的战略适应改革开放不断深化、社会主义市场经济体制发展完善的客观需要，也符合人们对依法治国、建设社会主义法治国家认识的深入。但是，分阶段、分步骤制定出的民事单行法律，受到制定时的时代背景、经济社会发展条件、认识水平、立法技术的限制，由于社会的发展，早期制定的法律与晚期制定的法律之间难免出现不协调现象，常常出现顾此失彼的法律冲突。且制定单行法的方式也给找法带来一定的困难。比如：同样是“消费者以商品有瑕疵为由要求退货赔偿”，有的法官援引合同法，有的援引侵权责任法，有的援引产品质量法，有的援引消费者权益保护法……从庞大的单行法中去寻找裁判依据是非常困难的，找到的法律规定很有可能是相互冲突、矛盾的。因此，在民法体系中最主要、起支架作用的法律基本形成的基础上，应该对现有民事单行法加以有机地融合与协调，从而编纂形成统一的民法典。这样做，可以实现“资讯集中”，即只要手中有一部民法典，就可以找到最为基本的裁判规则；可以实现“体系分明”，即形成了完整的一般法—特别法的总分结构体系，使人们先适用特别规定，在没有特别规定时，适用总则规定；可以实现“价值统一”，即将民法的价值贯彻在整个法典之中，获得立法目的协调统一。可以说，制定民法典是完善我国社会主义法律体系最为重要的举措。

但是，在制定民法典的同时，也应当充分发挥判例的作用。如前所述，20 世纪以来法律发展的一个重要特征是两大法系正在不断渗透、融合、接近，判例法和成文法各有利弊，需要相互补充。所以，我们在加强立法特别是制定法典的同时，也不应当忽视判例的重要作用。我国历来具有以成文法为主导、判例法为补充的传统。古籍中曾有“陶（舜时的司法官）造

---

[34] 薛军：“民法典编纂的若干理论问题研究”，载《清华法律评论》第 2 辑。

律”的记载,而“法”的原始字义与“断狱神兽”联系在一起,据此有学者认为,中国“法生于例”,法律是在判例的基础上形成的,这一看法不无道理。[35] 自春秋时期,李悝制定《法经》,其后商鞅变法,改法为律,中国逐渐步入较有系统的成文法时代。从秦朝开始,历代相继制定的较为重要的成文法有《秦律》、《九章律》、《曹魏律》、《新律》、《晋律》、《北齐律》、《唐律疏议》、《宋刑统》、《大明律集解附例》等。尤其是清末修律时,由沈家本主持,借鉴德国、日本的法典的模式,而制定了《大清现行刑律》、《大清新刑律草案》、《大清民律草案》等一系列重要的法典。自此以后,大陆法的经验完全引入中国。然而,尽管中国历代十分重视成文法,且在清末变法以后继受了大陆法的体系,但成文法的局限性决定了在司法实践中判例一直都发挥着重要的作用[36]。在春秋战国时,荀子曾说:“有法者以法行,无法者以类举,听之尽也。”[37]类举就是在无法律可引用时依判例断案。[38] 在秦律中详细地记载了各种案例,成为官方整理出来供以判案的依据。《睡虎地秦,墓竹简》中记载的“廷行事”就是判例的意思。[39] 汉朝时,将经过朝廷整理出来的断案成例称为“决事比”。“决事比”就是比照前例推理断案。如《汉书·刑法志》说:“若今律,具有断事,皆依旧事断之,其无条,取比类以决之,故云决事比。”唐朝时法典包括律令格式,格就是判例,可见判例仍是判案的重要依据。如唐高宗时,详刑少卿赵仁本曾撰写《法例》三卷,“引以断狱”时议亦为折中。[40]《旧唐书》中多次提到“法例”一词,即指判例。宋朝虽主张以律为主,但仍以例代格,且以例破律现象十分普遍,以判决的主文作为法律,称为“新格”。而至明清时期,律与例并存,导致判例法的迅速发展。明朝《皇明条法事类纂》就详细记载了司法中适用判例的情况。清朝乾隆时曾颁布了《大清律例》,并经常进行修改。在大清律例纂成时,王凯泰序云:“断罪有律,而准情有例,‘律’守一

---

[35] 张晋藩:《中国法律的传统与近代转型》,法律出版社 1997 年版,第 237 页。

[36] 刘笃才:“中国古代判例考论”,载《中国社会科学》2007 年第 4 期。

[37] 参见《荀子·君道》。

[38] 张晋藩:《中国法律的传统与近代转型》,法律出版社 1997 年版,第 241 页。

[39] 睡虎地秦墓竹简整理小组:《睡虎地秦墓竹简》,文物出版社 1978 年版,第 149 页。

[40] 参见《旧唐书·刑法志》。

定，而‘例’则因时为变通。”律与例合一，构成法律适用的完整体系。尽管自清末修律以后，我国完全继受了大陆法，走上法典化道路，但民国以后判例仍然具有拘束力。例如，1914 年“民国三年统字第 105 号及七年统字 809 号。”“诉讼通例，惟最高法院判决之可以为先例者，始得称为判决例。”“上告审发还更审之案，关于该案法律之见解，依法院编制法，下级审判衙门，自应受其拘束。”此项判决例与附于律的条例同样具有拘束力。至 1935 年的国民法政府《法院组织法》施行，依其第 25 条规定，最高法院判决仍具有拘束力。这与当时的德国和日本的做法并不完全相同，可见我国重视判例作用的传统，并未因清末修律而彻底改变。但在我国，判例的主要功能是补充制定法的不足，使制定法具体化，在一些朝代都由朝廷修订、编纂，以作为官方的准则。在我国历史上也并没有明确确认遵循先例的原则，判例一般不得与制定法相违背。[41] 在这一点上，与英美法的判例法作为法官判案的主要依据是不同的。当前，建立判例制度不仅将我国中华法学重视判例的传统得以保持和发展，而且也是完全符合当今世界各国法律发展的趋向的。

要建立判例制度，首先是要承认判例作为法的渊源。不过，判例作为法源并不意味着建立判例法。要建立判例法还必须采用遵循先例原则，因为遵循先例是判例法的重要原则和特征。笔者认为，尽管我们要建立判例制度，但不可能完全采纳英美法系的遵循先例的原则，然而某些判例又必须具有一定的拘束力，以起到指导法官判案的作用；否则，就不可能真正建立判例制度。笔者建议，某些判例应当具有如下拘束力：第一，最高法院的判例对下级法院的判决应当具有一定的拘束力；第二，上级法院的判决应当对下级法院具有一定的参考和指导作用；第三，同一法院的判决应对该院的涉及相同事实的其他判决具有一定的拘束力；第四，同一法院的判决应对其他法官具有一定的参考作用。只有在赋予某些判例必须具有一定的拘束力的基础上，才能建立中国的判例制度。从当前我国的司法实践来看，建立判例制度具有如下重要作用：

---

[41] 张晋藩：《中国法律的传统与近代转型》，法律出版社 1997 年版，第 242 页。

第一，判例有助于保障裁判的公正性。因为法典不能自动适用，需要通过解释以后才能够适用。尤其是法典的条款具有较大程度的抽象性，法官对它的理解不可能完全一致，这种差异性的产生单纯地通过解释也不能解决问题，在判例制度建立以后，通过遵循先例的规则，将抽象的规则通过个案的判决具体化，有利于法官在司法实践中正确理解和适用抽象的法律规则。[42] 判例要求法官在针对具体案件的适用时需要遵循先例的约束，这不仅有助于增强判决的说理性，而且也能够保障法典的规则的"类似问题类似解决"，保障了裁判的公正性。[43]

第二，判例有助于保障法官准确适用法律。判例本身是正确适用法律、解释法律的样板，因此，遵循先例实际上为法官正确适用法律提供了指导。一方面，判例准确地阐释了法律条文与特定的事实之间的相互联结性，使法律条文的含义、立法者的意图、立法原则透过特定的案例得到具体表述和阐述，使法官真正理解应该如何针对特定事实适用法律。尤其是在我国，由于法官素质普遍不高，以例释法、以例说法，能够使法官更好地理解法律，并准确地适用法律。另一方面，判例是对法律的具体、活生生的解释。抽象性的司法解释不能结合具体案件事实而具体地、富有针对性地解决各个法院在审判工作中的法律适用问题，虽然在一定程度上能够使法律的抽象度更为降低或增加法律规定的清晰度，但较之于判例的解释方式而言，在针对性方面明显不强。[44] 因此，只有司法解释判例化，才能为法官直接提供解决问题的具体方法，才能充分发挥司法解释在指导审判工作方面的作用。可见，通过判例解释法律填补漏洞，是准确适用法律的方法。

第三，判例有助于提升裁判质量。众所周知，目前我国司法审判中法官的裁判质量不高，最突出地表现在判决书的质量较低，绝大多数判决书缺乏说理和论证，法官办案只是就案办案，一份判决书只是为了了结一个

---

[42] 参见陈光中等："关于我国建立判例制度问题的思考"，载《中国法学》1989 年第 2 期。

[43] 石佳友：《民法法典化的方法论问题研究》，法律出版社 2007 年版，第 70 页。

[44] 沈宗灵主编：《法理学研究》，上海人民出版社 1990 年版，第 243 页。

案件,[45]至于为什么要认定某一证据而不认定另一证据,为什么要适用某一法律条文而不适用另一个法律条文,被适用的法律条文为什么与案件的事实有联结性,一方的请求为什么应获得支持,另一方请求为什么应予驳回等,在绝大多数判决书中未能充分地说明。判决书质量低,直接影响了人们对司法公正的信任,也使司法的权威性难以确立。当前为保障司法公正、提高裁判质量,必须通过建立判例制度为法官制作判决书提供良好的样板。每一个先例都是在事实的认定和说理方面的标本,法官必须参考先前的判决来制作判决书,既要讲清楚事实,又要讲清楚道理,做到严格执法、以理服人、公正裁判。[46]

第四,判例可以保持司法裁判的统一性。一方面,按照遵循先例的要求对于相同或相似的情况,必须适用相同的规则,判决的结果应当大体保持一致。目前,由于我国没有判例制度,以致在案情相同或相似的情况下,上下级法院及同一法院的不同合议庭之间的判决很不一致,造成人们对司法公正性产生怀疑。[47] 因此,在建立判例制度以后,一旦先例建立起来,则法官在制度中受先例的拘束,从先例中领悟解决同类问题的正确思维模式和方法,并使相同案情达成大体相同的裁判。另一方面,在遇到"法律漏洞"的情况下,如果先例中已经确立了填补漏洞规则,则应依据先例确立的规则作出裁判;如果先例中没有确立具体的规则,法官应选择准确地填补漏洞的先例作为参考,根据法律的解释规则填补漏洞。总之,一旦判例制度建立起来,法官不可随意地行使自由裁量权,而应受对法律的适用和准确的裁判起示范作用的先例的拘束,从而有助于保证裁判的一致。[48]

在我国,保持裁判的大体一致性是必要的。法院的判决是法官对事实和法律的判定及认识所作出的决定,它体现了一定程度的主观价值判断。然而,法律和特定的案件事实又是客观的,法官应当努力从客观存在的事

---

[45] 王玧:"浅谈判例指导",载《人民司法》1998 年第 9 期。

[46] 参见:陈光中等:"关于我国建立判例制度问题的思考",载《中国法学》1989 年第 2 期。

[47] 王玧:"浅谈判例指导",载《人民司法》1998 年第 9 期。

[48] 参见陈光中等:"关于我国建立判例制度问题的思考",载《中国法学》1989 年第 2 期。

实中寻求可适用的规则,从而使裁判的结果尽可能具有客观性。法律价值体现的结果,可使人们充分理解法律所追求的价值,这些具体化价值的逐渐累积,可使人们更明确法律所追求的价值。㊾ 假如判决是杂乱无章的,将会使人们对法律的理解产生各种杂乱的信号,甚至无所适从,严格执法也成为一句空话。因此某一特定的案件事实应当与特定的规则相联系,法官应当根据特定法律适用出特定结果,从而使当事人对法律产生合理的预期。各个案件事实只要是相同的或大致相同的,应当具有大体相同的裁判结果,至少这些结果彼此间不应有重大差距甚至相互矛盾。如果先前裁判是公正的或基本上是公正的,则应尽可能与这些判例保持一致;若与这些裁判结果不一致,则应具有充足的理由。当然,要使法院的裁判保持大体的一致性,从根本上说,需要建立判例法制度,采纳"遵循先例"的原则。㊿

从实践来看,大多数下级法院和法官都有遵循上级法院判决的倾向。根据一些学者的考证,直接上级法院的判决较间接上级法院的判决对下级法院具有更强的影响,"在直接上级法院的判决中又有一审判决和二审判决的区别,二审判决中还有对本院的二审判决和对他院的二审判决。在这三类判决中对本院原审的二审判决了解最清楚,影响最直接,感觉最强烈,所以直接上级法院对本院原审的二审判决具有很强的说服力和影响力"。[51] 可见,尽管我国没有建立判例法制度,但上级法院的判例已经以不同的形式,在不同程度上发挥了对下级法院的判决的拘束力。这也为我国建立判例法制度,提供了有益的经验。

承认判例为一种法律的渊源,并不意味着它可以改变立法的规定。在我国现有的体制下,司法的主要任务仍然是执行法律而不能随意制造法律,司法可以填补法律漏洞,但不能随意改变立法的规定。

㊾ 吕荣海:《法律的多元性》,台湾 1987 年版,第 173 页。

㊿ 参见钟建华:"关于借鉴判例制度的几个问题",载《中国法学》1989 年第 6 期。

[51] 董皞:《司法解释论》,中国政法大学出版社 1999 年版,第 361 页。

三、建立判例制度的若干问题

(一)制作和发布先例的法院

建立判例制度需要确认遵循先例的原则。从上述的分析可见,我国审判实践中上级法院判决对下级法院的判决一直是有拘束力的,尤其是直接上级人民法院的判决对上级人民法院的判决具有明显的拘束力。产生这种现象的原因在于:一方面,上下审级的关系使下级法院不得不尊重直接上级法院的判决,否则其判决会被上级法院改判;另一方面,在法院内部推行错案追究制的过程中,不少法院将判决被二审改判的案件也作为错案对待,对办案者将给予一定的处罚,一些法院尽管没有此种规定,但仍然有一个不成文的习惯,即将二审改判率作为业绩考核的一个指标,改判率越高,越表明承办人员工作存在问题。笔者认为,此种观点和做法是不正确的。这些因素都导致了一审法院的法官对二审法院的判决的高度重视或尊重。所以,如果确认遵循先例的原则,并且将该原则的内容限定在下级法院的法官在裁判中应当遵循上级法院的判决方面,则在实践中是完全可行的。在实践中许多法院已经大体上采纳了这一规则。

然而,遵循先例的原则不应当仅仅限制在上级法院的判决特别是直接上级法院的判决对下级法院的拘束力上,而且还应当表现在各级法院的判决对本院的法官以及下级法院的法官产生拘束力。这就涉及判例的制作和发布主体,即判例究竟应由哪一级审判机关制作和发布,对此存在着几种不同看法:第一种观点认为,应当客观地面对现实,承认各级法院都具有司法解释权,同时都具有制作和发布先例的权力,只是先例的拘束力的范围不同。第二种观点认为,英美法的判例法不适合缺乏判例法方面经验的中国法官,从中国的实际情况出发,只能由最高人民法院制作和发布先例。第三种观点认为应根据不同的情况来区分判例的制作主体。凡属于立法性质的类推判例或者具有司法解释功能的判例,必须由最高人民法院制作;而对于仅具有参照指导性作用或者法制宣传作用的判例,则各级法院都有权制作和发布,但只能对本辖区内的审判工作具有指导作用。上述各种观点都不无道理。笔者认为,主要应由最高人民法院制作和发布先例,其理由在于:

第一,判例的重要功能在于解释法律,而目前依据法律规定,只有最高人民法院享有司法解释的权力,其他各级人民法院并不享有此种权力。因此,从司法解释权上尚不能证明各级法院具有制作和发布判例的权力。

第二,判例应当少而精,注重质量而不是数量。我国每年由各级法院制作的判决书多达几百万,绝大多数在质量方面离标准判例的要求相去甚远,大多数法官尚不具备制作判例、确定先例的水平。因此,不能使这些判决都成为先例。此外,也没有必要使多达几百万的判决都成为先例。因为,一旦判例过多、浩瀚似海,则法官在选择先例方面反而会茫然不知所措,同时也给律师甚至法官随意选择规则提供了方便。

第三,由于判例常常具有填补法律漏洞的作用,因此制作和发布旨在填补法律漏洞的判例更应严格限制。如果各级法院都享有制作和发布判例的权力,随意通过判例填补法律漏洞,很难保证其中相当一部分判例与立法的精神、目的和原则相吻合。

诚然,仅允许最高人民法院有权制作和发布判例,并不意味着各级法院不得发布具有参照指导性作用或者法制宣传作用的案例,这些案例的制作对保障法院严格执法、提高办案质量是极有价值的。而且,事实上直接上级法院的判决对下级法院具有拘束力,本法院的判决对本法院的法官也具有拘束力。从中国的实际出发,笔者认为,在确实遵循先例的原则时可以分两步走:第一步要确定三项规则:第一,最高人民法院的判决对全国各级法院都有拘束力;第二,直接上级法院的判决对下级法院具有拘束力;第三,本法院的判决对本法院的法官具有拘束力。经过一段时间的实践可以进一步确认如下规则:本省市上级法院的判决对下级法院具有拘束力,外省市同级的和级别较高的法院的判决对本省市同级的和级别较低的法院具有拘束力。当然,在采纳后一项规则时也要考虑各地的经济发展水平、民间的习惯和交易惯例的不同,而不能简单地照搬其他法院的判决。

（二）关于判例的来源

在确立遵循先例原则以后，需要确立良好的先例，并赋予这些先例在一定范围内的拘束力。由于最高人民法院亲自审理的案件并不很多，且在这些案件中，虽然案情复杂或标的数额很大，但并不一定在法律适用方面较为典型。所以，仅仅以最高人民法院亲自审理的案件作为判例是不妥当的。笔者认为，由最高人民法院制作和发布的判例，既包括由最高人民法院亲自审理的在法律适用方面较为典型的案例，也包括全国各级法院向最高人民法院请示的存在法律适用问题的典型案例，尤其应包括各地法院向最高人民法院上报的、由最高人民法院经过认真挑选和筛选的判例。

事实上，目前《最高人民法院公报》上公布的案例及中国高级法官培训中心与中国人民大学法学院合编的《审判案例要览》中收集的案例，均来自于全国各级法院，这些案例对法院的正确办案已起到很好的指导作用，只是因缺乏遵循先例原则而使这些案例尚不具备拘束力。

（三）关于判例的制作标准

第一，关于判例形式的统一。判例应当是充分说理的典范，因此在证据认定、对双方当事人请求的答复、法律的适用等方面都应当详细地说理和论证。如果对该案存在着不同的分歧意见，应当将分歧意见列出。至于发布机关的倾向性宣传、专家的评论等不一定要在判例中列出。为此，需要由最高人民法院就判例制作标准规定统一格式和要求。

第二，关于判例审核的程序。由于最高人民法院发布的判例将在全国范围内产生拘束力，因此必须根据一定程序对判例进行严格挑选和审核，防止出现判例与现行法规定不符或者裁判本身出现错误等问题。有一种观点认为，最高人民法院发布的判例都必须经过审判委员会审核，此种观点有一定的道理。然而，随着判例制度的建立，每年将要颁布许多判例，如果这些判例都由审判委员会审核、讨论，则审判委员会的工作负担过重。据此，笔者建议，最高人民法院内部要成立专门的挑选和审核判例的委员会，该委员会主要由业务能力很强的法官参与，必要时也可吸收某些专家学者甚至律师加入，通过该委员会的认真挑选和审核，从而确保判例的质量,同时对各级法院向最高人民法院报送案例的程序作出具体的规定。

第三,关于新旧判例的更替。判例发布后,并不是永远都具有拘束力,经过一段时间后可能与新的立法及社会的发展不相适应,这就需发布新的判例代替旧的判例。

第四,关于判例的公布。目前法院在公布案例形式方面很不一致,如有的采取内部《案件选编》的方式公布,有的以内部文件形式下发,有的通过公开出版的著作下发。如果要建立判例制度则必须要明确统一的公布方式。笔者认为,判例既然由最高人民法院发布,则应在《最高人民法院公报》上发表,每年或每季度由最高人民法院整理,汇编成书公开出版。

(四)关于判决书的说理

判例必须要说理。判例不同于一般的案例之处就在于,判例具有充分的说理,否则就不是判例,而只是一般的案例。

强调判决理由的充分性,可以说是自普通法形成以来的传统做法,也可以说是法官应尽的义务。普通法强调判决理由的充分性在于:一方面,普通法本身是法官创立的法律,普通法的规则主要都是从法官的判决理由中引申出来的,正如坎普所指出的"由于法官要解释法律,因此要创造法律。我们必须注意到,司法判决本身要形成法律规则。美国联邦法院和各地法院的法官在过去两个世纪所作出的成千上万的判决已经成为法律的重要组成部分"。[52] 正是由于判决的重要性,因此判决中要详细分析过去的先例、法律规则的含义以及特定案件的联结性等。[53] 另一方面,普通法强调判决理由,也是由于法官受"遵循先例"原则的拘束,必须详细阐述有关的先例对特定案件的可适用性。由于对特定案件常常会存在不同的判决理由,或者会对先例的可适用性存在不同的理解,因此需要法官在判决中详细说明选择某一先例的理由以及对规则的解释等。[54] 此外,强调判

---

[52] Robert A. Corp. & Ronald Stidbam, *Judicial Process in America*, p. 4, A Division of Congressional Quartly, Co. 1993.

[53] Robert A. Corp. & Ronald Stidbam, *Judicial Process in America*, p. 4.

[54] Stone, *The Province and Function of Law*, 1950, p. 275.

决理由的充分性，也有助于限制法官的自由裁量，保障裁决公正。正如伯曼所指出的，美国人常常把法官公布的判决理由看作是抵御法官刚愎和专横行为的最主要的保障，因为，详细撰写了判决理由的文件将受到大众的审查和批评，使法官滥用权力受到公众严厉监督，从而杜绝此行为，并使法官的裁判权必须受到上诉审的约束。[55] 所以，在普通法系国家，法院出具的判决书内容具体，推理非常严谨，法官往往从某一个具体的案件出发，通过该案件的审判，阐发或归纳出一项有普遍指导意义的解释规则，而在许多判决书中，判决理由部分常常写得十分冗长。[56] 在美国，司法判决的执行并不存在执行难的问题，在很大程度上是因为"这里的司法判决经常像一篇说理极其充分的论文"，这样在大多数情况下，败诉当事人会很服气地接受判决结果。[57]

在大陆法系国家，由于成文法制度的背景，由于法官不能创制有拘束力的先例，因而其判决通常仅局限于可适用的法律条款的分析，而不必要像英美国家的法官在判决中那样全面推理，然而，在大陆法系国家，强调判决书的说理仍然十分重要。正如迪威（Dewey）所指出的："法院不只是作判决而已，他们还必须解释其判决，解释的目的是在说明判决的正确理由如何……以证明它不是武断的看法，能使当事人心服口服于法官的权威或威信，因为法官的判决是一个合理的陈述，它有充分的理由，而且显示出判决理由的相关的或逻辑的结构。"[58]尤其是在现代社会，在大陆法系司法的功能和作用日益扩大，司法的能动性也越来越强，法官不仅可以解释法律并且在解释过程中填补法律的漏洞，而且司法在制衡行政权方面日益发挥出重要作用，这就更需要在判决中详细阐述理由，以表明裁判的公正性和合理性，并限制司法的专横。还应当看到，成文法的演绎推论的方

---

[55] ［美］哈罗德·伯曼：《美国法律讲话》，三联书店1988年版，第20～23页。

[56] 如在弗吉尼亚的一个州法院，一位法官在判决书中花了好几页的笔墨阐述为什么对一个不愿意埋葬已死的老鼠的囚犯进行惩罚的理由。另一个在Pennsylvania的联邦法官，在判决书中对一个涉及拍摄照片的不当行为，宪法第一修正案是否应予以保护问题作出了长篇大论。参见Robert A. Corp. & Ronald Stidbam, *Judicial process in America*, p. 15。

[57] 参见《南方周末》1998年1月30日版。

[58] Dewey, *Logical Mothed and Law Hall*, Reading in Jurisprudence, p. 350.

法决定了法官的判决及当事人的请求无法通过法律规范而只能借助具体的判决中的理由来阐述。加之成文法产生的历史悠久,理论基础深厚,法律规范体系编排严谨,这就更需要借助法官的判决尤其是判决书中的判案理由来达到活的、变动不居的社会生活与死的、刻板固定的法条之间的沟通。[59]

以大陆法系国家的代表德国为例,在1911年第二届德国法官会议上,与会的法官发表声明指出,法官没有作出具有充分的理由的判决是可耻的。第二次世界大战以后,德国形成了固定的判决公开制度,即所有判决都要公开,每个法官都要对他的判决负责,允许社会公众尤其是法律界人士对判决理由和判决结果作出评述。而法官的裁判质量及个人素质对法官形成很大的压力。据调查,德国法官在审理一个案件中,大约用43%的时间花在判决书制作上。[60] 尤其应当指出,近几十年来,德国某些法院开始实行在判决书中表达法官不同意见的制度。1970年德国一部法律授权德国宪法法院可在判决中表达不同的意见。不过,德国宪法法官对此仍然持反对态度。[61] 从以上分析可见,在判决书中详写判决理由,历来是两大法系的法官所应当遵循的准则,随着社会的发展,对于充分阐述理由的要求也越来越高。

我国《民事诉讼法》第138条明确规定,判决书应当写明"判决认定的事实、理由和适用的法律依据"。[62] 但事实上,很长时期以来,法官只注重事实的调查与认定,不重视判决的说理。在法院内部,对司法裁判的要求通常是"通俗易懂、简洁明了"八个字,这在过去因法律很不健全,人们的法制观念相对较弱的情况下,无疑是不得已的做法。[63] 随着经济建设和法

---

[59] [美]埃尔曼:《比较法律文化》,贺卫方等译,三联书店1990年版,第230页。

[60] See John. H. Langbein, *The German Advantage in Civil Procedure*.

[61] See Zweigert, Empfiehlt es sich, die Bekanntgabe der abweichenden Meinung des überstimmten Richters(Dissenting opinion) in den deutschen Verfahrensordnungen zuzulassen? 1. Verhandlungen des Siebenundvierzigsten deutschen Juristentages D1—59 (1986); 2rd. R6—149 (1969).

[62] 该条已修改。2012年新修订《民事诉讼法》第152条明确要求"判决书应当写明判决结果和作出该判决的理由"。

[63] 沈福俊:"司法裁判改革探析",载《法商研究》1994年第3期。

制建设的迅速发展，人们的法制观念和权利意识普遍增加，对司法的公正和裁判的正义要求也越来越高。在此种情况下，仅仅对判决书提出“简洁明了”的要求是远远不够的，而必须严格依据《民事诉讼法》第138条的规定，在民事、经济案件判决书中详细写明判决理由。

从目前我国司法裁判的现状来看，民事经济判决的说理部分普遍存在说理不充分且缺乏针对性的问题。有的判决根本不针对当事人的主张和依据来说理；有的判决在援引法条作出裁判时，并不说明为什么依据该条而不是依据其他法律条文、为什么依据该条就能够得出裁判结论；有的判决则采取“一句话主义”，即“上述事实，有事实证据证明”或“上述事实，证据确凿”，[64]使人难以知道为什么法官要认定某一证据而不认定另一证据、认定该证据的理由究竟是什么，从而也难以对法官基于该证据认定的事实的真实性表示相信；有的判决直接援引法律原则（如公平原则或公序良俗原则等法律原则）进行裁判，毫无针对性；有的判决所认定的事实与援引的法条缺乏联系，两者之间发生脱节，凡此种种，都表明民事判决书缺乏充分的说理论证，已经成为社会广为诟病的对象。

西方有一句法律谚语，称为“不仅要实现正义，而且要让人们看到正义是如何实现的。”法律要给人以公平，则要证明公平在何处，法官要认定某人承担责任，就要讲出充足的道理，提出能使人信服的理由。彼德·斯坦提出：“法律的诉讼性质要求必须有一方胜诉另一方败诉，义务是否被履行，契约是否被违反，财产是有还是无，被告是否犯了指控的犯罪行为，都必须有一个明确的答案。”[65]如果判决中不谈理由，即使该答案是正确的，也难使人相信其合理性和公正性，甚至认为它是武断的、专横的。判决书说理，是使人民群众从个案中感受到司法的公平正义的需要。俗话说：“有理走遍天下，无理寸步难行。”司法的固有特性决定了法院是最讲逻辑、最讲道理的地方，人民群众之所以将纠纷提交到法院，正是为了寻找说理的地方。如果判决书不讲道理，就意味着司法不讲道理，老百姓也

---

[64] 沈福俊：“司法裁判改革探析”，载《法商研究》1994年第3期。

[65] ［美］彼得·斯坦：《西方社会的法律传统》，王献平译，中国人民公安大学出版社1990年版，第111页。

就没有其他的地方可以说理了。在实践中,某些判决从结果上看,对当事人双方是公平合理的,但因为欠缺说理,导致一方或双方都不相信该判决是公正的,甚至出现无休止的缠讼、上访,从而引发很多社会问题。

判决书说理,是践行司法公开、促进司法公正、增进司法权威的重要举措。司法公开不仅仅是程序的公开,还表现在裁判结果、裁判过程的公开。尤其是法官应当将其在裁判过程中的心证公开,即将其内心确信的形成过程向社会进行公开。判决需要强化说理,首先就是为了说服法官自己。这就要求案件裁判结果必须要有正当理由的支撑,如果缺少充分的说理论证,法官连自己都无法说服,如何说服别人?只有强化判决说理,才能实现裁判的公正。一份充分说理的判决,本身就表明法官在裁判过程中是公正司法、不偏不倚的,这也是法院裁判正当化的重要依据。

判决书说理,是辨明是非、使当事人服判息诉的重要方式。判决说理是“以事实为依据、以法律为准绳”原则的基本要求,如果法官充分展示了裁判理由,当事人知道究竟赢在哪里、输在何处,大多数当事人是能够理解和接受的。裁判的说理本身具有引导人们正确行为的功能,因为在判决中辨法析理、定分止争、阐释规则,不仅是具体案件的当事人能够感受公平正义的方式,也是让整个社会感受司法公正的重要方式。人们可以从充分说理的裁判中形成合理的预期,知道自己应该做什么、不应该做什么,这也是判决与调解在功能上的一个重大差异。

判决书说理,是强化社会监督的需要。只有充分说理的判决才经得起社会的评价。尤其是在信息畅通的网络时代,网络监督的功能已经发挥着很大作用,每一个个案都可能在网上公开,引起社会公众的普遍关注。社会的关注不限于对判决结果的简单关注,而更体现在对判决是否详细说理的关注。这不仅反映了我国公民法律素养的普遍提升,也反映了公民对司法公正的强烈期待。从这个意义上说,判决的说理是回应人民群众对司法期待、强化社会监督的重要内容。判决的充分说理,可以有效地减少社会对法官的质疑,能够有效地规范自由裁量,防止司法专横、恣意裁判。

每一份判决都是法官向社会呈现的一份答卷。在国外,一份判决可能是一篇绝佳的论文。当然,要求判决书都成为学术论文,这显然是不现实也是不必要的,但每一份判决书至少都要讲出充分的理由,这样的要求并不过分,甚至是社会对法官提出的基本要求。在封建社会,许多朝代都规定,官吏如果不能自写述职公文,应被免职。在当今社会,法官在其判决中详写理由,乃是其基本职责,如果做不到这一点,很难说该法官是称职的。可以说,民事、经济判决,理由说得越充分,越说明法官是忠实于法律、认真维护当事人合法权益的。凡是说理透彻的判决,也足以说明该法官是一名称职合格的法官。民事诉讼法将判决书说理作为法官的一项职责,也是当前促进司法公正、建设社会主义法治国家的必然要求。

关于判决中是否应列举不同的判决意见,是值得研究的问题。在英美法系国家,历来强调在判决中列出各种不同的裁判意见,特别是反对意见,而判决中列出的反对意见曾对普通法的发展起到了重要的推动作用,许多反对意见形成为普通法的重要规则并被以后的判决反复引证。在大陆法系,对此问题历来存在着不同的观点:赞成者认为,在判决中列出不同意见,可以真正实现审判公开,也有利于公众对审判的监督,更何况反对意见可能是正确的,而裁判意见反而不一定是正确的;反对者认为,在判决中列出不同意见会削弱判决的权威性、妨碍判决的执行。法国学者大都主张要列出反对意见,但法院并没有采纳这一观点;[66]在德国法院内部对此存在着不同意见,但德国最高法院并不同意将不同意见公开;在日本,最高法院的判决书中要列出不同的意见,但其他法院则并未采取此种做法。笔者认为,在判决中列出不同意见,确有利于增强审判活动的公开性和透明度,使公众进一步相信法院是公正、无私、廉明的,同时反对意见对司法经验的总结和学术的发展都具有重要价值。然而,考虑到目前司法在公众中的权威性并不高,许多公正的裁判都仍面临着"执行难"的问题,如果其中列出不同的意见,则会削弱裁判的权威性,并有可能会为拒不执法判决和裁定的当事人提供某些借口。所以,笔者认为目前我国法院尚不具备在判决中列举不同意见的条件。

---

[66] Touffait & Tunc, *Pour une motivation plus explicite des decisions de justice notamment de celles de la Cour de cassation*, 72 Revue trimestrielle de droit civil 487, 506(1974).

总之,我们期望通过具有中国特色的判例制度的建立,贯彻同类问题同样处理的原则,同时透过判例而准确解释法律,指导审判工作,从而确保严格执法和司法公正。

四、司法解释的判例化

我国司法解释历来承担着弥补法律规定不足和使法律的原则性规定具体化的任务,因此我国的司法解释与国外的司法解释的重要区别在于,它不是针对具体案件中适用法律的问题而由法官所作的解释,而往往是就某一类法律的适用或某一类案件所适用的法律由最高人民法院所作的解释。它不是通过具体判决而确定的,而是直接由最高人民法院以文件的形式发布的。

将历年来我国已经发布的多达数百万字的司法解释予以归纳,可大致分为三类:一是对立法机关制定的某一实体法或程序法进行更为具体、全面的解释,如最高人民法院《关于贯彻执行经济合同法若干问题的意见》、《关于贯彻执行民事诉讼法若干问题的意见》、《关于贯彻执行行政诉讼法若干问题的意见(试行)》等。这些解释常常具有细则性的特点。二是对某一类案件所适用的法律问题所作的系统、全面的规定,如最高人民法院《关于审理联营合同纠纷案件若干问题的解答》、《关于人民法院审理借贷案件的若干意见》、《关于审理经济合同纠纷案件有关保证的若干问题的规定》等。三是针对各地法院就具体法律适用问题的请示而作出的解释。在这三类解释中,对法院的审判工作影响最大的是前两类的司法解释,由于这些司法解释的目的主要不是解决某一个具体案件中的法律适用问题,而旨在通过系统、全面地解释某一类法律而为审判实践提供更多的可供适用的规则,或者完全不是针对某一法律进行解释,而是创设对某一类案件的裁判所应当适用的规则,使各级法院尽可能做到有章可循,这就使我国司法解释具有十分突出的抽象性和一般性的特点。[67]

应当承认,由于我国过去立法极不健全,已经出台的法律过于原则,从而造成司法中经常遇到无法可依的状态,而最高人民法院的抽象性的司法解释,对于解决审判实践中无法可依的问题,限制法官自由裁量并保障裁判的公正,确实发挥了十分重要的作用。然而,随着我国立法工作不断加强,立法体系逐渐建立,尤其是立法逐渐具体且富有针对性,立法解释的功能也会逐渐发挥作用。在此种情况下,如果继续采用此种抽象性的司法解释方法解释法律,显然是不适当的。其原因在于:

第一,抽象性的司法解释方法出现了与法律规则不一致的现象。以上述抽象性司法解释为例,在第一类型解释中,对某一法律进行解释常常是根据一条或数条法律规定,制定出数条甚至数十条解释,这些扩张出来的规则必然会与原来的法律规则不完全吻合。当然,有一些修改、补充是必要的,但有一些改变则未必妥当。而第二类解释则主要不是针对现行的法律所作的解释,而是针对某一类案件的审理而系统创设的规则,这些规则与现行的法律是否完全吻合,也需要作认真的研究。

第二,抽象性的司法解释因具有立法的性质,难免出现越权解释的现象。[68] 许多有关合同、担保、房地产等案件的法律适用所作的抽象性的解释不仅给法院处理案件提供依据,而且事实上也为交易当事人提供了从事交易的行为规则,它们不仅对司法活动而且对社会经济生活都会发生规范约束的效应,在这一点上与立法没有实质性区别。所以,这些解释不仅具有针对个案而产生的效力,实际上具有一般行为规则的效力,这显然已超出了司法解释权甚至司法权的行使范围。

第三,抽象性的司法解释虽具有立法性质,但这些解释的制定毕竟不像立法那样是按照严格的程序、经过反复的论证和讨论而制定出来的。尤其是某些抽象性司法解释并未向社会公开,一般公民和法人对其并不熟悉和了解,而这些规则事实上又可能会具有行为规则的作用。所以,如果抽象性规则太多太滥,就会使人感到规则“威猛莫测”和变化无常,人们

[67] 王玧:“司法解释的制定、适用及其改革之思考”,载《人民司法》1998年第5期。

[68] 王玧:“司法解释的制定、适用及其改革之思考”,载《人民司法》1998年第5期。

也难以根据法律规则预测其行为后果,法的安全性和稳定性的价值也难以实现。

第四,抽象性的司法解释虽与过于原则的法律规则相比具有更强的针对性,但由于其并非针对具体个案的法律适用所作,具有一定程度的抽象性,因此在很多情况下也不一定能解决具体案件的法律适用问题。所以,在某一个解释法律的文件刚发布不久,便会有一些法院提出新的问题要求解释,或者就解释法律的文件本身要求最高人民法院作出解释。[69] 这就表明,抽象性的司法解释不一定完全符合司法实践中法律适用的需要。

总之,在我国立法很不健全、法律规则极为原则、法律漏洞普遍存在的情况下,抽象性的司法解释发挥了补充法律、细化规则、填补漏洞的作用,并且在确保司法审判工作有章可循、公正裁判方面起到了积极的效果。然而,随着立法的加强和不断健全,抽象性的司法解释似乎已基本完成了其担负的历史使命。这并不是说司法解释的功能应当削弱,相反,即使在法律已经十分健全的情况下,司法解释仍然应发挥巨大的作用。然而,为适应立法发展的需要,司法解释的形式应当发生变化。

从今后的发展来看,司法解释应当向具体化方向发展。因为,司法解释的任务在于使法律规则更为具体、明确,富有针对性,从而有效地运用于具体案件。同时,在法律遇有漏洞时通过解释而填补漏洞。司法解释越具体、越富有针对性,则越能发挥司法解释应有的作用。笔者认为,在司法解释的完善方面,应当借鉴两大法系的经验,尽可能针对具体的判例就法律的适用问题作出解释,从而使司法解释向判例化方向发展。也就是说,最高人民法院应尽量减少抽象性司法解释的制定,而主要通过对具体案件中涉及的法律适用而加以司法解释。司法解释的判例化具有如下优点:

第一,使司法解释因更为具体、富有针对性,真正成为“活动中的法”(law in-action),有效地为各级法院在审判工作中正确适用法律提供指导。事实上,法律的适用问题都是具体的、针对特定的案件事实提出来的。离

---

[69] 傅郁林:“论最高法院的职能”,载《中外法学》2003 年第 5 期。

开了具体案件的事实,抽象地说规则的适用问题,有可能是无的放矢或过于空泛。法律本身具有一般性和普遍性,而司法解释作为将抽象的法律规则准确地运用于具体案件的手段,必须要与具体案件结合才能发现可适用的规则,更好地适应裁判的需要。更何况在大多数案件中,事实问题和法律问题是很难分开的,因此司法解释也不能单纯针对法律问题作出一般性的解释。如果司法解释本身也具有一般性和抽象性特点,就会失去司法解释的固有功能。在审判实践中,各地法院就法律适用问题向最高人民法院所作的请示,常常都是与具体案件的汇报结合在一起的,有的虽然在请求报告的标题中注明是法律适用问题,而报告的内容仍然是具体案件。[70] 由此表明司法解释是很难与具体案件分开的,在判例中作出的解释更符合司法解释固有的性质。

第二,尽可能避免司法解释越权现象。我国的司法解释是对法律的有权威的解释,司法解释不得与法律的本来含义相违背。如前所述,由于最高人民法院的司法解释具有抽象性特点,与立法极为相似,由此也使许多法律界人士对这些解释是否符合最高人民法院的权限、是否因事实上行使了立法权提出了质疑。[71] 这种质疑是不无道理的。然而,如果最高人民法院是就具体案件中的适用法律问题作出解释,通过判例来确定规则,则是完全符合全国人大常委会在《关于加强法律解释工作的决议》中为最高人民法院确定的解释法律权限的内容。

第三,在保证最高人民法院统一行使法律解释权的同时,适当承认了各级法院享有有限的解释法律的权限。根据全国人大常委会的决议,司法解释权仅由最高人民法院享有,其他法院均不得作出司法解释。然而,司法裁判过程与解释法律是密切联系在一起的。抽象的法律不可能对个别案件的裁判作出评价,不能自动地适用于具体案件,因此法官在审理任何一个具体案件时,都需要对某些可适用的法律规则的固有意义、这些规则与特定案件的联结性、如何从规则中引申出公平合理的裁判等问题作出判断,这个判断过程可能就是一个解释法律的过程,更何况在法律存在

---

[70] 王玧:"从司法权之特性看司法解释工作存在的问题",载《人民司法》1998 年第 4 期。
[71] 袁明圣:"司法造法问题研究",载《中国法学文档》2005 年第 2 期。

漏洞的情况下更需要法官对法律适用作出解释。然而,各级人民法院所遇到的成千上万的法律适用问题不可能都请示最高人民法院作出解释,即使作出了请示,最高人民法院也很难全部予以答复,这就意味着相当多的法律适用难题需要由各地法院的法官自己解决。[72] 笔者认为,最好的办法是通过建立判例法制度,由最高人民法院认可各级法院通过成功的判例而对法律作出解释。由于我国各级法院每年受理数百万件案件,有数百万份判决裁定要达成,不可能使每一个案例都成为真正的判例,而只有最高人民法院经过审查确认某些对法律作出了正确的解释、公正合理的案件才能作为判例,这就保证了司法解释权由最高人民法院统一行使的局面,同时也适当承认了各级法院在解释法律方面的权限。

在我国,自最高人民法院于1985年创设《最高人民法院公报》以后,截止到1997年年底,共刊登案例233个,涉及刑事、民事、经济、行政、海事等各个方面。[73] 在公报上所刊登的案例是人民法院经验的总结,按照《最高人民法院公报》编辑部的介绍,公报"它既不同于用作法制宣传的一般案例,也不同于学者们为说明某种观点而编纂出来的教学案例。它具有典型性、真实性、公正性和权威性的特点,是最高人民法院指导地方各级人民法院审判工作的重要工具,也是海内外人士研究中华人民共和国法律的珍贵资料"。[74] 据此可见,最高人民法院事实上已经通过在公报上刊登案例对全国法院的工作进行指导,并取得了明显的效果。这就为司法解释向判例化方面发展提供了经验。

笔者认为,司法解释向判例化方面发展以后,解释法律的判例主要包括如下几类:第一,最高人民法院亲自审理的、涉及法律适用问题的案件。第二,各地法院要求最高人民法院就法律适用问题作出答复和解释的案件。有人建议,对这一类"请示"的案件,最好改为由当地的高级人民法院作为一审法院,由最高人民法院作为二审法院。最后达成的判决可以作

---

[72] 王玧:"我国司法解释之回顾",载《人民司法》1998年第3期。

[73] 董皓:《司法解释论》,中国政法大学出版社1999年版,第343页。

[74] 参见《最高人民法院公报》编辑部1995年6月30日在《中华人民共和国最高人民法院公报全集》出版说明中对公报公布的案例所作的介绍。

为司法解释,而此种司法解释比“答复”性的司法解释效果更好。[75] 此种观点有一定的道理。第三,由最高人民法院认可的涉及法律适用业已由各地法院作出了正确的解释的案件。由于最高人民法院审理的案件极为有限,而各地法院所遇到的法律适用问题不可能都向最高人民法院请示,并能获得答复,有相当一部分涉及法律适用问题的案件还必须由受理案件的法院进行解释,如果其对法律的解释是正确的,裁判的结果是公正的,经最高人民法院的认可,也可以作为司法解释的判例。所以,涉及司法解释的判例都应当在《最高人民法院公报》上予以披露,并应通过“遵循判例”原则的建立使其对全国各级法院的审判活动具有约束性。

千禧年来临,新的世纪已经开启,未来将给我们带来无数的希望和挑战。法治理想的实现和法治现代化也仍将是亿万中国人憧憬和奋斗的目标。在几代立法工作者和民法学理论研究者的呼吁和努力下,民法典有望于世纪初颁行。与此同时,判例制度也应该在中国逐步建立和完善。作为法律体系中的一部分,判例和法典的有机结合,将成为中国立法现代化的特色之一。

[75] 王玧:“司法解释的制定、适用及其改革之思考”,载《人民司法》1998 年第 5 期。

民商法研究(第四辑)
第64~81页

试论诚实信用原则的发展*

我国台湾地区学者蔡章麟指出:“今日私法学已由意思趋向于信赖,已由内心趋向于外形,已由主观趋向于客观,已由表意人本位倾向于相对人或第三人本位,已由权利滥用自由之思想倾向于权利滥用禁止之思想,已由个人本位倾向于社会本位或团体本位。在此趋势之下,诚实信用原则在私法上竟然得到大肆活动的舞台,固属理之当然。”①自20世纪以来,诚信原则已成为民法中的“帝王规则”。其在民法中得以普遍运用以及其功能的不断扩张,是民法发展的重要标志。下面,我们将就诚信原则的发展谈几点看法:

一、诚信原则适用范围的扩张是民法发展的重要趋势

在民法中,诚信原则是一项重要的原则。诚实信用,以拉丁文表达为bona fide,在法文中为bonne foi,在英文中为good faith。英文直译为“善意”,在德文中

---

* 本文原著于1997年。

① 蔡章麟:“私法上诚实信用原则及其运用”,载郑玉波主编:《民法总则论文选辑》,台湾五南图书出版公司1984年版,第889页。

表达为“忠诚和相信”(Treu und Glauben),在日本法中称为“信义诚实”。该原则常常被称为民法特别是债法中的最高指导原则,甚至有人将其称为“帝王规则”(König Lehre)。[②] 德国学者 Hedemann 指出“诚信原则之作用力,世罕其匹,为一般条项之首位”,[③]被视为交易规范的核心因素。[④] 20 世纪以来,诚信原则在大陆法系国家民法中得到迅速发展,已经成为合同法中至高无上的帝王条款。诚信原则从仅仅适用于特殊情形的规则,发展到普遍适用于民法各项制度的基本原则,经历了一个发展过程,在这个过程中,诚信原则的适用范围逐渐拓宽,其在民法中的地位和作用也日益突出。具体来看,诚信原则的发展经历了三个阶段:

(一)从适用于特殊情形的规则发展为合同法的一项原则

诚信原则最早起源于罗马法,被称为“善意”(bona fides)[⑤],具有法律原则的功能。[⑥] 其仅适用于一些特殊的情形,在罗马法中权利行使自由(Ouiiure utitus nemini farit inicuriam)的原则,包括行使权利不得含有加害意思(Animus Vicno nocendi)及应善意衡平(Konum acquum)进行诉讼程序的内容,[⑦]其中就包括了诚信的思想。一些学者认为,它起源于罗马法的“一般恶意抗辩”(cexceptio doli generalis)。根据裁判官法,当事人因误信有债的原因而承认的债务实际上并不存在时,可以提出诈欺抗辩,以拒绝履行。同时依市民法规定,当事人如因错误而履行该项债务时,得提起“不当得利之诉”(condictio indebiti)。[⑧] 其对于法律关系内容的控制、填补以及合同条款的解释都能够发挥作用。[⑨] 而在阿奎利亚法(aequitas)中,其更是体现为一种公平交易的基本准则(Gleichbehandlungsgrundsatz),被

---

② [日]森田三男:《债权法总论》,学阳书房 1978 年版,第 28 页。

③ 转引自杨仁寿:《法学方法论》,台湾三民书局 1995 年版,第 171 页。

④ Roth/Schubert, *Münchener Kommentar zum BGB*, § 242, Rn. 1.

⑤ 例如,罗马法中有所谓善意第三人、善意占有和取得及守信履约之外,还有善意行为、善意诉讼等概念。

⑥ Roth/Schubert, *Münchener Kommentar zum BGB*, § 242, Rn. 17.

⑦ 林诚二:《民法理论与问题研究》,中国政法大学出版社 2000 年版,第 5 页。

⑧ 何孝元:《诚实信用原则与衡平法》,台湾三民书局 1977 年版,第 14 页。

⑨ Roth/Schubert, *Münchener Kommentar zum BGB*, § 242, Rn. 17.

视为一种法律关系判断的客观标准。[⑩] 但也有一些学者则认为，诚信原则起源于罗马法的“诚信契约”。根据“诚信契约”，债务人不仅要承担契约规定的义务，而且要承担诚实善意的补充义务。[⑪] 但无论如何，诚信原则尚未作为法律的基本原则出现，罗马法的“一般恶意抗辩”与“诚信契约”虽然都反映了道德与伦理的要求，体现了衡平与公正的精神，但其仅适用于一些特殊情形，很难说是一项法律的基本原则。

罗马法的规定对后世的民法产生了重大影响，1804 年的《法国民法典》虽规定了十分完备的调整财产关系与人身关系的规则，但仍不能解决交易关系对法律规则的需求，尤其是受 17 世纪至 18 世纪关于法律应当反映道德要求的自然法思想的影响，[⑫]《法国民法典》遂规定了诚信原则，但认为该原则仅适用于合同关系。该法第 1134 条规定：“契约应当以善意履行”；第 1135 条规定：“契约不仅对于契约中所载明的事项发生义务，并根据契约的性质，对于公平原则、习惯或法律所赋予此义务的后果发生义务，”这些规定都体现了诚信原则的内容。《法国民法典》将诚信原则作为一项合同法的基本原则予以规定，这一规范传统随后被德国巴登州法（Badische Landrecht 1810）、莱茵州法（Rheinische Recht 1814）所继承，而萨克森王国民法典将其视为合同的填补规范，[⑬]表明其已经成为合同法的基本原则，但其适用范围仍然是有限的。

（二）从作为合同法的一项原则到成为一项债法基本原则

如前所述，《法国民法典》中的诚信原则仅适用于合同法，但自 1861 年《巴伐利亚王国民法典草案》和 1866 年《德累斯顿草案》（Dresdener Entwurf）开始，诚信原则已经被视为为一项债法的基本原则，[⑭]并最终在《德国民法典》第 242 条中获得确认。然而，对该原则的确认，曾受到 19

⑩ Roth/Schubert, *Münchener Kommentar zum BGB*, § 242, Rn. 17.

⑪ 徐国栋：《民法基本原则解释》，中国政法大学出版社 1992 年版，第 79 页。

⑫ 何孝元：《诚实信用原则与衡平法》，台湾三民书局 1977 年版，第 32 页。

⑬ Roth/Schubert, *Münchener Kommentar zum BGB*, § 242, Rn. 18.

⑭ Roth/Schubert, *Münchener Kommentar zum BGB*, § 242, Rn. 18.

世纪的概念法学的阻碍。[15] 概念法学认为,“法律科学的功能被认作为从既存法则中推演出原因概念,精确下定义,或是运用术语解释这些概念,并通过它们构造一个完整的、反过来能产生新的法律规则的体系。”[16]概念法学对法学的科学化、体系化起到了重要的推动作用,然而该学派否认了法律的社会和伦理的价值,从而使法学的研究过于僵化。概念法学形成一个抽象思想与概念的王国,它认为现行法律秩序所维护的价值体系是唯一的和至高无上的,因而不允许成立体系外其他价值的合法体系,这就排斥了诚信原则在民法中的存在。[17] 但直至 19 世纪末期,德国民法在制定中并未完全采纳概念法学的观点,而是从社会生活的实际需要出发,确立了以道德和伦理观念为内容的诚信原则。《德国民法典》第 242 条规定:“债务人应依诚实和信用,并参照交易上的习惯,履行给付。”应当指出的是,较之于《法国民法典》的规定,德国民法更强调诚信原则,并将其从仅适用于合同关系的规则扩大成为债法的一项规则。然而,德国法并未承认其为民法的一般原则,且在文义上《德国民法典》的诚信原则旨在约束债务人的履行行为,[18]而对债权的行使及债权人的其他行为并不适用。

(三)从作为债法的一项原则到作为民法的基本原则

20 世纪以来,诚信原则在大陆法系国家民法中得到迅速发展。1907 年的《瑞士民法典》最早突破了诚信原则仅适用于债法的德国法模式,而将其作为民法的一项基本原则加以规定。该法第 2 条规定:“任何人都必须诚实信用地行使其权利,并履行其义务”,这就将诚信原则的适用由单纯约束义务人扩张至对权利人的行为予以规范。尤其是由债务关系扩张至一般的民事权利义务关系,从而真正明确了诚信原则的地位和作用。《日本民法典》最初并未规定诚信原则,但经过战后修改,该法典也将其作

---

[15] 蔡章麟:“私法上诚实信用原则及其运用”,载郑玉波主编:《民法总则论文选辑》,台湾五南图书出版公司 1984 年版,第 843 页。

[16] 赫克:“概念的生成与利益法学”,转引自韩世远:“论中国民法的现代化”,载《法学研究》1995 年第 4 期。

[17] 蔡章麟:“私法上诚实信用原则及其运用”,载郑玉波主编:《民法总则论文选辑》,台湾五南图书出版公司 1984 年版,第 843 页。

[18] Roth/Schubert, *Münchener Kommentar zum BGB*, § 242, Rn. 8.

为一项民法的基本原则加以规定。

诚信原则不仅仅是民法的一项基本原则,而且在整个民法基本原则的体系中,诚信原则也处于重要的甚至是核心的地位。在大陆法国家,法官在许多司法解释和判例中,常常运用诚信条款来解决实践中所出现的各种复杂和疑难问题。例如在德国,“那些被民法典起草人置于困境而不顾的法院一直不得不依赖它,去解决第一次世界大战后随着经济崩溃、通货膨胀和货币贬值而发生的极其重要的经济和社会问题”。⑲ 在魏玛共和国之后逐渐成为一种主观权利的内部限制。⑳ 正是在广泛运用诚信原则处理各类纷繁复杂的民事纠纷中,诚信原则在确立行为规则方面发挥了重要作用。“诚信原则虽以社会伦理观念为基础,惟其并非‘道德’,而是将道德法律技术化,盖道德之本质为‘自律’的,而诚信原则则具‘他律’之性质,基于法律与道德之相互作用关系,而成为法律之最高指导原则。且诚信原则之内容极为概括抽象,乃属一白纸规定,其虽为客观的强行规范,但内容却可因社会变迁而赋予新的意义。其较诸其他法律原则,具有上位的概念。”㉑诚信原则作为基本原则的采用,表明了道德准则已经法律化,通过诚信原则的适用强化了国家对私法关系的干预。由于诚信原则的重要性,因此,在现代社会,该原则的适用范围十分广泛,其不仅适用于各类私法关系,而且在基本权利的行使与保护、人权的保护等领域也都发挥重要作用。㉒

在英美法中,尽管早期并没有通过制定法来确认诚信原则,但衡平法和判例法在很早就确认了诚信原则(good faith)。㉓ 自中世纪衡平法院设立以后,衡平法官处理案件主要依据“衡平与良心”的原则(the rules of equity and good conscience),以后逐渐开始遵循前衡平法官所创设的先例。在衡平法院管辖的案件中,大量属于诈欺案件,在这些案件中法官广泛适

---

⑲ 康拉德·茨威格特等:“略论《德国民法典》及其世界影响”,载《法学译丛》1983 年第 1 期。

⑳ Roth/Schubert, *Münchener Kommentar zum BGB*, § 242, Rn. 21.

㉑ 杨仁寿:《法学方法论》,台湾三民书局 1995 年版,第 171 页。

㉒ Roth/Schubert, *Münchener Kommentar zum BGB*, § 242, Rn. 21.

㉓ 徐炳:《买卖法》,经济日报出版社 1991 年版,第 18 页。

用了诚信原则。[24] 在美国,将诚信原则作为履行义务的标准确定下来始于1933年的"Kirke La Shelle Co. v. Paul Armstreng Co."一案,在该案中,法官认为,"在每个合同中均有一项默示的条款:即各方当事人均不得从事毁灭、侵害另一方当事人获得合同的成果的权利,这意味着在任何一项合同中,均包括诚实信用(good faith)和正当交易(fair dealing)的默示条款。"[25]在以后的一些案例中,也都涉及诚信原则的运用。[26] 美国《统一商法典》第1-203条规定:"本法所涉及的任何合同和义务,在其履行或执行中均负有诚信之义务。"在该条的正式评论中称,根据该条,诚信的原则贯串于整个统一商法典。在美国《统一商法典》第2-103条的规定中对诚信原则又作了具体解释:"对商人而言,诚信系指忠于事实真相,遵守公平买卖之合理商业准则。"[27]根据该法第1-102条,依诚信原则所产生的义务,属于法定的强行性规范,当事人不得通过其协议加以改变。由此可见,在英美商法,尤其是在合同法中,诚信原则也是一项重要的原则。

由此可见,从两大法系的比较来看,诚信原则适用范围的扩张是民法发展的重要趋势。这一经验对于我国也有重要的借鉴意义。传统上,我国社会深受儒家思想影响,历来崇尚诚实守信的道德伦理观念,诚实信用成为人们的行为准则。"信者,言之有实也。"[28]"诚者自然,信是用力,诚是理,信是心,诚是天道,信是人道,诚是以命言,信是以性言,诚是以道言,信是以德言",[29]言必行、行必果及诚实守信是我国传统道德的重要组成部分。在我国商业习惯中,也历来将诚实守信、童叟无欺作为重要的商业道德。我国1986年颁布的《民法通则》第4条关于"民事活动应当遵循诚实信用原则"的规定,是对我国传统道德及商业道德习惯在法律上的确认。《民法通则》从基本法的角度,确认了诚信原则为民法的一项基本原则,对于规范民事活动、弘扬道德观念、维护交易秩序,都具有极其重要的作用。

---

[24] 何孝元:《诚实信用原则与衡平法》,台湾三民书局1977年版,第19页。

[25] Kirke La Shelle Co. v. Paul Armstreng Co. 263 N. Y. 79, 188 N. E 163(1933).

[26] Western Oil & Fuel Co. v. Kemp, 245 F. 2d 633, 640(8th Cir. 1957).

[27] U. C. C., Official Comments - § 2-103.

[28] 朱熹:《论语集注》。

[29] 胡广等撰:《性理大全·诚篇》。

诚实信用原则是民法中的一项基本原则，这就意味着，诚信原则应适用于民法的整个领域，而不仅仅是某一个领域。我国台湾地区学者蔡章麟先生认为，法律为社会生活的规范，非以诚实信用原则为最高法律原则，无以实现社会的妥当性与公平。[30] 王泽鉴教授认为，在德国民法中，尽管诚信原则在体系上规定于债篇之中，实际上它是一项基本的法律，不仅要适用于民法，而且公法及诉讼法也要受其支配，所以诚实信用实际上被称为"帝王条款"（König Paragraph），君临一切法域。[31] 诚实守信是最基本的商业道德，只有按照此种商业道德行为，才能使交易正常进行，并形成一定的交易秩序。就诚实信用的道德规范而言，由于它是基本的商业道德，是商人们必须履行的道德准则，因此完全可以成为法律规定的行为标准。诚信原则也是民法中最重要的基本原则，行使任何民事权利和民事义务，都应当遵守。因此，尽管我国《民法通则》已将诚信原则作为一项基本原则作出了规定，我国合同法也将其作为一项基本原则予以确认。

二、诚信原则功能的不断扩张

诚实信用原则，是市场经济交易当事人应严格遵循的道德准则，也是每一个公民在社会生活中行使权利、履行义务所应当遵循的基本原则。任何一部法律的执行都要求执法者、守法者具有良好的法律意识和诚信观念；否则再好的法律也将在执行中被规避，甚至形同虚设。从这个意义上说，依诚信原则行使权利和履行义务将为法治社会奠定坚实的基础。

诚信原则的功能，也就是指诚信原则在社会生活中的作用。台湾地区学者林诚二教授曾经将诚信原则概括为四项机能，即法具体化机能、正义衡平机能、法修正机能、法创设机能。[32] 此种观点不无道理。从现代民法

[30] 蔡章麟："论诚实信用的原则"，载《台大社会学论丛》第1辑。

[31] 王泽鉴：《民法学说与判例研究》（第1册），北京大学出版社2009年版，第150页。

[32] 林诚二：《民法理论与问题研究》，中国政法大学出版社2000年版，第8～9页。

发展趋势来看,诚信原则的功能处于不断扩张的趋势之中。

(一)确立行为规则

现代民法的一个重要特点表现在依据诚信原则产生了各种义务,这主要表现在如下几个方面:

1. 在合同法领域,诚信原则不仅仅是合同法的基本原则,而且它在合同法中还发挥具体行为规则的功能。在比较法上,诚信原则被广泛作为具体规则加以运用,例如,美国《统一商法典》第二章"买卖"中有13个条款对具体的交易行为明文规定了"善意"或"诚信"的要求。[33] 在我国《合同法》中,将诚信原则具体化为诚信义务,并成为合同的组成部分,此种义务具有强行性,当事人不得通过约定排除诚信义务的承担,违反此种义务将构成违约。具体而言,诚信原则在合同法中要求当事人应依善意的方式行使债权和履行债务,不得规避法律和合同规定。在合同的订立、履行甚至在合同履行后,诚信原则都要求当事人遵循体现了伦理道德要求的诚实、守信、善意等规则,诚信原则要求当事人严格遵守体现了伦理道德要求的诚实、守信、善意等规则,在当事人违反因诚信原则所产生的附随义务的情形下,应当承担相应的违约责任。诚信原则概括地表达了对一切合同关系的诚实信用要求,为合同关系的建立、存在和顺利完成指明了基本而最为重要的要求;离开诚信原则的要求,一切合同关系的订立、履行和达到缔约人的目的均无从谈起。[34]

2. 在物权法领域中,诚信原则成为物权行使的一项重要规则。诚实信用原则不仅应当适用于合同关系,而且还适用于物权的设立、变更和行使等各种法律关系。尤其是在物权的行使方面只有严格遵循诚信原则,物权人才能正当地行使物权并建立和睦的经济生活秩序,保障财产流转的正常进行。例如,在相邻的不动产所有人和使用人之间,不得在自己的不动产之上存放向对方散发臭气的污物,从而损害邻人的利益;也不得在自己使用的土地上挖洞,影响邻人的房屋安全和通行的安全,否则便构成违

---

[33] 《统一商法典》第2-305条第2款规定:如果买卖合同规定货物的价格由卖方(或买方)确定,那么该方应"善意地"决定该价格。

[34] 郑强:《合同法诚实信用原则研究》,法律出版社2000年版,第140页。

反诚信原则滥用物权的行为。也就是说,权利人应依善意的方式行使权利和履行义务,不得滥用权利损害他人利益。诚信原则也对所有权本身形成了一种限制。这主要表现在:所有权人在行使所有权时,必须要符合社会的整体利益,不得损害他人利益和社会公共利益。

3. 在侵权法领域,诚信原则的适用范围也日益广泛。侵权法在许多领域也根据诚信原则,确定行为人是否对他人负有义务。现代确定的安全保障义务,意味着侵权法从过去确立"无害他人"的普遍义务转变为在特定情况下要行为人应"适当地爱他人",以维护人与人之间的和睦相处,这实际上是依据诚信原则产生的义务。当事人在行使权利时,不得滥用权利损害他人利益。尤其是现代侵权法承认了商业侵权的概念,对商业领域中违反诚信原则的欺诈行为也认定为侵权,并且要承担侵权责任,这都表明诚信原则的适用范围在侵权法领域也得到了扩大。

(二)确定附随义务的功能

现代合同法的发展趋势之一就是在合同当事人约定的内容之外,产生了附随义务。附随义务主要是依据诚信原则而产生的。它通常是指合同当事人应当对相对人负有保护、照顾、保密、通知、协助等义务。诚实信用原则是附随义务确立的重要依据,也是当事人应当履行的重要义务。[35] 具体而言,在合同领域,附随义务可以存在于合同订立阶段、合同履行阶段以及合同终止之后,诚实信用原则使得附随义务得以具体化和扩张。[36]

在合同订立阶段,尽管合同尚未成立,但当事人彼此间已具有订约上的联系,应依据诚实信用原则,负有如下附随义务:(1)忠实的义务。当事人一方应如实向对方陈述商品的瑕疵、质量情况,同时应如实向对方陈述一些重要情势,如财产状况、履行能力等。总之要忠于事实真相,不得作虚伪陈述。(2)诚实守信,不得欺诈他人,不得基于恶意与他人谈判,如通过谈判刺探对方的商业秘密等。(3)相互照顾和协助的义务。任何一方都不得滥用其经济上的优势地位和其他手段牟取不正当利益,并致他人损害。依据诚信原则产生的订约过程中的附随义务,随着当事人之间联

---

[35] Roth/Schubert, *Münchener Kommentar zum BGB*, § 242, Rn. 166.

[36] Roth/Schubert, *Münchener Kommentar zum BGB*, § 242, Rn. 167.

系的不断密切和发展，当事人一方不履行这些义务而给另一方造成信赖利益的损失，应承担缔约过失责任。(4)遵守允诺的义务。在谈判过程中，当事人应当严格遵守自己的许诺，一方发出要约之后，应受要约的有效拘束。如果要约在发出后，受要约人对该要约已形成合理的信赖，而要约人撤回或撤销其要约，造成受要约人信赖利益的损失，则要约人应负损害赔偿责任。通过电报、传真等方式订约，在承诺以前，一方当事人要求签订确认书的，另一方应当允许。但是如果双方已经形成了初步协议，或者一方向另一方作出了允诺，并使另一方产生了合理信赖，则要求签订确认书的一方如最后不予承诺，应对对方信赖利益的损失负赔偿责任。

在合同订立以后尚未履行以前，当事人双方都应当依据诚实应用原则，严守诺言，认真做好各种履约准备。如果一方在履约前因经营不善造成严重亏损，或者存在着其他法定情况，另一方可以依据法律的规定，暂时终止合同的履行，并要求对方提供履约担保。但是另一方在行使终止权时应严格遵循诚实信用原则及法律规定的条件，不能因为对方支付能力上出现暂时的或并不严重的困难，便借故终止合同履行。如因违背诚实信用原则而行使终止权，造成对方损失的，应负损害赔偿责任。

在合同的履行阶段，应当严格遵循诚实信用原则。遵守诚信原则，一方面要求当事人除了应履行法律和合同规定的义务以外，还应履行依诚信原则所产生的各种附随义务。这些附随义务主要包括：相互协作和照顾的义务、瑕疵的告知义务、使用方法的告知义务、重要情势的告知义务、忠实的义务等。19 世纪法国法社会学家杜尔克姆曾提出了社会有机体学说，认为社会是一个整体，每个人是这个整体不可分割的部分，基于社会连带的思想，所以合同各方应当负担协力义务。[37] 在市场经济社会，交易中的协作关系变得更为重要。合同的双方当事人都不应辜负对方的合理期待，合同的任何一方都必须尊重另一方的利益。正是因为合同所作的交易不是一种零和游戏，而是一种互赢的关系，因此，依据诚信原则，合同

---

[37] 刘波等："英国学派多元主义与社会连带主义论争——一种比较视角"，载《国际观察》2009 年第 1 期。

当事人负有协作、协力的义务。[38] 另一方面,在法律和合同规定的义务内容不明确或欠缺规定的情况下,当事人应依据诚信原则履行义务。应当指出的是,在合同的履行过程中,当事人首先应当依据合同的约定和法律的规定履行义务,只有在不能依据合同约定和法律规定的情况下,才能依据诚信原则履行义务。此外,不管当事人是否约定,附随义务都自动成为合同的内容,在违反附随义务的情况下,当事人也要承担违约责任。

在合同关系终止以后,尽管双方当事人不再承担合同义务,但亦应根据诚信原则的要求,承担某些必要的附随义务,包括保密、忠实等义务。此种义务在学术上称为依据诚实信用原则所产生的后契约义务。对此义务的设立,一些学者曾提出不同意见。他们认为既然合同关系已经终止,当事人之间已不存在任何合同上的关系。任何当事人一方都不得对曾与他有合同关系的另一方承担合同上的义务,否则将会给当事人强加其不应承担的义务。笔者认为这一观点有一定道理。在一般情况下,合同义务将因合同关系的终止而消灭,任何一方不应再对另一方承担合同上的义务。在某些特殊的情况下,合同关系尽管已经终止,但使当事人负有依诚信原则而产生的后契约义务仍然是必要的,以维护合同相对人的维持利益(Erhaltungsinteresse)。[39] 我国《合同法》第92条已确认了此种后契约义务。

(三)衡平的功能

法谚云:"法爱衡平",法律作为一种协调社会利益关系的工具,其本身就是利益衡量的结果。诚信原则要求平衡当事人之间的各种利益冲突和矛盾。许多学者认为,诚信原则是一项重要的衡平法,"衡平法是在法律的一般规定与具体事实产生不相宜时授权法官背离法律的字面规定,而根据法律的目的进行判决的规定。衡平法的存在,是为了解决法律的目的与法律的具体适用效果之间的矛盾。"[40]平等主体之间的交易关系,都

---

[38] 郑强:"合同法诚实信用原则价值研究——经济与道德的视角",载《中国法学》1999年第4期。

[39] Roth/Schubert, *Münchener Kommentar zum BGB*, § 242, Rn. 169.

[40] 徐国栋:《民法基本原则解释》,中国政法大学出版社1992年版,第36页。

是各个交易主体因追求各不相同的经济利益而产生的，而各方当事人之间的利益常常会发生各种冲突或矛盾，这就需要借助诚信原则来加以平衡。例如，一方交货在量上轻微不足且未致对方明显损害，则可以使出卖人承担支付违约金等责任，但不应导致合同的解除，否则对出卖人是不公平的。

诚信原则不仅要平衡当事人之间的利益，而且要求平衡当事人的利益与社会利益之间的冲突与矛盾，即要求当事人在从事民事活动中，要充分尊重他人和社会的利益，不得滥用权利，损害国家、集体和第三人的利益。

（四）合同的解释与漏洞填补

现代民法发展的一项重要表现乃是诚信原则在解释法律与合同中发挥着日益重要的作用，诚实信用原则在解释合同方面的作用，常常使该原则被称为“解释法”。例如，在合同存在漏洞的情况下，英美法常常要求以诚信原则解释双方当事人的立场及履约时是否合乎公平原则。在许多美国合同法判决中，法官在审理某合同纠纷案件时，直接引入诚信义务，要求当事人以此作出履行。[41] 我国《合同法》第125条规定：“当事人对合同条款的理解有争议的，应当按照……诚实信用原则，确定该条款的真实意思。”《合同法》第60条规定：“当事人应当遵循诚实信用原则，根据合同的性质、目的和交易习惯履行通知、协助、保密等义务。”可见我国合同法也十分强调依循诚信原则解释合同。诚信原则作为合同解释规则实际上要求司法审判人员应依据诚信、公平的观点正确解释合同，在解释合同时，要求法官将自己作为一个诚实守信的当事人来判断、理解合同的内容和条款的含义。从这个意义上也可以说，该原则作为一种解释方法，体现了现代合同法已从注重形式正义转向兼顾实质正义。[42]

依据《合同法》第125条第1款规定，诚信原则在弥补合同漏洞方面具有重要作用。所谓合同漏洞，是指当事人在合同中对于合同条款没有

---

[41] See Farnsworth, *Contracts*, Second Edition, Little, Brown and Company, 1990, p. 550.

[42] 胡基：“合同解释的理论和规则研究”，载梁慧星主编：《民商法论丛》（第8卷），法律出版社1997年版，第51页。

约定或者约定不明确的现象。[43] 具体来说，一是合同的内容存在遗漏，即对一些的合同的条款，在合同中并没有作出规定，例如合同中缺少对质量条款的约定。二是合同中的约定不明确，或者约定前后矛盾。在交易过程中，尽管当事人可能经过了周密的考虑，也无法避免合同漏洞。因为社会和市场的变化是当事人很难预料的，也不太可能都预先在合同中全面作出妥当的安排。但是，在出现合同漏洞之后，通过诚信原则就可以弥补合同存在的缺陷。例如，当事人在合同中约定，购买30车黄沙，但并没有对车的型号作出具体界定。后来，在履行中发生争议。依据诚信原则，当事人在过去的系列交易中都是以东风牌大卡车来计量，因而，在争议的合同中也应当如此计量。但是，依据诚信原则填补合同漏洞，应当是在法律规定的其他方法不能适用时才能适用。我国《合同法》第61条和第62条规定了合同漏洞填补的方法，只有无法适用这两条规定时，才应依据诚信原则填补合同漏洞。依据诚信原则填补合同漏洞，要求法官将自己作为一个诚实守信的当事人来判断、理解合同的内容和条款的含义，尤其需要平衡当事人双方的利益，公平合理地确定合同内容。例如，在前例中，当事人对交货数量规定得不明确时，应按照诚实信用这一商业道德来确定合理的交货数量。这就是说，合同规定的30车黄沙未确定明确的计量标准，那么当事人就应该想到，作为一个诚实的、守信用的商人，在此情况下应当以何种标准来交货。如果出卖人明知按当地的交易习惯，以车为计量单位的，车的含义通常是指东风牌大卡车，而出卖人给他人送货也主要以东风牌大卡车送货，显然，出卖人以其他型号车送货违反了因诚信原则所产生的忠实、协作、照顾等附随义务，出卖人的行为已构成违约。

（五）填补法律漏洞

诚信原则在司法实践过程中具有法律续造的功能，[44]以填补现有的法律漏洞。“法典不可能没有缝隙。”[45]所谓法律漏洞，是由于立法者未能充

---

[43] 参见《合同法》第61、139、141、154、156、159、160、161条等。

[44] Roth/Schubert, *Münchener Kommentar zum BGB*, § 242, Rn. 23.

[45] Hans Hattenhauer, Einführung, in ders(Hrsg.), Allgemeines Landrecht für die preußischen Staaten von 1794, at 1, 21.

分预见待调整社会关系，或者未能有效协调与现行法律之间的关系，或者由于社会关系的发展变化超越了立法者立法时的预见范围等原因导致立法缺陷，这种缺陷表现为：调整特定社会关系的具体法律规范的缺失，或者既有法律规范之间存在矛盾，或者既有法律规则在今天的适用明显违背了法律对公平正义的基本要求。⑯ 当法官在其判决缺乏其他规范的文义或者目的支持时，就可以求助于诚实信用原则。⑰ 此处所说的法律漏洞主要是指合同法的漏洞。例如，在“非典”期间，涉及不少因非典而导致的终止旅游合同、终止住宿合同等案件。不少地方的法院，采用目的解释方法，依据《民法通则》中关于诚信原则的规定，认为应当适用情势变更，允许当事人变更或解除合同。⑱ 再如，在“李珉诉朱晋华、李绍华悬赏广告酬金纠纷案”中，我国现行法律未规定悬赏广告，属于法律漏洞。天津市中级人民法院认为“被上诉人辩称‘寻包启示’许诺给付报酬不是真实意思表面；事后反悔，拒绝给付李珉 15000 元酬金，有违《民法通则》第四条规定的诚实信用原则，是错误的。李珉的上诉理由成立，应予支持。”⑲这就通过诚信原则弥补了法律漏洞。此外，在审判实践中，一些法院曾援引诚实信用原则处理过有关合同因价格的急剧变动而发生单方变更合同、因合同条款不明确时的履行义务的确定、在订约过程中一方因故意违反允诺而造成另一方的损失等案件，其中不少案件的裁判结果充分体现了公平正义的要求。可见，依据民法的基本原则进行漏洞填补，不失为一种有效的办法。在这种意义上，诚实信用原则可能不仅仅起到了漏洞填补的功能，还可以在一定程度上对现行法进行修正。⑳

（六）降低交易费用和增进效率

诚信原则的上述功能，直接有助于维护交易安全，美国学者博顿

---

⑯ 在学理上，法律漏洞也通常被界定为“违反立法计划的不圆满状态”，参见黄茂荣：《法学方法与现代民法》（第5版），法律出版社 2007 年版，第 377 页。

⑰ Roth/Schubert, *Münchener Kommentar zum BGB*, §242, Rn. 23.

⑱ 吴小晗：“在自由与公正间抉择”，载公丕祥主编：《法官办案经验》，法律出版社 2009 年版，第 121 页。

⑲ 载《最高人民法院公报》1996 年第 1 期。

⑳ Roth/Schubert, *Münchener Kommentar zum BGB*, §242, Rn. 23.

(Burton)指出,合同交易安全必须依靠诚信义务的履行,因为合同当事人并不会与他们并不信赖的人订约,各方在订约后,都有足够理由信赖对方的诚信,只有各方都信守合同,不会随意放弃合同,寻求另一个商业机会,依据诚信义务的履行才能保障交易安全。[51] 也就是说,诚信原则要重合同、守信用,遵守合同必须严守的规则。只有强化人们诚实守信的观点,督促当事人认真履行合同,才能保护交易的秩序。

博顿曾经论证交易当事人依据诚信原则订约并履行合同规定的义务,将会极大地减少搜集信息的费用、谈判和起草合同的费用以及未来的风险。[52] 笔者认为,诚信原则确有利于鼓励交易、增进效益,促进社会财富增长。例如,通过电话预订机票是一种简便的方式,电话订购,将为买票人提供极大的方便,减少买票人前往售票点订购、付款取票的各种费用和麻烦。如果买票人出于恶意,在订购后拒不接受机票并付款,将迫使航空公司采用当面付款买票的方式,无疑会增加了众多购票人的交易费用。所以,诚实守信与鼓励交易、减少交易费用是密切相关的。交易当事人都是诚实守信的,则交易将越来越繁荣和迅速,从而形成一种良性循环,促使社会经济增长。

确定行为规则、衡平利益的冲突、为解释法律和合同确定准则、填补漏洞、确定附随义务、降低交易费用等功能,是诚信原则所具有的基本功能。这些功能都因为诚信原则体现了伦理道德的观念或正义的现实要求,从而使诚信原则在适用中能产生特殊的作用。

三、基于诚信原则而发展出诸多新制度

如前所述,诚信原则具有解释法律的功能,是法官从事法律解释的重

---

[51] Steven J. Burton, *Breach of Contract and the Common Law Duty to Perform in Good Faith*, Harvard Law Rev. Vol. 94(1980).

[52] Steven J. Burton, *Breach of Contract and the Common Law Duty to Perform in Good Faith*, Harvard Law Rev. Vol. 94(1980).

要依据。正是依据诚信原则解释法律，使得民法保持了开放性，使法典始终保持生命与活力，克服法典的滞后性。近几十年来，在成文法国家，法官在诚信原则的基础上，通过司法实践，逐渐创制了一系列新的制度，包括缔约过失责任制度、禁反言、情势变更制度、禁止权利滥用制度、合同目的解释、权利失权、恶意抗辩、申述丑行者不被采纳、欺诈所得必须返还、积极侵害债权等。[53] 这些制度极大地弥补了成文法的缺陷，其中，最重要的是如下几项制度：

第一，缔约过失责任制度。所谓缔约上的过失责任，是指在合同订立过程中，一方因违背其依据诚实信用原则所产生的义务，而致另一方信赖利益损失，应承担的损害赔偿责任。在缔约过失的情况下，行为人的过失表现在其违反了依据诚信原则所产生的义务，因此应当承担缔约过失责任。换言之，所谓过失就是指违反了诚信原则。法国学者认为，诚信义务不仅适用于合同的履行，同样适用于合同的缔结过程，在缔约过程中如恶意导致合同不成立，就应承担责任。[54] 许多国家的民法典均将诚实信用规定为民法的基本原则。根据诚实信用原则的要求，当事人在订立合同时负有一定的附随义务，这些义务即为先契约义务，[55]如协作和照顾的义务，依诚实信用原则而产生的这些义务相对于给付义务而言，只是附随义务。但由于它们是依法产生的，因此也是法定义务。如果一方当事人的行为足以使另一方当事人对其产生合理信赖，并为此支付了一定的费用，那么任何一方在缔约中违反诚信原则，如随意中断谈判就是有过错的，因此而导致对方当事人受有损害，则将承担损害赔偿责任。

第二，情势变更制度。所谓情势变更，就是指在合同有效成立以后，非

---

[53] [德]莱因哈德·齐默曼、[英]西蒙·惠特克主编：《欧洲合同法中的诚信原则》，丁广宇等译，法律出版社2005年版，第476页。

[54] François Terré, Philippe Simler, Yves Lequette, *Droit civil*, *Les Obligations*, 8e éd., Dalloz, 2002, p. 434.

[55] 有学者认为，对于缔约过失所违反的义务，称之为“先契约义务”为好，不宜称为“附随义务”。因为缔约过程中基于诚信原则所生的义务并无可依附之给付义务（或称第一次义务）存在，所以Larenz在《债法教科书》第一卷总论§9中给缔约过失所生之债专门用了一个很长但很精确的名称，叫作“交易接触所生之无原给付义务之法定债的关系”。笔者认为，附随义务与先契约义务并没有本质区别，都是指依诚信原则产生的义务。

因当事人双方的过错而导致合同履行的基础发生变化,致使合同不能履行或如果履行会显失公平,因此根据诚实信用原则,当事人可以请求变更或解除合同。[56] 传统合同法信守合同必须严守的规则,但这一规则在第一次世界大战以后受到了挑战。当时德国经济陷入困境,货币大幅度贬值,货物奇缺,物价暴涨。因为物价飞涨引起了许多经济上履行不能的问题,而《德国民法典》又明确排除了经济上的履行不能。在此种情形下,德国学者奥特曼(Oertmann)1921 年在借鉴了"情事不变条款"等理论的基础上,提出了"行为基础说"(Ceschaeftsgrundlage),应对因情势变更所出现的问题。该理论最终为法院判例所采纳,并成为裁判上的通行做法。第二次世界大战以后,德国也颁布了一系列特别立法,涉及情势变更原则。情势变更是诚实信用原则的具体体现,当事人在订立合同以后,因为出现了订约时所不可预见的情事,如果继续按合同履行,将会导致对诚实信用原则的违背,所以应允许当事人变更或解除合同。我国台湾地区学者林诚二指出:"诚实信用原则系道德规范,乃法律道德化之表征,学者乃立之为法律之最高指导原则。易言之,诚信衡平原则系一种引导性规范,情势变更原则系诚信衡平原则之一适用耳。是故,余以为情势变更原则之理论根据应以诚信衡平说较为适宜。"[57]

第三,禁止权利滥用制度。该制度是指法律要求权利人行使权利应当正当合法,不得滥用其权利,致他人损害。该制度是权利行使的基本规则,也是对私权绝对的一种修正与限制。在罗马法中,曾经有"凡行使权利者,无论于何人皆非不法"的规定。但近代以来,各国基本都认可了禁止权利滥用的规则。例如,《德国民法典》第 226 条规定:"权利的行使不得只以加损害于他人为目的"。《日本民法典》规定"私权要遵守公共福利,行使权利和履行义务要遵守信义,忠实执行,不允许滥用权利。"这是因为"权利存在于将要实现其作用的范围内。超出这一范围,权利享有人便超出或滥用了这些权利。滥用权利的行为是一种与国家制度和精神不

---

[56] 梁慧星:《中国民法经济法诸问题》,法律出版社 1989 年版,第 200 页。

[57] 林诚二:"情势变更原则之理论与实际",载台湾《中兴法学》1986 年第 14 期。

相符合的行为。"[58]现代民法关于权利行使的界限,从正面规定需遵循诚实信用原则,从反面规定禁止权利滥用原则。而权利滥用也构成侵权。[59]禁止滥用权利产生的基础是诚信原则,即任何人行使其权利,都必须依据诚信原则,以善意的方式行使。

从比较法上来看,各国在民法典颁布之后,法官面对的不是一个应然的问题,而是实然的问题。这就要求法官注重对民法典法律规范的解释。我国目前虽然尚未制定民法典,但作为民法典重要组成部分的《合同法》、《物权法》和《侵权责任法》都已经颁行,所以,法官也面临大量的法律解释问题;同时,成文法典本身所具有的滞后性、抽象性等缺点,也为法律解释留下了大量的空间,也使得法官在解释、适用法律的过程中的能动性大大加强。而法官在法律解释的过程中必须遵循诚信原则,该原则在法官解释法律的过程中具有重要的指导意义,也在一定程度上拘束法官解释法律的活动。正如美国著名法官卡多佐所言,"法官的创造功能并非是毫无限制地创造新法律秩序,而在是既有的法律秩序中,协助立法者的共同促进大家所信仰的理想的法律秩序的实现。"[60]我国法官在法律解释尤其是法律续造和漏洞填补的过程中,也必须遵循诚信原则。

---

[58] André Tunc, *International Encyclopedia of Comparative Law*, Vol. 4, Torts, Chapter 2, Liability for One's Own Act, J. C. B. Mohr(Paul Siebeck, Tübingen), 1975, p. 11.

[59] 梁慧星:《民法总论》,法律出版社1996年版,第260页。

[60] Cardozo, *A Ministry of Justice*, 35Harv, L. R. 113(1921).

民商法研究(第四辑)
第82～110页

无效抑或撤销

——对因欺诈而订立的合同的再思考*

一、引言

欺诈(dolus, dolo, betrug, fraud, deceit),乃是一种故意违法行为,根据最高人民法院的解释,是指"一方当事人故意告知对方虚假情况,或者故意隐瞒真实情况,诱使对方当事人作出错误意思表示"的行为。① 因欺诈而订立的合同,是在受欺诈人因欺诈行为发生错误而作意思表示的基础上产生的。它是欺诈行为的结果,但其本身与欺诈行为是有区别的。

所谓因欺诈而订立的合同的效果,是指法律对此类合同效力的评价及责任的确定。效果的确定首先是指法律应否承认此类合同有效,在不符合法律的生效要件时,此类合同应当无效还是可撤销。同时,效果的确定也包含了欺诈行为人的责任认定问题。欺诈行为常常因触犯多个法律部门的规定,行为人需承担多种法律责任(刑事的、行政的或民事责任)。即使就民事

---

* 原载《法学研究》1997年第2期。

① 参见1988年最高人民法院《关于贯彻执行〈中华人民共和国民法通则〉若干问题的意见(试行)》第68条。

责任而言,欺诈行为人所应承担的民事责任后果也是多样的,本文对此不作探讨。我们需要讨论的是,因欺诈而订立的合同的效力问题。

因欺诈而订立的合同“谓依他人之欺骗行为陷入错误而为之意思表示”,[②]并在此基础上订立的合同。它是在意思表示不真实的基础上产生的合意。然而,因欺诈而订立的合同究竟是绝对的、当然的无效合同还是属于可撤销的合同类型,受欺诈人是否有权决定此类合同的效力,则是一个自《民法通则》颁行以来,在学理上一直存在争议的问题。在我国统一合同法的起草过程中,对该问题的认识亦不尽一致。鉴于实践中欺诈现象的严重及因欺诈而订立的合同的大量存在,讨论因欺诈而订立的合同的效果,对统一合同法的制定及司法实践中正确处理此类合同纠纷,均不无意义。

二、比较法的分析——可撤销制度是一项完美的制度安排

从大陆法的传统来看,欺诈历来属于可撤销的合同范畴。欺诈一词在罗马法中称为“dolo”,罗马法学家拉贝奥给欺诈下的定义是“一切为蒙蔽、欺骗、欺诈他人而采用的计谋、骗局和手段”。[③] 早期的罗马法因注重法律行为的形式,认为法律行为只要符合法定形式,即认为有效。而对于表意人的意思表示与内心效果意思是否一致,则在所不问。因此,如果因欺诈而订立的合同符合形式要件的规定,也认定有效。至共和国末期罗马法产生了“欺诈之诉”(actio de dolo malo),使受欺诈人可以撤销所为的法律行为。[④] 按照罗马法,欺诈按其本身来说“不使行为当然地无效。人们可以说,意思虽然被歪曲了,但依然存在……”[⑤]欺诈在性质上属于可撤

② 史尚宽:《民法总论》,台湾正大印书馆1980年版,第381页。

③ [意]彼德罗·彭梵得:《罗马法教科书》,黄风译,中国政法大学出版社1992年版,第72页。

④ 周枏:《罗马法原论》(下册),商务印书馆1996年版,第591页。

⑤ [意]彼德罗·彭梵得:《罗马法教科书》,黄风译,中国政法大学出版社1992年版,第73页以下。

销的合同。⑥

大陆法系国家沿袭罗马法的规定,大多认为因欺诈而订立的合同属于可撤销的合同。⑦ 如《德国民法典》第123条规定:“1. 因被欺诈或被不法胁迫而为意思表示者,表意人得撤销其意思表示。(1)如诈欺系由第三人所为者,对于相对人所为的意思表示,以相对人明知诈欺的事实或可得而知为限,始得撤销之。(2)相对人以外的,应向其为意思表示的人,因意思表示而直接取得权利时,以该权利取得人明知诈欺的事实或可得而知者为限,始得对其撤销意思表示。”《日本民法典》第96条规定:由于欺诈或胁迫而做的意思表示,得予撤销。关于对某人的意思表示,是在第三人进行欺诈的情况下进行的,只有对方知道其事实时,始得撤销其意思表示。不过,根据该条规定,因欺诈而撤销其意思表示的,不得以此对抗善意的第三人。在法国民法中,尽管对“无效”与“可撤销”概念未作出明确区分,特别是因欺诈而缔结的合同并没有明确确立其究竟是属于无效行为,还是属于可撤销行为。如《法国民法典》第1117条规定:因错误胁迫或欺诈而缔结的契约并未依法当然无效,仅……发生请求宣告契约无效或撤销契约的诉权;又如该法典第1304条规定:请求宣告契约无效或撤销契约之诉,应在5年内提出……但法国学者一般认为:在法国民法上,因欺诈而订立的合同属于“相对无效合同”。而法律规定其为“相对无效合同”,旨在强调对一方当事人利益的保护。而所谓“相对无效的合同”,实际上相当于德国法中的可撤销合同。⑧ 大陆法系之所以将因欺诈而订立的合同作为可撤销的合同对待,其根本原因在于,因欺诈而订立的合同在本质上属于意思表示不真实的合同。正如《德国民法典》起草人所指出的:因欺诈或胁迫而撤销是以意思缺乏自由为根据的,欺诈是当事人一方对另一方采取的手段,即欺诈人为影响相对方的意思所使用的手段。这种手段是

---

⑥ [意]彼德罗·彭梵得:《罗马法教科书》,黄风译,中国政法大学出版社1992年版,第73页以下。

⑦ 刘守豹:“意思表示瑕疵的比较研究”,载梁慧星主编:《民商法论丛》(第1卷),法律出版社1994年版,第73页。

⑧ 尹田:《法国现代合同法》,法律出版社1995年版,第203页。

不正当的，法律就应允许表意人收回他的意思表示。⑨ 确认受欺诈而订立的合同可撤销，旨在保护受欺诈一方的利益。

在英美法中，一般将欺诈置于“不实陈述”（misrepresentation）之中。“misrepresentation”也翻译成“不实表示”、“不实说明”、“虚假表示”等。所谓“不实陈述”，是指一方因故意或过失使所陈述的内容与事实不符，致使他人因信赖该意思表示而与之缔结合同。不实陈述既可以是故意的，也可以是过失的。如果是基于故意的不实陈述，即为民法上之欺诈行为，从而构成欺诈性不实陈述（fraud of misrepresentation）。⑩ 欺诈性的不实表示，在普通法中逐渐发展为一种欺诈性的侵权行为。自1789年英国的一个判决（Pasley v. Freeman）之后⑪，欺诈（deceit）成为了侵权行为的一种，受欺诈人可请求欺诈方赔偿。⑫ 不过，合同法依然对欺诈受害人提供了补救。这种补救主要表现在两个方面：一是自英国的1728年的一个判例（Stuart v. Wilkins）确定以来，受欺诈的一方可以以违约诉讼（action of assumpsit）请求赔偿，其赔偿根据在于欺诈方违反了其应负的担保义务（breach of warranty）。⑬ 二是允许受欺诈的一方要求宣告合同无效。⑭ 在英美法中，请求确认合同无效，也被一些法官称为“终止合同”（recession of contract）。而英国1967年《不实陈述法》（The Misrepresentation Act 1967）也确认当事人可以撤销合同（to rescind the contract）。那么，“终止合同”的含义是什么呢？根据英国著名学者Robert Upex的观点，终止“（recession）一词的含义是根据法院的命令而取消合同……它是指可表示撤销的合同（avoidable）”。⑮ 因此按照他的理解，英美法中的欺诈合同是可撤销（avoidable）而不是无效（void）合同。“国际统一私法协会”制定的《国际商事合同通则》（Principles of International Commercial Contracts）将

---

⑨ 沈达明、梁仁洁：《德意志法上的法律行为》，对外贸易教育出版社1992年版，第143页以下。

⑩ *Davis on Contract*, 7th Ed., p. 100, London, Sweet & Maxwell, 1995.

⑪ Pasley v. Freeman, 3 T. R. 51(1789).

⑫ Pasley v. Freeman, 3 Term Rep. 51. 100Eng. Rep. 450(1789).

⑬ Surart v. Wilkins 1 Doug. 18, 99 Eng. Rep. 15(1778).

⑭ Antony Downes, *Textbook On Contract*, London, Blackstone Press Limited, 1987, 205.

⑮ Robert Upex, *Davis on Contract*, 7 th Edition, 101.

因欺诈而订立的合同列入"可撤销合同"(avoidance of a contract)的范围。

从上述分析可见,两大法系的立法在对待因欺诈而订立的合同的效力问题上,存在着惊人的相似之处,即都将其视为可撤销合同,而并非绝对的无效的合同。在这一点上,两大法系的判例学说也基本上不存在重大分歧。事实上,无论是在崇尚个人主义和契约自由的自由资本主义时代,还是在强调契约公正的当代,无论是从合同法既往的演化过程还是从合同法今后的发展趋势来看,将因欺诈而订立的合同作为可撤销合同而不是无效的合同对待,基本上已形成为一项成熟的规则和制度。这一规则和制度的合理性之所以极少受到怀疑,乃是因为其本身体现了法律规则设计上的精巧与法律制度所要体现的社会价值目标的完美结合。数百年来,此项规则所体现的功能至少表现在以下几个方面:

第一,对意思自治原则的维护。当事人在法律规定的范围内依其意志自由创设、变更、终止民事法律关系的意思自治原则是合同法的精髓,也是民法赖以建立的基石。在西方国家的民法中,它被奉为神圣的、不可动摇的法律准则。[16] 根据这一原则,受欺诈人因受欺诈所作的意思表示属于不真实的意思表示,而意思表示是否真实,完全由表意人自己决定,局外人不得干预。因而,将因欺诈订立的合同作为可撤销的合同,由受欺诈人决定是否撤销,乃是对受欺诈人的意愿的充分尊重,从而也充分体现了意思自治原则。

第二,对受欺诈人利益的充分保护。郑玉波先生指出,法律区分无效和可撤销的合同的原因在于,"此乃立法政策之问题,亦即视其所欠缺生效要件之性质如何以决定。其所欠缺之要件,如属有关公益(违反强行法规或公序良俗),则使之当然无效;如仅有关私益(错误、误解、被欺诈胁迫等)则使之得撤销"。[17] 因受欺诈而订立的合同,主要涉及受欺诈人的意思是否真实及对其利益如何进行保护的问题。因此,应将此类合同归入可撤销的合同的范畴,而不是绝对无效的合同范畴。由受欺诈人根据其自身利益的考虑决定是否撤销合同、是否保持合同的效力,才能使受欺诈人

---

⑯ 尹田:《法国现代合同法》,法律出版社1995年版,第12页。

⑰ 郑玉波:《民法总则》,台湾1982年版,第316页。

的利益得到最充分的尊重和保护。

第三,对交易安全的维护。由受欺诈人选择对其最为有利的请求权而向欺诈人提出请求,其结果将使欺诈人承担对其最为不利的责任,这本身可以形成对欺诈行为的有效制裁和遏制。同时,将因欺诈订立的合同作为可撤销的合同,法律规定了受欺诈人行使撤销权的期限以及合同的撤销不得对抗善意第三人等,都极有利于维护交易的安全和秩序。

将因欺诈而订立的合同作为可撤销合同对待,使撤销制度发挥了神奇的综合功能,它不仅包容了无效制度的全部功能,同时弥补了无效制度无法体现意思自治、难以保障受欺诈人利益的缺陷。它在柔化无效制度的刚性的同时,并没有丧失其本身所具有的制裁和遏制违法行为的功能。所以说,此项规则和制度是一项综合、完善、精巧的安排。

然而,从强调维护经济秩序和制裁欺诈行为考虑,我国现行的民事立法并没有将其确认为可撤销的合同,而确认其为无效的合同。根据我国《民法通则》第58条的规定,一方以欺诈的手段,使对方在违背真实意思的情况下所为的民事行为为无效民事行为。我国《经济合同法》第7条规定,采取欺诈、胁迫等手段所签订的合同为无效经济合同;《涉外经济合同法》第10条也规定采取欺诈或者胁迫手段订立的合同无效。由此可见,我国现行立法在对待因欺诈而订立的合同的效果方面,采取了与两大法系的规则截然不同的观点。

上述规定在目前正在制定的统一合同法中,是否应继续保留,值得探讨。诚然,在对因欺诈而订立的合同的法律效果问题上,我们在未深入研究该规则本身是否合理、是否符合中国国情的情况下,就完全照搬大陆法的制度或简单"移植"英美法的规则,是极不妥当的。我们的规则应当植根于我国社会经济生活条件,切合中国实际并能在实践中行之有效。但是,如果仔细分析我国现行规则所依据的理由,就不难发现由于我们一直缺乏对可撤销制度和无效制度的功能的认真研究和全面认识,因此现行规则的各种理由具有明显的片面性,也混淆了一些重要范畴和概念(如欺诈行为与因欺诈而订立的合同、对欺诈行为的法律制裁与对因欺诈而订立的合同所导致的民法效果的确认、对欺诈行为的法律惩诫与对受欺诈者的民法保护等)。因此,现行规则的合理性和科学性问题,是值得怀疑的。

三、概念的区别——欺诈行为不等于因欺诈而订立的合同

欺诈行为常常使受欺诈人陷入错误,从而与欺诈人订立合同,因而因欺诈而订立的合同乃是欺诈行为的结果。基于这一原因,许多学者认为因欺诈而订立的合同乃是欺诈行为的引申。他们认为"欺诈必须是一种意思表示行为,即欺诈人为了引起一定民事活动,并达到一定目的所表现的行为",此类欺诈的意思表示是故意违法行为,当然"应属无效行为"。[18]如果使因欺诈而订立的合同有效,将意味着法律听任欺诈人畅通无阻地实现自己的意愿,[19]从而将会纵容欺诈行为。也有一些学者认为因欺诈而订立的合同就是欺诈合同,欺诈行为的非法性必然导致欺诈行为的违法性和无效性,而确认此类合同无效乃是法律对欺诈行为予以制裁的应有内容。

笔者认为,首先应区别因欺诈而订立的合同与欺诈合同,两者并非同一概念,不能加以混淆。所谓欺诈合同,是指双方当事人之间恶意串通,订立旨在欺诈第三人的合同,如双方订约虚设债务从而为一方当事人逃避对他人的债务找到借口;或双方恶意串通虚设担保物权,从而使一方破产时另一方优先受偿,以此欺诈其他债权人。在此类合同中,双方当事人都从事了欺诈他人并损害国家、集体和第三人利益的行为,且都具有欺诈的故意,因此双方都是欺诈人,无所谓欺诈者和被欺诈者之分。对此类合同,毫无疑问应宣告其无效,并应对当事人予以制裁。如使该合同有效,则任何受欺诈人的利益均得不到保护,且欺诈行为不能得到有效的制裁。但是因欺诈而订立的合同并非欺诈合同,此类合同的特点是:欺诈人从事了欺诈行为,而受欺诈人并未与欺诈人恶意通谋,其只是因欺诈而陷入错

---

⑱ 沈乐平:"试论民事行为的无效与撤销",载《法律学习与研究》1989 年第 2 期。

⑲ 周林彬主编:《比较合同法》,兰州大学出版社 1989 年版,第 430 页。

误,但其本身并没有从事欺诈行为。

诚然,在因欺诈而订立的合同中,必有一方当事人实施欺诈行为。欺诈行为都是行为人故意告知对方虚假情况或隐瞒真实情况,诱使对方当事人作出错误意思表示的行为。各种欺诈行为在本质上都违反了法律关于民事行为应遵守诚实信用原则不得欺诈他人的规定,在性质上都是故意违法的行为。从实践来看,欺诈行为对社会经济秩序和交易秩序构成极大的威胁,许多欺诈行为甚至已转化为诈骗犯罪。可见与欺诈行为作斗争也是建立社会主义市场经济法律秩序的一项重要内容。但欺诈行为与因欺诈而订立的合同是两个不同的概念。对因欺诈而订立的合同中的一方的欺诈行为予以制裁,并不意味绝对地使整个合同无效。

早在20世纪50年代,我国就有学者明确地指出不能将欺诈行为与受欺诈的法律行为"这两种行为混为一谈",认为前者可能涉及"行为的法律责任",而后者仅为效力问题。[20] 但遗憾的是,这一观点在学术界并没有引起应有的重视。相反,将欺诈的概念与因欺诈订立的合同的概念相混同的观念却极为盛行。而《民法通则》第58条将欺诈作为无效民事行为对待,"究其原因在于欺诈本身是一种违法行为,我国立法对此类行为一向采取严格禁止的态度"。[21] 自《民法通则》颁布以来,许多学者深感将因欺诈而订立的合同作为无效合同对待的观点并不妥当,并提出了各种理由,试图说明因欺诈而订立的合同应为可撤销的合同而不是无效合同。但这些学者大都未能从区分欺诈行为与因欺诈而订立的合同着手解释这一问题。

笔者认为,不能因为一方实施了欺诈行为而宣告因欺诈而订立的合同无效。其主要原因在于,欺诈行为与因欺诈而订立的合同存在如下区别:

第一,欺诈行为本身仅指由欺诈者实施的单方违法行为,并不包括具有双方意思表示(尽管一方的意思表示不真实)的因欺诈而订立的合同,后者属于双方的行为。既然双方并没有共同实施欺诈行为,那么,对于因

---

⑳ 吕敏光:"关于违反自愿原则的法律行为的几个问题",载《教与学》1957年第1期。

㉑ 刘守豹:"意思表示瑕疵的比较研究",载梁慧星主编:《民商法论丛》(第1卷),法律出版社1994年版,第73页。

欺诈而订立的合同的处理,便不能像对待欺诈合同那样,简单地宣告合同无效,而应当充分考虑到被欺诈方的意志及对其利益予以保护的问题。

第二,欺诈行为并不一定必然导致因欺诈而订立的合同的产生。因欺诈而订立的合同的产生,不仅以欺诈行为为前提,而且还要有受欺诈一方因受欺诈而陷入错误并作出意思表示。如果欺诈一方实施了欺诈行为,但不能使他方陷入错误而作出意思表示或虽陷入错误但未作出意思表示,亦不能产生因欺诈而订立的合同。可见,欺诈行为与因欺诈而订立的合同是不同的。

第三,受欺诈人因受欺诈而作出意思表示,本身并未实施任何不法行为。受欺诈人因受欺诈而作出的意思表示毕竟不是欺诈人的真实意思表示,由于欺诈人和受欺诈人的意志及利益是完全不同甚至是对立的,因此,受欺诈人因欺诈而作出意思表示并由此订立的合同并非完全体现欺诈人的真实意思。法律使因欺诈而订立的合同有效,并不是使欺诈人的意志得以体现;相反在许多情况下使欺诈人受到合同的拘束,使其承担因不履行或不完全履行合同所产生的违约责任,将会使欺诈一方承受比在合同被确认无效情况下更大的不利益。

因欺诈而订立的合同完全体现的是欺诈人的意志吗?事实并非如此,为了说明问题,我们不妨将实践中发生的因欺诈而订立的合同归纳为如下三类并对其进行分析:

1. 合同履行对受欺诈人有利。此类合同为司法实践中所常见。具体又可分为几种:一是欺诈人为骗取他人财物而故意隐瞒真相或作了虚伪陈述,诱使他人订约,但合同本身可以履行且履行对受害人有利。如虚报财产状况、隐瞒真实情况而向银行借款,借款后有能力偿还但不偿还。二是欺诈人与对方订立合同并占有对方财物后,故意隐匿财产或与他人虚设债务及使用其他欺诈手段,以拒不履行或不完全履行其义务。三是欺诈人在履行合同过程中从事各种欺诈行为。严格地说,第二、三类行为不应属于因欺诈而订立的合同的范畴,但因为我国司法实践和民法理论大都将其作为因欺诈而订立的合同对待,在此笔者也不表示异议。如以二锅头酒代替合同规定的茅台酒而向对方交付;再如,合同规定的标的物为腈纶短纤,却故意交付涤纶短纤布料。大量的出售假冒伪劣商品的欺诈行为,都属于此类履行中的欺诈行为。上述各类情况表明,尽管受欺诈人遭受了欺诈,但如果责令欺诈人按照合同的规定履行其义务,对受害人反而是十分有利的。显然,就这些合同本身而言,并非体现的是欺诈人的利益。

2. 合同根本不能履行。此类合同是指欺诈人在订立合同时根本不具有履行合同的能力,却故意捏造虚假情况或隐瞒真实情况,谎称自己具有履行合同的能力,诱使对方违约,从而占有对方的预付款、定金甚至实际交付的货物或价款。例如,谎称自己拥有某种专利产品或稀缺物资,而实际上并没有;或谎称自己具备承揽某项工程的能力而实际上根本不具备。在这些合同中,由于欺诈人不具备实际履行合同的能力,因此合同根本不可能得到履行。如果不考虑合同不能履行的因素,假定合同真正能够得到履行,对受欺诈人来说是有利的,而对欺诈人而言,则反而是不利的。此类合同毫无疑问也并非体现的是欺诈人的意志。尤其应当看到,合同不能履行并不能导致合同无效。因为,履行不能是由欺诈人的过错造成的,据此欺诈人应对因自己的行为造成合同不能履行的后果承担违约责任,而违约责任承担的前提是合同的有效而不是合同无效。

3. 合同的履行对受欺诈人不利。例如,欺诈人冒用或盗用他人名义订立合同,谎称其出售的标的物具有某种功能而实际上并无此功能;或出售假冒他人商标的商品等。这类合同的主体一方或合同的基本条款(如关于标的物的约定)本身是虚假的,如果履行这些虚假的条款,只能使受欺诈人蒙受损害。这些条款确实体现的是欺诈人的意志,受欺诈人接受这些条款,乃是遭受欺诈的结果。但此类合同在因欺诈而订立的合同中毕竟为数不多,对其可以用撤销合同的办法使受欺诈人获得救济。由受欺诈人提出撤销合同,即可完全达到此项效果。

以上分析表明,因欺诈而订立的合同并不都是欺诈人意志的体现。而使此类合同有效,并非完全符合欺诈人的意志和利益。相反,在许多情况下,合同的实际履行与欺诈人的意志和利益是完全违背的。由此可见,那种关于制裁欺诈行为必须确认因欺诈而订立的合同无效的观点是不妥当的。

严格地说,因受欺诈而为的意思表示在本质上属于一种意思表示不真实的行为,学者通常将其称为“有瑕疵的意思表示”,[22]也就是说,从表面上看,受欺诈一方表达了自己的意思,但由于其意思是在欺诈方提供虚假情况、隐瞒事实的情况下所形成的,受欺诈人因对方的欺诈而使自己陷入一种错误的认识,从而使其缺乏完全的意志自由和判断能力,因此其所表达的意思与其追求的订约目的和效果可能不完全符合。这样,法律赋予受欺诈人撤销合同的权利。

将因欺诈而订立的合同作为可撤销的合同对待,是民法的意思自治原则及合同自由原则的必然要求。由于法律对因受欺诈而订立的合同的着眼点在于为受欺诈人提供救济,因此,在处理此类合同时,即应按照意思自治和合同自由的精神,充分尊重受欺诈人的意愿,也就是说,要赋予受欺诈人一方撤销合同的权利,使其能够审时度势,在充分考虑到自己的利害得失后作出是否撤销合同的决定。从实际情况来看,由于受欺诈人所作出的意思表示乃是意思表示不真实行为,而其意思表示是否真实,局外人常常无从判断,即使局外人知道其意思表示不真实且因此受到损害,但受欺诈人从自身利益考虑不愿意提出撤销,按照意思自治和合同自由原则,法律也应当允许而不必加以干涉。尤其应当看到,我国法律承认重大误解属于可撤销合同的范畴,而重大误解与因欺诈而订立的合同,在表意人发生认识错误且基于此错误认识而作出意思表示方面是相同的,只不过两者发生的原因有所不同罢了(重大误解通常是因自身的原因造成的)。所以,我们赞成这一种观点,“若撇开原因不管,那么在表意人不知发生错误认识进而为错误表示方面,错误(重大误解之一种)与欺诈并无差别”。[23] 既然我国法律将重大误解作为可撤销合同,那么,同样也应该将因受欺诈而订立的合同作为可撤销合同对待。

---

[22] 史尚宽:《民法总论》,台湾1980年版,第381页。或者说表意人在缺乏意思自由的情况下作出意思表示。参见沈达明、梁仁洁:《德意志法上的法律行为》,对外贸易教育出版社1992年版,第144页。

[23] 刘守豹:“意思表示瑕疵的比较研究”,载《民商法论丛》(第1卷),法律出版社1994年版,第73页。

四、保护功能——允许受欺诈人选择保护方式是可撤销制度的独特功能

将因欺诈而订立的合同作为无效合同而不是可撤销合同对待，表面看来似乎对受欺诈人有利。因为宣告因受欺诈而订立的合同无效后，责令欺诈一方返还其所占有的受欺诈人一方的财物，并赔偿其给受欺诈人造成的损失，[24]确实可以对受欺诈人提供一种补救。受欺诈人因合同的无效而获得上述补救措施，可使自己达到合同从未订立即没有受到欺诈的状态，这可能对受害人有利。据此许多学者推论，凡是宣告合同无效，都是有利于受欺诈一方的，尤其是由法院主动确认合同无效，更能及时保护受欺诈人的利益。[25]

笔者认为，上述观点虽不无道理，但具有明显的片面性。一方面，无效制度对受欺诈人提供的救济手段和保护措施通过可撤销制度完全可以达到。换言之，宣告无效和撤销的后果完全是一样的。正如《民法通则》第61条第1款所规定的："民事行为被确认为无效或者被撤销后，当事人因该行为取得的财产，应当返还给受损失的一方。有过错的一方应当赔偿对方因此所受的损失，双方都有过错的，应当各自承担相应的责任。"可见，就返还财产和赔偿损失的补救方式来说，确认无效和撤销都是一样的，确认无效对受害人的保护作用完全可以通过撤销制度来达到。另一方面，如果确认因欺诈而订立的合同是无效合同，国家应对该合同进行干预，不管受欺诈人是否主张无效，这类合同都应当是当然无效的。这就会使欺诈一方根本不受合同效力的拘束，从而不利于对受害人的保护。即使由法院决定是否宣告合同无效，也因为法院一旦发现合同有欺诈因素，则不管受欺诈一方是否愿意保持合同的效力，都应当主动地确认合同无效。这就完全限制了受欺诈人的选择权利，忽视了对受欺诈人的利益的

---

[24] 参见《民法通则》第61条。

[25] 刘斌："民事欺诈新探"，载《政治与法律》1990年第2期。

保护。下面试举一案进行分析:

在浙江省兰溪市灵洞纺织厂诉浙江省新昌县粮油综合大楼等无效连环购销合同质量纠纷案中,[26]第三人曾于1991年5月初与被告口头协定:第三人有1.5×38巴西腈纶短纤200吨提供给被告,被告表示同意,但要求第三人提供腈纶短纤的商检单及小样,第三人明知是1.5×38巴西涤纶的商检单及小样,仍以所谓1.5×38巴西腈纶短纤的商检单、收据及小样提供给被告。被告以为第三人提供的是巴西腈纶短纤,又以同样的方式与原告签订了购销巴西腈纶合同一份。合同规定,由被告向原告提供1.5×38腈纶短纤40吨,每吨人民币1.33万元,交货日期为同年6月10日之前,对技术标准和质量要求,以被告提供的商检单、收据和小样为准。同年6月11日、21日,原告、被告与第三人一起到上海市吴泽关港仓库提货,两次共提59件,合计重量为19.984吨。原告提货后,先用手工方式进行鉴别,发现质量有问题,即送交浙江省纤维检验所鉴定,结果证明原告所送交的样品为涤纶,不是合同规定的1.5×38巴西产的腈纶短纤。原告立即与被告交涉,后在法院提起诉讼。上海市闵行区法院于1992年3月10日作出判决,认定该连环购销合同因第三人使用欺诈手段订立而无效,原被告应相互返还货物或货款,原告的经济损失29840.89元由第三人负责赔偿。

应当说,本案中法院认定的事实是清楚的,法院援用《经济合同法》第7条关于采用欺诈胁迫等手段所签订的合同为无效的规定,判决原、被告及第三人之间所订立的连环购销合同为无效合同具有法律依据。问题在于,从本案及有关的情况来看,法律关于因欺诈而订立的合同均为无效合同的规定,确实不当限制了受欺诈方的选择权利,而不利于充分保护受欺诈方的利益。具体来说:

1. 关于合同的效力确定问题。一审法院认为,本案中,第三人与被告之间订立购销1.5×38腈纶的合同,被告又与原告订立同一标的物的购销合同,因此成立了连环购销合同。在此种情况下,若第一个购销合同因欺

---

[26] 《中国审判案例要览》(1993年综合本),中国人民公安大学出版社1994年版,第808页。

诈而被确认为无效,则后一个购销合同自然也应被确认为无效。笔者认为,从本案来看,尽管是连环购销合同,但却是两个完全不同的合同关系,被告与第三人之间的合同属于欺诈合同并应被确认无效,然而在原告与被告之间的合同关系中,不能认定被告具有欺诈行为。因为被告确实不知第三人提供的货物不是腈纶短纤而是涤纶,特别是因为第三人向被告提供的虚假的商检单、收据及小样均使被告信以为真。第三人在交货时,被告又没有加以检验,因此被告并没有故意告知虚假性情况和隐瞒真实情况,诱使对方当事人作出错误意思表示,可见被告只是因发生了误解而销售了与合同规定的标的不符的物品,其本身并未实施欺诈行为。所以,认为连环购销合同中一个合同无效必然导致另一个合同无效的观点,既否认了合同的相对性规则,而且也与本案的情况不符。然而,由于法律将因欺诈而订立的合同规定为无效合同,因此我国司法实践一般认为,在连环购销合同中,第一个合同因欺诈而无效,第二个合同的当事人无论是否从事了欺诈行为,也因为标的物的同一性而应被确认为无效。因为欺诈行为违反诚实信用原则,是社会主义市场经济的道德规则与法律规定所不容许的,理应受到制裁。㉗

由此可见,将因欺诈而订立的合同规定为无效合同,不仅使得在连环合同中一个涉及欺诈的合同无效,而且将导致与前一个合同相联系的第二个乃至第三个合同无效。对这些合同的效力的确定,受欺诈人丝毫不能作出选择。如果因欺诈而订立的合同属于可撤销的合同,那么,在连环合同中第一个合同是否应被撤销完全可由受欺诈的一方当事人决定。即使受欺诈人选择了撤销,其撤销也不得对抗善意第三人,不应当然使第二个合同无效。尤其应当看到,可撤销的合同常常是与合同的变更联系在一起的。我国《民法通则》第 59 条将可撤销合同称为“可变更或者可撤销”的合同,允许当事人既可以主张变更,又可以主张撤销。由于合同的变更是在维护原合同效力的情况下,对原合同关系作某种修改或补充。合同的变更仅影响到合同的局部内容,而不导致合同的消失。所以法律

㉗ 《中国审判案例要览》(1993 年综合本),中国人民公安大学出版社 1994 年版,第 809 页。

对可撤销的合同允许当事人既可以撤销又可以变更,这不仅使当事人享有了选择是否维持合同关系的权利,而且在当事人选择了变更合同而不是撤销合同的情况下,对稳定合同关系,鼓励交易也是十分有利的。例如,在本案中,如果被告与原告都希望得到第三人实际交付的标的物即腈纶短纤,那么双方协商变更合同的价格等条款,这就使受欺诈人与善意的第三人获得了一种选择是否消灭合同的机会和权利。这对其当然是十分有利的。如果受欺诈人能够作出这些选择,将会避免许多合同因被宣告无效而消灭,将会减少许多财产的损失和浪费。

2. 当事人对债权请求权的选择。请求权是指请求他人为一定行为或不为一定行为的权利。债权人向债务人提出请求,若其请求权得到实现,则意味着债务人将承担相应的责任。所以,债权人基于何种请求权而提出请求,不仅将决定其权利的实现,而且将直接影响到债务人所承担的责任。在因欺诈而订立的合同成立以后,受欺诈一方能够向欺诈一方提出的请求越多,则意味着能够维护其自身利益的手段就越多,其权利的实现就越有保障。

就上面所举案例来说,如果第三人与被告之间的合同属于可撤销的合同,则该合同的效力不应影响到原告与被告之间合同的效力。在此种情况下,原告至少可以对被告提出三种请求:第一,根据重大误解请求撤销原告与被告之间的合同。从本案来看,将棉型涤纶作为棉型晴纶出卖给原告,乃是当事人对合同的重要内容即标的发生的误解。且因此种误解给原告造成重大损失,因此可以构成重大误解。据此原告可以要求撤销合同。第二,根据被告的违约行为要求被告承担违约责任。从本案来看,被告交付的货物与合同规定的标的物完全不符,已构成违约。即使被告以其发生误解为由提出抗辩,也不能成立。因为,误解并不是违约的合法抗辩事由,在交易中,任何出卖人都不能以自己不了解自己出售的标的物的情况,对自己出售的标的物发生认识错误等为由否认违约行为的成立,并否认违约责任。一旦出卖人交付的货物不符合合同规定且无法定或约定的正当理由,则应负违约责任。更何况,在本案中,被告在与第三人订约后对第三人出售的货物不作详细了解就与原告订约,在第三人交货以后，被告不作检验即交付给原告，这些都表明被告具有明显的过错。原告基于被告的违约，应可要求被告承担违约责任。第三，根据被告的违约行为而解除合同。在本案中，被告交付的货物完全不符合合同的规定，属于交付异种物的行为，异种物的交付不是交付的商品有瑕疵，而在性质上应认定为根本没有交付。此种违约行为使非违约方不能得到其订立合同所期待的利益，因此构成根本违约。据此，在本案中，原告如果希望继续得到合同规定的货物可要求被告继续履行，如不愿意接受该批货物，可要求解除合同。在因欺诈而订立的合同不属于无效合同的情况下，受欺诈人已可以选择上述各项债权请求权。由于上述各种方式均可以由受欺诈人已作出选择，这样受欺诈人已可以选择对其最为有利的方式以维护其利益。但如果将因欺诈而订立的合同作为无效合同处理，则只能会出现本案的判决结果，即因被告与第三人的合同涉及欺诈而无效，原告与被告之间的合同被宣告无效。原告只能接受一种后果即无效的后果，不能作出其他的选择。

3. 对责任形式的选择。责任形式是指承担民事责任的方式，如损害赔偿、支付违约金、实行履行、双倍返还定金等各种责任形式。如果因欺诈而订立的合同属于无效合同，欺诈人主要应承担返还财产和赔偿损失的责任，而不应当承担其他的责任。但如果因欺诈而订立的合同属于可撤销合同，那么受欺诈一方可以对多种责任形式进行选择。例如，在本案中，如果被告希望得到合同规定的标的物（1.5 × 38 巴西腈纶短纤 200 吨），可以要求第三人实际履行合同，或请求其更换货物。如果合同中规定了定金和违约金，适用定金和违约金责任对其更有利，也可以不撤销该合同而要求第三人承担违约责任。如果该批货物市价上涨得很高，被告也可以请求第三人赔偿合同价与市价之间的差额，而此种赔偿只能在合同有效情况下才能提出请求。例如，合同规定腈纶短纤的每吨价格为人民币 1.33 万元，而市场价已涨至 1.5 万元，那么被告向第三人提出赔偿的数额可为：（1.5 万元 - 1.33 万元）× 40 吨 = 6.8 万元。对于原告来说，同样可如此请求。如果其与被告之间的合同不受先前合同效力的影响，那么，原告可以要求被告更换标的物，支付违约金，也可以要求被告赔偿期待利益的损失。

4. 对责任竞合的选择。欺诈行为不仅仅导致因欺诈而订立的合同的产生,而且也可能构成民法上的侵权行为。根据许多大陆法系和英美法系国家民法的规定,构成侵权行为的欺诈是指行为人"通过欺诈或隐瞒等手段"故意从事不法侵害他人生命、身体、健康、自由、所有权或其他权利,应对被害人负损害赔偿责任的行为。㉘ 在英美法中,自 1798 年"Stuart v. Freeman"一案以后,便开始将欺诈作为侵权行为的一种对待。㉙ 尽管从美国 1778 年"Sruart v. Wikin"一案开始,英美法认为,凡违反担保义务(breach of warranty)的应以违约起诉,而不应以侵权行为之诉请求赔偿。但这个标准并没有区分在欺诈情况下违约与侵权的界限。英美法通常都将故意的不实表示称为"欺诈性的侵权行为"(the tort action of deceit),㉚ 受欺诈人既可以基于侵权行为要求赔偿,也可以基于违约而要求赔偿。

笔者认为,受欺诈人因欺诈行为而作出了意思表示,如果此种意思表示对其有利,自然无损害可言,也不会成立侵权行为。如果因欺诈行为确实构成了重大损害,而仅仅允许其撤销合同难以提供补救,应允许受害人既可以根据侵权行为要求赔偿损失,也可以根据违约责任要求赔偿其期待利益的损失,以充分维护受害人的利益。例如,在本案中,原告、被告遭受了各种费用的损失,则可以以这些损失是因第三人的欺诈性的侵权行为所致为由,要求其赔偿损失。即使原告与第三人之间没有合同关系,也可以根据侵权行为法向第三人要求赔偿费用的损失。同时,被告可以基于违约请求第三人赔偿期待利益的损失,原告也可以基于违约要求被告赔偿期待利益的损失。

上述违约责任和侵权责任竞合现象的产生对受欺诈人毫无疑问是有利的,使其可选择不同的请求权以维护其利益。但是,责任竞合只是将因欺诈而订立的合同作为可撤销合同对待的情况下才有可能产生。如果因欺诈而订立的合同属于无效合同,则只能将此类合同确认为无效,并按无

㉘ 王家福主编:《民法债权》,法律出版社 1991 年版,第 349 页。

㉙ Pasley v. Freeman. 3 Ferm Rep. 51,100Eng. Rep 450(1789).

㉚ *Prosser and Keeton on the Law of Torts*,1984. West Publishing Co. ,p. 205.

效合同处理,而不可能发生责任竞合。我国司法实践中基本不承认因欺诈而订立的合同中的竞合现象,其原因也在于此。实践证明,这对保护受欺诈人的利益来说并非是最好的选择。

总之,将因欺诈而订立的合同作为无效合同处理,并不利于充分保护受欺诈一方的利益。确认无效对受害人的保护作用,完全可以通过撤销合同的办法来达到。但是,将因欺诈而订立的合同作为可撤销的合同,由此所产生的对受害人的各种保护措施和作用是简单地确认合同无效的办法所不可能具有的。据此,笔者认为,将因欺诈而订立的合同确认为无效,并不符合合同法所确立的切实保障当事人合法权益的目的。

有一种观点认为,将因欺诈而订立的合同作为无效合同对待,其宗旨在于加强国家对于合同关系的干预。因为"我国民法与西方国家民法在法律行为概念上的这种差别,反映社会本位与个人本位的不同立场,以及国家对民事领域进行干预的不同态度"。[31] 此种观点有一定道理。但笔者认为,加强国家干预,本身就是为了充分保护受欺诈人的利益,防止因欺诈行为而使受欺诈人蒙受损害。加强国家干预与保护受欺诈人利益并不矛盾。那么,受欺诈人是否会因无力提出或不知如何提出请求而需要国家主动干预,由法院主动确认合同无效?笔者认为,从实践来看,受欺诈人即使遭受欺诈,也一般均能根据自己利益的考虑作出是否撤销合同的决定。尤其是随着市场经济的进步与发展、公民法律意识的逐渐增强,当事人不仅是自身利益的最佳判断者,也完全有能力通过行使法律赋予的权利而保护自己的利益。私法自治是市场经济的必然要求,而使因欺诈而订立的合同成为可撤销的合同也是私法自治的体现。在这个问题上,法律没有必要也不可能越俎代庖去充当万能的保护人。

五、制裁功能——无效制度较之于可撤销制度具有明显缺陷

将因欺诈而订立的合同作为无效合同的主要理由是:欺诈行为乃是一

---

[31] 佟柔主编:《中国民法》,法律出版社1990年版,第176页。

种故意违法行为，对于欺诈行为人予以制裁，可以限制和消除此类不法行为，维护社会经济秩序。只有确认因欺诈而订立的合同无效，才能体现对欺诈行为的制裁。[32] 而使因欺诈而订立的合同成为可撤销的合同，就可能使这类合同有效，其结果将会纵容欺诈行为。

笔者认为这一观点是值得商榷的。如前所述，欺诈行为并不等于因欺诈而订立的合同，由于因欺诈而订立的合同在多数情况下并不完全体现欺诈人的意志，因此，合同的实际履行反而是符合受欺诈人的意志及利益并有利于受欺诈人的。因此，使合同有效并由欺诈人承担合同的履行责任和其他违约责任，不仅能对受欺诈人提供充分的补救，而且由于这种责任正是欺诈人所根本不愿承担的，结果将会形成对欺诈人的有效制裁。具体来说表现在如下几点：

（一）实际履行责任的确定

对于因欺诈而订立的合同，如果受欺诈人愿意继续保持合同的效力，则可以要求欺诈人继续履行合同。在许多情况下继续履行合同对受欺诈人是有利的。如欺诈行为人故意隐瞒商品的瑕疵、出售假冒伪劣产品等，并不意味着继续履行合同对受欺诈人是完全不必要的，更不意味着继续履行合同必然不利于受欺诈人。如果受欺诈人希望得到合同所规定的标的，他可以要求欺诈的一方交付该标的物。即使欺诈的一方交付的是假冒伪劣产品，受欺诈的一方如果认为只有得到合同规定的产品才能达到其订立合同的目的，他可以要求欺诈方依据合同规定予以更换、重作或者对标的物进行修理。“在假冒商品买卖中，消费者凭借商标识别和选择商品，接受卖方提出的价格，双方拍板成交。当消费者交付货款之后，商家绝对有义务支付与商标一致的货物。”[33]事实上，欺诈人实施欺诈行为销售假冒伪劣产品或故意隐瞒商品的瑕疵，都表明其根本不愿意按合同规定的质量标准交付标的物，换句话说，他根本不愿意履行合同所规定的义

[32] 叶向东：“民事欺诈行为的认定和处理”，载《中央政法管理干部学院学报》1994年第1期。

[33] 方流芳：“从王海现象看受欺诈人的法律救济问题”，载《湘江法律评论》1996年第1卷。

务。对受欺诈人来说,合同的履行虽使其蒙受了欺诈,但其真实意愿是得到合同规定的标的物。假如确认合同无效,欺诈人不再承担交付合同规定的标的物的义务,不仅将使受欺诈人的订约目的不能得到实现,而且使欺诈人免除了按合同交付标的物的义务。这样的结果,即使不是欺诈人最愿意获得的目标,至少也是其愿意接受的结果。这如何能体现对欺诈人的制裁呢?

在许多借款合同中,某些借款人常常以其欺骗了贷款人(如银行)为由,要求确认合同无效,从而使其不受合同的拘束,并被免除支付利息和罚息的责任。这当然对受欺诈的贷款人是不利的,只有继续保持合同的效力,使恶意的借款人承担依合同规定还本付息、支付罚息的责任,才能对欺诈人体现最为严厉的制裁作用。

(二)损害赔偿责任的确定

对因欺诈而订立的合同而言,如果该合同被确定为有效,根据两大法系的观点,受害人有权基于合同要求欺诈一方赔偿合同在正常履行情况下所应得的利益,即要赔偿期待利益的损失。所谓期待利益,是指当事人在订立合同时期望的在合同严格履行情况下所能够得到的利益。对期待利益进行保护,可以有效地防止欺诈的被告从其欺诈行为中获取不当利益,同时也极有利于保护受欺诈的一方。因为受欺诈人尽管受到了欺诈,他仍可以获得从交易中或基于对方的允诺所应得到的全部利益。在因欺诈而订立的合同仍然有效的情况下,受害人的期待利益应根据受害人应该得到的利益与其实际得到的利益之间的差距来计算。如果对方拒绝履行,则受害人的期待利益就是违约方应该作出的全部履行。在欺诈一方不适当履行的情况下,受害人的期待利益可根据其应该得到的履行价值与实际得到的利益之间的差距来确定。

请求期待利益的赔偿,对受害人最为有利的是可以请求所失利益的赔偿。根据英美法,在故意欺诈情况下,原告可以请求对方赔偿所失利益。所谓所失利益,是指双方依商业交易契约之规定,被告若无故意不实表示,原告可合理确定(reasonable certainty)之利益。例如,甲为诱使乙以10000元购买某物,甲对乙声称该物价值15000元,乙完全信以为真,但物实际上只值 7000 元,这样受欺诈人可根据所失利益理论,请求赔偿 8000 元(15000 - 7000 = 8000),亦即损害赔偿系原告实际所受价值与原告应受价值之差价。[34] 在我国司法实践中,尽管可得利益的赔偿适用范围并不广泛,但是为适应市场经济的发展,适用范围将会逐渐扩大。因为只有赔偿可得利益的损失,才能充分保护受害人的利益,并使受害人获得合同在正常履行情况下所应得到的利益,从而有利于维护合同的效力。

对期待利益的赔偿只限于合同正常履行情况下才能获得,如果合同被确认无效,则因为当事人之间根本不再存在合同关系,受欺诈人就不能获得合同在正常履行情况下的利益,也就不能主张期待利益的赔偿。如果受欺诈人遭受了损害,则按照两大法系的判例和学说,受害人所能获得的赔偿乃是信赖利益(reliance interest)赔偿。所谓信赖利益,是指"法律行为无效而相对人信赖其为有效,因无效之结果所蒙受之不利益,故信赖利益又名消极利益或消极的契约利益"。[35] 可见,信赖利益的赔偿主要运用于合同被确认无效以后的赔偿问题。信赖利益的赔偿运用的基本目的是使当事人的利益状态处于合同订立前的状况。当事人在合同订立以前的状况与现有状况之间的差距,就是欺诈人所应赔偿的范围。如果合同尚未履行,其履行费用一般不高于期待利益的损失。只有在例外情况下受欺诈一方由于信赖合同有效和将要被履行,而付出了巨大的代价,这些花费甚至超过了期待利益;也就是说,超过了在合同履行情况下应该获得的利益,这种情况下,则赔偿信赖利益的损失对原告更为有利。在前引"浙江省兰溪市灵洞纺织厂诉浙江省新昌县粮油综合大楼等"一案中,第三人向被告出售假货,被告因误解将假货又出售给原告。如果不确认连环合同当然无效,原告可以要求被告依照合同的规定交付真货,也可以要求被告赔偿期待利益的损失,即赔偿真货的市场价格与合同价格的差价。如果原告与他人订立了转售合同,对因转售可获得的利润可以要求被告赔偿,而被告在向原告赔偿以后,可将其损失转嫁给第三人。如果确认第三人与被告、被告与原告的合同都无效,原告只能要求被告赔偿信赖利润的损

---

[34] *Prosser and Keeton on the Law of Torts*, p. 768.

[35] 林诚二:"民法上信赖利益赔偿之研究",载台湾《法学丛刊》1973 年第 73 期。

失，即只能要求被告赔偿其为履行合同所支付的各种费用。显然，这些费用的损失大大低于其蒙受的利润损失。由于被告应向原告赔偿的数额不大，所以真正的欺诈人即第三人所承担的赔偿责任也将明显减少。可见，确认因欺诈而订立合同当然无效，欺诈人所承担的赔偿责任将明显少于合同在有效情况下所应承担的赔偿责任。正如有的学者所指出的，即使在欺诈人出售假冒伪劣产品的情况下，受欺诈人主张合同有效，要求违约损害赔偿对其十分有利。[36] 他如果愿意保留假货，可以要求欺诈人赔偿其因交付假货所遭受的利润损失（如转售利润的损失、合同价格与真货的市场价格的差额等）。由此也说明在因欺诈而订立的合同当然无效的情况下，就损害赔偿而言，在许多情况下只有利于欺诈人而不利于受欺诈人，从而也就难以体现对欺诈人的制裁。

（三）惩罚性损害赔偿的运用

针对交易中各种严重的欺诈行为，特别是出售假冒伪劣产品的欺诈行为的大量存在，我国《消费者权益保护法》第 49 条明确规定，经营者提供商品或者服务有欺诈行为的，应当按照消费者的要求增加赔偿其受到的损失，增加赔偿的金额为消费者购买商品的价款或者接受服务费用的 1 倍。这就在法律上确立了惩罚性损害赔偿制度。惩罚性损害赔偿的运用无疑对鼓励消费者在运用法律武器同欺诈行为作斗争，切实保护其自身利益方面具有重要作用。但惩罚性损害赔偿的前提究竟是有效合同还是无效合同，值得探讨。有一种观点认为，惩罚性损害赔偿并不是以合同有效为前提的损害赔偿。[37] 笔者认为，惩罚性损害赔偿的适用应以合同有效为前提。因为合同被确认为无效后，双方不存在合同关系，当事人应当恢复到合同订立前的状态。受欺诈人可以请求获得赔偿的损失应当为其在合同订立之前的状态与其现有状态之间的差价。这就是我们所说的信赖利益的损失。如果在无效情况下还仍然获得惩罚性损害赔偿，那就意味

[36] 方流芳：“从王海现象看受欺诈人的法律救济问题”，载《湘江法律评论》1996 年第 1 卷。

[37] 方流芳：“从王海现象看受欺诈人的法律救济问题”，载《湘江法律评论》1996 年第 1 卷。

着双方并没有恢复到原有状态,受害人因此获得了一笔额外的收入。但如果在合同有效情况下适用惩罚性损害赔偿,则可以认为这一赔偿代替了受害人可以获得的、在实践中又难以计算的可得利益的损失。从这个意义上讲,受害人获得该种赔偿也是合理的。总之,如果将因欺诈而订立的合同作为无效合同对待,是很难解释惩罚性损害赔偿的运用问题的。如不能适用惩罚性损害赔偿,将使欺诈人被大大减轻了责任,这当然不能体现制裁欺诈行为的作用。

(四)违约金和定金责任的承担

所谓违约金责任,是指预先确定的、在违约后生效的独立于履行行为之外的给付。违约金适用的前提是一方已构成违约并应承担违约责任,而违约责任是指一方违反了有效合同规定的义务所应负的责任。可见,违约金作为违约后生效的一种补救方式,只适用于合同有效的情况,而不适用于合同无效的情况。如果合同明确规定了违约金数额,而请求欺诈一方支付违约金对受欺诈一方极为有利,那么受欺诈一方应选择使合同有效,并要求欺诈人承担违约责任。同样的道理,如果当事人在合同中约定了违约损害赔偿的数额和计算方法,适用违约损害赔偿对受欺诈人有利,他也应当根据有效合同提出请求。但是,如果将因欺诈而订立的合同作为无效合同对待,受欺诈人则不可能作出此种选择。

如果当事人在合同中规定了定金,那么在合同被确认无效的情况下,也不应适用定金罚则。我国《担保法》第 89 条规定,“给付定金的一方不履行约定的债务的,无权要求返还定金;收受定金的一方不履行约定的债务的,应当双倍返还定金”。可见,我国法律规定的定金罚则仅适用于不履行行为即违约行为,定金罚则乃是违约责任。而违约责任存在的前提是合同的有效性,如果合同已无效,则根本不存在合同义务及违反合同义务的问题,因此也就不能适用违约责任包括定金责任。尤其是在主合同无效以后,作为从合同的定金也应随之而无效,除非定金罚则中明确规定,定金罚则之效力不依附于主合同。这是由从债附随于主债的规则所决定的。可见,如果将因欺诈而订立的合同作为无效合同对待,将会完全剥夺受欺诈一方要求支付定金的权利。

(五)担保责任的承担

如果主合同设有担保之债,那么在主合同被确认无效情况下,依据主合同效力决定从合同效力的原则,担保合同也自然无效,担保人也自然不再承担担保责任,而只能根据《担保法》第5条规定按过错分担一部分赔偿责任。而对于因欺诈而订立的合同而言,如果简单地宣告其无效,并使担保合同也相应失效,这对受欺诈的债权人来说并不有利。例如,在借款合同中,如果借款人以其从事了欺骗行为为由而要求确认借款合同无效,则银行不能请求担保人代为履行,而只能请求担保人依据其过错承担部分责任,这当然是对银行极为不利的。如果主债务人既是债务人又是担保人,则确认合同无效,将使其免除担保责任,这正是其极力追求的结果。

正是由于上述原因,在因欺诈而订立的合同中,受欺诈一方即使遭受了重大损害,继续保持合同的效力,常常最能充分保护受欺诈人。当然无效的评价使欺诈人根本不受合同效力的拘束,根本不承担任何实际履行的责任和违约责任,"这实际上为不法行为人利用法律行为形式从事欺诈活动留下漏洞"。[38] 如果欺诈人在标的物的市场价格已经上涨,不愿意以合同规定的价格交付标的物时,他可以公开承认自己从事了欺诈行为,主动要求法院确认合同无效。如果他不愿意承担偿还利息的责任、支付约定的损害赔偿金的责任及支付一大笔可得利益损失的赔偿金的责任,或者在提供担保以后不愿意承担担保责任等,他也必然会不知羞耻地承认自己从事了欺诈行为,并以欺诈为借口要求确认合同无效。由于现行立法规定因欺诈而订立的合同属于当然无效的合同,这样,一旦欺诈人提出合同具有欺诈因素,要求确认合同无效,法院也被迫确认合同无效。这就出现了一种奇怪的现象,即无效制度的初衷是制裁欺诈人,不使其意志得以实现,但适用的结果却使欺诈人的意志和利益得以畅通无阻地实现。确认合同无效使欺诈人承担赔偿损失和返还财产的责任,常常并没有使其蒙受多少不利益。欺诈人实施欺诈行为最终所付出的成本是很小的,这样的规则根本不能体现对欺诈人的制裁,反而从某种意义上说纵容了

---

[38] 董安生:《民事法律行为》,中国人民大学出版社1994年版,第138页。

欺诈行为。

(六)无效并不利于维护交易秩序

所谓秩序,是指社会中存在的某种程度的关系的稳定性、结构的一致性、行为的规则性、进程的连续性、事件的可预测性以及人身财产的安全性。[39] 所谓交易秩序,是指在商品和劳务的交换活动以及其他的财产流转中所应具有的稳定性和规则性。只有在交易有序进行的情况下,交易当事人才能最大限度地实现其通过交易所取得的利益,特别是期待交易所实现的利益。交易的有序性也是经济能得到高效率运行的前提,任何无序状态都会造成交易的低效率和社会资源的浪费。合同法作为以调整交易关系为其主要目的的法律,必然应以维护交易秩序作为其基本任务。

有观点认为,将因欺诈而订立的合同作为无效合同对待,其主要理由在于维护社会经济秩序。此种观点认为,由于当前我国正处于新旧体制转轨时期,市场经济秩序尚未真正建立。加上执法监督不力,在市场交易活动中,欺诈行为相当普遍,而且愈演愈烈,有的甚至触犯刑律而构成犯罪。为了限制和防止欺诈行为的发生,维护社会主义经济秩序,就需要将欺诈行为作为一种无效行为对待并制裁不法行为人。[40] 这种观点有一定的道理,因为在确认因欺诈而订立的合同无效以后,责令欺诈行为人向受欺诈人返还财产、赔偿损失,欺诈人因此可能会承担不利的后果,从而体现了对欺诈人的制裁和对秩序的维护。然而,正如我们在前面的分析所指出的,确认合同当然无效,使欺诈人不再受合同的拘束,不承担任何违约责任,在许多情况下对欺诈人是有利的,从而根本不能体现维护交易秩序的作用。

就维护交易秩序而言,强调无效制度的作用而忽视违约责任制度的重要意义,是对合同法规范的功能缺乏足够的认识和了解的表现。美国学者杨格指出:“市场活动只在得到确定保障的情况下才会进行。作为一个整体法律秩序对一个市场的存在是必不可少的。合同法为市场的运转提

---

[39] 张文显:《法学基本范畴研究》,中国政法大学出版社 1994 年版,第 258 页。

[40] 叶向东:“民事欺诈行为的认定和处理”,载《中央政法管理干部学院学报》1994 年第 1 期。

供保障、秩序和必需的手段，并且提供整个体制稳定发展的活力。”[41]合同法的全部规则都是为维护交易安全而设定的，而违约责任制度乃是确保“合同必须严守”的规则得以实现，严格维护合同效力，从而维护交易安全的重要措施。因为有法律责任的强制性作为保障，当事人的合意才能像一把“法锁”一样拘束着他们自己。责任的强制性和制裁功能是纠正不法行为、预防和减少违约的发生、维护交易秩序所必需的。可以说，违约责任制度在合同法中是维护交易秩序的最重要的规则。由于这一制度运用的前提是合同有效而不是合同无效，因而宣告因欺诈而订立的合同无效的必然结果是免除欺诈人的违约责任。这样，在欺诈人所应当承担的违约责任明显重于其在合同被宣告无效后其所应承担的责任的情况下，欺诈行为人必然会出于对自身利益的考虑，主动承认自己具有欺诈行为，并要求法院根据其欺诈行为而确认合同无效。所以，承担合同无效后的责任对欺诈人并没形成硬化的“成本约束”，换言之，欺诈人从事欺诈行为所付出的代价很少。这样“一个明显具有恶意的欺诈人，往往在履行合同对自己不利而违约赔偿又超过无效合同赔偿的情况下，可以自动承认欺诈而主张合同无效，从而全部或部分地逃避责任。实施欺诈的一方取得了法律赋予的一种特权”。[42] 这在某种程度上纵容了欺诈行为的发生。因为一个人在从事了欺诈行为以后，还会在法院主动承担欺诈的责任，表明欺诈的责任对其并无重大不利，他可以继续再从事类似的欺诈活动。这不仅不能起到维护社会经济秩序的作用，反而有害于交易秩序。

欺诈人主动请求确认合同无效，也使受欺诈人因合同无效而不能得到合同有效时所应该得到的利益。因合同无效使受欺诈人订立合同所追求的目的也完全落空，这对受欺诈人来说是极不公平的。在这些情况下，对受欺诈人的利益的维护在很大程度上受制于欺诈人，欺诈人要求确认合同无效，受欺诈人也被迫接受明显对其不利的后果。因而无辜的受害人

---

[41] [法]斯沃斯·杨格:《合同法》，序言，转引自王家福主编:《合同法》，中国社会科学出版社 1986 年版，第 7 页。

[42] 方流芳:“从王海现象看受欺诈人的法律救济问题”，载《湘江法律评论》1996 年第 1 卷。

在法院起诉要求获得保护的时候,反而受到恶意的欺诈人的控制。这正是像一些学者所指出的:“乃是一种奇怪的法律!”㊸

对交易秩序的维护重在对“动的安全”的维护,交易越发展,“动的安全”越重要。确认因欺诈而订立的合同无效,除了不能有效地制裁欺诈人以外,其不利于维护交易“动的安全”的特点还表现在如下几个方面:

第一,由于确认因欺诈而订立的合同无效,乃是一种当然的绝对的无效,因此在任何一方没有在法院请求确认合同无效以前,该合同也应该是当然无效的,此类合同不待任何人主张,也不待法院或仲裁机关确认和宣告,即属无效。㊹ 这就使此类合同在订立以后其效力处于一种极不稳定的状态。一方面,欺诈人如果不愿意履行合同(如故意将假货说成真货,不愿意支付真货),可以以欺诈为由提出合同无效;另一方面,如果受欺诈人在合同订立以后虽感到自己遭受了欺诈,但考虑到对方作为的履行正是自己所需要的,或者认为其所蒙受的损害是轻微的,他可能不愿意提起诉讼。对此法律本不应作出干预,但如果将此类合同作为无效合同处理,依规定,任何人都可以主张该合同无效。这就会使许多受欺诈人不愿宣告无效的合同处于一种效力不确定状态,其结果并不利于交易秩序和交易安全的维护。但如果将此类合同作为可撤销的合同对待,就可以不仅允许受欺诈人提出撤销合同,而且该合同是否应该撤销,均由法院予以确认,这就可以解决上述问题。

第二,由于确认因欺诈而订立的合同无效,乃是绝对的无效,不发生依照意思表示内容实现法律效果的效力,即使此类合同已经得到履行,也是自始的、确定的和当然的无效,㊺这对于交易安全的维护也是不利的。因为,一方面,此类合同在履行以后,当事人之间新的财产关系已经确立。特别是在合同履行以后且已经经过很长的时间时,如果任何人还可以主张合同无效,重新推翻已经履行的合同的效力,极不利于财产关系的稳

㊸ 方流芳:“从王海现象看受欺诈人的法律救济问题”,载《湘江法律评论》1996 年第 1 卷。

㊹ 张俊浩主编:《民法学原理》,中国政法大学出版社 1992 年版,第 255、265 页。

㊺ 张俊浩主编:《民法学原理》,中国政治大学出版社 1992 年版,第 255、265 页。

定。另一方面,即使就受欺诈人来说,在合同已经履行以后,其要求宣告合同无效,也应该在合理期限之内提出。但是如果将此类合同作为无效合同对待,则自其权利受侵害之日起,在两年时效期限之内均可以在法院提出合同的无效及要求法院保护的问题,甚至两年时间已经过去,还会发生时效的中止、中断或延长问题。这未免给予其过长的时间来提出要求法院保护的问题,从而不利于维护合同的效力和交易的安全。但是,如果将因欺诈而订立的合同作为可撤销的合同对待,则法律可以明确限定撤销权人(受欺诈人)行使撤销权的期限。如规定行使撤销权的期间为1年,[46]并规定此期间为“除斥期间”,不得发生中止、中断或延长问题,则可以有效地弥补因将此类合同作为无效合同所产生的上述缺陷。

第三,由于确认因欺诈而订立的合同无效乃是绝对的无效,因此,该合同被确认无效以后,将产生对抗善意第三人的效果;也就是说,如果欺诈人或受欺诈人将标的物转让给第三人时,即使该第三人取得该物是出于善意,其与欺诈人或与受欺诈人所订立的合同也应归于无效,已经取得的财产应当返还。例如,在前引浙江省兰溪市灵洞纺织厂诉浙江省新昌县粮油综合大楼等无效连环购销合同纠纷案中,第三人从事欺诈行为向被告出售假货,而被告因发生误解,将该假货作为真货卖给原告(善意第三人)。由于第三人与被告之间的合同涉及欺诈,因而导致原告与被告的合同被迫确认无效,原告也被迫向被告返还财产。这就使许多不应当被确认为无效的合同被宣告为无效,且使许多善意第三人利益不能得到保护。这样善意第三人在与他人从事交易的活动中,常常要受到对方从事过欺诈行为,或者标的物是因欺诈而取得等情况的困扰,并因为这些因素而使其与对方的交易处于极不稳定状态。这也极不利于维护交易安全与秩序。但是,如果将因欺诈而订立的合同作为可撤销合同对待,那么,即使受欺诈人提出撤销合同,合同被撤销也不应对抗善意第三人,不能影响其

---

[46] 参见最高人民法院《关于贯彻执行〈中华人民共和国民法通则〉若干问题的意见(试行)》第73条。

他合同的效力。[47]

还应当看到，将因欺诈而订立的合同作为可撤销合同对待，有利于鼓励交易，提高效率。因欺诈使合同当然无效的结果，造成许多本不应被消灭的合同消灭。如果赋予受欺诈人提出撤销的权利，那么，受欺诈人出于自身利益的考虑将可能选择使许多因欺诈而订立的合同继续有效。这就会增加交易，增加社会财富，并且会尽量减少因消灭合同关系、返还财产所造成的财产损失和浪费。在实践中，如果受欺诈人仅提出变更合同而未提出撤销合同的请求，则法院不应撤销合同。甚至如果受欺诈人已提出撤销合同，而变更合同已足以维护其利益且不违反法律和社会公共利益时，笔者认为，法院也可以不撤销合同，而仅作出变更合同条款的决定。

六、结语

统一合同法的起草工作，是一项举世瞩目的浩大的工程。而要制定出一部先进的面向 21 世纪且符合中国国情的统一合同法，迫切需要我们认真检讨现行规则，全面总结实践经验，仔细研究并借鉴国外的立法成果。尤其是在对待像因欺诈而订立的合同的效果等重大问题上，我们绝不能受现行规则的束缚，而应当以科学的、实事求是的态度研究这些问题，寻找出合理的、先进的、在实践中行之有效的规则，从而使统一合同法的立法达到应有的目标。

---

[47] 我国 1999 年颁布的新《合同法》将因欺诈而订立的合同定性为可撤销合同，但是，未规定合同撤销后不得对抗善意第三人。

民商法研究(第四辑)
第111～128页

表见代理构成要件之我见*

我国《合同法》第49条第一次在法律上规定了表见代理的构成要件,然而对该规定的内容,学者的看法并不相同。从法律设立表见代理制度的目的来看,如果认为表见代理制度的唯一目的在于保护相对人的利益以维护交易安全,则应放宽表见代理的构成要件,使善意相对人合理信赖的所有无权代理行为都转化为有权代理。如果认为法律确定表见代理的目的,既在于保护交易安全也要适当兼顾本人的利益,则应当对表见代理的构成要件作出适当的限定。笔者认为,为了保护相对人的利益和交易的安全,需要在法律上建立表见代理制度,然而法律设立表见代理制度并非完全不考虑本人的利益。不能认为在无权代理人从事无权代理行为以后,相对人只要有合理的理由相信其具有代理权,在任何情况下,该行为都构成表见代理。因为,相对人虽然有理由相信无权代理人有代理权,但如果相对人是非善意的,或者相对人的信赖有过失等,则并不构成表见代理。还要看到,在我国市场经济发展初期,交易秩序尚未真正建立,企业之间的信用也有待于进一步加强,为了防止无权代理人假冒他人名义招摇撞骗、损害他人的利益,也有必要严格限定表见代理

---

* 原载《四川大学学报(哲学社会科学版)》2000年专刊。

的构成要件以适当保护本人的利益，而不能失之宽泛。因为在实践中，“表见代理责任已经使许多企业陷入债务泥潭，成为吞噬企业资产的黑洞，威胁企业生存的隐形杀手”。[①] 根据《合同法》第48条的精神以及我国的司法实践，本文拟就表见代理的构成要件作如下探讨。

一、表见代理中无权代理人并没有获得本人的授权

表见代理属于广义的无权代理，因此只能在代理人无代理权而从事了代理行为的情形下发生。如果代理人具有合法的代理权或者本人曾经向第三人表示其已向代理人授权，代理人的行为都构成有权代理，而非无权代理。一般来说，表见代理主要是因为无权代理行为而产生的，它是指行为人没有代理权、超越代理权或者代理权终止后所从事的无权代理行为。表见代理仍然属于广义上的无权代理。当然，在一些例外情况下表见代理也可能因本人的授权不明而产生。此时，代理人从事的代理行为获得了授权，其仅因授权不明而致代理行为逾越了权限。所以，从广义上理解，表见代理属于无权代理。也正是因为代理人无代理权而从事代理行为，因此，无论是狭义的无权代理，还是表见代理，无权代理人从事的无权代理行为都可能给本人造成损害，无权代理人应当向本人承担损害赔偿责任，不能因为无权代理已转化为表见代理就免除无权代理人应承担的损害赔偿责任。此外，无论是在狭义的无权代理还是在表见代理中，相对人都享有撤销权。《合同法》第48条第2款规定：“相对人可以催告被代理人在一个月内予以追认。被代理人未作表示的，视为拒绝追认。合同被追认之前，善意相对人有撤销的权利。撤销应当以通知的方式作出。”该条规定既适用于狭义的无权代理，又适用于表见代理。当然，尽管表见代理属于广义的无权代理范畴，但它和狭义的无权代理在设立的宗旨、构成要件、法律效果等方面仍然有着明显的差别。

---

① 李召亮：“表见代理——吞噬企业资产的黑洞”，载《中国资产新闻》1997年12月10日版。

根据《合同法》第 49 条的规定，代理人无代理权的情况包括以下三种：

第一，无权代理人自始没有代理权，即无权代理人从事无权代理行为时，从一开始就没有获得授权。在民法上，所谓授权行为，是指本人授予代理人代理权的行为，它是一种单方的法律行为。本人的授权既可以向代理人作出，也可以向第三人直接表示其对代理人作出了授权，前者称为内部授权，后者称为外部授权。对外部授权而言，不仅明确的口头授权可以使第三人相信无权代理人具有代理权，而且本人对无权代理人从事的无权代理行为予以容忍，也可以使第三人相信无权代理人享有代理权。

在本人以明示的方法对特定的或不特定的第三人告知其对代理人授权以后，本人又撤销了对代理人的授权，此种撤销能否对第三人产生效力？笔者认为，内部授权的撤销，如果没有明确通知外部的第三人，则只能约束本人和代理人，不能约束第三人。在这种情况下，代理仍然是有权代理，而不是无权代理。本人在作出限制和撤回代理权的意思表示以后，并没有及时收回代理证书及其他授权文件，无权代理人继续从事代理行为的，也有可能使第三人相信其具有代理权。如果本人在对代理人的代理权作出限制和撤销以后，又向第三人作出授权的表示或者容忍无权代理人从事无权代理行为，其内部撤回的意思表示与其外部的授权的意思之间形成了一种矛盾，在此情况下也只能以外部行为为准，因为本人的外部行为已经使第三人相信无权代理人有代理权。

第二，代理人超越代理权。越权有两种情况：一是本人对代理人的授权范围是明确的，但代理人超越了授权范围。由于这种授权可能是一种内部授权，而第三人并不知道，因此第三人对代理人具有代理权可以产生合理的信赖。二是本人的外部授权是清楚的，但是内部的授权是不明确的。此时，应当以外部的授权为准。即使本人对代理人内部授权的权限也是非常清楚的，但代理人超越了授权范围，在第三人并不知情时，第三人也属善意。例如，本人授权代理人以每月 5000 元的价格出租房屋，代理人以 4000 元的价格出租，第三人并不知情，也应当认为构成表见代理。再如，如果授权的范围仅仅限于允许代理人与特定的当事人发生法律行为且本人已经正式通知此种关于代理权的限制,则第三人不应当再对无权代理人是否具有代理权产生信赖,此时无权代理行为后果不应由本人承担。然而,如果授权的范围不限于与特定的当事人发生法律行为,包括与众多的第三人发生法律行为,而本人又没有采取适当的通知方法使第三人知道其实际上并非如此授权,则在无权代理人与第三人发生法律行为时,同样会产生表见代理的法律后果。

第三,在代理权终止以后,无权代理人所从事的无权代理行为。此种情况主要是指在代理权终止以后,代理人继续从事代理行为。例如,因代理期限届满、代理事项完成、代理人撤回授权等原因而使代理权终止,代理人仍然从事无权代理行为,而第三人仍相信其具有代理权。在我国,许多企业曾经授权业务员从事业务活动,在该业务员不再负责该业务时,甚至已经被企业解雇的情况下,由于缺乏一种公告机制,第三人仍以为该业务员具有代理权。在这些行为能够使第三人产生合理信赖的情况下,就可以发生表见代理。本人因各种原因直接向代理人作出撤回其代理权的通知,第三人并不知道,在此情况下,代理人从事代理行为仍能使第三人相信其具有代理权。

二、第三人有合理的理由相信——权利外观

在表见代理的情况下,法律将使本人(名义上的被代理人)对于善意的相对人承担被代理人的责任,②其目的在于维护交易的安全。尽管在表见代理的情形下,代理人并无代理权,但从表面上能够使他人产生合理的信赖,即信任代理人具有合理代理权。在此情况下,法律没有理由要求相对人必须仔细与本人核对代理人是否有代理权及代理权的范围,也不能责成本人必须随时向公众公示其代理人及其权限。而相对人也只能凭代理人持有的授权委托书或本人的某些行为来判断代理人是否具有代理

② 李开国:《民法基本问题研究》,法律出版社1997年版,第254页。

权。所以,只要无权代理人的行为已经使他人产生合理的信赖,即信任代理人具有合理代理权,构成权利外观,就可能形成表见代理。可见,表见代理必须具有权利外观。

权利外观是指本人的授权行为已经在外部形成了一种表象,即能够使第三人有合理的理由相信无权代理人已经获得了授权。③ 根据《合同法》第49条的规定,构成权利外观必须符合三个条件:第一,相对人而不是其他人相信无权代理人有代理权。第二,相对人必须有合理的理由相信无权代理人具有代理权。如果在从事交易时,相对人不会或不应当相信无权代理人具有代理权,则不构成权利外观。什么是"合理的理由"?我国民法理论通常认为,构成表见代理必须客观上存在着使第三人相信无权代理人拥有代理权的理由。④ 这实际上是指相对人具有正当理由相信代理人具有代理权。根据日本的判例和学说,对正当理由的判断通常要考虑基本权限与实际行为的关联性。如果代理人从事代理行为时,一般人在此情况下都会相信其有代理权,或者该行为具有足以推定代理人享有权限之事实,就可认定为具有正当理由。如本人给予代理人以具有代理权之名称,便能成为肯定正当理由之重要事由。有关是否存在合理理由的问题,应当由相对人举证。第三,确定一种权利的外观是否存在,不能仅仅从本人事后否认的表示来确定,关键要从第三人是否相信或者应当相信的角度来考虑。只有第三人已经而且应当相信无权代理人具有代理权的情况下,才能构成权利外观。具体判断是否构成权利外观可以从如下几个方面加以考量:

1. 特定的场所。也就是说,无权代理行为是否是在本人的场所实施的,从而使他人相信无权代理人已经获得了本人的授权。例如,如果某人在公司或企业的特定营业场所以该公司雇员的身份与相对人实施了交易行为,应当认为相对人有合理的理由相信该人具有代表该公司或企业从事交易的代理权。

2. 无权代理人与本人的关系。因为特殊关系的存在会使他人相信无

③ 王泽鉴:《债法原理》(第1册),台湾三民书局1999年版,第358页。

④ 奚晓朗:"论表见代理",载《中外法学》1996年第4期。

权代理人已获得本人的特别授权,或当然具有代理的身份。例如,如果代理人与被代理人之间存在夫妻关系、父母子女关系、雇佣关系等特定关系,都可以依据具体的交易情况来认定相对人具有正当理由信赖无权代理人具有代理权。[5] 如果无权代理人与本人并不存在某种特殊的关系,第三人便不应有合理的理由相信无权代理人具有代理权。例如,相对人到本人处还款,在本人处,未见到本人而只遇到某个声称其与本人有亲属关系的人,相对人相信该人可以将偿还的钱款交给本人,便留下钱款给该人,后该人携款潜逃下落不明。本案中相对人即使有证据证明该人与本人具有亲属关系,也不能据此认为其具有代理权。

3. 无权代理人是否从事了与其职责相关的行为。例如,如果无权代理人是本人的高级管理人员,其对外以本人的名义与相对人从事了与其职责相关的民事活动,就可能使相对人有理由相信其具有代理权。

4. 本人对无权代理行为的发生所起的作用。例如,本人是否容忍无权代理人从事的无权代理行为、本人是否在代理权终止后收回代理证书及授权委托书。

5. 无权代理人在与相对人缔约时宣称其有代理权的根据。一般来说,无权代理人如具有以下文书或物件时,可以认为第三人有理由相信其拥有代理权:

第一,代理证书。这是直接证明代理人有代理权的文件。通常,代理证书应当记载有关代理事项、期限和内容。代理证书的表现形式包括用以证明代理人身份并明确代理权限范围的授权委托书、委托书或包含了授权内容的介绍信等。如果这些证书中没有明确规定代理的期限和内容,而无权代理人持有这些证书并与第三人订约,第三人便有理由相信其具有代理权;但如果证书中对代理权的期限和内容规定得非常明确,第三人没有仔细阅读,则不能认为第三人有合理的理由相信代理人有代理权。对于尽管授权他人对外签订合同,但未给予正式授权委托书的合同签订人的代理资格和代理权限,应如何认定的问题,须作具体分析。例如,如

---

⑤ 章戈:“表见代理及其适用”,载《法学研究》1987 年第 6 期。

果合同签订人用委托单位的合同专用章或者加盖公章的空白合同书签订了合同，应认为该单位授予了表见代理人以代理权，委托单位对表见代理人签订的合同，应当承担责任。如果表见代理人持有委托单位出具的包含了授权内容的介绍信签订合同的，应视为委托单位授予了代理权。如果委托单位已经开始履行，应视为对合同签订人的行为给予追认，因而对该项合同应当承担责任，需要继续履行的必须补办盖章等手续。⑥

第二，单位的印章。如果无权代理人持有单位印章，只要不是伪造的，第三人都有合理的理由相信其有代理权。但无权代理人仅仅持有单位负责人的名章，第三人是否可以据此相信其具有代理权？笔者认为，名章毕竟不同于公章，法律上对名章没有严格的管理制度，伪造名章较之于伪造公章更为容易。更何况一个人可以使用多个名章，但法人的公章只能是一个，所以相对人不能也不应仅凭无权代理人持有单位负责人的名章就相信无权代理人具有代理权。

第三，单位的介绍信。有时，单位介绍信已经包含了授权的内容，据此可以使相对人相信代理人具有代理权。如果介绍信中没有包含授权内容，则仅凭单位介绍信不能认为其具有代理权。这一点与一般意义上的授权委托书授权不明有所不同，因为单位介绍信通常不包括授权内容，它只是起到证明某人身份的作用。

第四，空白合同书。将能够证明代理人资格和代理权限的代理人与被代理人之间的内部合同向第三人出示，此时该内部合同具有代理权证书的作用。

第五，若代理人持有委任状、不动产交易时所用的权利证书、金钱借款关系中之借据，应认为代理人持有之物具有代理权之象征。⑦

---

⑥ 参见最高人民法院《关于在审理经济合同纠纷案件中具体适用〈经济合同法〉的若干问题的解答》。

⑦ [日]四宫和夫：《日本民法总则》，朱柏松译，台湾五南图书出版公司 1995 年版，第 277 ~ 278 页。

三、相对人主观上是善意的、无过失的

(一)关于相对人的善意

相对人主观上是善意的,才能使相对人应当受到保护;如果为恶意,则自己应当承担无权代理的后果。何谓相对人具有善意?对此学者存在两种不同的理解:一种观点认为,善意是相对恶意而言的,就是指相对人不应当知道某种情况(如不知道或不应知道代理人并无代理权);第二种观点认为,善意是指主观上无过失。换言之,是指相对人在与无权代理人订立合同时,对于相信无权代理人具有代理权的事实,主观上没有过错。笔者认为,所谓主观上的善意,是指相对人不知道且无法知道无权代理人实际上没有代理权。确定相对人是否具有善意,是指相对人不知无权代理人未获得授权。所谓不知,是指在当时的情形之下,由于权利外观的形成使相对人根本不可能怀疑其未获得授权。如果相对人与无权代理人或者本人先前有过接触,了解到他们的实际情况,知道无权代理人不可能获得授权,或者根据一个合理谨慎的人的标准,在当时的情形完全知道不应信赖无权代理人有代理权,就不能构成善意。

还应当指出,相对人必须是在与无权代理人从事交易时有理由相信其有代理权。如果在交易时就没有理由相信,而是以后相信无权代理人有代理权,也不能认为相对人主观上是善意的。总之,权利外观是一种外部表象,可以使第三人相信代理人享有代理权。

值得考虑的是,无权代理人在外部表象上能使人相信其具有代理权时,是否还需要相对人主观上是善意的?我国有一些学者认为,《合同法》第49条仅提及了相对人有理由相信,而并未要求相对人必须是善意的。据此可以理解为,相对人有理由相信无权代理人具有代理权,就表明了其主观上是善意的。笔者认为,这一点是值得商榷的。一方面,权利外观的存在并不意味着相对人主观上就是善意的,尽管存在着权利外观,但相对人知道或者应当知道无权代理人没有代理权时,也不能认为相对人是善

意的。例如,无权代理人假冒本人的名义从事无权代理行为,相对人对无权代理人的情况非常了解,则相对人主观是非善意的。在种此情况下,相对人仍然与无权代理人从事交易行为,不能构成表见代理。另一方面,权利外观的形成是一个发展的过程,无权代理行为在任何时候都可能形成权利外观,但是相对人的善意是指相对人在与无权代理人从事交易时不知且不应当知道无权代理人不具有代理权。如果在交易时不知且不应当知道,而在交易完成后知道的,也不妨碍善意的构成。但是在交易时,权利外观必须已经形成。如果当时没有形成,而是以后形成的,不能认为相对人主观上是善意的。还要看到,即使权利外观在交易时已经形成,但相对人依据交易的客观情况,应适当审核无权代理人是否真正获得了本人的授权;如没有予以审核,亦不构成表见代理。

(二)相对人必须是无过失的

如果要将相对人的善意作为表见代理的构成要件,还应当强调相对人的无过失。在善意的情况下,是否要考虑行为人的过失问题,对此有几种不同的观点:第一,单纯善意说。此种观点认为第三者对于外观的信赖只要出自善意就足够了,不考虑过失是否存在。只要第三人是善意的,即使有重大过失也要保护;如误认为某人是代理人,具有过失,但要看是否为善意。第二,无重大过失说。此种观点认为,第三人如有重大过失,则等同于故意,自然不应当受到保护。第三,无过失说。此种观点认为第三人不能仅仅只是善意的,还必须是无过失的。保护正当的信赖,不能保护缺乏客观基础的信赖,有过失则不应当受保护。[8] 我国学者采纳了此种观点。所谓无过失,是指相对人不知道行为人没有代理权并非因疏忽大意或懈怠造成的。如果相对人明知行为人无代理权,或者应当知道行为人无代理权,却因过失而不知,则他对无权代理行为亦负有责任,因此在法律上没有必要对其进行保护。既然相对人是善意无过失的,在交易过程中有理由相信无权代理人是有代理权的,倘使本人不承受此种无权代理行为的后果,则会导致任何人在与他人从事交易时都要向本人仔细核实

⑧ 李井杓:"韩国商法上的表见责任制度之研究",载王保树主编:《商事法论集》(第3卷),法律出版社1999年版,第470~471页。

代理人是否得到了合法授权及授权范围,这样无形中会增加大量的交易成本,使许多交易无法快捷顺畅地进行,最终妨碍市场经济的信用及正常交易秩序的建立。

笔者认为,相对人的善意与相对人的无过失,在很多情况下是密切联系在一起的。例如,相对人不应当相信代理人具有代理权却产生了误信,这既表明相对人是非善意的,也表明其是有过失的。相对人不知且不应当知道无权代理人是没有代理权的,由此也表明相对人是没有过失的。但相对人的过失问题与相对人的善意也不完全相同,相对人善意是指,相对人对无权代理人没有代理权的事实是否知情。所谓相对人无过失,实际上是指相对人对于代理人无代理权事实的不知情并非因其疏忽大意或懈怠所造成,即相对人主观上是没有过错的。一般来说,相对人对代理人的身份及权限并没有必要必须与本人进行核对,但应当对代理人出示的能证明其具有特定代理权的文件进行认真审核。如不予审核或审核不严,轻率地相信代理人具有代理权,则可以认为相对人具有过失。

在考虑相对人是否具有过失时是否应当考虑代理人的过错问题?显然,表见代理的构成只应考虑被代理人的过错及过错程度的问题,而不应考虑代理人的过错。在一般情况下,表见代理人都是具有过错的,甚至绝大多数表见代理人都具有欺诈等恶意,但其过错程度不应影响表见代理的构成。

在此,我们需要区分误信和信赖的概念。在构成表见代理的情况下,相对人主观上对于无权代理人所具有的权利外观产生了一种正当的信赖,而这种信赖并不是一种误信;也就是说,相对人在与无权代理人订立合同的时候对代理权并没有产生错误认识,他的意识是自由的,他在选择自己的行为以及表达自己意愿的时候,并没有陷入一种错误的认识之中,他对于无权代理人具有代理权的事实是基于正当的信赖而作出的判断。假如是因为自己的误解而陷入一种错误的认识,就表明相对人是有过错的,相对人可以基于重大误解要求解除合同,但不能主张表见代理的效果。判断是误解还是正当的信赖,需要用社会通常标准和一般人的合理的认识来进行。相对人在作出一种信赖的判断的时候首先要根据其社会经验进行判断，根据一般的社会常识和生活经验，不能相信无权代理人具有代理权的，那么便不能成立表见代理。例如，相对人知道无权代理人仅仅是本人公司中的一位秘书、司机或者炊事员，根本不可能代理本人签订数额巨大的合同，除非得到了特别的授权，在此种情况下，即使无权代理人持空白介绍信等，也不能认为其具有代理权，从而产生合理的信赖。

严格地说，相对人无过失是指无重大或一般的过失，也就是说，相对人的不知道不是因为其疏忽大意所造成的。如果仅仅只是具有轻微的过失则不应当否定表见代理的构成。例如，表见代理人持本人的介绍信与第三人订约，相对人尽管对此产生了合理的信赖，但是，如果相对人进一步地向本人核实无权代理人的身份，也可能不会与无权代理人订约，从这个意义上说，相对人也具有轻微的过失。但由于表见代理制度保护的是相对人的信赖利益和交易安全，因此轻微的过失在确定表见代理构成时不予考虑。但是，如果相对人确实存在着重大和一般的过失，就不应当构成表见代理。例如，甲在其承包的商店里向乙出售一件价值5000元的西服，恰好有人找甲，甲去隔壁接电话，甲嘱咐来看望他的朋友丙说："请帮我看管一下店，我马上回来。"甲出去以后，乙提出其有事不能久留，要求丙尽快将西服卖给他，丙提出要等待甲回来。后来丙见乙要走，于是答应代替甲出售该西服。双方经过协商以4000元的价格出售给乙。甲打电话回来以后，得知西服以4000元的价格被出售，表示不满，立即找到乙要求退款取回西服。乙予以拒绝，双方为此发生争议。甲起诉到法院要求撤销该买卖合同。在本案中，甲在临出去打电话时当着乙的面提出"请帮我看管一下店，我马上回来。"据此，乙应当知道甲仅仅委托丙看管店，并没有授权丙出售该西服，乙不能从丙能够照看店的事实中得出丙有权出售该西服的看法，更何况其要求丙尽快将西服卖给他时，丙提出要等待甲回来。由此可见，乙不能对丙能够出售西服产生合理的信赖。因此，乙对造成丙的错误出售也是有过错的，可以说是非善意的，即他明知丙无权出售而催促其出售。当然，所谓相对人的过失与一般违反义务的过失行为不同，它并不产生损害赔偿的责任，而只是使相对人产生一种不能主张表见代理的后果。

将相对人须无过失作为表见代理的构成要件的主要意义,在于确定相对人在特殊情况下的审核义务。我们需要讨论的是,在无权代理人的行为已经形成某种权利外观的情况下,相对人是否具有某种进一步核实的义务。从我国《合同法》第49条的规定来看,并没有提及该义务,理论界一般认为相对人没有此种义务。笔者认为,不能笼统地说相对人不负有任何核实的义务。因为,认定权利外观的存在必须考虑特定的情况,权利外观存在的事实在不同的情况下是不同的,能够使相对人达到信赖的程度在不同情况下也有所不同。例如,我们说无权代理人手持空白介绍信与手持本人的公章的事实对相对人所造成的信赖是不一样的,对前者可能需要进一步核实,而后者则不需要进一步核实。再如,本人曾经当面向相对人表示对无权代理人授权与无权代理人仅仅持有本人的空白介绍信是有区别的。另外,相对人对无权代理人的接触了解也会影响到他的信赖程度。例如,相对人知道无权代理人仅仅是本人公司中的一位秘书、司机或者炊事员与他根本不知道无权代理人与本人的关系是不同的。

确定相对人在特殊情况下的审核义务,首先是因为目前我国正处于社会转型时期,正常的市场经济秩序尚未真正建立,经济生活中的各种欺诈现象仍十分严重,不法行为人冒充各种身份诈骗,伪造证件、印章、信件、票据诈骗,假借单位或他人名义诈骗,可以说花样翻新,难以防范。⑨ 为了防止因为无权代理人假冒他人的名义从事代理行为,尽量减少这种行为造成的行为后果,应当赋予相对人一定的审核义务。此外,确定相对人在特殊情况下的审核义务的理由还在于:

第一,从防范能力上来看,相对人与本人相比,更具有能力从事这种审核行为,而本人在很多情况下是被动的,特别是对那些私刻他人公章、伪造他人文件等行为,更是防不胜防。相对人直接与无权代理人打交道,因此得以在完成交易之前加以审核。某些审核甚至是非常容易的,如打一个电话就可以审核清楚。

第二,从经济效率上看,相对人履行这种审核义务并不需要付出较高

⑨ 王玉信:"警惕合同欺诈陷阱",载《检察日报》2000年5月2日版。

的代价就可以大大减少因无权代理行为造成的严重后果,这从经济上讲也是有效率的。如果要本人去采取各种防范措施,本人可能投入巨大的人力、物力也是很难防范的。如果相对人从事适当的审核行为可以阻止某些表见代理后果的发生,而相对人却不从事任何审核行为,反要由本人接受表见代理的后果,使其承受惨重的损失,这从经济上讲也是低效率的。

第三,从减少甚至避免相对人的损失来看,在某些情况下,相对人负有审核的义务,也有利于使相对人不会蒙受欺诈或遭受不必要的损失。例如,相对人在与无权代理人订约时,因相信其具有代理权,而不从事任何审查,便向无权代理人交付定金或者预付款,无权代理人携款潜逃,尽管相对人也可以要求无权代理人承担合同责任,但最终也可能会蒙受损失,所以为了自己不上当受骗或遭受损失,相对人也应当尽到一定的审核义务。此外,确立相对人在某些情况下的审核义务也是必要的。例如,本人在其公章丢失或被盗以后,及时在指定的报刊上刊登了公告,而相对人在没有了解公告的情况下对无权代理人假冒他人的行为不予审核,应当认为相对人是有过失的,相对人所主张的表见代理不能成立。这对相对人来说显然是不利的。在信用较差、欺诈频繁的今天,相对人更应当三思而后行。

总之,确立相对人在某些情况下的审核义务,对于维护交易的安全,防止欺诈减少甚至避免相对人的损失是非常有利的。笔者认为,《合同法》未能对相对人的核实义务予以规定,从而使表见代理的适用范围过于宽泛,这有待于司法解释给予弥补。当然,完善民法的表见代理制度,尤其需要建立一整套公告制度,如撤销代理权的公告、公章遗失的公告、解除某人职务的公告等,这些公告应该由企业登记机关作出,任何第三人都可以免费查阅,一旦作出了公告,无论第三人是否查阅,在此基础上发生的无权代理都不产生表见代理的法律后果,第三人也无权要求本人给予信赖利益赔偿。

笔者认为在如下情况中,即使形成了权利外观,相对人也应当负有进一步审核的义务:第一,合同标的数额较大或者对本人和相对人的利益影响较大,相对人不能简单地、轻率地与代理人缔约。特别是对一些标的额较大的交易,如果相对人仅仅凭借无权代理人手持的空白介绍信、合同书就匆匆与其订约,未免过于草率,由此也表明相对人可能具有某些过失。当然,如果相对人的核实需要付出昂贵的费用或者交易额不大时,要求相对人核实代理人的身份也是没有必要的。第二,相对人以前从未与无权代理人订立过合同,对无权代理人的个人情况毫不知情。在此情况下,不能轻率订约。第三,在需要谈判协商的交易中,相对人在大多数情况下需要进一步核实代理人身份。第四,相对人需要交付一定的定金或者预付款,相对人为了防止欺诈,也应当进一步核实。第五,相对人进一步审核的成本很低,如同在一个城市内,打电话或直接派人询问均非常方便,相对人应当进一步审核。在现代社会,由于通讯工具的发达,要求其进一步核实,并没有过分加重其经济负担。

四、无权代理行为的发生与本人有关

在讨论表见代理的构成要件时,还需要讨论是否应当考虑本人对无权代理行为的发生是否具有过错的问题。换言之,在确定是否存在权利外观的情况下,应当考虑该权利外观是否是基于本人的意志而形成的。在我国《合同法》起草过程中,对此存在着不同的看法:一种意见认为,应当以本人的过错作为表见代理合同的要件,否则对本人是不公平的;另一种意见认为,表见代理最重要的特征就是相对人有正当理由相信行为人有代理权,而不考虑本人是否有过错。《合同法》总体上采纳了第二种意见。一般来说,表见代理合同的产生与本人的过错有关。例如,由于本人管理制度的混乱导致其公章、介绍信被他人借用或者冒用而订立了合同,本人在知道行为人以其名义与第三人订立合同而不作表示等。这都表明本人是有过错的,但是,设立表见代理制度的目的是保护交易的安全。[10]

---

[10] 胡康生主编:《中华人民共和国合同法释义》,法律出版社1999年版,第85~86页。

笔者认为,上述两种观点都不无道理,但最好采纳一种折中的措施。首先必须指出,不能以本人不存在过错作为表见代理的构成要件,因为如果将本人没有过错作为表见代理的构成要件,则会使表见代理行为很难构成。实际上,无权代理人所从事的无权代理行为,大都是违背本人的利益和意志的。本人在无权代理行为发生后,在绝大多数情况下,都会拒绝承认行为对自己产生效力。如果将本人无过错作为表见代理的构成要件,本人就千方百计地证明自己对无权代理行为的发生没有过错,如说明本人不知情、不允许他人以自己的名义行为等,甚至在公章等丢失的情况下,也主张自己已经尽到了注意义务或采取了各种合理的措施以表明自己没有过错。一旦本人证明自己没有过错就可以否定表见代理的构成,这就会使许多表见代理不能成立,尤其是相对人已经具有合理信赖的情况下,也因为本人没有过错而不能根据表见代理请求本人承担责任,这显然会使设立表见代理制度的宗旨和目的落空。所以,将本人是否具有过错作为表见代理的构成要件是不妥当的。从大陆法的许多判例和一些学说来看,只要本人的行为与权利外观的形成具有一定的联系,⑪无论本人是否具有过错,本人都应承担表见代理的责任。例如,在德国法中,对归责事由的内容,权利外观学说形成时期的学者们认为,只要权利外观因当事人而形成就认定责任。这就是关于归责性标准的所谓惹起主义(Anlassungsprinzip)或原因主义。⑫ 据此,对法律外观的形成造成原因的人应无条件地承担责任。德国帝国法院的判例强调外观责任的客观性质而判决到:本人的过失并非外观成立必备的归责条件,只需证明本人自己为外观的形成提供了原因。⑬ 但是,Nesndrup 提出,外观即使不依本人的意思或过失,由本人造成原因或本人即使没有提供外观发生的原因,而存在必须保护第三者信赖的衡平上的理由时,本人的表见责任成立。这种观

---

⑪ Shramm, in Münchener Kommentar zum BGB, § 167, Rn. 57.

⑫ 李井杓:"韩国商法上的表见责任制度之研究",载王保树主编:《商事法论集》(第3卷),法律出版社1999年版,第466页。

⑬ 李井杓:"韩国商法上的表见责任制度之研究",载王保树主编:《商事法论集》(第3卷),法律出版社1999年版,第466页。

点也被联邦最高法院的一些判决所接受。[14] 在日本,法院在确定表见代理的构成要件时也认为:“实际上本人责任的归属要素、基本权限与越权代理行为之相关性等,往往成为‘正当理由’判断所考虑之对象,至于证明责任,大概而言于‘正当理由’由第三人举证。而于恶意方面,则存在于本人一方,但从(正当理由)之现实机能考虑,似不应深究严格意义上之证明责任。”[15]

笔者认为,不能以本人是否具有过错作为表见代理的构成要件,但又必须在确定表见代理的构成要件时考虑到权利外观的形成是否与本人具有关联性。只要本人的行为与权利外观的形成具有一定的牵连性,本人都应当承受表见代理的后果。但是,如果本人的行为与权利外观的形成并不具有牵连性,或者说权利外观的形成与本人毫无关系,则本人不应当承受表见代理的后果。从实践来看,主要有下列情形:第一,无权代理人假冒他人的名义与第三人订约,尤其是私刻本人的公章、伪造本人的营业执照或合同书等,本人对此毫不知情也无法加以防范;第二,在债的关系终止后,或者在本人的印章、支票、营业执照复印件、合同书等丢失或被盗以后,本人已经在指定的报刊上以合理的方式作出了公告,但无权代理人仍然以这些证明或文件与第三人订约,第三人因未见到这些公告而相信无权代理人具有代理权;第三,如果某个无权代理人伪造某个企业的名称并私刻该企业的公章与第三人订约,该无权代理人自己也不知道是否有该企业存在,但实际上确存在该企业,如果第三人相信无权代理人具有代理权,则此种权利外观与该企业没有任何关联。

笔者认为,在确定表见代理的构成要件时,尽管不应当将本人是否具有过错作为要件,但仍应适度地考虑本人的行为是否与无权代理有关。因为,在上述情况下,该无权代理行为与本人无关,该行为的后果不应当由本人承担。其根据在于:第一,在上述情况下,这些权利外观的形成,不仅不是基于本人的意志产生的,而且与本人没有任何关联,本人甚至根本

---

⑭ Shramm, in Münchener Kommentar zum BGB, § 167, Rn. 58.

⑮ [日]四宫和夫:《日本民法总则》,朱柏松译,台湾五南图书出版公司 1995 年版,第 277~278 页。

不知道无权代理人是谁,所以不可能推定本人具有任何授权的意思。第二,在上述情况下,本人无法控制无权代理行为的发生,即使作出巨大的投资也不能防范这些行为的发生。例如,以公章被伪造的情况而言,本人即便尽到高度的注意义务,也难免发生公章等被伪造的情况,所以认为本人对公章的伪造应当负责的观点在法律上是难以成立的。公章等被伪造也不同于公章等被盗。在公章被盗以后,无权代理人利用被盗的公章招摇撞骗,也可以推定本人对被盗的物件的保管具有过错。因为,如果本人尽到高度的防范义务可以防止公章等被盗,尤其当本人的物件被盗以后经过相当长的一段时期没有发现,或者在发现以后没有及时公告,也表明其是具有过错的。然而,在公章等被伪造的情况下,本人即使尽到高度的防范义务,也不能防止公章被伪造,甚至不知道伪造的是何人或采取何种方法伪造。可见,本人对公章等被伪造的情况是不应当承担责任的。第三,在上述情况下,要本人承担表见代理的责任也根本不符合情理。因为,表见代理的发生与本人毫无关系,却要本人负责,将会导致本人祸从天降,蒙受其无法预测的意外损失。第四,在无权代理行为与本人无关的情况下,要本人负责,可能会鼓励私刻本人的公章、伪造本人的营业执照或合同书等不法行为。

表见代理制度是为了保护善意第三人的信赖,维护交易的安全。那么,保护第三人是否就不考虑本人的利益呢?维护第三人的信赖利益与维护本人的利益不是截然对立的。我国民法和司法实践在善意取得制度方面,保护了善意第三人的利益,但是在维护第三人信赖利益的同时,为兼顾对所有人利益的维护,对赃物等不适用善意取得。这一规则实际上也可以适用表见代理制度。诚然,表见代理制度不需要考虑私法自治,特别是不必考虑本人的过错以及本人的意志问题,但也不能对本人强加责任、罪及无辜。

在上述情况下,无权代理人既没有体现本人的意愿,也不能采用任何标准确定本人有过错,甚至与本人毫无关系,在此情况下要求本人承担表见代理的后果,和民法的公平原则是相矛盾的。因为,在无权代理人私刻他人的公章等情况下,无权代理人是直接与相对人发生交易的,而并没有与本人接触。相对人可以从事适当的审核,相对人毕竟有机会防止无权代理行为所造成的后果,但本人没有能力采取措施予以防止。相对人如果尽到审核义务,就可以使无权代理人的目的不能达到。即使某些无权代理人私刻本人的印章或者利用现代科技伪造本人的印章、空白合同书以及单位介绍信等,其伪造的技术足以使得第三人无法区分真伪,相对人也可以采取其他的方式,如与所谓的本人联系等方式确定代理人是否具有代理权。在此种情况下,完全由本人负责,确实对本人不公平。

总之,笔者认为,在确定表见代理的构成要件时应当考虑权利外观的形成是否与本人具有一定的关系,如果不符合该要件则不应该产生表见代理的效果,本人不应当承担表见代理的责任。

民商法研究(第四辑)
第 129 ~143 页

诉讼时效届满的法律效果探讨*

所谓诉讼时效,是指权利人在法定期间内不行使权利即丧失请求人民法院依法保护其民事权利的法律制度。[①] 诉讼时效是关于权利行使期限的规定。《民法通则》第 135 条规定:“向人民法院请求保护民事权利的诉讼时效期间为二年,法律另有规定的除外。”因此,时效经过将导致民事权利不再受到法院保护的效果,但是,究竟如何理解《民法通则》的上述规则,一直是理论与实务界争议的问题。

一、关于诉讼时效届满法律效果的不同学说

时效,作为一项法律制度,是指一定的事实状态经过一定时间而发生一定法律后果的制度。大千世界,星移斗转,而时间的经过也会产生一定的法律效果。时效制度把一定的事实状态所经过的一定期间与一定

---

* 本文原著于1999 年,后收录进拙著《民法总则研究》,中国人民大学出版社 2003 年版。

① 佟柔主编:《中国民法》,法律出版社 1990 年版,第 605 页。

的法律后果联系起来。[②] 诉讼时效是指权利人于一定期间内不行使请求人民法院保护其民事权利的权利即丧失该权利,人民法院对其民事权利不再予以保护的法律制度。在大陆法系,诉讼时效又称为消灭时效(praescriptio extinctive, Auslöschende Verjährung)。诉讼时效届满以后产生何种效果,关于诉讼时效的效力,主要有四种不同的观点:

(一)实体权消灭主义

实体权消灭主义认为,长期不行使权利的,时效期间一旦完成,将直接消灭权利人的实体权利(Rechtsvernichtung)。[③] 该种观点最初由德国学者温德夏特所主张,《法国民法典》将时效届满作为债的消灭的一个原因加以规定,表明时效届满将导致债权消灭,当代法国学者也一般都采此种看法。[④] 日本采纳了此种主张,如《日本民法典》第167条规定,债权因10年间不行使而消灭;债权或所有权以外的财产权,因20年间不行使而消灭。此外,在德国公法中,公法上的请求权也往往会因为诉讼时效的经过而消灭。[⑤] 但关于实体权消灭主义,存在着两种学说:一是确定效果说,即时效一旦完成,即发生权利取得或消灭的确定效果,如当事人没有援用,则只是在裁判中不承认此种效果。二是不确定效果说。此说认为,时效完成并不能发生权利取得或消灭的效果,此效果之发生尚须时效的援用。[⑥]

实体权利消灭说有一定道理,当然,诉讼时效期间届满会对实体权利产生一定的不利影响,实体权利可能因此难以受到法律的充分保护,但并不会因此消灭,而只是使义务人享有一定的抗辩权,即债权人主张债权时,债务人可以提出时效抗辩。如果义务人不主张该时效抗辩而仍愿意

---

② [日]四宫和夫:《日本民法总则》,朱柏松译,台湾五南图书出版股份有限公司1995年版,第305页。

③ MünchKomm/ Grothe, Vorbemerkung § 194, Rn. 4.

④ Zimmermann, *Comparative Foundations of a European Law of Set-off and Prescription*, Cambridge University Press, 2002, p. 72.

⑤ MünchKomm/ Grothe, Vorbemerkung § 194, Rn. 4; MünchKomm/ Grothe, § 214, Rn. 1.

⑥ 尹田:"我国诉讼时效之立法模式评价",载《河南省政法管理干部学院学报》2010年第5期。

履行债务,则权利人仍有权保有该履行效果,而不构成不当得利。[⑦] 因此,义务人不主张时效抗辩时,法院不能主动审查。从这个意义上说,虽然时效届满会对权利人的权利产生一定的不利影响,但并不会使该权利消灭。

(二)诉权消灭主义

诉权消灭主义认为,诉讼时效完成后,实体权利本身仍然存在,仅诉权归于消灭。实体权利因而转为自然权利。此种观点最初为德国学者萨维尼所主张[⑧],《法国民法典》采纳了这一观点。如《法国民法典》第2262条规定,一切物权或债权的诉权,均经30年的时效而消灭。1922年《苏联民法典》第44条规定,起诉权逾法律规定之期间而消灭。根据《民法通则》第135条关于向人民法院请求保护民事权利的诉讼时效的规定,此请求人民法院保护民事权利的权利,当然为诉权无疑,因此,应认定《民法通则》关于诉讼时效的规定系采纳了诉权消灭主义。[⑨]

诉权可分为程序法上的诉权(起诉权)和实体法上的诉权(胜诉权)。诉讼时效届满只是使权利人丧失胜诉权,而并不会导致权利人丧失起诉权。《民事诉讼法司法解释》第153条规定:"当事人超过诉讼时效期间起诉的,人民法院应予受理。"依据这一规定,诉讼时效期间届满后,权利人仍有权向人民法院提起诉讼,人民法院也应当受理。因此,诉讼时效届满后,权利人仍享有起诉权。

(三)胜诉权消灭主义

胜诉权消灭主义认为,时效完成后,只是发生胜诉权消灭的效果。胜诉权概念源于前苏联法学家顾尔维奇的二元诉权论,该理论将诉权分为程序意义上的诉权——"起诉权"和实体意义上的诉权——"胜诉权"。此种观点主要在前苏联被采用,诉权可以分为实体意义上的诉权和程序意义上的诉权,实体意义上的诉权就是胜诉权。胜诉权的消灭并不导致实体权利本身的消灭,只是使权利人请求人民法院保护的权利丧失。正如

---

⑦ 汪渊智:"论诉讼时效完成的效力",载《山西大学学报》(哲学社会科学版)2002年第3期。

⑧ Savigny, *System des heutigen Römischen Rechts*, Bd. 5, Berlin, 1841, SS. 265ff.

⑨ 梁慧星:《民法总论》,法律出版社1995年版,第240页。

诺维茨基所指出的,"因诉讼时效而消灭的是要求权,即是指程序意义上的诉权,而不是要求权所由产生并借以为根据的实体(实质上的)民事权利本身。"⑩

我国民法理论受前苏联影响较大,尤其在诉讼时效领域,不仅诉讼时效的概念来自于前苏联,而且有关时效的效果方面也大都采纳了前苏联的民法理论,认为时效届满后权利人的权利本身并不消灭,而只是丧失了胜诉权。⑪ 胜诉权是实体法范畴的权利,而不是程序法上的诉权,在时效届满以后,权利人仍然有权提起诉讼。同时,时效届满后,权利人的权利本身并不消灭。我国《民法通则》第138条规定,超过诉讼时效,当事人自愿履行的,不受诉讼时效限制。尽管该条没有明确表明时效届满后的法律后果,而只是将诉讼时效届满的后果表述为"向人民法院请求保护民事权利"的权利因诉讼时效届满而消灭,但按照一般的解释,我国现行法采纳的是胜诉权消灭主义。但《诉讼时效司法解释》第3条规定,当事人未提出诉讼时效抗辩,人民法院不应对诉讼时效问题进行释明及主动适用诉讼时效的规定进行裁判。根据该规定,诉讼时效届满之后并不当然导致权利的减损,使得请求权人无法胜诉,还需要以相对人援引诉讼时效提出抗辩作为前提,法官也不能主动适用诉讼时效,这实际上已经采取了抗辩权发生说。

尽管胜诉权概念有助于解释诉讼时效届满不能导致权利本身消灭,尤其是不能导致诉权消灭的后果的现象,但此种观点存在着明显的缺陷,主要表现在:第一,在逻辑上,胜诉权产生于诉讼行为之前,但胜诉权的有无必须在诉讼程序开始以后,在审理过程中方能真正查明。⑫ 将诉权区分为实体法上的诉权和程序法上的诉权在实践中也很难把握。⑬ 第二,"胜诉权"并不是一个严谨的法学概念。因为胜诉与否是审判活动的结果,很难说它是一项制度上的权利。胜诉本身是诉讼过程中司法裁决的一个后

---

⑩ [前苏联]诺维茨基:《法律行为、诉讼时效》,康宝田译,中国人民大学出版社1956年版,第249页。

⑪ 寇志新:《民法总论》,中国政法大学出版社2000年版,第270页。

⑫ 柴发邦:《中国民事诉讼法学》,中国人民公安大学出版社1992年版,第280页。

⑬ 顾培东:《法学与经济学的探索》,中国人民公安大学出版社1994年版,第227页。

果,胜诉的原因也是比较复杂的,不仅仅是一个时效的问题。第三,在非诉和执行中都存在着诉讼时效的问题,胜诉权的概念不能解释执行程序中以及非诉案件中也存在着诉讼时效的适用问题。第四,如果诉讼时效制度采胜诉权消灭理论,则胜诉权消灭意味着实体意义上的诉权消失,在诉讼中法院对此情形应当依职权查明,这样一来,就与时效不得由法院主动援引的精神相背离。针对上述缺陷,抗辩权发生说的主要优点在于:一方面,诉讼时效届满的直接效果是导致权利功效的减损,这属于权利人的利益范围,应交由权利人通过私法自治予以自主判断;另一方面,有利于法官居中裁判,有利于提高裁判的合法性,避免对当事人处分原则的过分限制。

(四)抗辩权发生主义

此种观点认为,时效完成后,只是发生抗辩权产生的效果(Einrede),即义务人仅取得拒绝履行的抗辩权,权利人的实体权利与诉权均不消灭。抗辩权发生主义意味着,与保护债权人的利益相比,法律秩序的安宁和安全(Rechtsfrieden und Rechtssicherheit)具有价值最大化的特性,从而优于债权人的利益获得保护。⑭ 此种观点为德国学者欧特曼(Oertmann)所主张。德国学者拉伦茨指出,"请求权的时效完成后,义务人有权拒绝给付,但时效并不是请求权消灭的原因,只是给义务人提供了抗辩权。"⑮《德国民法典》采纳了这一观点。如《德国民法典》第 214 条第 1 款规定,消灭时效完成后,义务人有权拒绝给付。换言之,此时虽然请求权并不消灭,但是债务人可以对债权人提出抗辩,拒绝履行(Leistungsverweigerungsrecht),⑯不过,债务人也可以自愿履行。⑰ 1964 年《苏联民法典》第 87 条规定,诉讼时效在起诉前过期是拒绝应诉的理由。

笔者认为,就时效届满的直接效果而言,应当采纳抗辩权发生说,即时效届满的主要后果是使得义务人产生拒绝履行的抗辩权。对权利人来

---

⑭ MünchKomm/ Grothe, Vorbemerkung § 194, Rn. 5.

⑮ [德]卡尔·拉伦茨:《德国民法通论》(上),王晓晔等译,法律出版社 2003 年版,第 345～347 页。

⑯ MünchKomm/ Grothe, § 214, Rn. 1.

⑰ MünchKomm/ Grothe, § 214, Rn. 9.

说,因时效届满在后果上会使其权利的效力减弱。虽然其实体权利并不消灭,但因为抗辩权的发生使其实体权利的行使遇到障碍。由于时效抗辩是一种永久的抗辩权,所以对实体权利的限制是长期的。但权利人的实体权利并不当然转化为自然权利,此种效果的发生必须要有另一个条件的存在,即义务人主动援引时效抗辩权。如果义务人援引抗辩权,权利人的权利将转化为自然权利,义务人的义务也转化为自然义务。如果义务人不援引抗辩权,则权利人的权利仍然是一种完整的权利。《诉讼时效司法解释》第 1 条规定,“当事人可以对债权请求权提出诉讼时效抗辩。”该解释第 3 条也规定:“当事人未提出诉讼时效抗辩,人民法院不应对诉讼时效问题进行释明及主动适用诉讼时效的规定进行裁判。”可见,我国司法解释采抗辩权发生说,如此规定的主要理由在于:

第一,它完全符合时效制度的目的。从时效制度设立的目的来看,主要是为了督促当事人及时行使权利,惩罚权利的“睡眠者”,而并非对权利本身作出否定。所以时效完成以后,只是使义务人获得抗辩权。诉讼时效制度的目的主要在于督促权利人及时行使权利,避免被告的举证困难,要实现这一目的,只需要阻止权利的实现即可达成,而无须将权利从根本上加以消灭。时效的目的不是消灭某种权利而是督促行使权利,所以直接产生的是抗辩权。正如拉伦茨所指出的,时效并不是请求权消灭的原因,而只是给义务人提供了“抗辩权”。[18]

第二,体现了私法自治的精神。抗辩权的行使必须由抗辩权人针对权利人的请求提出,而不能由他人代替行使。行使抗辩权的行为应当适用法律行为的有关规定。[19] 尤其是对法院而言,必须在义务人针对权利人的请求提出抗辩以后,才能对时效是否届满的事实进行审查并认定诉讼时效是否届满。如果义务人在明知时效经过的情况下不提出抗辩,或者放弃时效抗辩,也是合法有效的,[20]法院不能主动审查。时效利益不侵害第

---

[18] [德]卡尔·拉伦茨:《德国民法通论》(上),王晓晔等译,法律出版社 2003 年版,第 345 页。

[19] MünchKomm/ Grothe, § 214, Rn. 4.

[20] Bamberger/Roth/Henrich, § 214, Rn. 1.

三人权益,不违背社会公益,属于当事人自治的范畴,法院没有理由越俎代庖。

第三,抗辩权发生说准确地解释了时效届满的直接效果与援引时效条款所产生的效果。这就是将时效届满的效果区分为两个层次的内容,而不是将时效届满的效果直接等同于自然债务的发生。在时效届满与自然债务发生之间,必须以抗辩权的援引为中介。这就需要首先解释时效届满的效果是抗辩权的发生。

第四,对于诉讼时效届满以后,义务人自愿履行债务的行为进行了合理的解释。诉讼时效届满之后,权利人的请求权并没有消失,[21]只是使义务人享有了抗辩权。抗辩权本质上仍然是一种民事权利,体现的是义务人的特定利益,在时效期间届满之后,义务人如果行使时效的抗辩权,则可以拒绝履行其义务。义务人如果不行使抗辩权,则将抛弃时效利益。可见,抗辩权发生说也能充分体现私法自治的精神。

第五,抗辩权发生说符合大多数国家的立法经验。从历史发展上看,自罗马法以来,消灭时效完成仅使义务人获得抗辩权,目前为许多国家立法与实践所采纳。我国立法如果采纳该经验,也将使我国的立法努力做到和国际接轨。

二、诉讼时效届满的后果

(一)义务人要援引时效规则提出抗辩

按照抗辩权发生说,时效期间届满后,只是使义务人产生抗辩权,但权利人的实体权利并不因时效届满而消灭。此时,权利人的债权将转化为不完全债权或所谓自然债权,债务人则因时效期间届满而取得时效抗辩权。抗辩权由债务人享有,其是否行使时效抗辩权,由债务人自由选择:如果义务人不援引抗辩权而仍然履行债务,则权利人仍有权保有该履行

---

[21] MünchKomm/ Grothe, § 214, Rn. 1.

利益;如果义务人援引抗辩权,则有权拒绝履行债务。在债务人未提出抗辩时,法官不得主动援引时效的规定。㉒ 从比较法上看,大陆法系国家民法典一般规定,时效只能由当事人提出而不能由法官依职权主动审查。例如,《日本民法典》第145条规定:“除非当事人援用时效,法院不得根据时效进行裁判。”《法国民法典》第2223条规定:“法官不得依职权援用因时效所产生的方法。”我国《诉讼时效司法解释》实际上借鉴了国外的通行做法,规定时效利益的实现以义务人主动提出为前提。此种规定并不违反时效强制性规范的性质。根据时效的强行性,时效期间不得由当事人协议延长或缩短,当事人也不得预先抛弃时效利益。但时效届满的抗辩权只能由债务人主张,这是私法自治的要求,也是采取当事人主义的诉讼模式的当然要求。㉓

(二)援引时效抗辩所产生后的后果

关于时效届满的后果应当区分时效发生的直接后果和时效抗辩援引后的后果。前者称为直接效果,后者称为本体效果。㉔ 具体来说,在义务人援引时效抗辩权以后,将产生如下效果:

1. 对义务人的效果。对于义务人来说,时效届满之后,义务人因援引时效抗辩权,不仅可以拒绝权利人的请求,而且将导致其义务转化为自然债务,从而产生某种时效利益,这种利益本质上也是一种民事权益,应当依据私法自治原则由当事人自愿行使。但义务人仅取得拒绝履行的抗辩权,权利人的实体权利与诉权均不消灭。

2. 对权利人的效果。对权利人来说,在时效届满以后,权利人的实体权利和诉权均不发生消灭。具体来说,第一,时效期间届满并不导致权利本身的消灭,其实体权利仍然存在,只是这种权利已经转化为一种自然权利,换言之,作为权利根本属性的“法律上之力”已经不复存在。但基于该权利,权利人仍然可以接受义务人的履行,义务人不得以权利人构成不当

㉒ 张驰:“论诉讼时效客体”,载《法学》2001年第3期。

㉓ 王宇华:“法官不应主动审查诉讼时效”,载《人民法院报》2002年3月6日版。

㉔ [日]四宫和夫:《日本民法总则》,唐晖等译,台湾五南图书出版股份有限公司1995年版,第332页以下。

得利为由请求返还。第二,时效届满不导致诉权的消灭。权利人仍然可以基于其程序意义上的诉权向法院提起诉讼,只要符合起诉的条件,法院应当受理,而不得直接以时效期间届满为由驳回起诉或不予受理。因为诉权本身作为一种国家赋予当事人为保护其合法权利向法院提起诉讼的权利,它是一种宪法性权利,不能因时效届满而丧失。

在诉讼时效届满以后,如果义务人援引时效抗辩权,权利人的权利就会转化为一种不完全的权利,即形成一种自然权利。如果义务人不提出抗辩,权利人的权利不受到影响,不能认为权利人丧失任何权利。在时效届满以后,权利人的债权中的请求权能减弱,而债权的受领权能并没有减弱。因此,债权人仍然可以受领债务人的给付,而债务人不得以不当得利为由请求返还其给付。正是从这个意义上说,即使时效期间届满,法律并不禁止债务人履行,债权人接受履行也是完全合法的。法院也没有任何理由干预当事人之间的履行和接受履行的行为。

需要指出的是,在一般情形下,主权利罹于时效,则从权利也罹于时效。但在例外情况下,从权利也可以不罹于时效,如法律规定担保物权并不因主债权罹于时效而不得实行;另外,时效完成的效果不仅在当事人之间发生,而且及于当事人的继承人和权利继受人。

3. 对法院的效果。时效届满以后,法院不应当主动依据职权审查时效是否已经届满,无论是在起诉阶段,还是在诉讼过程中,法院都不能主动援引时效规定。《诉讼时效司法解释》第3条规定,“当事人未提出诉讼时效抗辩,人民法院不应对诉讼时效问题进行释明及主动适用诉讼时效的规定进行裁判。”据此,这就确认了法院不主动援引诉讼时效的规则。但一旦义务人提出时效的抗辩,无论是在正式答辩中提出,还是在法庭辩论中提出,法院都有义务审查时效届满的情况。如果当事人没有提出时效的抗辩,应当认为其抛弃了时效利益。[25]

---

[25] 洪逊欣:《中国民法总则》,台湾三民书局1992年版,第367页。

三、时效利益的抛弃

所谓时效利益的抛弃,是指义务人在时效届满以后,以明示或默示的方式(ausdrücklich oder stillschweigend),[26]放弃其时效利益。从民法上说,法律关于时效的规定属于强制性规范,时效利益也是一种法定的利益,当事人不能通过约定变更法定的时效期限,也不得预先抛弃未来所享有的时效利益。[27] 根据《诉讼时效司法解释》第2条的规定,预先抛弃时效利益的行为应视为无效。从比较法上看,也大都采用了此种做法,[28]比如德国学者也这么认为。[29] 然而在时效届满以后,对债务人来说,其开始享有拒绝履行的抗辩权,此种抗辩权可以对抗债权人的履行债务请求权,因此,债务人可以从中获得拒绝履行的利益,此种利益也主要体现为债务人个人的财产利益。按照民法的自愿原则,法律对任何当事人处分其个人利益且不妨害社会公共利益的行为,均应承认其有效。既然时效届满后,债务人享有的时效利益是一种财产利益且已经为债务人所取得,因此也可以抛弃。时效利益的抛弃有如下特征:

第一,抛弃的对象是义务人因时效届满而享有的时效利益,而不是实际占有的财产。也正因为如此,义务人必须知道时效已经经过,其具有时效利益。

第二,抛弃是一种事后处分的行为。《诉讼时效司法解释》第2条规定:"当事人违反法律规定,约定延长或者缩短诉讼时效期间、预先放弃诉讼时效利益的,人民法院不予认可。"但法律并不禁止当事人事后抛弃时效利益,毕竟此种利益仅属于当事人的私人利益。也就是说,在时效期间

---

[26] MünchKomm/ Grothe, § 214, Rn. 6.

[27] 秦伟、李功田:"论时效利益之归属与抛弃",载《法学论坛》2000年第6期。

[28] 例如,《瑞士债法典》第141条第1款规定:"一方当事人不能事先放弃诉讼时效的规定。"《法国民法典》第2220条规定:"任何人均不得提前抛弃时效;但可以抛弃已取得的时效。"参见《法国民法典》,罗结珍译,中国法制出版社1999年版,第514页。

[29] MünchKomm/ Grothe, § 214, Rn. 5.

届满后,当事人可以就已经取得的时效利益加以处分。

第三,时效利益抛弃属于单方处分行为,应适用意思表示的一般规定,抛弃者须有行为能力和处分能力。义务人抛弃其时效利益,只要作出单方的意思表示即可,无须获得相对方同意。但此种行为为需要相对人受领的单方行为,所以要在到达相对人时才生效力。而且依据“单方行为皆可以契约方式为之”的原则,时效利益的抛弃当然可以以事后契约的方式进行。

第四,时效利益的抛弃的方式是多样的,义务人可以单方的意思表示,也可以以协议的方式抛弃时效利益。如时效届满后,双方达成协议同意履行债务,这种诉讼时效期满后达成的履行义务的协议的效力应为有效,即构成义务人对时效利益的抛弃。

抛弃时效利益有如下几种表现方式:

第一,义务人实际履行债务。

诉讼时效期间届满后,义务人的债务变为自然债务,但义务人实际履行了债务,则债权人仍有权受领,因为权利人接受义务人的履行所获利益并非不当得利,应受法律保护。我国《民法通则》第138条规定:“超过诉讼时效,当事人自愿履行的,不受诉讼时效限制。”最高人民法院在《民通意见》第171条规定:“过了诉讼时效期间,义务人履行义务后,又以超过诉讼时效为由翻悔的,不予支持。”可见我国民法明确承认了时效届满后自愿履行的利益受到法律保护。《诉讼时效司法解释》第22条规定:“诉讼时效期间届满,当事人一方向对方当事人作出同意履行义务的意思表示或者自愿履行义务后,又以诉讼时效期间届满为由进行抗辩的,人民法院不予支持。”这一解释可以看作是《民法通则》第138条规定的具体化。我国司法实践也承认了这一点。[30] 因为,诉讼时效届满以后,债务转化为自然债务,债权人虽然无法请求法院保护,但是,债权人仍然受领并保有的权利,一旦受领履行,债务人不能请求对方返还不当得利。即使义务人因错误而不知道时效届满,也不能以“重大误解”为由主张撤销。

---

[30] 参见“杨耀与吴伟豪借款纠纷上诉案”,(2010)穗中法民二终字第2028号。

问题在于,诉权时效届满以后,如果义务人自愿作出了履行的表示,而以后又反悔的,法院可否强制执行?有学者认为:“故消灭时效完成后,债务人承认该债务之行为,并不能发生创设之效果,仅可谓确认原债务之存在。盖原债务系基于原有法律关系而生,并非因承认而生,亦即其存在是事实上之存在,故其承认以单独行为为之即可;易言之,由债务人一方以意思表示其债务存在,即生承认之效果。”[31]笔者认为,对债务人单方抛弃时效利益行为能否强制执行,关键要看此种行为是否产生了一种可强制执行的债务。一般来说,除在某些特殊情形下单方行为可产生债务(如依悬赏广告所产生的债务)以外,原则上,单方意思表示虽可产生一定的法律拘束力(如要约行为所产生的拘束力),但不应产生债务,也谈不上对单方行为的内容强制执行的问题。但在时效届满以后,债务人单方抛弃时效利益的行为具有特殊性。这主要表现在:债权人与债务人间曾存在债权债务关系,因时效届满使此种债的关系转化为自然债,但这不意味着债权债务已经消失。《民法通则》第138条的规定:“超过诉讼时效期间,当事人自愿履行的,不受诉讼时效限制。”可见,债务本身仍然存在,只是不能强制执行而已。债务人抛弃时效利益,承认部分债务,表明债务人自愿解除了该部分债务的“自然债务”的属性,使该部分债务恢复了原本可强制执行债务的性质。[32]至于未被债务人承认的债务,仍然保持其“自然债务”的属性;换言之,债务人单方抛弃其时效利益,并非产生某种新债务,而是使其所承认的那部分债务(其所抛弃的利益)恢复了其原有的可强制执行的性质,因而不存在原债务或自然债务的问题。债务人的任何单方行为都不产生强制执行的后果,而只是由于承认了部分自然债务,使该部分自然债务转化为原债务并且有可强制执行的性质。如果法律不承认债务人自愿履行的部分债务可以强制执行,那么,承认债务人可抛弃全部或部分时效利益便没有太大的实际意义。至于债务人未承认的部分债务,

---

[31] 吴光陆:“民法第144条第2项以契约承认债务之研究”,载郑玉波主编:《民法总则论文选辑》,台湾1984年版,第818页。

[32] 参见汪渊智:“论诉讼时效完成的效力”,载《山西大学学报》(哲学社会科学版)2002年第3期。

因其仍然属于自然债务，是不可强制执行的。

第二，双方达成履行债务的协议。

时效届满后，如果双方达成了履行债务的协议，也可以视为义务人放弃了时效利益。《诉讼时效司法解释》第 22 条规定："诉讼时效期间届满，当事人一方向对方当事人作出同意履行义务的意思表示或者自愿履行义务后，又以诉讼时效期间届满为由进行抗辩的，人民法院不予支持。"这里债务人作出"同意履行义务的意思表示"实际上可以解释为包括了双方达成履行债务的协议。义务人可以以单方的意思表示，也可以以协议的方式抛弃时效利益。如时效届满后，双方达成协议同意履行债务，这种诉讼时效期满后达成的履行义务的协议的效力应为有效，即构成义务人对时效利益的抛弃。我国最高人民法院 1997 年 4 月 16 日发布的(1997)4 号批复中指出："根据《民法通则》第九十条规定的精神，对超过诉讼时效期间，当事人双方就原债务达成还款协议的，应当依法予以保护。"

从法律上看，如果当事人达成负担新债的协议以代替原定给付，或为债之更改或为间接给付，许多学者认为，在此情形下应当认为旧债已经消灭，采负担新债说。[33] 笔者赞成这一观点，即双方达成书面协议实际上是一项和解协议，形成了一个新的合同。此和解协议是在纠纷发生以后，双方当事人通过协商，互相让步，以达成和解，终止争执。虽然时效届满以后，此债务已转化为自然债务，但不能否认债务纠纷的存在。通过双方达成协议，由债务人继续承担全部或一部分债务，此项债务已非自然债务，乃是一种新债务。既然该协议属于另外一个合同，则与其他合同一样发生法律约束力，如果债务人不履行其债务，法院可以强制执行。

第三，义务人单方面允诺履行债务。

在时效届满以后，双方未达成和解协议，债务人单方承诺愿意承担全部或部分债务。例如，在两年时效届满以后，债权人向债务人发出拖欠债务的本金、利息的通知，债务人在该通知上盖章，表示承认该债务；再如，

---

[33] 朱晓喆："诉讼时效完成后债权效力的体系重构"，载《中国法学》2010 年第 6 期。

在时效届满后,债权人向债务人催告清偿,债务人明确表示在一定期限内清偿债务,但事后发现时效已经届满,是否可以否认自己先前作出的清偿允诺。《诉讼时效司法解释》第22条规定:"诉讼时效期间届满,当事人一方向对方当事人作出同意履行义务的意思表示或者自愿履行义务后,又以诉讼时效期间届满为由进行抗辩的,人民法院不予支持。"从该解释来看,其中所说的"当事人一方向对方当事人作出同意履行义务的意思表示"就包括了单方允许,即债务人作出了同意履行债务的意思表示,该单方允诺一旦作出,就产生法律拘束力。因此,时效期间届满后,只要债务人作出清偿债务的允诺,就会产生法律效力,事后不得反悔。司法解释作出此种规定的原因在于:第一,此种行为属于债务人单方允诺,属于抛弃时效利益的行为。既然法律允许时效利益的事后抛弃,则债务人当然可以通过单方允诺的方式作出。第二,债务人抛弃时效利益的单方允诺一旦作出,就会给债权人产生一种信赖利益,法律对此种信赖利益也应加以保护,毕竟此时债权本身尚未消灭。第三,债务人一旦作出抛弃时效利益的单方允诺,而事后又加以反悔,此时也构成恶意抗辩,不符合权利行使的诚实信用原则。第四,从实践来看,我国法院的一些判决也认可债务人单方允诺抛弃时效利益会对其本身产生相应的拘束力。[34]

时效利益抛弃的效果是:时效利益一旦抛弃视为时效期间未届满,时效期间应当重新计算。[35] 但需要对时效利益抛弃的时间作出准确的界定,从抛弃之日起,重新计算。"时效完成之利益一经抛弃,即回复时效完成前之状态,债务人不得再以时效业经完成拒绝给付。惟得援用时效利益抛弃后重行起算新时效利益"。[36]

《民法通则》第138条规定:"超过诉讼时效期间,当事人自愿履行的,不受诉讼时效限制。"可见,债务本身仍然存在,只是不能强制执行而已。债务人抛弃时效利益,承认部分债务,表明债务人自愿解除了该部分债务的"自然债务"的属性,使该部分债务恢复了原本可强制执行的债务的性

---

[34] 参见"重庆某银行诉罗某某等金融借款合同纠纷案",(2011)奉法民初字第01806号。

[35] MünchKomm/ Grothe, § 214, Rn. 7.

[36] 王泽鉴:《民法总则》,北京大学出版社2009年版,第432页。

质，至于未被债务人承认的债务，仍然保持其“自然债务”的属性。换言之，债务人单方抛弃其时效利益，并非产生某种新债务，而是使其所承认的那部分债务（其所抛弃的利益）恢复了其原有的可强制执行的性质，因而不存在原债务或自然债务。债务人承认了部分自然债务，使该部分自然债务转化为原债务并且有可强制执行的性质。至于债务人未承认的部分债务，因其仍然属于自然债务，因此是不可强制执行的。

第二编 | 人格权制度

民商法研究(第四辑)
第147～162页

人格权请求权：一种新型的请求权*

即便是在人格权产生之后,传统大陆法国家中的请求权体系中也并不存在人格权请求权。但是,随着我国人格权制度的不断完善,其作为一种独立制度已经在民法中越来越受到重视,在立法上也已经即将呼之欲出。考虑到人格权在现代民法中的地位愈发重要,建立独立的人格权请求权对于保护人格权也就具有重要的意义。

一、人格权请求权具有其特殊性

所谓人格权请求权,是指民事主体在其人格权受到侵害、妨害或者有妨害之虞时,有权向加害人或者人民法院请求加害人停止侵害、排除妨害,以恢复人格权的圆满状态。其具体内容包括停止侵害、排除妨害、预防妨害以及恢复原状的请求权。人格权请求权是请求权的一种类型。所谓请求权(Anspruch),是指请求他人为一定行为或不为一定行为的权利。请求权人自己不能直接取得作为该权利内容的利益,而必须通过他

* 本文原著于2000年,2009年修改。

人的特定行为间接取得。[①] 请求权都是发生在特定的相对人之间,不论是基于债权产生的请求权,还是基于物权或其他绝对权利产生的请求权,实质上都是相对人之间的关系。

人格权请求权是基于人格权而产生的权利,与人格权是不可分离的。人格权请求权是在人格权遭受侵害的情况下所产生的权利。也就是说,一方面,就请求权本身来说,其依附于实体权利,但又不完全等同于实体权利,人格权请求权也是如此,它是在具体人格权遭受侵害以后产生的获取救济、排除侵害的权利。但人格权请求权不是人格权本身,而是人格权在遭受侵害以后产生的一种救济方式。另一方面,人格权请求权具有相对性,即只能针对特定的行为人提出请求,而且其权利内容也是由法律所规定的。此外,由于大部分人格权是绝对权,其义务人为权利人之外的一切第三人,第三人违反其不作为义务时,权利人有权请求其停止侵害、消除危险。因此,此种请求权所对应的常常是绝对权法律关系中的义务人所负有的不作为义务。

从比较法上来看,很多国家和地区都认可了人格权请求权。人格权请求权最早体现在《瑞士民法典》的相关规定之中,该法创立了对一般人格权的保护,完整地确立了人格权请求权。其具体包括请求禁止即将面临的妨害、请求除去已经发生的妨害和请求消除影响等,同时它也确立了人格权请求权的其他相关规定。民法上基础性的民事权利都伴随着相应的请求权,这些基础性的权利主要是民法所调整的财产关系与人身关系,在财产关系中,物权和债权都各自具有独立的请求权,而在人身关系中,形成了人格权和身份权。在身份关系中,也已经形成了继承回复请求权、离婚请求权等请求权。而在人格关系中,却一直未能形成独立的请求权,这确实反映了立法的不完备性,因此需要建立人格权请求权制度。

应当看到,人格权请求权的内容具有特殊性。正如德国学者拉伦茨指出,人格权请求权的内容具有特殊性,即在人格权有受到侵害之虞时,司

① [日]奥田昌道:“论请求权的概念”,载东京大学《法学论丛》第82卷。

法实践准许权利人提起侵害之诉，在继续受到侵害时，准许请求停止侵害。[②] 笔者认为，这些看法都不无道理，但既然人格权的请求权应作为一项独立的请求权加以对待，那么它在内容上应当具有不同于其他请求权的特点。人格权请求权作为伴随人格权产生的请求权，随着人格权概念的不断发展，人格权请求权越来越显现出其特殊性。例如，在《德国民法典》第 1004 条所规定的排除妨害之诉，适用于人格权侵害。但现在这一规定的适用也显得捉襟见肘。[③] 人格权请求权的新发展主要表现在如下方面：

第一，广泛采用停止侵害的方式，以产生防患于未然的作用。因为侵害人格权的损害后果往往具有不可逆性。特别是由于互联网的发展，由于网络环境对人格权的损害后果具有无限放大性，受众具有无限性，因此，侵害人格权的行为一旦在网络上传开，其造成的损害后果是无法估计的。所以，为了充分保护权利人，应当采用停止侵害的方式。《法国民法典》第 9 条第 2 款对此作出了规定。[④] 在最终判决作出之前，法官还可以作出预先裁决，责令行为人停止出版、禁止发行流通，或责令将出版物全部或部分予以查禁。[⑤] 在德国法上，禁制令的救济也是侵害人格权救济中通常采用的方式。[⑥] 欧洲人权法院也采用此种方式为受害人提供救济。例如，在欧洲人权法院审理的 Editions Plon v. France 一案中，[⑦]法院针对被告出版违反医疗保密义务的书籍，将侵害法国前总统密特朗的隐私，因此，法院颁发禁止出版令，以防止损害的扩大。在人格权侵害中，采用损害预防的保护方法，对于人格权的维护十分必要。

---

② ［德］卡尔·拉伦茨：《德国民法通论》（上册），谢怀栻等译，法律出版社 2004 年版，第 169 ~ 170 页。

③ BGHZ34，99，102.

④ 该条规定："在不影响对所受损害给予赔偿的情况下，法官得规定采取诸如对有争执的财产实行保管、扣押或其他适于阻止或制止妨害私生活隐私的任何措施；如情况紧急，此种措施得依紧急审理命令之。"

⑤ ［奥］考茨欧等：《针对大众媒体侵害人格权的保护：各种制度与实践》，余佳楠等译，中国法制出版社 2013 年版，第 170 页。

⑥ BGHZ 138，311，318.

⑦ Editions Plon v. France. Application No. 58148/00.

第二,普遍赋予了受害人以删除权、请求声明撤回等权利。这尤其表现在以言论的方式侵害他人名誉的情形。[⑧] 在德国,经常采用的救济方式是声明撤回,也就是说,法院责令被告声明撤回其不当言论,以防止损害后果的继续扩大。

第三,惩罚性赔偿适用范围的扩张。还应当看到,鉴于人格利益主要是精神利益,对其侵害后果往往难以通过金钱衡量,尤其是随着互联网的发展,侵害人格权的损害后果十分严重。所以,一直为大陆法系所排斥的惩罚性赔偿,在该领域开始运用。例如,在德国的一个案例中,法院判决,对于未经许可使用他人音乐作品的人,要支付相对于许可使用费两倍的金额。[⑨] 在著名的卡洛琳案中,联邦最高法院也采纳了惩罚性赔偿,判决被告赔偿 93000 欧元。[⑩]

第四,损害赔偿的范围具有特殊性。人格权请求权保护的对象具有特殊性。人格权主要是一种精神利益,但部分人格权也包含一定的财产价值。[⑪] 因此,在人格权遭受侵害时,权利人除有权请求排除妨害、消除危险之外,造成财产损失的,权利人还有权请求行为人承担财产损失赔偿的责任。此处的财产损失除因人格权受侵害而遭受的违约金等损失外,还应当包括人格权中经济价值本身的损失。

第五,人格权请求权的内容具有积极主动性。人格权请求权作为一种消极的请求权,主要发挥一种被动防御的功能,在内容上包括停止侵害、消除危险、恢复名誉等。但是,随着个人信息保护、隐私保护等的发展,人格权请求权越来越具有积极主动的特点,以有效维护个人人格权的完整性。例如,在侵害隐私和个人信息权时,受害人有权要求采取更正、删除、封锁、补充等措施,以保护其权利。

第六,赔礼道歉的运用。自《日本民法典》颁布以来,日本法院就要求在报纸或画刊上发表公开道歉,这被视为是恢复名誉的一种合适的惩罚

---

⑧ [奥]考茨欧等:《针对大众媒体侵害人格权的保护:各种制度与实践》,余佳楠等译,中国法制出版社 2013 年版,第 284 页。

⑨ BGHZ 17,376,383.

⑩ OLG Hamburg,NJW 2870,2871.

⑪ 王泽鉴:《人格权法》,台湾三民书局 2012 年版,第 455 页。

手段。[12] 我国《侵权责任法》第15条也对赔礼道歉的责任方式作出了规定，因此，在人格权遭受侵害时，权利人有权请求行为人赔礼道歉。

从这些现象可以看出，人格权请求权不仅有利于充分保护受害人，而且随着社会的发展，人格权请求权本身也不断发展完善。拉伦茨指出，人格权请求权的目的仅仅是恢复人格权的圆满状态，在请求对方不作为的情况下，则是为了保持人格权的圆满状态。人格权请求权使人格权主体能够排除行为人的不法侵害行为，以恢复人格权的圆满状态。[13] 正是因为人格权具有特殊性，所以要恢复其圆满状态，就必然要采取与救济财产权不同的方式。例如，对于财产权的侵害，大多可以通过金钱赔偿而恢复原状。而对于人格权的侵害，其往往具有不可逆转性（如隐私一旦公开就难以再救济），所以，应当更多地采用损害预防和停止侵害的方式。损害赔偿并不能够对受害人所遭受的损害提供完全地救济，还需要通过停止侵害、恢复名誉、消除影响等方式为人格权提供救济。

二、人格权请求权不能为侵权请求权所替代

从比较法上看，近几十年来，各国侵权法发展十分迅速，侵权法在保护人格权方面的作用进一步加强。[14] 一些重要的人格权，如隐私权等，都是通过侵权法的保护产生出来的。因此，有一些学者认为，人格权请求权并不具有独立性，而应属于侵权请求权的范畴。从比较法上看，传统侵权法只保护个人身体的完整性和个人基本的人格尊严和名誉，以后侵权法对人格权的保护范围逐渐扩张，因此，人格权的发展很大程度上是侵权法保

---

⑫ ［奥］考茨欧等：《针对大众媒体侵害人格权的保护：各种制度与实践》，余佳楠等译，中国法制出版社2013年版，第284页。

⑬ ［德］卡尔·拉伦茨：《德国民法通论》（上册），谢怀栻等译，法律出版社2004年版，第326～328页。

⑭ Franz Werro, Tort Law at the Beginning of the New Millennium. A Tribute to John G. Fleming's Legacy, 49 *Am. J. Comp. L.* 154.

护的结果。[15] 迄今为止,在民事责任领域,大多数国家是借助于侵权法对人格权提供保护的。[16] 因此也产生了一种误解,即认为人格权请求权不必独立,而应当由侵权法来提供救济。

我国《侵权责任法》第 15 条一共列举了 8 款,共计 8 种侵权责任方式,而且侵权责任方式还不限于第 15 条所列举的 8 种,如该法第 22 条所规定的精神损害赔偿,第 47 条所规定的惩罚性赔偿。由于这些责任方式基本涵盖了侵害人格权可能产生的侵权责任,据此,有不少学者认为,人格权请求权完全可以被侵权请求权所替代。笔者认为,《侵权责任法》第 15 条和第 21 条所规定停止侵害、排除妨害、消除危险、赔礼道歉、消除影响、恢复名誉都可以适用于人格权的侵害,但这并不意味着侵权责任承担方式可以完全替代人格权请求权。《侵权责任法》第 20 条(确立了获益视为损害的规则)、第 22 条(规定了精神损害赔偿责任)都明确将相关责任的适用范围限于"侵害人身权益",笔者认为,此处所说的"侵害人身权益"主要是指侵害人格权,据此可见,我国《侵权责任法》中也认可了人格权请求权。人格权请求权与侵权请求权的区别还在于两种请求权之间虽然有一定的联系,但也存在一定的区别,主要表现在:

第一,人格权请求权是基于人格权的效力而产生的,如果将人格权的效力分为积极效力和消极效力,则人格权固有的权能则是其积极效力,即在人格权遭受侵害时,权利人所享有的人格权请求权则是其消极效力的体现。所以,人格权请求权是因人格权所具有的绝对性和排他性而产生的。人格权被确认之后就应当产生此种效力,以达到防患于未然的目的。而侵权请求权虽然主要适用于绝对权的侵害,但它主要是从权利救济的角度考虑的,即在绝对权被侵害或可能遭受侵害时才能适用。

第二,人格权请求权具有预防权利侵害的功能。为了尽量避免人格权遭受侵害,需要设置预防性的制度,其主要原因在于,许多人格权一旦遭

---

[15] Gert Brueggemeier etc. ed., *Personality Rights in European Tort Law*, Cambridge University Press 2010, p. 6.

[16] [奥]考茨欧等:《针对大众媒体侵害人格权的保护:各种制度与实践》,余佳楠等译,中国法制出版社 2013 年版,第 716 页。

受侵害，损害后果具有不可逆转性，很难恢复到如同损害没有发生的状态。例如，某个名人的隐私照片被公布，就不能再恢复到侵害以前的状态。而侵权请求权主要是为了实现事后的救济，填补受害人所遭受的损害。较之于侵权请求权而言，人格权请求权应当更加注重预防功能，注重事先对损害后果进行预防。因此，很多学者认为，人格权的保护要注重"防患于未然"。[17] 此外，侵权请求权原则上应当贯彻"无损害则无赔偿"的理念，要求实际损害的存在；而人格权请求权是以防患于未然为目的的，不以损害的实际发生为前提，其目的在于为对权利人提供更为充分的保护。只要出现危及人格权圆满状态的行为，权利人即可行使人格权请求权，请求行为人排除妨害、消除危险，而无须考虑行为人的主观心理状态。

第三，人格权请求权的适用范围具有特定性。也就是说，人格权请求权仅适用于人格权，而侵权请求权属于权利救济制度，其普遍适用于各种权利。因此，人格权请求权应更多地考虑到人格权本身的特殊性，如人格权请求权具有预防性与专属性等特点。而侵权请求权以所有的权利为适用范围，并不考虑具体权利的特殊性。

第四，人格权请求权主要对精神利益的损害提供救济，由于人格权主要体现一种精神利益，因此，人格权请求权主要保护人格权中的精神利益。而侵权请求权虽然也对精神损害提供救济，但其主要还是对财产损失提供救济。因为侵权请求权的适用对象主要是各种绝对权，大多具有财产属性，在这些权利遭受侵害的情况下，侵权请求权大多提供财产损害赔偿的救济。所以，传统民法常常将侵权请求权称为侵权损害赔偿之债。虽然我国《侵权责任法》规定的侵权请求权并不限于财产性请求权，但主要还是对财产损害提供救济。

由于我国侵权责任法把几乎所有侵害绝对权的责任方式都作了规定，因此，任何侵害他人人格权、物权、知识产权的行为，都可能发生侵权请求权与人格权请求权、物权请求权、知识产权请求权的竞合。但这并不能因

---

[17] L. Enneccerus/H. Lehmann, Recht der Schuldverhältnisse, Tübingen, 15. Auflage 1958, S. 1008f.

此否认人格权请求权的独立性,在行为人侵害他人人格权时,可能产生责任的竞合,允许当事人自由选择一种对其最为有利的请求权。

人格权请求权适用于所有的人格权,而且从实践来看,加害人的行为往往可能构成一个单独的侵权行为,如构成殴打、伤害、医疗损害、工伤事故、道路交通事故、环境污染、高度危险、动物致害、物件致害等侵权行为,实践中,受害人大多直接根据这些规定主张权利,而没有明确区分人格权请求权与侵权请求权。笔者认为,在具体的诉讼中,当事人提出请求时应当区分不同的权利基础,人格权请求权和侵权请求权在适用中仍然存在明显的区别。就精神损害赔偿而言,请求权人不能直接依据各种侵权行为形态方面的具体规定主张权利,而仍然需要援引《侵权责任法》第 22 条的规定,证明健康权等人身权益受到侵害。例如,就产品质量缺陷侵害健康权而言,仅仅只是援引产品责任的规定是不够的,还需要结合《侵权责任法》第 22 条的规定对产品责任规定予以补充,这时就会涉及对“人身权益”的解释,而对健康权予以规定有助于明确其为人身权益的一种,有助于实现对健康权主体的充分保护。

三、物权请求权不能代替人格权请求权

所谓物权请求权,是指在物权受到侵害或妨害的情况下,物权人所享有的返还原物、排除妨害、消除危险、恢复原状的请求权。从比较法的角度来看,大陆法系国家的民法大都没有规定人格权请求权。例如,在德国,判例学说常常认为,对于人格权的侵害,可以类推适用《德国民法典》第 1004 条关于物权请求权的规定,主张不作为或者排除妨害。⑱ 受害人可以主张一系列请求权获得保护,但这种请求权实际上准用的是物权请求权(《德国民法典》第 1004 条)。⑲ 此种立法模式对其他国家和地区也

---

⑱ [德]曼弗雷德・沃尔夫:《物权法》(第 18 版),吴越、李大雪译,法律出版社 2002 年版,第 161 页。

⑲ MünchKomm/Baldus, § 1004, Rn. 32 f.

产生了很大影响。在我国台湾地区,许多学者深受这一观点的影响,认为人格权的保护可类推适用物权请求权,采取停止侵害、排除妨害的请求权等保护人格权。[20]

应当看到,人格权请求权与物权请求权有很多相似之处:一方面,由于人格权和物权都是绝对权,所以可以产生对抗第三人的效力,可以受到侵权法的保护;另一方面,人格权和物权受到侵害,都会造成财产损害的后果,都可以适用损害赔偿的救济方式。但笔者认为,人格权请求权不能被物权请求权所替代,主要原因在于:

第一,产生的基础不同。物权请求权的产生基础为物权,而人格权请求权的产生基础为人格权,这也决定了二者的保护对象不同,人格权请求权主要是为了保护人格权,维护个人的人格尊严,预防和制止他人对人格权的侵害和对受害人提供补救,所以此种请求权能够实现人的基本价值。而物权请求权依附于物权,其保护的是人的财产,而不是人本身,其特别针对物权或者财产权提供保护,旨在恢复权利人对物权的圆满支配状态[21],与人格权请求权的保护对象存在明显区别。

第二,功能不同。物权请求权的功能主要是为了恢复物权的圆满状态,在侵害物权的情形,物权请求权仅仅是在一定程度上强化对物权的保护[22]。而就人格权而言,在人格权遭受侵害以后,往往难以恢复原状,这就决定了人格权请求权与物权请求权在功能和目的方面存在一定区别,人格权请求权更加注重对损害的预防,避免因不可逆转的侵害导致受害人无法获得充分救济;同时,人格权请求权可以弥补侵权请求权的不足,以充分保护个人的人格权。因此,与物权请求权相比,人格权请求权更加注重对损害的预防,以防止损害后果的发生与进一步扩大。

第三,具体内容不同。人格权请求权是基于人格权而产生的,其具有人格权自身的特点,物权请求权的规则无法直接适用于人格权的侵害。

---

[20] 施启扬:“从个别人格权到一般人格权”,载《台大法学论丛》1974年第1期。

[21] 尹田:“论物权请求权的制度价值——兼评《中国物权法草案建议稿》的有关规定”,载《法律科学》(西北政法学院学报)2001年第4期。

[22] 孙宪忠:《德国当代物权法》,法律出版社1997年版,第88页。

例如,物权请求权中有返还原物的内容,而在侵害人格权时并无类似的规则。同时,如前所述,人格权请求权更加注重对损害的预防,因此,人格权请求权在内容方面不同于物权请求权,以满足人格权救济的需要。例如,个人信息遭受侵害后,还应当赋予权利人请求更正和补充等权利,这在物权请求权中也没有对应的内容。

第四,责任后果不同。尽管在侵害两种权利的情况下都存在妨害和侵害的情况,但物权受到的侵害通常表现为物理性的妨害,此种损害存在物质的载体,并且可以市场价格来衡量。而对人格权的侵害通常表现为无形的妨害,无法简单以市场价格来计算。因此,在侵害物权时,一般采用返还原物、损害赔偿等方式,而且这些责任方式已经足以对权利人提供保护。而在侵害人格权时,虽然也存在赔偿损失等责任,但主要是采用赔礼道歉、精神损害赔偿等方式提供救济。

第五,时效的适用不同。对物权请求权而言,排除妨害请求权和所有权的保护联系在一起,一般不适用诉讼时效。返还原物请求权不适用时效,是为了防止所有权处于虚化状态,尤其是防止侵害人将所有物隐匿、藏匿,并经过一段时间以后,所有权人不能提出请求。但在人格权受侵害的情形,损害后果具有无形性,在受害人已经感受到其权利遭受侵害后,其应当主动行使请求权,保护其权利,而不应当躺在权利上睡眠,因此,人格权请求权一般应当适用诉讼时效。

四、人格权请求权的内容具有特殊性

关于人格权请求权的内容,学者的看法并不完全一致。我国台湾地区学者因受德国判例学说的影响,认为人格权请求权能够被物权请求权所替代,因此大多认为在消极请求权方面,其内容主要为物权请求权的内容。例如,王伯琦先生认为,人格权请求权包括:除去侵害请求权和损害赔偿请求权,除去侵害请求权仅仅属于消极的保护方式,如其已受损害自应予以赔偿。[23] 王泽鉴教授认为，人格权的保护分为不作为请求权、损害赔偿请求权和不当得利请求权。其中，不作为请求权包括侵害除去请求权和侵害防止请求权（须侵害行为具有不法性，有无故意或过失在所不问）。[24] 笔者认为，这些观点都不无道理，但既然人格权的请求权应作为一项独立的请求权加以对待，那么它在内容上应当具有不同于其他请求权的特点。笔者认为，在人格权遭受侵害以后，允许受害人通过行使人格权请求权请求排除妨害、恢复名誉、停止侵害，才能够充分全面地对人格权提供保护。[25] 具体而言，人格权请求权的内容包括：

第一，停止侵害请求权。所谓停止侵害，是指受害人在面临即将发生的损害的情况下，有权请求加害人停止其实施的侵害行为。在侵害人格权的情况下，此种方式常常是对人格权最有效的补救方式。其原因在于：一方面，如果损害正在进行，采取停止侵害的方式能够及时制止侵害行为，防止扩大损害后果的产生或蔓延。例如，某人在网上非法发布他人的个人信息，一旦在网上传播，会给权利人带来重大的损害，此时，权利人有权要求停止侵害，以避免损害的扩大。另一方面，在侵害人格权行为发生之后，若受害人直接向行为人提出停止侵害的要求，而行为人停止了侵害且造成的损害又较为轻微，则不一定通过诉讼的方式进行救济。此外，对于即将发生的损害也可以采取这一方式，制止损害的发生。例如，甲在网上散布乙的裸体照片等涉及隐私的信息，这些信息一旦传播开来，其后果极为严重，在此情况下，就应当允许乙申请禁令，禁止甲上传发布此类信息。再如，原告认为某刊物所刊载的文章具有诽谤的言辞，可以请求法院停止该刊物的发行。[26]

从比较法上看，英美法中停止侵害通常采取禁令方式。禁令是由英国历史上衡平法院发展而来的一种由法院自由裁量给予当事人的救济，用

---

[23] 王伯琦：《民法总则》，台湾中正书局1979年版，第57～58页。

[24] 王泽鉴：《民法总则》，中国政法大学出版社2001年版，第128～130页。

[25] 杨立新等："《中国民法典·人格权编》草案建议稿的说明"，载王利明主编：《中国民法典草案建议稿及说明》，中国法制出版社2004年版，第326页。

[26] 杨立新主编：《民商法理论争议问题——精神损害赔偿》，中国人民大学出版社2004年版，第159页。

以弥补普通法法院给予的法律救济的不足,其主要作用在于预防侵权行为的发生和制止侵权行为的继续。在英美毁谤法中,经常采用禁令的救济措施,如为了制止诽谤性的言辞进一步传播,原告有权申请"临时的禁令(inter injunctions)",以制止损害的传播。[27] 禁令一般是向被告本人发布命令,针对被告本人生效。大陆法中,与英美法的禁令制度比较类似的是诉讼保全制度。如法国法上的临时裁定制度,即法官根据一方当事人的请求,立即命令采取必要的措施制止侵权的继续,其一般适用于紧急情况。[28] 但有些大陆法国家也借鉴英美法的做法,采取了禁令的方式。例如,日本借鉴美国的经验,当某人的精神权利将要被侵犯或正在被侵犯时,其具有向法院要求禁令救济的权利,从而[29]避免将要发生的侵害或减轻正在发生的侵害。需要指出的是,在我国,知识产权侵权责任中已经借鉴了英美法中的禁令制度,禁令实际上是从程序法的角度实现了停止侵害、消除危险等功能。笔者认为,对于人格权的侵害,权利人也可以请求停止侵害,并请求法院发布禁令。就停止侵害请求权而言,权利人既可以以此向法院提出诉讼,也可以直接向行为人提出请求。至于停止侵害的具体内容,无论采取何种具体的实施方式,都需要达到防止损害发生或者扩大的实际效果。如果受害人在法院审理前就要求加害人停止侵害,加害人对此接受的,则受害人不必采取诉讼的方式。

第二,消除危险请求权。消除危险是指侵害人的侵害行为对他人人身或财产安全造成威胁,即人身或财产存在遭受危险的可能性时,受害人有权要求侵害人采取有效措施消除已经形成的危险。在人格权法中,消除危险主要适用于危害他人生命、健康权的情形,例如,某人在从事地面施工时,因未设置安全措施,可能对邻人的生命安全构成威胁,在此情形下,受害人有权请求行为人消除危险。在特殊情形下,精神性人格权也可能面临现实的危险,例如,某人已经刊印了包含诽谤言辞的宣传品,但尚未

---

[27] David Price and Korieh Duodu, *Defamation, Law, Procedure and Practice*, London: Sweet & Maxwell, 2004, p. 231.

[28] 沈达明编著:《衡平法初论》,对外经济贸易出版社 1997 年版,第 290～291 页。

[29] Supreme Court, 11 June 1986, Hanrei-Times No 605, p. 42(Hoppou Journal Case).

散发，一旦散发，就可能侵害他人的人格权。此时，权利人可以请求法院销毁该宣传品。消除危险实际上消除了损害的发生来源，防患于未然，如果侵害已经实际发生，则只能请求停止侵害，或根据侵权行为要求损害赔偿。

第三，消除影响请求权。消除影响，是指行为人因其侵害了公民或法人的人格权而应承担的在影响所及的范围内消除不良后果的一种责任形式。例如，某人在网上发布了诋毁他人名誉的言论，并且该言论已经被不少网站转载，造成了不良影响，受害人要求网络发布者删除该言论，并刊载有关更正信息，以消除影响。

消除影响的主要功能在于如果已经给他人的社会声誉造成的不良影响，要减弱、清除直至消除这种不良影响，只有消除了这种不良影响，才能够使受害人的名誉得到恢复。其与停止侵害不同，停止侵害要求行为人本身不再从事侵权行为，而消除影响主要是为了使已经产生的影响得以消除。需要指出的是，消除影响本身并没有限定具体的行为方式，而是侧重于从后果去考虑。行为人消除影响的方式，可以根据侵权行为的具体情况而加以决定。例如，通过网络侵犯他人的名誉权，则可以通过通知网络运营商删除侵权言论的方式来消除影响。而通过口头表述的方式在一定范围内侵权他人的名誉权，则可以通过向他人进行解释的方式来消除影响。

第四，恢复名誉请求权。所谓恢复名誉，是指行为人因其行为侵害了公民或法人的名誉，而应在影响所及的范围内将受害人的名誉恢复至未受侵害时的状态的一种责任形式。严格地说，在名誉权遭受侵害的情况下，已经遭受损害的名誉不可能像遭受损害的财产一样，完全恢复原状。但仍然可以通过一些积极的行为澄清事实，纠正毁谤的言论。在特定的范围内，消除公众对受害人的不良印象，尽可能地使受害人的名誉得到恢复。在实践中，恢复名誉请求权主要通过更正、澄清等方式来实现。

第五，赔礼道歉请求权。赔礼道歉是指责令违法行为人通过一定方式在一定范围内向受害人认错并表示歉意，此种方式主要适用于侵害人身权的情况；同时，通过赔礼道歉可以及时更正其不正当的行为，有利于化解纠纷,避免损害的进一步扩大。尽管赔礼道歉是一种人格权请求权,但并非可以适用于所有人格权。笔者认为,其主要适用于对人格权尤其是精神性人格权的侵害。这主要是因为,一方面,侵害人格权常常会损害人格尊严、人身自由,赔礼道歉可以促使侵权行为人意识到其错误,促使其悔过;另一方面,赔礼道歉本身可以发挥一种抚慰的功能,使受害人在其人格利益遭受侵害之后得到心理的抚慰,也表达了对受害人人格尊严的尊重。

上述几种请求权属于人格权请求权特有的内容,同时,与其他权利的保护一样,对人格权的保护也应当体现民法的平等保护及充分救济的原则,在受到侵害之后,权利人也有权请求财产损害赔偿,以使自己的损害予以补救。损害赔偿请求权虽然是保护人格权的重要的方法,但其应当属于侵权法上的请求权,而不能为人格权请求权所包含。人格权的请求权是一种特殊的请求权,不能将侵权法中的请求权纳入其中。

五、人格权请求权的行使

请求权是法律赋予当事人的实体权利,也是诉权存在的基础。法律上明确了特定类型的请求权,就可以使当事人明确其权利和权利行使的要件,同时,也为法院保护此种权利提供了基础。

确认人格权请求权,从而为权利人保护其人格权提供了公力救济的途径。人格权在遭受侵害后,权利人有两种救济方式:一是私力救济。所谓私力救济,是指在公力救济不足以保护或不能提供保护的情况下,法律允许权利人采取自卫、自助等措施以排除对自己或他人权利的侵害。自力救济的主要方式包括:正当防卫、紧急避险和自助行为。[30] 例如,当受害人的生命健康受到他人的非法侵害时,其有权采取正当防卫措施;再如,当受害人遭受他人名誉侵害,在报刊上发表文章澄清事实。二是公力救济。

---

[30] 王泽鉴:《民法总则》,中国政法大学出版社 2001 年版,第 562 页。

所谓公力救济，是指权利人的权利遭受侵害时，权利人请求国家公权力排除侵害，实现其权利。由于私力救济通常伴随着对他人自由或财产的拘束或毁损，权利人可能在私力救济过程中侵犯他人的权利，因此，“现代法治文明的一个重要标志就是权利受损失衡时，由私力救济向公力救济的转换，公力救济在很多领域都取代了私力救济”。[31] 在私力救济与公力救济的关系上，现代社会都采纳了推崇公力救济而抑制私力救济的态度，抑制私力救济，也有利于防止当事人因采取个人行为很难把握准确的界限从而有可能伤害到人们的财产权利或人身自由，避免当事人之间的暴力冲突等不良事件的发生。行为人在实施自助行为以后，应立即向有关机关申请援助，请求处理，行为人无故迟延移交有关机关的，应立即释放债务人或把扣押的财产归还给债务人，对给债务人造成不应有的损害的，应负赔偿责任；也就是说，采取自助行为之后，有可能仍然要采取公力救济的方式，法律最终还是应鼓励当事人采用一种公力救济的方式保护自身权利。如果造成损害，应当承担赔偿责任。因此，一旦在法律上承认了人格权请求权，就等于同时赋予了当事人以诉权，其就可以通过法院诉讼的方式行使该权利，进而为人格权提供充分的保护。就人格权请求权而言，权利人可以选择私力救济或者公力救济的方式行使。

承认人格权请求权有利于为权利的行使确立一系列的规则。人格权的行使应当遵循诚实信用原则和公平原则，权利人不得滥用权利加害他人。对他人轻微的损害，权利人原则上应当容忍，一般不宜通过提起诉讼的方式进行救济。因为人作为社会关系的总和，生活在特定的共同体和社会中，彼此间总会形成各种损害和妨碍。单个人的行为自由经常和社会利益、他人利益之间发生各种摩擦。然而，这并不是说任何对人格利益的轻微妨害都构成对他人人格权的侵害并使权利人获得赔偿的权利。各国法律都要求权利人应当适当忍受来自他人的轻微的妨害，以维护社会的和谐。容忍轻微妨害的程度也称为“个人生活上的容忍界限”，超越容忍界限的人格权侵害，才构成侵权行为。而在容忍界限之内的妨害，不足

---

[31] 孙鹏、肖厚国：《担保法律制度研究》，法律出版社1998年版，第269～270页。

以成为损害赔偿或精神损害赔偿的请求理由。例如,在公共汽车上乘车被他人踩脚,不能以身体受损害为由主张赔偿;夜晚因外来噪声妨碍睡眠,不能以健康受侵害为由要求赔偿。总之,任何人都必须容忍来自他人的轻微妨害,以维护社会安定和人与人之间的和睦团结。正如冯·巴尔教授所指出的,人格权保护必须基于侵害的非轻微性,否则不得行使人格权之排除妨害请求权,排斥他人的轻微妨害。[32] 此外,权利人在提出请求权以后,如果相对人具有正当的抗辩事由,如相对人是在正当的行使新闻自由等权利,那么这些行为都可以阻止权利人人格权请求权的行使。

六、结语

人格权是一种新型的民事权利,而且是迅速发展中的权利类型。正是因为这一原因,所以,不仅人格权本身,而且人格权的保护制度也处于不断发展和完善过程。适应人格权的发展需要而确立人格权请求权制度,是现代民法的必然趋势。既然人格权请求权是一种新型权利,而我国现行法律尚未对此作出规定,因此未来的立法应当规定人格权请求权。

---

[32] [德]克雷斯蒂安·冯·巴尔:《欧洲比较侵权行为法》(下卷),焦美华译,法律出版社2004年版,第170页。

民商法研究(第四辑)
第163~180页

论人格权商品化*

人格权商品化,是指在市场经济社会,人格权的某些权能可以依法转让或者授权他人使用,包括在其遭受侵害以后通过财产损害赔偿的方式获得救济。人格权商品化是人格权在市场经济语境中的必然发展,是人文主义理念和市场经济相结合的产物。目前,各国多已确认了人格权商品化的相关制度。本文拟对我国的人格权立法如何借鉴、选择和设计谈几点看法。

一、人格权商品化是现代市场经济发展的结果

在商品经济并不发达的情况下,人格权不可能作为财产进行利用或者交易。如罗马法仅区分有体物和无体物,认为名誉、荣誉等既非有体物,也非无体物,不属于财产。到中世纪,因市场经济尚未确立,因此也缺乏对人格利益进行财产评价的有效机制,如侵害人格利益不能通过市场价格来计算损失,因此不存在人格权商品化现象,甚至对侵害人格权的行为的制裁也不

---

* 本文原著于2000年,后载于《法律科学》2013年第4期。

是补偿性的,而只能是惩罚性的。[①]

人格权商品化的实践早在19世纪就已经开始了,[②]19世纪初人身保险的兴起以及收养市场的出现,已经提出了人格权的商品化现象,[③]19世纪末20世纪初,一些名人的姓名和肖像已经被广泛用于香水、雪茄、药品等商品。[④] 20世纪以来,现代广告业的发展使个人的名誉、肖像、姓名等人格权中的经济价值逐渐凸显,并可以大量进行商业化利用。日益普及的大众传媒深刻地影响了人们的日常生活,改变了人们的生活方式和商品的营销方式。借助于大众传媒的传播功能,使人的肖像、姓名的商业化利用价值越来越大,从而具有商品化的现实性。[⑤]

随着互联网技术的发展,个人信息逐渐转为通过数字化的形式记载、储存、传播、利用。网络的全球性、开放性和瞬间性以及在储存和利用信息方面的无限性,使各种个人信息资料都可以通过互联网在瞬间收集、整理、存储和传播。网络环境下个人的所有行为都会被转化为个人信息,所有的个人信息碎片都可以会被通过网络数字化的处理形成个人信息的“人格拼图”。例如,通过对个人购物偏好的分析,可以了解个人性格、私生活的信息等;日常生活中个人的某些行为或者偏好等都可能会通过网络进行处理并进行商业化利用。所有这些都表明:人格权商品化已经成为现代市场经济社会大量存在的现象。

人格权为什么可以商品化,需要从人格权自身寻找原因。笔者认为,人格权商品化的原因,主要体现在以下几点:

第一,某些人格权尤其是标表性的人格权本身具有一定的可利用价值。例如,名人的姓名、肖像、声音以及法人的名称等都具有一定的社会

---

① Eric H. Reiter, *Personality and Patrimony: Comparative Perspectives on the Right to One's Image*, 76 Tul. L. Rev 676.

② J. P. Wood, *The Story of Advertising*, *New York*, Ronald Press Co., 1958, p. 123.

③ V. Zelizer, *Human Values and the Market : The Case of Life-insurance and Death in 19th Century America*, in84Am. J. Soc. 591(1978).

④ Huw Beverley-Smith, Ansgar Ohly, Agnes Lucas-Schloetter, *Privacy*, *Property and Personality*, Cambridge University Press, 2005, p. 1.

⑤ 杨立新等:“制定民法典人格权法编需要解决的若干问题”,中国法学会民法学研究会2004年年会论文。

知名度，因此在商业上就有相当程度的利用价值，也就具有了一定的商业价值，可以用金钱加以衡量。[6] 肖像首先是作为商标来使用的（例如肯德基就使用了创始人本人的肖像作为其企业的标志，同时也作为其产品的商标使用），但其使用范围并不限于此。即使是普通人的姓名、肖像等也有用作宣传广告等可能。此外，人格权之外的特定人格利益，如声音、特定人体动作等也都具有利用的可能性。但如果利用权利人的肖像、隐私等做商业上的使用，如未经同意用名人的肖像做挂历，获取一定的经济利益，这种经济利益的获得是没有法律依据的，可以构成对人格权的损害。

第二，某些人格权的权能具有与人身的可分离性。众所周知，人格权具有固有性和专属性，许多人格权和主体本身密不可分、无法转让，如名誉权、生命健康权等；但也有一些人格权的权能可以在一定程度上与人格权相分离，权利人可以授权他人使用。例如，肖像具有可复制性，从而使肖像权在一定程度上能够与主体相分离，并且能够用于一些商业活动，即权利人自己能够加以利用，也能够授权他人加以使用，甚至某些权利如姓名、肖像等在权利人本身死亡以后，被授权人还可以在合同所约定的范围内继续对这些权益加以使用。

第三，某些人格权的财产价值具有可继承性。从严格意义上说，可继承性也是人格权可分离性的必然结果，既然权利人可以通过许可他人使用自己的部分人格权益，并且获得一定的收益，那么人格权中的经济价值在权利人死后就应当可以被继承。[7] 例如，德国联邦法院曾主张人格权是值得保护的价值，能够逾越人的权利能力存在。在死者"人格权"受侵害场合，其人格主体虽消失，但其家属以信托人身份，有权将死者的事务当

---

⑥ 例如，英国王妃戴安娜逝世10周年之后，围绕戴安娜的各种回忆录等都给作者带来了不菲的收入，仅纪念戴安娜的一首歌曲《风中之烛》在一周内就卖出大约350万张，到2005年，其销量已达3180万张。参见李丹："公开权研究——比较法的视角"，中国人民大学2009年博士学位论文。

⑦ 张民安主编：《公开权侵权责任研究：肖像、隐私及其他人格特征侵权》，中山大学出版社2010年版，第11页。

成自己的权利处理。[8] 从这一意义上说，死者的部分人格权益是可以继承的。在美国法中，对于死者的姓名、肖像等人格利益，大多数州法规定是可以继承的。[9] 我国实务中曾经发生过有关鲁迅姓名中的财产利益能否由其继承人继承的案例，学界曾经对此展开了讨论。[10] 笔者认为，死者人格利益中的财产价值可以通过继承的方式做相应的保护。凡具有财产因素的人格利益，只要不违反法律法规的禁止性规定和公序良俗，就应当允许其继承。一般情况下，死者生前知名度和影响力越高，其人格权中所包含的经济价值就越大，其近亲属可以继承的财产利益也就越大，但这种继承不得损害国家利益和社会公共利益。

第四，对可商品化的人格权的侵害可采用财产赔偿的方式予以补救。也就是说，对一些可商品化的人格权的侵害，不仅可以通过精神损害赔偿的方式予以救济，更可根据其商品化后的经济价值而对权利人予以补救。例如，对非法利用他人肖像从事商业广告宣传，权利人可要求通过财产赔偿的方式获得救济，这也是可商品化的人格权与一般的人格权的重大区别。

总之，现代社会，人格权的专属与非专属的概念界限也日渐模糊。[11] 与此同时，人格权商品化理论也在不断发展，该理论主要是近代民法的产物。19世纪德国著名学者基尔克提出了人格权商品化理论。他认为，某些具体人格权同时也是财产权。[12] 在19世纪末期，虽然立法者已经注意到非法利用他人姓名或肖像以获取利益的行为是客观存在的，但对此并

---

⑧ BGHZ 15,247,259;50,133，转引自黄立：《民法总则》，中国政法大学出版社2002年版，第112页。按照被称为德国人格权法第一人的Hubmann的说法，死者虽无权利能力，但在其价值、作品存续的范围内，以之相对的权利即人格权是存在的。即使死者自己不能行使上述权利，亦不妨为其遗属所可保护的利益。转引自［日］五十岚清：《人格权论》，一粒社1989年版，第164页。

⑨ David Collins, Age of the Living Dead: Personality Rights of Deceased Celebrities, 39 *Alberta L. Rev.* 924.

⑩ 杨立新等："鲁迅肖像权及姓名权案评析"，载《判解研究》2002年第1期。

⑪ See T. Hassler, *La crise d' identité des droits de la personnalité*, in Pet. Aff. ,2004, n. 244, 3.

⑫ O. Gierke, *Deutsches Privatrecht I*, Leipzig, 1895. S. 706.

没有引起重视。司法界普遍认为，如果允许通过支付费用的方式利用自己的姓名、肖像供他人获取利益的市场化行为是违背人的尊严的。但自第二次世界大战以后，随着人格权观念的发展以及对人格权保护的加强，德国司法实务和民法理论越来越重视人格权的商品化问题，利用自己的人格特点在市场中获利的行为不再被认为是不道德的。在著名的"Paul Dahlke"一案中，德国联邦最高法院认为，在广告中使用名人的肖像的，在很多情况下只能通过巨额费用才能获取对方的同意，因而肖像权具有一定的价值，从而在法律上承认了人格权市场化的行为。⑬ 德国联邦最高法院在此案中也将肖像权归入为"具有财产价值的排他性权利(vermögenswertes Ausschließlichkeitsrecht)"。此后，该观点亦适用于姓名权，并认为一般人格权也包含一定的财产价值。⑭ 此外，欧洲其他一些国家也广泛承认了人格权的商品化。例如，在意大利，非法利用他人姓名、肖像等行为被法学家们界定为对肖像权或姓名权等的侵害。⑮

市场经济条件下，人格权商品化趋势日益明显，例如，名称可以注册为商标，也可以成为商号。特别是名人的姓名、肖像等人格标志具有特殊的影响力，具有较大的商业价值和感召力，当运用名人的形象、姓名用作广告时，对于产品的促销能够产生巨大的推动作用。⑯ 所以，人格权商品化现象越来越受到大陆法系许多国家的重视。由以上分析可见，人格权商品化是人格权在市场经济中的必要发展，对人格权商品化的保护和限制实际上是人格权保护在当代的重要形式。在市场经济社会，人格权与财产权结合在一起，形成一种商业化的利益，任何人侵害这种可商品化的人格权，都应当承担相应的损害赔偿责任。

---

⑬ See BGHZ 20,345,353.

⑭ 参见1999年的德国联邦最高法院关于"Marlene Dietrich"一案(BGHZ,214,219)。

⑮ See P. Vercellone, *Diritti della personalita e rights of publicity*, *Rivista trimestrale di diritto e procedura civile*, 1995, 1163－1174.

⑯ 杨立新等:"《中国民法典·人格权编》草案建议稿的说明"，载王利明主编:《中国民法典草案建议稿及说明》，中国法制出版社2004年版，第327页。

二、人格权商品化对人格权概念的发展

人格权的商品化也对人格权的概念和内涵产生了一定的影响。主要表现在如下几个方面:

首先,对人格权的专属性的影响。所谓专属性,是指人格权只能为特定的权利人所享有,与权利主体不可分离。自产生以来,人格权就被认为是一种专属性的权利。专属性是人格权与财产权的重要区别。[17] 这种专属性具体表现为:一方面,人格权始终与主体相伴随,主体产生以后就享有生命、身体、健康、姓名等人格权,主体消灭则人格权也不复存在;另一方面,人格权具有不可转让性。与财产权可以与权利主体发生分离不同,人格权与权利主体是不可分离的,即人格权只有权利人本人才能享有,除法律有明确规定外,否则不能转让。但是,在现代社会中,人格权的商品化使人格权的利用与人格权主体分离,对某些人格权,例如姓名权、肖像权、个人信息权等,人格权主体和人格权利用主体往往并非同一人。例如,可以将个人肖像许可他人利用作为商品广告或者作为注册商标,这也对人格权的专属性产生了一定的影响;同时,某些人格权中的经济价值具有可继承性,在权利人主体资格消灭后,其人格权中的经济价值可以继承。一般而言,只有财产权具有可继承性,而人格权通常与主体不可分离,并不具有可继承性。但伴随着人格权商品化的趋势,某些人格权也具有一定的可继承性。例如,在"王金荣等诉松堂关怀医院等"案中,法院认为,被告擅自使用原告母亲的肖像,构成侵权,因而应当承担损害赔偿责任。在本案中,原告所继承的是死者肖像所具有的财产利益,而不是人格利益。[18]

正是因为人格权商品化的发展,人格权与人格权主体发生了部分的分离,因此不能将人格权规定于主体制度之中。将人格权规定于主体制度

---

[17] 陈民:"论人格权",載台湾《法律评论》1962 年第 28 卷第 8 期。

[18] 北京市崇文区人民法院(1999)崇民初字第 1189 号。

之中,其基础在于人格权与主体的不可分离性,但如上所述,人格权与主体事实上可以部分分离,如果采取这种做法,可能妨碍对人格权的商品化利用,无法对人格权商品化利用作出细致规定,也可能难以协调与主体制度其他规则的关系,并与主体制度的基本精神发生冲突。这从另外一个侧面印证了人格权独立成编的必要性。

其次,对人格权内容的影响。按照传统见解,民法应调整平等主体之间的人身关系和财产关系,因此,将权利区分为人身权和财产权,人格权属于人身权的范畴,其客体主要表现为与财产相分离的人格利益,这正是其与财产权的显著区别。但是,人格权的商品化使得人格利益与财产利益相互结合起来,从而形成人格权和财产权的结合状态。例如,就肖像权而言,权利人可以通过使用自己的肖像获取一定的利益,也可以通过许可他人使用自己的肖像而获得一定的利益。肖像权人既可以自己使用肖像以取得精神上的满足和财产上的利益,也有权同意他人使用自己的肖像以获取适当的报酬。[19] 再如,就个人信息权而言,权利人对个人信息不仅享有支配的权利,还可以自己利用和允许他人利用个人信息,并可以通过许可他人利用而获得财产利益。由此,就某项人格权而言,其不再是一个单纯的人身性权利,而同时蕴含了财产权的一些特征,具有人身权和财产权的双重属性。

正是基于这个原因,美国法突出了这些人格权利商品化利用时的财产属性,将之规定为独立的公开权。但笔者认为,尽管人格权商品化导致了人格权财产属性的产生,但应注意到,人格权本质上仍是人格尊严的权利体现,从人格权制度的发展来看,人格权法逐步从物质性的人格权发展到精神性的人格权:过去更多地关注物质属性的人格权,现在则更强调社会属性的人格权。[20] 法律确认各种精神性人格权,即便其内容具有财产因素,但仍然凸显的是其人格尊严,财产属性是附属于人格利益属性的,是从人格利益属性中派生出来的,在对人格权中经济价值进行利用时,应当

---

[19] 张新宝:《中国侵权行为法》(第2版),中国社会科学出版社1998年版,第302页。

[20] Philippe Malinvaud, *Introduction à l' étude du droit*, 9e édition, Litec, 2002, pp. 258 - 284.

考虑到对个人人格尊严的保护。如果将人格权中的经济价值作为独立的财产权,可能会忽视对人格权尊严的保护。即使就个人信息权而言,虽然具有明显的财产属性,但其主要还是一种人格权,据此,在德国,将个人信息权称为“信息自决权”(das Recht auf informationelle Selbstbestimmung),在德国法的语境中是指个人依照法律控制自己的个人信息并决定其是否被收集和利用的权利。依据德国联邦宪法法院的观点,这一权利是所谓的基本权利,其产生的基础为一般人格权。[21] 其内在基础是个人自决和受尊重。所以,人格权商品化仍然要以个人自决和受尊重作为基础和前提,是个人自决和个人尊严在现代市场社会中的投射和延伸。

再次,对人格权效力的影响。传统上,人格权侧重于排除他人的干涉和侵害,所采取的是一种消极保护方式,即对于物质性的人格权等权利而言,其内容不表现为积极地利用和处分,而是一种消极的保有和维护,只是在其受到外来侵害时才表现出来。法律赋予主体享有人格利益主要是为了使主体维护其生命、身体的安全和健康,人格权的核心是确认并保障民事主体的人格利益免受他人的侵扰,这是一种对消极自由的确认和保障。正是从这个意义上,人格权也可以被称为禁止权。而在人格权商品化中,所侧重的,是人格权主体如何积极地利用其人格获取利益。在这些权利中,权利人除了可以消极防御第三人的侵害之外,还可以进行积极利用的权利。[22] 人格权的商业化利用方式是多样的,具体表现为:一是权利人对可商品化人格权的自己利用,例如,权利人将自己的姓名作为注册商标或作为商业名称使用。二是权利人许可他人对自己的某些人格权进行利用。例如允许他人将自己的肖像印刷在各种挂历、宣传手册中。三是某些人格权的内容具有主动行使的特点,因此,这些权利被称为主动的人格权。[23] 例如,个人信息权就是一种主动的人格权,权利人在发现商业机构所收集的个人信息不完整或错误时,可以要求商业机构对其进行补充和

㉑ BVerfG, Urteil des Ersten Senats vom 15. Dezember 1983, 1 BvR 209/83 u. a.-Volkszählung-, BVerfGE 65, 1.

㉒ [日]五十岚清:《人格权法》,铃木贤、葛敏译,北京大学出版社2009年版,第15页。

㉓ [日]五十岚清:《人格权法》,铃木贤、葛敏译,北京大学出版社2009年版,第15页。

更正。当然,这两者并非截然对立,在私法自治的意义上,人格权的消极保护当然是实现权利主体的意思自治,而对人格权主体通过自己的意志利用其外在人格的承认和保护,也是在另外一个方向实现权利主体的意思自治。

最后,在某些人格权的损害赔偿方面,应当考虑其经济价值因素。正如美国一个案例中,法院判决指出,侵害肖像权的基础在于对个人人格特征商业价值的滥用。㉔ 正是因为肖像权具有财产价值,因此可以用金钱赔偿的方式加以救济。对此类人格权益的损害,多数都可以通过财产赔偿的方式加以弥补,这也是人格权商品化与普通人格权的重大区别。

三、人格权商品化的两种立法模式

面对人格权商品化的趋势,各国立法和判例都作出了相应调整,由此产生了两种人格权商品化的保护模式,即德国模式和美国模式。

一是德国模式。在人格权制度范畴内解决人格权益中经济价值的法律保护问题,而不将人格权中的经济价值作为一种独立的权利进行保护。此种观点认为,可以将人格权视为一个统一的权利,其包含两个部分:一部分旨在保护人格的精神利益,另外一部分保护人格的财产利益,该部分可称为使用权,二者统一构成人格权。在德国,因为独立的、可任意转让的、财产性的人格权违反了德国基本法第1条第1款关于人的尊严的规定,因此通说为统一说的保护方式。㉕ 采纳此种观点在理论上的优势在于,即使承认人格权商品化,其仍具有专属性,即无法将一个人的人格权毫无保留地移转给另外一个人(如肖像权不能完全转让,只能是其利用权

㉔ Rogers v. Grimaldi 875 F2d 994(2nd Cir 1989),1003 -4.

㉕ Forkel, FS Neumeyer, S. 229, 230ff.; Götting, Vermögensrechte, S. 137 ff., 167, 275; Magold, Personenmerchadising, S. 521 ff., 663 f.; Freitag, Kommerzialisierung, S. 73; Seemann, Prominenz, S. 148 ff.; von Holleben, Geldersatz, S. 87 ff.; Helle, RabelsZ 60(1996), 448, 459 ff.; 463; G. Wagner, GRUR 2000, 717, 718; Kläver, ZUM 2002, 205, 209; C. Ahrens, Verwertung, S. 155 ff., 166 ff.

能的转让)。在统一权利说理论下,人格权的财产部分仍包括在人格权中,无法完全脱离人格权而单独存在,因此所以无法自由转让。在统一的权利模式下,人格权中的精神利益和财产利益也可以被加以区分,若其中的财产利益遭受非法侵害,则应以市场价格来计算损害,并对权利人予以补救。例如,在"迪特利希(Marlene Dietrich)"一案中,迪特利希本人的肖像和手迹被非法用于广告,法官认为对财产价值部分的损害可以要求财产损害赔偿。㉖ 对精神利益仍然要按照人格权的性质进行保护,有利于维护主体资格的统一性。总体说来,德国判例学说确立的统一的权利模式承认了人格权的商品化,而这种人格权商品化也称为德国民法中人格权法的重要特征和发展趋势。

二是美国模式。此种观点认为,应当从人格权中将其具有财产价值的部分分离出来,上升为公开权单独进行保护。公开权(publicity rights),又称形象权,指公民对自己的姓名、肖像、角色、声音、姿态以及图像、卡通人物形象等因素所享有的进行商业利用和保护的权利。此种权利常被界定为具有财产权性质的权利。㉗ 作为美国法中的一个特有概念,公开权是人格权商品化的一种表现。对于其究竟属于知识产权还是人格权,目前仍有争议。但是,无可否认的是,其与人格利益有密切的联系。在公开权概念最初由尼默(Nimmer)于1954年提出以后,㉘于1977年得到了美国最高法院的支持。㉙ 在1953年的"美国黑伦实业公司诉托普斯口香糖有限公

㉖ 该案的判决要旨是:一般人格权及其特殊表现形式,如肖像权和姓名权,不仅保护人格的精神利益,还保护人格的商业利益。人格权的财产价值组成部分因为肖像、姓名或其他人格标识受到侵害的,人格权主体得请求损害赔偿,此项损害赔偿不受侵害强度之影响。BGH NJW 2000,2195.

㉗ Michael Henry(ed.),*International Privacy,Publicity and Personality Laws*,Reed Elsevier (UK),2001,p. 88.

㉘ 公开权是从隐私权(Right of Privacy)中发展起来的。1954年尼默(Nimmer)发表了一篇《论公开权》的论文,最先使用了公开权的概念。他认为,"公开权是每个人对其创造和购买的公开的价值享有控制或获取利益的权利"。Nimmer, The Right of Publicity, 19 Law & Contemp. Prob,203,2 16(1954).

㉙ 转引自程合红:《商事人格权论》,中国人民大学出版社2002年版,第56页。

司”一案中，法院首先承认了公开权的概念。[30] 在该案中，第二巡回法院将公开权定义为“对自己的姓名、肖像和角色拥有、保护和进行商业利用”的权利。目前美国法上通常认为“公开权是限制他人未经许可使用自己姓名、肖像及其他方面个人特性（identity）的隐私权的一个分支权利”。[31] 美国法律学会于1995年出版的《不正当竞争重述》第3版规定：“侵占个人形象的商业性价值构成侵害公开权”，第46条规定：“为了交易的目的未经允许而使用他人姓名、肖像和其他具有人格特征的利益，侵占他人在经济上的价值”，将构成不正当竞争。目前虽然美国有一些州法院仍未承认公开权，但实际上这一概念已经基本被美国多数法院普遍接受。

上述两种不同制度安排的区别集中在如下几点：从形式上看，体现为是否承认独立的、可任意转让的财产性的人格权。从价值层面来看，体现的是美国法和德国法在人格权保护价值取向方面的区别，耶鲁大学惠特曼教授曾经提出美国和欧洲在对个人私生活保护方面存在着不同的价值观，美国法主要保障的是个人的人身自由，而欧洲法主要保护个人的人格尊严。[32] 正是因为这种价值层面的区别而导致了两种模式的差异，美国的公开权制度就是将权利人的隐私、肖像等权利中的财产价值凝聚为一种独立的财产权，认为将财产利益予以利用是个人自由的体现，其独特的作用首先在于对个人自由的全面维护，因此应对这种自由予以。而以德国为代表的欧陆国家更注重对人格尊严的保护，因此人格权商品化的利用仍然是在人格权内部发展，形成人格权内容的一部分，而未将之作为独立的权利。德国法并不是将人格权中的经济价值独立为一种权利进行保护，而是通过变通解释传统人格权法的规则对人格中的经济价值予以保护；而在美国法上，随着传媒业、广告业的发展，人格权中经济价值日益凸

---

[30] Haelan Laboratories v. Topps Chewing Gum, 202 F. 2d 866 (C. A. 2. 1953)。在本案中，Topps Chewing Gum 未经原告 Haelan Laboratories 的同意而使用其姓名和照片，Haelan Laboratories 作为一个棒球运动员具有一定的知名度，而被告侵占了原告的利益。法律认为，公开权是否是财产权并不重要，关键是被告侵害了原告金钱上的价值。

[31] Michael Henry, *International Privacy, Publicity and Personality laws*, London: Butterworth, 2001, p. 476.

[32] James Q. Whitman, The Two Western Cultures of Privacy: Dignity versus Liberty, 113 *Yale L. J.* 1151 (2004).

显,为克服隐私权概念的局限性,美国法上承认了独立的公开权,将人格权中的经济价值确立为独立的财产权,以为其提供更全面的保护。

美国法中的公开权概念的产生,与其缺乏人格权的抽象概念密切相关,特别是其没有列举具体人格权类型,只有较为宽泛的隐私权的概念,关于姓名、肖像等权利往往包括在隐私权内予以保护。由于美国公开权制度是美国法律体系中的一个特有的产物,完全照搬到中国来很可能造成“水土不服”的问题。一方面,如果引入公开权的概念,将对我国现有的人格权体系造成不必要的冲击。在美国法中,关于公开权是否能否自由移转、继承虽然也存在争论,但通说认为公开权应为一种财产权,其专属性较弱,因此可以转让、继承。[33] 比较而言,我们继受的是大陆法系的人格权理论,若在此基础上承认可以自由转让、继承的人格权,很可能对既有体系造成过大的冲击。所以,我们还是应当在大陆法系的传统下解释人格权商品化现象。另一方面,公开权制度并非是体系一贯的产物,其产生没有彰显人格权的本质属性,没有将人格尊严的属性强调出来,无法实现对人格权的整体考察。就可商品化的人格权而言,如姓名、肖像等,确实具有双重性,但此类人格权的主导属性是人身性而非财产性。例如,就肖像权而言,每个人,无论穷富贵贱,均享有肖像权,任何人的肖像权都具有不可侵害性,应当受到法律的保护,因此虽然肖像权可以利用,但其本质上还是一种人身性权利。单独突出公开权,可能不利于彰显其人格尊严的不受侵害性价值。

笔者认为,应当承认在市场经济条件下,某些人格权具有一定经济价值,可以作为商业利用的对象,但这并不改变其人格权的本质属性,只要承认人格权的经济价值即可。这只是某些人格权的内容或权能上的扩充,而没有必要创设出诸如公开权、商品化权之类的新型独立权利。在这一点上,我们应当结合我国实践,借鉴德国的统一权利模式,承认人格权中包含财产利益和精神利益两部分,财产利益可以进行商业化利用并作为交易的对象,侵害了这一财产利益应当承担损害赔偿责任。

---

[33] Thomas McCarthy, The Right of Publicity and Privacy at 5.5(B)(4), 1995.

四、我国对人格权商品化应采用的立法对策

笔者认为,我国立法应当确认人格权的商品化现象,并采取相应的对策。主要有如下几点:

(一)建立人格权商品化制度适应人格权商品化的趋势

人格权商品化是市场经济发展的新现象,如前所述,广告业和现代传媒业等新型产业的发展,极大地推进了人格权商品化的进程,而自从人类社会进入信息社会后,互联网和数字化技术的发展,极大地促进了个人人格权的商品化。从未来的发展趋势来看,人格权商品化现象将会越来越普遍,并将成为民法中一个新的不可忽视的问题。一方面,我们要充分肯定人格权本质上是一种精神权利,其内容主要以精神性利益为主,通过人格权制度来彰显个人人格尊严,维护个人人格自由;另一方面,我们也要承认人格权商品化的现实。人格权不再是与财产绝缘的纯粹精神性权利,不仅某些标表性人格权可以商品化,一些精神性的人格权如隐私权也可以商品化,此外,人格权之外的一些特殊的人格利益,如声音、形象等也可以商品化,甚至一个人的日记、动作、神态以及其表演的形象等,都可具有商业化使用的价值,对此有必要在法律上予以保护。以上诸种发展要求我们在未来的人格权立法中建立人格权商品化制度,以应对人格权商品化的挑战。

事实上,我国现行立法也体现了财产利益是包含在人格权之中的思想。例如,《民法通则》第100条规定,公民享有肖像权,未经本人同意,不得以营利为目的使用公民的肖像。该条从反面确认了不得擅自对他人肖像进行商业化使用,这是规定在人格权条款中的,而并非在肖像权之外确认了一种独立的权利。至于某些利益,如虚拟人物的商品化等,可以通过反不正当竞争法予以保护,没有必要将其确认为一种独立的权利。有学者认为,“因社会经济活动的扩大,科技的发展,特定人格权既已进入市场

而商业化,具有一定经济利益的内涵,应肯定其兼具有财产权的性质。”[34]此种观点有一定的道理,但笔者认为,人格权的商品化并没有改变人格权的性质,从根本上说,它只是使人格权的内容和权能,增加了经济利用的性质,但人格权本身的固有属性并没有改变。所以,对人格权商品化仍然需要在人格权法中加以规定。

在我国当前人格权法立法不完善的情况下,司法实践中对商品化的权利采取了通过知识产权间接保护方式。例如,在上海世纪华创文化形象管理有限公司诉被告武汉中百连锁仓储超市有限公司等侵犯影视作品《迪迦奥特曼》(Ultraman Dyna)形象权纠纷一案中,法院主要采取了著作权的方式对可商品化的人格权进行保护。[35] 笔者认为,间接保护方式只是一种权宜之计,为了更全面地保护商品化的人格权,未来民法典中有必要特别确认人格权中的财产利益。

另外,既然人格权商品化不形成独立的权利,而仍然包含在人格权中,所以也就不应该通过知识产权法、反不正当竞争法等加以保护。在人格权法中,需要确认人格权中的财产利益,并对其商品化利用的方式设立相应的法律规则。

以上讨论了比较法上存在的两种立法模式,笔者认为应当采取德国法模式,即在人格权法范围内解决人格权商品化的保护问题,但针对这一模式,也可能存在两种具体的立法方式:一是在人格权法中以专章的形式规定人格权商品化的相关问题;二是在相关具体人格权中设计具体的条文分散规定。笔者认为,集中规定的立法模式更加简约,也有助于避免分散规定可能带来的体系冲突。因此,应当在人格权法中以专章的形式对人格权商品化制度作出规定。

(二)损害赔偿

既然承认应当在人格权范畴内解决人格权商品化问题,在侵害他人具有商品化的人格权的情形下,首先还是应考虑适用精神损害赔偿制度加

---

[34] 王泽鉴:《民法总则》(增订版),中国政法大学出版社2001年版,第134页。

[35] 上海世纪华创文化形象管理有限公司诉张飞燕等侵犯著作权纠纷案。福州市中级人民法院民事判决书(2009)榕民初字第1938号。

以救济。精神损害赔偿本身具有调节功能,在财产损害不足的情况下,可以通过精神损害赔偿的方式予以调节。需要指出的是,自《民法通则》确认精神损害赔偿以来,无论是理论界还是实务界,大多认为对人格权的侵害主要应采用停止侵害、恢复名誉、消除影响、精神损害赔偿等方法,并不注重对财产损害的赔偿。有观点甚至认为一旦使用财产损害赔偿容易导致对人格利益的异化。此种观点显然没有注意到市场经济下人格权商品化的发展趋势。在商品化趋势下,单纯的精神损害赔偿已无法对人格权中的财产利益进行有效的保护,而必须借助传统的财产损害赔偿方法。保护人格权中的财产利益是人格权保护的一个重要内容,在现实生活中,发生非法将他人人格权商品化的情况时,被侵权人大都认为其首先在经济方面遭受到了损失,只有在极少的案件中,当事人认为其主要遭受到精神利益的损害。如果仅仅提供对精神痛苦的抚慰,而不对财产损失进行补偿,尤其是在不法行为人侵害他人人格权取得非法的巨大经济利益的情况下,如果不予补偿将可能导致对受害人严重不公平的后果。因此,对人格权的侵害应当区分精神损害和财产损害,并进一步分别计算赔偿额。

(三)财产损害赔偿的计算

在财产损害赔偿的具体计算方式上,应当考虑人格权商品化的趋势。《侵权责任法》第20条规定:"侵害他人人身权益造成财产损失的,按照被侵权人因此受到的损失赔偿;被侵权人的损失难以确定,侵权人因此获得利益的,按照其获得的利益赔偿;侵权人因此获得的利益难以确定,被侵权人和侵权人就赔偿数额协商不一致,向人民法院提起诉讼的,由人民法院根据实际情况确定赔偿数额。"该规则被称为获利视为损害的规则。例如,在"崔永元与北京华麟企业有限公司侵害肖像权、名誉权案"中,一审法院认为,"因为原告未举出其他证据证明其遭受了经济损失,所以,对其要求赔偿经济损失的诉讼请求,本院不予支持"。[36] 此种做法在实践中比较普遍,法院因原告无法证明其损失而驳回其诉讼请求。在某些判决中,法院通过适当提高精神损害赔偿的方法来弥补受害人的损失,但是,以精

---

[36] 参见"崔永元与北京华麟企业有限公司侵害肖像权、名誉权案",(1999)朝民初字第4247号。

神损害赔偿来替代财产损害赔偿也是不妥当的。因为精神损害赔偿的目的主要是抚慰受害人,并不能达到剥夺侵权人收益的目的。另外,精神损害赔偿的数额是有限的,无法达到制裁侵权人的目的,甚至在一定程度上鼓励了侵权行为。例如,在上述案例中,原告认为,被告未经许可利用原告的肖像做广告,在全国90家电视台播放,同时,被告还四处散发该广告。被告从中获取了大量利益,因此,要求被告赔偿其经济损失170万元。该数字是否准确无法查证,但是,法院完全驳回原告赔偿经济损失的请求,确实不妥,无法起到遏制被告的侵权行为的目的。

就赔偿标准而言,首先按照实际损失赔偿。尽管侵害的对象是人身权益,但是,其造成了财产损害,所以,也适用财产损害赔偿的原则。另外,从侵权责任法的一般原理来说,损害赔偿就是按照受害人的现实损害进行赔偿,所以,该条规定也符合一般原理。因此,在造成财产损失的情况下,受害人应当举证证明损害的存在和范围,据此确定赔偿的数额。其次,在难以确定损失情况下的赔偿。在侵害肖像权的情况下,根据《侵权责任法》第20条的规定,可以按照如下两个标准进行赔偿:

一是获利标准。获利标准也称为侵权获利标准,也就是说,在受害人的损失难以确定时,可以按照侵权人的获利进行赔偿。《侵权责任法》第20条被称为是将获利视为损害的规则。这一规定符合侵权责任法上的完全赔偿原则,即只要是与侵权行为有因果关系的损害,都应当予以赔偿,以使受害人恢复到如同损害没有发生的状态。该条适用于侵害他人人身权益的情况,被侵害人身权益包括的范围非常宽泛,不仅包括人格权、身份权,而且包括权利以外的利益,但是不能包括财产权益。它适用的典型情形就是侵害肖像权。这一规则主要运用于可商品化的人格权受侵害的情形。例如,某企业未经某著名演员的许可将其肖像印刷在其广告和商品包装上,该演员无法证明自己遭受的损失,但可以证明企业因此获得的利益,可以按照其所获的利益赔偿。此种赔偿在性质上属于财产损害赔偿的一种,应当包括侵权人获取的利益或节省的费用。又如,某人未经他人许可而利用他人肖像做广告,因此节省了相应的广告费用,所以,他应赔偿聘请同类的人做广告所应支付的费用。如果某个肖像权人是明星等公众人物,使用其肖像所得利益比使用普通人的肖像更为巨大。一般而言,肖像权人的名气和获益呈正比关系,因此,在计算损害赔偿金额时,可以考虑各明星肖像使用许可的市场价格。对于肖像的非商业化的利用,如果确实造成精神损害,应当赔偿精神损害。

二是法院酌定标准。酌定的情形适用于获利难以确定的情况,也包括了侵权人没有获利的情况。在此情况下,受害人仍然无法证明自己的损失,因此,运用前述标准来赔偿是不可能的,只能通过法院酌定的办法来确定赔偿额。法院在酌定赔偿数额时,虽然没有最高或最低限额的限制,但是也应当谨慎确定,避免赔偿数额过高或过低。就侵害肖像权的案件来说,法院在酌定赔偿数额时,应考虑侵权人的过错程度、具体侵权行为和方式、造成的损害后果和影响等因素综合考量确定。[37] 在司法实践中,有的法院认为:"如果有一般许可使用费可以参照,法院可以结合侵权人过错、侵权的情节、该许可使用的范围、时间、受害人知名度等因素,参照许可使用费确定赔偿数额。"[38]此种看法不无道理。

在确定损害赔偿的时候要考虑侵害方式。在确定损害赔偿时,肖像制作的背景、是否具有私人或公共属性、如何制作的、是否公开制作、使用何种设备(如是否使用长聚焦镜头)、肖像的类型与特征是什么、制作了多长时间、肖像的尺寸大小如何、肖像以前是否可以获得、有无涉及隐私部位、肖像是否曾被复制、被告是否从中获利、肖像所要传递的信息是否具有娱乐价值、肖像权人的地位和特征如是否属于公众人物、本人是否愿意出版肖像、出版肖像对本人是否有实际的不利等情况,都应当酌情予以考虑。如果侵害肖像权造成了对其他人格利益的侵害,如散布他人裸体照片,导致他人的名誉、隐私等权利受侵害,表明受害人的损害后果是综合性的,较为严重,在计算损害赔偿数额时应当予以考虑。

---

[37] 全国人大常委会法制工作委员会民法室编:《侵权责任法条文说明、立法理由及相关规定》,北京大学出版社2010年版,第76页。

[38] 参见"张柏芝诉梧州远东美容保健品有限公司肖像权案",(2005)锡民初字第101号(2006年4月10日),(2006)苏民终字第109号(2006年7月13日),载《人民法院案例选》2006年第4辑,人民法院出版社2007年版。

五、结语

世易时移、变法宜易,在人类社会已经进入 21 世纪的今天,人格权已经成为民法新的发展领域,但我们在关注人格权的发展时,也要关注人格权内部的最新发展,即人格权商品化趋势,我们的立法应当积极应对人格权的最新发展趋势。

第三编 | 物权制度

民商法研究(第四辑)
第183~195页

论物权法中物权和债权的区分*

物权与债权的区分是我国物权法制定过程中首先需要回答的问题。因为这个问题不仅关系到物权独立存在的必要性以及物权法制定的价值,而且它还决定了物权法的内容以及体系的构建。按照通说,财产权是以财产利益为客体的民事权利,它可以分为物权与债权。① 可见,物权是财产权的一种类型,物权法是财产法的组成部分。

问题在于,是否有必要区分物权与债权,并在此基础上制定物权法。在国外,也曾有一些学者对于物权与债权的区分提出过质疑与批评。譬如,在法国,两个著名的民法学者普拉尼奥尔(Planiol)和撒莱(Saleilles)都认为这一区分没有必要。普拉尼奥尔(Planiol)的"属人主义(personnaliste)理论"认为,一切权利,尽管债权或者是物权都只在权利主体与义务主体之间发生关系,但一切权利都具有"对抗力",义务主体都有所谓"普遍性消极义务"(obligation passive universelle)。这一理论旨在减损物权的效力和物权理论的意义。但是,后世的法国学者普遍认为,普拉尼奥尔(Planiol)的理论混淆了权利客体和权利对于第三人

---

* 原载《法学论坛》2007年第1期。

① 谢怀栻:"论民事权利体系",载《法学研究》1996年第2期。

的对抗性,法国学界主流学者也没有接受他的这一观点。[②] 而撒莱的"客观主义(objective)理论"认为,物权与债权的区分,更多的是基于权利本身的财产与经济价值,而非基于权利本身所代表的法律联系。按照他的观点,一切权利都可以最后归结为"物权",这被认为是混淆了物权与债权这两个基本范畴。如今,法国民法学界的主流仍然普遍接受了物权和债权的区分观点。[③]

在我国物权法起草过程中,对于是否要坚持物权和债权的严格区分,仍然存在不同的看法。一些学者认为,物权、债权在性质上都是财产权,在法律上似乎没有区分的必要;有人认为,"物权债权的区分在教学与研究上或许有一定的价值,但在实际生活中究竟有多大价值呢?有谁在向船东领取提单时,还要问一下这是债权还是物权?又有谁在承租公房时还要问一下这是物权还是债权呢?英美法上既无物权与债权之分,也找不到一个确切的与之对应的概念。英美法学家对物权概念时一头雾水,但这并不影响英美法国家的法律生活"。[④] 这些学者主张,应当制定一部完整的财产权法,而不是物权法。笔者认为,这种看法虽不无道理,但是仍然值得商榷。

物权与债权的区分问题是民法学的基本问题,首先它关系到整个民法典体系的构建。典型的大陆法系国家的民法如德国民法的体系就是建立在物权与债权的区分之上的。物权与债权的类型区分,与民法典编排体系,以及民事特别法的设置都有着密切联系。[⑤] 一方面,德国式的编排体例的核心是设立总则,而区分物权与债权是设立总则的逻辑前提。《德国民法典》的总则编是以法律行为为核心建立起来的。法律行为是一个抽象的概念,这一概念之所以能够成功地被抽象出来,并在民法总则居于重要地位,就是由于在民法各分则中已经区分了物权行为和债权行为,这些具体的法律行为,就是德国法学家的"物权法上的法律行为"、"债权法上

② J. Ghestin et G. Goubeaux, *Traité de droit civil : introduction générale*, 4e éd., LGDJ, 1994, pp. 174 – 176.

③ Philippe Malaurie, Laurent Aynès, *Droit civil*, Les biens. Defrénois, 2003, pp. 81 – 86.

④ 徐炳:"引言:十问《物权法(草案)》",载《环球法律评论》2006 年第 1 期。

⑤ 王利明主编:《民法》(第 2 版),中国人民大学出版社 2006 年版,第 110 页。

的法律行为”、“亲属法上的法律行为”以及“继承法上的法律行为”等，其中作为法律行为理论支柱的，就是物权法的法律行为（物权合意）和债权法的法律行为（债权合同）。[⑥] 另一方面，按照德国法的模式，在分则中将财产权制度进一步区分为物权与债权制度，并在此基础上形成分则体系。在我国，无论是理论界还是实务界虽然都还没有采纳物权行为理论，但是按照通说，应该借鉴德国的立法经验，设立总则编；如果设立总则，就必须要严格区分物权与债权，因为总则中民事权利的分类、民事责任制度的建立都必须以严格区分物权与债权制度为前提。在分则中也需要分别规定物权和债权制度，在民事责任中也要在区分物权与债权的基础上区别侵权责任与违约责任。对物权的侵害主要是借助侵权责任来进行救济，而违约责任制度则主要发挥保护债权的作用。

区分物权和债权，不仅是关系到民法典体系问题，而且也关系到物权法体系的建构问题，由于这个问题属于物权法的基础性理论，因此也直接关涉到物权法存在的价值问题。笔者认为，物权与债权区分的具体意义在于：

一、明确物权作为支配权的属性

物权在本质上是一种支配权。所谓支配权就是指权利人直接支配特定客体的权利，是一种法律上的力（Rechtsmacht）。[⑦] 与其对应的是请求权，它是指权利人请求他人为一定行为或不为一定行为的权利。罗马法学家很早就开始从对人权和对物权的区分中来观察这两种权利。而潘德克顿学派利用支配权和请求权来概括这两种权利，按照萨维尼的看法，物权之所以区别于债权在于其以物为客体，在于其“以占有或者对物的事实支配为其材料”。[⑧] 温德萨伊德也认为，对物权应该是物上的权利（ein

⑥ 王轶：《物权变动论》，中国人民大学出版社2001年版，第55页。

⑦ Gaier, in Münchener Kommentar zum BGB, Buch. 3, Einleitung, Rn. 4.

⑧ Friedrich Carl von System des heutigen römischen Rechts Berlin, Bd. I, 1840, S. 140.

Recht an der Sache),并且应该以物为客体。[9] 物权作为支配权,是与作为请求权的债权相区别的,支配权与请求权是两种不同性质的民事权利,它们在权利的内容、取得方法、行使方式以及救济途径等方面存在重大的区别,应当在法律上对二者进行区分。具体而言:

第一,二者在物的关系的直接性程度上有所不同。作为支配权的物权,权利人可以通过对物的直接支配来实现其利益,而请求权只能借助他人的意志建立与物之间的联系,因而不能直接实现对物的控制。强调物权对于物的直接支配性,一方面,表明权利人的意志对于物的直接控制程度。[10] 黑格尔说,"我把某物置于我自己外部力量的支配之下,这样就构成占有","所以据为己有,归根究底无非是,表示我的意志对物的优越性,并显示出物不是自在自为地存在的"。[11] 黑格尔实际上将权利人对物的支配视为一种意志的支配。日本著名的民法学家我妻荣进一步将支配的含义解释为一种意志关系,他认为,物权支配性的本质应该作如此理解,"支配的观念指的是人所表示的意思和意思之间的一种关系,所以即使在物权中,权利人使用标的物得到了法律之认可保障,则权利人以外的其他任何人不得妨碍其行使权利。若从这层意义上而言,其他任何人的意思也就都受到了权利人意思的支配"。[12] 从权利人对物的支配角度确实深刻揭示了物权支配性的特点。另一方面,强调物权对于物的直接支配性,有助于维护交易当事人的权利。在交易中,出卖人在买受人交付货款之前是不轻易地将出卖标的物交付给对方的,因为交易实践中人们都懂得一个朴素的道理,即交付标的物就意味着已经让渡了对物的支配的权利。出卖人利益的实现只能建立在买受人履行了其义务的基础上,这实际上就是支配权与请求权的转换。支配权实际上是对物的控制、管理的权利。[13] 如果出卖人将货物交出去以后,买受人没有支付货款,出卖人只能向买受人要求付款,或者要求买受人返还自己交付的货物,这样出卖人无论对价款

⑨ 王洪亮等主编:《中德私法研究》(第1卷),北京大学出版社2006年版,第171页。

⑩ Gaier, in Münchener Kommentar zum BGB, Buch. 3, Einleitung, Rn. 4.

⑪ [德]黑格尔:《法哲学原理》,商务印书馆1961年版,第53~54页。

⑫ [日]我妻荣:《日本物权法》,台湾五南图书出版股份有限公司1999年版,第8~9页。

⑬ Gaier, in Münchener Kommentar zum BGB, Buch. 3, Einleitung, Rn. 4.

还是对货物只能享有请求权。这种权利不是直接针对物的权利，而是针对特定人的请求权。应当看到，在与物的关系问题上，对物的控制和对人的请求是不同的，前者是对物的直接的控制，而后者是对物的间接的控制。在买受人破产的情况下，这种区别就更明显。假如出卖人将标的物卖给买受人，而买受人没有支付价款，后来买受人因为资不抵债面临破产。出卖人不能直接取回标的物，而只能针对未支付的价款或者请求返还的标的物享有债权，并和其他债权人平均受偿。而如果在破产之前没有交付标的物，即使按照合同规定，对方应当先付款，而在没有付款之时，对方陷入破产。此时，出卖人可以基于对方的违约而解除合同，也可以要求对方继续履行。可见，支配权、请求权所涉及的对物的权益的保护程度是不一样的。

第二，二者在创设方式上存在重大区别。物权的创设包括基于法律行为和非基于法律行为两种，在基于法律行为尤其是基于合同创设物权时，依照我国现行法的规定，除了在当事人之间存在生效的合同行为以外，还必须有交付标的物或者办理登记手续的公示行为，才能导致物权的变动。但作为请求权的债权，只需要当事人之间存在生效的合同行为，就可创设债权；也就是说，仅有债权合同不能导致物权变动，但没有发生物权变动本身并不能否认债权合同的有效成立。另外，在比较法上，还有不少国家或地区的民事立法，认可了取得作为支配权的物权的特殊途径，如先占、取得时效以及添附制度等，而作为请求权的债权，就不存在这些特殊的取得方法。

第三，二者在行使方式上存在重大的差异。支配权是权利人以自己的意志对物行使权利，不需要以他人的意志为中介，也不需要他人从事积极的协助行为。所以，支配权人的义务人负担的是消极的不作为义务。请求权则必须以相对人的意志作为中介，其实现需要他人的积极协助行为。如果相对人未按照请求权人的意志积极实现某行为，请求权人的利益就无法实现。

第四，二者在救济途径上也存在重大差异。传统民法上存在专门保护物权的物权请求权制度，物权请求权只能适用于具有支配性的物权。物权请求权是为了恢复和保障物权人对物的圆满支配的状态而设立的，在行使物权请求权的情况下，权利人只需证明自己的物权遭受了侵害或者妨害即可，而无须证明有实际的损害后果发生，也无须证明侵害是否具有过错。也就是说，即使损害是未来将要发生的危险，也可以主张物权请求权；即便侵害人或妨害人没有过错，仍然不妨害物权人提起物权请求权。可见，物权请求权制度与债权的请求权是有差异的。此外，有的国家法律规定，所有物返还请求权可以不受时效的限制。之所以作这样的规定，是与物权请求权恢复权利人对物的圆满支配状态的目的分不开的。

二、明确物权具有对世效力和优先效力

区分物权和债权，首先，要明确物权具有对世效力和绝对性（Absolutheit）。这就是说，物权人所享有的权利，可以对抗权利人之外的一切人。⑭ 任何人侵害或妨害物权人的权利的，物权人都可以对其主张权利。而债权是一种对人权，权利人只能对特定的义务人行使权利，而不能对其他人主张权利。债权只能在特定的当事人之间产生效力，正是因为这一原理，债权也被称为相对权。这种区分的意义在于：第一，在权利的行使方式上二者是不一样的。就对世权而言，权利人可以对抗一切人，任何人都负有不得妨害侵害的义务；而对人权的权利人只能对抗特定的义务人，权利人只能针对特定的义务人行使权利，而不能针对权利人之外的第三人，第三人也不负有这种义务。第二，由于物权是对世权，关系到第三人的利益，所以这种权利的设定原则上应当采取公示的方法为第三人所知晓；而债权则不需要采取任何公示方法，债权人也没有义务让第三人知道自己是否享有债权以及其内容为何。第三，二者在权利的保护方法上存在重大差异。由于物权是一种对世权，因而其应当受到侵权法的保护，任何人侵害物权或者妨害物权人行使权利的，权利人都可以通过提起侵权行为之诉来获

⑭ Gaier, in Münchener Kommentar zum BGB, Buch. 3, Einleitung, Rn. 10.

得法律上的救济;但债权作为对人权,原则上不受侵权法的保护。如果债务人不履行债务,需要承担违约责任。当然,在现代一些国家的侵权法中,债权在特殊的情况下也能受到侵权法的保护,如第三人恶意侵害债权的,就应当承担侵权责任。但侵权法对债权的保护是将其作为一种特殊利益加以保护的,即合同债权作为一种相对权,只能对特定的债务人产生效力,对第三人而言,它不是一种"权利",而只不过是一种应受法律保护的"利益"而已。[15] 可见,第三人侵害债权之所以能够受侵权法的调整,实际上是将债权作为一种合法利益而不是权利来加以保护的。

其次,要明确物权具有优先效力。物权的优先性可以分为对内优先和对外优先两个方面。所谓对外优先,是指当物权和债权并存的时候,物权应当优先于债权。例如,当普通债权和抵押权并存时,抵押权优先于债权而受偿;而对内优先,是指当同一物上并存多个可以相容的他物权时,应当按照物权设立的先后顺序来确定其优先效力。通常,我们讲的物权的优先性主要是指对外优先。而债权则不具有优先的效力,在同一物之上可以设立多个债权,各个债权在受清偿时,应当适用"债权平等"的原则。所谓平等,是指债权人之间的债权除具有优先受偿权(如有担保物权或法定优先权)的之外,不考虑其发生时间之先后、金额之多寡、债权发生之原因,债权人都应当平等地接受清偿。[16] 在债务人破产而其财产又不足以清偿全部债务时,应就债务人的财产总额,在数个债权人之间按各个债权数额的比例分配。[17] 确定物权的优先效力,将为破产法的清偿还债程序和强制执行法中的执行程序奠定基础。从审判实践来看,只有明确物权的优先效力,才能妥善地处理好各种有关解决权利的纠纷,保护当事人的合法利益。

---

[15] Jean Limpens, *International Encyclopedia of Comparative Law*, Vol. 4, Torts, Chapter 2, Liability for One's Own Act, J. C. B. Mohr (Paul Siebeck, Tuebingen), 1975, p. 46.

[16] 郑玉波:《民商法问题研究》(第3辑),台湾三民书局1982年版,第31页。

[17] 王家福主编:《民法债权》,法律出版社1991年版,第9页。

三、明确物权客体的特定性

物权作为一种支配权,必须以特定的物作为其支配的客体。[18] 这就要求作为物权客体的物必须是独立的、特定的,如果某物尚未形成为特定的物,是不能成为物权的支配对象的。[19] 例如,期房在建造过程中还不能形成为特定的物,所以不能成为房屋所有权的客体。但是债权作为一种请求他人为一定行为或不为一定行为的权利,它以行为为其客体,但给付行为本身也可能涉及一定的标的物的给付,如买卖期房,要以一定的期房作为标的物。可见,期房因为还没有特定化,所以不能作为物权的客体,但它可以成为债权的标的物。

明确物权客体的特定性,其意义在于:一方面,有助于明确物权可被支配的范围。例如,海水本身难以被支配,所以它不能成为物权的客体,但是随着现代社会对海洋利用技术的提高,海域是可以被确定支配范围的,所以海域使用权可以成为一种物权。一定的空间,如果能够成为明确其被支配的范围,也可以在其上成立物权。另一方面,通过明确物权的客体,有助于理解一些物权法中新的客体。在物权法中,集合物能否成为物权客体,存在争议。虽然集合物(Sachgesamtheit)中的各个物具有很强的独立性,在集合物没有作为一个整体进入交易领域时,一般都可以被所有人分别支配。比如,企业中的财产如其土地、房屋可以分别作为物权的客体被支配,此时没有必要将集合物作为整个所有权的客体来对待。但是当集合物进入到交换领域后,集合物作为一个整体具有某种交换价值,并可以与其他物相区别,这样它就可以作为的物权客体。[20] 比如,将企业的财产整体上作为担保物设定抵押,或者将企业的财产作为一个整体进行出售。还要看到,物权的客体是既存和确定的某一有体物,而债权可以成

---

⑱ Gaier, in Münchener Kommentar zum BGB, Buch. 3, Einleitung, Rn. 21.

⑲ Gaier, in Münchener Kommentar zum BGB, Buch. 3, Einleitung, Rn. 21.

⑳ Gaier, in Münchener Kommentar zum BGB, Buch. 3, Einleitung, Rn. 21.

立于某一未定和将来的法律关系之上。譬如,当事人之间可以就未来的借款达成协议,也可以附条件的合同,待条件成就而使合同关系实际发生效力。但是物权则不存在着这样的可能性。㉑

在讨论物权的客体时,还必须要看到,作为物权的客体虽然是物,但是在一定的物之上,往往形成一定的生活关系,尤其是在共同的财产之上,可能形成共同的生产生活关系。在现代社会,物权关系是人类基于财产的使用与处分所形成的结合关系,“物权关系主体之结合社会生活,毕竟是依人类复杂之结合关系而组成的”。㉒ 物权关系不仅仅是单个所有人之间的关系,而且还包括在一定财产之上所形成的团体关系,如在企业的财产、建筑物区分所有之上等形成的所有关系。但是债权本质上是反映交易的一种形式,它表彰的是特定人之间的关系,因此一般不会形成某种共同的生活关系。

四、明确物权的法定性和公示性

区分物权和债权,有助于明确物权的法定性和公示性。所谓物权法定,就是指物权的种类、内容、效力以及公示方法由法律规定,原则上不能由法律之外的规范性文件进行规定,也不能允许当事人自由创设物权的种类以及确定物权的内容、效力和公示方法。物权法定意味着物权创设并不属于意思自治的范畴。㉓ 物权法定存在的必要性在于:一方面,由于物权法是落实宪法所规定的基本经济制度和所有制关系的民事基本法,反映社会的基本所有制关系,维护国家的基本经济制度,因此物权必须要法定;另一方面,由于物权法定规定的物权类型就是对登记的指引与规范。㉔ 依据物权法定原则所设定的物权公示制度,有利于防止欺诈,维护

㉑ See Philippe Malaurie, Laurent Aynès, Droit civil, Les biens. Defrénois, 2003, pp. 81 - 86. 有关的争议,第 89 ~ 90 页。

㉒ [日]我妻荣:《日本物权法》,台湾五南图书出版股份有限公司 1999 年版,第 5 页。

㉓ Gaier, in Münchener Kommentar zum BGB, Buch. 3, Einleitung, Rn. 11.

㉔ 常鹏翱:“体系化视角中的物权法定”,载《法学研究》2006 年第 5 期。

交易安全。还要看到,物权法定有利于节省谈判成本。因为法律规定了物权的种类和内容,当事人在创设物权时就无须就某一种物权应当具备什么样的条件以及有关物权的内容应该如何确定再进行谈判协商。物权法定其实就是要形成一种物权创设的标准化(standardization)。也就是说,在物权法定的模式下,法律所规定的物权类型和内容,是法律设计的最优化的财产权标准(optimal standardization),按照这种标准化来创设物权就可以节省谈判成本。[25] 物权被法定之后,当事人在谈判中只需严格依据法律规定的内容以及类型进行协商,而不必就某一类物权具有什么样的内容、达到什么样的条件才能创设物权以及该物权具有哪些效力等问题大伤脑筋,这样就减少了当事人谈判的成本。[26] 而且物权法定也有利于减少当事人因为设定了不符合法律要求的物权及其内容,最终不被法律承认而不得不承担的挫折成本(frustration cost)。[27] 而对于合同债权,法律没有法定的要求。在合同领域实行合同自由原则,当事人完全可以依法自由设定法定类型之外的无名合同。只要当事人所订立的合同没有违反法律的强制性规定和公序良俗,在法律上就能产生预期的效果。

物权的设定和变动必须要公示。物权是一种对世权,具有强烈的排他性,直接关系到第三人利益,因此物权必须要对外公开,使第三人知道,由此决定了物权的设定和变动必须要公示。[28] 动产所有权以动产的占有为权利表征,动产质权、留置权亦以占有为权利表征,而不动产则以登记为权利表征,地上权、地役权、抵押权等也要以登记为公示方法。因此动产的公示通常通过占有,而不动产的公示则通过登记簿来实现。[29] 公示常常

---

[25] See Henry Hansmann and Reinier Kraakman, The Numerus Clausus Problem and the Divisibility of Rights, in 31 *J. Legal Stud.* 373.

[26] 苏永钦:“物权法定主义松动下的民事财产权体系——再探大陆民法典的可能性”,载《月旦民商法杂志》2005 年第 8 期。

[27] See Thomas W. Merrill Henrz E. Smith, Optimal Standardiyation in the Law of Property: The Numerus Clausus Principle, in110 *Yale L. J.* ,2000, pp. 1 – 70. 转引自苏永钦:“物权法定主义松动下的民事财产权体系——再探大陆民法典的可能性”,载《月旦民商法杂志》2005 年第 8 期。

[28] Gaier, in Münchener Kommentar zum BGB, Buch. 3, Einleitung, Rn. 22.

[29] Gaier, in Münchener Kommentar zum BGB, Buch. 3, Einleitung, Rn. 22.

伴随着物权的存在，一旦公示不存在，物权也将不再存在。公示制度本质上是法律强制性的要求，在某种程度上体现了国家的强制干预。物权之所以要实行公示原则，是因为物权的设定和变动具有外部性(externalities)，对第三人权益的影响十分重大，因此为维护交易的安全，物权必须法定。所谓外部性(externalities)，就是指人们在从事经济行为时，可能会有一部分利益自己无法享受，或者有一部分成本不需要自己负担，也无法由自己负担，这些问题就是外部性问题。当从事经济活动之当事人将部分成本转嫁于交易当事人以外之第三人，该成本就被称为"外部成本"(external costs)。[30] 假如将涉及外部性的问题完全交由当事人通过合同来安排，则会损害第三人的利益。[31] 对涉及物权的问题，第三人负有查阅义务，如果第三人没有查阅则应自己承担因此产生的风险。但是对于合同债权的设定和移转，法律一般没有公示的要求。因为合同债权是一种相对权，它只是关系到相对人之间的利益问题，因而遵循合同相对性原则，合同的内容应当根据合同自由原则由当事人自己来安排。对于涉及合同债权的事项，第三人不负有查阅的义务，也不享有查阅的权利。

五、明确物权的长期性

区分物权和债权，可以明确物权的长期性特点。相对债权来说，物权是一种长期稳定的财产权。因为所有权是一种无期限限制的物权，他物权较之于债权一般也都具有长期性和稳定性的特点。而债权是相对短暂的权利，物权与债权对应着两种不同的财产结合关系。一般而言，物权对应着较为稳定、牢固的财产结合关系，而债权则对应着较为松散的财产结合关系。这种区分的意义在于：第一，它直接表明了物权法的一个重要目标就是确认某些财产权为物权，使其成为长期稳定的财产权利，使有恒产者有恒心，以此来鼓励人们创造财富。第二，这种区分在物权法上也会直

---

[30] See Robert S. Pindyck, Daniel Rubinfeld, *Microecomics*, pp. 641 - 642, 6th ed., 2005.

[31] [德]曼弗雷德·沃尔夫：《物权法》，吴越等译，法律出版社2004年版，第14页。

接影响到现行法中法律规则的设计。以典权与租赁权为例,通说认为,典权是一种支配权,在旧中国民法和我国台湾地区“民法”中,承认典权是物权,而租赁权是一种请求权。而如果租赁权成为物权,就会在性质上发生变化。比如说,《合同法》第221条规定:“承租人在租赁物需要维修时可以要求出租人在合理期限内维修。出租人未履行维修义务的,承租人可以自行维修,维修费用由出租人负担。因维修租赁物影响承租人使用的,应当相应减少租金或者延长租期。”为什么在承租期间内必须要出租人维修,而不应当由承租人维修呢?因为租赁权毕竟是合同债权,而不是一个长期稳定的权利。如果某人租赁他人的房屋,时间不长,却还要负担维修的费用等,这样成本过高,而且,一旦租赁合同终止,他要返还租赁物,维修房屋时的材料无法取回,甚至支付的费用都很难补偿。但如果属于典权,情况就不同了。承典人对于承典的房屋享有广泛的使用收益的权利;同时,也相应地要负担维修的义务。另外,根据《合同法》第223条的规定,承租人不得随意对租赁物进行改善,或者在租赁物上增设他物。如果承租人违反了这种不作为义务,出租人有权要求其恢复原状,赔偿损失。这就意味着尽管承租人可以占有租赁物,但毕竟租赁关系是一种松散的财产结合关系,对租赁物状态的改变,必须要尊重出租人的意志。典权关系就并非如此,典权人对典物的改善或者在典物上增设他物,通常并不需要他人的同意。此外,物权和债权在时效上也是不同的,这在很大程度上也受到了上述物权和债权区别的影响。第三,由于物权是一种长期稳定的财产权利,因此,相对债权而言,物权通常可以自由转让,尤其是物权的转让不需要受到合同另一方的限制。债权的转让是受到限制的,尤其是受到合同相对方的限制。例如,租赁权本质上是一种债权,所以,转租必须要取得出租人的同意。按照合同相对性的原理,出租人只有将租赁物交给承租人使用,而没有将其交给其他人使用的意思。所以,承租人没有取得出租人的同意而转租,承租人将构成违约。但是,对于用益物权而言,通常是可以自由转让的。既然是一种物权,法律上不仅承认它是长期稳定的财产权,而且承认它可以自由转让。

区分物权和债权,将具有同质性的财产关系规则进行系统规定,有助于构建物权法的体系。一方面，物权法规定物权的概念，并建立了物权体系，实际上就是将物权这一类财产关系集合在一起，它们在性质上的相同性，决定了其可以构建为和谐的逻辑体系。而各类财产权类型复杂，具有明显的异质性。例如，知识产权、物权等虽然都称为财产权，但其个性大于共性。将它们捏合在一起，很难抽象出总则性规定，从而给立法带来困难。另一方面，民法典分则体系是按照民事权利体系而展开的，因此它包括人格权、身份权、继承权、物权、债权等内容。确立这一体系的前提是必须区分物权和债权，而财产权总则的设立，将改变这一体系所赖以建立的分类标准。因为财产权总则是从人身权与财产权的分类角度谈的，而分则的体系则是从民法基本权利的层面展开的，如果规定了财产权总则，则会使分则体系很难展开。因此，只有对物权和债权进行必要的区分，才有助于构建完整的民法典体系。

民商法研究(第四辑)
第196~230页

建筑物区分所有:一种新型的所有权*

比较法上,建筑物区分所有是各国普遍确立的财产权制度,我国《物权法》也确立了该项制度。但是如何理解这种建筑物区分,我国学界仍然有很多学者运用过去的传统所有权的观察模式来理解这种新型的所有权。笔者认为这种方式是不妥当的,虽然建筑物区分所有脱胎于传统的所有权,但是却与传统的所有权相比呈现出了一些新的特点。只有将建筑物区分所有作为一种新型的所有权,才能正确地理解这种权利的内容和特性。

一、建筑物区分所有权是一种新型所有权

所有权随着现代社会发展出现了新的变化和发展,建筑物区分所有权就体现了这种变化。所谓业主的建筑物区分所有权,简称区分所有权,是在对建筑物内的不动产进行区分的基础上,业主享有的由专有部分所有权、共有权、共同管理权相结合而组成的一种特

* 本文原著于1997年,2004年修改。

殊物权。区分所有是随着现代住宅商品化，一幢大楼内部的所有权结构向多元化方向发展而形成的。随着工商业的发展和经济的繁荣，城市人口急剧增加，继衣食之后的居住问题日趋突出。建筑面积的增长需求和土地面积的有限性之间的矛盾，都促使建筑物不断向多层高空发展。而一栋住宅高楼常常不可能为一人所有或数人共有，只能分割为不同部分而为众多的住户所有，正是因为多个所有人共同拥有一栋高层建筑物，从而产生了区分所有。①

建筑物区分所有权的产生伴随着工业化时代所带来的城市化进程的不断扩展和加深。据一些学者考证，区分所有起源于罗马法②。在古罗马社会中，曾存在一些富裕的罗马人共同集资购买房屋的现象，从《十二铜表法》中关于围墙的设置、境界划定、建筑物及周围的空地等的记载，一些学者认为现代建筑物区分所有权的形式事实上可以看作是“古罗马的遗迹”③。但大多数学者认为，在罗马法中，建筑物区分所有权并没有出现，一方面，在罗马法中，由于坚持僵硬的一物一权规则，不会承认在一个住所中存在几个独立的所有权。④ 另一方面，罗马法采取房随地走的添附制度，这也阻碍了建筑物区分所有的发展。在罗马法中，“不动产所有权就像是一块小领地，一切附合进入土地的物都必然作为添附物归土地所有主所有。建筑物之所有权非地皮所有主莫属”。⑤ 土地上的建筑物不可能形成单独的所有权，而都是属于土地的所有人，所以在罗马法中并不存在建筑物的区分所有问题。⑥ 事实上，建筑物区分所有制度是近代法的产

---

① 段启武：“建筑物区分所有权之研究”，载梁慧星主编：《民商法论丛》（第1卷），法律出版社1995年版，第289页。

② Leyser, *The Ownership of Flasts-A Comparative Study*, 7Int' [KG – ＊4] 1& Conm. L. Q31(1958).

③ See John E. Cribbet & Corwin W. Johnson, *Principles of the Law of Property* 121(3d ed. 1989).

④ Warren Freedman and Jonathan B. Alter, *The Law of Condominia and Property Owners' Associations*, Quorum Books, 1992, pp. 109 – 24, note 2.

⑤ ［意］彼德罗·彭梵得：《罗马法教科书》，黄风译，中国政法大学出版社1992年版，第266页。

⑥ 刘得宽：《民法诸问题与新展望》，台湾三民书局1992年版，第26页。

物,随着城市化的发展和住宅方式的改变,实践中出现了越来越多的高层建筑,尤其是在第一次世界大战以后,住房的紧缺进一步推动了建筑物区分所有的发展。

1804年《法国民法典》并未规定建筑物区分所有权制度,第一次世界大战以后,由于住宅缺乏和建筑物中各项共同设施的改建,法国立法机关深感《法国民法典》第664条规定过于简略,于是于1938年6月28日废止了第664条,而制定了《有关区分各阶层不动产共有之法律》,予以替代。⑦该法共14条,包括两个部分:一部分规定了各个分层住宅人的团体关系(sociletisconstrucion),另一部分规定了分层所有人之间的法律关系。由于该法第14条对区分所有人之间的法律关系规定极为详细,体现了强烈的个人主义色彩(如关于区分所有建筑物之改良须得到全体区分所有权人同意的规定),因此,该法于1965年7月10日被全面修正,修正后称为《住宅分层所有权法》。该法共分为50条(截至2012年4月26日),其中加强了区分所有权人的集合的功能,要求通过多数区分所有人同意的方式,以决定特别重要的共同事务。该法对个人的权利及区分所有权人的保护较为周全和彻底,同时也强调了团体利益。⑧ 该法可以说是一部较为完整的建筑物区分所有的立法。后来法国在1938年、1939年、1943年,通过单行法的形式界定了建筑物区分所有权人的基本权利和义务,从而使得建筑物区分所有权成为法规创造的不动产财产权形式。⑨ 对于建筑物区分所有权,该法第1条实际上也采纳了二元说,即建筑物区分所有权是指所有人的单独所有权和对共有区域的共有权。

德国的固有法即日耳曼法,虽然承认建筑物区分所有制度,但至德国普通法时期,因继受罗马法关于地上建筑物附属于土地的原则,从而否定了建筑物区分所有制度。但有关州的立法中已经出现了楼层所有权

---

⑦ 陈华彬:《现代建筑物区分所有制度研究》,法律出版社1995年版,第19页。

⑧ 陈华彬:《现代建筑物区分所有制度研究》,法律出版社1995年版,第23页。

⑨ Warren Freedman and Jonathan B. Alter, *The Law of Condominia and Property Owners' Associations*, Quorum Books, 1992, pp. 109 – 124.

(Stockwerkgentum)的概念[10]，在1900年《德国民法典》制定时期，由于立法者深受罗马法的影响，因此该法典并未承认建筑物区分所有权。《〈德国民法典〉施行法》第182条禁止设立楼层所有权。第二次世界大战以后，由于战争对城市建筑物的严重破坏，房屋残缺，需要建造大量住宅(德国全国失去了1/10的住宅)，而个人又难以或不愿意建造或拥有整幢建筑，大多希望以自己的资金、就自己的居住部分享有完全所有权，因此建筑物区分所有制度逐渐被采纳。[11] 1950年在巴登—符腾堡公布了一项根据《德国民法施行法》第131条而产生的法律，规定了一种所谓“准住宅分层所有权”，[12]即是对住宅建筑物设定一项共有关系，规定共有物不许分割，而各共有人仅对建筑物特定之部分享有使用权。1951年3月15日德国颁布了《住居所有权及永久居住权的法律》(Gesetz über das Wohnungseigentum und das Dauerwohnrecht)，该法分4部分共64条，主要规定了住宅所有权的概念、设定，住宅所有人之间的共同关系，住宅所有权的管理，住宅地上权，长期居住权，程序等方面的规定。[13] 该法采纳了最广义的区分所有权概念，认为区分所有为一种特别的权利，虽然可以作为处分或继承的标的，但应将专有所有权、共有权、成员权视为一个整体，移转区分所有权时，三项权利应同时发生移转。[14] 德国住宅所有权法律实际上对建筑物区分所有权采纳了二元论的观点，[15]这尤其体现在该法第1条

---

⑩ [德]鲍尔、施蒂尔纳：《德国物权法》(上)，张双根译，法律出版社2004年版，第635页。

⑪ [德]鲍尔、施蒂尔纳：《德国物权法》(上)，张双根译，法律出版社2004年版，第635页。

⑫ 黄越钦：“住宅分层所有权之比较法研究”，转引自郑玉波主编：《民法物权论文选辑》(上)，五南图书出版股份有限公司1985年版，第436页。

⑬ 陈华彬：《现代建筑物区分所有制度研究》，法律出版社1995年版，第36~42页。

⑭ 温丰文：《建筑物区分所有权之研究》，台湾三民书局1992年版，第16页。

⑮ [德]鲍尔、施蒂尔纳：《德国物权法》(上)，张双根译，法律出版社2004年版，第636页。

规定之中。[16]

在《瑞士民法典》公布以前，习惯法已承认了建筑物区分所有权，而该法典深受罗马法关于地上建筑物附属于土地的原则的影响，因此禁止设立区分所有权，但此种规定显然与现实情况不符。所以在民法典公布以后便开始寻找一种新的制度来代替事实上已经存在的建筑物区分所有制度，如将建筑物的所有人称为承租人股份公司，而股份则按住宅和营业所占面积的大小来进行分配。第二次世界大战以后，瑞士因土地紧张，建筑物不断向高层发展，建筑物内部构造也越来越复杂，这就需要在法律上建立建筑物区分所有制度。然而，瑞士在制定建筑物区分所有立法方面并没有采纳德国经验，制定专门的法律，而是采取了修订民法典、在民法典中专门对有关楼层所有权（stockwerkseigentum）作出规定。这项工作于1963年开始进行，在《瑞士民法典》第四编物权法中增加了19条（712（a）至712（t）），主要分为四部分：第一部分是楼层所有权的内容、标的和处分；第二部分是楼层所有权的设立和消灭，包括设立行为、空间上的区分和价值份额、消灭；第三部分是建筑物的维护和利用，包括适用的规定、共同承担的成本和负担、楼层所有权人共同体的行为能力；第四部分是楼层所有人共同体的组织，包括楼层所有人大会职责和法律地位、主持与召集、投票权的行使、决议能力、管理人的选任和罢免、管理人的职责（执行关于管理维护建筑物的规定和决议，对外代表楼层所有人共同体）。按照《瑞士民法典》的规定，楼层所有权实际上也包含两种权利，即专有权和共

---

[16] 该法第1条规定，“（1）依照本法可以在住宅上设立住宅所有权，在建筑物的非住宅空间上设立部分所有权。（2）住宅所有权是与对共同所有权所属共有权份额相结合并从属于该份额的对住宅的专有所有权。（3）部分所有权是与对共同所有权所属共有权份额相结合并从属于该份额的对建筑物的非住宅空间的专有所有权。（4）住宅所有权和部分所有权不得以专有所有权与对数块土地的共有权相结合的方式设立。（5）本法所指的共同所有权所属物是不处于专有所有权或第三人所有权之下的土地以及建筑物的各个部分和设施、设备。（6）对部分所有权准用关于住宅所有权的规定”。

有权。[17]

英美法也承认了建筑物区分所有制度。在早期的英国法中就已存在区分所有现象,一些学者将此种现象描绘为"一座房子位于另一座房子之上"。[18] 在18世纪,建筑物区分所有制度已在英格兰、苏格兰形成。1743年,英国成立了最早的区分所有者的协会。该协会的成员是一群拥有公园的所有者,他们通过达成协议共同维护该公园,每个人都对该公园享有排他的使用权利。1946年,英国制定了住宅法,1980年又对该法进行了全面修正,在该法中对建筑物区分所有制度作出了全面系统的规定。[19] 在美国,建筑物区分所有自第二次世界大战以来得到了全面发展,1958年,法院第一次通过判例确认了波多黎各(puerto rico)地区建筑物区分的制度。[20] 不到十年,美国的所有法院(包括加利福尼亚特区以及维尔京群岛)都沿袭该判例。[21] 不久,建筑物区分所有的相关规则也随之出台。[22] 1961年,美国国会曾授权联邦住房部(FHA)允许区分所有人可将其财产实行抵押。至1963年已有40个州通过法律确认了建筑物区分所有制度,到1969年,美国所有的州都建立了区分所有制度。根据1969年的法案,区分所有建筑中典型的所有权就是一个"住宅单位"。加利福尼亚州的法院提出,建筑物区分所有权是法律承认的不动产财产权。[23] 1977年,联邦统一州法委员会制定了"统一区分所有法(The Uniform Condominium

---

⑰ 例如,第712a条第1款规定,"楼层所有权是对一项不动产的共有权份额,其给予共有权人以对建筑物特定部分排他性利用和扩建的专有权。"而第712b条第1款则规定,"专有权的标的是单独的楼层或者楼层的一部,被作为住宅或者用于商务或其他目的的空间整体,它们必须具有自己的入口且封闭,但能够包含独立的附属空间"。

⑱ Warren Freedman and Jonathan B. Alter, *The Law of Condominia and Property Owners' Associations*, Quorum Books, 1992, p. 3.

⑲ Warren Freedman and Jonathan B. Alter, *The Law of Condominia and Property Owners' Associations*, Quorum Books, 1992, p. 3.

⑳ Horizontal Property act, No. 104, 1958 P. R. Law 243.

㉑ Hansmann, Henry, Condominium and Cooperative Housing: Transactional Efficiency, Tax Subsidies, and Tenure Choice, *Columbia Law Review*, 1978.

㉒ Warren Freedman and Jonathan B. Alter, *The Law of Condominia and Property Owners' Associations*, Quorum Books, 1992, pp. 109 – 124.

㉓ Henry Hansmann, Condomunium and Cooperative Housing: Transactional Efficiency, Tax Subsidies, and Tenure Choice, *Columbia Law Review*, 1978.

Act)”,该法已为十多个州所采纳。由于法律对建筑物区分所有制度的规范,更进一步促进了区分所有关系的发展。截至1992年,美国已有13个建筑物区分所有的协会,每个协会大约有300万个居民。为了规范这些协会的内外部关系,美国政府也颁布了一系列法律,如在1980年,美国统一州法全国委员会制定了“统一规则的共同立法”(Uniform Planned Community Act)。1982年,又制定了“统一共同利益的所有权法”(The Uniform Common Interest Ownership Act)㉔。可见在美国有关区分所有的法律是较为完备的。

从以上分析可见,两大法系,都十分重视建筑物区分所有制度的立法;而立法的不断完善又促使了建筑物区分所有现象的发展。建筑物区分所有是“一个有用的法律工具”,它创造了新型的居住模式。建筑物区分所有满足了人们在人口密集的城市中拥有自己住所的需要。㉕ 这一制度促使了房地产交易的繁荣,带动了整个房地产事业的发展。在此基础上,也大大减缓了城市住房紧张的压力。建筑物区分所有权已经成为物权法或财产法中的重要组成部分。从所有权层面来看,建筑物区分所有权是一种新类型的权利,其是由专有部分所有权、共有权和成员权三项权利组成,它使得所有权的内容从单纯的财产权制度发展到财产权与组织法相结合的制度。例如,建筑物区分所有权中的共同管理权,即反映了古典自由主义中的原子化个人观念转换到社会性的观念之中,共同管理权实际上就是个人社会性在所有权制度中的重要反映;再如,建筑物区分所有权人并不享有按份共有人的优先购买权,也不能限制其他区分所有权人的进入和退出。可以说,建筑物区分所有权是现代社会的产物,体现了浓厚的团体法色彩。

㉔ Henry Hansmann, Condomunium and Cooperative Housing Transactional Efficiency, Tax Subsidies, and Tenure Choice, *Columbia Law Review*, 1978.

㉕ See John E. Cribbet & Corwin W. Johnson, *Principles of the Law of Property*, 3d ed. Foundation Press, 1989. p. 139.

二、建筑物区分所有权是三项权利的集合

建筑物区分所有权是三种权利的集合，即由专有部分所有权、共有权和成员权三项权利的集合。但是，关于建筑物区分所有权究竟是一种特殊的物权，还是仍然属于传统的物权类型，在比较法上，就不动产区分所有权的性质，存在着三种不同的观点：

1. "一元说"。"一元说"认为，整个区分所有的建筑物是一个完整的整体。区分所有权是由多项权利所构成的，多项权利构成一个统一的整体，而无法再作出区分，由于它是多种权利的结合，只能当成一个整体的物权来看待和处理。此种理论对德国、奥地利、瑞士和荷兰等国家的法律产生了一定的影响。[26] 例如，德国法认为，住宅所有权是一种复合性的权利，它是由共有权和专有权结合在一起所形成的权利。[27]共有权和专有部分所有权构成住宅所有权。[28] 晚近以来的立法和判例对"一元说"提出了挑战。有理论认为，"一元说"未能很好地解释以下的问题：区分所有权中的专有部分是"专属"和"可转让"的。"一元说"强调区分所有权的"共有属性"，在个人权利和业主委员会之间更强调后者的权利[29]，这在相当程度上与个人主义权利观相冲突。在相当程度上，现代法律竭力让公民形成享有房屋所有权的信念，这构成对一元说的挑战。

2. "二元说"。"二元说"认为，不动产区分所有权包含有共有部分和专有部分的权利，区分所有权是专有部分的"纯粹"的个人所有权与共有部分"强制性共有"（由于其用于共同用途，因此不得主张就其适用普通共

---

[26] François Terré, Philippe Simler, *ibid*, para. 605.

[27] 孙宪忠：《争议与思考》，中国人民大学出版社2006年版，第598页。

[28] ［德］鲍尔、施蒂尔纳：《德国物权法》（上），张双根译，法律出版社2004年版，第636页。

[29] François Terré, Philippe Simler, *ibid*, para. 606.

有下的分割权）的“并置（Juxtaposition）”，这是两种不同的权利。[30] 此种理论将专有部分视为区分所有权的核心，在相当程度上将其类比为普通所有权。该理论对比利时、意大利、日本等国家的法律产生了一定的影响。例如，日本“有关建筑物区分所有权之法律”对建筑物区分所有权的处理方式是，首先区分住房人专有权的支配部分，此外划定为共有支配部分，从而认为，专有部分和共有部分是可以分开的权利。[31]

3.“三元说”。“三元说”认为，建筑物区分所有权由区分所有建筑物专有部分所有权，共用部分持分权以及因共同关系所生的成员权三种权利构成。[32] 其中，专有部分所有权（专有权）又称特别所有权（Sondereigentum），共用部分持分权又称共有权（Miteigentum），因共同关系所生的成员权又称社员权（Mitgliedschaftsrecht）。

比较上述这三种观点，笔者认为“一元说”更为合理，原因在于：

第一，明确了共有权和管理权对专有部分所有权的从属性，应当看到，专有部分的所有权居于主导地位，尽管在建筑物区分所有的状态下，是由多种权利构成的，但在各项权利中，专有部分的所有权居于主导地位，即其他权利都是由专有部分的所有权决定的。

第二，三项权利具有一体性，葡萄牙学者马斯奎塔（Mesquita）认为，假如分层所有权只是无改动地将法律承认的其他物权制度的并列或累加，则人们可以自由地创设这种性质的制度，而不违反类型法定原则。但区分所有权并不是单独所有权与共有权的相加。[33] 而是一种新型的物权，具有其独特的内容。事实上，传统的房屋所有权是针对某一土地上独立、完整的一栋建筑物享有的所有权，其内容较为简单，权利义务关系相对单纯。而区分所有表达的则是多个业主对同一建筑物根据物理上空间的区

---

[30] François Terré, Philippe Simler, *Droit civil*, *Les biens*, Dalloz, Droit privé, Précis, 7e éd., 2006, para. 604.

[31] 孙宪忠：《争议与思考——物权立法笔记》，中国人民大学出版社 2006 年版，第 598 页。

[32] 参见张礼洪：“物权法草案中建筑物区分所有权规定之完善”，载《法学》2005 年第 10 期。

[33] Mesquita：《物权法》，第 282 页。转引自蔡耀忠主编：《物权法报告》，中信出版社 2005 年版，第 69 页。

分而产生的复杂的权利状况。[34] 在区分所有的情况下，专有权的行使也不能脱离共有部分，离开了共有部分的楼梯、走廊的设施，专有部分权利无法行使。另外共有权和管理权也是以专有部分为基础的，在转让专有部分之后，一般不能保留共有部分的权利。还应看到，共同管理权也是在共有财产基础上产生的，没有共有也就没有了共有财产的管理权。所以，三项权利交织在一起，共同构成建筑物区分所有权的整体。

第三，三项权利无法分割转让和行使。正是由于三项权利的一体性，决定了三项权利不能分割转让和行使。建筑物区分所有权人在转让其专有部分所有权时，其对共有部分共有和管理的权利得一并转让，不能只转让专有部分所有权而保留共有部分共有权和管理权。还需要指出，在单个所有人对自己的财产享有所有权的情况下，其当然享有对财产的管理权，所以管理权已经融入所有权之中，管理权的问题并不突出。即便所有权人将其建筑物委托他人管理，也很容易通过一对一的协议来调整。但是在区分所有的情况下，由于产权主体是多样化的，甚至一个小区有成千上万的业主。多个业主形成了共同的生活和居住关系，各个业主都享有共同管理权，他们不仅仅需要委托他人管理其共有财产，而且需要制定规则来规范他们的共同生活秩序。

为了便于说明建筑物区分所有权是三项权利的集合，试举“王怀仁诉福鼎县秦屿供销合作社房屋优先购买权案”予以说明。本案的案情是：原、被告讼争房屋坐落在秦屿镇康湖街279号。该房屋为木质结构，前后楼上楼下各2间，中间隔一天井。该房屋原属第三人祖辈所有。1956年公私合营时第三人将该房前截店屋上、下两间折价入股归被告所有，后截上、下两间仍属第三人所有。出入均由前截店屋右侧通行。天井、走廊、楼梯为双方共有。1985年5月31日，该店上、下两间由原告承租使用至今。1993年7月10日被告将该店屋上、下两间出卖给第三人，双方引起纠纷。原告于1993年7月24日诉至福鼎县人民法院，请求确认双方房屋

[34] 段启武：“建筑物区分所有权之研究”，载梁慧星主编：《民商法论丛》（第1卷），法律出版社1995年版，第303页。

买卖关系无效,保护其房屋优先购买权。[35] 福建省福鼎县人民法院认为,讼争房屋为原告承租,但该店屋与后截天井、走廊、楼梯及第三人的房屋连成一体。该店屋系属康湖街279号房屋整体结构中的一部分且该房屋天井、走廊、楼梯为被告与第三人共有,同时该店屋右侧系第三人出入的必经之路,第三人对该店享有优先购买权,其与被告签订的店屋买卖关系有效,原告基于租赁关系的优先权不能对抗第三人的优先购买权。原告所诉无理,不予支持。[36]

从本案的实际情况来看,被告和第三人分别对前截店屋和后截店屋享有专有所有权,而双方又对房屋天井、走廊、楼梯等享有共有权,同时双方也发生了相邻关系(如第三人要从店屋右侧出入),可见双方确实形成了区分所有关系。在区分所有的情况下是否可推定双方对整个建筑物(康湖街279号房屋)享有共有权?显然是不能的。因为建筑物区分所有权与共有的根本区别在于,前者将一栋建筑物区分为专有部分和共用部分,并在此基础上形成一种特殊类型的不动产所有权。就共用部分而言仍然属于共有,但专有部分则形成为单独所有权。而后者不包括单独所有权。所以,在本案中,被告和第三人分别对前截店屋和后截店屋享有单独所有权,这与双方对房屋天井、走廊等享有的共有权是必须要分开的。就被告与第三人所有的单独所有权而言,它是完整的、不受他人权利限制的权利。他们中的某一人对其单独所有部分行使处分权时,其他单独所有人并不享有优先购买权。县法院实际上是认为第三人与被告对该财产已形成了共有关系,这就混淆了区分所有与共有的关系。在该案中,被告与第三人虽然对前截店屋分别享有所有权,但中间的天井、走廊、楼梯等又为双方共有。如果不承认双方这种共有关系,既不利于明确双方对共有财产的共同维护、管理等方面的义务,同时也不利于确定双方享有的共同使用权及不得擅自处分共同财产等义务,尤其是不利于解决双方因单独所有和共有所产生的纠纷。如该案就涉及双方对前、后截店堂分别享有所有权,对中间天井、走廊、楼梯享有共有权。

---

[35] 《中国审判案例要览》(1995年综合本),中国人民大学出版社1996年版,第650页。

[36] 《中国审判案例要览》(1995年综合本),中国人民大学出版社1996年版,第650页。

如果处分前截店屋，后截店屋的所有人能否根据其对天井、走廊、楼梯享有的共有权而主张优先购买权？可见，区分所有决不仅限于单独所有。实际上，区分所有是三种权利的集合。

建筑物区分所有权就是由专有部分的所有权、共有权和共同管理权所构成的一种不动产物权。[37] 我国《物权法》之所以设立专章规定建筑物区分所有权，而并不是在所有权的一般规则或者共有部分规定建筑物区分所有权问题，这就表明了建筑物区分所有权是一种特殊类型的物权。承认建筑物区分所有为一种特殊的权利，一方面有利于将此种权利与一般的所有权和共有区别开来，保证业主能够有效地行使其三项权利，尤其是强调业主对建筑物的共有财产以及小区的共有财产从整体上负有维护维修的义务和责任。全体业主已经形成了共同的利害关系，因而都负有共同的责任。另一方面，法律也对建筑物区分所有权的行使确立了特殊的规则，例如，要求区分所有权人在行使权利时必须尊重业主所确立的管理规约。禁止业主分别单独转让共有权或者要求分割共有部分，引起权利行使和管理的不便和纠纷。

三、建筑物区分所有权的客体具有特殊性

建筑物区分所有权是一种新型的所有权，其客体具有特殊性。如前所述，建筑物区分所有权是由共有和单独所有构成的，因此，建筑物区分所有权的客体也包括两个方面：单独所有部分和共有部分。单独所有权的客体主要是指通过一定方式对建筑物加以区分，由此所分割出的兼具建筑构造上的独立性和使用上独立性的一部分房屋。[38] 共有部分包括共用部分及附属物、共用设施等。

在此需要讨论的是，建筑物区分所有权是否与自罗马法以来大陆法系所奉行的"一物一权"主义相矛盾？许多学者认为，建筑物区分所有为一

---

[37] 郑云瑞：《民法物权论》，北京大学出版社2006年版，第155页。

[38] 王泽鉴：《民法物权·通则·所有权》，台湾1992年版，第195页。

物一权主义的例外。[39] 根据“一物一权”主义,一个物之上只能成立一个所有权,而不能并存两个甚至多个所有权。所有权的客体也必须是在空间上能够个别地、单独地存在的物即独立物,而不是集合物。按照日本学者川岛武宜的分析,一物一权主义主要包含以下三项内容:(1)一物之上存在一个所有权,一个所有权客体仅为一个独立物;(2)一物的部分不得成立所有权;(3)独立物在总体上不得成立分别的、独立的所有权。[40] 由于一物一权主义乃是物权法的重要原则,该原则在适用于建筑物区分所有的情形时,便产生了一个问题,即按一物一权主义规则,如果以整幢建筑物作为一个独立物,是否不应当再将建筑物划分为若干部分而分别设立所有权?如果以建筑物各个部分为所有权客体,那么是否就不应该以整幢建筑物作为所有权客体?由于根据一物一权主义,一个所有权的客体仅为一个独立物,而集合物并不能成为所有权的客体。在建筑物区分所有的情况下,客体究竟是同一建筑物,还是单独所有的单独部分。对此,有两种不同的观点:一种观点认为,建筑物区分所有并不是对整个建筑物的所有,而是对建筑物各个组成部分的所有,即承认建筑物内的多个所有权,所以建筑物区分所有的客体应为每个业主专有所有的部分;另一种观点认为,按照一物一权主义,整个建筑物应为一个所有权的客体,而不能为多个所有权的客体,所以建筑物区分所有的客体应为整个建筑物。笔者认为,这两种观点都有一定的不足之处。第一种观点仅仅确定了单独所有的客体,而没有确定共有部分的客体,因而是不完全的;第二种观点没有承认事实上的建筑区分所有的存在。笔者认为,建筑物区分所有的客体既包括各所有人的专有部分,也包括各个所有人的共有部分。以上述财产作为区分所有权客体,并不违背一物一权主义,理由在于:

第一,按照一物一权主义,一个完整的独立物不能分割为各个部分而为数人分别所有,因为此种分割在经济上是不合理的且不能公示,因此分

---

[39] 陈计男:“大厦、公寓的一些法律问题”,载台湾《法令月刊》第28卷第7期。

[40] [日]川岛武宜编:《民法总则》,载《法律学全集》(17),有斐阁平成元年三月,第145页。

割后形成多种所有状态不利于确认权利归属。然而,对于一栋建筑物来说,其与一般的独立物不同,它不仅是可以分割的,而且是必须分割的,一般来说,对建筑物内部的分割可采取三种不同方式:(1)纵的分割,从而产生纵的区分所有权,即将一栋平排的建筑物从纵的角度划分为数户。(2)横的分割,从而产生横的区分所有权,即将一栋建筑物以横的水平分割,而将各层分属于区分所有权人。例如,一栋二层建筑物,一层为甲所有,二层为乙所有。(3)纵横的分割,从而产生纵横混合的区分所有权,即是通过上下横切、左右纵横分割从而形成分套所有的建筑物[41]。例如,一栋楼房横切后于各层再从纵向角度区分为数间或数套,俗称为套房。一般来说,对于平房较易采用纵的分割方式,分割后的权属关系比较简单,大都从墙壁的中线分为两半,中间墙壁视为共同墙壁。对于大厦或公寓式的建筑物则情况比较复杂,往往只能作横向的或纵横切割。史尚宽先生指出:"区分方法是否限于幢数分割或包含依层数分割,虽不无争议,自现今社会经济观之,其分割方法似无限于纵的分割之必要。"[42]无论采用何种方式都可以将建筑物进行分割,从而产生共有和专有部分,它们都可以分别作为所有权的客体。通过这种分割完全可以对权利的归属作出划分。作出此种分割,不仅不影响建筑物的使用,而且更有利于提高其使用效率。

第二,将建筑物分割为各个部分,在其之上设立专有权和共有权,在公示方法上并不会遇到障碍。恰恰相反,在分割以后,各个专有部分所有人能够对其专有部分独立支配,并且可以通过房屋登记而将分割的结果公示出来,使众人能够得知分割以后各自的范围。任何单独所有人转让其单独所有部分,受让人都可以通过查询登记,了解到转让财产的归属,从而也不会影响到交易安全。尤其应当看到,此处所说的分割,只是为了明确产权归属、减少财产纠纷,从而在法律上所做的一种分割,并不可能造成建筑物的毁损,影响建筑物的效用。

第三,根据一物一权主义,一物之上只能成立一个所有权,不能并存多

---

[41] 参见陈华彬:《现代建筑物区分所有制度研究》,法律出版社 1995 年版,第 93 页。

[42] 史尚宽:《物权法论》,台湾荣泰印书馆 1978 年版,第 109 页。

个所有权。因此,在区分所有的情况下,只是将专有部分和共有部分分别作为所有权客体,而非将整幢建筑物作为所有权的客体。如前所述,如果将一栋建筑物区分为专有部分和共有部分,无论将它作为共有财产还是作为某人单独所有的财产,都只是一个单独所有权而不是区分所有权。即使是共有,也只是一个所有权而不是多个所有权,只不过是一个所有权为多个人享有而已。但是,如果在已经将建筑物分割为专用部分和共有部分并分别设立权利以后,便不能再将整个建筑物作为所有权客体,否则必然会产生一物之上双重所有权现象,从而背离“一物一权”主义。据此,笔者认为,在区分所有的情况下,如果已将专有部分和共有部分分别作了登记,则不能再将整个建筑物登记为某人所有。

那么,各个区分所有人是否可对整个建筑物享有共有权?有一种观点认为,如果将一栋区分所有的建筑物看作一个整体,则各区分所有人应对整个建筑物享有共有权。笔者认为,承认了区分所有的情况下,也不能认为各区分所有人对整幢建筑物享有共有权。一方面,根据一物一权主义,一个物之上只能成立一个所有权,如果要承认对整个建筑物的共有必然要否定区分所有,如果承认区分所有必然要否定对整个建筑物的共有;另一方面,区分所有就是要确认每个单独所有人对其专有部分享有所有权,同时对该部分享有完全的法律上的处分权,可以对该部分通过赠与、买卖和其他方式予以转让,而无须征得其他住户同意。如果认为整个建筑物属于各个区分所有人共有则必然要适用《城市房地产管理法》第38条第4项关于“共有房地产,未经其他共有人书面同意的”不得转让的规定,这显然等于否定了各区分所有人对其专有部分享有的所有权,实际上就是否定了区分所有。

由于在区分所有的情况下,只能以共有和专有部分作为所有权客体而不能以整个建筑物作为所有权客体,所以在登记过程中,如果各个所有人已就各专有部分进行了登记,就不能再将整个建筑物登记为这些人共有。目前,由于我国有关房屋登记制度并未对建筑物区分所有的登记作出规定,因此在实践中重复登记(专有部分登记后又将整个建筑物作为共有财产进行登记)现象十分严重。例如,在前引“王怀仁诉福鼎县秦屿供销合作社房屋优先购买权案”中,由于将整个建筑物(康湖街279号房屋)作为分别区分所有人的共有财产进行了登记,这样就必然会产生将区分所有等同于共有的误解,从而不利于明确产权归属,解决产权纠纷。

在区分所有情况下,单独部分经分割以后成为区分所有权的客体,必须要具备如下几个条件:

第一,必须具有构造上的独立性。构造上的独立性又称为“物理上的独立性”。这就是说,各个部分在建筑物的构造上可以被区分开,并与建筑物其他部分完全隔离,也只有这样才能客观地划分为不同部分并为各个所有人独立支配。[43] 如一排房屋以墙壁间隔成户,即能够被各个住户独立地支配。问题在于,构造上的独立性如何具体确定?事实上的区分达到何种程度,才形成构造上的独立性?一些国家的判例学说认为,确定构造上的独立性,首先,应具有固定性,而不是一种临时性的建构。区分所有权客体必须四壁有确定的遮闭性,至于间墙是以木材、砖块、涂板等都可以,但屏风、桌椅等不行,因为它们不具有固定性、确定性,所以未以墙壁间隔的零售市场、摊位等,不得成为区分所有权的客体。[44] 其次,通过间隔能够独立地形成一定的空间。根据瑞士法律,区分所有的客体必须是供居住用的一定空间,即形成为一定的居住单位,而该居住单位必须要有独立的出入门户,所以一套住宅中的某个房间,就不能作为区分所有权的客体。[45] 在法律上要求具备构成上的独立性的原因在于:一方面,由于区分所有是要将建筑物分割为不同部分而为不同所有者单独所有,因此单独所有权的支配权效力所及的客体范围必须明确,要明确划分范围就必须以墙壁、楼地板、大门等作间隔和区分标志。另一方面,只有在客体范围十分明确的情况下,才能确定权利范围,同时准确地判断他人的行为是否构成对某一专有权的损害。如果各个权利的客体都不能区分开,也就很

---

[43] 谢在全:《民法物权论》(上册),台湾1989年版,第236页。

[44] 参见日本昭和39年3月12日东京高等裁判所判决,载《下级裁判所民事裁判例集》15卷2号,第529页。

[45] 黄越钦:“住宅分层所有权之比较法研究”,载郑玉波主编:《民法物权论文选辑》(上),五南图书出版股份有限公司1985年版,第437页。

难判定某人的权利是否受到侵害。

第二,必须具有使用上的独立性。也就是说,建筑物被区分为各个部分以后,每一部分都可以被独立地使用或具有独立的经济效用。此种独立性,在学说上又被称为"机能上之独立性"或"利用上之独立性"。[46] 一方面,所谓独立的使用,就是不需借助其他部分辅助即可利用。如区分的部分可以用来住人,用作店铺、办公室、仓库、停车场等。另一方面,所谓独立的经济效用,是指各个专有部分要具有与一般建筑物同样的独立经济效用。通常,判断区分部分能否单独使用,要以该区分部分有无独立的出入门户为判断要素。[47] 假如区分为各个房间以后,该房间并无独立的出入门户,必须利用相邻的出入单位门户才能出入,则该房间并不具有使用上的独立性,从而不能成为区分所有的客体。

第三,通过登记予以公示并表现出法律上的独立性。此种独立性在学说上也被称为"形式的独立性"。构造上和使用上的独立性,乃是经济上的独立性,只有通过登记才能表现为法律上的独立;也就是说,通过登记使被分割的各个部分在法律上形成为各个所有权的客体。如果被分割的各个部分登记为各个主体所有,则建筑物作为整体不能再作为一个独立物存在。当然,如果各个区分所有权已经归属一个人时,而该所有人愿意将各部分登记为一个建筑物所有权时,基于物权的排他性可以导致其他区分所有权消灭。应当指出的是,通过登记表现出来的法律上的独立性,是以构造上和使用上的独立为基础的,如果构造上或使用上的独立性不复存在,则法律上的独立性也难以存在。例如,原被区分所有的两部分同属于一人,间隔除去后,两部分合二为一,则各部分失去其构造上的独立性或使用上的独立性,应解释为一个所有权。如果不属于一人而除去间隔应推定其为共有。所以,区分所有是以事实上建筑物能够被区分为基础的。然而,如果具有构造上和使用上的独立性未登记(如一个建筑物已被分割为各个部分,具有独立的门牌号码但并未分别登记),在此情况下应当综合考虑占有和使用房屋的根据、使用情况、未经登记的原因等因素

---

[46] 温丰文:《建筑物区分所有权之研究》,台湾三民书局1992年版,第19页。

[47] 温丰文:《建筑物区分所有权之研究》,台湾三民书局1992年版,第19页。

而决定是否应承认使用人的单独所有权。同时，区分所有的登记还要以当事人具有区分所有的意思为前提。[48]

最后需要讨论的是，区分所有权的客体是否为一定空间。按照我国台湾地区学者刘得宽等人的看法，在建筑物区分所有的情况下，各个分别所有人所直接支配的不是有体物，而是由建筑材料所组成的空间。所有权的客体以被区分空间为主，"区分所有乃存在于各个被区分空间上"。[49] 刘得宽先生并将区分所有权称为空间的所有权。而我国大陆学者陈华彬认为，由土地法向空间法转换是近代物权法发展趋向，他认为"空间——土地之上空或地下若具备独立的经济价值及排他的支配、管理可能性等要件，即可成为空间所有权与空间利用权之客体，且其与一物一权主义等民法物权理论亦不生冲突。于空间权构造体系中，关于空间所有权确定之理论，为解决建筑物区分所有权成立上的诸多重大疑难问题提供了钥匙"。[50] 笔者认为，这一观点是值得商榷的，其根据在于：

第一，单纯的空间本身并不能形成建筑物区分所有的客体。从法律上看，无论是在土地地表之上，向纵向范围延伸所形成的范围，还是在土地地表之下，因纵向伸展形成的空间以及土地之上的建筑物和附着物之上所形成的一定范围的空间（如楼顶的平台，露天的讲台等之上形成的空间），本身并不能形成为单独的空间权，而不过是土地所有权和使用权及建筑物所有权所包括的内容。土地所有人、使用权人、建筑物所有人在取得土地和建筑物所有权和使用权的同时也依法取得地表下和建筑物之上一定空间的支配权。[51] 就区分所有权而言，某幢建筑物能够被区分为多人分别所有，一定要在建筑构造上可以区分。因此，房屋必须要以墙壁作间隔，才能进行区分，而没有间隔或确定的遮闭性空间（如房顶的平台），通常只能推定为各个区分所有人共有，而很难成为单独所有权的客体。所以，单独的空间不能成为区分所有的客体。

---

[48] 温丰文：《建筑物区分所有权之研究》，台湾三民书局1992年版，第22页。

[49] 刘得宽：《民法诸问题与新展望》，台湾1979年版，第26页。

[50] 陈华彬：《现代建筑物区分所有权制度研究》，法律出版社1995年版，第90页。

[51] 孙宪忠：《国有土地使用财产法论》，中国社会科学出版社1993年版，第39页。

第二,即使在一幢大厦中,通过墙壁作间隔,形成了一定的空间,也不能说该空间已经成为区分所有权的客体。因为,任何房屋都会形成空间,不形成空间的房屋很难称为房屋,也是毫无居住价值的。因此,不管房屋的归属状态如何,必然要形成为空间,但房屋所有权却并非是以空间为客体的,而是将房屋本身作为一项独立的物使之成为房屋所有权客体。即使将某幢建筑物区分为不同的部分,那么这些不同的部分将形成不同的居住单位,从而成为各个独立的物,这样才形成为区分所有权的客体。所以,房屋的所有权客体,不管是单独所有,还是区分所有,只能是某个特定的房屋或者居住单位,而不可能是因墙壁所形成的空间。

第三,从登记上来看,尽管空间及房屋面积应当登记,但是面积本身体现的内容只是用以反映房屋的构造特征,并不能代表房屋本身,所以它在房屋登记中并不具有实质性意义。在法律上需要登记并公示的是某个具体的房屋(如位于某街某号的房屋或位于某建筑物内的某套住房)。因此,空间不能作为区分所有权的客体。从经济上看,空间的大小在许多情况下往往直接决定了房屋的经济价值,但它并不是唯一的决定因素。房屋的价值也可能是由于许多其他因素(如所处地理位置、楼层等)所决定的,空间本身不能完全决定房屋的价值。

还应当看到,传统的不动产法律理论历来以房屋、土地等不动产作为不动产权利的客体。如果要以空间代替不动产本身作为客体,不仅在法律上难以成立,而且将破坏整个不动产法律体系,使已经形成的制度和规则将要重新构造。这是不妥当的,也是毫无必要的。

四、专有部分的所有权具有特殊性

所谓专有部分所有权(Sondereigentum),简称为专有权,是指区分所有人对其建筑物内的住宅、经营性用房等专有部分所享有的单独所有权。所谓专有部分,是指具有构造上及使用上的独立性,并能够成为分别所有权客体的部分。[52] 专有部分通常是在将建筑物分割为各个不同部分的基础上形成的，专有部分是各个区分所有人所单独享有的所有权客体，此项单独所有权与一般的单独所有权并无本质区分，[53]所以，权利人可以行使完全的占有、使用、收益与处分权。《物权法》第 71 条规定："业主对其建筑物专有部分享有占有、使用、收益和处分的权利。业主行使权利不得危及建筑物的安全，不得损害其他业主的合法权益。"

严格地说，专有部分所有权就是传统的所有权，专有部分所有权具有所有权的效力，应当适用所有权的一般规则，我国《物权法》第 71 条规定，业主对其建筑物专有部分享有占有、使用、收益和处分的权利。这就表明，专有权人对其专有部分的所有权享有如同一般所有权一样的权能，包括占有、使用、收益和处分的权利，从这个意义上说，专有部分的所有权本质上仍然属于所有权。占有就是指所有人对其房屋有权控制，如对其住宅商品房进行自主占有，也可以由他人占有。使用就是指对其专有部分可以自己使用，也可以授权他人使用；可以用于住宅，[54]也可以用于经营性用房。当然，权利人只能在法律、法规和管理规约规定的范围内使用，必须按照特定用途来使用。处分就是指所有人有权将房屋转让、出租以及设置抵押等。[55] 专有部分的所有人对其专有部分享有完全的占有、使用、收益和处分权，某一专有权人在出售其专有部分时，其他权利人不享有优先购买权。专有权人也享有基于所有权产生的物权请求权。[56]

但是仅仅将专有部分所有权作为传统所有权来对待是不够的，专有部分所有权脱胎于传统所有权，却具有一些不同于传统所有权的特点，主要表现在：

---

[52] 王泽鉴：《民法物权》（第 1 册），台北 1992 年自版，第 197 页。

[53] Bärmann/Armbrüster, WEG, § 1, Rn. 14.

[54] 在德国法中，住宅所有权仅仅是指以居住为目的的特定空间。MüncheKomm / Commichau, WEG, § 1, Rn. 7 f.

[55] Bärmann/Armbrüster, WEG, § 1, Rn. 72 f.

[56] Bärmann/Armbrüster, WEG, § 1, Rn. 182 ff.

（一）专有部分的所有权在三项权利中居于主导地位

如前所述，建筑物区分所有权是由专有部分的所有权、共有权和成员权三项权利组成的。这三种权利相互密切联系在一起，在各项权利关系中，专有部分的所有权居于主导地位，其他权利都是由专有部分的所有权决定的。一方面，基于专有部分的所有权，才决定了共有部分的持有份比例，决定了共有权中的使用和收益范围，决定了在行使共同管理权时的管理权的大小。所以，专有部分的所有权应当在各项区分所有权中居于核心地位。值得注意的是，尽管有德国学者也认为，专有部分的所有权是主物，[57]但是依据德国《住宅所有权法》第 6 条，专有部分所有权实际上从属于或者不可分地包含于对共同所有权的共有份（Miteigentumsanteil）之中，就共同所有权上所成立的权利，也及于专有部分所有权。因此，对专有部分所有权的处分不得独立为之，必须结合共同所有权的份额进行处分。因此，不是专有部分的所有权居于主导地位，而是共有部分的所有权居于主导地位。[58] 但在我国法律上，只是专有部分所有权而不是共有权在建筑物区分所有权中居于主导地位。另一方面，专有部分决定了管理权的行使。只有专有权人才能参加业主大会，行使表决权。依据我国《物权法》规定，在决定重大事项时，应当经专有部分占建筑物总面积过半数且占总人数过半数的业主同意。[59] 专有部分占建筑物总面积过半数，就体现了专有部分所有权决定了管理权的行使这一规则。

（二）专有权的客体具有特殊性

一般所有权的客体是特定的动产或不动产。而区分所有权的专有权的客体，不可能是独立的不动产，而只能是建筑物经分割后形成的具有一定独立性和可公示性的“专有部分”，具有空间上的统一性和封闭性。[60] 通常，专有部分所有权的客体都位于建筑物之内，业主的专有部分的所有权，主要是对建筑物内的财产享有所有权。在特殊情况下，规划确定某块

---

[57] Börner, FS Dölle, S. 201 ff.

[58] MüncheKomm / Commichau, WEG, § 6, Rn. 2 f.; Bärmann/Armbrüster, WEG, § 6, Rn. 1.

[59] 参见《物权法》第 76 条。

[60] MüncheKomm / Commichau, WEG, § 5, Rn. 4.

绿地属于特定的业主所有，也可以作为专有部分所有权的客体。至于专有部分所有的客体是否是空间，在学理上存在不同的争议。有学者认为，专有部分仅限于空间，也有学者认为，还包括墙壁。[61] 笔者认为，专有部分的所有权作为不动产权利，其所支配的对象不是空间，而是财产，只是因为财产而形成了空间。

（三）专有部分所有权的处分不能与共有部分相分离

专有部分和共有部分是不可分离的，一方面，共有部分的权利是由专有部分所决定的；另一方面，共有的走廊、楼梯、电梯等共有部分大多是专有部分的配套设施，是为了保障专有部分所有权的正常行使而建造的。离开了共有部分，专有部分的所有权也是无法行使的。因而，对共有部分的维护维修义务，是专有部分所有权人必须承担的义务。专有部分所有权人不能要求免除其对共有部分的维护维修等义务。[62]

（四）专有部分所有权在行使上具有特殊性

因为区分所有和独门独院的房屋的所有权不同，在独门独院的情况下，所有人是单独生活，其行使所有权一般不会威胁到其他建筑物的安全，一般也不会影响其他人的生活。但是，在区分所有的情况下，某一业主都是和其他众多的业主一起共同生活，形成一种住宅所有人共同体（Wohnungseigentuemergemeinschaft）[63]，因此业主行使专有部分的所有权都直接关系到其他业主的利益。所以，在法律上有必要对专有部分的行使作出更多的限制。这也是专有部分所有权不同于一般所有权的重要特点。

如前所述，与一般所有权相比较，专有部分所有权在行使方面要受到更多的限制，《物权法》第71条规定："业主对其建筑物专有部分享有占有、使用、收益和处分的权利。业主行使权利不得危及建筑物的安全，不得损害其他业主的合法权益。"由此确定了专有部分所有权行使的限制规

---

[61] 梅夏英：《物权法·所有权》，中国法制出版社2005年版，第149页。

[62] 郑云瑞：《民法物权论》，北京大学出版社2006年版，第153页。

[63] ［德］鲍尔、施蒂尔纳：《德国物权法》（上），张双根译，法律出版社2004年版，第639页。

则。因为建筑物区分所有人与他人已经形成共同生活关系,这种关系要求区分所有权的权利的行使不能损害他人。专有权人在享有和使用专有部分的时候应受到共同生活规则的限制。具体来说,这种限制表现在:一方面,业主行使权利不得危及建筑物的安全。在区分所有的情况下,业主所有的专有部分紧密联系,构成建筑物的整体。业主对其专有部分的行使,对其他业主专有部分甚至建筑物整体的安全都存在较大的影响。所以,业主行使其专有部分的权利不得危及建筑物的安全。例如,业主装修房屋不得擅自拆除承重墙或者改变房屋结构。在日常生活中,任何业主都有义务保障建筑物整体的完好,某个业主对建筑物的损害,有可能危害全体业主的居住安全,妨害了全体业主的利益。[64] 另一方面,业主不得滥用权利,损害其他业主的合法权益。例如,业主不得擅自将住宅改变为歌厅、餐厅等商业用房,也不得擅自将共有部分改变用途。任何专有部分所有权人行使权利时,都要考虑到全体区分所有权人的共同利益,不得滥用其专有部分所有权,损害其他所有人的利益。例如,业主随意变更建筑物专有部分的使用用途,从事带有噪声、震动或其他影响他人生活或者休息的行为,给其他业主造成生活上的不便,属于滥用权利的行为,受害的业主可要求其承担停止侵害、排除妨碍、恢复原状、赔偿损失等民事责任。

尤其应当看到,专有部分所有权的行使必须受管理规约的限制。专有部分所有权的行使,也可以构成共同生活的一部分,因此,应当受共同生活规则的限制,这就是说,要受到业主所共同制定的管理规约的限制。[65] 比如,管理规约规定,各个业主修建栅栏,或对阳台进行装修,都应当符合统一的规格和颜色等的要求,这样业主在修建栅栏,或对阳台进行装修时,就必须要符合管理规约的规定。值得讨论的是,区分所有人对其专有部分所享有的出租和抵押权,能否在管理规约中加以限制或剥夺?一种

---

[64] 孙宪忠:《争议与思考——物权立法笔记》,中国人民大学出版社 2006 年版,第 598 页。

[65] 申卫星:“自治与受制之法律基石”,载蔡耀忠主编:《物权法报告》,中信出版社 2005 年版,第 38 页。

观点认为，既然区分人享有所有权，其应当享有处分权，自然可以出租和设定抵押等负担。管理规约可以限制业主对专有部分的出租权和抵押权，例如，限制承租人使用房屋的方式，但是，不能禁止业主出租。另一种观点认为，区分所有人共同生活和共同利益决定了，管理规约可以剥夺业主对专有部分的出租权和抵押权。我国《物权法》第71条规定，业主行使专有部分的权利，不得损害其他业主的合法权益。这就意味着，只要大多数业主认为，专有部分的出租和抵押会损害其他业主的利益，则在法律上应当允许剥夺。笔者赞成前一种观点。理由在于：第一，既然专有部分的所有权，具有所有权的效力，所以，管理规约不能剥夺业主出租和抵押专有部分的权利。否则，就与业主对专有部分享有的所有权的性质相违背。禁止区分所有人将其专有部分出租，剥夺了所有人的处分权，是违反公序良俗的。基于公共政策的考虑，小区内房屋的出租不应当受到限制。[66] 第二，管理规约剥夺业主出租和抵押专有部分的权利是违背公序良俗的。确切地说，此种剥夺实际上违反了公共秩序，即违反了法律保障所有权的基本规则。既然制定管理规约属于法律行为的一种，因此其违反法律法规的规定和公序良俗，则应当被认定为无效。第三，我国《物权法》第71条规定，业主行使专有部分的权利，不得损害其他业主的合法权益。该条规定旨在禁止业主滥用专有部分所有权，从而损害其他业主的利益。例如，在自己的专有部分之上堆放腐烂的物品，散发臭气；或者制造噪声影响邻人的休息，都可能损害其他业主的合法权益。但这并不是说，物权法完全禁止业主出租、抵押其专有部分，因为从法律上说，出租和抵押一般不会损害其他业主的利益。当然，在法律上对于业主从事出租或者其他活动也有必要作出适当的限制，例如，房屋出租以后，承租人不得改变建筑物的使用目的，不得擅自将住宅改为商用。

---

[66] David E. Grassmick, Minding the Neighbor's Business: Just How Far Can Condominium Owner's Associations Go In Deciding Who Can Move Into The Buiding? 2002 *U. Ill. L. Rev.* 185.

五、区分所有中的共有权具有特殊性

从传统独立的个人所有权向团体性所有权发展,这也是所有权发展的另一个趋势。这尤其表现在建筑物区分所有权的共有权制度之上。所谓建筑物区分所有人对共有部分的共有权(Miteigentumsanteil),是指区分所有人依据法律、合同以及区分所有人之间的规约,对建筑物的共用部分、基地使用权、小区的公共场所和公共设施等所共同享有的财产权利。建筑物区分所有权中的共有权,突出地反映了古典自由主义中的原子化个人财产观念转换为社会性的观念,共有权实际上就是个人社会性在所有权制度中的重要反映和法律表达。例如,建筑物区分所有权并不享有按份共有人的优先购买权,对其他区分所有权人的进入和退出不享有限制的权利,因此建筑物区分所有权比共有更具有团体性。可以说,建筑物区分所有权是现代社会的产物。建筑物区分所有人的共有权具有如下特点:

(一)权利主体的特殊性

建筑物区分所有权中共有权的权利主体是业主大会或者全体业主。与一般财产共有相比,在建筑物区分所有中,共有人是众多的,随着现代建筑物向高层、高空发展,一栋建筑物的住户越来越多,一个小区内可能有成千上万的业主,他们都构成了小区内共有财产的主体。正是因为人数众多,所以不可能由每一个人都参与共有财产的管理,通常需要由业主通过业主委员会或其委托的物业服务企业来实际行使管理权。

然而,关于共有部分的权利主体的确定,实践中存在不同看法:一是业主大会说。此种观点认为,共有部分只能归属于业主大会。二是业主委员会说。此种观点认为,业主大会并非定期召开,无法行使权利义务,而业主委员会是常设机构,因此,应当由业主委员会作为权利主体。三是全体业主说。此种观点认为,共有部分职能由全体业主所有。笔者认为,应当由全体业主作为权利主体。如果已经成立了业主大会,也可以登记在其名下，这就有必要在法律上赋予业主大会以民事权利主体资格。如果没有成立业主大会，则应当登记在全体业主名下。

（二）共有部分附随于专有部分

在建筑物区分所有的状态下，区分所有人所享有的共有权与其对专有部分所享有的单独所有权是密切联系在一起的，共有权是由专有部分所决定的，并从属于专有部分的所有权。在区分所有的条件下，共有部分不能独立存在，也不能单独的转让和继承。只有在取得了专有部分的所有权之后才能相应的取得共有权。一般来说，专有部分的面积越大，共有部分的份额越大。转让专有部分所有权，共有部分也相应的转让。[67] 专有权的大小也常常要决定其承担修缮共有财产的义务范围，任何买受人购买房产，一旦取得专有部分的所有权，则自然取得共有部分所有权。在区分所有的成立登记上，一般只登记专有部分所有权，而对共有部分所有权并不单独登记。[68] 正是由于共有部分附随于专有部分，因此区分所有权中的共有，既不同于按份共有，也不同于共同共有，可以将其看作一种特殊的共有形态。

（三）共有类型具有特殊性

建筑物区分所有中的共有权在性质上既不是按份共有，也不是共同共有，应当认为是一种在按份共有和共同共有之外的第三种共有。[69] 物权法中有关共有的规则，大多是不适用于区分所有中的共有权的。

1. 区分所有的共有权不同于共同共有。理由是：与共同共有相比，其具有明确的份额划分，在没有约定或约定不明时，对小区物业相关费用，如绿地维护、建筑物修缮等要依据持有份分摊；在区分所有人之间也不存在赖以存在的共同关系，如合伙关系、夫妻关系等。[70] 共有人居住在一起并非形成一种特殊共同关系，共有财产也不是基于共同关系产生的，而是

---

[67] 陈华彬：《物权法》，法律出版社2004年版，第274页。

[68] 陈华彬：《现代建筑物区分所有制度研究》，法律出版社1995年版，第91页。

[69] 孙宪忠：《争议与思考——物权立法笔记》，中国人民大学出版社2006年版，第598页。

[70] 耿焰："建筑物区分所有权与一般所有权之比较研究"，载《青岛海洋大学学报》2000年第2期。

从专有部分的所有权中派生出来的。在建筑物区分所有的情况下,由于不存在共同关系,任何业主转让其专有部分的所有权,不影响共有关系的存在,也不导致共有财产的分割。新的受让人既要享有共有部分的共有权,也要承担相应的义务。通常,任何单个的业主都不得请求分割共有财产。

2. 区分所有的共有权也不同于按份共有。表现在:一方面,区分所有人分别对自己的专有部分享有所有权,对建筑物形成一种复合的权利结构,不是按照份额对一个建筑物整体享有所有权。[71] 在区分所有的情况下,并没有形成应有的份额。尽管对有关修缮的费用以及其他费用要按照一定的比例确定,但这和按份共有中的份额存在本质区别。共有人不能单独转让、抛弃其持有份,也不能在该比例上单独设定负担。持有份依附于专有部分的所有权,具有从属性。另一方面,按份共有的客体通常是单一物,而建筑物区分所有中的共有权,其客体是多个标的物或者物的一部分组成的整体。尤其是共有部分是由专有部分所决定的,是为了保障专有部分所有权的正常行使而设立的,所以,它与专有部分是不可分割的。还要看到,在按份共有中,按份共有人一般按照份额行使对共有物的使用、受益权,但在区分所有中,业主对公共物业财产享有的权利不受份额限制,平等地享有合理使用权。在建筑物区分所有的情况下,共有人不能请求分割共有财产,只享有共有财产的利益。所以,物权法中关于按份共有财产分割的规则,原则上不适用于建筑物区分所有中的共有部分。所以,此种共有与按份共有也是不同的。

3. 此种共有不仅与专有部分不可分割且常常采取法定共有的方式,也有学者将其称为"强制共有"。[72]《物权法》第72条第1款规定:"业主对建筑物专有部分以外的共有部分,享有权利,承担义务;不得以放弃权利不履行义务。"例如,业主对外墙面、小区内的管道等共有财产享有权利,

---

[71] 耿焰:"建筑物区分所有权与一般所有权之比较研究",载《青岛海洋大学学报》2000年第2期。

[72] 耿焰:"建筑物区分所有权与一般所有权之比较研究",载《青岛海洋大学学报》2000年第2期。

同时也要承担维修的义务，共有人不得抛弃对外墙面的共有权而拒绝承担维修义务。

（四）客体范围较为广泛

一般来说，专有部分的所有权限于建筑物内。但对于共有权而言，则不限于建筑物内，还可能延伸到小区。共有部分的范围主要包括如下方面：(1)建筑物的基本构造部分，例如支柱、屋顶、外墙或地下室等。(2)建筑物的共有部分及附属物，例如，楼梯、消防设备、走廊、水塔、自来水管道等[73]以及仅为部分区分所有人所共有的部分。例如各层楼之间的楼板，仅属于相邻部分的所有人所共有。[74] (3)建筑物所占有的地基的使用权，在法律上归属于全体建筑物区分所有人共同所有。(4)住宅小区的绿地、道路、物业管理用房。(5)公共场所和公共设施，如小区大门建筑、艺术装饰物等地上或地下共有物和水电、照明、消防、保安等公用配套设施，除依法归属于国家或有关法人所有外，应当归属于全体住宅小区的业主所共有。(6)小区内的空地。(7)其他共有财产。[75]

共有权在类型上具有多样性。在区分所有中，共有的类型比较复杂：一是可以根据共有产生的原因，将共有分为法定共有和约定共有；二是根据共有的客体是财产还是权利，可以将共有分为一般共有和准共有；三是根据共有人的范围，可以将共有分为小区内全体业主的共有、某一栋建筑物内全体业主的共有、特定单元或者特定几个业主的共有。对不同类型的共有的确定需要根据不同的财产情况来考虑。

（五）内容包括权利与义务

《物权法》第72条第1款规定：“业主对建筑物专有部分以外的共有部分，享有权利，承担义务；不得以放弃权利不履行义务。”建筑物区分所有中的共有，与一般的共有的区别还表现在：一般的共有常常现实地表现为共有人享有的权利和利益，如按份共有人享有的份额能够使共有人获

---

[73] 王泽鉴：《民法物权》（第1册），台湾1992年自版，第198页。

[74] 谢在全：《民法物权论》（上），台湾1997年自版，第240页。

[75] MüncheKomm / Commichau, WEG, § 1, Rn. 42 f.; Bärmann/Armbrüster, WEG, § 1, Rn. 52 ff.

得一定的收益。但是,区分所有中的共有主要是为了保障专有部分的行使,或者业主的共同生活而建造的设施。所以,业主有权享有对共有部分的使用、收益[76],当然,由于业主已经从这些设施本身获得了利益,业主需要对这些共有部分承担维护维修等义务。所以,业主对建筑物专有部分以外的共有部分在享有共有权和共同管理的同时,也要对建筑物共有部分的维护、维修等工作承担义务,分担有关物业管理、维护维修的义务。如果因为小区的共有部分造成损失,也应当分担损失。《物权法》之所以强调业主对共有部分既享有权利,又要承担义务,原因在于,业主往往注重对自己专有部分权利的行使和义务的履行,但易于忽视对共有部分的义务承担。例如,在实践中有的业主拖欠共同维修费用,使建筑物共有部分长期得不到维护。所以《物权法》规定业主在享有共有权的同时,应当履行共有人的义务。

根据《物权法》第 72 条的规定,业主不得以放弃权利而不履行义务。一方面,业主不得为了拒绝支付共有财产维护维修的费用,而表示放弃对共有财产的权利。因为共有部分和专有部分是不可分离的,业主不得在保留专有部分权利的同时,放弃其共有部分的权利,更不能以放弃共有部分的权利为理由而拒绝履行义务。另一方面,业主不得在转让专有部分所有权时,拒不履行对共有部分的义务。此外,业主不得以其未"实际使用"为由而拒绝支付费用。例如,所有安装了集体供暖设施的业主,不论其是否实际使用,都必须支付费用。只有确保业主对共有部分义务的履行,才能维护业主的共同生活有秩序地进行,才能构建小区的和谐。

(六)权利行使方式具有特殊性

在建筑物区分所有的情况下,共有人行使权利,常常采用持有份的方式。所谓持有份,是指区分所有中业主根据专有部分的面积占整个建筑物总面积的比例所确定的份额。在区分所有的情况下,通常可以根据两种方法来确定持有份额:一是根据面积来确定,即依据各共有人的专有部分占整个建筑物总面积的比例所确定的份额;二是根据购房价款来确定,

---

[76] 郑云瑞:《民法物权论》,北京大学出版社 2006 年版,第 157 页。

即根据购房款在整栋房屋价款中的比例来确定持有份。这两种方式各有利弊。如果完全按照面积来确定,在面积差距过大时可能在某些方面对小业主有利但不利于大业主,如物业费用的分担;而依据购房款的比例确定,又会出现如下问题,不同业主购买房屋的价格不同,形成不同的比例。但事实上,不同时期购买的房屋的价值本身就是不同的。所以,根据此种方式来确定持有份也不一定妥当。

《物权法》第80条规定:“建筑物及其附属设施的费用分摊、收益分配等事项,有约定的,按照约定;没有约定或者约定不明确的,按照业主专有部分占建筑物总面积的比例确定。”可见,该条是根据面积来确定持有份的。此处所说的专有部分,包括套内使用面积加上公摊部分,实际上指的是售房合同中的建筑面积。此处所说的总面积,应当区分两种情况:一是一栋建筑物内的建筑物总面积,二是指整个小区的总面积。如果要确定建筑物内的共有权的持有份,应当以一栋建筑物内的建筑物总面积作为确立持有份的标准。如果要确定小区内共有部分的持有份,应当以小区内的建筑物总面积作为确立持有份的标准。持有份确定了业主对共有财产享有权利和承担义务的依据。

六、建筑物区分所有中的管理权具有特殊性

与传统所有权不同,建筑物区分所有权包含了成员权。值得注意的是,如果区分所有人成立团体组织,各区分所有人享有团体成员资格,这是否意味着在区分所有的形态下物的因素和人的因素已结合在一起?德国学者贝尔曼(Bärmann)曾主张区分所有权是一种特别所有权,它是由共有权再加上各区分所有人间的“成员权”概念,而形成将物权法性、人法性二要素合而为一体的法律关系。也有许多学者认为在建筑物区分所有情况下,人的因素已渗入物的因素中,物权法的客体性与人权法的主体性已发生了混合,成为一种复合的权利,因此区分所有已超出了物权法规范的

范畴。[77] 笔者认为此观点是不妥当的。一方面,即使是在区分所有的情况下,各区分所有人也不一定必须成立团体组织,而因此使区分所有人享有团体的成员权。例如,对于一些建筑物构造比较简单、楼层不高、区分所有人之间关系并不复杂的情况来说,并不一定要通过成立业主大会对建筑物进行管理。成立团体组织进行管理只是物业管理的一种方法,并不改变区分所有人的法律关系性质。另一方面,即使各区分所有人成立了团体组织,各区分所有人享有了成员权,这也并不意味着物权关系中渗进了主体资格因素。管理权是所有权的延伸,是区分所有权的一部分,是确保专属所有权和共有权实现的手段。各区分所有人基于其对共有部分的共有而产生的共同管理财产的关系并未超出共有的内容。共有人管理共有财产的权利和义务,仍然是共有人的权利义务的内容。所以,共同管理关系并没有改变物权关系的性质。

在建筑物区分所有中,业主享有共同管理权。所谓共同管理权,是指业主基于专有部分的所有权从而依法享有对业主的共同财产和共同事务进行管理的权利。根据《物权法》第 70 条的规定,区分所有权包括业主的"共同管理"权。建筑物区分所有人之间的关系极为密切,而在形成建筑物区分所有关系时,各区分所有人间往往素不相识,如果在形成区分所有以后,仅仅根据法律关于单独所有权、共有、相邻关系的规定,虽可有效地解决产权的归属问题,但不能很好地解决各区分所有人有效管理其财产、尤其是对共有财产管理的问题。[78] 所以,有必要在《物权法》中就区分所有人的共同管理权作出规定。

共同管理权在学理上常常被称为"成员权"。成员权和共同管理权的概念各有其特点:成员权强调业主对其共有财产和共同事务进行管理是由其作为业主的资格所决定的,任何人取得了专有部分的所有权,就同时取得了这种成员资格。[79] 而共同管理权的概念强调了权利的内容在于对

---

[77] Bärman / Pick, in Bärmann/Pick, Wohnungseigentumgesetz, WEG § 1, Rn. 2 ff.

[78] 王冬梅:"浅析我国物权法中的建筑物区分所有权",载《法制与社会》2008 年第 4 期。

[79] 于大水:"论建筑物区分所有权的成员权——兼评《中国物权法草案建议稿》中的相关内容",载《河北法学》2002 年第 1 期。

共同事务的管理，并没有突出业主的成员资格。但考虑到在建筑物区分所有的情况下，业主作为成员所享有的权利，主要还是参与管理，至于其对有关财产获取收益，可以视为其共有权的内容。[80] 所以，《物权法》没有采用成员权，而采用了管理权的概念，这是不无道理的。管理权的性质和特点表现在：

1. 共同管理权是专属于业主的权利

管理权是专属于业主的权利。德国学者认为，在专有所有权(Sondereigentum)之上而产生的身份上之成员权(Mitgliedschaft)属于区分所有权的重要组成部分。[81] 但是德国通说和司法实践并没有承认这一成员权属于区分所有权的重要组成部分，[82]在比较法上，瑞士、奥地利和法国实际上都采纳了二元说的立场。[83] 因为管理权是由专有部分的所有权产生的，管理权在性质上是由业主享有的专有部分所有权所决定的，或者说是以各个业主享有的单独的所有权为基础的。任何人取得了专有部分所有权，自然取得了管理权。如果转让了专有部分所有权，其管理权也随之丧失，并由受让人取得成员资格。[84] 管理权有时是确保专有部分所有权和共有权实现的手段。所以管理权不能与建筑物区分所有权相分离而单独转让，权利人不得保留专有部分所有权而抵押其共有部分，也不得保留管理权而转让专有部分所有权与共有权。然而，管理权又与专有部分的所有权和共有权存在一定的区别。不能简单地将管理权与专有部分的权能等同。[85] 尤其应当指出，只有成为了业主，才能享有管理权，而物业服务企业只有具有管理的职能，但它并不享有业主所享有的管理权，它只是受业主委托，依据合同而行使管理权。当然，业主所享有的管理权的范围也要

---

[80] 黄松有主编：《〈中华人民共和国物权法〉条文理解与适用》，人民法院出版社2007年版，第224页。

[81] J. Barmann："德国住宅所有权法"，戴东雄译，载《台大法学论丛》第13卷第1期。

[82] Bärmann, NJW 1989, 1057.

[83] 参见瑞士民法第712a条和第712b条，奥地利住宅所有权法第1条和第2条，法国1965年7月10日法律的第1条。

[84] 白江："德国住宅楼管理制度之研究与启示"，载《中外法学》2008年第2期。

[85] 段启武："建筑物区分所有权之研究"，载梁慧星主编：《民商法论丛》(第1卷)，法律出版社1995年版，第336页。

受到单独所有权部分的制约，[86]例如，业主在就重大事项投票时，要考虑到其专有部分的面积。

2. 共同管理权是一种私法上的权利

我国《物权法》第 39 条关于所有权权能的规定中并无管理权的规定，那么，管理权是否是一种所有权的权能呢？其性质应如何确定？学者大多认为，管理权是私法上的权利和公法上的权利的结合，具有人法和物法性的因素，[87]笔者认为，管理权仍然是一种私法上的权利。其理由在于：第一，由《物权法》规定的管理权由单独所有权决定，由所有权派生出来，而公法上权利不具有此种性质。管理权是所有权的延伸，是区分所有权的一部分，是确保专属所有权和共有权实现的手段。第二，管理权的内容主要是针对业主的共有财产和共同事务而进行管理。这些事务本质上还是私人事务，所以，不宜由政府干预。根据我国《城市居委会组织法》第 3 条的规定，城市居委会负有办理本居住地区居民的公共事务和公益事业、调解民间纠纷、协助维护社会治安、协助人民政府或者它的派出机关做好与居民利益有关的公共卫生、计划生育、优抚救济、青少年教育等项工作的职能。因此，小区居民也要受到居委会的管理，但是，涉及业主共有财产的维护维修等问题，则是居委会所不能管理的。因此，管理权的实现主要体现为一种财产利益，而不是公法上的利益。第三，正是因为管理权体现的是业主私人的利益，所以，管理权的行使要尊重业主的意愿。例如，业主是否行使管理权，应当由业主决定。管理权不能与专有权和共有权相分离而单独转让，但可以基于业主的共同意思将一部分权利委托给他人行使。第四，在《物权法》中规定管理权，就意味着该权利受到侵害或者有受到侵害的危险时，可以获得《物权法》的救济。

3. 共同管理权是管理共有财产和共同事务的权利

区分所有权中的管理权是法律赋予业主专门管理业主的共有财产和共同事务的权利，这是区分所有权中的一项重要内容。在独门独院的产权模式下，自己管理自己的财产，不会产生共同管理的问题。但在区分所

---

[86] 王泽鉴：《民法物权通则·所有权》，中国政法大学出版社 2001 年版，第 256 页。

[87] 陈华彬：《建筑物区分所有权制度研究》，法律出版社 1997 年版，第 196 页。

有的情况下，各个业主已经形成了一种共同关系。在一栋建筑物内，特别是在一个小区内，区分所有人人数众多，甚至可能是成千上万的人生活在一起，因此，区分所有人因区分所有而产生了共同生活关系，在这种共同生活关系中大家必然要管理大家的共同事务，因此区分所有必然产生对共同事务的管理，为了维护此种共同生活关系的秩序，维护共有财产的安全，有必要由全体业主参与管理，这样就产生了管理权的问题。一方面，管理权需要针对的是共有财产进行管理。小区的共有财产不可能由小区的业主平等占有、使用，除了由业主自行管理物业的以外，不可能由于每个业主实际管理小区的事务，而只能通过业主大会或业主委员会等来实际管理，或者委托有关的物业服务企业或其他管理人对共有财产进行管理。另一方面，管理权要针对共同事务进行管理，这些共同事务包括公共场所的使用、有关物业费的缴纳、禁止滥用专有部分所有权、禁止滥搭滥建等。但这种管理又不是对自己的事务的管理，而是对共同财产、共同事务的管理。这些共同事务如果不能得到妥善处理，显然无法保障小区的和谐。当然，业主行使管理权要通过一定的程序来进行。业主在行使管理权的同时，也要承担相应的义务，例如，在参与管理的同时，也要支付管理的费用。

4. 共同管理权既是权利又是义务

业主参与对共同事务和共同财产的管理，是业主作为专有部分的所有人和共有权人所享有的基本权利，但也是业主的一项义务，因此业主不得抛弃其管理权。业主在参与管理的同时，业主作为共同生活关系的一员，也负有参与共同生活、维护共同秩序的义务。[88] 例如，业主有权参与管理规约的制定，但也负有遵守管理规约的义务；业主有权管理共有财产，但也有义务支付管理费用。[89]

业主行使管理权必须要依据法律、法规和管理规约的规定来具体行

---

[88] 段启武："建筑物区分所有权之研究"，载梁慧星主编：《民商法论丛》（第1辑），法律出版社1995年版，第335页。

[89] 于大水："论建筑物区分所有权中的共同管理权——兼评《中国物权法草案建议稿》中的相关内容"，载《河北法学》2002年第1期。

使。管理权主要针对的是业主们的共有财产和共同事务，但是，业主无法单独、亲自、实际地管理每一项共同财产和共同事务，所以只能通过法律、法规和管理规约规定的方式来行使管理权。一般来说，管理权的行使方式主要有如下几种：一是参与业主大会，行使表决权；二是参与业主委员会，行使管理权；三是共同制定管理规约的权利；四是请求就重要事项召开会议讨论的权利；五是自行管理物业和小区其他事务的权利；六是请求公开与共同事务相关的信息资料。在享有管理权的同时，业主作为团体成员也应当承担相应的义务。例如，业主应当遵守管理规约、接受管理者管理等。对管理规约和业主委员会基于合法程序作出的决定，业主应当遵守。《物权法》第 78 条规定，业主大会或者业主委员会的决定，对业主具有约束力。实际上，这一规定对业主也施加了一种必须遵守该决定的义务。

民商法研究(第四辑)
第231～245页

集体土地所有权研究*

集体土地所有权是目前物权立法中所迫切需要解决的重大课题。所谓集体土地所有权,顾名思义,是指农村集体经济组织对土地所享有的占有、使用、收益和处分的权利。有关农村集体土地所有权涉及的问题很多,有必要对其进行探讨。

一、农村集体土地所有权制度的演变

农村集体土地制度是我国社会主义公有制的重要组成部分,是镶嵌于中国社会结构中的一种重要的制度。① 从历史发展来看,解放初期,由于我国在农村实行土地改革,废除了地主阶级封建剥削的土地所有制,实行了农民土地所有制。1950年颁布的《土地改革法》第10条规定:"所有没收和征收得来的土地和其他生产资料,除本法规定没收归国家所有者外,均由乡农民协会接收,统一地公平合理地分配给无地、少地及缺乏其他生产资料的贫苦农民所有……"自从土改以后,

* 本文原著于1996年,2004年修改。

① 吴次芳、谭荣、靳相木:"中国土地产权制度的性质和改革路径分析",载《浙江大学学报》(人文社会科学版)2010年第6期。

在农村建立了农民个人土地所有权制度。20世纪50年代中期,我国农村开始推行互助组、初级社运动,社员的土地仍然实行私有。在实行初级社时,采用土地入股、统一经营的方式,根据《农业生产合作社示范章程(草案)》规定:社员的土地必须交给农业生产合作社统一使用,社员入社土地的数量和质量;从每年的收入中付给社员以适当的报酬,但土地仍然属于私人所有。由于保留了农民土地的私有,避免了生产资料的所有制突变给生产带来的损失和破坏。然而,自1955年以后,农业合作社步伐突然加快,全国开始迅速建立高级社,自1956年年底,全国大多数省份已基本实现了农业高级合作化。[②] 高级合作社的主要特点是:土地和其他主要生产资料归合作社集体所有,以生产队为基本的劳动组织形式,集体劳动,以社为单位统一计划进行生产,产品归合作社集体占有。根据1956年6月颁布的《高级农业生产合作社示范章程》第13条规定:"入社的农民必须把私有的土地……等主要生产资料转为合作社集体所有。"至此,农村土地的集体土地所有权便已形成了。至60年代我国推行人民公社化运动,土地仍然属于集体所有,但集体所有权的主体也发生了变化。1962年《农村人民公社条例》和《关于改变农村人民公社基本核算单位问题的指示》,确立了"三级所有、队为基础"的体制。所谓"三级所有,队为基础"是指原来生产队范围内社员共同所有的生产资料,如土地以及耕畜、农业机械仍归生产队所有,生产队成为基本的核算单位,而生产大队、公社的土地以及其他生产资料,分别属于各自范围内的社员共同所有,由各自的管理机构分别管理。这就形成了以生产队为基本生产单位的公社、生产大队、生产队三级所有制。

"三级所有,队为基础"的人民公社制度,并没有解决农村土地产权不明确的问题,相反在一定程度上成为产生"共产风"的根源。以至于公社无偿调拨生产队和生产大队的资金和劳动力,大队无偿调拨生产队的资金和劳动力的现象普遍存在,公社无偿征用生产队的土地、山林等行为也时常发生。[③] 公社、大队两级所有的生产资料与社员的实际利益发生了脱

② 王琢、许滨:《中国农村土地产权制度论》,经济管理出版社1996年版,第95页。

③ 王琢、许滨:《中国农村土地产权制度论》,经济管理出版社1996年版,第95页。

节，尤其是集体经济组织采用了政社合一的制度，实际上成为了一级行政机构。广大农民对于生产经营缺乏自主权，不能充分发挥其应有的积极性。加上农村干部在农业生产中的“瞎指挥”，导致了农业生产效率十分低下。自20世纪80年代初期开始，我国对农村的人民公社体制实行了两方面的改革：一方面是实行土地家庭承包制，改变了由人民公社全面集中土地所有权和经营权的现象。通过订立土地承包责任制合同，将承包经营权交给农民，但是土地仍然属于集体所有。[④] 另一方面，采取了政社分设的制度，在农村建立了乡政府和村民委员会以及乡、村合作经济组织。[⑤] 因而80年代以后，农村集体合作经济组织又成为集体土地的所有权代表。

《宪法》第10条第2款规定：“农村和城市郊区的土地，除由法律规定属于国家所有的以外，属于集体所有；宅基地和自留地、自留山，也属于集体所有。”该条规定尽管确认了农村的土地属于集体所有，但并没有明确规定农村土地的具体所有者，也就是说，没有规定农村土地究竟归哪一个经济组织所有，由此留下了一个在法律上亟待解决的问题。1986年的《民法通则》为了解决这一问题，在第74条中明确规定集体所有的土地依照法律属于村农民集体所有，由村农业生产合作社等农业集体经济组织或者村民委员会经营、管理。已经属于乡（镇）农民集体经济组织所有的，可以属于乡（镇）农民集体所有。此后颁布的《土地管理法》进一步补充规定村农民集体所有的土地分别属于村内两个以上农民集体经济组织所有的，可以属于各该农村集体经济组织的农民集体所有。据此，农村集体土地所有权的主体在法律上有三类：（1）村民集体所有，由村农业生产合作社农民集体经济组织或者村民委员会经营、管理；（2）已经属于乡（镇）农民集体经济组织所有的，可以属于乡（镇）农民集体所有；（3）如村农民集体所有的土地已经分别属于村内两个以上农民集体经济组织所有的，可以属于各农业集体经济组织的农民集体所有。上述规定反映了20世纪80年代以来农村改革的现实需要，对改革的经验也作出了总结，同时由于

---

④ 参见朱列玉：“农村集体所有建设用地流转法律问题”，载《法学》2009年第8期。

⑤ 参见顾联璜：“当前我国农村合作经济的几个法律问题”，载《法律适用》1987年第11期。

上述规定主要是对现有的土地权属关系的确认，也就是说，是考虑到几十年土地的占有、所有的情况而作出的较为灵活的规定，因此在实践中是可行的。

然而，《民法通则》、《土地管理法》的上述规定受到了许多学者的批评，其理由是：（1）上述规定并没有确认农村土地应归哪一个农民经济组织所有，从而并没有解决《宪法》第 10 条所遗留的问题。目前，中国农村现有乡镇政府 5.58 万个，村民委员会 74.33 万个，村民小组 500 万个。⑥如果这些组织都是集体所有权的主体，则实际上承认谁实际占有、支配土地便享有所有权。现有规定并没有在法律上说明应由哪一级或哪一个集体经济组织所有，所以没有解决农村集体土地所有权主体模糊现象。（2）由于该规定没有确定哪些农村集体经济组织可以成为农村土地所有权的主体，土地权属的真正代表者究竟是哪个农村经济组织也没有专门的法律文件给予确认。因此，不少地方的集体土地所有权证书尚未发出，导致了集体土地所有权主体的缺位。⑦ 从而导致目前农村集体土地非法转让现象极为严重，造成了耕地大量流失。（3）也有些学者认为，《民法通则》和《土地管理法》的规定是相互矛盾的，因为"政社分开"政策说明乡村行政机构和乡村合作经济组织是两个独立的组织，而法律上土地产权主体却是两个，即《民法通则》将产权赋予行政机构，而《土地管理法》将产权赋予合作经济组织，并且两个法律在产权主体上存在重叠，即既归村委会所有，又归村民小组所有。"这显然是违反产权界定之规律的，'一物二主'必然导致产权运行上的混乱。"⑧笔者认为，上述批评意见虽然都不无道理，但也有值得商榷之处。例如，就《民法通则》和《土地管理法》规定来说，并不存在着矛盾，只不过《民法通则》并没有考虑到村民小组一级对土地享有土地所有权的情况。而村民小组作为最基本的经济组织，其占有和支配土地的现象是非常普遍的，所以，为弥补《民法通则》规定的不足，《土地管理法》第 10 条实际上承认村农业生产合作社或村民小组都可以

---

⑥ 王科景：《中国农村产权制度研究》，山西经济出版社 1993 年版，第 372 页。

⑦ 林可敬："农村集体土地所有制探析"，载《中国土地科学》1993 年第 5 期。

⑧ 王科景：《中国农村产权制度研究》，山西经济出版社 1993 年版，第 357 页。

成为土地所有权的主体。由于《民法通则》和《土地管理法》都承认农村集体经济组织可以成为农村土地的主体，并没有确认行政机构成为土地所有权主体，所以也不违背政社分开的原则。当然应当看到，现行立法并没有十分肯定、具体、明确地规定农村集体土地应归属于哪个农村集体经济组织所有，因而在法律上仍需要完善。

二、农村集体土地所有权主体探讨

由于现行立法并没有明确规定农村集体土地归属于哪一个具体主体所有，因而对农村土地所有权的归属问题产生了各种不同的看法，归纳起来主要有如下几种观点：

（一）国家所有

此种观点认为，为了防止集体土地尤其是耕地的非法转让，加强对农村土地的有效管理，有计划地开发和利用农村的土地，应当将现有的农村集体所有制土地全部转为国家所有。实践中，某些地方已开始通过征用的办法将大部分土地变为国有，效果很好。⑨ 许多学者认为国有化有利于土地资源的开发和保护，有利于国土综合整治、合理开发利用的统一规划和跨区流动，也可以有效地控制乱占耕地的行为的发展。此外，也可以有效地克服承包经营所产生的各种弊端（如对土地经营现代化的妨碍等）。⑩

笔者认为，土地国有化确实有一定的合理性，但实行国有化，将彻底改变土地所有权的归属，甚至改变农村的集体所有制经济的性质，有可能造成社会经济和政治的震荡，而且因难以完全考虑到农民的利益，可能不会被农民所接受。尤其是土地国有化以后，由政府直接与上亿的农户发生承包关系，这对政府来说也是沉重的负担。更何况由政府代替农村集体经济组织作为所有人并不能有效管理和利用好土地，而且，将土地完全集中在政府之手，“无异于把农村中农民的就业压力等社会矛盾，统统由政

---

⑨ 林可敬：“农村集体土地所有制探析”，载《中国土地科学》1993年第5期。

⑩ 温铁军：“我国为什么不能实行农村土地私有化”，载《红旗文稿》2009年第2期。

府包起来,政府将陷入极其被动的处境。”[11]所以国有化的观点是不可取的。

(二)土地私有

此种观点认为,土地的集体所有造成了农民与土地利益的脱离,不利于充分发挥农民投资土地、合理经营的积极性。实行联产承包责任制以后,因土地承包经常调整,造成了土地缺乏长期投资,掠夺化经营非常严重,尤其是土地的集体所有为乡镇、村、组等各级组织向农民的层层摊派提供了基础,而且也为腐败现象制造了温床。许多农村土地的管理者利用职权非法转让、侵占土地的现象十分严重。[12] 而实行土地私有,可以有效地解决这些问题,而且集体土地分给农民,转化为私人所有的土地,又有利于充分调动农民生产积极性,形成对土地有效地投入与积累机制以及农产品长期增产的动因。[13]

应当承认,土地私有确有利于调动农民的生产积极性,也可能解决集体所有产生的弊端,但是土地私有也存在着一些无法解决的矛盾。主要表现在:第一,土地私有必然会造成土地兼并现象。某些贫穷的农民将被迫出卖土地,而少数富裕起来的农民将会成为大量土地的所有者,这不仅会导致严重的两极分化,而且失去土地的农民因缺乏基本生活保障将会形成严重的社会问题,甚至会造成社会的极不稳定。第二,土地私有以后,政府对土地特别是耕地的管理将更加困难。农民从眼前利益考虑,极有可能采用各种方式转让耕地,或将农用地改为非农用地,而国家很难对此种转让作出限制。这种现象必然会导致耕地的大量流失,使我国十分紧缺的耕地资源更为缺乏。

(三)村民委员会所有

此种观点认为,由于现行立法规定的土地所有权主体不明确,从而导致了权属关系模糊和混乱,土地管理处于无序状态。为改变这一现象,应确立农村村民委员会为农村集体土地的所有者。因为村民委员相对于乡、镇和村民小组而言既不是行政机构,也不是最基层的经济组织,由村

---

[11] 王琢、许滨:《中国农村土地产权制度论》,经济管理出版社1996年版,第200页。

[12] 王科景:《中国农村产权制度研究》,山西经济出版社1993年版,第372页。

[13] 秦晖:“十字路口的中国土地制度改革”,载《南方都市报》2008年10月9日。

民委员会来管理可以有效地协调各个村民小组之间的利益。而且，根据《村民委员会组织法（试行）》第4条第3款规定："村民委员会依照法律规定，管理本村属于村农民集体所有的土地和其他财产，教育农民合理利用资源，保护和改善生态环境。"可见，村民委员会拥有所有权是有依据的。⑭

笔者认为，村民委员会可以成为农村土地集体所有权的主体，而且实际上已经成为农村土地集体所有权的主体。但是将村民委员会作为农村集体土地的唯一主体，否认乡镇和村民小组作为集体所有权的主体，这是不妥当的。其原因在于，一方面，自20世纪60年代以来我国实行人民公社化，形成了"三级所有，队为基础"的体制，而80年代的农村改革并没有根本否定这一三级土地权利主体的制度。如果完全改变这一产权格局，不仅在实践中难以推行，而且可能导致无数难以解决的纠纷的发生。另一方面，村民委员会相对于乡镇和村民小组而言，其作为土地所有权的主体未必更为合理。例如，村民委员会与村民小组相比，显然不具有村民小组作为主体的优势。村民小组作为土地所有权的主体，可以进一步密切土地与农民利益之间的关系，而且村民小组相对于村民委员会可以更有效地利用和管理土地。所以笔者认为，在目前的情况下，不宜单纯地以村民委员会作为唯一的土地所有权主体。

（四）总有说

此种观点认为应借鉴"总有"制度来建立集体土地所有权关系。所谓总有，最早产生于日耳曼法，是指不具备法人资格的团体以团体的资格共同所有某项财产的形式。根据总有来确认集体土地所有权，意味着要将土地视为全体集体组织的成员集体所有，每个成员享有使用与利用的权利，同时这些权利与成员的身份有密切的联系。因为我国农民集体土地所有权实际上是多数人共同的所有权，⑮而总有的形成适合于农民集体所有权，在于它把集体利益与其成员的利益有机统一在一起。由于总有成员对于总有财产的应有份并不具体划分，永远属于潜在份，不得要求分

⑭ 栗雅健："论发展市场经济与农村土地产权关系的改革"，载《中国土地科学》1994年第3期。

⑮ 韩松："我国农民集体所有权的享有形式"，载《法律科学》1993年第3期。

割、继承或转让，这适合于维护集体所有制的巩固和发展。[16] 笔者认为，此种看法确有一定的道理，通过总有制度有利于进一步强化农民对土地的密切关系，促使农民合理地利用和保护土地；同时，由于农民对土地不享有单独的所有权，这样单个农民也无权处分土地，从而有利于政府对土地的管理，防止出现土地兼并现象。不过，这种观点认为，要将土地全部确认为村民小组所有，这样一来要改变现有的土地占有、所有关系，在现实中操作起来是十分困难的。

笔者认为，集体土地所有权主体问题十分复杂，由于广大农村普遍存在着地少人多、耕地紧缺的矛盾，各地发展很不平衡，也存在着许多历史遗留下来的问题。因此对集体土地所有权主体的确认应十分慎重。

现行立法在确认集体所有权主体时，使用"农民集体所有"和"农村集体经济组织所有"两个概念，那么这两个概念的内涵是相同的还是表示两个不同的主体呢？笔者认为，农民集体所有实际上是从所有制关系的角度来界定土地所有权的，也就是说，农民集体所有实际上是指集体所有，它是与全民所有的概念相对应的。但农民集体对土地的所有要具体表现为各个独立的集体经济组织所有，这些集体经济组织都是指由个人联合起来的具有法人资格的组织，每个组织才是集体所有权的具体的主体。所以，农民集体与农村集体经济组织并不是两个不同类型的主体。但是从确定所有权的法律主体上说，显然，"农民集体经济组织"的提法应比"农民集体所有"的提法更为科学。问题在于，应由哪个农民集体经济组织所有呢？这就涉及《民法通则》第 74 条和《土地管理法》第 10 条规定的合理性问题。笔者认为，尽管这些规定造成了集体土地产权的主体众多，并可能引起像一些经济学家所担心的"土地产权运行层次多、成本费用高的状况"，[17]但它毕竟反映了农村土地支配的现状。特别是由于中国各地农村的状况各不相同，历史遗留问题很多，法律不可能只是简单地规定某一类土地所有权主体而否定其他主体。现行立法规定的这三类主体对土地的所有各有特点，法律上不能够简单地肯定一个主体而否定其他主体，

---

⑯ 韩松："我国农民集体所有权的享有形式"，载《法律科学》1993 年第 3 期。

⑰ 王科景：《中国农村产权制度研究》，山西经济出版社 1993 年版，第 374 页。

从这点上说,现行立法并没有回答应将土地产权归属于哪一类主体的问题,也是必要的。

现行立法是否导致产权模糊和混乱呢?笔者认为,从法律上看,问题似乎没有那样严重。因为现行立法的规定是承认实际的占有和支配土地的状况,这种实际的占有、支配土地的格局经过几十年的发展已实际形成。例如,乡镇支配的土地主要是乡镇企业、乡镇机构等所占有的土地。笔者认为,如果在乡、镇村民委员会和村民组之间发生产权纠纷,应当考虑到历史上对土地的支配状况,现实上对土地占有的状况,尤其要从有利于维护耕地及有效率地利用土地方面考虑来解决各种纠纷。如果根据上述标准仍难以解决纠纷,则原则上应确认土地归村民小组所有。因为作为一类集体经济组织,村民小组相对于乡镇和村集体组织而言,规模较小。村民小组作为土地的所有人有利于密切农民与土地的关系,同时减少土地占有关系上的行政色彩,使直接使用土地的农民合理、有效地使用土地。

在确认集体土地所有权主体的时候,笔者认为应充分考虑到集体经济组织成员对集体的权利和义务。在任何一个农村集体经济组织内部,每一个成员与集体是不可分割的,集体土地所有权的享有和行使应当是集体成员个人意志和集体意志的统一,任何一个集体经济组织的负责人不能将其个人意志凌驾于集体成员的意志之上,不能仅凭其个人意志而处分集体土地所有权;同时,从利益关系的角度来看,集体所有的土地必须与集体成员的个人利益有着密切的联系。这并不是说,要将集体土地划分成各个份额归每个农民所有,但法律应当规定集体土地所有权所生的利益应由全体成员共同享有,集体经济组织成员对集体土地所有权的行使及收益的分配应实行民主管理的方式。只有这样,才能密切农民与土地的关系,使其自觉维护集体的土地,并能有效利用和管理土地。

从实践来看,为了有效地解决土地所有权权属不清的问题,当前应当认真搞好土地登记工作。笔者认为,农村土地登记应当包括两个方面:一是对土地所有权主体的登记,应当将各个作为集体土地所有权主体的集体经济组织,无论是乡镇还是村民委员会、村民小组都应当在登记机关登记注册，凡是属于村民小组所有的，应当登记为某一个村民小组所有而不能由村民委员会代替各个小组登记；二是要在认真测量的基础上，明确土地的边界，使每一块土地在登记中都不会发生遗漏或发生边界不清的情况。

还应当看到，根据《土地管理法》第8条，城市市区的土地属于全民所有即国家所有。这一规定原则上是《宪法》第10条规定的具体化。但在实践中，集体所有土地与国家所有土地的界限仍有不清楚的地方。在我国现行的城镇建制条件下，城市土地范围十分广泛，根据《城市规划法》第3条的规定：城市是指国家按行政建制设立的直辖市、市、镇。据此可见，城市的土地包括直辖市、地级市、县级市以及县城所有城镇市区的土地。[18] 但事实上，在城市的范围内，也存在着许多历来由农村或城市集体经济组织所有的土地，特别是随着城市的发展，老城市市区的范围不断扩大，而原集体所有的土地又并没被完全征用，这就出现了在城市范围仍然存在集体所有土地的情况。尤其是我国城市范围还包括建制镇，而镇所辖的土地往往属于集体所有，所以不能简单地宣告凡是城市市区的土地均属于国家所有。这就表明，在城市中，国家所有与集体所有并存的情况下，我们一方面应加强土地登记工作，以明确土地所有权的归属；另一方面在物权法中应规定，在城市中存在的集体所有土地仍然应当由集体经济组织所有，而不能简单将其宣布为国有。

三、集体土地所有权与集体组织成员权

我国集体土地所有权作为劳动群众共同所有的法律形式，本质上应当由集体成员集体所有，各类集体经济组织只是代表集体行使所有权。因此，明确集体土地所有权的法律性质，应当认可集体组织的成员权并明确其具体内容。既然集体成员对集体财产享有共同的支配权、平等的民主

---

[18] 钱明星：《物权法原理》，北京大学出版社1984年版，第187页。

管理权和共同的收益权；集体的财产只有在法律上确认成为集体所有，才能密切集体成员和财产之间的关系，防止集体组织的负责人滥用集体的名义侵吞集体财产或者损害集体成员的利益。农村集体土地所有权本质上应当是劳动者在共同占有生产资料的基础上实行民主管理，走向共同富裕的财产形式，只有落实集体组织内部的民主管理，才能真正调动农民的积极性，促进集体经济稳步发展。而且，考虑到集体土地所有权的主体过于抽象，集体成员享有成员权可以在一定程度上克服该弊端，从而符合市场经济的要求。

所谓成员权，是指集体经济组织成员依据法律和章程对集体经济组织的财产权的行使和其他重大事务处理所享有的管理权以及收益分配权等权利。成员权也是从集体所有权之中派生出来的权利，没有集体所有权就没有集体成员权，二者是辩证统一的。[19] 集体组织成员权具有如下特点：第一，此种权利是依据法律和章程的规定所享有的。除法律规定之外，成员权也可以依据成员之间的章程确定。集体所有权是成员权产生的基础。[20] 第二，此种权利是一种民法上的权利，而不是公法上的权利。农村集体组织的成员权究竟是民事权利还是宪法权利，在法律上值得探讨。《村民委员会组织法（试行）》第2条规定："村民委员会是村民自我管理、自我教育、自我服务的基层群众性自治组织。"该法中规定了有关村民的权利，包括村民对集体经济组织的财产予以管理的权利等。但笔者认为，集体经济组织成员对集体土地所享有的成员权与公法上所确认的有关公民的权利还是有区别的，因为该成员权本质上是一种私法权利，与财产利益密切结合在一起。如果造成对管理权的侵害，受害人可以提起民事诉讼以保护自己的民事权利。所以，笔者认为，农村集体经济组织成员权不是公法权利，从内容上来看，其是一种管理财产并获取收益的权利，是一种私权。第三，成员权只能由集体经济组织的成员所享有。它是以身

---

[19] 韩松："农民集体所有权和集体成员权益的侵权责任法适用"，载《国家检察官学院学报》2011年第2期。

[20] 韩松："农民集体所有权和集体成员权益的侵权责任法适用"，载《国家检察官学院学报》2011年第2期。

份为基础的权利。成员权是伴随农村集体所有制的确立而形成的一项与农民集体成员身份密切相联的特殊权利。[21] 它类似于建筑物区分所有中的共同管理权,是一种财产及身份二要素合而为一的法律关系。之所以认为它是一种财产权,是因为它是对财产的支配、管理和收益分配的权利,同时,成员权的行使又可以给成员带来一定的财产利益。之所以说它是具有人身性质的人身权,因为只有成为该组织的成员才享有该权利。正因为它是一种人身性质的权利,所以此种权利既不能够继承,也不能够转让,更不能够被强制执行。第四,它是集体成员所享有的专属性权利。成员权可以随成员资格的移转而移转,但一般不能继承和转让。当然,成员权中的具有财产性质的权利,如利益分配请求权,如果已经实现,就转化为债权,从而可以单独地转让或继承。[22]

问题在于,集体组织成员权的具体内容如何?笔者认为,集体组织成员应当享有如下几项权利:

(一)民主管理权

要落实集体土地的所有权,就必须强调成员的民主管理,尤其是参与重大事项的决策。农村集体经济组织管理权在行使方面具有平等性、民主性。既然农村集体财产属于集体成员共同共有,因此,集体成员就有权对集体财产加以民主管理。集体成员的民主管理权主要体现为对集体经济组织重大事项的决定权,如在土地承包方案以及将土地发包给本集体以外的单位或者个人承包、个别土地承包经营权人之间承包地的调整以及土地补偿费等费用的使用、分配办法等。在法律上,应当明确集体组织成员民主管理权的行使程序。这有利于规范经济经济组织成员民主管理权的行使,防止集体经济组织负责人滥用职权侵害集体成员的利益。

(二)监督权

所谓监督权,是指集体经济组织成员监督集体经济组织的财产使用及政务管理情况的权利。为了维护集体经济组织成员的共同利益,组织成员应有权对集体经济组织进行监督。从实践来看,一些集体经济组织出

---

[21] 王瑞雪:“关于成员权及其退出问题的探讨”,载《调研世界》2006年第10期。

[22] 吴兴国:“集体组织成员资格及成员权研究”,载《法学杂志》2006年第2期。

现其负责人等损公肥私、滥用管理权等现象，正是组织成员的监督权没有得到充分保障所造成的。

（三）知情权

知情权主要是指集体经济组织成员有权了解集体土地的管理状况、有权查阅相关的账簿等。知情权属于广义上的集体组织成员监督权的范畴。但笔者认为，知情权也具有独立的意义和价值，应当成为独立于监督权的权利。[23] 知情权的内容是指集体经济组织成员有权了解集体财产的管理、使用等情况的权利，如查阅账簿、咨询等权利。集体经济组织或者村民委员会、村民小组应当依照法律、行政法规以及章程、村规民约向本集体成员公布集体财产的状况。

（四）在集体土地遭受侵害时，请求予以保护的权利

在集体土地遭受侵害的情况下，集体成员有权推选代表人向法院提起诉讼，请求行为人返还财产、停止侵害、排除妨害、恢复原状、赔偿损失。实践中，在集体土地遭受侵害时，由于法院常认为单个集体组织成员不具有诉讼主体资格，因此，单个集体组织成员很难诉请行为人承担民事责任。如果确认了集体组织的成员权，则集体组织成员可以基于其成员权向法院提起诉讼，请求不法行为人承担民事责任，这有利于保护集体财产不受侵害。

从诉讼法的角度看，在集体土地遭受侵害时，集体经济组织成员所提起的诉讼在性质上属于代位诉讼，即在集体土地受到侵害时，每一个集体组织经济成员都有权以保护集体利益为由向法院提起诉讼。[24] 当然，集体经济组织成员提起诉讼时，不能以自己的名义，而应当以集体经济组织的名义提起诉讼，因此获得的赔偿也应当归属集体所有。

（五）收益分配权

集体土地所有属于公有的范畴，集体组织成员有权依据法律和章程的规定请求分享收益。一是集体成员对集体财产的享用权，如从集体的公

㉓ 王振清、胡华峰："土地知情权保护若干问题探讨——以政府信息公开制度下个人土地权益的保护为视角"，载《法律适用》2010 年第 6 期。

㉔ 吴兴国："集体组织成员资格及成员权研究"，载《法学杂志》2006 年第 2 期。

共水利设施取水的权利;二是集体成员对集体财产的经营权。例如,就农村集体所有而言,其成员享有分配征地补偿款的权利。一般认为,成员所享有的收益分配权属于自益权的范畴。[25] 农村集体经济组织的成员有权决定土地补偿费等费用的使用、分配办法,并有权依照法律或章程的规定分享集体财产收益。笔者认为,该收益分配权可以继承,但由于管理权具有一定的人身属性,所以原则上不能随意转让。集体组织成员对于集体组织出让或出租的财产,在同等条件下享有优先受让权和优先承租权。

(六)撤销权

所谓撤销权,是指集体经济组织及其负责人作出的决定侵害了集体成员的合法权益,受侵害的集体成员可以请求法院予以撤销。撤销权的行使应当符合以下条件:一方面,撤销权的主体必须是受侵害的集体经济组织成员。换言之,并不是任何集体经济组织成员都可以享有撤销权,有权提出撤销的只能是实际遭受损害的成员。由此可见,请求撤销的权利人不能够以维护集体利益的名义提出撤销,而只能以维护自身的利益为由而请求撤销。另一方面,撤销权的客体是集体经济组织、村民委员会或者负责人作出的决定。也就是说,不是所有的决定都能够被撤销,此处所说的撤销的对象,必须是针对集体经济组织、村民委员会或者其负责人作出的决定,才能提出撤销。所谓"决定",包括两种情况:一种是具体组织的负责人个人作出的决定,另一种是以集体名义作出的决定。这两种决定只要侵害了成员的合法权益,都可以请求撤销。其次,必须是该决定侵害了集体成员的合法权益,也就是说,判断某一决定是否违法,主要要从结果上考察是否侵害了成员的合法权益。例如,某个负责人决定将征地款只在部分人之间发放,从而导致另一部分成员的合法权益遭受损害;再如,决定将承包地进行调整,导致被调整的人的权益受到侵害。

在集体组织中,当确立了集体组织成员权以后,成员的利益将与集体组织的利益密切联系,这必然会面临如下问题,即如何确定集体组织的成员资格?例如,有人世代生活在某个村子里,但后来进城当了工人,其是

[25] 吴兴国:"集体组织成员资格及成员权研究",载《法学杂志》2006年第2期。

否还属于集体组织的成员？而外村的人有可能进入到本村承包一块土地，其是否有可能成为集体组织的成员？笔者认为，物权法中具体规定集体成员的资格问题是不必要的而且也十分困难，但物权法可以通过规定一定的期限来界定成员的资格问题。如物权法可以规定，加入集体组织的成员自加入之日起，享有成员权，而退出集体组织的成员自退出之日起满1年，成员权消灭。通过此种规定，可以在一定程度上解决确定成员资格的难题。

民商法研究(第四辑)
第246～259页

典权性质探讨*

典权是中国习惯法所固有的一种物权类型,为中国所独有。从实践来看,典当行业迅猛发展、方兴未艾。但是,典当行业中所说的"典权"与传统上的典权有哪些区别,则值得探讨。在当前,如何认识典权的性质,并在相关法律法规中予以规范,是一个急需解决的问题。本文拟对此谈几点看法。

一、典权是我国习惯法上的用益物权

典权制度是我国特有的法律制度。典权一词有两种含义,广义上的典权,其标的不限于不动产,也包括动产在内。民间所用的典当、典质是从广义上来理解典权的。而狭义上的典权,其标的仅限于不动产,是指典权人支付典价而占有出典人的不动产,并进行使用和收益的权利。从新中国成立以来政府和司法部门颁发的有关政策、法规及司法解释来看,我国法律和政策

---

* 本文原著于1996年,修改于2004年。

所认可的典权指狭义的典权。①

典权作为一种物权，与其他物权相比，具有如下法律特征：(1)典权是支付典价而设定的物权。这就是说，典权人只有支付典价给出典人，才能占有使用出典人的不动产。就典价的性质而言，学界有不同看法。笔者认为，典权人获得典物并使用收益，需要支付一定的典价；出典人获得典价，而不向典权人支付利息，以此弥补其因丧失对典物的占有、使用所致的经济损失。从这个意义上讲，典价具有对价的性质。此外，由于出典人将不动产出典，主要是为了在保留所有权前提下筹措一定的现款，所以典价又具有融资贷款的性质。(2)典权需要移转占有。出典人必须将典物移转给典权人占有。当然，在特殊情况下，当事人双方也可以通过协议而约定不移转占有。② (3)典权人对典物有权使用收益而不付租金，同时典权人有权将不动产出租，但租期必须在原典期以内。典权人使用、收益出典人的房屋，不得侵害出典人的利益。

关于典权的性质，即典权究竟属于何种性质的物权，学术界一直存在分歧，归纳起来主要有三种观点：

第一，用益物权说。此种观点认为，典权从定义上说，是典权人以支付典价而占有他人不动产，并进行使用收益的权利，所以，典权人取得典权的目的就在于对典物进行使用和收益。典权人不仅可以对典物进行使用、收益，还可以对典物出租、转典，可见，典权人使用、收益的权利范围极为宽泛。尤其应当看到，典权是主权利，而并非如担保物权那样属于从权利。正如黄佑昌先生所指出的："典权为主物权，非从物权，其权利之自身，恒因物之关系而存在。换言之，因物而产生典之关系，绝非先有或别有何种法律关系(债之关系)始能发生典权。故以典权属于担保物权之分

---

① 如1950年9月中央内务部颁发的《关于土地改革地区典当土地房屋问题的处理意见(草案)》明确提及典权标的为土地、房屋；1952年7月最高人民法院、财政部、司法部联合发布的《同意西南财政部规定的房地产典期届满后逾10年未经回赎得申请产权登记的意见的联合通令》所指的典权标的是指房地产。土地实现公有化以后，有关法规和司法解释将典权的标的均限定为房屋。

② 郑玉波：《民法物权》，台湾三民书局1992年版，第142页。

类中者,实大谬也。”[3]

第二,担保物权说。此种观点认为,出典人将其不动产转移给典权人占有使用,是为了取得典价,典价具有借款性质。在典期届满以后,要将典物回赎。回赎具有清偿债务的性质。而典权的设立具有担保典价偿还的功用。[4] 我国台湾地区著名学者史尚宽先生认为:如果将典权作为纯粹的用益物权,则很难解释回赎权。因为如果以典价作为设定典权的对价,那么典权消灭时,应该没有返还对价义务,所以于回赎时令出典人返还典价,实际上具有清偿债务的性质。典权的设立就是为了担保典价的返还。[5]

第三,双重权利说。此种观点认为,典权兼具用益物权和担保物权的性质。一方面,典权确具有用益物权的性质,因为典权的主要特点在于,典权人可以占有他人的不动产并进行使用、收益;另一方面,典权亦具有担保物权的性质。其主要根据在于:在我国法制史上,典与质并无严格的区别。民间运用出典方式,主要是为了通融金钱而出典田屋,可见,它确有借贷担保的性质。我国历史上一直不存在抵押权制度,而典权制度确实起到了不动产担保物权的功能,即使在现代社会,虽然抵押权制度发挥着重要作用,但典权的担保作用仍然存在。[6]

笔者认为,上述几种观点各有道理,但相较而言,典权主要具有用益物权性质。其理由在于:

第一,从典权的性质上说,典权是指典权人支付典价,占有出典人的不动产,并对其进行使用、收益的权利。其重要特征在于:一方面,典权设立以后,典物要移转占有;也就是说,出典人必须将其出典的不动产移转给典权人占有。另一方面,典权人对出典的不动产有权进行使用和收益,而不付租金。典权人享有的对典物进行使用收益的权利范围极为广泛,其不仅可以自己占有使用典物,还可以通过出租、转典等方式而将典物交由

③ 黄佑昌:《民法物权诠解》,台湾 1961 年版,第 363 页。

④ 董开军:《债权担保》,黑龙江人民出版社 1995 年版,第 267 页。

⑤ 史尚宽:《物权法论》,台湾荣泰印书馆 1957 年版,第 392 页以下。

⑥ 张龙文:“典权与外国不动产质权之比较研究”,载郑玉波主编:《民法物权论文选辑》,台湾 1984 年版,第 981 页。

他人使用。此外,典权人还可以将典物用于从事生产和经营等活动。这些都不是担保物权所具有的特点。因为在设立担保物权时,如果设定质权,其一般要发生占有的移转,但质权人对其占有的财产依担保法并不享有使用权,更不享有收益权。如果设定抵押权,则一般并不移转占有。⑦ 即使当事人特别约定移转占有,抵押权人也无权对抵押物进行使用、收益,即抵押权人并不享有对抵押物的用益权。

第二,担保物权作为从权利,其存在必须以主债权的存在为前提,但典权作为主权利,并不以所谓主债权的存在为前提。正如郑玉波先生所指出的:“虽典权人对出典人亦有一定金额的支付,但此种给付乃典权之对价,并非缔结借贷契约,以作成一债权,而非以典物为担保,故斯须给付不曰借款,而名为典价;出典人之回赎,不曰清偿债务,而曰回赎典物。”⑧

第三,尽管典权在历史上确实发挥过担保物权的作用,但随着抵押权制度的产生和发展,典权制度的担保作用已逐渐丧失。如果典权人设立典权的目的是保证典价的收回,则其在占有出典人的不动产的同时也应对之承担管理、维护的责任,并应负典物因不可抗力而损毁的风险。同时,较之于不动产的抵押方式,因为出典人将要移转对典物的占有,无法再对典物进行使用、收益。相反,这种权利转归了典权人,这对于出典人来说,无疑是一种损失。假如可以通过不动产抵押的方式获得相当于典价的借款,则出典人根本不必要移转典物的占有,而可采用抵押制度。当然,设定典权借款,也是一种融资方式,但此种方式显然不如抵押对借款人更有利。由此可见,典权设定的主要目的不在于担保借款。

第四,将典权作为担保物权,很大程度上是没有区分典与当的不同特点。正如郑玉波先生所言:典字本有两种含义:一谓典当之典;一谓典卖之典。前者具有担保之性质,演进为今日民法上之质权及典押当营业之典。而典卖则有类似买卖之性质,演化为今日的典权制度。⑨ 在实践中存在的典当业,也并非设立典权。有关典与当的区别,容后再论。当然,在

---

⑦ 参见《担保法》第33条、第34条。

⑧ 郑玉波:《民法物权》(第2卷),台湾三民书局1986年版,第139页。

⑨ 郑玉波:《民法物权》(第2卷),台湾三民书局1986年版,第138页。

民间确有人因经济困难、融通金钱而出典房屋,但不能据此认为典权就是担保物权。正如有的学者所说:具有资金融通功能的法律制度,并不仅限于担保物权,除此之外诸如借贷、租赁、租卖、卖出租回、融资租赁等,均具有融资功能。[⑩]

总之,笔者认为,典权在性质上是一种用益物权。尽管其具有某些担保物权的功能,但此种功能是次要的,不能改变其主要为用益物权的性质。由于典权是我国习惯法上的物权类型,长期以来为我国社会所接受和认可,在资金融通中发挥了独特的作用,所以我国物权立法应当承认此种他物权,这能够体现我国物权立法的中国特色。

二、典权不属于担保物权

在我国物权法的制定过程中,对是否应当规定典权制度问题,存在不同的观点。赞成说认为,典权是我国固有法上的制度,而且,在新的历史条件下,其能够发挥独特的作用。因此,有必要在物权法中作出规定。反对说认为,典权制度适用的范围过于狭小,不必要将其作为一项独立物权;尤其是典权与抵押权和不动产质权极为相似,可以用后两种制度代替典权。笔者认为,典权作为一种物权类型,其在性质上与抵押权和质权存在明显区别,不能为后者所代替。

(一)房屋典权不同于抵押权

抵押权是指债权人对于债务人或者第三人不移转占有而提供担保的财产,在债务人不履行债务时,依法享有的就担保的财产变价并优先受偿的权利。一些学者认为,典权尽管是我国固有法中的一项内容,体现了我国的民族习惯,但自新中国成立以来,尤其是消灭了土地私有制以后,典权已经在现实中极少的采用。作为一种融资方法,典权也不如抵押合理。与其将房屋出典而获得典价,不如将房屋设定抵押以获得更多的借款。

---

⑩ 李琬丽:"中国典权法律制度研究",载梁慧星主编:《民商法论丛》(第1卷),法律出版社1995年版,第383页。

在很多情况下，典权也可以为抵押权所替代，笔者认为这一观点并不完全妥当。从法律上看，传统的典权并不同于抵押权。

诚然，在废除了土地私有制以后，土地典权在我国已不再存在，但典权制度仍有一定的合理性，以房屋的典权为例，出典人就其所有的房屋设定典权，通常是出于融资的需要，如果出典人不愿意将该房屋出让，又急需资金，则可以通过将该房屋出典的方法获得一定的资金，即典价。从融资的角度看，尽管典价可能比从银行获得的借款要少，但典权的确有与抵押权类似的功能。但典权具有不同于抵押权的特点，主要表现在：第一，抵押权的设定可能导致房屋所有权的移转。因为如果以房屋设定抵押，则在债务到期以后，如果债务人不能清偿到期债务，担保物权人就有权行使抵押权，处分抵押财产。但是在设立典权的情况下，典权人享有回赎权，只要典权人没有抛弃回赎权，典物就不会发生所有权的移转。由此可见，典权的设定能够使所有人继续保持对房屋的所有权。这是抵押权所不能代替的。从实践来看，出典人之所以设定典权，大多数因为其出于各方面的原因考虑，不愿意转让典物的所有权。第二，典权不仅仅具有融资的功能，其还具有用益的功能。在设立抵押权的情形，抵押物仍由抵押人继续占有，抵押权人无法对抵押物进行使用、收益；而在设立典权的情形，典物将发生占有的移转，即出典人不再占有典物，而应当由典权人行使对典物的占有、使用和收益权。因此，典权还具有用益的功能，有利于充分发挥物的使用效能。如某人的房屋暂时闲置（例如公民因为出国留学，房屋空闲），该公民以其房屋设立抵押，房屋仍然由自己占有，也会造成房屋的闲置，但如果将该房屋设立典权，则由典权人行使对该房屋的占有、使用和收益权，从而能够充分发挥对该房屋的利用效率。第三，通过抵押借款尽管能够从借款人处借得比典价更高的款项，但债务人对借款要支付利息，如果以房屋设立典权，出典人获得典价，典价通常要低于房屋的卖价，而且可能大大低于借款的数额，但出典人对典权人交付的典价无须支付利息。

（二）典权不同于不动产质权

所谓不动产质权，是以不动产为标的所设定的质权。该制度在法国和日本民法典中有明确的规定。[11] 德国法上,“不动产质权就是对不动产的物上变价权,即当约定的价金未得到自愿支付时,权利人以强制拍卖或者强制管理的方式处置该不动产并从所获得的收益中受偿”。[12] 典权和不动产质权的主要区别表现在:(1)不动产质权在性质上属于担保物权,它以担保债权为目的,确保债权人金钱债权的实现,因此,此种权利从属于主债权;而典权是用益物权,它以使用收益典物为目的,该权利并不具有从属性,而是一种具有独立性的物权,其不依附于任何其他权利。(2)在不动产质权中,出质人对于原债务仍负有责任。如果质物的价格因各种原因降低,不足以清偿债务时,出质人仍负有清偿责任。而典权人则不负有此种义务。[13] (3)在不动产质权关系中,质权人只能请求债务人或出质人清偿债务,而无权取得质物的所有权。如果债务人不能清偿债务,质权人只能将质物拍卖,就卖得的价金而优先受偿。[14] 所以,在德国法中,不动产质权是一种变价权。[15] 但对典权而言,并不存在变价的问题,在典权关系中,出典人就典物享有回赎的权利。如果到期不能回赎,典物将归典权人所有。此外,出典人大多是经济上的弱者,若典物价值减少时,他可以抛弃回赎权;若典物价值上涨时,如无能力回赎,他则有找贴的权利。这也符合几千年来我国民众所遵循的扶危济贫的道德观念。

三、典权不同于“买回”和租赁关系

(一)典权不同于“买回”

典权也不同于买回合同。所谓“买回”,是指在不动产买卖合同中,双方附有买回的特别规定,到一定期限以后,出卖人将以已经受领的价金或

---

[11] 参见《日本民法典》第356条、《法国民法典》第2091条。

[12] [德]曼弗雷德·沃尔夫:《物权法》,吴越等译,法律出版社2000年版,第358页。

[13] 史尚宽:《物权法论》,台湾荣泰印书馆1957年版,第393页。

[14] 郑玉波主编:《民法物权论文选辑》(下),台湾五南图书出版公司1984年版,第994页。

[15] [德]曼弗雷德·沃尔夫:《物权法》,吴越等译,法律出版社2000年版,第358页。

以约定的价金买回已出卖的不动产。买回与典权制度中的回赎权极为相似。笔者认为,以买回代替典权中的回赎,不利于对出典人的保护。主要原因在于:一方面,在出典人出典后典物的所有权并未移转,典权人只是取得了典物的占有使用权,但在买回关系中,则需要移转标的物的所有权。这就是说,在出卖人买回标的物之前,出卖人对出卖标的物已丧失了所有权,标的物所有权已移转给买受人,出卖人买回其标的物乃是重新取得所有权。所以,以买回代替典权实际上否定了出典人的所有权。另一方面,典权在性质上是一种物权,可以对抗第三人。典权关系中所包含的回赎权,不是约定的,而是法定的权利,出典人可以行使,也可以抛弃该项权利。出典人回赎的目的是消灭典权对所有权的限制,一旦回赎,典权关系消灭。而买回权在性质上则是一种债权,只能在买卖当事人之间发生效力,不能对抗第三人,权利内容也完全由当事人约定。[16] 如果以买回代替典权,实际上将出典人的物权转化为债权。这不利于对出典人的保护。

(二)典权不同于租赁

租赁是指当事人一方(出租人)将自己的财产交付他方(承租人)使用,他方为此支付约定的租金,并在租赁关系终止后返还原物的协议。典权与租赁具有一定的相似性,二者均需要移转标的物的占有,而且另一方当事人均有权对标的物进行使用、收益。但二者仍存在如下区别,主要表现在:

第一,性质不同。租赁是一种合同关系。应当看到,租赁权存在物权化的趋势,例如,出租人将租赁物的所有权让与第三人后,原租赁合同对新所有人继续存在,新所有人必须尊重承租人的合法权益,承认租赁合同的效力。但租赁本质上仍属于债权。而典权在性质上属于用益物权,典权人所享有的权利具有物权的效力。不过,我国物权法采物权法定原则,并未承认习惯法上的物权,典权作为一种物权,还需要通过法律加以确认。

第二,权利内容不同。与租赁相比,尽管租赁是一种比较常见的使用他人房屋的方式,但承租人通过租赁而对房屋享有的权利是有限的,例

---

⑯ 李群生等:《中国物权法》,成都科技大学出版社1992年版,第384页。

如,承租人不得擅自转租,租赁的房屋必须要按照规定的用途使用,未经出租人同意,不得将租赁权整体转让。但是,在房屋出典的情况下,典权人则对典物享有较为广泛的权利,对典权人在典权存续期间,有权将典物出典给他人,也有权将典物出租或将典物转让给他人,还可以将典权设定抵押权。这些权利显然不是租赁权所能包括的。⑰

第三,修缮义务的负担不同。从本质上讲,租赁权是债权,而不是用益物权,因为其支配力比较低。在出租的情况下,承租人和出租人之间形成合同关系,房屋虽然由承租人占有,但出租人仍然要负有修缮的义务以及其他义务,但在房屋出典以后,出典人对该房屋就不再负有修缮等义务,除非是因为不可抗力使典物发生毁损灭失,需要修缮或重建的,典权人有权要求出典人返还适当的修缮费用,但在一般情况下出典人并不负有修缮义务。

第四,期限不同。租赁期通常较短,在租期届满以后,出租人还要寻找新的承租人,如果租期较长,承租人将房屋转租给他人,对出租人来说,因对次承租人不了解,也会产生一定的纠纷。但是在将房屋出典以后,当事人之间的关系就比较简单,出典人将房屋交付给出典人以后,房屋就由典权人长期占有,出典人也不必再去寻找新的典权人。

第五,费用支付不同。承租人交付租金通常是分期分批交付,而不是一次性交付,这样当事人也难免为租金的支付发生争议。而出典以后,典权人一次性地交付典价,这样当事人就不必再为典价发生争议。

第六,设立目的不同。承租人同出租人订立租赁合同的目的主要在于对标的物进行使用、收益,而在典权存续期间内,虽然典权人有权对标的物进行使用、收益,但当事人设定典权的主要目的在于融资。

---

⑰ 眭鸿明、解维克、丁璐:“回归习惯法视野的典权制度与物权法定”,载《理论月刊》2010年第12期。

四、典权与典当存在区别

所谓典当,是指当户将其动产、财产权利作为当物质押或者将其房地产作为当物抵押给典当行,交付一定比例费用,取得当金,并在约定期限内支付当金利息、偿还当金、赎回当物的行为。[18] 在我国,典当已经成为一种重要的融资方式,其特点在于以实物占有转移为担保形式,为中小企业和个人获取临时性贷款提供担保。自 1984 年我国出现了第一家典当行以后,典当业在各地迅速发展,由于在实践中,中小企业经常面临融资难的问题,通过典当的方式为中小企业及时获取融资提供了极大的便利。

但如何认识典当的性质,在学界仍存在争议。一种观点认为,典当是一种质权,它是指债务人或第三人将其动产移交债权人占有,将该动产作为债权的担保。债务人不履行债务时,债权人有权依法以该动产折价或者以拍卖、变卖该动产的价款优先受偿。有学者认为,典当之典,“具有担保之性质,演进为今日民法上之质权及典押当营业之典”。[19] 也有学者认为,典当是借款人提供质押品的价值和打折扣率,贷放现款,定期收回本金和利息的经营行为。[20] 典当业“以实物或有价证券作为抵押,向典当行借贷资金,到期后还贷赎回原物,变死钱为活钱”。[21] 另一种观点认为,典当关系也不是质押关系,而只是一种债的关系,因为当铺并不享有优先受偿权,[22]如当物人到期不归还当价,当铺将直接以物抵债,取得当物的所有权。从实践来看,典当通常是公民和法人以自己的动产、有价证券或不动产作为质押或抵押,向当铺借钱,在约定期限内还钱赎回原物,并付给当铺一定的利率(通常包括利息、手续费等),如到期不赎,担保物将由当铺拍卖、变卖并优先受偿。

---

⑱ 参见 2005 年商务部《典当管理办法》第 3 条。

⑲ 郑玉波:《民法物权》(二),台湾三民书局 1982 年版,第 138 页。

⑳ 胡立君:《典当与拍卖》,企业管理出版社 1994 年版,第 1 页。

㉑ 郑阳:“我国典当行业亟待规范”,载《中国工商管理研究》1992 年第 6 期。

㉒ 房绍坤等著:《中国民事立法专论》,青岛海洋大学出版社 1995 年版,第 188 页。

从法律上看,典权与典当是两个不同的概念,不能混淆。典是指典权,当实际上是一种当押。在传统上,典当作为一个特定的术语,是指当事人将其财产交给当铺作担保,从当铺处借用一定的资金,在约定期限内归还借款而赎回原物,并向当铺支付或不支付利息,超过一定期限不回赎,则成死当,当物由当铺拍卖并优先受偿。但在我国,自允许从事典当行业以来,由于典当的财产不仅仅限于动产,还包括不动产以及车辆、有价证券等,而对不动产不是设立当押而是设立抵押。2005 年商务部《典当管理办法》第 3 条关于典当的含义,实际上已经指明,典当是一种以质押或抵押的方式获取当金的交易行为。典当是借款人提供质押品的价值和打折扣率,贷放现款,定期收回本金和利息的经营行为,[23]典当业“以实物或有价证券作为抵押,向典当行借贷资金,到期后还贷赎回原物,变死钱为活钱”。[24] 所以,实践中典当作为一个特定术语,实质上是一种担保关系,包括抵押和质押。笔者认为,典权和当押存在如下区别:

第一,法律性质不同。传统上的典权是一种用益物权,其属于习惯法上物权的一种类型。而典当在性质上是一种担保法律关系,在性质上是担保物权。[25] 实践中人们通常是将典与当联系在一起,此时其实际上是指当押。正是因为其是一种担保法律关系,所以,典当行不能对当物进行使用收益,也不能将当物在债务人到期不能清偿债务之前将当物拍卖,其所享有的主要权利是在当户到期不能清偿债务时,可以将享有对当物拍卖来清偿借款的权利。笔者认为,典当所产生的担保物权应当受物权法调整。实践中典当行正是依据物权法从事经营活动的。而传统的典权仍然受习惯法调整。

第二,当押本质上是一种变价权,而典权并不存在变价的问题。有学者认为,在当押关系中,典当行借给当押人的钱款一般不称为借款而称为当金,而当押人到期以后清偿债务不能称为还债而称为回赎当物。但对当物的所有权归属在法律上并不十分明确,有的地方法规规定,典当关系

---

[23] 胡立君:《典当与拍卖》,企业管理出版社 1994 年版,第 1 页。

[24] 郑阳:“我国典当业亟待规范”,载《中国工商管理研究》1992 年第 6 期。

[25] 胡振玲:“典当行业的现状及其立法完善”,载《法学评论》2006 年第 1 期。

逾期不赎可作绝卖处理,承典人可以取得典物的所有权。[26] 笔者认为,原则上,既然典当是一种担保物权,典当行不能将到期不回赎的当物,自行变卖或折价处理,而必须按照担保物权实现的方式进行处理。但考虑到交易成本和典当业的习惯,《典当行管理办法》第 43 条规定,当物金额不足 3 万元的,典当行可以自行变卖或折价处理。但对于传统的典权而言,当期不赎,视为绝卖。

第三,是否依附于主债权不同。当押本质上是一种担保物权,其以主债权的存在为前提,并完全依附于主债权,即主债权存在则担保物权存在,主债权移转则担保物权也发生移转。但传统典权则不同,典权在性质上属于一种独立的用益物权,其并不依附于其他法律关系,从这一意义上说,典权不是一种从权利,而是一种主权利。

第四,标的物不同。典权是以不动产,尤其是房屋作为其标的物;而典当交易中的标的物范围十分广泛,包括动产、不动产及其他民事权利(如股权)等。[27] 在实践中,凡是可以变现的财产都可以“典当”。

第五,目的不同。典当属于金融业的范畴,典当人进行典当交易的目的是获得融资,而典当行进行典当经营活动,是为了获取贷款利息。而典权并不属于金融业的范畴,典权的设立是普通民事主体之间互通有无的行为。正是因为这一原因,国家对于典当行业进行比较严格的监管。而国家对于民事主体之间设立典权的活动,并无特别的监管。[28] 由于典当业属于金融行业,从事典当经营活动的只能是经过主管机关批准的典当行。因此,典当的主体是特殊类型的商主体。而典权是所有民事主体都可以设立的,并没有主体资格上的特殊限制。

第六,能否对标的物进行使用收益不同。典当行直接占有当物,但它不能对当物进行使用收益,也不能将当物在债务人到期不能清偿债务之前将当物拍卖。未经出当人同意,典当行不得随意使用、出租当物,也不

---

[26] 目前,对此的有关规定不完全一样,《广东省典当条例》第 24 条、《海南经济特区典当业管理办法》第 18 条规定死当物可以归属承当人所有,其有权自行处分死当物;而《典当行管理暂行办法》第 34 条、《福建省典当管理暂行办法》第 24 条却规定应对死当物进行公开拍卖。

[27] 胡振玲:“典当行业的现状及其立法完善”,载《法学评论》2006 年第 1 期。

[28] 肖强:“关于典当的几个法律问题”,载《云南法学》1999 年第 2 期。

得转当,否则将构成对出当人权利的侵害。而典权是用益物权,承典人在支付典价以后,要取得对典物的占有、使用、收益的权利,典权人不仅可以自己使用典物,也有权将典物出租、转典。典权人对典物的使用收益权,是其享有的主要权利。在不损害典物原状的情况下,典权人可以采用各种合法、正当的方式使用典物。如将承典的房屋用于居住,或将其用作商店、仓库等。由于典权人的使用收益权范围较为广泛,因而有学者认为,典权的内容"实为其他各种不动产限制物权之冠,而仅次于所有权也"。[29]

第七,从期限上来看,与当押的期限相比,典权的期限更长。[30] 根据《典当行管理办法》第 36 条规定,"典权期限由双方约定,最长不得超过 6 个月。"而典权的期限可以高达 30 年。由于典权是一种用益物权,其期限一般较长,这有利于典权人对标的物进行长期的使用、收益,以充分发挥出典物的效用。[31]

总之,当押是一种担保法律关系,当押权在性质上是担保物权而不是用益物权。我国《担保法》已经明确对抵押质押等担保制度作出了规定。所以,这些规则都可以适用于典当关系。但是,典当行业作为金融业,其法律关系也存在特殊性,尤其是从实践来看,典当业虽然发展较快,但暴露出来的问题也很多,如利率太高、折当率低、执行费用过高、当期规定不合理等。因此,的确有必要尽快出台有关法规,使典当业有法可依,有章可循。

五、结语

典权制度具有自身的特殊性,不能为其他制度所代替。从我国现实情况看,自从土地实行公有制以后,典权的标的限于房屋而不包括土地。例如,1984 年最高人民法院《关于贯彻执行民事政策法律若干问题的意见》

---

[29] 王文:《中国典权制度之研究》,台湾嘉新水泥公司文化基金会 1974 年版,第 8 页。

[30] 王志刚:"论典当",载《法学评论》1997 年第 1 期。

[31] 王全弟等:"典权制度比较研究",载《复旦学报》(社会科学版)2003 年第 3 期。

第58条第1款规定:对法律、政策允许范围内的房屋典当关系,应当承认。最高人民法院《关于贯彻执行〈中华人民共和国民法通则〉若干问题的意见(试行)》第120条亦规定:“在房屋出典期间或者典期届满时,当事人之间约定延长典期或者增减典价的,应当准许。”该解释认定典权的标的限于房屋。就房屋而言,典权标的也仅限于私有房屋,因为公有房屋是禁止买卖和流通的,故而不能对公有房屋设定典权。由此可见,典权的适用范围是有限的。据此,是否可以认为由于典权的适用范围极为狭小而废除典权制度呢?笔者认为,从我国市场经济的发展需要和发展前景出发,典权的适用范围将会不断扩大。因为随着经济体制改革的深入发展和房地产市场的逐步发展,商品房也已大量进入市场,私人房产也在迅速增加,这将大大拓宽典权的适用范围。在广大农村,由于农民的房屋不能自由转让,这在一定程度上影响了房屋的融资功能,如果允许出典,则有利充分发挥此类房屋的利用效率。尤其应当看到,即使在信用制度发达、融资的方式种类很多的情况下,典权仍不失为一种在保留所有权的前提下融资借款的方式。总之,从今后的发展需要看,典权的适用范围将逐渐扩大,因此有必要在物权法中对典权加以特别规定。尤其要清理几十年来最高人民法院在有关典期 、典价、回赎期限、绝卖等方面所作的大量的批复和指导性意见,在此基础上形成一套比较适合中国国情的典权的规则。

民商法研究(第四辑)
第260~273页

试论占有的权利推定规则*

物权法制定过程中,关于是否应当规定占有的权利推定规则,存在很大的争议。笔者认为,在物权法中确认这一规则对于保护公民的合法财产、保障财产秩序和交易安全具有重要意义,鉴于该规则首次见于我国立法草案,有关研究尚不深入,本文将对该规则的相关问题进行一些粗浅的探讨,以供理论界与实务界参考。

一、确认占有的权利推定规则的必要性

在民法理论与立法上,占有究竟是一种事实状态还是一种权利,一直存在激烈的争论,由于在这个问题上的认识不同,因此实际上形成了两种不同的占有保护立法模式。以德国为代表的一种模式主张占有为一种事实状态。《德国民法典》第854条规定,物的占有,因取得对物的事实上的支配力而取得。根据立法者的解释,事实上的支配力体现为对物的事实上的一种实

* 原载《浙江社会科学》2005年第6期。

际管领,[①]是一种对物在事实上进行的控制[②]。当然,也有一些学者将占有理解为权利。[③] 但此种观点并非主流观点。而以日本为代表的另一种模式认为占有是一种权利即占有权。《日本民法典》物权法篇中第二章未规定占有的概念,而是规定了占有权。其第180条规定,占有权,因为自己的意思,事实上支配物而取得。根据学者的解释:“占有权的内容并非像其他物权那样要确保对外界物资的使用,而是以事实的支配作为事实,而认为其暂且正当的一项权利,以便使之得出上述法律效果。”[④]

对于上述争论,笔者的观点是,占有既可能是一种事实状态,也可能是一种权利。但为了扩大对占有的保护,维护交易秩序和财产安全,有必要将占有界定为事实状态。因此占有是占有人基于占有的意识而对物的事实上控制,或者说是民事主体基于占有的意识对于物进行控制的事实状态。

所谓占有推定规则,按照学理上的一般理解,是指“占有人于占有物上行使之权利,推定其适法有此权利。即占有人于占有物上行使所有权者,推定其适法有所有权。占有人于占有物上行使租赁权或其他权利者,推定其适法有租赁或其他权利”。[⑤] 简单地说,就是指动产的占有人在法律上推定是动产的权利人,但此种推定具有可以辩驳的效力,只要存在相反的证据证明,就可以推翻此种推定。

根据学者考证,占有权利的推定是起源于日耳曼法上的占有,是基于占有的表彰本权的功能而产生的。[⑥] 由于在罗马法上,占有制度主要是对占有事实的保护,具有诉讼法上的效力,[⑦]不牵涉占有本权的认定。罗马法谚还认为“所有权与占有毫无共同之处”,所以占有和占有权是分离的,

---

① [德]迪特尔·梅迪库斯:《德国民法总论》,法律出版社2000年版,第22页。

② Joost, in Münchener Kommentar zum BGB, §854, Rn. 3.

③ 有人认为,占有是开始的所有权、推定的权利、一时的权利、相对的权利、权利地位,或弱于物权的权利。参见苏永钦:“侵害占有的侵权责任”,载《台大法学论丛》1987年特刊,第113页。

④ [日]我妻荣:《日本物权》,台湾五南图书出版公司1999年版,第420页。

⑤ 姚瑞光:《民法物权论》,大中国图书公司1988年版,第403页。

⑥ 谢在全:《民法物权论》(下),中国政法大学出版社1999年版,第567页。

⑦ Baldus, in Münchener Kommentar zum BGB, §1006, Rn. 8.

因此在罗马法中,占有并不具有表彰本权的功能。[⑧] 占有也不必实行权利的推定。“罗马法上之占有系与真实之支配权分离,专就占有本身承认其效力,而日耳曼法之占有系与真实之支配权相结合,为真实支配权之故,对其表象之外部状态(对物事实支配),承认其效力。”[⑨]因此在日耳曼法上有必要存在占有的推定规则。由于该制度对于保护财产秩序具有极为重要的作用,为现代各国民法所充分采纳,以对抗所有权人的原物返还请求权作为逻辑的起点,保护善意取得为目的。[⑩] 占有的推定规则已经被各国的立法所普遍采纳。例如,《德国民法典》第1006条第1款规定:“(1)为动产占有人的利益,推定其为物的所有人。但从物从前占有人那里被盗、遗失或者以其他方式丧失的,对前占有人不适用前句的规定,但物为金钱或者无记名证券的除外。(2)为前占有人的利益,推定其在占有存续期间曾经是物的所有人。(3)在间接占有的情况下,这一推定适用于间接占有人。”其目的就在与保护尚未明确的所有权人。[⑪]《瑞士民法典》第930条规定:“(1)动产的占有人,应推定为该动产的所有人。(2)原占有人,应推定曾为该动产的所有人。”《法国民法典》第2230条规定:“在任何情况下,均推定占有人系以所有权人之身份进行自主占有,但是能够证明占有人开始占有就是为他人占有者除外。”可见,占有的推定规则,已经是大陆法系国家所通行的一项规则,也是各国立法所普遍采纳的经验。

我国《物权法草案》(第四稿)第4条也确立了占有的推定规则。该条规定:“动产占有人是该动产的权利人,但有相反证据证明的除外。”笔者认为,采纳该规则重要性在于以下几方面:

首先,有利于维护财产秩序,促进社会的和谐。占有的推定规则是一种临时性财产秩序,一方面,推定占有人为权利人从而保护占有,这样任何人只要事实上占有了某物,其他人都无权对其进行侵害。即使占有人是非法占有,那么也只能由有关国家机关通过一定的程序对其占有进行

---

⑧ [英]巴里·尼古拉斯:《罗马法概论》,黄风译,法律出版社2000年版,第112页。

⑨ 谢在全:《民法物权论》(下),中国政法大学出版社1999年版,第518页。

⑩ Baldus, in Münchener Kommentar zum BGB, § 1006, Rn. 8.

⑪ Baldus, in Münchener Kommentar zum BGB, § 1006, Rn. 1.

剥夺。任何单位和个人不能以其是非法占有,而任意对其进行暴力剥夺。正是从这个意义上,德国法学家耶林指出,在占有制度之下,对于强盗和小偷也受保护。[12] 这种说法虽然颇为极端,但也很好地说明了占有推定规则对维护财产秩序的重要性。另一方面,占有推定规则的适用,可以有效地防止个人采取非法的自救手段,避免出现以暴制暴、私人执法的后果。"无论在占有人之自力防御权中,还是在其占有保护请求权中,禁止之私力这个概念均有重要意义。只有存在禁止之私力时,占有之保护功能才会显现。"[13]现代民法原则上禁止私力救济行为,只有在例外的情况下,才能够采取私力救济,以此防止出现私人执法和暴力行为。尽管占有人是非法占有,但除非权利人有权采取合法的救济手段,否则只能依据法定的程序来剥夺占有人的占有。甚至在经过一段时期以后,合法占有人丧失占有,而被非法占有人占有,但合法人在相当长的一段时期内没有主张权利,那么非法占有人就可能变成合法占有。法律上所禁止的私力是指违背占有人的意思而非法剥夺占有人占有的财产的行为如盗窃。又如,不经占有人同意而私自将其物取走,即使行为人没有盗窃的意图,也实施了法律所禁止的私力。[14] 所以,因为法律保护占有,所以任何人必须依据法律规定才能够剥夺他人的占有,未经占有人的同意,即使是剥夺某种不合法的占有,也是应当受到法律禁止的。

其次,有利于维护私有财产权、鼓励社会财富的创造。一方面,通过权利占有规则可以有效地使得公民占有自己的财产,不必因为对其财产占有提出异议而使自己的财产处于不安全状态。公民占有自己的财产之后,不需要时刻收集证据以证明自己的财产是合法的,或者证明自己对财产具有所有权(事实上,就动产而言人们常常很难证明其属于自己的财产)。如果每个人对自己占有的财产,都要证明其所有权,那么人们在购物之后必须永久地保留各种取得该财产的法律文件(如买卖合同书)或者

---

[12] Jhering, Über den Grund des Besitzschutzes, 1869, S. 53: Schutz des Besitzes heisst auch Schutz der Rauber und Diebe. 转引自王泽鉴:《用益物权·占有》,台湾 1959 年版,第 216 页。

[13] [德]鲍尔/施蒂尔纳:《德国物权法》,张双根译,法律出版社 2004 年版,第 155 页。

[14] 陈卫佐:《德国民法典》,法律出版社 2004 年版,第 277 页。

书面证据(如购物发票),这就会给人们的生产生活带来极大的麻烦。如果不能举证证明自己占有的财产是自己享有所有权的财产,其财产的合法性就会受到他人的抢夺,这样财产的秩序、安全就会受到重大损害。我国宪法规定合法的财产应当受到保护,而“合法”的限定就需要通过民法中占有推定规则来加以落实。这就是说,现实中占有的财产都可以推定为合法的财产,从而充分地保护公民的财产所有权,如果有人对他人的占有提出异议,必须由其依法定程序举证,证明其为合法占有人或所有人。即使是非法的财产,任何人也不能从占有人手上随意抢夺,而只能依据法律程序予以处理。我国刑法本来实行的是无罪推定,这与占有保护也是一致的。所以占有推定规则对保护公民财产具有重要意义。另一方面,占有都具有保护本权的作用,占有的背后常存在本权,占有本身就具有表彰本权的功能,所以保护占有可以强化本权、保护本权。⑮ 还要看到,一旦在物权法中引入占有推定规则之后,对合法财产保护的范围更为宽泛,因为推定规则的前提就是对事实状态的保护。如果在物权法上仅仅调整有权占有,导致大量需要及时保护的占有无法提供有效的法律保护,这就会使得占有的功能无法得到有效的发挥。占有本身虽然等同于所有权或者其他物权,但占有体现了一种重要的财产利益。尤其在财产权属暂时不明的情况,仍然可以提供有效的保护方式。

再次,有利于维护交易秩序的安全、快捷。在占有人对占有的财产进行处分的时候,受让人可以借助于占有的外观,产生对出让人的信赖。法律上的善意取得制度就是对善意取得人的保护。任何人都无法仅仅凭占有的事实就判断占有人的权利事实,但是要进行切实的审核既无效率也不可行,所以法律规定依据占有的事实可以推定占有人是合法的权利享有人,而在有例外证明情况时除外。占有的推定规则为善意取得制度奠定了理论基础,它对保护交易安全、鼓励和促进交易具有重要意义。⑯ 还要看到,动产的公示方法就是占有,在物权法中,规定占有就必须对占有

---

⑮ 王泽鉴:《用益物权·占有》,中国政法大学出版社2001年版,第171页。

⑯ 于海涌:《法国不动产担保物权研究——兼论法国的物权变动模式》,法律出版社2004年版,第244页。

作出明确的界定,如果仅仅将占有限定为占有权,实际上限定了动产的公示方法,给动产的物权变动带来很大的困难。

最后,占有推定规则有利于促进物尽其用、提高效率。德国法学家海克(Heck)、鲍尔(Baur)认为,占有人对其占有物具有继续使用的利益,占有作为持续性的状态和利益,在法律上应当获得保护。⑰ 此种持续性的利益在民法上有多处体现,如取得时效,租赁权的物权化等。占有的持续性规则需要由占有的推定性规则来实现,只有推定占有是合法的,才能够保证占有人长期、持续地利用占有物,充分起到物尽其用的效果,在满足法律规定的情况下,可以依法通过取得时效获得所有权。并且民法上的先占规则,也体现了此种占有的效率规则。

二、占有的权利推定规则的内涵

所谓推定,就是指依据已知的事实,对未知的事实所进行的推断和确定。"推定"一词在民事实体法以及民事程序法上的运用非常宽泛,它包括事实的推定(推定某种事实存在)、权利的推定(推定某种权利归谁所有)、意思的推定(推定行为人是否具有某种意思)、因果关系的推定等多种形式。所谓占有的推定规则,实际上是法律上的推定而非事实推定,它是指从占有人的占有事实状态中推定其具有相应的权利,此种权利既可能是所有权,也可能是其他物权。占有的推定规则看起来简单,但实际上具有较为复杂的内涵。笔者认为,该规则具有如下几个方面的内容:

(一)占有的权利推定规则适用于动产和未登记的不动产

就公示方法而言,占有一般是指动产占有,例如《德国民法典》第1006条的适用就仅限于动产。⑱ 即使是对于船舶、飞行器和机动车,虽然采用登记的方法进行公示,但根据物权法草案第28条规定,实行登记对抗,因而在没有登记的情况下,也可以通过占有推定占有人享有权利。

---

⑰ Baur/Stuerner, Sachenrehct, § 913.

⑱ Baldus, in Münchener Kommentar zum BGB, § 1006, Rn. 12.

不动产采用登记的公示方法,因此不能从占有中推定权利,而只能根据登记决定是否享有权利,即不动产登记的推定效力。[19] 因此当不动产登记的推定力和占有的推定力发生争议的时候,不能根据占有的推定力否定登记的推定力。例如,某人将房屋数卖,已将房屋交付给第一个买受人,但与第二个买受人达成买卖合同并登记过户,在此情况下形成占有的推定与登记的推定效力的冲突。日本的民法学通说认为,此时应当确定两者之间的优先顺序,一般应承认登记的推定力,而排除占有的推定力。[20] 笔者认为,此种观点是值得借鉴的。毕竟对不动产而言,应当以登记作为所有权归属的依据。由于不动产以登记为确定归属的依据,所以必须根据登记来判断最终的物权变动。

不动产占有虽然不存在占有的权利推定问题,但笔者认为,考虑到我国现阶段并非所有的不动产都采取登记,也并非各种不动产物权都采用登记要件主义(如我国物权法草案对农村土地承包经营权、地役权的设立和变动实行了登记对抗主义),因此对于未登记的或者采取登记对抗主义的不动产物权而言,如果占有人占有了不动产,也应当通过权利推定规则对其进行保护。

(二)任何人占有某项财产,在法律上都推定其是享有权利

推定占有人享有权利,实际上就是推定占有人的占有是合法占有,但此处所推定的权利究竟是何种权利,法律并没有作出明确的规定。有人认为,此处所说的权利,仅限于所有权,也就是说,任何人只要占有了财产,就享有所有权。此种观点的理由在于:占有在通常情况下源于所有权,因为所有权以占有为起点,同时所有权的取得通常以实际占有为表征,所以对占有的保护通常就是对所有权的保护,保护占有不过是保护所有权的一种手段。正因如此,德国学者耶林认为,占有保护是“简化的所有权保护”。此外,德国的利益法学派的代表人物赫克(Heck)也持此种主张。[21] 对此,笔者认为,依据占有事实状态将占有人推定为所有权人并不

---

⑲ 我国物权法草案第4条规定:“记载于不动产登记簿的人是该不动产的权利人。”

⑳ [日]田山辉明:《物权法》,陆庆胜译,法律出版社2001年版,第132页。

㉑ Windscheid/Kipp, *Lehrbuch des Pandektensrechts*, Band I,9 Aulf. 1906, S. 743, Anm 6.

妥当，因为这会使得占有的推定规则的效力过于强大，在很多情况下反而不利于维护财产秩序，甚至可能与物权法的规则发生冲突和矛盾。因为大量的占有是一种事实状态，法律上推定为合法占有，主要从维护和平秩序考虑，如果将事实状态推定为所有权，可能会使临时的占有或者基于债权性质的占有都上升为具有所有权性质的占有，反而导致一些新的纠纷发生。例如，某人捡到他人的财物，应当归还他人，但在找到失主之前，应当推定其有权占有，但这并非说其应当以所有人的身份进行占有，也不能推定其享有所有权，否则也会与拾得人将遗失物归还给失主的规则相矛盾。

笔者认为，推定的权利人包括可能发生有权占有的各种本权，除了占有权之外，有可能包括所有权、其他物权，甚至债权。例如，当事人双方在签订土地承包经营权之后，并未办理登记手续，但已交付了土地，受让人的占有应当推定为具有物权的占有；又如，有人租赁他人的房屋，出租人已经将房屋交付给承租人使用，尽管双方对租赁合同存在一定争议，但在租赁合同尚未终止之前，如果第三人侵害租赁权，推定租赁人为合法占有，并根据占有推定规则获得保护。占有所依据的本权不同，在法律上获得保护的方式也有所区别，如果占有是一种事实状态，就可以占有之诉的方式进行保护。因为占有是一种事实，所以占有人无权处分占有物，导致受让人善意取得所有权，占有人应当依不当得利的规定将其获得的利益返还给原权利人。[22] 如果其本权是物权，就可以行使物权请求权；如果本权是债权，则可以通过债权的保护方法来保护占有人的权利。

（三）即使是无权占有，也推定占有人是善意占有

善意占有是指占有人不知或不应当知道其不具有占有的权利而仍然占有。例如，不知道他人在市场上出售的财产是其无权处分的财产，而以合理的价格购买了该财产并对该财产进行了占有。占有人占有该财产主观上是善意的。如果占有人明知其无占有的权利或对其有无占有的权利有怀疑，则应为恶意占有。

---

[22] 王泽鉴：《民法物权》（第2册），台湾1959年自版，第30页。

善意占有与恶意占有区别的意义在于:(1)如果占有人在购买由他人无权处分的财产时,主观上是善意的,其占有该财产也是善意的,这样便可以依善意取得制度而取得对该财产的所有权,但恶意占有人则不能依善意取得制度获得对财产的所有权。(2)如果占有人基于将财产据为己有的意思,善意、和平、公然、持续不间断地占有某项财产,经过法定的占有时效期间,则可依占有时效制度而取得对其占有财产的所有权。(3)在不当得利返还上,善意占有人一般只返还现存的利益,而对于已经灭失的利益不负返还的责任。而恶意占有人在此情况下则应负赔偿的责任。(4)在返还原物时,善意占有人可请求所有人返还其为保管、保存占有物所支付的费用,并对已经在占有物上所获得的孳息不负返还义务。而恶意占有人在返还原物时,无权请求占有人返还其支付的费用,并有义务返还其所获得的孳息。

按照占有的权利推定规则,在占有人无权占有某物的情况下,如果没有相反的证据,就应当推定占有人的占有是善意的。法谚有云:"法律不推定恶意"。因此,如果某人主张占有人是恶意的,该人必须承担举证责任。根据日本判例及学者意见,法律既无推定之规定,占有人就无过失之事实,应负举证之责任。㉓ 我国台湾地区判例学说也大多采用此种观点。王泽鉴先生认为,占有人是否有过失能否进行推定,应当由占有人进行举证。㉔ 姚瑞光先生认为,占有人是否以善意而为占有,因系其个人内心的情势,虽于举证证明,故推定其为善意占有。㉕ 我国物权法草案也采纳此种观点,根据《物权法草案》(第四稿)第261条规定:"无权占有,包括善意占有和恶意占有。无权占有,除有相反证据证明外,推定善意占有。"笔者认为,采纳此种规则是十分必要的,这是因为在无权占有的情况下,要由占有人证明自己是善意的非常困难。在侵害占有的情况下,应当由主张恶意占有的人负担举证责任,而不能由现实占有人自己举证证明自己的占有是非恶意的。

㉓ 姚瑞光:《民法物权论》,大中国图书公司1988年版,第405页。

㉔ 王泽鉴:《民法物权》(第2册),台湾1959年自版,第206页。

㉕ 姚瑞光:《民法物权论》,大中国图书公司1988年版,第405页。

（四）举证责任的倒置

通过占有的推定功能保护占有人的权利，就要采取举证责任倒置的办法，由向占有人的占有提出异议的人负担举证责任。通常，提出异议的人必须证明占有人首先是无权占有，如果要主张返还原物的请求权，其还必须证明自己是真正的所有人或者其他物权人，或者其享有合法的占有权而被现占有人侵害。如果不能证明自己是所有人或者真正的权利人，那么他只能请求有关国家机关依据一定的程序剥夺现占有人的占有，而其自己不能依据暴力剥夺现占有人的占有。

提出异议的人究竟需要证明哪些内容，是法律上值得探讨的内容。笔者认为，《物权法草案》（第四稿）所规定的，“有相反的证据除外”，草案对举证的内容进行界定，仅仅证明占有人不是真正的权利人，即占有人不是有权占有人，还是必须证明占有人是恶意占有？笔者认为，提出异议的人必须证明占有人首先是无权占有，如果要主张返还原物的请求权，其还必须证明自己是真正的所有人或者其他物权人，或者其享有合法的占有权而被现占有人侵害，或者其所享有的权利优先于现占有的本权。如果不能证明自己是所有人或者真正的权利人，那么他只能请求有关国家机关依据一定的程序剥夺现占有人的占有，而其自己不能依据暴力剥夺现占有人的占有。

三、占有的权利推定规则与公信原则

所谓公信原则，是指物权法要保护交易关系中的善意第三人，对依据公示方法所公示的权利状态的信赖，从而维护交易的安全。公信原则可以分为两个方面的内容：一方面，是指权利的推定规则。根据《物权法草案》（第四稿）规定，记载于不动产登记簿的人是该不动产的权利人，动产的占有人是该动产的权利人，但有相反证据证明的除外。法律规定不经登记即可取得物权的，依照其规定。另一方面，是指对信赖利益的保护。例如，对登记记载的权利人，转让其登记的财产，法律上要予以保护。这实质上是保护交易安全。转让人要承担损害赔偿责任,真正的所有人不能从善意受让人追回该房屋,只能要求转让人赔偿。

笔者认为,占有的推定规则与公信原则的关系主要表现在如下几个方面:

第一,占有的推定规则是公信力的具体体现。所谓公信力就是完成公示方法所产生的法律推定的效力,这就是说,对基于占有和登记所公示的权利状态,第三人产生了信赖,并依据此种信赖发生了交易,对此种交易法律应当保护。具体而言,物权法上的公信力原则在动产和不动产上表现不同。前者通过占有的形式体现出来,后者通过登记方式表现出来,不动产的登记公信力较之于动产的占有公信力更为强大。占有的公信力较登记的公信力弱,但占有可以形成权利外观,并会使第三人产生信赖。正是因为占有具有权利推定的效力,这就为信赖利益的保护提供了强有力的基础和前提条件。

第二,占有的推定规则是保护信赖利益的前提。在法律上,信赖利益是交易安全的重要表现。现代民法与古代民法的重要区别即在于古代民法承担的任务主要是维护静的安全,一般不保护动的安全。但现代民法,既要保护静的安全,又要维护动的安全。上述两种安全利益发生冲突的时候,要优先保护交易安全。正是基于此种考虑,现代物权法产生了善意取得制度。《物权法草案》(第四稿)第106条规定了善意取得规则,该规则普遍适用于不动产和动产。就动产的善意取得规则而言,该规则应当以占有的权利推定规则为适用前提。这是因为:现代民法产生善意取得制度,该制度主要是为了维护交易的安全和便利。但是,占有之公信力仍为其不可欠缺之基础。㉖ 善意取得之所以能够产生,其根本原因在于,占有能够产生表彰权利的功能。当然,在现实生活中,占有可能与权利是重合的,但在许多情况下,这两者也可能是截然分离的。在当事人从事交易时,其往往难以通过仔细的调查确认占有人的财产是否合法以及是否具有相应的处分权能,因为此种调查可能需要大量的成本,而且即使作出此

㉖ 谢在全:《民法物权论》(上册),中国政法大学出版社1999年版,第221页。

种调查，相对人也未必能够真正确定交易人是否为有权处分人，如果占有人处分财产，受让人已经对占有人的占有形成合理的信赖，即相信其具有合法的处分权，如果此种信赖利益不能得到保护，则无法维护交易安全。正是因为法律为了避免交易成本，维护交易安全，使当事人能够迅速地达成交易，只能赋予动产占有具有表彰权利的功能。只要第三人能够依据占有对出让人产生信赖，就应当对这种信赖利益进行保护，由此产生了善意取得制度。[27]

应当看到，占有的公示的效力和登记的效力相比较，其公示效力较弱，其权利的表彰作用不是非常突出的，例如，从某人占有的事实中，可能推定其享有权利，但是否当然必然享有物权尤其是享有处分权，也不能简单地从占有中得出结论，所以有学者指出，“法律交易上动的安全的维护有赖于建立信赖保护原则，而此需以具有一定的权利表征作为基础，如何落实于具体制度，则涉及利益衡量和公示的问题”。[28] 借助于占有的表征功能，可以将权利人的权利外在化，产生权利的公示效果，从而维护社会交易的安全。但在适用该制度时候，应当对处分人是否善意，从多个方面进行考虑，例如，应考虑交易的价格、交易的地点、交易的环境等多个因素。

四、排除占有推定规则的情形

虽然占有推定规则极为重要，但是并非在任何情况下都可以适用该规则，排除该规则使用的情形主要有以下三种：

第一，在法律上不以占有为要件的物权不适用。对于那些不以占有为内容的物权，因为物权的内容不包括占有标的物，因此不可能依据占有推定规则推定占有人为物权人。比如，因为抵押权的成立无须抵押权人占有抵押物，所以，依据占有推定规则，无法推定出占有人为抵押权人。

第二，如果占有人的占有是基于他人移转占有而取得，那么，在占有人

---

[27] 叶金强：《公信力的法律构造》，北京大学出版社2004年版，第90页。

[28] 王泽鉴：《用益物权·占有》，中国政法大学出版社2001年版，第242页。

和前占有人之间不能适用占有的权利推定规则。例如,前占有人因租赁关系而移转房屋的占有于现占有人,后来双方就租赁关系是否存在发生争议。此时,现占有人不能以占有的权利推定规则为由主张其为有权占有,从而证明其租赁关系的存在。㉙ 从这个意义上说,占有的推定规则主要适用于外部的关系,即占有人与第三人的关系,而不适用于占有人与占有让与人之间的关系。这主要是因为,占有对于内部关系不具有表彰功能。"盖本条之效力乃是以占有之权利盖然性为基础,基于占有之表彰本权机能而生,以避免占有人对本权举证之困难,实现以占有为表彰作为交易安全保护之制度。故上述两种情形在此制度旨趣下,殊无适用权利外观法理之理由。"㉚

第三,占有推定规则不适用于占有辅助人的推定规则。所谓占有辅助是指受占有人的指示而事实控制某物,占有辅助人通常基于雇用或者其他关系而发生。例如,甲雇用乙操作机器,乙依据甲的指示占有机器,在此无法推定,乙对该机器享有合法的占有,因为乙不过是按照甲的指示而占有该机器。假如对于占有辅助人也适用占有推定规则,则将会造成混乱,如受雇人占有机器,拒绝归还给雇主,将构成侵权。

应当指出,占有推定规则只具有消极作用,并不具有积极作用。所谓消极作用就是指法律仅保护占有人合法的占有事实状态,可以对抗第三人的侵害和权利对抗,但法律并不推定占有人享有确定的本权,占有人也不能仅仅以占有为依据,要求确认其具有某项物权,并办理相应的登记手续。这是因为占有的权利推定规则只是维持现有的临时财产状态,而不是确认最终的财产归属,因此,占有人也不能基于占有事实状态要求法院确认其享有合法的占有本权。《物权法草案》(第四稿)第33条规定:"因物权的归属、内容发生争议的,利害关系人可以请求确认权利。"这就在法律上第一次确定了确权请求权。但是,占有人在请求确认物权归属时,仅仅依据自己合法占有某物,就要求重新确权是不够的,还必须提出其他证据,证明其对某物享有物权。

㉙ 谢在全:《民法物权论》(下册,修订二版),台湾三民书局2003年版,第569页。

㉚ 谢在全:《民法物权论》(下册,修订二版),台湾三民书局2003年版,第569页。

关于间接占有是否可以适用占有的推定规则，值得研究。所谓间接占有，是指不直接占有某物，但因为根据一定的法律关系，而对占有某物的人享有占有返还请求权，因而对该物形成间接的管理和控制。例如，出租人将其财产出租给承租人之后，承租人是直接占有人，出租人是间接占有人。对于间接占有基础上的推定是否能够成立权利推定，在学说上具有不同的看法。德国法是承认间接占有的推定的。[31] 日本民法学通说认为，有瑕疵的占有也具有推定效力，所以间接占有也可以进行权利推定。[32] 笔者认为，间接占有不具有占有所应当具备的事实上的控制、支配的表彰功能，所以它不能产生公示的效果，但是从占有推定规则角度来看，如果其能够证明其依据一定的法律关系的存在而享有占有权，也可以受到占有之诉的保护，因此可以适用占有推定规则。

---

[31] Baldus, in Münchener Kommentar zum BGB, § 1006, Rn. 35.

[32] ［日］田山辉明：《物权法》，陆庆胜译，法律出版社 2001 年版，第 132 页。

第四编 债和合同制度

民商法研究(第四辑)
第277～289页

合同的概念与统一合同法的规范对象*

“名者,实之宾也”,法律现象也是如此。讨论统一合同法的疑点及解决之道,首先必须对统一合同法中的“合同”这一概念予以澄清。讨论该问题并不在于单纯获得某种学理上和逻辑上的满足,而主要在于通过对合同的准确定义以明确统一合同法的规范对象和内容。换言之,鉴于合同已广泛适用于社会生活的各个方面和各个领域,我们在统一合同法的制定中需要首先考虑:统一合同法中的合同概念是什么?它应当包括哪些合同,规范何种合同关系?如果合同的概念不清楚,是不可能确定统一合同法的特定的规范对象的。

合同又称为“契约”,在英文中称为“contract”,在法文中称为“contrat”或“pacte”,在德文中称为“vertrag”。这些用语都来源于罗马法的合同概念“contractus”。据学者考证,“contractus”由“con”和“tractus”二字组成。“con”由“cum”转化而来,有“共”字的意义,“tractus”有“交易”的意义。因此,合同的本

* 原载《法学前沿》(第2辑),法律出版社1998年版。本文在写作中曾得到姚辉博士的大力帮助,在此谨致谢意。

意为“共相交易”。[1] 然而,数千年来,合同的概念在适用中常常超出了交易的范畴。古希腊的一些哲学家曾以契约来解释法的起源;《圣经》曾经将契约作为宗教科学的概念来对待;而18世纪至19世纪的理性哲学思想家曾经把契约作为一种逻辑的抽象和理性的观念;霍布斯、洛克等人则把契约视为一种社会政治概念;20世纪的罗尔斯甚至将契约视为道德哲学的观念。凡此种种,说明合同是一个适用得十分广泛且极为重要的概念。

自罗马法以来,合同一直是民法中的一个重要概念。然而,民法学者对合同的概念并非不存在分歧意见。长期以来,大陆法系与英美法系对合同的概念一直存在着如下不同的理解:

1. 协议说。大陆法系学者基本上认为合同是一种协议。严格地说,“协议说”来源于罗马法。在罗马法中,契约被定义为“得到法律承认的债的协议”。[2] 这一概念基本上为大陆法系所继受。如《法国民法典》第1101条规定:“契约,为一人或数人对另一人或另数人承担给付某物、做或不做某事的义务的合意。”这就从债务的角度揭示了契约作为一种发生债的关系的合意的本质。《德国民法典》则从“法律行为”的角度规定了契约的概念。该法第305条规定:“以法律行为发生债的关系或改变债的关系的内容者,除法律另有规定外,必须有当事人双方之间的契约。”这就是说,契约是发生、变更债的关系的法律行为。正如德国学者萨维尼所指出的:“契约之本质在于意思之合致。”[3]

2. 允诺说。在英美法中,一般认为合同是一种“允诺”。英国著名学者Treitel认为,合同是当事人之间达成的协议,该协议课以双方一定的义务,并且该义务由法律认可和保证执行。[4] 美国《法律重述·合同》(第2版)第1条规定:“合同是一个允诺或一系列允诺,违反该允诺将由法律给予救济,履行该允诺是法律在某些情况下所确认的一项义务。”[5]英美法认

---

① 王家福主编:《民法债权》,法律出版社1991年版。

② [意]彼德罗·彭梵得:《罗马法教科书》,黄风译,中国政法大学出版社1992年版,第307页。

③ 转引自胡长清:《中国民法债编总论》,商务印书馆1934年版,第16页。

④ G. H. Treitel, *The Law of Contract*, Stevens & Sons, 1966, p. 1.

⑤ Restatement, second, *Contracts*, section 1.

为合同实质上是一种允诺,乃是由英国的历史习惯和诉讼程序的影响所决定的。在中世纪的英国法中,并没有形成合同的概念。最初出现的,只是所谓的"允诺之诉",即当允诺人违背其允诺时,受允诺人有权向法院起诉,请求强制执行诺言。⑥ 同时也与英美法将不当得利与无因管理等关系作为"准合同"对待的做法有联系。由于允诺构成了合同的本质,因此合同法的宗旨在于保障允诺的实现,在一方违反允诺时,考虑如何对另一方提供补救。不过,由于这一概念仅仅是强调了一方对另一方作出的允诺,而没有强调双方当事人的合意,因此也受到许多学者的批评。

英国学者阿蒂亚曾经指出:美国《合同法重述》对合同所下的定义"忽略了合同中达成协议的因素。在这定义中没有指明典型的合同是双方的事情,一方所作的许诺或表示要做的事是对另一方所作的许诺或要做的事的报答"。将合同作为允诺,"忽视了在许诺成为合同之前,一般要有某种行为或许诺作为对另一方作出的许诺的报答"。⑦ 阿蒂亚的批评具有一定的道理。然而,认为两大法系关于合同的概念存在着重大分歧,也与实际情况并不相符。事实上,英美传统的合同法主张合同是一种允诺,但根据合同法中的"交易原则",并非任何允诺都是可以强制执行的,只有那些作为交易一部分的允诺在法律上才是可以强制执行的。交易可以有多种形式,如货币与诺言的交易、服务与诺言的交易等,法律只能强制实施那些存在着交易的诺言。⑧

所以,要约人作出一项允诺(promise)时,受要约人或受允诺人必须以其允诺或其他行为予以回报,才能构成一项有效的协议(agreement)或约定。⑨ 而法官在约定中不能找出双方的约定曾有允诺的交换时,即不会给予该允诺强制执行的效力。⑩ 据此可见,英美合同法认为合同并非一种单方的允诺,而是以交易为基础的允诺,这就和大陆法系合同的概念十分接近。

---

⑥ 王军:《美国合同法》,中国政法大学出版社 1996 年版,第 5 页。
⑦ [英]阿蒂亚:《合同法概论》,程正康等译,法律出版社 1982 年版,第 29 页。
⑧ [美]罗伯特·考特等:《法和经济学》,上海三联书店 1994 年版,第 296~297 页。
⑨ 杨祯:《英美契约法论》,北京大学出版社 1997 年版,第 2 页。
⑩ 杨祯:《英美契约法论》,北京大学出版社 1997 年版,第 2 页。

由于“允诺说”容易导致将合同视为单方允诺的误解,所以,一些英美学者也开始完全采纳大陆法系关于合同的见解,将合同视为一种协议。如英国《牛津法律大辞典》给契约所下的定义为:“合同是二人或多人之间为在相互间设定合同义务而达成的具有法律强制力的协议。”⑪而美国《统一商法典》第1-201(11)条亦确认:“‘合同’指产生于当事人受本法以及任何其他应适用的法律规则影响而达成的协议的全部法律债务。”

合同的本质在于,它是一种合意或协议。实际上“协议”一词常常也就是指“合意”(mutual assent)。大陆法系学者通常用“意思表示一致”或“合致”的表述来概括这种合意。⑫ 由于合同是合意的结果,因此它必须包括以下要素:第一,合同的成立必须要有两个或两个以上的当事人。第二,各方当事人须互相作出意思表示。这就是说,当事人各自从其追求的利益出发而作出意思表示,双方的意思表示是交互的,才能成立合同。第三,各个意思表示是一致的,也就是说当事人达成了一致的协议。由于合同是两个或两个以上意思表示一致的产物,因此当事人必须在平等自愿的基础上进行协商,才能使其意思表示达成一致。如果不存在平等自愿,也就没有真正的合意。我国《民法通则》第85条规定:“合同是当事人之间设立、变更、终止民事关系的协议。依法成立的合同,受法律保护。”这一关于合同的立法定义,也再次强调了合同本质上是一种协议,是当事人意思表示一致的产物。

在统一合同法的制定过程中,有关合同乃是协议的问题,并不存在任何分歧。但由于在社会实际生活中,协议本身所包含的内容纷繁复杂,要约、承诺的订约方式可以广泛应用在民事、行政、劳动甚至亲属等各种关系之中,简单地以完成了要约、承诺的程序从而达成合意的事实,尚不能确定统一合同法所称“合同”的内容。换言之,合意的内容多种多样,并不当然都构成统一合同法所谓的“合同”;也并不当然都应成为统一合同法所规范的对象。那么,究竟统一合同法应如何定义合同并确定其规范对象,即成为该法制定中亟待解决的重要课题。

---

⑪ 《牛津法律大辞典》(中译本),光明日报出版社1988年版,第205页。

⑫ 梁慧星:《民法学说判例与立法研究》,中国政法大学出版社1993年版,第243页。

就目前而言，对于合同的定义及其规范对象，学界大致存在以下三种不同的理解：

1. 广义的“合同”概念。广义的合同概念是指以确定权利、义务为内容的协议。例如，除民法中的合同以外，还包括行政法上的行政合同、劳动法中的劳动合同、国际法上的国家合同等。可见，广义的合同概念实际上包含了所有法律部门中的合同关系。“合同”一词中也表现了各种不同的法律关系，如财产关系、行政关系、劳动关系、身份关系等法律关系。

2. 狭义的“合同”概念。狭义的合同概念是将合同视为民事合同，即指确立、变更、终止民事权利义务关系的合同。例如，一些德国学者曾将合同视为“私法合同”，泛指“发生私法上之效果的一切以意思表示一致为要素的行为。这样的所谓合同，不但包括所有以债之发生为直接目的的合同，也包括物权合同、身份合同（如婚姻合同）等”。[13] 目前，我国学者大都采纳了狭义的合同概念，[14]而我国《民法通则》第85条关于合同的概念的规定实际上也采纳了狭义的合同概念。

3. 最狭义的合同概念。此种观点认为，《民法通则》第85条关于“合同是当事人之间设立、变更、终止民事关系的协议”的规定，并非认为合同泛指所有民法上的合同，此处所称的“民事关系”应仅指债权债务关系。因为《民法通则》将合同规定在“债权”一节，明确合同为发生债的原因（第84条），且我国民法不承认有所谓物权行为；至于那些非发生债权债务关系的合意（如自愿结婚和离婚等）在我国法律中均不称其为合同。[15]

我们首先剖析一下广义的合同概念。此种观点把合同法的规范对象扩展为所有的合同关系。从这一规范对象出发，他们认为统一合同法中的合同应包括各种类型的合同。在我国行政法学界，目前一种极为流行的观点建议把行政合同列入统一合同法中。何为行政合同？按照应松年教授的观点，就是行政加合同。其特点在于合同的一方必须是代表公共

[13] 周林彬主编：《比较合同法》，兰州大学出版社1989年版，第29页。

[14] 佟柔主编：《民法原理》，法律出版社1986年版，第259页。

[15] 王家福主编：《民法债权》，法律出版社1991年版，第262页；梁慧星：《民法学说判例与立法研究》，中国政法大学出版社1993年版，第244页。

利益的行政机关,行政机关运用行政合同的目的在于实现行政管理和公共利益的目标,而不是企业或个人的利益和目标。在行政合同的权利义务配置方面,行政机关保留某些特别的权力。从国内外的实践和法律规定看,这些特殊权力主要是:监督甚至指挥合同的实际履行情况;单方变更合同的内容;认定对方违法并给予制裁。统一合同法应当规范行政合同。[16] 我国行政法学会会员一致认为:"如果统一合同法不能明确规定行政合同及其性质和特点,就不能充分发挥行政合同在市场经济中的作用,这将关系到国家巨额投资能否得到正确合法的使用、国有资产能否增值、公共利益能否得到充分保证,国家必要的计划能否落实等重大问题。因此,建议在起草统一的合同法中单列行政合同一章,作为合同的特殊形态加以规定。"[17]

行政合同究竟如何定义,其规范的对象是什么,仍是个值得探讨的问题。即使存在行政合同,其是否要由统一合同法调整,亦不无疑问。笔者认为,《合同法》的主要调整对象是交易关系。所谓交易乃是指独立的、平等的市场主体就其所有的财产或利益进行的交换。交易包括了商品的转手、财物的互易、利益的交换等各种方式,其法律形式就是合同。正如马克思所指出的:"这种通过交换和在交换中才产生的实际关系,后来获得了契约这样的法律形式。"[18]合同的一般制度就是规范交易过程并维护交易秩序的通用规则,而各类合同制度也是保护正常交换的具体准则。典型的买卖活动是反映商品到货币、货币到商品转化的法律形式。但是商品交换过程并不只是纯粹的买卖,还包括劳务的交换(诸如加工、承揽、劳动服务)以及信贷、租赁、技术转让等各种合同形式,它们都是单个的交换,都要求表现为合同的形式,并应受合同法的规范。由于合同法只是规范反映交易关系的民事合同,而反映行政关系的行政合同、劳动关系的劳动合同等,即使在名称上称为合同,因其不是对交易关系的反映,因此不

---

[16] 应松年:"行政合同不可忽视",载《法制日报》1997年6月9日版。

[17] 中国法学会行政法学研究会:"建议把行政合同列入合同法",载《法学研究动态》第7期。

[18] 《马克思恩格斯全集》(第19卷),人民出版社1997年版,第422~423页。

应属于统一合同法所称的合同范畴。尤其应看到,因为合同法是调整交易关系的法律,所以合同法构成我国民法的重要组成部分。广义的合同概念将合同法的调整对象扩张至行政、劳动等关系,使合同法不仅作用于交易领域,而且延伸到了民法所不能或不应当规范的领域。这不仅使合同法失去了其所应具有的民事性质,而且由于规范对象及内容的无法确定,也使得合同法成了无所不包、内容庞杂、体系混乱的法律。按照这样的思路构筑统一合同法,很难使其成为一部系统完整及科学合理的法律。笔者认为不以反映交易关系为内容的合同不宜受统一合同法调整,并非指在法律上对其不予规范,甚至使这些合同发生纠纷也无法可循。笔者只是认为不以反映交易关系为内容的协议,不应受统一合同法规范调整,可以通过制定单行行政法规的方式予以调整。例如,目前有关政府部门正在制定有关政府采购合同的条例,而不将其归入统一合同法,这是一种较为科学的立法方式。

当然,应当看到,由于合同形式复杂多样,在现实生活中常出现一些非典型的民事合同。这些合同具有民事合同的特点,也具有某些行政色彩,其中最典型的就是国有土地使用权出让合同。按照行政法学界的观点,这种合同应作为行政合同对待。笔者认为,此类合同确实具有行政因素,比如在发生争议时国家土地管理部门作为出让方可以直接依据法律规定对受让方实施行政制裁;在合同订立后,出让方有权监督受让人是否依据合同规定的目的使用土地等。但国有土地使用权出让合同仍是民事合同而非行政合同。其根据在于:第一,国家土地管理部门以土地所有人的代表的身份与其他民事主体从事交易行为时,并不是以主权者和行政管理者的身份出现的。作为合同当事人,其与另一方当事人即土地使用者的法律地位是完全平等的,双方均应遵循平等、自愿、等价有偿的原则。《城镇国有土地使用权出让和转让暂行条例》第 11 条规定:“土地使用权出让合同应当按照平等、自愿、有偿的原则,由市、县人民政府土地管理部门(以下简称出让方)与土地使用者签订。”第二,根据《城市房地产管理法》第 12 条的规定,土地使用权的出让,可以采取拍卖、招标或协议的方式。而在采取拍卖、招标的方式下,实际上就是要运用公开竞争的方法将土地使用权转让给他人。在这些活动中,国家土地管理部门当然应以民事主体的身份出现,否则,拍卖、招标等活动根本不可能进行。第三,过分强调土地管理部门在出让国有土地使用权过程中的主权者身份,势必会混淆土地出让与划拨之间的关系,而且也不能充分发挥出让合同在国有土地管理中的作用。从单纯行政划拨方式转向出让等方式,是有效地、合理地利用土地、促进市场经济发展的重要步骤。而土地使用权出让不同于行政划拨,在于在前一种关系中,国家土地管理部门不是以行政管理者而是合同当事人的身份出现的。当然,在土地使用权出让以后,国家仍然有权监督土地的使用情况,当使用人不按法律规定或合同约定使用土地时,国家可以给予警告甚至无偿收回土地。但这些权利乃是土地所有权的体现,而并不是行政权力的运用。第四,即使认为出让人享有的某些权利具有行政的性质,一旦将其规定在合同中,便成为合同中所规定的权利。出让人行使的权利不仅来源于法律规定,而且来源于合同,当出让人超越合同规定行使权利时,也将构成违约。第五,土地出让金并不是什么行政管理手段,而是土地使用权的商品价格。如果将土地出让金作为一种管理手段,其数额完全由土地管理部门来决定,则根本不可能真正实行土地使用权制度的改革,土地使用权也不可能真正进入市场进行转让并充分发挥土地的效益,国家也难以通过转让获取应有的收益,甚至极易助长管理机关的腐败行为。总之,笔者认为土地使用权出让合同不是什么行政合同,而是民事合同,当然应受统一合同法调整。

现在讨论一下最狭义的合同概念。最狭义的合同概念将合同作为发生债权债务关系的合意,这是完全符合大陆法系债法理论的。根据大陆法系民法体系,合同是债的一种形式或债的发生原因。有关合同的法律与侵权行为、不当得利、无因管理等共同构成了债法体系。合同法只是债法的组成部分而不是与债法相分离的、与物权法等法律相对应的法律部门。按照这样一种体系,民事合同必然是产生、变更和终止债权债务关系的协议。所以《德国民法典》第 305 条规定:“以法律行为发生债的关系或改变债的关系的内容者,除法律另有规定外,必须有当事人双方之间的契约。”

最狭义的合同概念强调了合同的债的属性，从而突出了民法的债法规范对合同法的指导意义以及合同法对债法的依存关系，也使得统一合同法中的一些基本特点更为鲜明突出。正是基于这些原因，这一观点对我国统一合同法的制定产生了较大影响。统一合同法的第一稿（专家建议稿）第2条便采纳这种观点："合同是当事人之间设立、变更、终止债权债务关系的协议。"⑲理论界也大都赞同这一看法。

笔者认为，债作为民法中的一个重要概念，确实是一个高度抽象的科学概念。诚如王泽鉴先生所言："在大陆法系，尤其是在素重体系化与抽象化之德国法，历经长期的发展，终于获致此项私法上之基本概念，实为法学之高度成就。"⑳债的一般规则，不仅使除合同及侵权行为之外的债的形式在法律上有所依归，而且由于债的一般规定可适用于债的各种形式，从而避免了对各种债的形式都要规定一般规则所产生的重复现象。若无债的概念和规则，将极大影响民法规范的适用和体系的建立。正是从这个意义上，笔者认为，强调合同是债的发生原因或债的形式，是极为必要的。但是，这并不意味着民事合同在内容上仅限于债权债务关系的合意。笔者认为，债权债务关系是民法调整的财产关系的主要形式，但并非唯一的形式。民法所规范的平等主体之间的财产关系除债权债务关系外，还包括物权、人身权、知识产权等各种关系。在现实生活中，权利人行使各项民事权利，都有可能借助于合同的形式，这就使合同在内容上不仅仅是单一地确立债的关系，而且有可能通过合同产生、变更、终止除债的关系以外的其他民事法律关系。这些合同因其仍然是就民事关系的设立等达成的合意，因此当然属于民事合同的范畴。既然统一合同法是民法的组成部分，当然就应统一调整这些民事合同，事实上，也不可能在统一合同法之外就这些合同单独制定其他合同法律。

如果认为合同只是发生债权债务关系的合意，显然将合同的定义限定得过于狭窄。如采纳此概念将会严格限制统一合同法的规范对象，并使许多民事合同关系难以受到合同法的调整。具体来说：

---

⑲ 梁慧星主编：《民商法论丛》（第4卷），法律出版社1996年版，第442页。

⑳ 王泽鉴：《民法学说与判例研究》（第4册），台湾1979年版，第87页。

第一,在我国现行立法和司法实践中,许多在德国民法中被称为物权合同的合同,如抵押合同、质押合同、国有土地使用权出让合同、承包合同等,并不完全是当事人之间设立、变更、终止债权债务关系的协议,因此不是典型的债权合同。严格地说,这些合同旨在设立、变更、移转物权。如土地使用权出让合同的订立旨在使国有土地所有权的权能发生分离,使受让人享有土地使用权。土地使用权在性质上并不是债权,而是物权,使用人享有该项权利以后,可以支配土地并排斥他人的干涉。尤其是土地使用权的期限较长,最长年限甚至长达70年,该项权利是长期的物权。设立物权的合同并不是典型的债权合同,在德国法中,此类合同被称为物权合同。我国民事立法和司法实践虽不承认物权合同的概念,但许多学者也认为,这些合同确实具有不同于一般债权合同的特点。[21] 一方面,这些合同旨在设定物权。另一方面,这些合同因涉及物权的变动,因而在法律上具有特定的形式要件的要求(如要求当事人必须办理登记或交付手续)。还应看到,这些合同不仅受合同法的规范,还要受物权法的规范。可见这些合同并非典型的债权合同。但假如因此认为这些合同不属于统一合同法的合同范畴,不应受统一合同法调整,显然是不妥当的。

第二,在人格权的行使方面,也存在合同关系。一般来说,人格权具有专属性和与主体的不可分离性,即在一般情况下,人格权是不能转让的。然而,个别人格权,如法人的名称权,因其具有较强的财产属性,依法也可以转让,从而有可能在转让人与受让人间形成转让合同关系。肖像权尽管不能由权利人整体转让,但肖像权的使用权,因其具有利用价值,且这种利用不仅可由本人,亦可由他人完成,因而完全可由权利人转让给他人。这种转让必须通过订立肖像使用合同的方式来完成。按照学者的一般观点,肖像使用权转让合同,乃是当事人之间设立、变更、消灭肖像使用关系的协议,也属于典型的民事合同。[22] 由于这些合同在内容上都涉及人格权的全部(如名称权的转让)或部分转让问题,而人格权毕竟不同于债

---

[21] 孙宪忠:"不动产物权取得研究",载梁慧星主编:《民商法论丛》(第3卷),法律出版社1997年版,第61页。

[22] 王利明、杨立新主编:《人格权与新闻侵权》,中国方正出版社1995年版,第279页。

权,因此,很难说这些合同都是设立、变更、终止债权债务关系的合意。

第三,在亲属法领域,并非完全不存在合同关系。诚然,依据我国立法和司法实践,并不承认婚姻为一种合同,对于收养关系,也从不作为合同对待。但在婚姻家庭亲属关系中,确实会涉及一些需用合同来规范的关系,如分家析产协议、遗赠扶养协议、夫妻财产约定等。这些协议或约定与一般民事合同并无本质差别。有关这些合同的订立、履行、变更、解除以及违约责任等,当然应适用合同法的规定。甚至连离婚协议也不能说完全不能适用合同法的规定。夫妻双方以合同的形式就解除婚姻关系达成协议,尤其是在协议中一般都不可避免地要涉及财产的处理,当这些协议达成以后,理所当然地对当事人双方产生约束力,任何一方不得擅自变更和解除合同。合同法的一些规则,也是可以适用于此类合同的。

第四,在知识产权法领域,也存在着一些合同,如著作权许可使用合同、专利实施许可合同、商标使用许可合同以及专利等权利的转让合同等,都具有债权合同的特点,但因其涉及知识产权的行使、转让等问题,因此也不是典型的债权合同。

第五,在民法中,一些共同行为如合伙协议、联营合同等,也不是纯粹的债权合同。早在1892年,德国学者孔兹(Kunze)就提出,应将契约行为和合同行为分开,双方法律行为应为契约,而共同行为(如合伙合同)则称为合同。根据法国学者的观点,合同是双方的法律行为,它不同于共同行为,前者主要约束合同当事人,而后者产生的效力可能会约束某些并未参加该行为的人。如股份有限公司的股东大会上,掌握半数以上股权的股东所通过的决议可对全体股东产生约束力。[23] 我国一些旧学者也曾提出了合同行为不同于一般契约行为的特点。[24] 笔者认为,合伙协议、联营合同等合同与一般的债权合同的不同之处在于,当事人订立这些合同的目的不在于发生债权债务关系,而在于确定共同投资、经营或分配盈余等方面的关系。合伙协议是合伙组织体的法律基础,其规定了合伙组织体的经营目的,确立了合伙人的基本权利义务关系,也是合伙人承担责任的依

---

[23] 尹田:《法国现代合同法》,法律出版社1995年版,第4页。

[24] 汪翰章:《法律大辞典》,上海大东书局1934年版。

据。然而,由于这些合同本质上仍然是反映交易关系的,因此当然应受到合同法的调整。

第六,随着社会经济生活的发展,许多新的合同关系应运而生,如承包经营合同、BOT 合同、酒店经营管理合同、旅游合同等。这些合同也并不完全都是设立、变更和终止债权债务关系的合同,也并非不应受到合同法的调整。即使统一合同法在分则中对这些合同未作规定,也不会影响到合同法总则对其所应有的适用性。因为合同法不同于物权法的一个重要特点在于:物权法主张"物权法定",而合同法则要贯彻"合同自由"原则,允许合同当事人在法律规定范围内自由确定合同的内容。只要合同的内容不违背法律规定和社会公共利益,法律就承认其有效。因此,不管当事人签订的是有名合同还是无名合同,都应该受到合同法的保护。"原则上,现代合同法对合同可能采取的各种类型,在数量上不加限制。""除非为了公共利益或为了保护某些种类的人(如未成年人)的需要,应另行规定者外,凡自由承担的义务都可以执行。"㉕为了使各种新的合同关系均纳入合同法的调整范围,就必须扩大民事合同的内涵及合同法的适用范围,而不能将合同仅限于债权合同范畴。多年来,我国司法实践坚持认为承包合同应适用合同法的规则(已被实践证明是可行的、必要的),足以证明这一问题。

总之,笔者认为,统一合同法无论是采纳广义的合同概念,还是采纳最狭义的合同概念,都不十分妥当,最好是采取狭义的合同概念。我国《民法通则》第 85 条关于"合同是当事人之间设立、变更、终止民事关系的协议"的规定,实际上是狭义的合同概念。采纳这一概念既避免了广义合同概念因过于宽泛所产生的缺陷,也可以解决最狭义的合同概念因适用范围过于狭窄而在法律调整方面所引起的矛盾。统一合同法应继续采纳《民法通则》的合同概念,将各种以反映平等主体之间的民事权利义务为内容的协议都作为统一合同法所规范的合同。换言之,无论何种形态的合同,只要它是当事人之间设立、变更、终止民事关系的协议,都可以看作

㉕ 上海社会科学院法学研究所编:《国外法学知识丛书·民法》,知识出版社 1983 年版,第 157 页。

是我国合同法的有机组成部分,并可以适用我国统一合同法的规定。

需要指出的是,在统一合同法制定中,能否采纳最狭义的合同概念,而通过特别规定各种非债权合同或非典型的债权合同准用合同法的规定,从而解决最狭义的合同概念所导致的适用范围过窄的问题?笔者认为这一方法并不妥当。因为,一方面,在统一合同法中具体列举各种非债权合同是十分困难的,尤其是对于一些新型的无名合同,很难予以列举,即使能够列举也不能列举穷尽;另一方面,过多地规定"准用"条款,不如扩大统一合同法的适用范围。从立法技术上看可以节省一些关于"准用"的规定,尤其是可以使法官在处理一些新的合同纠纷时可沿用合同法总则的规定,而不至于因未规定"准用"而面临无法可依的困难境地。

民商法研究(第四辑)
第290～310页

《联合国国际货物销售合同公约》与中国合同法*

自1980年《联合国国际货物销售合同公约》(United Nations Convention on Contracts for the International Sale of Goods)(英文缩写CISG,以下简称公约)制定以来,截至2010年,已有近80个国家批准或加入。公约自颁行以来,促进了许多缔约国的法律改革,构建了世界范围内买卖法的统一规则,并有力地推进了经济全球化的进程。因此,该公约曾被认为是所有国际性法律文件中最为成功的一部国际性法律。① 但随着经济全球化和国际贸易的发展,尤其是电子商务等新的交易形式的发展,对该公约的完善提出了新的要求。中国是公约最早缔约国之一,公约促进了我国合同法的改革,也对我国改革开放和市场经济的法治建设产生了深远的影响。因此未来公约的完善也将会影响到我国法治的未来走向。

---

* 本文原作于2001年,后载于《环球法律评论》2013年第5期。

① See O. I. Schwenzer, P. Hachem, C. Kee, *Global Sales and Contract Law*, Oxford University Press, 2012, p. 37.

一、公约制定过程及其特点

公约的起草始于“二战”以后。1951 年,荷兰政府曾在海牙召开了一次有 21 个国家参加的外交会议,会上讨论了罗马国际统一私法协会准备的货物销售统一法公约草案。其后完成了《国际货物买卖统一法公约》(ULIS)和《国际货物买卖合同成立统一法公约》,这两个公约在 1964 年的海牙外交会议上一起获得通过,它们实际上是公约的雏形。由于种种原因,这两个公约的缔约国极少,并未产生应有的影响。[②] 1966 年,联合国贸法会成立后,经过多年的努力,对上述两个公约进行了修订,在 1978 年贸法会第十届年会上通过了《国际货物销售合同成立公约草案》,并决定将上述两个公约合并为一个草案,称为《联合国国际货物销售合同公约草案》。1980 年,联合国在奥地利首都召开了外交会议,并将该草案提交大会讨论,有 62 个国家以及 8 个国际组织出席了该会议,最后正式通过了公约。[③] 中国在 1986 年签订了该公约,并且成为该公约最早的缔约国之一。

公约是迄今为止影响范围最为广泛的国际法律文件,已拥有近 80 个缔约国,其影响力超过任何地区性公约。[④] 所以,不少学者认为,公约已经取得了世界范围内的成功(a worldwide success)。[⑤] 这主要表现在:一是它已拥有近 80 个缔约国,其影响力超过了任何地区性公约。二是它统一了国际货物买卖的实体规则。根据公约第 7 条规定,“在解释本公约时,应考虑到本公约的国际性质和促进其适用的统一以及在国际贸易上遵守诚信的需要。”在该条中,公约采用“统一”(unification)的概念,表明公约的

---

② 这两个公约的参加国极少,前一个公约只有比利时、冈比亚、联邦德国、以色列、意大利、荷兰、圣马力诺、英国 8 个国家;后一个公约则包括上述除以色列以外的 7 个国家。

③ 张玉卿:《国际货物买卖统一法:联合国国际货物销售合同公约释义》,中国对外经贸出版社 1998 年版,第 4 页。

④ 李巍:《联合国国际货物销售合同公约评释》,法律出版社 2009 年版,第 9 页。

⑤ See O. I. Schwenzer, P. Hachem, C. Kee, *Global Sales and Contract Law*, Oxford University Press, 2012, p. 37.

制定旨在统一国际货物买卖合同实体法规则。统一的含义是指在国际货物买卖中应适用单一和统一的规则。换言之,对于营业地在不同国家的当事人之间所订立的货物买卖合同,缔约国应当适用公约的规定。[⑥] 公约制定的目的就是减少国际货物买卖所遇到的法律障碍,促进国际货物买卖法律规则的统一。三是为促进买卖规则的统一,公约融合了两大法系的相关立法经验的实体法规则。它是在广泛吸纳两大法系有关买卖法乃至合同法成熟立法经验的基础上,才最终形成的文本。可以说,它是世界范围内成熟立法经验的结晶。四是从公约的制定过程来看,它在买卖合同法律领域是全球范围内达成的最广泛的共识。公约不仅考虑了发达国家的经验,也考虑到了发达国家和发展中国家的不同利益和要求,因此,具有广泛的代表性。[⑦] 公约在制定过程中反复谈判磋商并寻求最大范围内的共识,这就导致了其具有广泛适用性的可能。五是公约的制定极大地减少国际货物买卖合同中的法律障碍,为解决国际贸易纠纷提供了法律依据,并引导当事人在国际货物买卖合同中订立更加完善的合同规则,减少磋商和交易成本,促进国际贸易的发展。

公约对缔约国具有直接适用的效力。对缔约国而言,对于公约所确立的调整国际货物销售合同的规则,可以由裁判机关作为实体法而直接适用,无须借助于国际私法规则的指引。[⑧] 任何国家一旦加入公约,成为缔约国,就应当负担履行公约的义务。除非某个缔约国对于公约的某些条款提出特别保留,否则整个公约的内容都对其具有适用的效力。公约对缔约国具有直接适用的效力。或者说,对缔约国而言公约具有强行性。在缔约国的仲裁和司法实践中,只要当事人没有在合同中明确排除公约的

---

⑥ 刘瑛:《〈联合国国际货物销售合同公约〉解释问题研究》,法律出版社 2009 年版,第 13 页。

⑦ 张玉卿:《国际货物买卖统一法:联合国国际货物销售合同公约释义》,中国对外经贸出版社 1998 年版,第 3 页。

⑧ 2004 年,联合国国际贸易委员会批准通过的《贸易法委员会关于联合国国际货物销售合同公约判例法摘要汇编》规定,缔约国法院在依据国际法规则确定据以适用的冲突法规范时,必须先审查能否适用该公约的规定,即公约的规则在国际私法的规则适用中具有优先于一般国际私法规则的效力。参见李巍:《联合国国际货物销售合同公约评释》,法律出版社 2009 年版,第 9 页。

适用,则一旦发生国际货物买卖合同纠纷,都可以直接适用公约的相关规定。[⑨] 因为公约对缔约国具有强行法的性质,因此,其与示范法不同。20世纪后期以来,随着全球层面的公共治理的兴起,国家作为控制者的角色在公共治理中的淡化,形成所谓的“软法”。例如,UNIDROIT(罗马统一国际私法协会)所制定的1994年《商事合同通则》(PICC)以及欧洲“兰度委员会”所制定的《欧洲合同法原则》(PECL)。这些文件不具有强制约束力,但是具有相当程度的示范和导向作用,因此被称为所谓的“软法”。[⑩] “软法”的出现对于具有严格体系性的法典也带来影响,甚至有学者认为其代表了未来法律发展的方向。[⑪] 示范法无须各国国内认可和加入,它仅仅只是作为各国立法的参考,当然,在国际货物买卖合同中,当事人在排除公约适用之后,也可以选择示范法的适用,但是在没有排除公约适用的情况下,不能直接适用示范法。在这一点上,显然与公约在性质上存在明显区别。公约对以后制定的相关示范法也产生了先导作用。正如欧洲合同法原则的起草人 Lando 指出,公约为世界性的国际合同法和欧洲合同法作了积极准备并发挥了倡导性的作用,公约是《国际商事合同通则》和《欧洲合同法原则》的“指导教材”,当然后两个法律文件反过来也会影响对公约的解释。[⑫]

公约的上述性质和特点也将在一定程度上决定公约未来的走向。由于公约是统一法而非“软法”性质的示范法,这也说明公约本身即便存在缺陷,也难以通过示范法的制定而加以弥补。但正因为公约是长时间艰苦谈判的产物且缔约国较多,因而,一旦要开启对公约的修改,势必面临着重新寻求共识并达成一致的困难。

尤其应当看到,在缔约国加入公约之后,公约推进了国内实体法的发展,深刻地影响了国内实体法的改革。公约为国内法的改革提供了重要

---

⑨ 李巍:《联合国国际货物销售合同公约评释》,法律出版社2009年版,第9页。

⑩ 罗豪才、宋功德:《软法亦法》,法律出版社2009年版,第314页。

⑪ Jose Castan Tobenas, I – 1 *Derecho Civil Espanol Comun y Foral* 217 – 221 (Editorial Reus ed., 1988), at 62.

⑫ Ole Lando, Andre Janssen, Olaf Meyer (eds.), *CISG Methology*, Preface, European Law Publishers, 2009, p. 1.

的参照。这些影响实际上已经超出了公约制定时的预期。从我国情况来看，公约对我国《合同法》的立法产生了积极影响，推动了我国《合同法》与国际规则的接轨，并且有助于消除我国国际贸易中的法律障碍，促进了我国国际贸易的健康发展。

二、公约对我国《合同法》制定的重大影响

我国在加入该公约以后，在司法实践和仲裁中认真执行公约，从联合国际贸易法委员会发布的有关中国适用公约的报告来看，表明公约在我国司法和仲裁实践中得到了执行。[13] 这也说明，我国在加入公约后就已经践行了缔约国所负有的义务。尤其需要指出，公约对我国国内合同立法产生了重大影响。严格地说，尽管公约具有强行性，但缔约国加入公约，并非当然负有修改国内法的义务，仅仅只是意味着在国际货物买卖中，如果当事人没有明确排除适用，就应当适用该公约。但是，我国在加入公约前后，就已经借鉴公约的规定，推进了我国有关合同立法的改革。

在20世纪80年代初期，公约完成了最初的草案，我国就已经对公约表达了支持态度，所以在1985年3月21日《涉外经济合同法》中就充分考虑到了公约的相关规定，并予以充分借鉴。[14] 这主要是考虑到涉外经济合同大量的属于国际贸易，而公约是两大法系协调的产物，代表了法律发展的趋向，应该在此领域与国际贸易法律规则相接轨。例如，在《涉外经济合同法》关于违约责任的规定中，借鉴公约的经验，采纳了严格责任原则，这可以说反映了当代国际贸易发展的客观要求，体现了国际贸易中违约责任规则的发展趋势。[15] 例如，《涉外经济合同法》第29条规定："一方违

---

[13] UNCITRAL, *Digest of case law: on the Unted Nations Convention on Contracts for the International Sale of Goods*, United Nations, New York, 2012.

[14] 张玉卿：《国际货物买卖统一法：联合国国际货物销售合同公约释义》，中国对外经贸出版社1998年版，再版序言第5页。

[15] 师华、王铁峰："《联合国国际货物销售合同公约》与我国《涉外经济合同法》违约制定之比较"，载《法学评论》1996年第3期。

反合同,以致严重影响订立合同所期望的经济利益","在合同约定的期限没有履行合同,在被允许推迟履行的合理期限内仍未履行",另一方则可解除合同。这一关于根本违约的规定虽然表述上与公约存在一些区别,但基本上借鉴了公约的规定,也体现了最新的立法经验。

在1986年加入公约之后,恰逢我国开始启动统一合同法的制定工作,公约对我国《合同法》制定产生了重大影响。《合同法》之所以在起草中要大量借鉴公约的经验,一方面,公约所秉持的私法自治、诚信原则、鼓励合同成立(favor contract)等精神,是市场经济的内在需求。而我国制定《合同法》,就是为了构建市场经济的基本规则。因此,有必要借鉴公约进行合同法立法。另一方面,是因为公约体现了最新的立法经验,代表了合同法未来的发展趋势。而我国《合同法》的制定也是要体现最先进的立法经验,并且要与国际立法经验相接轨的面向未来的合同法律。为了使得保持国内合同立法的开放性,促进经济贸易规则与国际接轨,所以我国《合同法》大量地借鉴了公约的相关规定。具体而言,在如下几个方面,《合同法》大量借鉴了公约的经验:

(一)合同的订立

所谓合同的成立,是指订约当事人就合同的主要条款达成合意。在合同成立规则方面,公约在要约承诺制度方面借鉴了两大法系的经验,形成了较为完备的合同订立的规则,这些规则也大量为我国《合同法》所借鉴。具体表现在:第一,在要约的规则方面,两大法系采取不同的做法。大陆法采要约采到达主义生效的规则,英美法采发信主义规则。公约第15条规定:"发价于送达被发价人时生效",如果要约在发出以后,因传达要约的信件丢失或没有传达,不能认为要约已经送达,显然这是对大陆法立法经验的总结。[16] 该规则被我国《合同法》第16条所采纳。[17] 第二,由于大陆法采到达主义,所以,要约可以撤回。但英美法采发信主义,所以,要约不可能撤回。[18] 公约第15条规定:"一项发价,即使是不可撤销的,得予撤

---

⑯ 徐炳:《买卖法》,经济日报出版社1991年版,第106页。

⑰ 《合同法》第16条第1款规定:"要约到达受要约人时生效。"

⑱ 徐炳:《买卖法》,经济日报出版社1991年版,第110页。

回,如果撤回通知于发价送达被发价人之前或同时,送达被发价人。”我国《合同法》第17条采纳了该规则所确定的要约撤回制度。[19] 第三,根据两大法系传统理论,承诺必须与要约的内容完全一致,不得作任何更改。但美国法为鼓励交易,逐渐适当修改了传统英美法的镜像规则(mirror image rule),[20]而承认了承诺可以对要约进行非实质性变更,[21]这一规则被公约所确认。根据公约第19条第3款,“有关货物价格、付款、货物质量和数量、交货地点和时间、一方当事人对另一方当事人的赔偿责任范围或解决争端等等的添加或不同条件,均视为在实质上变更发价的条件”。根据公约起草秘书处的评论,公约并不要求承诺与要约使用完全相同的语言,只要承诺中字面上的差异没有改变当事人双方的义务。[22] 这一规则被我国《合同法》第31条所采纳。[23] 尤其需要指出的是,我国《合同法》第30条规定,“有关合同标的、数量、质量、价款或者报酬、履行期限、履行地点和方式、违约责任和解决争议方法等的变更,是对要约内容的实质性变更”。其中所列举的实质性变更事项也受到了公约规定的影响。不过,较之于公约,该条所规定的事项范围比公约更加宽泛。第四,关于承诺的生效规则,公约基本采纳了大陆法的规则。从比较法上看,在承诺生效方面,英美法采纳了送信主义,或称为发送主义(doctrine of dispatch),大陆法采取到达主义。根据公约第18条第2款规定:接受发价于表示同意的通知到达发价人时生效。可见公约采纳了大陆法的观点。该规则也被我国《合

---

[19] 《合同法》第17条规定:“要约可以撤回。撤回要约的通知应当在要约到达受要约人之前或者与要约同时到达受要约人。”

[20] “镜像规则”要求承诺如同照镜子一般照出要约的内容,即承诺必须与要约的内容完全一致,合同才能成立。See ALI, *Restatement of Law*(2nd), Contract, §59; see also UCC Section 2-207.

[21] 参见《美国统一商法典》第2-207条。

[22] 参见秘书处评论公约草案第17条(正式文本第19条)第2、3段。参见张玉卿:《国际货物买卖统一法:联合国国际货物销售合同公约释义》,中国对外经贸出版社1998年版,第143页。

[23] 《合同法》第31条规定:“承诺对要约的内容作出非实质性变更的,除要约人及时表示反对或者要约表明承诺不得对要约的内容作出任何变更的以外,该承诺有效,合同的内容以承诺的内容为准。”

同法》第26条所确认。[24]

(二)合同形式

公约对合同的形式采取了非要式的规定。公约第11条规定:“销售合同无须以书面订立或书面证明,在形式方面也不受任何其他条件的限制。销售合同可以用包括人证在内的任何方法证明。”可见,第11条并不禁止当事人对订立合同的形式作出特别规定,合同的订立形式完全可以按照当事人自己的意思来决定。当然,公约所采取的合同形式完全由当事人决定的规则也曾经引发一些争议且受到一些批评,认为一个书面的合同按照公约的规定可以采取口头甚至默示的方式解除,或者书面形式可能受到口头形式的修改,这就可能使得国际贸易产生不确定性。[25] 但对合同形式的非要式性要求仍然形成了广泛的共识。尽管我国在参加公约时,对公约第11条采取了声明保留,但我国《合同法》第10条又采取了公约的规定。[26] 2013年我国撤回了对公约第11条所作的保留声明。[27]

(三)质量不合格规则的统一性(non-conformity)

在不适当履行的责任方面,大陆法国家传统上采取了两套履行不合格的合同责任制度,即瑕疵担保责任和不适当履行的责任。所谓瑕疵担保,是指债务人负有对其所提出的给付应担保其权利完整和标的物质量合格的义务,[28] 如果债务人违反此种担保义务,则应负瑕疵担保责任(Gewaehrleistung wegen Maengel der Sache)。此种责任与不适当履行的违约责任是相区别的。但因为两套合同责任制度不仅造成了规则的不一致,而且不利于受害人的保护,所以一直受到非议。而英美法系国家历来

---

[24] 《合同法》第26条第1句规定:“承诺通知到达要约人时生效。承诺不需要通知的,根据交易习惯或者要约的要求作出承诺的行为时生效。”

[25] Zeitschrift für Rechtsvergleichung,2000,33.

[26] 《合同法》第10条第1款规定:“当事人订立合同,有书面形式、口头形式和其他形式。”

[27] “《合同法》与国际条约对于合同形式的规定及适用趋于统一”,载《法制日报》2013年2月22日版。

[28] 崔建远:《合同责任研究》,吉林大学出版社1992年版,第269页。

采取了单一的质量不合格责任(Non-conformity)制度,[29]该制度为公约所采纳。公约未区分缺陷和所保证品质的欠缺。只要实际交付的物与合同要求不符,就存在物之瑕疵。[30] 因此,公约建立了统一的履行不合格制度,这一制度代表了最新的立法趋势,并为两大法系所普遍采纳。[31] 因为统一的质量不合格规则的建立使得确定瑕疵的标准实现了统一、完整的效果,不仅极为简便易行,而且充分有利于对受害人的保护,[32]所以,曾坚持两套责任制度的《德国民法典》最终也根据公约的规定作出了修改。[33] 我国《合同法》在买卖合同一章中,虽然在第153条承认了出卖人的瑕疵担保义务,但并没有规定独立的瑕疵担保责任,立法者根据公约的规定排斥了独立的瑕疵担保责任的立法模式,形成了统一的合同违约责任制度。[34]

(四)排斥履行不能的概念

在大陆法系以德国法为代表的国家,受罗马法的影响,广泛采纳了履行不能的概念,并普遍认为,“给付不能是契约法上核心问题之一”。[35] 履行不能通常可分为自始不能与嗣后不能。自始不能属于债务成立的问题,嗣后不能属于债务履行的问题。[36] 自始不能可以导致合同无效。[37] 在合同有效的情况下,若发生嗣后不能,除不可归责于当事人双方的情况以外,则构成一种特殊的违约形态。履行不能的规则极为烦琐,给法官适用

---

[29] 例如,英国早在1893年的《货物买卖法》中就规定,在营业性买卖合同中,卖方应负担保货物具有可销售性的义务(《货物买卖法》第14条第2款)。

[30] 参见公约第35、39条。

[31] Peter Schlechtriem, *UN Law on International Sales*, Springer, 2009, p. 262.

[32] Peter Schlechtriem, *UN Law on International Sales*, Springer, 2009, p. 248.

[33] 2002年1月1日《德国债法现代化法》通过之后,《德国民法典》买卖法和承揽合同法中关于瑕疵担保请求权的独立规定已经不复存在。出卖人负有交付无瑕疵(包括权利瑕疵和物的瑕疵)的标的物的义务,否则,应当适用一般违约法中所规定的法律后果。据此,买受人所享有的权利被纳入统一的违约责任制度之中,而不再适用单独的瑕疵担保责任。参见杜景林、卢谌:《德国债法改革:〈德国民法典〉最新进展》,法律出版社2003年版,第24~25页。

[34] 参见王利明:“瑕疵担保责任与不适当履行”,载南京师范大学法学院:《法制现代化研究》1995年第1期;又参见韩世远:“出卖人的物的瑕疵担保责任与我国合同法”,载《中国法学》2007年第3期。

[35] 王泽鉴:《民法学说与判例研究》(第1册),台湾1990年版,第415页。

[36] 史尚宽:《债法总论》,台湾荣泰印书馆1979年版,第367页。

[37] 例如,《德国民法典》第306条规定:“以不能的给付为标的的契约,无效。”

法律带来了极大的困难。公约并未采纳履行不能的概念。相反，公约原则上认为在缔结时就已出现履行不能的合同是有效的。[38] 同时，按照风险是否移转为标准来确定谁应负责。如果因为履行不能而导致合同不能履行，无论是自始不能还是嗣后不能，除非有法定的免责理由，否则将构成合同不履行的责任（第45条以下、第60条以下）。这就确立了履行不能将转换为违约责任的规则。这一规则实现了违约责任制度的统一和协调，而且也简便适用，从而基本上为各国立法所借鉴。《德国民法典》最终也根据该规定进行了修改。[39] 我国《合同法》在立法过程针对是否借鉴德国法上履行不能规则产生争议，立法者最终采纳了公约的做法。《合同法》没有简单确认自始不能导致合同无效，同时吸取公约的经验，以“违反义务”作为确定债务人的责任的依据。[40] 从而建立了履行不能转化为违约的规则，建立了统一的违约责任制度。

（五）确立了根本违约（Fundamental breach）规则

根本违约是指一方违反合同而致另一方损害，导致非违约方缔约目的无法实现。在根本违约情形下，非违约的一方当事人有权解除合同。这一制度产生于普通法，是普通法从条件和担保条款的分类中所发展出来的概念，而公约借鉴了这一经验，在第25条中确立了根本违约的概念，[41]并在违约责任制度中确立了根本违约制度。按照公约第51条规定，买方只有在完全不交付货物或不按照合同规定交付货物等于根本违反合同时，才可以宣告整个合同无效。例如，出售的货物被污染且不符合明示的质量标准，构成根本违约。[42] 根本违约制度严格限制了合同解除的条件，为合同严守确立了重要的法律保障。这一规则对我国合同立法产生了深远

---

[38] Peter Schlechtriem, *UN Law on International Sales*, Springer, 2009, p. 203.

[39] 2002年1月1日德国施行《债法现代化法》，对德国债法进行了全面修改。尽管其中仍然保留了履行不能的概念，但“违反义务”作为上位核心概念，可以将履行不能涵盖在内。同时，修改后的德国债法取消了第306条的规定，履行不能不再导致合同无效。参见朱岩编译：《德国新债法条文及官方解释》，法律出版社2003年版，第102页。

[40] 梁慧星：《民法学说判例与立法研究》，中国政法大学出版社1993年版，第323页。

[41] Henry Gabriel, *Contracts for the Sale of Goods: A Comparison of US and International Law*, Oxford University Press; 2nd Revised edition, 2008, p. 528.

[42] Peter Schlechtriem, *UN Law on International Sales*, Springer, 2009, p. 111.

影响。我国原有的合同立法对合同解除未作明确限制,因此导致了合同在实践中经常被随意解除,不利于合同严守。基于此,《合同法》在起草过程中借鉴了公约的经验,根据该法第 94 条第 4 项规定:"当事人一方迟延履行债务或者有其他违约行为致使不能实现合同目的",可以解除合同。该条款将根本违约作为了兜底条款,这实际上是将根本违约作为违约解除的主要条件。该规则自颁布以来,广受好评,成为我国《合同法》上的一大亮点。

(六)预期违约制度的确立

公约采纳了预期违约的概念,并确立了非违约一方的相应救济规则。公约单独设立第五章第一节规定预期违约制度,改节虽然没有明确区分明示和默示预期违约制度。公约第 72 条规定:"(1)如果在履行合同日期之前,明显看出一方当事人将根本违反合同,另一方当事人可以宣告无效;(2)如果时间许可,打算宣告合同无效的一方当事人必须向另一方当事人发出合理的通知,使他可以对履行义务提供充分保证;(3)如果另一方当事人已声明他将不履行其义务,则上一款的规定不适用。"实际上,该条就分别确立了违约方默示预期违约和明示预期违约制度,并设置了不同的救济规则。这大致相当于美国《统一商法典》第 2610 条的规定。[43] 公约将预期违约制度区分为预先非根本违约和预先根本违约两种,这也可以说是公约的独创。[44] 公约关于预期违约的规则对我国《合同法》产生了重要影响。我国《合同法》第 108 条规定:"当事人一方明确表示或者以自己的行为表明不履行合同义务的,对方可以在履行期限届满之前要求其承担违约责任。"这就确认了预期违约制度。其中关于明示违约规则的规定,显然是受到公约的影响。

(七)严格责任原则

合同法中的严格责任(strict liability),是指不论违约方主观上有无过

---

[43] 张玉卿编:《国际货物买卖统一法》(第 3 版),中国商务出版社 2009 年版,第 459 页。

[44] 张玉卿编:《国际货物买卖统一法》(第 3 版),中国商务出版社 2009 年版,第 458 ~ 460 页。

错,只要其不履行合同债务给对方当事人造成了损害,就应当承担合同责任。[45] 公约在借鉴英美法的经验基础上,确立了严格责任。其第45条第1款规定,买方有权寻求救济,如果买方不履行其在合同和本公约中规定的义务,应当承担违约责任。公约第61条第1款规定:如果买方不履行其在合同和本公约规定的任何义务,卖方有权寻求救济。如果把这两个条款与公约第79条结合来看,公约的本意在于一旦违约,除非当事人能够证明存在不可抗力,则违约方应当承担违约责任,而不考虑违约方是否有过错。[46] 从其条文表述来看,也没有要求"过错"的要件,只是明确了不履行合同义务的要件。[47] 可见公约采纳了严格责任原则。但是,严格责任并不是绝对地不考虑过错,而只是意味着在违约发生以后,非违约方只需证明违约方的行为已构成违约,而不必证明其主观上出于故意或过失。我国《合同法》第107条规定:"当事人一方不履行合同义务或者履行合同义务不符合约定的,应当承担继续履行、采取补救措施或者赔偿损失等违约责任。"该条显然是借鉴了公约的经验,采纳了严格责任原则。[48] 当然,针对合同违约严格责任原则,我国也有学者提出不同意见。也有学者认为严格责任对于国际货物买卖是适宜的,但并不一定完全适用于国内的各种交易情况。因为国内法适用于一切民事主体,各类主体的交涉能力、注意能力并不一致,如果像公约用商人的标准要求劳动者、消费者,时常会产生不公平的结果。[49] 此种看法也不无道理。因为这一原因,所以在《合同法》分则中,也有一些规则对违约方的过错作出了明确要求。

(八)买卖合同中大量借鉴公约的相关规定

随着经济全球化的发展,在世界范围内买卖法已经具有明显的趋同趋势,公约制定本身就表明了这一点。我国《合同法》分则中,尤其是关于买

---

[45] 崔建远:《合同责任研究》,吉林大学出版社1992年版,第17页。

[46] Peter Schlechtriem, *UN Law on International Sales*, Springer, 2009, p. 41.

[47] See Bénédicte Fauvarque-Cosson and Denis Mazeaud (ed.), *European Contract Law*, Sellier European Law Publishers 2008, p. 215.

[48] 梁慧星:"合同法的成功与不足"(上),载《中外法学》1999年第6期。

[49] 崔建远:"严格责任?过错责任?",载梁慧星主编:《民商法论丛》(第11卷),法律出版社1999年版,第197页。

卖合同中,大量借鉴了公约的相关规定,以努力实现在买卖规则方面与国际接轨。从我国《合同法》分则关于买卖合同的规定来看,对比公约,二者的相似之处较多。如果进行条文的仔细比对,可以发现在该章中的大部分内容都来自于公约。最明显的借鉴之处表现在:

第一,关于交付标的物的时间。根据公约第33条规定:"卖方必须按以下规定的日期交付货物:(a)如果合同规定有日期,或从合同可以确定日期,应在该日期交货;(b)如果合同规定有一段时间,或从合同可以确定一段时间,除非情况表明应由买方选定一个日期外,应在该段时间内任何时候交货;或者(c)在其他情况下,应在订立合同后一段合理时间内交货。"因此,如果合同约定了具体的交货日期,就应当在日期进行交付。如果合同确定了一段交货期限,则应当在该期限内交货。如果合同未作出上述规定,就应当在合同订立后的合理期间内交货。《合同法》第138条在借鉴公约的基础上规定:"约定交付期间的,出卖人可以在该交付期间内的任何时间交付。"第139条确立了交付期限没有约定或者约定不明确情形下的解释规则。其中,要求根据《合同法》第61条和第62条第4项规定的合理期限交付标的物。

第二,关于标的物交货地点的确定。公约第31条规定,"如果出卖人没有义务要在任何其他特定地点交付货物,他的交货义务如下:(a)如果销售合同涉及货物的运输,出卖人应把货物移交给第一承运人,以运交给买受人;(b)在不属于上款规定的情况下,如果合同指的是特定货物或从特定存货中提取的或尚待制造或生产的未经特定化的货物,而双方当事人在订立合同时已知道这些货物是在某一特定地点,或将在某一特定地点制造或生产,出卖人应在该地点把货物交给买受人处置;(c)在其他情况下,出卖人应在他于订立合同时的营业地把货物交给买受人处置。"这一条为我国《合同法》第141条所完全采纳,[50]当然,完全照搬该规则也未

[50] 根据该条规定:"当事人没有约定交付地点或者约定不明确,依照本法第六十一条的规定仍不能确定的,适用下列规定:(一)标的物需要运输的,出卖人应当将标的物交付给第一承运人以运交给买受人;(二)标的物不需要运输,出卖人和买受人订立合同时知道标的物在某一地点的,出卖人应当在该地点交付标的物;不知道标的物在某一地点的,应当在出卖人订立合同时的营业地交付标的物。"

免显得过于僵硬,因为在我国的实践中,不知道标的物在某一地点的,通常应在出卖人的所在地进行交付,而非出卖人订立合同时的营业地进行交付。因此在未来的《合同法》修改,应当对该规则予以完善。

第三,关于标的物的检验规则。公约第 38 条规定了买受人的及时检验义务,并在第 39 条第 1 款中规定:"买方对货物不符合同,必须在发现或理应发现不符情形后一段合理时间内通知卖方,说明不符合同情形的性质,否则就丧失声称货物不符合同的权利。"我国《合同法》第 157 条规定:"买受人收到标的物时应当在约定的检验期间内检验。没有约定检验期间的,应当及时检验。"该规定首先确立了买受人的及时检验义务。《合同法》第 158 条还规定了买受人对标的物瑕疵的通知义务,这些规则都是借鉴公约相关规定的结果。

第四,长期供货合同规则。在长期供货合同中,当事人双方约定一方于确定的或不确定的期限内,向他方继续供给一定量的货物,而他方应分期支付价金。对此类合同,学者一般也认为其属于双务合同,当事人在某个时期不履行将构成对全部合同的不履行。[51] 公约第 73 条针对长期供货合同规定了三种情形:一是分批交付标的物的,如果一批不符合约定导致合同目的不能实现;二是不交付其中一批标的物或者交付不符合约定,导致该标的其他部分的交付失去意义;三是分批交付标的物,买受人解除的一批标的物与其他未交付的标的物存在相互依存关系。并针对上述三种情形设置了不同的具体规则。该规定也为我国《合同法》第 166 条所完全采纳。[52]

(九)关于风险移转规则

我国《合同法》大量借鉴了公约关于风险移转的规则。例如,公约第

---

[51] 王泽鉴:《民法学说与判断研究》(第 6 册),中国政法大学出版社 1998 年版,第 153 页。

[52] 《合同法》第 166 条规定:"出卖人分批交付标的物的,出卖人对其中一批标的物不交付或者交付不符合约定,致使该批标的物不能实现合同目的的,买受人可以就该批标的物解除。出卖人不交付其中一批标的物或者交付不符合约定,致使今后其他各批标的物的交付不能实现合同目的的,买受人可以就该批以及今后其他各批标的物解除。买受人如果就其中一批标的物解除,该批标的物与其他各批标的物相互依存的,可以就已经交付和未交付的各批标的物解除。"

67 条规定:“(1)如果销售合同涉及货物的运输,但出卖人没有义务在某一特定地点交付货物,自货物按照销售合同交付给第一承运人以转交给买受人时起,风险就移转到买受人承担。如果出卖人有义务在某一特定地点把货物交付给承运人,在货物于该地点交付给承运人以前,风险不移转到买受人承担。出卖人受权保留控制货物处置权的单据,并不影响风险的移转。(2)但是,在货物以货物上加标记,或以装运单据、或向买受人发出通知或其他方式清楚地注明有关合同以前,风险不移转到买受人承担。”该规则为我国《合同法》第 145 条所采纳。[53] 不过,笔者认为,从该条可以看出,《合同法》多次采用了第一承运人的规定,完全是照搬公约的结果,显然过于僵硬。因为在国际货物买卖中,经常要采用多式联运的方式进行运输,因此第一承运人的规定才具有特殊意义。但在国内的交易中,则极少采用多式联运的方式,所以,也没必要采用第一承运人的规定。再如,在路货买卖中,交货时间和地点处于不确定状态,所以当事人也不可能在合同中作出具体的规定。根据路货买卖的特点,公约对路货买卖的风险转移问题作出了特别规定。该公约第 68 条规定:“对于在运输途中销售的货物,从合同订立时起,风险就转移到买受人承担。但是情况表明有此需要,从货物交付给签发载有运输合同单据的承运人时起,风险就由买受人承担。尽管如此,如果出卖人在订立合同时已经知道或者理应知道货物已经遗失或损坏,而他又不将这一事实告知买受人,则这种遗失或损坏应由出卖人负责。”[54]我国《合同法》第 144 条借鉴公约上述规定的经验,规定:“出卖人出卖交由承运人运输的在途标的物,除当事人另有约定的以外,毁损、灭失的风险自合同成立时起由买受人承担。”这就是说,从订立合同时起,路货买卖标的物毁损、灭失的风险转移给买受人。

---

[53] 该条规定:“当事人没有约定交付地点或者约定不明确,依照本法第一百四十一条第二款第一项的规定标的物需要运输的,出卖人将标的物交付给第一承运人后,标的物毁损、灭失的风险由买受人承担。”

[54] 这一规定也为其他国家或地区的立法所继受,如我国澳门地区民法典第 932 条。

三、关于公约的完善及其对我国《合同法》的影响

公约虽然是一部最为成功的国际法律,其颁行以来也取得了空前的成就,但是公约在适用范围等问题上也存在一定的缺陷,确有必要进一步完善。目前关于公约的批评主要不在于一些具体规则的设计方面,更多地集中在公约的适用范围方面。公约在制定时,为达成共识,因而在第一章所规定的适用范围中,对其适用范围作了严格限制。这不仅使得公约的适用面较为狭窄,而且也使公约不能有效应对电子商务等新的交易形式的发展而提出的要求。

从公约第 2 条关于对不适用公约的排除规定来看,公约的适用范围确实显得狭窄,主要体现在:

第一,公约仅适用于商人与商人之间(B to B),而不适用于商人与个人之间(B to C)。公约第 2 条明确排除了消费合同的适用。这主要是考虑到当时消费合同的复杂性和交易规模较小,难以纳入公约的适用范围。但随着电子商务的发展,个人和商人之间的纠纷大量产生,即使在国际货物买卖中,个人和商人之间的交易也占据了相当大的比重。例如,个人从国外企业的官方网站上订购货物,交易额较大,交易也极为频繁,其在性质上也属于国际货物买卖,但因为公约将其在适用范围排除在外,因此,发生纠纷后难以确定其所应适用的法律。尤其是随着电子商务迅速发展,有必要对商人与个人之间的交易建立一套统一的规则。2005 年的联合国统一电子商务法在起草时本来要修改公约,但因为不能达成一致意见,所以在公约之外另行制定了该规则,使得公约与有关电子商务的规则不能接轨。

第二,公约只适用于货物买卖,而不适用于服务贸易等其他领域。这一区分并不能完全符合国际贸易发展的现实。事实上,服务贸易与货物买卖之间存在交叉,如特许权贸易,需同时购买货物买卖和服务,再如技术进口,需要结合技术和货物的买卖,有形财产和无形财产的交易时常结

合在一起,难以截然分开。所以,在出现了服务贸易与货物买卖交叉的情况下,对是否适用公约就容易引发争议。

第三,公约在制定过程中,有关效力、错误、代理、多数人之债、合同转让、抵销、合同、条件、时效等规则,不能形成共识,因此,公约最终回避了这些制度,从而导致了公约本身在内容上的不完整性。尤其是就合同的撤销和无效制度而言,本来是合同法中最为基本的制度,但公约整体上回避了这些规则,这也使得公约在内容上具有不完整性,从而使其适用的效果也受到限制。

第四,在一些具体规则领域,公约的一些规则也受到质疑,例如,公约第 78 条规定了迟延付款应该支付利息的规则,但涉及跨国贸易的情况下,究竟如何计算利息,究竟采取哪个国家的标准,在合同没有约定的情况下,往往成为引发争议的问题;公约第 54 条也遇到了同样的问题,该条规定:“买方支付价款的义务包括根据合同或任何有关法律和规章规定的步骤和手续,以便支付价款。”但根据哪个国家的法律和规章确定,并不清晰;再如,公约第 29 条第 2 款规定:“一方当事人的行为,如经另一方当事人寄以信赖,就不得坚持此项规定。”但是是否单纯的信赖就值得保护,显然标准过于宽松,因为信赖毕竟只是一个主观的状态,还必须由客观的标准来评价,按照国际商事合同通则的规定,除了信赖之外,还必须采取一定的行为方受到保护,这显然更为合理。

尽管公约存在上述缺陷,但是其是否应当修改,如何修改,迄今为止众说纷纭,意见不一,主要有三种观点:

一是修改模式。此种观点认为,应当重启谈判、对公约进行修改,但不少人认为,公约已经有近 80 个缔约国,如果要对公约进行修改就需要取得所有国家同意,难度较大,而且从目前的实际情况来看,仍然有新的成员国不断申请加入,这就进一步增加了修改的阻力,更何况即使重启谈判、启动修改程序,要就适用范围等问题的修改形成共识,也十分困难。[55]

二是示范法模式。鉴于修改公约相当困难,尤其是迄今为止针对公约

---

[55] Henry D. Gabriel, *UNIDROIT as a source for global sales law*, UNCITRAL Expert Meeting Handbook, February 25 - 26, 2013, Incheon, Korea, p. 5.

的内容尚未发现严重的缺陷,在公约生效三十多年来,并没有人对公约提出严厉的批评。[56] 所以,不少美国学者建议可以考虑制定一部示范法,弥补公约的不足。[57] 一方面,示范法的制定方式简便,不需要缔约国之间形成共识就可达成协议。制定示范法的政治阻力小,简便易行,可行性较强,短期内就可以完成建议稿,能够给各国的立法者提供新的立法参考,能够在相当程度上解决困境。另一方面,示范法可以将最先进的经验吸纳进去,尤其是可以针对公约因不能形成共识而回避的规则都在其中加以规定。示范法对于合同当事人来说也是新的法律适用选择,经过一段时间的适用,其就可能逐渐成为国际惯例,成为普遍适用的贸易实践规则。此外,示范法本身可以成为解释公约的规则。也就是说,示范法在制定之后,对于准确理解公约的规定可以发挥重要的作用。[58]

三是新法模式。此种观点认为,修改公约和制定示范法模式都不可取,应在公约之外制定新的统一买卖法。瑞士政府建议要制定一个新的法律文件,该建议草案被称为"瑞士建议"(Swiss Proposal),旨在解决公约目前存在的问题。[59] 该建议中指出,CISG 公约存在着一些不足之处,例如,公约对许多重要问题未作出规定(如实际履行、所适用的利率等),可在新法中作出规定。公约将其适用范围限定于国际货物买卖,而不适用于国内性质的货物买卖,这就人为形成了两套买卖法的规则,未来应制定一个统一的合同法规则,整体适用于所有的买卖合同。[60] 另外,公约的某些规则需要进一步细化,例如合同的解除规则过于简略。此外,作为对 CISG 公约补充的其他

---

[56] Schwenzer, Hackem & Kee, *Global sales and contract law*, Oxford University Press, 2012, p. 37.

[57] See e. g. , Henry D. Gabriel, *The CISG: Raising the fear of nothing*, 9 Vindobona Journal of International Commercial Law and Arbitration (2005/2) 219.

[58] Henry D. Gabriel, *UNIDROIT as a source for global sales law*, UNCITRAL Expert Meeting Handbook, February 25 – 26, 2013, Incheon, Korea, p. 5.

[59] Proposal by Switzerland on possible future work by UNCITRAL in the area of international contract law, *Possible future work in the area of international contract law*, United Nations Commission on International Trade Law, 45th Session, New York, 25 june 2012.

[60] Proposal by Switzerland on possible future work by UNCITRAL in the area of international contract law, *Possible future work in the area of international contract law*, United Nations Commission on International Trade Law, 45th Session, New York, 25 june 2012.

公约,包括1974年国际货物买卖时效公约、2005年国际合同使用电子通信的公约,由于参加国过少而减损了这些公约对CISG的补充意义。由此,瑞士政府建议,另起炉灶,重新制定一个全球性的合同法公约,未来在合同法领域应制定一个统一的买卖法文本,使其成为一个新的全球性规范文件。[61] 制定这样一部新法,并不减损缔约国对原公约的义务。

自新法模式提出之后,也遇到了强烈的反对,几乎没有获得强有力的支持。[62] 笔者认为,重新制定一部统一的公约,要形成共识非常困难,比对现行公约的修改难度更大,因此,并不具有可操作性。而制定示范法的模式,虽然简便易行,但并不一定具有很好的实际效果。一方面,由于示范法是软法,公约是强行法,因而,示范法不能起到修改作为强行法的公约的作用。另一方面,《商事合同通则》和《欧洲合同法原则》作为示范法,已经取得了成功,没有必要在模仿这些示范法的基础上,再起草一部示范法。笔者认为,对公约进行适当的修改是必要的,但应当采取分阶段、分步骤的修改模式。也就是说,可以采用分步修改模式,循序渐进,对共识度较高的规则可以先着手修改,对共识度较低的规则留待今后修改。这样做的优点在于:一是简便务实,减少谈判阻力,不致因其他条款的争议而影响紧迫条款的修改。二是可以针对公约明显的缺陷进行修改(如第2条关于适用范围的规定)。当然,对于确定哪些条款的修改具有优先性,涉及任务的选择和排序。

如前所述,我国《合同法》在制定过程中曾广泛参考公约,未来中国《合同法》的改革与CISG公约的发展之间也必将形成相互借鉴的互动关系。在现阶段,无论是对公约采取修改模式,或是制定示范法或其他模式,我们都应当密切关注其动向,并根据公约的新发展和动向,对《合同法》规则本身进行一定的调整。尤其表现在如下几个方面:第一,如果公约未来针对电子商务(e-commerce)发展,确立有关电子商务的新规则,我

---

[61] Proposal by Switzerland on possible future work by UNCITRAL in the area of international contract law, pp. 7 – 8.

[62] 有关于此的争论可以参见 Report of the United Nations Commission on International Trade Law, forty-fifth session (25 June – 6 July 2012), UN Doc. A/67/17, paras. 127 – 32。

国合同法也应充分考虑并借鉴这些规则。电子商务的发展是合同法发展的新趋势，其在合同订立、合同形式、合同变更与解除等方面，都有必要确立特殊的规则。这些规则一旦纳入公约之中，就应当成为我国未来合同法修改的重要依据。第二，关于情势变更规则，有可能在未来公约的修改中加以明确。关于公约是否采纳了情事变更原则，学界一直存在争议。有一些判例认为，《公约》第79条的规定已经涵盖了情事变更的情形[63]。事实上，公约并没有明确规定情势变更规则，但鉴于其在国际贸易中的重要性日益凸显，未来公约的修改应当考虑纳入该规则。而我国《合同法》并没有规定情势变更规则，只是通过司法解释的形式加以确认，所以，未来《合同法》的修改，也要参考公约的相关规定。第三，未来公约的修改可能要扩张其适用范围，适用范围的扩张会带来一些新的变化，我们应当密切关注。例如，对消费者特别保护的一般规则，应当纳入本国法。但是，消费品买卖可以纳入公约之中。这是公约适用范围扩张所带来的变化。它可能涉及，对于消费者的保护要设立特殊的规则。第四，考虑到买卖法领域一般法和特别法的差异不断缩小，公约作为买卖法的一般法，其可能要不断吸收买卖特别法的内容，并与买卖特别法的规则保持一致性。

另外，我们不仅需要关注公约规则本身的发展，还应当关注其在各成员国的适用过程中的经验，了解实际判例以及贸法会对公约进行的解释，这些都会对我们理解和掌握、完善适用公约规则提供重要参考。可见，公约本身也会随着实践的发展而不断发展，我们也要关注公约自身的发展，从而为我国未来合同立法提供借鉴。

四、一点展望

公约的制定及其产生的重大影响，不仅对我国未来合同法的修改与完

---

[63] [德]英格博格·施文策尔："国际货物销售合同中的不可抗力和艰难情势"，杨娟译，载《清华法学》2010年第3期。

善具有重要的借鉴意义,而且对两岸四地合同法制的统一也有一定的启示价值。经济全球化和国际贸易的发展给包括我国在内的亚洲地区的合同法带来了深刻的变革,亚洲地区正在酝酿合同法规则的改革。笔者认为,在现阶段,有必要在合同法领域内推动两岸四地规则的统一。两岸四地同文同种,同根同源,同属一个中国,而且大陆和香港特别行政区已经签署《内地与香港关于建立更紧密经贸关系的安排》(CEPA),而大陆和台湾地区也签署了《海峡两岸经济合作框架协议》(ECFA),这些对建立两岸四地统一的市场具有重要意义。统一的市场呼唤统一的交易规则,合同法又是调整市场交易关系的基本法,为了减少贸易摩擦、降低交易成本、消除贸易中的法律障碍,因此,制定一部在两岸四地共同适用的合同示范法就必须要提上历史的日程。市场的统一也有助于推动社会经济各领域的融合。这一示范法对于解决两岸四地中贸易纠纷也具有重要的参考作用。目前,两岸四地之间的贸易约占内地对外贸易总额的1/9,在经贸往来中,纠纷也时有发生,但迄今为止没有一部统一的合同法规则,以致在发生纠纷时,当事人经常因法律适用发生争议。由于香港是判例法,其他三地虽是成文法,但成文法规则极不一致(例如,澳门受葡萄牙法律影响,台湾地区"民法"主要受德国法影响),而内地的合同法也独具特点,所以一旦发生纠纷,法律适用便容易发生争议。由于政治方面的原因,目前还无法制定一部统一的合同法,但有必要也有可能首先采用示范法的方式推进合同法规则的统一,这部示范法的问世,也必将合同法领域对国际公约的进一步发展和完善产生重要影响。

民商法研究(第四辑)
第311～335页

论情势变更原则的合理性*

现代社会交易纷繁复杂、形态多样,国际性的大宗交易日益频繁,电子商务(e-commerce)迅猛发展,不仅极大丰富了交易的类型,也增加了交易的不确定性和风险,与此相适应,情势变更制度应运而生,它虽未从根本上改变"契约必须严守"(pacta sunt survanda)原则,但已构成对这一原则的修正。我国已成为世界第二大经济体,伴随着经济的快速发展,各种贸易纠纷也日益凸显,大量的当事人缔约时无法预料的风险也随之出现,有必要依据情势变更原则对当事人的利益进行必要的平衡,以维护合同的实质正义。不过,我国《合同法》并未规定情势变更原则,这显然构成法律漏洞。然而,实务界和理论界对情势变更原则存在的必要性还存在不同认识,这既会影响该法律规范的司法实践,也会影响将来的法律完善,有必要在学理上予以澄清,对此,本文从立法态势、基本功能、防范滥用机制、不可替代性四个方面,阐释情势变更原则的合理性。

* 本文原著于1998年,修改于2010年。

一、情势变更原则是国际广泛认可的法律规则

情势变更概念(Rücktritt wegen veränderter Umstände/ Störung der Geschäftsgrundlage;changed circumstances),源于拉丁文"rebus sic stantibus"(情势如此发生)。所谓情势,是指合同成立后出现的不可预见的情况,即该情况必须影响社会整体或部分环境的客观情况。[①] 一般认为,情势泛指作为法律行为成立基础或环境的一切客观事实。[②] 所谓变更,是指"合同赖以成立的环境或基础发生异常变动"。[③] 而情势变更,是指在合同成立并生效以后、履行终止以前,发生了当事人在合同订立时无法预见的客观情况变化,导致使合同的基础丧失,以至于如果继续履行合同将对一方当事人明显不公平,因此,依据诚信原则应当允许一方当事人变更或者解除合同。[④] 例如,当事人在合同订立后,因为出现"非典"疫情,导致作为合同标的的货物奇缺,标的物的价格急剧上涨,在此情形下,应当允许出卖人变更或者解除合同。

(一)比较法的分析

1. 大陆法

情势变更原则是为适应现代市场经济的需要而逐步形成和发展起来的一项重要合同法原则。有学者认为,罗马法中也存在情势变更原则,但大多数学者认为,认定罗马法上存在情势变更原则的根据尚不充足。相反,罗马法奉行严格责任,采纳"对偶然事件谁也不能负责"或"偶然事件由被击中者承担"的规则,尤其是罗马法确立了"合同必须严守"(Pacta Sunt Servanda)的规则,当事人之间的约定也必须严守,合同成立以后,无论出现何种客观情况的异常变动,都不应影响合同的效力,[⑤]除非不可抗

---

① 彭凤至:《情势变更原则之研究》,台湾五南图书出版公司 1986 年版,第 240 页。

② 参见王家福:《民法债权》,法律出版社 1991 年版,第 399 页。

③ 彭诚信:"'情势变更'原则的探讨",载《法学》1993 年第 3 期。

④ 梁慧星:《中国民法经济法诸问题》,法律出版社 1989 年版,第 200 页。

⑤ Finkenauer, in Münchener Kommentar zum BGB, § 313, Rn. 20.

力发生，否则不能履行的一方应当违约责任。[⑥]

至16世纪至17世纪，自然法思想居于支配地位，自然法学家更加关注实质正义的维护，情势不变条款开始获得承认，在诸如格劳秀斯(Grotius)和普芬道夫(Pufendorf)的著述中都仍然坚持合同严守的原则。[⑦]但在1699年自然法学家科塞济(Coccej)曾将情势变更视为整个法律秩序的基本精神，并认为事务的状态由许多情势构成，如果事务的本质状态发生了重大变化，那么合同的义务即予免除，因为原来约定的意义和目的已完全丧失。[⑧] 1794年的《普鲁士普通法》第378条规定中也提到了情势变更原则。1811年《奥地利民法典》第936条规定："情势于中途发生非可预料之改变，以致当事人约定或依情事推定的目的不达，一方或双方之信任关系丧失时，当事人可以解除合同。"这可以说是在情势变更原则在民法典中的最早体现。

1804年的《法国民法典》秉持"合同必须严守"的规则。该法典第1134条"依法订立的契约，对于缔约当事人双方有相当于法律的效力"的规定，实际上否定了情势变更原则。所以，法国学者普遍认为，《法国民法典》中不存在关于情势变更的规定。[⑨] 这就意味着，如果合同的履行环境在订立之后发生显著的变化，即便继续履行原合同可能造成当事人之间的利益严重失衡，也不允许当事人解除或变更合同，只是承认在不可抗力的情况下，才可以解除和变更合同。[⑩] 但法国行政法院在实践中采取了较为弹性的立场，曾经创设了"不可预见"理论以解决某些因情势变更所致合同履行过于艰难的问题。

---

⑥ [意]彼德罗·彭梵得：《罗马法教科书》，黄风译，中国政法大学出版社1992年版，第331页。

⑦ 韩世远："情势变更原则研究"，载《中外法学》2000年第4期。

⑧ 梁慧星：《中国民法经济法诸问题》，法律出版社1989年版，第22页。

⑨ Peter Hay, *Frustration and its Solution in German Law*, 10 Am. J. Comp. L. 345, 352 (1961). 需要指出的是，法国行政法院在实践中采取了较为弹性的立场，曾经创设了"不可预见理论"(The Theory of Imprévision)以解决某些因情势变更所致合同履行过于艰难、昂贵的问题，避免产生过度不公平现象，但此种理论仅限于情势的重大变更并非普通人所能预见的场合。

⑩ 朱岩：《德国新债法：条文及官方解释》，法律出版社2003年版，第142页。

《德国民法典》在制定时仍然坚持“合同必须严守”的原则,排斥了情势变更原则。该法典认为,只有在事实上和法律上出现永久、绝对不能履行的状态,才能免除当事人的给付义务。⑪ 但在第一次世界大战以后,德国经济陷入困境,货币大幅度贬值,货物奇缺,物价暴涨。在此情形下,德国学者奥特曼(Oertmann)1921年在借鉴了“情势不变条款”等理论的基础上,提出了“行为基础说”(Geschaeftsgrundlage),应对应由情势变更原则解决的问题。该理论区分了合同的基础和合同的内容,认为合同订立时的具体情况并非合同的内容而是合同的基础。⑫ 该理论最终为法院判例所采纳,并成为裁判上的通行做法。⑬ 第二次世界大战以后,德国也颁布了一系列特别立法,涉及情势变更原则,⑭但严格地说,在此期间《德国民法典》并未正式确认情势变更原则。⑮ 2002年1月1日,德国颁布了《德国债法现代化法典》,对《德国民法典》中的债法部分进行了全面的修改。依据该法第313条的规定,“已成为合同基础的情势,在合同订立后发生重大变更,而双方当事人如预见到这些变更,就不会订立此合同或将订立其他内容的合同,如在考虑到个案的全部情况,特别是合同约定的或法定的风险分担的情况后,无法合理期待合同一方当事人遵守原合同的,则可以要求对原合同予以调整”,以维护合同当事人之间的公平。⑯ 自该法案通过后,德国在民法上正式确立了情势变更原则。⑰

---

⑪ 参见[德]英格博格·施文策尔:“国际货物销售合同中的不可抗力和艰难情势”,杨娟译,载《清华法学》2010年第3期。

⑫ Finkenauer, in Münchener Kommentar zum BGB, § 313, Rn. 8.

⑬ P. Oertmann, *Die Geschaeftsgrundlage*, Leipyig. 1921, S. 37. 参见韩世远:“情势变更原则研究”,载《中外法学》2000年第4期。

⑭ 如《第三次紧急租税命令》、《抵押权及其他请求权增额评价法》、《第三次新订金钱性质法》、《德国企业合同法》、《法官协助契约法》、《德国马克补偿法》等,这些立法都涉及情势变更原则。1952年的《法官协助契约法》,其中明确规定:对于1948年6月21日前即币制改革以前发生的债务关系,由法官协助合同当事人成立一项新协议,如不能成立协议时,则直接通过裁判来代替当事人所订立的合同。参见梁慧星:《中国民法经济法诸问题》,法律出版社1989年版,第213~214页。

⑮ Finkenauer, in Münchener Kommentar zum BGB, § 313, Rn. 1.

⑯ Finkenauer, in Münchener Kommentar zum BGB, § 313, Rn. 2.

⑰ 朱岩:《德国新债法:条文及官方解释》,法律出版社2003年版,第142页。

概括而言，迄今为止，在大陆法系国家，除了法国等少部分国家，大多数大陆法系国家都在法律[18]或判例中认可了情势变更原则。

2. 英美法

在英美法，情势变更原则的发展经历了一个过程，英美法在违约责任方面一向采取严格责任原则，[19]但绝对贯彻这一原则，可能会在当事人间产生不公平现象，因此，英国法首先在衡平法上确立了情势变更制度。最初该制度只能适用于若干例外情况，后来逐渐发展成为一种普遍适用的原则。在1863年的"Tayler v. Caldwell"一案中，法官提出"合同应确实遵守，但由于不可抗力之外来事由，且当事人又无故意过失，致合同履行不能时，合同应因此而解除，而当事人免除以后之履行义务"。[20] 由于不可抗力是情势变更的一种表现，所以，该案是英美法中承认"不能履行"(Impossibility)规则的第一个案例，并为英美司法实践所采纳。[21] 在该案中，法官采纳情势变更原则的依据是当事人之间存在默示条款。该默示条款是合同订立的基础。在1903年的"Krell v. Henry"一案中，西蒙法官认为，合同因嗣后所发生的事故或情势发生变更，已经推翻合同的基础，即便履行是可能的，也应当允许当事人解除合同。[22] 一般认为，该案正式确立了合同落空(Frustration of Contract)原则。[23] 1916年，劳尔伯恩(Loreburn)法官在一个案件中进一步阐释了默示条款理论，即法官要从合同的性质以及缔约时所处的环境，来推断出作为合同缔约基础的默示条款。如果存在此类默示条款，则一旦此基础不再存在，当事人即有权请求解除合同。[24] 在1939年，法官Goddard在"WJ Tatem Ltd. v. Gamboa"一案

---

⑱ 例如，《意大利民法典》第1467条、《希腊民法典》第388条、《荷兰民法典》第6编第258条。

⑲ A. G. Ansons, Law of Contract 495 (1979); MP Furmson, Cheshire and Fifoot's Law of Contract 512 – 513 (1981).

⑳ Taylor v. Caldwell (1863) 3 B & S 826; 122 ER 309.

㉑ 孙美兰：《情事变动与契约理论》，法律出版社2004年版，第13页。

㉒ Krell v. Henry [1903] 2 KB 740.

㉓ 孙美兰：《情事变动与契约理论》，法律出版社2004年版，第13页。

㉔ See FA Tamplin Steamship Co., Ltd. v. Anglo-Mexican Petroleum Products Co., Ltd., [1916] 2 AC 397.

中,认为合同是否受挫关键在于情势变化的程度是否已经使合同基础丧失,从而在默示条款的基础上发展出了合同基础丧失理论。㉕ 这一观点也对以后的判例学说产生了重大影响。

在美国法中,1932 年《美国合同法重述》(第 1 版)第 288 条规定了情势变更原则,1979 年《美国合同法重述》(第 2 版)第 265 条又确认了该原则,该条规定:"在合同订立之后,由于合同赖以订立的基本假定的不发生导致一方当事人主要的合同目的实质上落空,而该方当事人并没有过错,在这种情况下,应解除该当事人未履行的合同义务,除非合同语言或特殊情况表明了相反的意思。"

1932 年《美国合同法重述》(第 2 版)第 680 条规定,凡是在合同订立后发生了与当事人所预期的情况不同的情势,导致合同目的实现极为困难或将付出巨大代价的,则可以免除债务人的履行义务。在 1952 年的"British Movietonews Ltd. v. London and Pistrict Cinemas Ltd. "案中,西蒙法官认为,当事人在履行过程中,可能遇到一些无法预见的事故,如极端异常的价格波动,货币突然贬值,或履行发生意外阻碍等,这些事故在本质上动摇了当事人订约的基础,因此当事人可以解除合同。㉖ 因此,情势变更具有其特定的适用范围,而不限于极其个别的情况。美国 1952 年颁布的《统一商法典》第 2 - 615 条第 1 款规定:"如果由于发生了订立合同时作为基本前提,条件而设想其不会发生的特殊情况……致使卖方按约定方式履约艰难(impracticable)……卖方也不构成违反买卖合同义务。"一般认为,履行艰难是对情势变更的规定这就在将情势变更作为一项基本原则确定下来,并普遍适用于各类情形。

从英美法上情势变更的发展来看,其始终认为,合同的缔结是建立在一定的基础之上,该基础一旦动摇或丧失,就应当允许当事人变更或解除合同。与大陆法系关于情势变更原则的制度相比较,其具有自身的特点。一方面,英美法对不可抗力和情势变更向来没有作出明确的区分。其通常用履行艰难(hardship)、合同落空(frustration)等概念涵盖不可抗力和情

㉕ See WJ Tatem Ltd. v. Gamboa [1939] 1 KB 132,135.

㉖ British Movietonews Ltd. v. London and Pistrict Cinemas Ltd. (1952) A. C. 166.

势变更的情形,但在大陆法系,大多对不可抗力和情势变更进行了严格界定。另一方面,英美法不仅从衡平法的角度确认了情势变更原则,而且常常从对价理论出发解释情势变更原则。英美法的判例在解释情势变更时存在多种理论,但比较流行的是默示条款理论。这一理论认为,当事人在订立合同时如果存在履行不能的默示条款,可根据情势变更原则免除当事人的履行义务。[27] 而大陆法系则是从诚实信用原则出发来确定情势变更原则的,其并未将情势变更视为对价关系,也并未广泛承认合同的默示条款理论,并以此来解释情势变更的理论基础。[28]

3. 国际公约

1980 年的《联合国国际货物销售合同公约》并没有采纳情势变更原则,这主要是因为缔约国之间对情势变更原则并没有达成广泛的共识,公约最终放弃了这一概念。不过,有的国家的法院在实践中,依据对该公约的解释而确立了情势变更原则。[29] 在该公约之外,有关示范法确认了情势变更原则。例如,《欧洲合同法原则》第 6:111 条和《商事合同通则》第 6.2.3条确认了情势变更制度,并认为情势变更的法律效果之一是双方当事人可以协商或诉请法院对合同条款作出调整,以便通过合理的方式在当事人之间分配由于情势变更而产生的得与失。《欧洲民法典草案》第 3-1:110 条也确认了该原则。

总之,在比较法上,虽然还有法国等极少数国家仍然拒绝承认情势变更制度,但绝大多数国家都普遍承认了这一制度。正如德国学者奥特曼(Otermann)所指出的,"自罗马法以来整个法律的发展证实,无论实证法如何排斥情势不变条款,它总是去而复来,不可消失。"[30]

(二)情势变更原则在我国的发展

在新中国成立以后,由于长期战争对社会经济造成的严重影响,使许

[27] Farnsworth Young, Jones, *Cases and Materials on Contract*, Second ed. p. 822.

[28] 沈达明:《英美合同法引论》,对外贸易教育出版社 1993 年版,第 229 页。

[29] UNCITRAL, *Digest of case law: on the Unted Nations Convention on Contracts for the International Sale of Goods*, United Nations, New York, 2012, p. 45.

[30] 转引自彭凤至:《情事变更原则之研究》,台湾五南图书出版有限公司 1986 年版,第 154 页。

多合同债务发生了情势变更问题。根据一些学者的考证,在当时,立法和司法实践曾经对货币贬值问题、地主富农所欠农民债务问题及银行被接管前的债权债务问题按照情势变更原则作出了处理。[31] 在生产关系公有制建立以后,由于我国逐步形成了高度集中的经济管理体制,一直严格要求合同必须按指令性计划签订,合同也成为落实计划的根据,如果作为合同签订基础的国家计划发生变更,那么,尽管这种情况属于当事人在订约时所不可预见的情势,但并不按照情势变更原则来处理,而通常是采用行政的办法来解决。也就是说,主要是由行政机关来决定合同的变更和解除,而不是由法院和仲裁机关来决定。[32]

自改革开放以来,随着市场经济的发展,交易本身日益活跃,与此同时,各种风险对交易的影响也日益增加,情势变更问题在实践中也不断出现。早在1981年的《经济合同法》中专设第27条,规定由于一方当事人虽无过失但无法防止的外因,当事人可以变更或解除合同。按照许多学者的解释,这一条实际上是对情势变更的规定。[33] 在1992年3月6日武汉市煤气公司诉重庆检测仪表厂煤气表装配线技术转让合同购销煤气表散件合同纠纷一案中,一审法院认为,在合同履行过程中,由于发生了当事人无法预见和防止的情势变更,即生产煤气表散件的主要原材料铝锭的价格,由签订合同时国家定价为每吨4400元至4600元,上调到每吨16000元,铝外壳的售价也相应由每套23.085元上调到41元,因此,应当依据诚实信用原则适用情势变更原则。[34] 一般认为,该案是我国适用情势变更原则的最早案例。[35] 然而1993年的《经济合同法》在修改时为了强化合同秩序、坚持合同严守原则而取消了第27条的规定。

自1992年以来,随着市场经济体制的逐步建立,经济生活中风险的凸显也再次提出了是否要确立情势变更制度的问题,从而导致了在《合同法》制定过程中,对是否应当采纳情势变更原则引发了激烈争议。但我国

[31] 参见梁慧星:《中国民法经济法诸问题》,法律出版社1989年版,第213页。

[32] 梁慧星:《中国民法经济法诸问题》,法律出版社1989年版,第208页。

[33] 耀振华:"情势变更原则的适用",载《法学研究》1992年第4期。

[34] 参见《最高人民法院公报》1996年第2期。

[35] 韩世远:"情势变更原则研究",载《中外法学》2000年第4期。

《合同法》最终未采纳这一原则,其主要原因在于:一方面,情势变更原则过于弹性化,将给予法官较大的自由裁量权,如果采纳这一原则,甚至允许法官扩大适用该原则,就有可能将当事人应当承担的合理风险也作为情势变更对待,并据此宣告合同解除,这显然不利于贯彻"合同必须严守"的原则。"根据现有的经验,对情势变更难以作出科学的界定,而且和商业风险也难以划清,执行时更难以操作。"[36]另一方面,从我国当时的情况来看,市场经济尚处于起步阶段,经济生活中的无序状态依然存在,不遵守合同、随意毁约、欺诈等现象较为严重,商业信用较差,这些因素都极大地损害了市场经济的健康发展。要解决这一问题,必须强化"合同必须严守"的观念,增强当事人诚实守信的意识,而不能轻易地采用情势变更原则。如果允许当事人采用情势变更原则,随意对合同变更和解除,"可能会引起了合同的连锁变更,即某一因合同变更而遭受损失的债务人又成为另一应予变更的合同的债权人",[37]这不利于经济的正常发展。因此,立法者决定在合同法中暂不规定情势变更,而应留待日后根据市场经济以及社会环境的变化而酌定是否采纳该制度,对合同法进行补充和完善。应当承认,《合同法》在当时的背景下没有规定情势变更制度,是一种审慎稳妥的立法选择。其对于强化合同严守原则、强化交易信用,也具有一定的积极意义。笔者在参与合同法立法的过程中,对此也表示赞成。

但是,《合同法》制定时,已出现了亚洲金融危机,只不过此次金融危机对于我国经济影响较小,仍然没有凸显出情势变更制度确立的必要性。但是,2003年"非典"疫情的出现,导致住宿合同、旅游合同大量被取消,许多供货合同因为价格的急剧变动,或者因为运输方面的障碍而导致履行成本急剧上升。在此情形下,因为《合同法》没有规定情势变更原则,当事人的利益关系很难得到妥善调整。所以,在"非典"过后,许多纠纷无法找到妥当的法律适用依据,无论是依据显失公平还是不可抗力制度,都无法

---

[36] 1999年3月13日《第九届全国人民代表大会法律委员会关于〈中华人民共和国合同法(草案)〉审议结果的报告》之修改意见三。

[37] 孙礼海主编:《〈中华人民共和国合同法〉立法资料选编》,法律出版社1999年版,第163页。

对此类案件作出妥当的判决。因此,我国一些法院不得已只能根据对诚信原则和公平原则的解释,创造性地解释出情势变更原则。[38] 2008 年美国的次贷危机导致世界范围内再次出现金融危机,对我国进出口业务也造成了较大的影响,同时造成了汇率的波动、价格的急剧变化和供求关系的变动等,这些因素导致许多合同如果按照原约定的内容继续履行,不仅会导致履行艰难且会致使当事人的利益严重失衡,而这些因素又难以被完全纳入不可抗力的范畴之内。因此,现实生活的变化迫切需要在法律上确认情势变更制度,对此加以调整。最高人民法院《关于适用〈中华人民共和国合同法〉若干问题的解释(二)》第 26 条规定:“合同成立以后客观情况发生了当事人在订立合同时无法预见的、非不可抗力造成的不属于商业风险的重大变化,继续履行合同对于一方当事人明显不公平或者不能实现合同目的,当事人请求人民法院变更或者解除合同的,人民法院应当根据公平原则,并结合案件的实际情况确定是否变更或者解除。”这就在法律上第一次承认了情势变更制度,以司法解释的方式填补了法律漏洞。在该解释颁布之后,人民法院可以根据该规定,在符合情势变更原则的条件下,判令变更或者解除合同。考虑到情势变更制度确实会对合同严守原则造成较大冲击,也可能赋予法官过大的自由裁量权,最高人民法院专门发布了《合同法司法解释二》针对情势变更的规定:“各级人民法院务必正确理解、慎重适用。如果根据案件的特殊情况,确需在个案中适用的,应当由高级人民法院审核。必要时应提请最高人民法院审核。”[39]

综上所述,针对我国的具体情况,我国司法实践已经确认并适用了情势变更原则,这说明情势变更原则并不只是比较法素材,在我国也有现实需求,这正是我国未来民法典承认和规定情势变更制度的现实基础。而且,经过多年的司法实践,司法实践中对情势变更原则的适用形成不少经验,这将对我国未来民法典中的情势变更制度提供正当性保障。

---

[38] 相关案例和司法实践中的具体做法,参见吴小晗:“在自由与公正间抉择”,载公丕祥主编:《法官办案经验》,法律出版社 2009 年版,第 121 页。

[39] 2009 年 4 月 27 日最高人民法院《关于正确适用〈中华人民共和国合同若干问题的解释(二)〉服务党和国家的工作大局的通知》。

二、情势变更原则是实现交互正义的必然要求

情势变更原则的确立是合同法从形式正义转向实质正义的表现。古典合同理论深受康德和黑格尔理论哲学的影响，其核心是强调人们的意志自由以及对意志自由的尊重。按照古典合同法理论，契约就是正义，严守契约就是维护正义。但古典合同法理论所强调的合同正义主要限于形式正义，认为合同自由与合同严守原则(pacta sunt survanda)的结合，就自然可以导致合同正义。罗尔斯在其《正义论》一书中认为契约的安排体现了一种正义，契约的原则就是“作为公平的正义”，它“正是构成了一个组织良好的人类联合的基本条件”。[40] 所以，18 世纪至 19 世纪的近代民法在合同法中坚持合同严守原则，旨在维护形式正义。正如阿蒂亚(P. S. Atiyah)教授所指出的，“古典理论还有一个问题就是法官不关心实质正义。这个问题源于大多数合同的不完善。法官经常被请求解决合同争议，因为发生了合同似乎没有在明白的条款中予以考虑的事情。古典理论认为，法官只能‘推定’合适的条款。这样做时，它不能将其公平观念强加于当事人，而只能使那些其认为当事人应该同意的条款生效。”[41]因为情势变更原则在一定程度上是对“契约必须严守”原则的背离，[42]所以其很难为近代合同法所认可。

《法国民法典》之所以未在法律上明确承认情势变更原则，很大程度上是担忧该原则可能会对合同严守原则造成冲击。依据该法典第 1134 条“依法订立的契约，对于缔约当事人双方有相当于法律的效力”的规定，合同一经成立，就具有法律的效力。这就意味着，如果合同的履行环境在订立之后发生显著的变化，即便继续履行原合同可能造成当事人的利益严

---

[40] [美]罗尔斯：《正义论》，何怀宏等译，中国社会科学出版社 1988 年版，第 5 页。

[41] [英]阿狄亚：《合同法导论》，赵旭东等译，法律出版社 2002 年版，第 309 页。

[42] Finkenauer, in Münchener Kommentar zum BGB, § 313, Rn. 3.

重失衡,也不允许当事人解除或变更合同。㊸ 而以德国为代表的国家则以诚实信用原则为基础,认为在合同订立之后也可以因为客观情势的变化而使得合同的拘束力归于消灭,这实际上为了实现合同的实质正义。㊹

但是,随着社会的发展,合同自由与合同严守原则的结合自然可以导致合同正义的观念越来越多地受到人们的怀疑,合同正义理论日益转向关注实质正义。情势变更原则就是在这一大背景下产生的。美国法学家 Gordley 在其《现代合同原理的哲学起源》一书中,从亚里士多德学派所提出的自由、交换正义和分配正义价值出发,认为,合同的本质在于"实现交换正义"。在自愿交换中,当人们从事交易时交换正义要求被交换的资源等值。㊺ 按照亚里士多德学派的观点,在合同一方当事人自愿承担风险,而且能够通过交易予以补偿的情况下,合同本身就是公平的。但是,交易中的风险常常超出了当事人的预期,这并非是当事人自愿承担的,而且,难以通过交易得到补偿。所以,Gordley 教授认为,英美法之所以要用默示条款解释合同落空原则,是因为在当事人之间存在默示条款,认为如果出现了超出预期的风险,就应当允许变更或解除合同,从而实现当事人之间的公平正义。㊻ 另一位美国学者 Kronman 教授也认为,合同法的规则是交换的,因为它确定了当事人所进行的利益的平等交换。㊼ 因此,他从交互正义出发,阐述了默示条款的合理性。

所谓交互正义(commutative justice),是指双方在交往过程中,如何平衡双方利益,实现交往中的公平,契约正义就属于典型的交互正义。它"所关切者为人与人之间的义务,使人与人在交易中享有了平等合理对待"。㊽ 情势变更原则之所以在现代市场经济中成为必要的制度,并为两

㊸ Peter Hay, Frustration and its Solution in German Law, 10 *Am. J. Comp. L.* 345, 352 (1961).

㊹ Finkenauer, in Münchener Kommentar zum BGB, § 313, Rn. 2.

㊺ James Gordley, *The Philosophical Origins of Modern Contract Doctrine*, Oxford: Clarendon Press, 1991, pp. 100 - 111.

㊻ [加]Peter Bensen:《合同法理论》,易继明译,北京大学出版社 2004 年版,第 365 ~ 367 页。

㊼ A. Kronman, Contract Law and Distributive Justice, 89 *Yale L. J.* 472(1980).

㊽ 谢哲胜:"赠与的效力要件",载《台湾法研究参考资料》1998 年第 8 期。

大法系所广泛采纳，主要原因在于，现代市场经济社会的发展导致交易过程中的风险增加，而这些不可预测的风险可能会使合同双方当事人利益的严重失衡，也会妨碍贸易的发展和交易的有序进行。因此，法律为了平衡双方当事人的利益，维护交互正义，有必要认可情势变更原则，在相关风险发生时，给当事人一个再次谈判的机会，从而调整当事人之间利益失衡的状态。如果所有的风险都能够为当事人所预见，并且能够通过合同得到妥当的安排，使得风险得到了合理的补偿，则亚里士多德学派所提出的正义理论就是妥当的。[49] 因为当事人已经预见了风险，这就意味着其自愿承受该风险。然而，现代市场经济的交易更为复杂，交易的形式、种类繁多，货币的波动、供求关系的急剧变化、跨国跨境贸易的频繁化以及电子商务的迅速发展，都可能使市场出现剧烈的波动，这些都是当事人在缔约时难以预料的。面对这些不可预测的风险，当事人通过事先的合同进行安排的可能性也随之降低。

面对此类当事人通过合同无法合理分配的风险，为了维护交互正义，就需要通过法律而确立情势变更原则。这一原则可以使当事人在风险发生后，依据该风险的具体程度和影响，对该风险引起的后果进行合理的分配，其较之风险发生前的分配，显然更具有合理性。正如法官 Sumner 所指出的，合同落空制度只是“调和绝对契约原则以及正义要求下的特别例外的一种策略”。[50] 交互正义其实也是当事人缔约的基础，因为当事人订立合同都是希望进行公正的交易，实现等价交换，此种公正交易本身就是交互正义的具体体现。

总之，在现代市场经济社会中，合同当事人在缔约时对未来的客观情况的变化的预见能力正在逐渐下降，交易风险也随之增大。通过在法律上确立情势变更原则，一方面，可以实现鼓励交易的目标。就合同法而言，其以鼓励交易为目标，因此，其制度设计应当为当事人减少交易风险。通过情势变更制度的确立，可以使当事人在合同履行环境发生缔约时无

---

[49] ［加］Peter Bensen：《合同法理论》，易继明译，北京大学出版社 2004 年版，第 365～367 页。

[50] Hirji Mulji v. Cheong Yue Steamship Co. ［1926］ AC 497.

法预见的显著变化时,变更合同内容,甚至解除合同,从而尽量减少其所面临的风险,以达到鼓励交易的目标。[51] 另一方面,可以实现当事人之间的交互正义。在当事人缔约时难以预见的客观情势发生之后,当事人之间已经形成一种利益严重失衡的状态。为了实现公平交易,维护交易公平,就有必要通过情势变更制度使当事人通过重新谈判以调整合同内容,甚至是采取解除合同的方式,从而实现利益分配格局的再调整,将当事人利益显著失衡的状态恢复至公平交易的形态。

三、情势变更原则的滥用已有防范机制

在法律上确立情势变更制度最主要的障碍是难以将其与商业风险明确区分,从而可能导致该制度被滥用。在我国合同法制定过程中,立法者之所以未采纳情势变更原则,一个重要的原因就是担心情势变更原则会成为规避商业风险的工具,从而导致将本来属于商业风险的内容都被情势变更原则吸收,以至于情势变更原则被滥用。[52]

所谓商业风险,是指市场主体作为一个理性的商人,在从事商业活动时所应当意识到并自愿承担的固有风险,如因价格的涨落和市场供求关系的变化所导致商人在财产上所受到的损失。应当看到,正常的商业风险并不属于情势变更。合同本身是一种交易,任何交易当事人都应当承担相应的商业风险,这主要是因为,当事人所承受的商业风险本身是可以通过交易而得到补偿的。合同本身作为一种事先安排的风险分担机制,其只有具有严格的法律效力和对当事人的拘束力,才能发挥合同固有的作用和功能,如果出现任何商业风险,当事人都可以以情势变更为由而变更或者解除合同,则合同便毫无拘束力可言,正常的交易秩序也难以维系。所以,在法律上能否承认情势变更制度以及承认该制度之后能否得

[51] 吴一平:“情势变更原则法律适用比较分析”,载《江苏社会科学》2013 年第 3 期。

[52] 孙礼海主编:《〈中华人民共和国合同法〉立法资料选编》,法律出版社 1999 年版,第 163 页。

到妥当适用,正确区分情势变更与商业风险是非常关键的。正是因为这一原因,在《合同法司法解释二》出台以后,最高人民法院又专门下文强调,“人民法院要合理区分情势变更与商业风险”。[53]

显然,区分情势变更与商业风险的重要意义是毋庸置疑的,可问题的关键在于,如何确定二者的区分标准?从比较法上来看,在德国的有关判例中,法官认为,商品交易中典型的价格波动,一般不属于情势变更。[54] 美国经济分析法学派则区分了完全合同和不完全合同,并对不完全合同适用合同落空提出了一系列的理论,其在很大程度上也是希望区分合同落空与商业风险。[55] 严格地说,要在法律上确立普遍性的标准来区分情势变更与商业风险,是不可能的。因为交易的复杂性、风险本身对特定交易影响的特殊性、当事人预见能力的差异等,都决定了这两者的区分只能够在个案中得到实现。在我国,有学者认为,若价格正常浮动,属商业风险;当价格涨落幅度超过平均利润,即被认为是难以预见的暴涨暴跌。[56] 事实上,情势变更应当根据多个因素综合判断,如需要考虑国家政策的变化、供求关系的变化以及国际市场的影响等,而不能单独依据价格因素进行判断,因为价格波动只是表现,造成波动的原因往往是多种因素综合作用的结果。例如,有人囤积商品,导致商品被哄抢,引发价格的暴涨,不能因此将其认定为情势变更。所以,判断是否存在情势变更,除了分析价格涨落所产生的原因以外,也应当考虑价格涨落所产生的后果。例如,价格上涨影响的范围、对于当事人利益关系的影响程度等综合判断,而不能仅仅根据价格本身的变化来决定。价格的变动后果可以作为认定情势变更的参考的因素,但不能将其作为认定情势变更的唯一标准。[57] 当然,在特殊情形下,如果价格的变动确实符合情势变更的要件,则应当认定为情势变

[53] 2009 年 7 月 7 日最高人民法院《关于当前形势下审理民商事合同纠纷案件若干问题的指导意见》。

[54] See Benjamin Leisinger, *Fundamental Breach Considering Non-Conformity of the Goods*, Seillier, Munich, 2007, p. 119.

[55] See Steven Shavell, *Foundations of Economic Analysis of Law*, Harvard University Press 2004, pp. 299 - 301.

[56] 张庆东:“情势变更与商业风险的法律界定”,载《法学》1994 年第 8 期。

[57] 张建军:“情势变更与商业风险的比较探讨”,载《甘肃政法学院学报》2004 年第 2 期。

更。例如,房产价格因为国家宏观调控政策的变化而出现大的波动,则应当将其认定为情势变更的范畴。

从我国相关司法实践来看,可以参考下列标准对情势变更和一般的商业风险进行区分:

第一,可预见程度标准。所谓可预见性,就是指当事人在缔约时对未来可能发生的风险的预见程度。商业风险通常具有一定的可预测性,即便当事人声称其没有预见,也应当从客观情势出发,推定当事人已经预见。[58] 我国近十年来,由于各方面的因素,导致房产价格持续上涨,因此,当事人在订立房屋买卖合同时,应当预见到房屋价格在未来可能发生的变化,而不能在房屋价格发生变化时,都主张依据情势变更规则主张变更或解除合同。情势变更应当依据主观标准进行判断,即要以具体的订约人在订立合同时的预见状况作为依据。然而,在具体的法律适用中此标准也逐渐客观化,其并不以具体的订约人,而是以一个抽象的一般理性交易人作为考察的依据,即应当按照商人的标准进行判断,因为商人长期参与商业交易活动,对相关商业风险的判断能力较强。凡是能够为一般理性商人所预见的交易风险,均不能视为情势变更。此外,如果在缔约之时,风险的可预见性程度较高,当事人在订立合同时能够合理地考虑这些事件,则不能将其作为情势变更来对待。[59] 在这个意义上来说,法官在进行判断时,主要应当考虑客观标准,而非当事人的主观因素。例如,突如其来的"非典"而引发的合同履行困难,是交易当事人无法预见的。可以将"非典"爆发的风险归属于情势变更的范畴;再如,在金融危机爆发之后,必然会因货币的贬值升值而引发原材料价格、商品价格等的急剧波动,在此情况下,当事人仍然从事相关领域的大规模交易,则应当认为其自愿承担了相应的风险。当然,这种客观性也并非是绝对的,在个别具体的案件中存在的具体因素也必须纳入法官考量的情况。

第二,获益标准。通常来说,如前所述,亚里士多德学派认为,如果风

---

[58] 张建军:"情势变更与商业风险的比较探讨",载《甘肃政法学院学报》2004 年第 2 期。

[59] 张玉卿主编:《国际统一私法协会国际商事合同通则 2010》,中国商务出版社 2012 年版,第 479 页。

险的承担能够从合同中得到补偿,合同就是公平合理的。在商业活动中,商业风险和收益成正比,即所谓风险越高收益越大,从这个意义上来看,如果一项合同给订约人带来的利益越高,则其应当预见并承担的商业风险也就越高。因此凡是交易性质是否属于通常的高风险、高收益范围,可以认定为商业风险。[60] 正是因为这一原因,所以,在判断情势变更与商业风险的区分时,应当考虑当事人从交易中所获得的利益程度。从实践来看,当事人投资股票、期货等高风险投资行业,价格波动如同过山车一样,受价值规律的影响和利益的驱动,有人看准商机,从事高风险投资,能够连连赚钱赢利;也有人在投资中严重亏损,甚至血本无归。但是,任何交易者都应当预见到,高风险、高回报的投资本身可能随时受到国际国内多方面因素的影响,任何理性的交易主体都应当预见到该行业的高风险性,而不能在投资失败后主张适用情势变更原则。即便该领域价格的变化是因为国家政策的变化而引起的,一般也不应将其归入到情势变更的范畴。

第三,影响广泛性标准。如前文所述,造成价格波动原因有很多,有些原因导致的价格波动只是影响到特定的当事人,而有些原因导致的价格波动则会波及不特定多数的当事人。一般而言,作为情势变更的风险的影响应当具有广泛性。这种广泛性表现在:一方面,该风险对诸多的、一系列的交易会产生影响,而不是仅仅对特定的、个别的交易产生影响。例如,限购令就会对成千上万的购房者产生影响,而不仅仅是对特定购房人产生影响。另一方面,该风险一系列交易的当事人产生影响,而不限于特定的交易当事人。

第四,外部性标准。情势变更的内容往往不是交易中所固有的因素,其往往来源于与交易无关的外部。例如,供求变化、价格涨落等是商业活动必然出现的风险,其风险的来源是存在于交易关系内部的。但是,对于“非典”等事件的出现而引起的价格变化,则是由于交易以外的因素所带来的对交易关系的影响。所以,对于情势变更来说,情势的变化的因素并

---

[60] 2009 年最高人民法院《关于当前形势下审理民商事合同纠纷案件若干问题的指导意见》。

非交易活动中所内在含有的,其具有外部性。[61] 当然,交易中的风险的来源究竟是内在的,还是外在的,其判断也比较困难。法官在进行具体认定时,应当考虑个案的情势,综合各种因素予以考虑。回到价格波动的例子,这种波动究竟达到何种程度,才属于情势变更?对此存在不同观点:有学者认为,以价格涨落为例,若价格正常浮动,属商业风险;当价格涨落幅度超过平均利润,即被认为是难以预见的暴涨暴跌。[62] 也有人认为,可以借鉴罗马法上的短少逾半规则,当价格涨落超过一半时可认定情势变更。笔者认为,单纯以平均利润作为商业风险与情势变更的区分标准过于简单,且很容易给法官过大的自由裁量权,因为市场供求关系时刻处于不断变动之中,许多偶然因素都可能导致价格的涨落。对于价格涨落是否属于情势变更,应当分析价格涨落的原因,如果引发价格涨落的原因并非交易本身固有的,而且,当事人在缔约时难以预料,则有可能被认定为情势变更。所以,情势的变化通常并不是商业活动所必然具有的,而是某种外在的因素造成的,这就是我们所说的外部性。

第五,风险防范标准。作为情势变更的风险来说,其往往是当事人无法防范的。因为当事人在缔约时都无法预见到该风险的存在,因而也无法采取相应的措施对其进行防范。例如,因非典引发的风险,是任何个别当事人无法防范的。但对于商业风险而言,当事人通常是可以防范的,因为当事人在从事交易时其可以将潜在的商业风险计算在合同价格之中,或者通过当事人约定的方式来实现对商业风险的后果进行必要的防范。[63] 对于具有极大的商业风险的交易,当事人完全可以免责条款的方式来作出事先的安排。而对于情势变更,因为当事人无法预见,所以,也不可能进行事先的防范。

以上五个方面只是从原则上区分了商业风险和情势变更,两者的区分是比较复杂的,在具体认定时,要结合个案并考虑市场的具体情况综合进

---

[61] 曹守晔:"最高人民法院《关于适用中华人民共和国合同法若干问题的解释(二)》之情势变更问题的理解与适用",载《法律适用》2009 年第 8 期。

[62] 张庆东:"情势变更与商业风险的法律界定",载《法学》1994 年第 8 期。

[63] 曹守晔:"最高人民法院《关于适用中华人民共和国合同法若干问题的解释(二)》之情势变更问题的理解与适用",载《法律适用》2009 年第 8 期。

行判断。例如,合同期限的长短也应当作为考量的因素,对于长期的合同来说,当事人难以预测情势的变化,往往可以适用情势变更制度。不过,无论如何,上述这些区分已经指出了情势变更原则适用时应注意的要素,已经内在地制约了该原则被滥用的机会和范围。

还需要指出的是,在确定了情势变更与商业风险的区分标准之后,还需要法官从个案出发进行具体分析。应当看到,情势变更制度的重要特点在于,它赋予了法官干预合同的权力;也就是说,它使得法官可以解除合同,或者变更合同。这种干预是否合理与必要,很大程度上也取决于其是否可以正确区分情势变更与商业风险。从实践来看,人们对情势变更制度的担忧,也主要源于对法官是否具备准确认定情势变更的能力。《合同法司法解释二》针对情势变更的规定,要求在确需要适用情势变更原则时,应当由高级人民法院审核,必要时应提请最高人民法院审核。[64] 这就从程序上严格限制了法官对情势变更制度适用的自由裁量。同时,笔者认为,有必要在裁判中,对于援引情势变更制度进行裁判时,法官应当详细地阐释其裁判的理由,解释其适用情势变更制度的具体依据,尤其是应当详细阐述案件中所涉及的风险不属于商业风险的理由。

四、情势变更原则具有不可替代性

我国《合同法》没有规定情势变更,也是基于另一个考虑:即便在合同履行过程中出现了当事人无法预见的客观情况导致当事人利益失衡,也可以通过合同法上已经确立的显失公平、不可抗力等制度来解决,而不需要另行规定情势变更原则。为此,有必要区分情势变更原则与显失公平、不可抗力等制度。

(一)情势变更原则不能为显失公平制度所替代

所谓显失公平,是指一方在紧迫或缺乏经验的情况下从事的对自己有

---

[64] 2009年4月27日最高人民法院《关于正确适用〈中华人民共和国合同若干问题的解释(二)〉服务党和国家的工作大局的通知》。

重大不利的行为。因此种行为造成交易当事人之间的权利和义务的极不对等、经济利益上的明显失衡,因而违反了民法的公平和诚信原则。显失公平制度的目的是维护当事人之间的利益平衡。《德国民法典》将显失公平称为暴利行为(Wucher),作为违反公序良俗行为的一种,其性质为无效的法律行为。[65] 该法典第 138 条第 2 款规定,利用他人急迫情况、无经验、缺乏判断能力或严重意志薄弱,使其向自己或第三人对一项给付约定或给予财产利益,而此种财产利益与给付明显不成比例的,其法律行为无效。根据《民法通则》第 59 条,民事行为显失公平的,一方当事人有权请求人民法院或仲裁机关予以变更或者撤销。我国《合同法》第 52 条对此也作出了同样的规定。因此,如果出现了显失公平的情况,则法律允许当事人在符合一定的条件下提出变更或撤销民事行为的要求。

显失公平规则与情势变更原则确有一定的联系:一方面,无论是显失公平还是情势变更,都需要判断因为一定原因而导致当事人之间的利益严重失衡。这两项制度都是为了实现交易中的给付均衡,实现交互正义。通常来说,情势的变化也导致了当事人之间的利益失衡,显失公平,有必要借助情势变更制度,以恢复当事人之间的利益平衡。另一方面,情势变更和显失公平都可以变更合同内容,这就意味着,给予了当事人重新谈判的权利,使得当事人获得重新安排利益格局的机会。此外,这两项制度都是从民法的公平和诚信原则引申出来的。正是因为这一原因,所以,在法国等国家,虽然没有采用情势变更制度,但其也有显失公平制度,该制度在一定程度上也发挥了功能替代的作用。《法国民法典》第 1674 条规定,如果不动产的交易价格低于其实际价值的 7/12 时,则出卖人可以过度损害(lésion)为由请求撤销合同,该规则在一定程度上也发挥了情势变更的功能。[66] 在我国,有许多学者认为,由于目前我国现行法律缺乏关于情势变更的规定,特别是缺乏情势变更原则适用的限制性规定,为限制情势变更原则的适用,应当通过扩大显失公平制度来解决目前存在的问题。特别是由于两个制度的运用都可发生合同变更的效果,因此,显失公平制度

---

[65] Armbrüster, in Münchener Kommentar zum BGB, § 138, 6. Auflage, Rn. 140.

[66] Jean Carbonnier, Droit civil – t. 4: Les obligations, Paris, Thémis, PUF, 1992, p. 213.

可在一定程度上取代情势变更制度。笔者认为，这种看法是有一定道理的。不过，即使扩大适用显失公平制度，也应当看到，显失公平与情势变更原则是存在一定区别的，主要表现在：

第一，产生原因不同。显失公平的产生一般是一方利用对方当事人的轻率、无经验、对市场行情的不了解等而诱使其订立合同。[67] 显失公平制度一般是对当事人在交易过程中存在缺陷进行修正。而在适用情势变更时，要求当事人双方都没有过错，其发生也是不可归责于合同当事人的。情势变更本身并不是为了修正合同订立过程中产生的缺陷，而是合同在订立后，尤其是在履行过程中，因为出现了当事人在合同订立时无法预见的情势变化，导致合同履行可能出现结果显失公平的情况，有必要通过情势变更实现当事人利益的平衡。

第二，发生的时间不同。显失公平一般发生于合同订立阶段，因此其适用的前提是合同订立之时当事人之间存在利益严重失衡。而情势变更原则适用的前提是合同成立后至合同履行完毕以前，发生了情势的变更并导致当事人之间利益严重失衡，因此，其判断时点不是合同订立之时，而是合同履行过程中。

第三，产生利益失衡的原因不同。就显失公平而言，其产生一般是一方当事人利用对方的急迫、轻率、无经验而获得了不正当的利益。在确定是否构成显失公平时，不需要考虑合同的缔约基础是否动摇，也不必考虑当事人的缔约目的是否无法实现。[68] 所谓动摇合同基础，主要是指当事人约定的合同义务根本无法履行，合同目的不能实现。而情势变更一般是在合同订立之后履行完毕之前，因出现的不可归责于双方当事人的不可预见的风险，而导致合同的缔约基础发生动摇。按照原合同履行，可能使当事人之间的利益失衡，此时才有必要依据情势变更原则变更或解除合同。[69]

第四，当事人能否预见显失公平的后果不同。在情势变更的情形，当

---

[67] 曾大鹏："论显失公平的构成要件与体系定位"，载《法学》2011 年第 3 期。

[68] 江平主编：《民法学》，中国政法大学出版社 2007 年版，第 184 页。

[69] 参见梁慧星：《中国民法经济法诸问题》，法律出版社 1989 年版，第 200 页。

事人在订约时无法预见未来可能发生的情势变化以及因此导致的当事人利益失衡,因此,在适用情势变更时,因客观情况变化导致当事人利益严重失衡通常是当事人无法预见的。而在显失公平的情况下,一方正是利用了对方的急迫、轻率、无经验而取得了不当的利益,对于获得利益的一方来说,其不仅预见到了利益失衡,而且积极追求这一结果。[70] 显失公平制度通常适用于一方在订立合同时就意识到该合同所产生的不公平的结果,并且努力追求这种结果的发生,而并不适用于合同订立以后因当事人不可预料的情况变化导致其利益严重失衡的情形。[71]

第五,当事人一方是否存在过错。一方当事人是否具有过错不同。在显失公平的情况下,一方当事人获得不正当利益通常是利用对方的急迫、轻率、无经验等情形,因此,当事人一方通常具有过错。[72] 因此,在适用显失公平时,法官需要考虑当事人在交易过程中是否存在着缺陷,一方是否利用了另一方的轻率、无经验、对市场行情的不了解等而诱使其订立合同。[73] 而在适用情势变更时,当事人利益失衡是因为不可预见的客观原因造成的,而不是因为一方当事人的主观过错造成的。法官在具体个案中考察是否可适用情势变更时,通常不必考虑一方或双方对此具有过错。

第六,法律效果不同。在显失公平的情形,当事人一方可以以意思表示不真实或者不自由为由请求变更或撤销合同。而情势变更的情形,因为客观情势的变化导致当事人利益失衡,当事人可以请求变更或者解除合同。所以,根据显失公平制度,当事人有权撤销合同,因此,一方当事人行使撤销权要适用合同撤销制度的相关规定。[74] 而根据情势变更制度,当事人一方享有合同解除权,此种解除属于法定解除,应适用法律关于合同解除的规定。因为合同撤销和合同解除的后果存在区别,也导致两项制度存在差异。

---

[70] 关涛:“情势变更原则辨”,载《法律科学》2000 年第 4 期。

[71] 曹守晔:“最高人民法院《关于适用中华人民共和国合同法若干问题的解释(二)》之情势变更问题的理解与适用”,载《法律适用》2009 年第 8 期。

[72] 王德山:“论情势变更制度的适用要件”,载《法学杂志》2008 年第 1 期。

[73] 程顺增:“论情势变更制度与我国合同法体系之契合”,载《法律适用》2012 年第 6 期。

[74] 孙丹玲:“情势变更原则及其司法实践研究”,载《人民司法》2009 年第 21 期。

(二)情势变更原则不能为不可抗力制度所替代

如前所述,英美合同法并没有严格区分情势变更与不可抗力,都将其纳入履行艰难之中。而《法国民法典》第1147条所规定的"外来原因"也包括了这两种情形。[75] 在我国,早在合同法制定之前,有一些学者认为,《联合国国际货物销售合同公约》关于不可抗力的规定实际上是对情势变更原则的规定。[76] 也有学者认为,情势变更是因不可抗力而发生的,情势变更是不以当事人主观意志为转移的,是当事人不可克服、不可避免的。[77] 因此,可以通过《民法通则》所确认的不可抗力制度,来解决情势变更案件。

应当承认,引起情势变更发生的事由确实与不可抗力存在极大的相似性,如不可抗力和情势变更都具有客观性、偶然性、不可预见性,当事人对于事件的发生都没有过错。而且,两者都对合同的履行产生了较大的影响,使得合同履行十分困难。例如,在"非典"发生之后,对于"非典"究竟应当归入到情势变更还是不可抗力的范畴,也曾经引发了学界的极大争议;再如,在国务院颁布限购令之后,其是构成不可抗力还是情势变更,也存在不同的看法。这也是司法实践中困扰法官的难题。

根据我国《合同法司法解释二》第26条:"非不可抗力造成的不属于商业风险的重大变化"才可能构成情势变更,因此情势变更不属于不可抗力。笔者认为,不可抗力与情势变更制度是有区别的,这主要表现在:

第一,二者的功能不同。情势变更在一定程度上是为了实现"给付均衡",保障合同的实质正义。[78] 即在合同订立后或者履行过程中,发生了当事人在订约时无法预见的客观情势变化,并导致合同订立基础发生变更,此时,需要通过情势变更制度实现当事人之间利益的平衡,以维护合同的实质正义。而不可抗力制度的功能主要是在异常事件发生之后,如何在当事人之间合理分配风险,避免当事人因自身原因以外的原因而仍然负

---

[75] Michael G. Rapsomanikas, Frustration of Contract in International Trade Law and Comparative Law, 18 *Duquesne Law Review* (1979 - 1980) 551 - 605.

[76] 彭诚信:"'情势变更原则'的探讨",载《法学》1993年第3期。

[77] 徐炳:《买卖法》,经济日报出版社1991年版,第283~284页。

[78] [日]吉田克己:《现代市民社会的民法学》,日本评论社2008年版,第21页。

担履行义务。

第二,适用的范围不同。不可抗力的适用范围比较广泛,作为法定的免责事由,其除了适用于合同责任以外,还可以适用于侵权责任等其他民事责任中。而情势变更原则仅适用于合同责任领域,在其他民事责任领域并不适用。尤其需要指出的是,当事人可以在合同中约定不可抗力条款,包括对不可抗力的具体范围作出约定;但是对于情势变更来说,当事人是不可能在合同中作出约定的。

第三,可预见性和可避免性程度不同。在发生不可抗力的情况下,当事人通常对客观情况是无法预见的。或者即使能够预见,当事人也难以避免。例如,因地震而导致合同无法履行,这在现代科学技术条件下仍然难以预测且发生之后也无法避免损害。但是,在情势变更的情况下,虽然当事人在缔约时难以预见,但是,也可能具有一定程度的可预见性。在实践中,经常发生的情势变更是规划变更,导致合同履行后发生严重的利益失衡。对于这些情势,当事人应当有一定的可预见性且在发生以后并非完全不能克服,只是可能需要支出较高的成本。

第四,对合同履行的影响不同。通常,不可抗力必然导致合同不能履行或部分不能履行。例如,因为地震而导致道路毁损,无法交付货物。而适用情势变更原则,则并不一定要求合同完全不能履行,如果情势变化导致合同履行艰难,或者代价过于高昂,仍然可以适用情势变更原则。例如,对于非典发生之后的合同履行而言,并非当事人不能履行,而通常出现的情况是合同履行的成本急剧上升。再如,国务院因房市调控而发布限购令,是当事人可以预料的,只不过,对于具体的限购令的内容很可能无法预料。尤其应当看到,因限购令的具体措施导致许多合同无法履行,而不会对标的物价格本身造成影响,因此,应当将限购令归入到因国家政策变化而产生的不可抗力范畴。

第五,法律后果不同。在出现不可抗力以后,当事人只要依法取得确切证据,并履行了法律规定的有关义务(如通知、防止损害扩大等),则可以自行停止履行合同,并免予承担违约责任。但情势变更事由出现之后,当事人必须请求法院作出裁判或者仲裁机关作出裁决,方能够变更或解除合同。在符合情势变更的条件下，当事人可依法获得重新谈判的权利。《国际商事合同通则》第6.2.3(1)条，《欧洲合同法原则》第6:111(2)条、《欧洲民法典草案》第3-1:110(3)条都规定，当事人负有重新谈判的义务。此种义务可以看作依据诚信原则所产生的附随义务。[79] 要求当事人通过重新谈判来变更或解除合同，这就可以平衡双方当事人的利益，这一效果显然是不可抗力制度所难以达到的。

不可抗力导致合同不能履行，或合同目的不能实现。因此，根据《合同法》的相关规定，双方当事人享有法定的合同解除权，即当事人只要通知对方即可解除合同，无须经过法院的裁判。但情势变更的发生并非导致合同完全不能履行，只是合同履行会导致当事人的利益严重失衡，所以，从维护公平的角度考虑，有必要赋予当事人一方请求法院变更或解除合同的权利。由法院来判断，是否构成情势变更以及当事人之间是否存在严重的利益失衡。

结语

总而言之，情势变更原则是国际上广泛认可的法律制度，在我国司法实践也有广阔的适用空间；其主要功能是实现交互正义，以确保合同能实现实质正义，实现对合同当事人正当权益的最大化保护；我国实践不仅为情势变更与商业风险的区分提供了鉴别标准，对情势变更原则的适用还通过司法程序予以约束，这些均有效防范了情势变更原则的滥用；情势变更原则既不能被显失公平制度所替代，也不能为不可抗力制度所替代，在法律体系中具有独立的地位和独特的价值。这些都印证了情势变更原则的合理性和正当性，表明该制度应在我国未来的民法典中应占有一席之地。

---

[79] [德]英格博格·施文策尔："国际货物销售合同中的不可抗力和艰难情势"，杨娟译，载《清华法学》2010年第3期。

民商法研究(第四辑)
第336~349页

论合同漏洞的填补*

合同漏洞是指当事人在合同中对于合同条款没有约定或者约定不明确的现象。① 具体来说:一是合同的内容存在遗漏,即对一些合同的条款,当事人在合同中并没有作出规定,如合同中缺少对质量条款的约定。二是合同条款的内容不明确,或者条款之间存在矛盾。一般来说,合同漏洞是当事人在订立合同时所不知道的且在合同中也没有规定填补漏洞的方法;如果在缔约时已经知道而故意不予规定,尤其是已经在合同中规定了填补漏洞的方法,则不能视为合同漏洞。例如,当事人在买卖合同订立时,因为考虑到市场价格在交货时会急剧波动,因此在合同中并没有规定明确的价格,而只是规定价格随行就市,这就是我们通常所说的"活价条款"。活价条款虽未设定具体的价格,但实际上当事人在缔约时已经意识到这种情况且约定了确定价格的方法,此种情况并不属于合同漏洞。严格地说,合同漏洞的存在一般不应影响合同的成立。按照王泽鉴先生的观点,"此多属契约非必要之点",②如果合同

---

* 原载《判解研究》2000年第2期。

① 参见《合同法》第61、139、141、154、156、159、160、161条等。

② 王泽鉴:《债法原理》(第1册),台湾三民书局1999年版,第244页。

的必要条款出现漏洞,则可能因为该条款的欠缺而导致合同不能成立。在合同根本不成立的情况下,也就不存在所谓的合同漏洞问题,更没有必要对漏洞进行填补了。只有在当事人对合同的非必要条款未作出规定或约定不明确的情况下,才可以认定合同已经成立,法院才可以依据合同的性质、交易习惯以及法律的任意性规范作出解释,从而填补合同的漏洞。当然,对必要条款应当从严解释,也就是说该条款必须是依照合同的性质而直接决定合同成立的条款,即如果缺少该条款,或者该条款约定不明确,则该合同将不能成立。

合同是当事人通过合意对于其未来事务所作的安排,然而,由于当事人在订立合同时,不能对未来发生的各种情况都作出充分的完全的预见,当事人即使具有丰富的交易经验和雄厚的法律知识,也不可能在合同中将其未来的各种事务安排得十分周全,所以在合同中出现某些漏洞,甚至某些条款的规定不明确是在所难免的。还要看到,订约当事人需要通过一定的用语表达合同的内容,但由于各方面的原因,缔约当事人对某个条款和用语也可能会产生不同的理解和认识,从而也难免发生争议。正如美国学者凯纳普所指出的:"文字都是用来表达人们思想的符号,但文字作为人们表达思想的工具并非是十分完美的,因为某人使用某个用语可能并未表达其真实的用意,甚至人们使用相同的用语所表达的意思截然不同,对合同来说同样如此。"③这就需要对合同进行解释、对合同漏洞进行填补。更何况,在我国,交易当事人仍然欠缺合同的观念和意识,也欠缺《合同法》的有关知识,因此难免在合同中出现一些疏漏,这就会发生合同解释方面的争议,因此需要确立合同解释方面的规则,来解决这个问题。

长期以来,对于合同条款本身的争议,大多通过一种简单的办法,即宣告该合同无效的方法来解决。这种方式尽管简单,但根本不符合市场经济所要求的《合同法》应具有的鼓励交易的原则。鼓励交易是《合同法》的目标,也是我国《合同法》所必须具有的方针和规范功能。在合同的条款

③ Knapp, Crystal, *Problems in Contract Law*, Little, Brown and Company, 1993, p. 413.

存在漏洞或者约定不明确的情况下,简单宣告合同无效,将使得许多交易被不合理地消灭。从经济上看,此种做法是低效率的,不符合市场经济所要求的鼓励交易的目标和精神,更何况简单地宣告合同无效也会造成财产的大量损失和浪费。依据市场经济的客观要求,在合同存在漏洞的情况下,法官的职责应当是通过依据一定的填补漏洞的方法和合同解释的规则来填补合同的漏洞,正确地解释合同,从而努力促成交易。

问题在于,在合同存在漏洞的情况下,法院应当通过何种方法来填补漏洞。根据《合同法》第 60 条的规定,"当事人应当按照约定全面履行自己的义务。当事人应当遵循诚实信用原则,根据合同的性质、目的和交易习惯履行通知、协助、保密等义务"。《合同法》第 61 条规定:"合同生效后,当事人就质量、价款或者报酬、履行地点等内容没有约定或者约定不明确的,可以协议补充;不能达成补充协议的,按照合同有关条款或者交易习惯确定。"《合同法》第 62 条也规定了填补合同漏洞的各项法定标准,有学者将其称为"补充合同的一般原则"。④ 由于这些规则主要是用来填补合同漏洞,也可以称为漏洞填补的规则。所以,讨论填补合同漏洞的规则问题,首先应当理解《合同法》第 60、61、62 条的相互关系。

笔者认为,《合同法》第 60 条主要是针对当事人在存在合同漏洞的情况下如何履行合同义务而确定的规则,严格地说,并不是直接为法官所确立的填补漏洞的方法。这就是说,在出现合同漏洞的情况下,当事人难以直接根据合同的规定来履行义务,但由于合同对当事人义务的设定不明确或存在缺陷,此时当事人就应当依据诚实信用原则,根据合同的性质、目的和交易习惯履行通知、协助、保密等义务。例如,原告因建造两栋大楼急需黄沙,遂于 1995 年 9 月 10 日与被告签订了一份合同,合同约定原告购买被告黄沙 30 车,每车 1000 元,合同订立一个月后,黄沙价格开始上涨。被告经理李某见价格上涨,不愿如数供货,遂于 1995 年 10 月 12 日给原告的经办人张某去电话,提出因货源紧张,要求变更货物数量,少供货,遭到原告拒绝。李某遂于次日安排两辆 130 货车,装载两车黄沙(每车装

④ 董灵:《合同的履行、变更、转让与终止》,中国法制出版社 1999 年版,第 266 页。

载2吨),送到原告处,并要求以130货车为标准计算交货数量。原告要求以东风牌大卡车作为计算标准。双方为此发生争议。笔者认为在本案中,被告显然不是按照一个诚实、守信的商人的标准来行为的。一方面,被告在订约之后,鉴于黄沙价格已经上涨,曾要求原告减少供货量,当此要求被拒绝以后,被告便以合同没有规定明确的计量标准为由,以130型小货车送货,实际上,被告的目的在于减少供货数量;另一方面,原告明知按照当地的交易习惯,当以车为计量单位时通常是指东风牌大卡车,而被告给他人送货时也主要以东风牌大卡车送货,显然被告以130车送货既可以达到少交货的目的,又不至于被原告抓到违约把柄。然而,被告的行为的确是与诚实信用原则相背离的。因此,在本案中尽管当事人对交货数量的计量标准规定不明确,但当事人完全可以按照《合同法》第60条的规定,依据诚实信用原则考虑过去当事人双方交货的习惯来履行义务。

如果当事人不能依据《合同法》第60条的规定,按照诚实信用原则履行义务,则当事人可以提起诉讼,由法院来考虑如何填补漏洞。而法院在当事人就合同条款发生争议的情况下,不能直接根据《合同法》第60条填补漏洞。其主要原因在于,诚信原则实际上是一个较为抽象的道德标准,依据诚实信用原则来确定当事人的履行义务,虽然将使当事人的行为更为合理、正确,但法官依据诚实信用原则来确定的义务未必完全符合当事人双方的意愿;也就是说,如果当事人双方事后能够达成补充协议来填补漏洞,而其补充协议的内容又不违反法律和社会公共道德,还是应当尊重当事人的意愿,由当事人自己通过约定去填补漏洞,而不宜由法官直接依据诚信原则来填补漏洞。更何况如果允许法官直接依据第60条的规定来填补漏洞,则将会给予法官过大的自由裁量的权力,如果一旦法官滥用裁量权,也会使漏洞的填补起到相反的效果。正如台湾地区学者邱聪智所言,即使"法官为知识丰富的法学者,亦充满良心及正义观之法学家,于契约解释之时,纵有评价作用,亦大都能本乎良心及正义感而为解释,惟仅凭良心及正义感之作用,并不能担保公平正义必然实现。因之,如何限制评价作用之滥用,可说甚为重要……补充解释的目的,本就在于推论表意人在当前的契约关系中有理由被认识的意思情况”。[⑤] 据此,在当事人就合同条款的争议提起诉讼以后,如果需要由法院来考虑如何填补漏洞,法官必须依据《合同法》第 61 条和第 62 条以及第 125 条的规定填补漏洞。总之,填补合同的漏洞应按照以下四个步骤来进行:

(一)由当事人达成补充协议

填补漏洞的第一步,是由当事人达成补充协议。按照合同自由原则,合同的内容应当由当事人自由约定,在当事人就合同的条款规定不明确的情况下,由当事人继续通过其达成的补充协议,来填补合同的漏洞,这就充分体现了合同自由原则。同时,通过当事人达成协议来解决当事人之间的争议,也是最有效地填补漏洞的方式。

由当事人达成补充协议,需要考虑合同是否已经成立。合同成立的根本标志在于当事人意思表示一致,即达成合意。这就是说,当事人作出了订约的意思表示,同时经过要约和承诺而达成了合意。当然,合意的内容并不意味着对合同的每一项条款都必须达成一致意见。如果当事人就合同的主要条款达成合意,合同即可成立,其他的内容可以通过合同解释的办法予以补充。什么是合同的主要条款呢?各种合同因性质不同,所应具备的主要条款也是不一样的。例如,价款是买卖合同的必要条款,但对无偿合同来说并不需要此类条款。因为,所谓主要条款是指根据特定合同性质所应具备的条款,如果缺少这些条款合同是不能成立的。为了准确认定合同的主要条款,需要法院在实践中根据特定合同的性质而具体认定哪些条款属于合同的主要条款,而不能将《合同法》第 12 条所泛泛规定的合同条款都作为每个合同所必须具备的主要条款,否则将会导致大量的合同不能成立并生效。如果合同因为欠缺主要条款而根本没有成立,法院可以不必要求当事人再达成补充协议,而直接宣告合同不成立。[⑥] 因此,法官在填补漏洞时,必须要正确判断合同是否成立,是否对当事人已经产生了约束力。而判断合同的成立实际上就是要判断当事人双方是否就合同的主要条款达成了合意,也就是说对主要条款双方已经经过了要

---

⑤ 邱聪智:《民法研究》(一),台湾辅仁大学 1986 年版,第 68 页。

⑥ Knapp, Crystal, *Problems in Contract Law*, Little, Brown and Company, 1993, p. 413.

约和承诺过程而达成了合意。为此，在填补漏洞时，法官应当做到如下几点：第一，必须要判断当事人是否已经完成了要约和承诺过程，还是仍然处于缔约阶段。例如，甲向乙发出一份传真求购某种型号的钢材，乙在收到该传真后即向甲发送该型号的钢材，甲拒绝收货，双方为此发生了争议，要解决此种纠纷。法官首先需要解释传真的内容和性质，确定该传真是构成要约还是要约邀请，这就是合同解释需要解决的问题。第二，当事人是否就主要条款达成了合意，如果仅仅就次要条款达成了合意，并不能认定合同成立。例如，甲向乙兜售某表时，乙点头同意，后甲将表交付给乙时，乙拒绝接受。在该纠纷中需要确定合同是否成立，从表面上看乙点头同意是已经作出了承诺，但由于甲在兜售该表时并没有提出表的价格，则乙是否对主要条款作出了承诺，就需要作出解释。第三，当事人虽然没有对主要条款达成口头或书面的协议，但当事人已经作出了实际的履行，那么能否从当事人的实际履行行为中确定当事人已经完成了合意，则需要作出解释。第四，当事人虽然没有就主要条款达成合意，但当事人自愿接受合同的拘束，则需要从当事人的意思表示、交易的习惯等方面考虑解释当事人所应当达成的主要条款，从而填补合同的漏洞。

在确定合同确已成立且又存在合同漏洞的情况下，法官可以要求当事人通过达成补充协议填补漏洞。由当事人达成的补充协议，可以是书面的，也可以是口头的，但补充协议必须针对合同的漏洞而达成，否则，仍然不能解决合同条款的争议。

（二）按照交易习惯来确定

填补合同的漏洞的第二步是在当事人不能达成补充协议的情况下，则应当由法官按照合同的有关条款和交易习惯来确定。所谓按照有关合同的条款来履行，是指根据合同的性质以及现有合同的条款来确定合同究竟需要哪些条款，并在此基础上填补合同的漏洞。

由于按合同的有关条款来确定合同内容，在实践中运用不多，因此本文将不作赘述，下面将重点讨论交易习惯的运用问题。

所谓习惯，是指当事人所知悉或实践的生活和交易习惯。所谓交易习惯是指在当时、当地或者某一行业、某一类交易关系中，为人们所普遍采纳的且不违反公序良俗的习惯做法。我国《合同法》第61条规定:“合同生效后,当事人就质量、价款或者报酬、履行地点等内容没有约定或者约定不明确的,可以协议补充;不能达成补充协议的,按照合同有关条款或者交易习惯确定。”《合同法》第125条规定,解释合同应当依据交易习惯进行解释,这就确立了习惯解释的原则。我国《合同法》不仅在总则中将交易习惯确定为填补合同漏洞的标准,而且分则中大量的条文都涉及根据交易习惯填补合同漏洞的问题。仅以买卖合同(第九章)为例,其中规定,当事人没有约定标的物的交付期限或者约定不明确的,可以根据交易习惯加以确定(参见《合同法》第139条);当事人没有约定交付地点或者约定不明确的,可以根据交易习惯来确定(参见《合同法》第141条);当事人对标的物质量要求没有约定或约定不明确,可以依据交易习惯加以确定(参见《合同法》第154条);当事人对包装方式没有约定或者约定不明确的,可以依据交易习惯加以确定(参见《合同法》第156条);当事人对价款的数额、支付价款的地点、支付价款的时间没有约定或约定不明确的,可以根据交易习惯加以确定(参见《合同法》第159、160、161条)。由此表明,我国《合同法》极为强调以交易习惯来填补合同漏洞,这可以说是我国《合同法》的一大特点。

交易习惯可以分为以下几类:第一,一般的交易习惯,即通行于全国的习惯;第二,特定区域的交易习惯即所谓地区习惯;第三,特殊行业的交易习惯;第四,当事人之间长期从事某种交易所形成的习惯。此处所讲的交易习惯,主要是指国内的交易习惯,它与国际惯例不能完全等同。一般来说,交易习惯具有如下特点:首先,交易习惯具有时间性,也就是只能以合同发生纠纷时存在的习惯为依据,而不能以过去的或者是已经过时的习惯为依据。其次,交易习惯具有地域性。由于我国地域广阔,不同地方的习惯是各不一样的,不能将某一地方的习惯套用到另一个地方去。最后,交易习惯具有行业性和特定交易的特殊性。不同的行业也可能具有不同的习惯,甚至在特定的交易中当事人所从事的交易也具有特殊性,如从事买卖建筑材料的交易与从事买卖大米的交易习惯是不一样的。当然,交易习惯也具有合法性,只有那些遵守法律和行政法规以及公序良俗的习惯才能够用于合同的解释。

各种交易习惯的存在以及内容应当由当事人双方举证证明，在当事人未举证证明交易习惯的情况下，法官也可以根据自己对交易习惯的理解选择某种习惯来填补合同的漏洞。正如美国《统一商法典》第1-205条第2项所规定的："行业惯例指进行交易的任何做法或方法，只要该做法或方法在一个地区、一个行业或一类贸易中已得到经常遵守，以致使人有理由相信它在现行业中也会得到遵守。此种惯例是否存在及其适用范围，应作为事实问题加以证明。如果可以证明此种惯例已载入成文的贸易规范或类似的书面文件中，该规范或书面文件应由法院解释。"问题在于，当事人双方所举证证明的交易习惯可能彼此之间发生冲突，在此情况下，便需要通过一定的规则来解决各种交易习惯之间的冲突。笔者认为，在交易习惯彼此之间发生冲突的情况下，法官根据交易习惯填补漏洞应当注意以下几点：

第一，按照当事人双方在订约时理解的习惯来填补漏洞。当事人在订约时如果对于合同条款的某一用语，是按照某种习惯来理解的，即使事后对此发生了争议，也应当考虑用双方共同理解的习惯来填补漏洞。如果一方在订约的时候已经明确告知对方自己是依据某种习惯而行为的，而对方并未对此明确表示反对，则应当按照双方明知的习惯来填补漏洞。

第二，特殊地域习惯与一般地域习惯发生冲突时，应当以一般地域习惯优先。由于当事人双方处于不同地域，而在对某一条款发生争议以后，一方可能是按照一般的或行业的习惯来理解的，另一方是按照仅适用于本地区的交易习惯来解释的，而对方对该特殊之习惯并不了解，此时应当按照双方都知道或应当知道的一般的或行业的习惯进行解释。例如，甲乙之间在房屋租赁合同中规定，"租赁期满时，双方应继续商定续租事宜"。后甲未与乙商定续租事宜，出租人乙认为租赁合同继续有效，甲拒绝承租构成违约。乙的理由是：根据当地的习惯，在租赁期间届满以后，如果没有商定续租，则租赁期应当顺延1年。且合同也明确规定，"双方应继续商定续租事宜"，因此甲负有继租的义务。甲认为，根据一般的租赁习惯，如果出租人没有提出交付租金，则应当视为不愿续租。至于合同规定“双方应继续商定续租事宜”,只是指当事人如愿意续租则应当协商,而不是说甲必须负有协商的义务。笔者认为,乙以其本地的习惯解释合同虽不无道理,但由于该习惯与一般的习惯不符,且承租人对该习惯并不明知,因此,应当以一般的习惯来解释。

第三,地区或行业习惯与当事人之间的交易习惯发生冲突,应当以当事人之间的交易习惯为准。如果对某一条款发生争议之后,一方是按照一般的或特殊的以及行业的习惯来进行解释的,而另一方是按照当事人过去从事系列交易时所形成的习惯来进行理解的,则应当按照过去系列交易的习惯进行解释。这主要是因为从系列交易中形成的习惯更接近当事人的意思,因为系列交易是当事人多次交易行为的总结,它虽然没有载入当事人的合同之中,但也可以视为当事人默示的意思。《国际商事合同通则》第1.8条的注释认为,对一个特定的合同,当事人之间业已建立的习惯自动产生约束力,除非当事人明确表示排除其适用。但某一特定习惯做法能否被认为已在当事人间建立,须视其具体情况而定,在当事人间先前交易或履行中仅出现过一次的做法显然不足以视为当事人间的习惯。美国《统一商法典》第1-205条“交易过程和行业惯例”第4项规定:“在合同的情况下,应将协议的明示条款与适用的交易过程或行业惯例作一致的解释;如果此种解释不合理,明示条款的效力优于交易过程和行业惯例,交易过程的效力优于行业惯例。”这些都表明当事人之间的交易习惯应当具有优先于行业习惯的效力。

(三)根据《合同法》第62条的规定作出解释

《合同法》第62条规定:“当事人就有关合同内容约定不明确,依照本法第六十一条的规定仍不能确定的,适用下列规定:(一)质量要求不明确的,按照国家标准、行业标准履行;没有国家标准、行业标准的,按照通常标准或者符合合同目的的特定标准履行。(二)价款或者报酬不明确的,按照订立合同时履行地的市场价格履行;依法应当执行政府定价或者政府指导价的,按照规定履行。(三)履行地点不明确,给付货币的,在接受货币一方所在地履行;交付不动产的,在不动产所在地履行;其他标的,在履行义务一方所在地履行。(四)履行期限不明确的,债务人可以随时履行，债权人也可以随时要求履行，但应当给对方必要的准备时间。（五）履行方式不明确的，按照有利于实现合同目的的方式履行。（六）履行费用的负担不明确的，由履行义务一方负担。”可见，《合同法》第62条规定了在当事人约定的合同中存在质量要求不明确、价款或者报酬不明确、履行地点不明确、履行期限不明确、履行方式不明确、履行费用负担不明确等情况下，就可以适用法律关于填补合同漏洞的规则。这就实际上解决了合同对履行义务约定不明确的情况下，应当如何履行义务的问题。

《合同法》第62条在性质上属于任意性规定，在合同法中，需要援引任意性规范作为填补合同漏洞的依据。⑦ 依据《合同法》第62条填补合同漏洞，意味着当事人可以通过其约定来排斥这些规定的适用，在当事人具有特别约定的情况下，原则上应当依据当事人的约定；在当事人没有特别约定，又不能根据交易习惯来确定当事人的意图的情况下，则应当适用任意性的规定。可见，我国法律将任意性的规定置于交易习惯之后，表明了交易习惯的重要性。如果交易习惯与任意性的规定发生冲突，则应当适用交易习惯。之所以将交易习惯提高到如此重要的高度，主要是因为交易习惯常常是当事人在从事交易过程中的通常做法的总结，与当事人的意志最为接近，在当事人没有相反的约定的情况下，则只能认为当事人的意志便是按照过去的通常做法来履行合同义务。据此，交易习惯应当优先于法律的任意性规范而得到适用。

（四）通过合同解释的方法进行填补

《合同法》第125条第1款规定：“当事人对合同条款的理解有争议的，应当按照合同所使用的词句、合同的有关条款、合同的目的、交易习惯以及诚实信用原则，确定该条款的真实意思。”合同的一般解释方法是由《合同法》第125条明确规定的，具体包括：

1. 文义解释方法。所谓文义解释方法是指依据合同条款语句的通常

---

⑦ ［德］迪特尔·梅迪库斯：《德国民法总论》，邵建东译，法律出版社2000年版，第258～260页；［德］卡尔·拉伦茨：《德国民法通论》（上），谢怀栻等译，法律出版社2002年版，第476页。

含义进行解释。[8] 合同条款是由语言文字构成的,要确定语言文字的含义,应当首先确定用语的真实含义。如果当事人双方已经都明确同意合同条款所表达的是某一种意思,应当按照当事人双方共同接受的含义来进行解释。如果双方对合同条款的含义理解各不相同,应当按照一个合理的人处于缔约环境中对合同用语的理解为准,来探求合同用语的含义。[9] 文义解释中注重按照合理人的标准来解释用语的含义。

2. 目的解释方法。这是指在解释合同时,应当首先考虑当事人的订约目的。当事人订立合同的目的是实现其一定的目的,合同本身也不过是当事人实现其目的的手段。因此,合同的解释也应当考虑当事人的订约目的。根据合同的目的来解释,应当注意以下几点:第一,如果某一合同既可以被解释为有效,也可以被解释为不能生效,从原则上应当尽可能按照有效来解释。因为当事人订立合同,目的上都是使交易成立,使合同有效。当事人不可能为了使合同不生效而订立合同。[10] 第二,如果合同条款中所使用的文字的含义与当事人所明确表达的目的相违背,而当事人双方对该条文又发生了争议,在此情况下不必完全拘泥于文字,而应当依据该合同的目的进行解释。第三,如果当事人在有关合同文本中所使用的用语的含义各不相同,应当根据合同的目的进行解释。《合同法》第125条规定,“各文本使用的词句不一致时,应当根据合同的目的予以解释”。例如,当事人双方共同投资兴办一家合资企业,在合资合同和章程中明确规定双方共同出资,但在当事人内部的一份合同中,规定双方为借贷关系,虽然两份合同规定的内容不同,但从当事人双方缔约的真实目的在于共同出资兴办合资企业考虑,应当宣告此借贷无效。

3. 整体解释方法。这是指将全部合同的各项条款以及各个构成部分作为一个完整的整体,从各个条款以及各个部分的相互关联性以及与整个合同的关系在合同中所处的地位等各因素考虑,来确定所争议的合同

---

⑧ 胡基:“合同解释的理论和规则研究”,载梁慧星主编:《民商法论丛》(第8卷),法律出版社1999年版,第40页。

⑨ 王利明、崔建远:《合同法新论·总则》,中国政法大学出版社2000年修订版,第479页。

⑩ 张广兴等:《合同法总则》(下),法律出版社1999年版,第246页。

条款的含义。例如,当事人在合同中增加了特别条款,特别条款的效力可以优先于一般条款的效力。如果分合同规定的是总合同的例外和特殊的情况,当分合同条款的意思与总合同条款的意思不一致时,分合同条款优先。在同一份合同文件中,如果印刷条款与手写条款并存且这些条款彼此间相互矛盾,则应当认为手写条款优先。在数量和价格条款中,大写数字与小写数字并存,但相互抵触,原则上应当确定大写数字的效力优先于小写数字。如果合同中有多个条款表达同一内容,如果某一条款比另一条款含义更为明确,则含义不够明确的条款可以被删除。

4. 习惯解释。所谓习惯解释,是指在合同文字或条款的含义发生歧义时,按照交易习惯的含义予以明确。习惯解释的方法既可以用于合同漏洞的填补,也可以用于合同条文的解释。《合同法》第125条规定,解释合同应当依据交易习惯进行解释,这就确立了习惯解释的原则。我国《合同法》不仅在总则中将交易习惯确定为填补合同漏洞的标准,而且在分则中大量的条文都涉及根据交易习惯填补合同漏洞的问题。

习惯包括生活习惯和交易习惯两大类,由于合同本质上是一种交易,所以在《合同法》中如果就合同条款发生争议,通常应当按照交易习惯填补漏洞和解释合同。如前所述,交易习惯是填补漏洞的重要方法。各种交易习惯的存在以及内容应当由当事人双方举证证明,在当事人未举证证明交易习惯的情况下,法官也可以根据自己对交易习惯的理解选择某种习惯来填补合同的漏洞。所以,习惯不仅仅是解释合同的方法,而且是填补合同漏洞的方法。例如双方订立一份租赁合同,乙方承租甲方1000平方米的房屋,但该房屋究竟是以建筑面积还是使用面积计算,双方发生了争议,乙方提出当地的习惯都是按照使用面积来计算租赁房屋的面积。所以,在解释面积条款时,可以以交易习惯作为解释的依据。

5. 诚实信用原则。依据诚实信用原则解释,要求法官将自己作为一个诚实守信的当事人来判断、理解合同的内容和条款的含义。这样在解释合同的过程中,必须将商业道德和公共道德运用到合同的解释之中,并对合同自由施加某些必要的限制。从这个意义上也可以说,该原则作为一种解释方法,体现了现代合同法从形式正义逐步转向兼顾实质正义。[11] 但该原则一般是在上述其他原则难以适用的情况下才采用的。其主要原因在于,诚信原则比较抽象,它主要是要依据某种道德的、公平的观念来解释合同,从而在一定程度上给予了法官某种自由裁量权,而不像其他原则那样在适用的过程中必须要考虑到各种客观的因素、缔约目的、交易习惯等来作出判断。所以,依据诚信原则作出解释,主观性较强。为了准确地解释合同,应当首先运用其他解释方法,只有在这些方法不能探求当事人的真意时才能适用诚实信用原则。

问题在于,《合同法》第 62 条所规定的填补漏洞的任意性规则是否也应当优先于一般的合同解释方法。法官在填补合同漏洞的时候,究竟是应当首先适用《合同法》第 62 条,还是应当首先适用《合同法》第 125 条的规定? 这是一个值得探讨的问题。王泽鉴先生指出,“任意规定系立法者斟酌某类型契约的典型利益状态而设。一般言之,多符合当事人的利益,当事人对于契约未详订其内容,也多期待法律设有合理的规定,故有任意规定时,原则上应优先适用。无任意法规时,应依补充的契约解释方法,填补契约漏洞”。[12] 笔者认为,这一观点是正确的。在选择填补合同漏洞的方法时,首先应当使用任意性的规则,然后才能使用合同解释的方法。如果法律对合同漏洞的填补已经规定了特殊的方法和程序,就首先应当采纳法律的特殊规定;只有在不能适用法律特殊规定的填补漏洞的方法的情况下,才能适用一般的合同解释的方法。例如,《合同法》第 61 条规定,填补漏洞时,首先由当事人继续通过其达成的补充协议来填补合同的漏洞,由当事人达成补充协议充分尊重了当事人的意思自治和合同自由,也完全符合合同的性质和内容。这些方法当然应当优先于一般的合同解释的方法。至于交易习惯,也因为与当事人的真实意思非常接近,所以也应当优先于一般的合同解释的方法用于对合同漏洞的填补。至于法律关于填补漏洞的任意性规定,虽然不能优先于当事人的补充协议、交易习惯

[11] 胡基:“合同解释的理论和规则研究”,载梁慧星主编:《民商法论丛》(第 8 卷),法律出版社 1999 年版,第 51 页。

[12] 王泽鉴:《债法原理》(第 1 册),台湾 1999 年自版,第 246 页。

等而适用,但应当优先于一般的合同解释的方法而适用。其原因在于:首先,法律关于填补漏洞的任意性规定是专门为合同漏洞的填补而设立的,具有很强的针对性,而合同解释的方法在适用方面极为广泛,它不仅可以用于合同漏洞的填补,而且可以用于对合同是否成立、合同是否生效的问题的判断。其次,法律关于填补漏洞的任意性规定,在一定程度上体现了立法者的意思,同时也符合当事人的意愿。因为,当事人通常就是期待法律设立任意性规定可以填补合同漏洞,这些填补漏洞的任意性规定从根本上也是符合当事人的利益的。合同解释的一般方法虽然也是由法律规定的,但是在适用过程中主要是由法官来认定和操作的,所以难免带有法官的主观意志。因此,在专门适用于合同漏洞的填补时,应当优先适用法律的任意性规定;只有在使用任意性规范确实不符合当事人的利益时,才应针对该合同的特殊情况,作出补充的解释。⑬

还应当看到,从法律解释学上看,《合同法》第125条规定的合同解释的方法不能优先于《合同法》第62条所规定的填补漏洞的任意性规则而适用,否则将会产生法解释学上所谓"向一般条款的逃避"的现象。按照梁慧星教授的观点,所谓"向一般条款的逃避","指关于某一案例,法律本有具体规定,而适用该具体规定与适用诚实信用原则,均能获得同一结论时,不适用该具体规定而适用诚实信用原则。此种现象应予禁止"。⑭ 如果能够适用第62条的规定而不适用,却直接按照合同解释的规则,采取诚实信用原则解释合同,不仅将使法官享有过度的解释合同和填补漏洞的权限,有可能造成解释者的恣意现象,而且"将降低这些法律补充方法的权威,并进而损害与这些方法密切相关的法律的权威"。⑮

上述四项步骤,构成了填补合同漏洞的完整的程序。法官在填补漏洞时,应当按照《合同法》规定的上述步骤,逐步地、循序渐进地填补合同漏洞,而不应打乱上述步骤和程序;否则,便难以准确完成合同漏洞填补的任务。

---

⑬ 王泽鉴:《债法原理》(第1册),台北1999年版,第247页。

⑭ 梁慧星:"诚实信用原则与漏洞补充",载梁慧星主编:《民商法论丛》(第2卷),法律出版社1994年版,第71页。

⑮ 梁慧星:"诚实信用原则与漏洞补充",载梁慧星主编:《民商法论丛》(第2卷),法律出版社1994年版,第75页。

民商法研究(第四辑)
第350~368页

合同权利转让的若干问题研究*

所谓合同转让,是指合同当事人一方依法将其合同权利和义务全部地或部分地转让给第三人。合同转让,按照其转让的权利义务的不同,可分为合同权利的转让、合同义务的转让及合同权利和义务概括转让三种形态。在合同转让中,合同权利转让是最为典型的形态。此种转让是市场经济发展的产物,市场经济越发达,市场交易越复杂,则必然要求建立完备的合同转让制度;同时合同的转让特别是债权的转让的发展,使债权作为财产进入交易的领域,从而大大推动了投资的自由转让和流动化,①并且促进了市场交易的迅速发展。鼓励并规范合同转让行为,是发展市场经济所迫切需要采取的措施。在合同转让制度中,权利的转让是典型形态,需要在法律上进行必要的规范。

一、合同权利转让的性质

所谓合同权利的转让,是指合同债权人通过协议

---

* 本文原著于1998年,后收录进拙著《合同法研究》(第2卷),中国人民大学出版社2003年版。

① 史尚宽:《债法总论》,中国政法大学出版社2000年版,第674页。

将其债权全部或部分地转让给第三人的行为。合同权利转让是合同转让的典型形式。合同权利转让的对象是合同债权,债权转让的前提是债权具有可让与性或财产性,也就是说债权本身可以作为一种财产进入市场进行交易。由于债权可以转让,所以当事人可以通过合同处分债权,而转让债权也是现代民法的合同自由原则的重要组成部分。合同债权本身也不具有公开性,其内容只是体现在当事人的关系之中,无法通过其内容外部的表征加以展现。因此,为了加速债权的流转,适应投资流动化、周转迅速化的要求,民法中债权的证券化得到了迅速的发展,使债权可以通过有形的证券或票据的形式表现出来。而且由于票据无因性理论的确立,更加促使了债权的可流通性以及安全性。因此债权的转让从广义上也包括有价证券的转让,但我国法律对债权的转让与有价证券的转让是分开的。有关证券、票据的流转的问题属于证券法与票据法的内容,而合同法调整的就是当事人之间通过合同移转债权的方式。

值得注意的是,债权的转让与物权的转让在性质上是不同的。在实践中经常容易发生混淆的是将合同权利转让与土地使用权的出让和转让相混淆。尽管后两种行为也要通过订立合同的方式发生转让,但它们与合同的转让的主要区别表现在转让的对象不同。合同的转让在性质上是债权的转让,因此应受合同法调整,而土地使用权的出让和转让等行为则属于物权的转让,它们是所有权权能的分离和处分的行为,涉及的不仅仅是合同法上的问题,因此,转让关系尽管仍是合同关系并可以受合同法的调整,但整个物权的处分行为又要受到物权法的调整。物权法关于交付、登记等规定应适用于此类转让行为。正是从这个意义上,我们一般将这类出让行为与合同转让行为在法律上作出了区分。

对合同权利转让的性质,立法者和学者对此有不同的观点,主要有三种学说。

1. 不要因的准物权合同说。这种观点以德国法为代表,该学说是以抽象性原则(Abstraktionsprinzip)为基础的,即处分行为独立于负担行为。[2]

---

② MünchKomm/Rohe, § 398, Rn. 25.

所谓物权行为,是以直接发生物权的变动为目的的行为。[③] 根据物权行为的独立性和无因性规则,许多德国学者认为,债权转让合同与作为其基础的被转让的合同是相分立的。此种转让行为是不要因的合同。也就是说,这种转让是否有原因,该原因有无瑕疵,对合同转让的法律效果不产生影响。[④] 由于权利转让合同是一种准物权合同,因此不同于债权合同。即是说,除非当事人明确保留债权,否则原债权人不仅负有转让债权的义务,而且在转让合同成立时债权也将实际发生转移。[⑤]

2. 要因的买卖合同说。这种学说以法国法为代表。在法国,合同转让问题并没有引起立法者的重视。法律上仅承认单纯的债权转让、债务转让或债权债务的承受。但现代法国的合同立法也承认了合同转让,并形成了一套合同转让的理论。[⑥] 根据法国法,债权转让合同是一种要因的买卖合同。既然是买卖合同,转让债权就如同转让财产的所有权一样,原债权人把债权作为买卖的标的物出让给新债权人,新债权人为此应支付一定代价。[⑦] 由于合同转让是一种买卖合同,因此,出卖人应对作为买卖标的物的权利在法律上承担瑕疵担保的责任。如果原转让人不享有权利而转让债权,将直接影响转让合同的效力。

3. 合同说。在英美法上,"转让"(assignment)一词一般仅用于对财物权利的转移,以区别于对特定财物的转移。合同权利的让与是一种合同,让与权利合同必须具备下述条件才有效:权利人表示了不需要他自己或债务人作进一步的行为就立刻转移权利的意思,他的意思可直接向受让人或第三人表示。[⑧] 如果转让的是未来的权利,那么就像其他合同一样,债权转让合同必须具有对价。[⑨]

比较上述几种观点,各有一定的道理,但前两种观点确有一些不足之

---

③ 郑玉波:《民法物权》,台湾三民书局 1986 年版,第 35 页。

④ Bamberger/Roth/Rohe, § 398, Rn. 53.

⑤ 周林彬主编:《比较合同法》,兰州大学出版社 1998 年版,第 35 页。

⑥ 尹田编著:《法国现代合同法》,法律出版社 1995 年版,第 330 页。

⑦ 周林彬主编:《比较合同法》,兰州大学出版社 1989 年版,第 284 页。

⑧ 沈达明编著:《英美合同法引论》,对外贸易教育出版社 1993 年版,第 196 页。

⑨ 周林彬主编:《比较合同法》,兰州大学出版社 1989 年版,第 285 页。

处,不应为我国法律所借鉴。其原因在于:

第一,德国法的准物权合同说的核心在于采纳物权行为理论。而物权行为理论因其割裂了原因行为与物权行为的联系,过于复杂化且人为雕凿痕迹极深,不能为一般人所理解。因此,我国现行立法并没有采纳该理论,我国大多数学者也认为该理论是不可取的。[10] 既然不采纳物权行为理论,因此也不应该将合同转让的行为作为一种准物权行为看待。

第二,法国法的"要因的买卖合同说"不承认债权转让是一种物权行为或准物权行为,而认为转让行为与转让效果是统一的,不可分割的,且该学说从绝大多数债权转让的本质出发,认为债权转让本质上是反映交易关系的买卖合同,这些都具有一定的合理性。但是,由于该学说认为,债权转让为买卖合同,因而实际上排斥了无偿转让合同权利的行为。这无疑限制了转让的范围且不完全符合权利转让的实际情况。

第三,合同法较为符合转让的实际情形。一方面,它将合同权利转让作为合同行为对待,既肯定了有偿转让行为,又肯定了无偿转让行为所发生的法律效果;另一方面,它将转让行为作为独立的合同对待,并且适用合同法的一般规则。由于债权转让合同具有与各种有名合同如买卖、互易、赠与等不同的特点,因此,在合同法中单设合同权利转让制度,对这类合同作出规范,是十分必要的。所以,笔者赞成合同说。

从我国司法实践来看,基本上认为债权转让关系是一种合同关系。[11] 因此,转让人与受让人订立债权转让合同的行为,意味着权利人对其权利进行了处分。权利的转让既可以是全部转让,也可以是部分转让。在权利全部转让时,受让人将完全取代转让人的地位而成为合同当事人,原合同关系消灭,并因此产生一个新的合同关系。在权利部分转让情况下,受让人作为第三人将加入到原合同关系之中,与原债权人共同享有债权。此时,合同的权利人一方已由一人变为数人,合同之债也由单一之债务成为多数人之债。在此情况下,尽管原合同当事人依然存在,但由于合同主体已经发生了变化,应认为原合同关系已经消灭。

---

[10] 梁慧星:《民法学说判例与立法研究》,中国政法大学出版社1993年版,第126页。

[11] 王秉新主编:《实用民法学》,知识出版社1986年版,第203页。

不管采取何种方式转让权利,都不得因权利的转让而增加债务人的负担,否则,应由转让人或者受让人承担费用和损失。

二、合同权利转让与清偿代位的区别

所谓清偿代位,是指与债的履行有利害关系的第三人,在为债务人向债权人作出清偿以后,因此取得代位权,他可以在其清偿的范围内,就债权人的权利以自己的名义代位行使。[12] 例如,保证人在为主债务人履行债务以后,可以在其清偿的范围内代替主债权人而对债务人享有追偿权。

一般认为,清偿代位会发生债权让与的效果。也就是说,在第三人向债权人作出清偿以后,根据法律规定,在清偿范围内的债权由债权人移转给第三人。由于这种移转是根据法律的规定而不是根据当事人之间的合同而发生的,因此,清偿代位通常被称为因法律原因而发生的债的移转。[13] 正是由于清偿代位也发生债的移转的效果,因此,许多学者认为,应当在债权移转中包括依合同或其他法律行为而发生的债权移转以及依据法律的原因而发生的债权移转(如清偿代位等)。

笔者认为,尽管合同权利移转与清偿代位存在相似之处,但也有重要的区别:

第一,从设置的目的来看,清偿代位在于保证第三人在为债务人清偿债务以后,能够使其利益得到充分的补偿。[14] 为实现这一目的,法律规定第三人在为债务人清偿债务以后,在第三人与债务人之间形成一种新的债的关系,第三人可以债权人的身份行使权利,要求债务人履行清偿义务。因为第三人的代替清偿已使原有的债的关系消灭,而在第三人与债务人之间产生了一种新的债权债务关系。为此,许多国家的民法将清偿

---

⑫ 王家福主编:《民法债权》,法律出版社 1991 年版,第 195 页。

⑬ 王家福主编:《民法债权》,法律出版社 1991 年版,第 195 页。

⑭ 裴丽萍:“论债权让与的若干基本问题”,载《中国法学》1995 年第 6 期。

代位规定在债的消灭之中,并与债的移转相区别。而合同债权移转制度设置的目的在于保护债权人的债权,并保障作为一种交易形式的债权移转的顺利实现。为尊重债权人的处分债权的自由,法律允许其全部转让债权,也可以部分转让债权。

第二,清偿代位的效果是根据法律的直接规定产生的。换言之,即使当事人之间没有约定,只要第三人为债务人履行了债务,就有权向债务人行使求偿权。由于此种效果是由法律直接规定的,因此第三人即代位人所获得的补偿也应有法定限制。也就是说,代位人只能以其清偿的部分为限而获得债权,不能对超出其清偿的部分享有并行使权利。然而,对合同权利转让来说,它是由当事人之间订立的合同权利转让的协议而产生的。作为受让人的第三人获得的合同权利内容也由转让的协议来决定,法律上对此并无限制。

第三,在清偿代位中,一旦第三人为债务人清偿债务就可以取得对债务人的求偿权,而不必在取得求偿权之前通知债务人。但是,对合同权利的转让来说,第三人与债权人达成的转让债权的协议,要对债务人产生效力,则必须及时通知债务人且不得增加债务人的负担。

第四,从是否存在瑕疵担保责任来看,由于清偿代位的效果是依法产生的,且代位人只是因其为他人履行了债务而产生代位权,其代位权不是债权人转让的权利,所以,债权人对代位人的代位权不负瑕疵担保责任。但是,在合同权利转让中,债权人应对第三人所受让的债权负瑕疵担保责任。

正是由于合同权利转让与代位清偿存在明显的区别,因此,笔者认为,在合同立法中,不应将清偿代位制度与合同权利让与合并在一起作出规定,而应当将清偿代位制度归入合同履行制度中作出规定。

三、合同权利转让的范围

债权转让的前提是转让人所享有的债权必须是合法有效的,这就是说,一方面,合同债权的有效存在。这是该合同中的权利义务能够被让与的基本前提。如果合同债权根本不存在或者合同应被宣告无效,或者已经被解除,在此情况下所发生的转让行为都是无效的,同时转让人应对善意的受让人所遭受的损失承担损害赔偿责任。另一方面,债权人必须享有债权,债权人转让的是他人的债权,将构成无权处分。由于合同权利转让本质上是一种交易行为,从鼓励交易、增加社会财富的角度出发,无论单务合同中的权利,还是双务合同中的权利,只要不违反法律和社会公共道德,均应允许其转让。但是,法律从保护社会公共利益和维护交易秩序、兼顾转让双方利益出发,对合同权利的转让范围也应作出一定限制。根据许多国家的合同立法经验以及我国的司法实践,下列合同权利不应允许转让:

(一)根据合同权利的性质不得转让的权利

所谓根据合同性质不得转让的权利,是指根据合同的权利的性质,合同只能在特定当事人之间生效,如果转让给第三人,将会使其内容发生实质性变更,从而使转让后的合同内容与转让前的合同内容失去同一性,且违反了当事人订立合同的目的,因此此类权利不能移转。一般来说,根据合同性质不得让与的权利主要包括如下几种:一是根据个人信任关系而发生的债权。如雇佣人对受雇人的债权、委任人对受托人的债权等。在这些合同中,当事人双方均存在一种特殊的信赖关系,强调要由一方亲自履行,⑮如果一方不能亲自履行,常常会使另一方当事人的利益受到损害。如受托人随意将委托人委托其办理的事务转托给他人办理,则极有可能造成对委托人的损害,故此类合同权利不能转让。二是以选定的债权人为基础发生的合同权利。⑯ 如以某个特定演员的演出活动、某个作家的创作活动为基础所订立的演出合同、出版合同等。在此类合同中,如果当事人发生变更,必然会使合同的权利义务内容发生重大变化,使转让后的权利与其在前的合同内容失去了同一性。如某个名演员的演出与其他不知

---

⑮ 王家福主编:《民法债权》,法律出版社1991年版,第74页。
⑯ 王家福主编:《民法债权》,法律出版社1991年版,第74页。

名演员的演出是不同的。因此，这类合同权利亦不得转让。[17] 三是从权利。从权利是指附随于主权利的权利。如因担保产生的权利，相对于主债权而言是从权利。根据民法的一般原理，从权利随主权利的移转而移转，随主权利的消灭而消灭，主权利无效，从权利亦将无效，因此，从权利不得与主权利相分离而单独转让。例如，保证债权是担保债权而存在的从权利，如果与主债权发生分离，则担保的性质也将丧失，因此，保证债权是不得转让的。

关于将来的债权能否转让，值得探讨。将来的债权是指虽然有一定的基础法律关系存在，但尚未发生确定的债权，必须等待一定条件的成就或者原因的出现，才可能发生债权。例如，保证人对主债务人的求偿权，必须在保证人承担保证责任以后才能产生；再如，根据合同的约定在将来获得的某种期待利益。对将来的债权能否转让，学者之间存在不同的意见。法谚有云："让与一个尚不存在的债权在法律上是不可能的"（nemo plus iuris transferre potest quam ipse haberet），因为单纯期待利益的转让具有一定的投机性，对交易安全可能会产生不利影响。并且，这种转让可能违反法律和公序良俗，导致对让与人的损害，如未来养老金债权的转让、未来工资收入的转让等。[18] 但另一方面，现代市场经济的发展，新的交易方式的涌现，需要扩大交易标的，特别在担保领域，随着让与担保等制度的发展，未来债权的移转在一定程度上已经被接受。笔者认为，将来的债权尽管在签定债权转让协议时并不存在，而且在将来是否实际发生尚且处于不确定的状态，但并非完全不能移转。对于将来的债权是否可以转让，应当根据具体情况分析，关键要看将来的债权是否具有确定性，如果是极不确定的，则不能转让。这就是说，尽管将来的债权在将来是否实际发生尽管尚处于不确定的状态，但如果有发生的可能性，对当事人具有一定的经济意义或财产价值就可以转让。同时，我国《合同法》并没有把合同标的在合同成立时确定、可能作为合同的生效要件，只要当事人就此达成合意

---

[17] 杨明刚：《合同转让论》，中国人民大学出版社2006年版，第94页。

[18] [德]海因—克茨：《欧洲合同法》（上卷），周忠海等译，法律出版社2001年版，第392页。

且符合法定合同生效要件,债权转让协议就应当成立并生效。

(二)法律规定禁止转让的合同权利

法律规定禁止转让的合同权利不能自由转让。例如,根据我国《民法通则》第91条的规定,依照法律规定应由国家批准的合同,当事人在转让权利义务时,必须经过原批准机关批准;如原批准机关对权利的转让不予批准,则权利的转让无效。

关于预约合同债权是否可以转让,存在争议。有学者认为,预约合同债权多以预约合同当事人之间的信任关系为基础而发生,因此,该债权的转让应当以预约合同债务人的同意为条件。[19] 笔者认为,这一看法并不妥当。所谓债权转让只是合同权利的转让,而非债权债务概括转移或债务承担,故无须征得债务人同意。预约合同虽为无名合同,但仍可产生债权且该债权亦可以转让。值得注意的是,在德国实务中承认通过预先让与合同以转让未来的权利,如买卖合同、租赁合同或服务合同的当事人让与他的未来的收取价款、租金或服务费的权利。[20] 笔者认为,这种合同实质上就是一种转让未来权益的合同,而不是预先让与合同。

(三)根据当事人的约定而不得转让的权利

如果债权人和债务人就债权是否允许转让有特别约定时,该约定的效力如何,值得探讨。除法律规定对其限制以外,当事人也可以在合同中明确约定禁止转让债权,此种约定属于禁止转让的特别约定。一般来说,这种禁止转让的约定主要是针对权利转让,因为义务的转让要求必须取得债权人的同意,即使当事人事先没有对禁止转让的事项达成协议,债务人转让债务时,如果债权人认为债权转让对其不利,也可以以拒绝转让的方式而禁止债务人转让债务。所以,对债务转让而言没有必要规定禁止转让的特约。

---

[19] 史尚宽:《债法总论》,中国政法大学出版社2000年版,第712页。

[20] [德]海因—克茨:《欧洲合同法》(上卷),周忠海等译,法律出版社2001年版,第393页。

四、关于禁止转让的特约

所谓禁止转让的特约，是指当事人在合同中明确约定不得将合同权利转让给第三人。禁止转让债权的特约属于合同的内容，构成合同的组成部分，当然，当事人也可以在合同之外单独订立禁止转让的协议。笔者认为，在合同中规定禁止转让特约，可以将这种约定作为合同义务加以规定，任何一方转让权利都构成违约，并应当承担相应的违约责任。由于合同大多都为双务合同，双方当事人互负权利义务，所以，禁止转让的特约不是对一方行为的限制，而常常是对双方权利的限制。关于禁止权利让与的特约中规定的禁止让与债权的范围，法律上未作任何限制，一般认为，对各种债权转让，当事人都可以特别约定禁止转让，只要这种约定不违反法律和公序良俗，都是有效的。㉑

对此种禁止让与特约的效力，大陆法各国民法上采取不同的态度：一是法国民法认为这种特约无效；二是日本民法认为这种特约有效，但不得对抗善意第三人，㉒即禁止转让的特约具有物权效力，但是可以善意取得，㉓我国台湾地区通说也采取此说。㉔《意大利民法典》第 1260 条后项也规定："双方当事人得排除债权的转让：但是如果不能证明受让人在受让时知道该排除的，则该协议不得对抗受让人。"在美国法中，当事人可以自由约定一方当事人的权利或者义务不得转让，在没有制定法规定之前，大多数法院都支持这类阻止让与条款。但是，美国《统一商法典》第 2－210 条第 3 款规定："除非客观情况作出相反表示，禁止让与合同，应解释为仅禁止将让与人的履约义务向他人让与。"笔者认为，合同自愿是我国《合同法》的基本原则之一，如果当事人在合同中约定合同权利不得转让，

㉑ 杨明刚：《合同转让论》，中国人民大学出版社 2006 年版，第 114 页。

㉒ 参见《日本民法典》第 466 条第 2 款。

㉓ ［日］我妻荣：《新订债权总论》，中国法制出版社 2008 年版，第 463～464 页。

㉔ 林诚二：《民法债编总论》，中国人民大学出版社 2003 年版，第 496 页。

应当尊重当事人的意愿。当事人从自身利益考虑确实认为合同权利的转让对其不利时完全可以在合同中约定禁止转让,只要当事人的这种约定不违背法律强行性、禁止性规定和社会公益,该约定即具有约束力。我国《合同法》第79条明确规定,债权人可以将合同权利的全部或者部分转让给第三人,但按照当事人约定不得转让的除外。由此可见,对于当事人禁止转让的特约,法律应当承认其效力。

问题在于,当事人如果违反了禁止转让协议,债权的转让是否依然有效,值得研究。例如,甲乙之间订立金钱借贷合同,乙向甲借款50万元,双方在合同中也规定了禁止转让的协议,但合同订立后甲将其债权转让给丙,并向乙作出了转让债权的通知,乙是否可以其与甲之间订立了禁止转让特约而认为转让协议无效,并拒绝向丙作出履行?笔者认为,对此关键要确定丙是否属于善意,一般来说债权都具有非公开性,第三人并不知道其内容。禁止转让协议也是如此,作为受让人的第三人常常并不知道原债权债务人之间订立了转让协议而仍然与债权人之间达成转让债权的协议,第三人是善意的应当受到法律保护。所以,对不知情的善意受让人,本着对合同效力给予保护的法律精神,应认为受让人可以取得合同权利。[25] 但如果第三人事先明知债权人和债务人之间订立了禁止转让的特约,仍然与债权人订立转让债权的协议,这表明其主观上是恶意的,不应当受到保护。当然对于债务人来说,如果其要对受让人拒绝作出履行,则应当举证证明受让人具有恶意,否则不得提出抗辩。[26]

五、合同权利转让需要通知债务人

合同权利的转让通常要涉及两种关系:一是债权人与债务人之间的原合同关系;二是转让合同关系。转让合同关系作为转让人与受让人之间的合同关系,完全可由当事人在不违背法律和社会公共利益的前提下自

㉕ 崔建远主编:《新合同法原理与案例评释》,吉林大学出版社1999年版,第395页。

㉖ 史尚宽:《债法总论》,中国政法大学出版社2000年版,第716~717页。

由约定。但是就债权人与债务人的关系而言，尽管债权人转让权利乃是根据其意志和利益处分其权利的行为，但此种处分通常又涉及债务人的利益，这就产生了一个法律上权益冲突的现象。从保护和尊重权利人的权利、鼓励交易出发，应当允许权利人在不违反法律和公共利益及合同约定的前提下自由转让其权利，但是从维护债务人的利益出发，又应对权利转让作出适当限制，即转让应征得债务人同意或通知债务人。在这个问题上，各国立法作出了三种不同的规定：

1. 自由主义。此种观点认为，债权人转让其债权依原债权人与新债权人的合同即可转让，不必征得债务人的同意，也不必通知债务人。然而，债权人若未通知债务人，债务人有可能不知道债权已发生转让，在此情况下，债务人仍向原债权人作出清偿，则债务仍发生清偿的效果；如果债务人已经知道债权人发生转让，则无论他是从何种途径获悉的，都不应向债权人履行义务，否则不能解除其债务。[27] 德国法采取了这一规则，而美国法也实际上承认合同权利的转让无须经过债务人同意。[28]

2. 债务人同意主义。此种观点认为合同权利的让与必须经过债务人的同意才能生效。例如，我国《民法通则》第 91 条规定："合同一方将合同的权利、义务全部或者部分转让给第三人的，应当取得另一方的同意，并不得牟利。"根据《民法通则》的规定，债务人同意是合同权利转让的成立要件，因此，债权人转让其债权，只有在征得债务人同意后，债权转让才能生效。如果债权人转让权利没有取得债务人同意，则此种权利转让对债务人不产生效力，债务人依照原合同规定向债权人作出履行，债权人不得拒绝，而作为受让的第三人，向债务人请求履行其债务，债务人有权予以拒绝。

3. 通知主义。关于通知的效力又有两种观点：一是未经通知，不生效力。此种观点认为，债权人转让其债权虽不必征得债务人的同意，但必须作出债权转让的通知以后，债权转让合同才对其发生效力。受让人也只

[27] 周林彬主编：《比较合同法》，兰州大学出版社 1989 年版，第 293 页。

[28] 沈达明：《英美合同法引论》，对外贸易教育出版社 1993 年版，第 196 页。

有在收到债务人关于转让的通知后,才能享有受让人的权利。㉙ 我国台湾地区"民法"采取此种立法例。㉚ 二是未经通知,不能对抗债务人及其他第三人。《法国民法典》第1690条规定:"受让人,仅以其向债务人送达转让通知,始对第三人发生占有权利的效力。"《日本民法典》第467条也作出了同样的规定。在我国,学者大都主张一观点,认为"约定的债权移转只要对债务人没的任何损害,也不妨碍国家、集体和第三人利益,可以不必征得债务人的同意,但是应该将债权人债权移转的情况及时通知给债务人。"㉛

上述三种立法例各有利弊。我国《合同法》在起草过程中,对此曾展开过讨论,依据《合同法》第80条第1款规定:"债权人转让权利的,应当通知债务人。未经通知,该转让对债务人不发生效力。"由此可见,我国《合同法》采纳了通知主义。这就是说,债权人转让权利时,只需将其转让权利的情况及时通知债务人,而不必征得债务人的同意。一旦通知到债务人,则权利的转让发生效力;未经通知,该转让对债务人不发生效力,债务人仍然可以向原债权人履行义务。通知主义的立法例要求债权人将权利让与的事实及时通知债务人,使债务人能够及时了解让与的事实,避免因债务人对债权转让毫不知情所遭受的损害及各种损失浪费,从而避免了自由主义立法例的弊端,注重了对债务人的保护。同时,此种制度因对债权人自由处分其权利的行为未作出实质性限制,尊重了债权人处分其债权的自由,也有利于鼓励债权转让和促进流通、符合市场经济发展的需要。

债权人作出转让权利的通知到达于债务人以后,则债权转让已经实际生效,关于通知的效力,具体包括如下方面:第一,对让与人与受让人之间的债权让与关系而言,通知并不是债权让与的构成要件,是否通知不影响债权让与的效力,即一旦当事人之间达成债权让与协议,该协议则在当事

㉙ 周林彬主编:《比较合同法》,兰州大学出版社1989年版,第293页。

㉚ 我国台湾地区"民法"第297条规定:"债权之让与非经让与人或受让人通知债务人,对于债务人不生效力。但法律另有规定者,不在此限。"

㉛ 佟柔主编:《中国民法》,法律出版社1990年版,第182页。

人之间发生效力，债权已经发生移转，任何一方违反协议，应当负相应的违约责任。所以，转让人不得以没有通知而否认债权转让的效力。第二，在达成转让协议以后，如果债权人没有通知债务人，则该债权转让协议对债务人不产生效力。易言之，该债权转让协议只能在债权人和受让人之间产生拘束力，而不能对债务人产生效力，债务人无须向受让人履行债务。没有通知债务人，根据我国法律规定该债权转让协议不能约束债务人。即使债务人已经实际知道债权转让的情况，但如果债权人没有对其通知，债权转让仍然对其不产生拘束力，在此情况下，他仍然应当向原债权人作出履行。[32] 在我国《合同法》中，通知具有保护债务人的作用。一旦通知，对债务人而言就确定了债权的归属，债务人可以依据通知清偿债务，在具清偿债务以后即可免责。债务人也可以根据通知行使抗辩权或抵销权。例如，《合同法》第 82 条规定，债务人接到债权转让通知后，债务人对让与人的抗辩，可以向受让人主张。《合同法》第 83 条规定，债务人接到债权转让通知时，债务人对让与人享有债权，并且债务人的债权先于转让的债权到期或者同时到期的，债务人可以向受让人主张抵销。第三，在涉及多重转让的情况下，通知仍然具有对抗债务人和第三人的效力。在没有经过通知之前，如果债务人已经向原债权人作出清偿，该清偿可以发生债务消灭的效果。债权转让协议一旦在债权人和受让人之间达成合意以后，便已经实际发生效力，如果债权人违反债权转让协议拒绝转让债权，或将债权再次转让给他人，受让人有权要求其承担违约责任。在债权多重转让的情况下，通知不是债权转让的生效要件，不能以通知作为债权是否转让以及向哪一个受让人转让的一个标准。债权转让的通知仅具有对抗债务人和第三人的效力。另外，考虑到法律不保护恶意的原则，此处所说的债务人和第三人应当限于善意的债务人和第三人。第四，依据《合同法》第 80 条第 2 款规定，“债权人转让权利的通知不得撤销，但经受让人同意的除外”，因此，一方面，债权人不得撤销该通知。否则，债权转让将使已经转让的权利处于不稳定的状态，因为既然债权的转让不需要通

[32] 杨明刚：《合同转让论》，中国人民大学出版社 2006 年版，第 132 页。

过债务人的同意,所以一旦向债务人作出债权转让的通知,则债权转让也已经生效,当然让与人不能再撤销其通知。因为撤销就意味着原债权人仍然要求债务人向其履行,这显然不符合债权让与的目的,将造成交易的不稳定和混乱,损害受让人的利益。[33] 另一方面,如果受让人同意也可以撤销转让的通知。债权转让的通知对债务人产生重要的效力,对债务人的利益影响较大。如果债权人可以任意撤销通知,对债务人不利。因此,为了保护债务人的利益,除非得到债务人的同意,不得撤销该债权转让的通知。

通知义务应当由谁履行呢?在比较法上来看,法国、意大利法律规定由受让人通知,日本规定由让与人通知,瑞士民法、我国台湾地区"民法"则规定由让与人或受让人通知。[34] 有些学者认为,根据合同的相对性规则,合同关系存在于债权人和债务人之间,虽然债权人有权不经债务人同意转让债权,但仍有义务将转让情况通知债务人。[35] 笔者认为,通知义务原则上应当由让与人承担。根据在于,一方面,在正式作出通知以前,债务人和受让人之间尚没有发生法律上的债权债务关系,故既不可能由债务人向受让人作出通知,也不可能由受让人向债务人作出通知,鉴于此时合同关系仍然存在于债务人和让与人之间,所以,应当由让与人负担通知义务。另一方面,债权是基于让与人的意思而发生的转让,或者说债权的让与完全符合债权人的意志和利益,因此,让与人应当将债权让与的行为全部完成,这就意味着,他仍然负有通知债务人的义务。尤其应当看到,由转让人作出通知,有利于减少一些纠纷。例如,在转让人没有作出通知的情况下,受让人向债务人作出通知,要求债务人向其作出履行,但债务人向受让人作出履行以后,转让人事后如否认转让关系的存在,要求债务人继续向其作出履行,这就极容易发生纠纷。所以,转让通知只能由让与人作出才是有效的。但是,如果让与人没有作出通知,而在债权让与以后

---

[33] 董灵:《合同的履行、转让与终止》,中国法制出版社 1999 年版,第 142 页。

[34] 董灵:《合同的履行、转让与终止》,中国法制出版社 1999 年版,第 142 页。

[35] 吕泊涛主编:《适用合同法重大疑难问题研究》,人民法院出版社 2001 年版,第 140 页。

已经注销或下落不明的，受让人此时已不可能要求让与人及时作出通知，则受让人一旦向债务人出示权利让与凭证或者债权转让证书，并举证证明由原债权人通知已不可能，应视为已经通知。债务人有异议的，可以请求人民法院审查确定。[36] 当然，让与人在证明债权已经让与以后，也应当给债务人履行债务确定合理的准备期限。

通知应当在合理期限内作出，如果债权转让以后长时间不通知债务人，因为债权转让没有确定，债务人不知道应向谁作出履行，这将会损害债务人的利益，当然也会损害受让人的利益。在此情况下，受让人和债务人都可以催告债权人作出通知，或是否承认转让的效力。一般来说，让与人即原债权人应该在履行期到来之前作出通知，而不应在履行期到来后通知，否则债务人将不知如何履行。

六、债权连续让与时受让人优先权的确定

在实践中，经常发生让与人就同一债权连续向两个或者两个以上的受让人作出让与的情形。在债权二重让与的情况下，尽管受让人也可以要求转让人承担违约责任、赔偿损失，但受让人获得债权的目的不能实现，此种做法也不能完全保护受让人的利益，因此，问题的关键在于，在债权二重让与的情况下，哪一个受让人的利益能获得保护，或者能从债务人处得到优先受偿，即成为理论和实务重点考量的问题。在英美法国家，对债权二重让与时，诸多受让人中何人可获得优先保护，先后出现了四种不同的规则：

1. 纽约规则（NewYork rule）。纽约规则认为，第一个受让人应当优先，即使第二受让人已经获得了履行，也以较早受让者为优先。其理由是，在双重转让的情况下，两个受让人所获得的权利都是平等的，所以对第一个受让人所受让的权利应当优先保护。有时候，法官认为在第一次

---

[36] 吕伯涛主编：《适用合同法重大疑难问题研究》，人民法院出版社 2001 年版，第 140 页。

转让债权以后，事实上他已经没有权利再进行转让。所以第二次转让后，第二个受让人不应当再获得权利。[37]

2."英国"规则（English rule）。英国规则认为，如果两次债权的转让没有通知债务人，那么第一次转让的受让人应当优先。如果在实行双重转让以后，第一次转让的受让人没有通知债务人，而第二次转让的受让人通知债务人，则第二次转让的受让人应当优先。[38] 在英国，最初由所谓的迪尔诉霍尔案确定了这样的惯例，即一项权利如有接连不断的受让人，不是按照债权人把他们的权利转让给各个人的日期排列，而是根据发给债务人通知的日期排列。[39] 按照这一规则，如果各受让人在其他方面都享有同等的应得到的债权，则按他们对债务人为通知的先后排列顺序，先为通知的受让人对债权让与享有优先权。美国的某些州也采用该规则。

3."马萨诸塞（Massachusetts rule）规则"或"四骑手（four horsemen rule）规则"。根据该规则，第一受让人原则上优先，但如果第二受让人从事了如下行为中的一种行为，便可以优先于第一个受让人而受让债权。[40] 具体为：第一，如果第二受让人善意地收受了价金或其他债务的履行；第二，第二受让人获得了针对债务人的胜诉判决，他可以强制执行该判决并保有如此获得的金钱：第三，通过债务更新的方式与债权人达成了新的协议；第四，第二受让人获得了象征占有的书面凭证。[41] 美国《合同法重述》（第2版）第342条采纳了此种观点。采纳该规则的理由是，受让人权利是平等的且不能对抗善意买主的法定权利。

4.签署文件优先规则。此为美国《统一商法典》第九章确定的规则。

---

[37] Salem Trust Co. v. Manufacturers' Finance Co. ,264 U. S. 182(U. S. 1924) , see E. Allan Farnsworth, *Contract*(2nd edition) , Little, Brown and Company, 1990, p. 820.

[38] Graham Paper Co. v. Pembroke, 124 Cal. 117. 56 P. 627, 71 Am. St. Rep. 26, 44 L. R. A. 632.

[39] ［英］A. G. 盖斯特：《英国合同法与案例》，中国大百科全书出版社 1998 年版，第 414 页。

[40] E. Allan Farnsworth, *Contract*(2nd edition) , Little, Brown and Company, pp. 820 - 823.

[41] 详见［美］A. L. 科宾：《科宾论合同》，王卫国等译，中国大百科全书出版社 1998 年版，第 333～335 页。并参见 E. Allan Farnsworth, *Contract*(2nd edition) , Little, Brown and Company, p. 821。

该规则认为，担保债权人通过在政府部门签署一项表明其利益的信贷声明即可使其担保利益得以保全。两个支付了对价的受让人相比较，最先签署了含有让与信贷声明的受让人获得优先权。因此，第二受让人即可通过先签署文件获得优先权。[42]

在大陆法系承认物权行为的国家和地区，一般将债权让与视为准物权契约，债权转让行为系一种处分行为，可发生类似物权变动的效力。债权人一旦作出了有效的让与，就不得再就同一债权为有效让与。[43] 在此种规制模式下，对于债权的二重让与，不发生优先权的问题，只有第一受让人能得到法律保护，合法地受让债权。而债权人在对第二受让人进行让与时，其本身已无债权，属自始客观不能履行。即使债务人已现实地向第二受让人为履行，由于其无取得该债权的合法根据而构成不当得利，第一受让人可请求其予以返还。在不承认物权行为的国家和地区，大多采纳通知决定优先保护的规则。例如，《意大利民法典》第1265条规定："如果同一个债权作为数个转让的标的被转让给数个人，则被考虑的是首先通知给债务人的转让，或者按照确定的时间被债务人最先接受的转让，即使它是后发生的。"以让与通知到达债务人的时间及债务人最先接受的转让的双重标准来确定优先权，但主要以让与通知的先后来确定优先权。《国际商事合同通则》第9.1.11条规定："如果同一让与人将同一权利连续转让给两个或两个以上受让人，则债务人按照收到通知的时间顺序清偿后，其债务得以解除。"该条实际上根据"先来后到"的规则，确认了债务人向首先通知的受让人清偿，可以免除其债务。至于首先接到通知的受让人是否可以获得债权，该条本身没有规定，但是，在起草者的注释中，认为该条确认了先通知者的优先权（Priority of first notice）。向债务人首先发出通知的受让人，将获得该债权。[44]

在我国《合同法》中，对债权二重让与中，各受让人利益的优先保护未

---

[42] E. Allan Farnsworth, *Contract*(2nd edition), Little, Brown and Company, pp. 820－823.

[43] 梅仲协：《民法要义》，中国政法大学出版社1998年版，第286页；史尚宽：《债法总论》，中国政法大学出版社2000年版，第708页。

[44] 张玉卿主编：《国际商事合同通则2004》，中国商务出版社2005年版，第625页。

作规定,这就对实践中解决此类纠纷造成了困难。由于我国通说不承认物权行为理论,对债权让与自无作准物权契约对待的必要。有学者建议,在债权人重复让与债权的情况下,可采取如下规则处理,即有偿让与的受让人应优先于无偿让与的受让人取得权利;全部让与中的受让人应优先于部分让与中的受让人取得权利;同时,按照"先来后到"的规则,先前的受让人应优先于在后的受让人取得权利。[45] 该建议基本采用的是让与在先规则,体现了对第一受让人的优先保护,具有一定的合理性。

笔者认为,债权的转让毕竟不同于所有权的转让,不需要现实交付,在发生双重转让的情况下,债权转让的效力应当根据债务人受让债权的先后来决定优先顺序。第一受让人有权取得债权,第二受让人即使出于善意也不能取得债权。[46] 债权让与的通知仅对债务人和第三人发生效力。根据我国《合同法》第 80 条的规定,未经通知该转让对债务人不发生效力。据此可以认为,债权转让协议一旦在债权人和受让人之间达成合意以后,便已经实际地发生效力,但并没有对债务人发生效力。在债权双重转让的情况下,适用无权处分的规则,即后来的转让属于无权处分,受让人不能取得债权。但是,未经通知不能发生对抗债务人和第三人的效力。

---

[45] 王利明、崔建远:《合同法新论·总则》,中国政法大学出版社 1996 年版,第 433 页。

[46] 王泽鉴:《法律思维与民法实例》,台湾 1999 年版,第 136 页。

民商法研究(第四辑)
第369~392页

论免责条款*

免责条款是当事人约定旨在限制或免除其未来责任的条款。免责条款体现了当事人对未来风险的分配。通过运用免责条款,当事人能够将合同在未来履行过程所发生的各种风险控制在一定的范围内,从而能够预测风险、确定交易的成本和费用,决定是否从事某项交易。所以,免责条款的运用对于鼓励交易、实现交易当事人的意志具有重要作用。我国《合同法》等法律对于免责条款作出了规定,但是,并不十分细致和全面,实践中也存在诸多需要回应的问题。因此,笔者拟就免责条款问题谈几点看法。

一、免责条款是一种特殊的合同条款

免责条款(Exclusion clause, Exemption clause)有广义和狭义之分。广义的免责条款不仅包括完全免除当事人责任的条款,也包括限制当事人责任的条款;而狭义的免责条款仅指完全免除责任的条款。本文采广义说,据此,免责条款是指当事人双方在合同中事先约定

* 本文原著于1989年,后收录于《合同法研究》(第2卷),中国人民大学出版社2003年版。

的、旨在限制或免除其未来责任的条款。这些条款可以以各种不同的方式表达。例如，当事人可以在合同中约定最高赔偿额限制，或将责任限定在特定的赔偿数额，或者约定仅对特定事由引起的损失承担赔偿责任。[①]免责条款作为合同的特殊条款具有如下特点：

第一，免责条款是一种合同条款，它是合同的组成部分。许多国家的法律都规定，任何企图援引免责条款免责的当事人必须首先证明该条款已经构成合同的一部分，否则他无权援引该免责条款。[②] 从比较法上看，由于免责条款往往淹没在合同条款中，消费者在订立合同时可能并不理解该免责条款的含义，甚至并不知道存在该免责条款，但消费者一旦订立合同就受到合同条款的拘束，显然是不合理的。所以许多国家对于免责条款都进行了规制。[③]

第二，免责条款是事先约定的。当事人约定免责条款是为了减轻或免除其未来发生的责任，只有在责任发生以前由当事人约定且生效的免责条款，才能导致当事人责任的减轻或免除。如果在责任产生以后，当事人之间通过和解协议而减轻责任，则与达成免责条款是有本质区别的。免责条款一般需要对引起损失的事由作出约定，如果只是对当事人的责任范围作出的约定，则不属于免责条款。例如，某饭店在饭店门口贴出告示，其对停放在门口的到该饭店吃饭的顾客的汽车负责保管，但对车内物品的损失并不承担责任，后某顾客车内财物丢失，该顾客要求饭店赔偿，饭店提出其已明确告知顾客其责任范围而主张不承担责任。在该案中，当事人并没有就免责事由作出约定，而只是由一方当事人对其承担责任的范围作出了允诺，该约定不应当属于免责条款。

第三，免责条款旨在免除或限制当事人未来所应负的责任。基于不同的目的，免责条款可以分为两类：一是限制责任条款，即将当事人的法律责任限制在某种范围内的条款。例如，在合同中规定，卖方的赔偿责任不

---

① 张玉卿主编：《国际统一私法协会国际商事合同通则 2010》，中国商务出版社 2012 年版，第 517 页。

② 董安生等：《英国商法》，法律出版社 1991 年版，第 62 页。

③ L'estrange v. Graucob Ltd. ,2 K. B. 394 1934；Chaugoury v. Adebayo 3 U. I. L. R. 532 (1973).

超过货款的总额。二是免除责任条款,如某些商店在其柜台上标明“货物出门,恕不退换”,就属于免除责任条款。严格地说,限制和免除责任的条款仍然是有区别的。④ 但是,由于免责条款和限责条款都是为了排除当事人未来的责任,因此,对这两种条款在理论上并没有作严格区别,一般将其统称为“免责条款”。由于免责条款旨在免除当事人未来的责任,所以,如果当事人只是在合同中限定只是在特定期限内提出请求,此种情形并不属于免责条款。⑤

免责条款也不同于附条件的合同。尽管在免责条款设定时,当事人也可能在条款中指明一定的条件,当这些条件成就以后,当事人将被免除不履行合同的责任。但是,免责条款只是合同的一项条款,其设定的目的只是限制和免除当事人未来的责任,而并不影响合同本身的效力,也就是说不会导致合同的生效或者解除。而当事人在附条件合同中设定一定的条件,旨在以条件的成就或者不成就来影响合同本身的效力。如果条件成就,将会发生合同的生效或者终止。

当事人通过免责条款旨在限制或免除的责任,既可能是违约责任,也可能是侵权责任。有的条款仅免除违约责任而不免除侵权责任,而有的条款仅免除侵权责任而不免除违约责任,还有的条款将两种责任均予免除。不过,由于侵权责任可能涉及公共秩序和社会公德,故对于免除侵权责任的条款的效力问题,各国法律和判例采取了更为严格的规制标准。⑥法国法院和大多数学者认为,法律关于侵权行为的规定属于强行法,且关系到社会公共秩序,因此免除侵权行为责任的任何协议都是无效的。而

---

④ 英国有一案例可说明这一区别:在 1978 年格林股份公司诉凯德·布劳斯案(Green Ltd. v. Cade Bros Farms Ltd. [1978] 1 Lloyd' s Rep 602)中,原、被告订立了一项标准条款的合同,根据该合同原告向被告出售土豆种籽。合同有一条款规定,如买方在付货后 3 天内未说明货物有瑕疵,则卖方可免责;另一条规定,卖方的任何赔偿责任均不超过货款数额。但种籽在播种发芽后,才发现染有病毒,由此发生诉讼。法庭裁定,合同免责条款要求当事人在 3 天内发现种籽缺陷并求偿,这是不合理的;但该合同限责条款已由双方运用多年,具有合理性。在一般情况下,法律对免责条款的有效条件比对限责条款的有效条件要求更为严格。

⑤ Andre Tunc, *International Encyclopedia of Comparative law*, Torts, Introduction, J. C. B. Mohr (Paul Siebeck) Tübingen, 1974, p. 128.

⑥ 崔建远:“免责条款论”,载《中国法学》1991 年第 6 期。

在普通法和属于德国法系的瑞士、奥地利、希腊等国家的法律中，限制和免除侵权行为责任的协议原则上是有效的，但同时也作出了一定限制。如认为旨在免除人身伤害的侵权责任的条款无效、旨在免除故意和重大过失的侵权责任的条款无效、与公共秩序和善良风俗相抵触的免责条款无效。我国《合同法》第53条实际上是禁止当事人设立旨在免除造成人身伤害以及因故意和重大过失造成他人财产损失的责任。根据这一规定，当事人通过订立免责条款而免除侵权责任，只能免除因一般过失造成财产损害的侵权责任。

允许当事人通过订立协议而设定免责条款，从实质上来看，是由我国民法上的私法自治原则决定的，依据这一原则，当事人有权通过其协议而产生、变更和消灭民事法律关系。由于违约责任主要是一种财产责任，且具有补偿性，因此，对此种责任的承担虽然具有浓厚的国家强制性，但也可以根据当事人的自愿而作出安排。也就是说，此种责任体现了一定程度的“私人性”，⑦即这种责任的承担不仅仅是对国家的责任，也是当事人私人意思自治的领域。只要当事人双方自愿达成协议，则可以免除其未来可能承担的违约责任。从经济上看，一方承担违约责任将使其承担某种经济负担，而对另一方来说，则会使其获得某种利益。既然民事主体可以在不损害国家和社会公共利益以及第三人利益的情况下自由处分其财产权益，那么当然可以通过达成协议设定免责条款，以免除其未来的责任。所以，只要免责条款不损害国家、社会公共利益和第三人利益，则国家不应当对其进行干预。

免责条款的设定，为合同法上的严格责任的确立提供了一定的依据。在我国，合同责任以严格责任作为一般归责原则，因此意外事件不应当作为法定的免责条件。⑧ 然而，当事人在订约时，有可能预见到未来会发生各种意外和风险，而《合同法》不承认意外事件能够免责，那么当事人必须能够控制未来可能发生的风险。如果当事人不对这些风险进行控制，那

---

⑦ 韩世远：“免责条款研究”，载梁慧星主编：《民商法论丛》（第2卷），法律出版社1994年版，第460页。

⑧ 参见《合同法》第107条。

么严格责任对当事人来说就显得非常苛刻。而当事人对意外风险实行控制的方法就是事先约定免责条款。例如,某演员与某剧院订约举行一场演唱会,在演唱会举行的前一天,剧院已经将门票售完,但该演员突然患重感冒,不能按时演出,剧院要求该演员承担违约责任。在本案中,该演员因患重感冒不能演唱已构成履行不能,不能使其承担实际履行的责任,然而并不能因此而免除其应当承担的违约责任。因为该演员在与剧院订约时,应当意识到其可能因为生病等原因不能演出,如果他希望在出现这些意外风险以后被免除责任,则不可能通过寻求法定的免责条件来免除责任,而只能通过事先与对方达成免责条款,一旦出现意外的风险则可以基于免责条款而免除责任;反过来说,如果当事人事先不达成免责条款,当然应当根据严格责任而承担责任。

免责条款作为合同的重要条款,其使用具有明显的经济合理性。一方面,免责条款的设定为当事人事先预见风险和锁定风险提供了极大的方便。因为在现代社会,由于科学技术的发展和生产力水平的提高,已出现越来越多的无法预见、无法克服的危险来源,从而在一定程度上妨碍了交易的展开。通过免责条款,将各种风险在当事人之间进行公平合理的分配,避免不必要的诉讼和争议,确有利于刺激交易的发展,促进民事流转的展开。⑨ 另一方面,由于免责条款的设立,可使企业能预先精确地确定和计算其生产成本、利息、免除负担、消耗等,从而能努力完善管理、节省成本、降低消耗。正因为免责条款具有上述作用,因此其适用的范围也日益广泛。

但是,免责条款能体现一定的经济合理性的前提是其内容本身的合理性和合法性。如果免责条款是不合理和不公正的,它将成为如英国学者阿蒂亚所指出的"是一个非常共同的、令人讨厌的东西"。⑩ 在实践中,格式合同中的免责条款常常是在经济实力存在重大差别的当事人之间订立的。条款制定者可能会凭借其经济实力或垄断地位,利用免责条款不正当地免除自己应承担的责任,从而剥夺另一方在蒙受损害时应该得到的

---

⑨ See Farnsworth, *Contracts*, 2nd edition, Little, Brown and Company, 1990, p. 716.

⑩ [英]P. S. 阿蒂亚:《合同法》,赵旭东等译,法律出版社 2002 年版,第 14 页。

合理补偿;或者凭借其有利地位制定不合理的免责条款,损害广大消费者的利益。即使消费者意识到该免责条款的不合理性,但也难以作出变更。[11] “免责条款通过损害或剥夺了另一方当事人通过请求补偿填补因对方当事人行为给其造成损害的合理期待。”[12]因此,各国立法和司法均加强了对免责条款尤其是格式合同中的免责条款的规范和控制。正如1975年英国法律委员会在有关合同的免责条款的报告书中所指出的那样:“在许多情况下,免责条款有悖于公共利益,因为这些条款的订立方式往往使相对人对其存在或重要性缺乏认识,一旦认识其存在或重要性则为时已晚。合同相对人纵使知悉免责条款的存在,也无从判断接受该免责条款可能遭受的损失。总之,他或许根本不具备拒绝接受免责条款的交涉能力……毫无疑问,这些免责条款的滥用是应该被法律所禁止的。”[13]

二、免责条款生效的前提

既然免责条款是合同的组成部分,那么免责条款是否能生效,首先应取决于该条款是否已经订入合同。所谓订入合同,是指当事人在订约时已经意识到某项条款的存在,并已就此达成了协议,否则,免责条款不能成为合同的组成部分。从比较法上来看,免责条款订入合同是其生效的前提。在英美法上,如果当事人在合同成立后单方面地引入免责条款,则根据普通法规则,该条款不具有法律效力。[14]《德国民法典》第305c条第1款规定:“根据情势,特别是根据合同外观,一般交易条款中的条款如此不

---

[11] The Molony Committee on Consumer Protection, Cmnd. 1781 para. 435. U. S. (1962).

[12] See Mindy Chen-Wishart, *Contract Law*, Oxford University Press, 2011, p. 394.

[13] Second Report on Exemption Clause in Contracts (No. 69) (Law Commision) (1975) paras. 11.

[14] 例如,在1949年奥利诉莫尔巴勒股份公司案中,原告在被告旅馆登记办理了住宿手续,并预付了1周房费。但当原告住进客房后又见到书面通知:除非客人将其物品交管理人保管,否则旅馆对客人物品的丢失不负责任。后来由于旅馆职员的疏忽果然致原告物品被盗。法庭裁定,本案合同在旅馆登记处已经订立,而客房中的通知条款与合同不一致,故该通知条款无效,被告应承担责任。

同寻常,以致使用人的合同相对人无须考虑它们的,它们不成为合同的组成部分。"因此,在订立合同时,如果免责条款的拟定者没有向另一方当事人提示该免责条款,则免责条款不应纳入合同之中。尤其是在消费合同中,合同条款往往是由销售者一方拟定的,消费者如果选择订立合同,免责条款制作人应当尽到一定的提示和说明义务,其不仅应当向消费者明确告知该免责条款的存在,还应当使消费者准确理解该免责条款的含义。[15] 那么,如何判定免责条款已经订入合同呢?比较各国的经验,主要应注意如下两方面的问题:

(一)签字

根据英国法规则,免责条款一经签字即发生效力,而不管相对人是否已经实际读完了全部合同条款。但如果某项免责条款在合同文件中的印刷方式和位置不合理,并足以导致对方在正常注意程度下发生误解,则不能产生法律效力。不过,也有某些国家的法律规定,免责条款须经特别方式同意才能生效。如1942年的《意大利民法典》第134条规定:"一方提出的定型化契约(标准合同)条款,只有在订约时为他方所明知才发生拘束力,定型化契约的免责条款只有在消费者以书面特别承诺时才能生效。"要求采用签字的方式作出接受免责条款的承诺,有利于督促消费者谨慎订约,也有利于防止企业凭借其有利地位迫使消费者订立不公正的免责条款。笔者认为,在判定免责条款是否订入合同时,可以以相对人在书面文件上的签字作为认定标准。但并非在任何情况下都需要当事人签字,如相对人事实上从事了购买商品、接受服务等行为,则可表明相对人已接受该免责条款。同时,签字也不一定当然表明某项免责条款已经订入合同。例如,免责条款若在正常情况下不易被消费者所理解甚至会发生误解,则不能当然产生效力。所以,判定免责条款是否订入合同尚需要其他规则。

(二)提请注意

所谓提请注意,是指提请相对人对免责条款加以注意。根据英国法,

---

[15] Charles O. Agege, Products and the Consumer: Reform of Nigerian Law on Exemption Clauses, *Howard University Howard Law Journal* 1989. 32 How. L. J. 803.

免责条款所免责的范围越大,使用人提请相对人注意的义务也越大。《德国民法典》第305条第2款规定,条款制定人应向“另一方明示地提示一般交易条款,或者,因合同订立的种类惟克服过巨困难始可能明示地提示时,以在合同订立地明显可见的招贴。”《欧洲合同法原则》第2:104条也规定了免责条款制作人的提示义务,该条规定:“未经个别商议的条款(一)未经个别商议的合同条款,只有当使用此类条款的一方当事人在合同达成之前或在达成合同之时已采取了合理的步骤提醒了对方当事人的注意,使得被用来对抗不知存有此类条款的一方当事人。(二)在一份合同文本中仅仅提及参照此类条款,该条款并非合理地提醒了对方的注意,即使对方签署了该文本。”一般来说,只有提请相对人注意,才能使其有更多的机会了解免责条款的内容;一旦提请注意以后,相对人表示接受,则视为同意将免责条款订入合同。如果相对人没有意识到合同免责条款的情形下,该条款不能生效。[16]

我国《合同法》第39条第1款规定:“采用格式条款订立合同时,提供格式条款的一方应当遵循公平原则确定当事人之间的权利和义务,并采取合理的方式提请对方注意免除或限制其责任的条款,按照对方的要求,对该条款予以说明。”该条虽然是对格式条款制作人提示义务作出的规定,但由于免责条款通常以格式条款的形式出现,因此,该条也规定,免责条款的制作人应当采用合理的方式提醒对方当事人。如何理解“合理的方式”?笔者认为,应当根据当事人订立合同的特定情况判断当事人是否以“合理的方式”提醒对方当事人,此时应当考虑,条款制作人在合同订立时是否对免责条款的概念、内容及其法律后果等以书面或口头形式向相对人进行说明,从而使相对人了解该条款的真实含义和法律后果,其所作的特别标识,足以引起对方的注意[17]。一般而言,免责条款的拟定人是否尽到合理的提示义务,主要应当从以下几个方面判定:

---

⑯ Charles O. Agege, Products and the Consumer: Reform of Nigerian Law on Exemption Clauses, *Howard University Howard Law Journal* 1989. 32 How. L. J. 803.

⑰ 参见施杨等:“格式条款提供方的合理提示义务与格式条款效力的认定”,载《人民司法》2010年第18期。

第一，文件的外形。免责条款的外形应能够提醒相对人注意，并促使其阅读该文件。例如，《德国民法典》第305c条第1款对于异常条款作出了规定，这也是要考虑根据文件的外形，是否可判断出相对人无须考虑到它们；也就是说，文件在外形上应能使相对人产生存有足以影响当事人权利义务关系的条款的认识，并且在外观上能够吸引相对人的注意。

第二，提请注意的方法。由于交易的性质不同，因此条款制作人可以采取“公开张贴公告”的方式，也可以采取“个别提醒注意”的方式，条款可以印在书面文件上，也可以印在车票、机票、电报稿上。采取何种方式，以是否能使相对人了解为标准。[18]

第三，清晰明白的程度。提请相对人注意的语言或文字必须清楚明白。例如，免责条款应在文件上明确醒目地标示出来；公开张贴的告示必须公示于订约地点，字迹清晰，标志醒目。

第四，提请注意的时间。免责条款必须在合同订立之前出示；若在合同订立之后出示，除非相对人对此予以认可，否则不能认为已订入合同。

第五，提请注意的程度。由于相对人在智力、年龄、精神状态等方面存在差异，因此应根据相对人一般的理解能力来确定提请注意的程度。某些特定的术语，因一般人不易理解，要求特别作出解释，则条款制作人应以口头或书面的方式作出特别解释，以利于相对人注意。

根据系列交易理论，若当事人之间频繁地、继续地从事某一类营业行为，且当事人所缔结合同时采用的免责条款内容都是共同的，则将使相对人产生同种类的交易必然适用相同的免责条款的信赖。这样，若免责条款不被明确排除，则无须特别提请注意，亦当然会成为合同条款。此外，如果双方当事人在合同正式订立时，某项免责条款作为以前交易的惯例或行为规则已经存在，[19]也应视为该免责条款已纳入合同。在此情况下，只要条款制作方可以证明该免责条款实际上是以往交易的惯例或行为规则，不论相对人实际上是否知悉它，均应视为该免责条款已经订入合同。

根据我国《合同法》第39条，“采用格式条款订立合同的，提供格式条

---

⑱ 参见《德国民法典》第305条第2款。

⑲ 董安生等：《英国商法》，法律出版社1991年版，第63页。

款的一方应当遵循公平原则确定当事人之间的权利和义务，并采取合理的方式提请对方注意免除或者限制其责任的条款，按照对方的要求，对该条款予以说明”。因此，如果当事人采取格式化的免责条款订立合同，则条款制作人应负有两项义务：一是提请相对人注意的义务。也就是说，应当提请相对人注意免责条款的内容。二是应对方的要求对免责条款加以说明的义务。对一般的格式条款或一般的免责条款，条款制作人只需尽到合理的提请注意义务，就可使该条款订入合同。但要使用格式化的免责条款，条款制作人不仅要提请对方注意，还负有应对方要求对该条款予以说明的义务。我国有关的特别法也对此作出了类似规定。例如，《保险法》第 18 条规定：“保险合同中规定有关于保险人责任免除条款的，保险人在订立保险合同时应当向投保人明确说明，未明确说明的，该条款不产生效力。”如果未尽到此项义务，则不能认为该条款已订入合同。当然，如果相对人已经明确声明其已经详细阅读并了解免责条款的，依据“禁反言”规则，相对人不得再以条款制作人未履行说明义务而进行抗辩。[20]

值得讨论的是，如果免责条款的拟定方在合同订立过程中没有尽到相应的提示、说明义务，将产生何种法律效果？对此存在几种不同观点：一是免责条款不成立说。此种观点认为，如果免责条款的拟定者在合同订立过程中没有尽到必要的提示、说明义务，则该免责条款不能纳入合同条款中。二是可撤销说。此种观点认为，如果拟定免责条款的一方当事人在订立合同过程中没有尽到必要的提示、说明义务，则另一方当事人有权撤销该条款。三是无效说。此种观点认为，如果拟定免责条款的一方当事人在订立合同过程中没有尽到必要的提示、说明义务，则该条款由于违反了法律规定而对另一方当事人不具备法律约束力，所以应当是无效条款。[21] 笔者认为，应当采免责条款不成立说，主要理由在于：第一，从比较法上来看，各国大多都采用免责条款不成立说。例如，《德国民法典》第 305 条第

---

[20] 申小琦、许伟明：“论保险人对责任免除条款之说明义务”，载北京市第二中级人民法院：《审判丛刊》2012 年第 1 期。

[21] 杨立新：《〈中华人民共和国合同法〉释解与适用》，吉林人民出版社 1999 年版，第 136 页。

2 款对此作出了明确规定。第二,在没有尽到提示和说明义务的情形,表明当事人并没有就此条款达成合意,所以,应当导致免责条款的不成立。例如,保险合同中规定有关于保险人责任免除条款的,保险人在订立保险合同时应当向投保人明确说明,一般认为,该条款不纳入合同。[22] 第三,从司法实践来看,对于此类问题,法院大多认为免责条款不成立。此种做法是合理的。例如,在"中国某某财产保险股份有限公司某某中心支公司与遂昌县某某物流某某责任公司等意外伤害保险合同纠纷上诉案"中,法院认为,保险合同条款未经对方当事人同意,另一方不得任意更改。因此,该案中保险单上增加的"特别约定"第 6 条并非保险合同内容,对被上诉人双某某公司不具有合同约束力;进而,上诉人通过"特别约定"第 6 条援引《某某机动车辆驾乘安甲外伤害保险条款》第 7 条第 4 项免责条款亦不产生效力。[23] 当然,免责条款不纳入合同并不影响合同其余部分的效力。

三、免责条款的有效性

免责条款订入合同,意味着当事人已经就免责条款达成了合意,但当事人已经达成的免责条款并不是当然有效的。如前所述,免责条款的存在虽具有合理性,但一旦被滥用,则可能损害另一方当事人的利益。所以各国法律大多都对免责条款的效力进行了一定的规制,尤其是免责条款不得违反法律和公序良俗。早在 1982 年,英国大法官丹宁法官,完全遵循合同自由是不明智的,必须对合同中的免责条款进行控制。[24] 近几十年来,免责条款被滥用的情形越来越多,因此,法院创设了一系列规则用于

---

[22] 樊启荣:《保险法》,北京大学出版社 2011 年版,第 98 页。

[23] 浙江省丽水市中级人民法院民事判决书,(2013)浙丽民终字第 46 号。

[24] Ralph Gibson, *The Control of Exemption on Clauses by Statute and Common Law*, Law Lectures for Practitioners, Vol. (1983).

限制免责条款的运用。[25] 例如，针对有损家庭关系的合同、限制人身自由的合同、限制贸易的合同、射幸合同以及不合法的合同的免责条款无效。[26] 再如，以色列在1964年通过了标准合同法（Contracts Law of 1964），对于限制责任条款，如果要产生法律效力，当事人必须将该条款提交给专门的委员会审核。[27]

我国法律从合同自由原则及经济效率考虑，允许当事人达成免责条款，但这并不意味着当事人可以对免责条款任意作出约定。当事人在不违反法律和公共道德的情况下，可以自由设定免责条款；但对当事人设定的免责条款，法律从维护社会秩序、公共道德和利益的需要出发，必须作出必要的限制。具体来说，法律对免责条款的效力作出如下限制：

1. 免责条款不得违反法律的强制性规定。《合同法》第52条第5项规定，“违反法律、行政法规的强制性规定”的合同无效。这一规定同样适用于免责条款。因此，当事人订立的免责条款必须符合法律和社会公共利益的要求，而不得通过其自行约定的条款排除法律的强制性规范的适用。此种限制亦为我国司法实践所确认。例如，在张国莉诉被告张学珍损害赔偿纠纷案中，法院认为，被告在招工登记表注明“工伤概不负责”，是违反《宪法》和有关劳动法规的，也严重违反了社会主义公德，属于无效民事行为。[28] 免责条款也不得违反公共秩序和善良风俗。因为公共秩序和善良风俗体现的是全体人民的共同利益，对此种利益的维护直接关系社会的安定与秩序的建立，所以当事人不得设立违反了公共秩序和善良风俗的免责条款。

2. 免责条款不得免除造成对方人身伤害的责任。《合同法》第53条规定，合同中的免责条款免除造成对方人身伤害责任的无效，因此，免责

---

[25] Andre Tunc, *International Encyclopedia of Comparative Law*, Torts, Introduction, J. C. B. Mohr (Paul Siebeck) Tübingen, 1974, p. 132.

[26] [英]P. S. 阿蒂亚：《合同法导论》，赵旭东等译，法律出版社2002年版，第338～358页。

[27] Passed by Knesset on the 9th Shevat 5274 (Feb. 12, 1964) and published in Sefer Ha-Chukkiin No. 418 of the 7th Adar, 5274, 58 (Feb. 20, 1964).

[28] 最高人民法院《关于雇工合同“工伤概不负责”是否有效的批复》[1988年10月14日(88)民他字第1号]。

条款不能免除人身伤害的责任。对人类而言,最宝贵和最重要的利益就是人身的安全利益,公民的生命健康权是人权最核心的权利,保护公民的人身安全是法律最重要的任务。如果允许当事人通过免责条款免除造成对方人身伤害的责任,不仅将使侵权法关于不得侵害他人人身的强制性义务形同虚设,使法律对人身权利保护难以实现,而且将会严重危及法律秩序和社会公共道德。因此,各国合同法大都规定禁止当事人通过免责条款免除故意和重大过失造成的人身伤亡的责任。我国法律明确规定合同中的免责条款免除造成对方人身伤害责任的无效,表现了我国法律充分体现了以人为终极目的和终极关怀这一价值取向的内在要求,表明法律将对人的保护置于最优先保护的地位。

《合同法》第 53 条不仅禁止设立免责条款以免除造成对方人身伤害的责任,也禁止订立免除因侵权行为造成的死亡责任的免责条款。值得注意的是,《合同法》第 53 条规定免责条款免除造成对方人身伤害责任的,无论该人身伤害是因故意、重大过失还是一般过失造成的,该条款一律无效。笔者认为这一规定值得商榷。从道理上讲,这一规定是有利于保护消费者的人身安全和人身权利的。但在实践中,一些特殊行业的活动如医院做手术、汽车驾驶训练等,本身具有很高的危险性,如果不能通过免责条款免除一般过失造成的人身伤害,事实上将禁止在这些特殊行业使用免责条款,这将极大地限制这些行业业务的正常进行,违反了其行业长期形成的惯例和规则,最终也会损害消费者的权利。因此,笔者认为,对这些情况应作出例外的规定;也就是说,应当允许在特殊情况下,对一般过失造成的人身伤害,可以通过订立免责条款加以免除。

3. 免责条款不得免除因故意或者重大过失造成对方的财产损失。《合同法》第 53 条规定,合同中的免责条款免除因故意或者重大过失造成对方财产损失的无效。"故意或重大过失责任不得免除"的规则来源于罗马法,并为大陆法系国家的民法典所广泛接受。例如,1977 年《英国不公平合同条款法》第 1 条规定:"任何人都不能通过合同或针对一般人及特定人发出的告知免除或限制自己因过失致他人伤害或死亡的赔偿责任。"《德国民法典》第 276 条第 3 款规定:"因故意而发生的责任,不得预先向债务人免除。"我国《合同法》采纳这一规则的依据在于:因故意或者重大过失致人财产损失的,不仅表明行为人的过错程度是重大的,而且表明行为人的行为具有不法性,此种行为应受法律的谴责。通过免责条款免除因故意或者重大过失造成对方财产损失的责任,实际上是通过免责条款使一方享有了基于故意和重大过失而侵害他人财产的权利。换言之,在免责条款设立以后,一方可以随意毁损他人的财物,砸坏他人的物件,这显然是危害法律秩序的;同时,如果当事人可以通过免责条款免除因故意或者重大过失造成对方财产损失的责任,因为故意的侵权行为常常同时有可能转化成犯罪,因此其无异于免除侵权人的刑事责任。还要看到,允许当事人通过免责条款免除因故意或者重大过失造成对方财产损失的责任;也是不道德的。正如彼得·斯坦所指出的:"侵权责任的基础是过失,这种理论起源于这样一种观念:侵权,顾名思义就是做错事。因此侵权诉讼中被告应当支付的损害赔偿,是一种对做了某种错事进行的惩罚……一句话,侵权责任是以道义责任为前提的。"㉙因此,免除故意和重大过失的侵权责任是不合法的。

4.格式化的免责条款,不得不合理地免除条款制作人的责任、加重对方的责任、排除对方的主要权利。具体来说,包括如下几种情形:

第一,格式化的免责条款不得不合理地免除条款制作人的责任。《合同法》第39条规定,"采用格式条款订立合同的,提供格式条款的一方应当遵循公平原则确定当事人之间的权利和义务,并采取合理的方式提请对方注意免除或者限制其责任的条款,按照对方的要求,对该条款予以说明"。从表面上看,《合同法》第39条与第40条之间似乎存在矛盾之处,因为根据第39条采用格式条款订立合同的,提供格式条款的一方应当采取合理的方式提请对方注意免除或者限制其责任的条款,按照对方的要求,对该条款予以说明。但根据第40条,凡是提供格式条款一方免除其责任、加重对方责任、排除对方主要权利的,该条款无效。笔者认为,对《合同法》的规定应当作出准确的理解,第39条只是要求条款制作人将格式

㉙ [美]彼得·斯坦等:《西方社会的法律价值》,中国人民公安大学出版社1990年版,第154页。

的免责条款提请注意；而《合同法》第 40 条所提到的免除责任，是指条款的制定人在格式条款中已经不合理地不正当免除其应当承担的责任，而且所免除的不是未来的责任，而是现在所应当承担的责任。因此，这两条所规定的免除责任的情况是不一样的，也是不矛盾的。法律并不禁止当事人设定免责条款，任何不违反法律规定的免责条款都是有效的，但免责条款条款制定人应当提请对方注意这些免责条款。而条款的制定人在格式条款中不合理、不正当地免除其现在应当承担的责任，则该条款是无效的。例如，我国《消费者权益保护法》规定了经营者依法应承担的义务，如依照法律、法规的规定和与消费者约定履行的义务、接受消费者监督的义务、保证商品和服务安全的义务、提供商品和服务真实信息的义务、标明真实名称和标记的义务、出具购货凭证或者服务单据的义务、保证商品或者服务质量的义务、履行"三包"或者其他责任的义务等。[30] 由于这些义务都是法定的强行性义务，因此作为格式条款条款制定人的经营者，不得在其制定的格式条款中回避其应承担的义务，否则该条款将因违反法律规定而无效（如某商店自定电视机保修期为 3 个月，对顾客购买已超过 3 个月的电视机不予保修，因违反了国家有关对电视机实行"三包"的规定，因此该商店制定的格式条款无效）。根据《部分国产家用电器"三包"规定》第 6 条：彩色电视机的包修期，整机不低于 1 年，主要部件不低于 3 年。

第二，格式化的免责条款不得不合理地加重对方的责任。所谓加重对方的责任，就是在格式化的免责条款中，不公平地、不合理地限制和免除了条款制作人的责任，而同时给相对人强加了法律规定的义务之外的责任。为了保护相对人特别是广大消费者的利益，法律禁止条款制作人在法律规定的义务之外对相对人强加责任。例如，在某案中，原告古某在外出差时住宿于被告的宾馆，原告在登记时，宾馆服务员曾出示"注意事项"，其内容为："旅客同志，为确保您的人身安全，按《旅店业治安管理办法》规定，请您务必将现金和贵重物品行李包裹存入保管室。不愿存者，责任自负。请签名。"原告选择了不存放，并在"注意事项"上签了字。然

[30] 参见《消费者权益保护法》第 16、17、18、19、20、22、23 条。

而住宿的第三天早上,原告随身携带的相机、移动电话、剃须刀及现金3100元等财物被盗,住房门却开着。古某要求宾馆赔偿,宾馆却以其在“注意事项”上签了字而拒绝赔偿。在本案中,一审法院认为古某已在宾馆“注意事项”栏签名,表示选择了自己保管财物,因此无权要求宾馆承担赔偿责任。笔者认为,本案主要涉及对“注意事项”应如何解释的问题,该“注意事项”的本来含义应为,当旅客住宾馆时,为了确保旅客的人身安全,按照有关部门制定的《旅店业治安管理办法》的规定,旅客应将其现金和贵重物品行李包裹存入保管室。以防止旅客因为随身携带现金和贵重物品有可能因遭受抢劫、盗窃而蒙受人身伤害。关于“不愿存者,责任自负”的含义,如果将其解释为宾馆将对古某的财产损失不负任何赔偿责任,也否定了宾馆所应对旅客负有的基本义务。《消费者权益保护法》第18条规定,“经营者应当保证其提供的商品或者服务符合保障人身、财产安全的要求”。第11条规定:“消费者因购买、使用商品或者接受服务受到人身、财产损害的,享有依法获得赔偿的权利。”据此可见,宾馆作为经营者对作为消费者的旅客依法负有保障其人身、财产安全的义务,宾馆未尽到该义务导致旅客损害的,宾馆应当承担损害赔偿责任。假如该旅客在同意了不要求旅客有特别保管的条款以后,宾馆便可以对旅客的财物完全不管,这与宾馆所负有的基本义务是完全矛盾的。更何况,即使不宣告该条款无效,那么如何解释贵重物品与非贵重物品也是一个值得探讨的问题。原告丢失的手机、皮包等物,尽管也是值钱的物品,但它是原告必须随身携带的(这也是原告不愿交宾馆保管的原因),而且也是日常生活物品,很难划入贵重物品之列而应由宾馆进行保管。所以,即使根据“不愿存者,责任自负”而免除宾馆对古某财产损失的赔偿责任,也只能免除宾馆对贵重物品丢失的赔偿责任,而不能免除原告非贵重物品失窃的损害赔偿责任。

第三,格式化的免责条款不得不合理地排除对方的主要权利。对《合同法》第40条规定的“排除对方主要权利”中的“主要权利”,目前有几种理解:第一种观点认为“主要权利”是指法律规定的权利。例如,格式条款的制定者不得以格式条款等方式排除或限制消费者的权利。《消费者权益保护法》第 24 条第 1 款规定："经营者不得以格式合同、通知、声明、店堂告示等方式作出对消费者不公平、不合理的规定，或者减轻、免除其损害消费者合法权益应当承担的民事责任。"此外，也不得免除人格权法规定公民享有的姓名、名誉等人格权利。笔者认为，这种理解是不妥当的。因为，违反法律规定排除对方法定的权利，是违反强行法的规定的，应适用《合同法》第 52 条的规定。第二种观点认为，合同法对"主要权利"没有作出明确规定，法院应在审理案件过程中，平衡当事人的利益，根据公平原则来决定。笔者认为，这种观点并没有对"主要权利"作出界定，未提出明确的标准，因此不可取。第三种观点认为"主要权利"是根据合同性质本身确定的。笔者赞成此种观点。由于合同千差万别，其性质不同，当事人享有的"主要权利"不可能完全一样。认定"主要权利"不能仅考察双方当事人签订合同的内容，而主要应就合同本身的目的来考察。如果限制或者排除当事人一方的权利，导致其无法实现订约目的，则该免责条款应当无效。[31] 如果依据合同的目的能够确定合同的主要内容，则应以此确定当事人所享有的主要权利。

四、免责条款应当公平合理

免责条款还必须符合公平合理的要求，主要体现在：一是免责条款必须公平合理，其适用的结果不能导致当事人之间的利益严重失衡。[32] 当免责条款明显不公正时，法官能否依据不公正（unconscionable）条款的规则否定该条款的效力，对此，在英美法中存在不同观点。丹宁（Lord Denning）法官在一个判例中指出，当免责条款明显不合理或者不公正时，可以将其作为不公正条款对待。[33] 但在该案中，巴克利法官则否定法官有

---

[31] 张玉卿主编：《国际统一私法协会国际商事合同通则 2010》，中国商务出版社 2012 年版，第 521 页。

[32] 张玉卿主编：《国际统一私法协会国际商事合同通则 2010》，中国商务出版社 2012 年版，第 519 页。

[33] Gillispe Bros. & Co. v. Roy Bowles Transport Ltd. ,1 ALL E. R. 237(1973).

依据不公正条款否定免责条款无效的权力。[34] 在“Kenyon & Sons and Craven Ltd. v. Baxter & Co. Ltd.”一案中,法院同样认为,法官不能依据不公正条款的规则否定免责条款的效力。[35] 但主流的观点仍然认为,在免责条款明显不公正时,法官有权否定其效力。1977 年《英国不公平合同条款法》明确要求免责条款必须符合公平合理的要求。在判断免责条款是否公平合理时,该法第 11 条规定判断是否具有合理性的标准,关键是“考虑到双方当事人签订合同时都知道或应当合理地知道或者在他们预料之中的情况,该条款是公平和合理的”。二是免责条款不能剥夺一方当事人合理期待能够基于合同获得的利益。免责条款不能免除一方当事人的基本合同义务,否则法院可能依据根本违约的规则否定该免责条款的效力。[36] 因此,如果免责条款动摇了合同存在的基础,则当事人不能依据该条款逃避责任。[37] 当然,在英美法中,由于根本违约的概念并不清晰,所以在根本违约的情形下,当事人能否依据免责条款免责,也经常引发争议。[38]

在我国,从《合同法》的相关规定来看,免责条款应当公平合理。在认定免责条款是否公平合理时,应从如下几方面考虑:

第一,免责条款的订立是否完全自愿。这就是说,要考虑当事人双方交易地位的强弱,相对人是否有机会与其他人订立不附加此类条款的合同,相对人是否是在受诱使的情况下接受该条款(如条款制作人是否通过折扣、让利等方式引诱相对人订约),相对方是否知道或应当知道该条款的存在及其范围等。

第二,是否排除了相对人的主要权利。依据《合同法》第 40 条规定,在格式条款中“排除对方主要权利”的条款无效。笔者认为,在其他免责条款中,也应当类推适用这一规定。这就是说,条款制作人通过免责条款排除了对方主要权利的,则该条款应当是无效的。例如,洗衣店在其印制

---

[34] Gillispe Bros. & Co. v. Roy Bowles Transport Ltd. 1 ALL E. R. 237(1973).

[35] Kenyon & Sons and Craven Ltd. v. Baxter & Co. Ltd. ,2 ALL E. R. 708,720(1971).

[36] Coote,*The Effect of Discharge by Breach on Exemption Clauses*,C. L. J. 221(1970).

[37] Charles O. Agege, Products and the Consumer: Reform of Nigerian Law on Exemption Clauses,*Howard University Howard Law Journal* 1989 32 How. L. J. 803.

[38] Coote,*The Effect of Discharge by Breach on Exemption Clauses*,C. L. J. 221(1970).

的合同中约定,丢失衣物仅赔偿其洗衣费的两倍。这一条款就排除了消费者在遭受侵害的情况下获得救济的权利,应当是无效的。

第三,客观上是否造成了利益的严重失衡。这就是说,如果免责条款导致当事人之间利益严重失衡,如导致当事人订立合同的目的无法实现,则应当认定该免责条款无效。如果免责条款的运用将导致一方获得过多的利益,而另一方遭受严重损害,则应当认定此类免责条款是非公平合理的。此外,如果免责条款的运用将严重影响双方当事人的给付均衡,也应当认定为该条款是不公平、不合理的。

以下试举一例进行分析。邮电局印制在发电报稿纸背后的"发电须知"第4条指出:"电报在传递、处理过程中,由于邮电局的原因,造成电报稽延或错误,以致失效的,邮电局应按规定退还电报费,但不承担其他赔偿责任。"最高人民法院根据"发电须知"的规定,亦于1986年12月30日《关于邮电部门造成电报稽延、错误是否承担赔偿责任问题的批复》中指出:"发报人使用电报稿纸发报,应视为接受该项条件,因此,在有关电信的法律、法规另有规定之前,凡是由于电报稽延、错误受到损失的人向人民法院起诉,要求邮电部门赔偿的,人民法院不予受理。"这一司法解释实际上是肯定了"发电须知"的合理性及其效力。从民法上看,电报拍发服务是一种合同关系。用户到邮局发报并支付电报费是订立电报服务合同的要约,而邮电部门接受电报费和电报文稿,视为承诺并使合同成立。邮电部门自行设立的"发电须知"第4条,属于合同中的免责条款,而且是格式合同的免责条款。该条款是否公平合理,值得研讨。从法律上看,该条款应属于不公平的免责条款。其理由是:

第一,该条款事实上免除了邮电部门所应承担的基本义务。从邮电部门与用户之间的合同的内容来看,邮电部门应负有为用户提供迅速、准确、安全、保密、方便服务和正确拍发、传递电报的义务。如果因过错造成电报稽延、错误,表明其未履行合同义务,因此应负民事责任。倘若认为邮电部门因其地位特殊而不应承担违约所造成的用户的损失,则实际上意味着邮电部门并不对用户负有正确拍发电报的义务,这不仅不符合合同的目的要求,而且也不利于保护广大用户的利益。

第二,该条款完全排除了邮电部门的工作人员因过失包括重大过失所致用户损害的赔偿责任。从法律上看,旨在免除重大过失责任的免责条款应该是无效的,并且为法律所禁止。而“发电须知”第4条实际上排除了邮电部门的工作人员因过错包括重大过失所致用户损害的赔偿责任,这显然与法律关于免责条款的基本要求是不符合的。同时,此种免责条款因完全排除邮电部门的责任,也不利于督促邮电部门的工作人员改进服务质量,增强对用户负责的观念,其结果对改进邮电部门的服务工作有弊无利。尤其应该看到,如果邮电部门可以以其地位特殊为由而自行设定如此不合理的免责条款,那么医疗卫生部门是否也可以规定因医生的过失(包括重大过失)致病人损害而不负责任?铁路部门是否也可以规定因承运人的过失(包括重大过失)致托运人的损害而不负责任?如果出现这种状况,则必将极大地损害社会主义法制的尊严。

第三,该条款明显有失公平。电报并不是无关紧要的文件。在商业交往中,它常常成为合同的一部分。在我国,以电报方式承诺从而缔结合同已司空见惯,因此,电报发生延误,哪怕是一字之差,给用户带来的损失也可能是重大的,甚至是极为严重的。在实践中,各地均已发生因邮电部门电报延误而产生的纠纷,在这些纠纷中,有些因邮电部门电报延误所产生的损害常常是严重的。例如,1989年4月1日,某矿区向其开户银行某市工商银行某分理处办理电汇600万元。该分理处于当日填好电汇凭证,拟定电报稿交某市邮电局,电报载明收报地点:成都市。邮电局受理这一业务后,由于工作人员的重大疏忽,将收报地点误译为重庆市,从而把本应发到成都市工商银行的电报,错发到重庆市某银行,后经多次查询,历时33天,才将该笔巨款汇入收款单位,直接造成该矿区多支付资金利息88452元。纠纷发生后,邮电局承认该88452元经济损失确为自己工作失误所致,但以“发电须知”第4条为根据,拒绝承担赔偿责任。由此可以看出,邮电部门在收取用户支付的电报费以后,理应负有正确发报的义务,并应承担因不履行此义务所致的赔偿责任。但“发电须知”第4条却使邮电部门因不正确发报所致损害的风险均由用户承担,显然是有失公平的。

第四,用户要求发报,并不意味着其同意接受该免责条款。“发电须知”印在电报稿背后,并不能引起用户的注意,用户即使注意到了,也不能提出异议,因为邮电部门垄断了电报业务,“只此一家,别无分店”,用户别无选择,只能接受。因此,用户接受该免责条款,并不是用户真实的意思表示。

正是因为考虑到“发电须知”的不合理性,最高人民法院于 1999 年 6 月 9 日公布了法释[1999]11 号的批复指示:“一、因邮电部门电报稽延发生的纠纷,当事人向人民法院起诉的,只要符合民事诉讼法第一百零八条的规定,人民法院应当受理。二、最高人民法院在此前发布的有关司法解释与本批复不一致的,以本批复为准。”可见最高人民法院修改了原司法解释,这是十分必要的。

需要讨论的是,关于不公平的免责条款的效力如何,究竟属于可撤销还是无效? 对此,比较法的规定不完全相同。《德国民法典》第 307 条采用“不生效力”的提法。但《欧洲合同法原则》认为,对相对人不公平、不合理的格式化免责条款属于可撤销。我国《合同法》中对此并没有作出明确规定。但是,如果将免责条款作为合同的特殊条款,则应当适用《合同法》显失公平的规定,因此,其可以主张撤销该条款。当然,通过显失公平来保护合同当事人,并非十分有利,因为显失公平制度的适用要求主观要求(如一方利用另一方的轻率、无经验、劣势),而在比较法上,公平免责条款的效力认定中这一主观要求只是作为考量因素之一出现的。

五、免责条款的解释

所谓免责条款的解释,是指在免责条款的含义不清晰时,由法官对该免责条款的含义作出的解释。免责条款的解释也是控制免责条款效力的一种重要方式,从比较法上来看,法官在适用免责条款的过程中,首先需要尊重当事人的意愿,但一方当事人可能利用其订约优势、在合同订立过程中,通过免责条款侵害另一方的利益,因此,法官往往也通过免责条款解释的方式控制免责条款的效力。[39] 在英美法中,法官常常从合同的真实含义出发,来解释免责条款,认为免责条款不符合合同的通常含义或者当事人的真实意思时,禁止一方当事人援引免责条款免除其责任或者采用对"要约人不利之解释"(contra proferentem)的原则来保护相对人的利益。[40] 例如,在 Photo Production Ltd. Securicor Transport 案中,法官 Diplok 指出,当事人能够援引的免责条款应当是含义清晰的、公正的免责条款。[41] 再如,在"Odeniyi v. Zard"一案中,法院也指出,如果免责条款的含义过于含糊,则条款制作人应当承担法院出于保护相对人的需要而否定该免责条款效力的不利后果。[42] 通过有利于相对人的解释方式对免责条款的适用进行限制,这样就可以在维持免责条款有效的前提下,对当事人的权利、义务作出调整,尽量保护合同相对弱势一方的利益,有利于尊重当事人的意思自治。

在对免责条款进行解释时,首先应当按照通常的理解进行解释(plain-meaning rule)。按照通常的理解进行解释,可以避免法官随意解释合同,而且,保证合同解释具有客观性,更接近当事人真意。但如果对免责条款的含义有两种以上的合理解释时,应当按照不利于免责条款拟定一方的解释。

第一,按照"疑义不利解释"规则进行解释。

"疑义不利解释"规则导源于罗马法"有疑义应为对表意者不利益之解释"(intepretatio contra moferentem)的规则,[43]其后为法学界所接受。法谚上所谓"用语有疑义时,应对使用者为不利的解释"(Verba accipiunter contra proferentem),或者"对签字的法律文书,对该法律文书有疑义时,应当对起草者作不利的解释"(Verba chartarum fortiter accipiuntur contra

---

[39] Mindy Chen-Wishart, *Contract Law*, Oxford University Press, 2011, p. 395.

[40] Andre Tunc, *International Encyclopedia of Comparative Law*, Torts, Introduction, J. C. B. Mohr (Paul Siebeck) Tübingen, 1974, p. 132.

[41] Photo Production Ltd. v. Securicor Transport Ltd. [1980] UKHL 2.

[42] Odeniyi v. Zard, 2 U. I. L. R. 34 (1972).

[43] 乌尔比安:"在要式口约中,当就口约内容产生疑问时,应作不利于债权人的解释。"保罗:"在订立买卖契约时,一项表述不明确的条款,应认为是不利于卖方的。"转引自丁玫译:《民法大全选译 IV · A 债 · 契约之债》,中国政法大学出版社 1992 年版,第 16、19 页。

proferentem),这些都表达了共同的含义。在英美法中,确立了对起草者作不利的解释的原则。当合同的内容具有两种以上的含义时,应当对起草者作不利的解释。[44] 大陆法也采纳了这一原则,如《法国民法典》第1162条“契约文义有疑义时,应作不利于债权人而有利于债务人的解释”。我国《合同法》第41条也采纳了这一规定。这一规定显然是合理的。因为既然格式条款是由一方制定的而不是由双方商订的,那么各项条款可能是其制作人基于自己的意志所作的对自己有利的条款,尤其是条款制作人可能会利用其经济上的优势地位,将不合理的解释强加于消费者,因此,为保护消费者的利益,在条款意思不清楚时,应当作对条款制作人不利的解释。如在保险实践中,如果保险条款理解有歧义时,法院通常作出对保险公司不利的解释。例如,在“锡林浩特市苏顺物流有限责任公司诉中国人民财产保险股份有限公司淮安市分公司案”[45]中,法院认为,由于保险条款是保险公司提供的格式条款,在对于条款的理解发生歧义时,应作出不利于提供者的解释,保险公司对该起事故应予以赔偿。

第二,严格解释原则。

严格解释又称为限制解释,是指如果免责条款的语义的涵盖范围较为宽泛的情形下,应当将其限定在语义可能的最小范围内,不得采用类推或扩张适用某些条文的适用范围的方法进行解释。其包括如下含义:一方面,在对免责条款的解释中,应从维护公平正义的目的出发,对合同没有规定或规定不完备的事项,不得采用类推或扩张适用某些条文的适用范围的方法进行解释。因为,如果允许对格式条款未规定或规定不完备的事项,根据合同的条文简单加以类推、扩张和补充,必然会对相对人产生不利后果。另一方面,如果某个条文在适用范围上不明确时,应从“最狭义”的含义进行解释。例如,免责条款未指明是免除合同责任还是侵权责任时,而侵权责任具有一定的强制性,常常涉及公共秩序,因此尽可能地不使当事人通过协议而免责。如果当事人对免责条款的涵盖范围约定不

---

[44] See Fransworth, “Meaning” in the Law of Contracts, 76 *Yale L. J.* 939, 940 - 942(1967).

[45] 江苏省淮安市中级人民法院民事判决书,(2007)淮民二终字第182号。

明时,应当将其严格限定在违约责任的范围。[46] 此外,如果当事人在合同中使用“其他”或“等等”等字样概括约定免责事由,则应当将此处的“其他”、“等等”所包含的内容解释为与先前所列举的具体事项属于同一种类的事由。严格解释规则不仅在一定程度上规范了免责条款,也有利于保护广大消费者,缓解双方当事人因订约能力不平等而产生的权利义务失衡现象。

第三,个别商议的免责条款效力优先规则。

个别商议的免责条款是指经个别磋商而约定的条款。在一般的合同解释中,如果个别商议的条款与一般条款不一致,那么个别商议条款应当优先于一般条款。当合同条款中既包含格式化的免责条款,也包括个别商议的免责条款,且二者的适用范围出现交叉时,个别商议的免责条款具有优先适用的效力。[47] 此规则导源于“特别规定优先于普通规定”的法谚,现在已经成为各国普遍采纳的规则。《德国民法典》第305b条规定:“个别合同的约定,优先于一般交易条款。”相对于格式化的免责条款,个别商议的免责条款“更能反映双方当事人在具体交易中的意图”,[48]也有利于保护广大消费者的利益,因此,在解释免责条款时,如果个别商议的条款与一般条款不一致,则该个别商议条款的效力应当优先于一般条款。

---

[46] 崔建远:“免责条款论”,载《中国法学》1991年第6期。

[47] 崔建远:“免责条款论”,载《中国法学》1991年第6期。

[48] 张玉卿主编:《国际商事合同通则2004》,中国商务出版社2005年版,第203页。

民商法研究(第四辑)
第393～409页

关于定金责任的若干问题*

一、违约定金是定金的典型形式

所谓定金,就是指合同双方当事人约定的,为保证合同的履行,由一方预先向对方给付的一定数量的货币或其他代替物。① 定金的目的之一是担保合同债务的履行。当事人预先设立定金可以督促双方自觉履行合同。由于定金是预先交付的,定金惩罚的数额在事先也是明确的,因此通过定金罚则的运用可以起到对合同的担保作用。而由于定金罚则是对违约行为的惩罚,即给付定金的一方如果不履行合同将无权请求返还定金,而接受定金的一方不履行合同将双倍返还定金,这样定金也可以成为一种债务不履行的责任形式。

* 本文原著于1999年,后收录于拙作《合同法研究》(第2卷),中国人民大学出版社2003年版。

① 《民法通则》第89条第3项规定:"当事人一方在法律规定的范围内可以向对方给付定金。债务人履行债务后,定金应当抵作价款或者收回,给付定金的一方不履行债务的,无权要求返还定金;接受定金的一方不履行债务的,应当双倍返还定金。"《合同法》第115条规定:"当事人可以依照《中华人民共和国担保法》约定一方向对方给付定金作为债权的担保。债务人履行债务后,定金应当抵作价款或者收回。给付定金的一方不履行约定的债务的,无权要求返还定金;收受定金的一方不履行约定债务的,应当双倍返还定金。"

因而对违约的制裁也是定金的另一个目的。

定金的交付将在当事人之间产生定金合同关系，该合同是当事人设立定金时所达成的协议。定金合同可以在合同的主文中载明，也可以单独设立。无论采取何种形式，都要求当事人就设立定金问题达成一致的协议。由于定金合同是为了担保主合同的履行而产生的从合同，所以它必须以主合同的成立和生效为前提条件。主合同发生无效或被撤销，也将影响定金合同的效力。尤其应当看到，由于定金是实践合同，应以定金的实际交付为成立条件，如果不交或少交定金，将影响定金合同的成立。在定金合同因一方不交或少交而不成立以后，任何一方都不得请求法院强制另一方依据尚未成立的定金合同履行给付定金的义务，法院也不得强制一方向另一方给付定金。正是从这个意义上，笔者赞成此种观点，即由于“定金是实践合同，定金交付后，合同生效，定金的担保效力才正式形成。因此，定金不交或不交足并不构成违约行为。”②由于定金不交或少交导致定金合同不成立，因而也不应适用定金罚则。

根据各国的民事立法以及定金制度的发展过程，理论上定金可以分为立约定金（当事人为保证以后正式订立合同而专门订立的定金）、成约定金（以定金的交付作为主合同成立的要件）、证约定金（当事人在订立合同时为证明合同已经成立而设立的定金）、解约定金（当事人为保留单方解除主合同的权利而交付的定金）和违约定金。但在我国现行立法和司法的语境下，主要采用的是违约定金，即在接受定金以后，一方当事人不履行主合同应按照定金罚则予以制裁。从我国现行立法来看，《担保法》第89条规定：“当事人可以约定一方向对方给付定金作为债权的担保。债务人履行债务后，定金应当抵作价款或者收回。给付定金的一方不履行约定的债务的，无权要求返还定金；收受定金的一方不履行约定的债务的，应当双倍返还定金。”《合同法》第115条规定：“当事人可以依照《中华人民共和国担保法》约定一方向对方给付定金作为债权的担保。债务人履行债务后，定金应当抵作价款或者收回。给付定金的一方不履行约定的

② 史文清等：“有关定金的几个问题”，载《政治与法律》1986年第2期。

债务的,无权要求返还定金;收受定金的一方不履行约定债务的,应当双倍返还定金。"这些规定显然是对违约定金的规定。可见违约定金是一种法定的定金,此种定金在实践中运用得最为广泛。一般来说,如果当事人在合同中没有特别指明定金的类型,则应当认为当事人约定的定金为违约定金。违约定金的主要特点是:

第一,违约定金针对违约行为而设定,违约定金罚则已经成为一种责任形式。违约定金与违约金的功能十分相似。由于违约定金与违约金在适用的对象、目的、功能等方面具有相似性,因此原则上不能与违约金并用。在这一点上与其他类型的定金是不同的。笔者认为,就证约定金、成约定金等定金来说,由于它们与违约金相比在性质和功能上各不相同,且适用的范围也不一样,因此可与违约金并用。但是就违约定金来说,由于其在一定意义上具有预付违约金的性质,与违约金在目的、性质、功能等方面具有共同性,因此两者一般不能并罚。

第二,违约定金的设定要采用书面形式。《担保法》第 90 条规定:"定金应当以书面形式约定。当事人在定金合同中应当约定交付定金的期限。定金合同从实际交付定金之日起生效。"法律要求违约定金合同采用书面形式,也有利于解决因为口头形式产生的各种纠纷。除违约定金以外,其他定金的设定不必采用书面形式。

第三,违约定金必须适用定金罚则。这就是说,在当事人设定违约定金以后,如果债务人履行债务后,定金应当抵作价款或者收回。如果给付定金的一方不履行约定的债务的,无权要求返还定金;收受定金的一方不履行约定的债务的,应当双倍返还定金。违约定金较之于立约、证约、成约定金而言,具有明显的担保功能。因为丧失或者双倍返还定金的罚则,使违约定金的设定有助于督促当事人履行合同。

第四,违约定金在一定程度上也可以证明当事人之间合同关系的成立。依据《德国民法典》第 336 条的规定,如果某标的是作为定金(Draufgabe)被给予的,该定金作为合同缔结的标志。因此定金实际上是合同的成立的标志。[3] 一旦当事人支付了定金,即推定合同已经成立,除非对方当事人提出相反的证据证明合同未成立。[4] 在我国,由于定金通常在合同成立之后交付,所以在一方实际交付定金而另一方实际接受定金以后,也可以在一定程度上证明合同的成立。但与成约定金不同,违约定金设立的目的主要是防止一方违约,督促双方履行,所以定金是否交付原则上不会对主合同的效力产生影响。

在当事人设定了违约定金以后,如果当事人一方丧失或者双倍返还定金,是否可以不再承担违约后的损害赔偿责任?笔者认为,当事人在合同履行完毕以前,并不因为其丧失或者双倍返还定金而可以保留履行或者不履行的权利,甚至终止合同的权利。如一方在交付定金以后,发现继续履约对其不利,希望以抛弃定金为代价,而不履行合同,这在法律上是不能成立的。因为一方面,在我国违约定金并不是损害赔偿的预定。一方丧失或者双倍返还定金,并不是违约后的损害赔偿的最高数额。在违约方承担定金责任以后,当事人还有其他损失的,违约方还应当赔偿其他损失。另一方面,违约定金的设定,也没有为任何一方保留履行或者不履行合同的权利。

从审判实践来看,不少法官认为,既然我国法律规定的定金是违约定金,因此当事人必须依照法律约定违约定金,证约定金也只能依附于违约定金,如果当事人约定违约定金以外的其他类型的定金,是无效的。但是,我国《担保法司法解释》已经确认了订约定金、成约定金和解约定金,而我国《民法通则》第89条第3项和《担保法》第89条已经承认了违约定金。现行规定虽然没有对证约定金作出明确规定,但从合同自由原则出发,如果当事人约定了证约定金,也应当予以认可。我国法律允许当事人自由约定各种形式的定金,这既是合同自由的必然要求,也是符合市场经济的需要的。如果当事人采用解约定金的形式以控制将来发生的难以预见的风险,这对于当事人在定约时计算成本、减少风险是必要的,也有利于鼓励交易,所以在法律上应当允许,甚至鼓励当事人设立各种类型的定

---

③ MünchKomm/Gottwald, § 336, Rn. 2.

④ MünchKomm/Gottwald, § 336, Rn. 8.

金。在实践中,当事人完全可以从交易本身的实际需要出发,选择不同的定金形式。

二、违约定金的双重功能

(一)违约定金具有担保作用

我国《担保法》在关于担保的形式中专门规定了定金,《担保法》第89条也明确规定,"当事人可以约定一方向对方给付定金作为债权的担保"。这就确认了定金的担保功能。定金作为一种从合同,其设立的主要目的在于担保主合同债务的履行,正如何孝元所指出的,"以定金为不履行之损害担保者,谓之违约定金"。[⑤] 然而定金作为一种担保方式与其他的担保方式(如抵押、保证、留置等)是不同的,表现在:

第一,定金的担保仅产生债权而不产生物权,当事人设立定金只是在他们之间产生定金合同关系,此种担保仅为债权,而不属于物权范畴。定金的这一特点决定了其担保效力不如担保物权,特别是在接受订金的一方不履行债务时,虽然不履行债务的债务人须承担双倍返还定金的责任,但届时能否返还,还决定于债务人有无偿付能力。从这个意义上说,在设立定金以后,债权人的利益并不能得到特别保障。

第二,定金是预先支付的,这一点决定了它与保证和留置的不同。保证合同的设立并不要求保证人预先支付一定的金钱,只有在债务人不履行债务的情况下,才能由保证人代为履行和承担责任;而留置只是债务人发生违约后,由债权人依法扣留其先行占有的债务人的财产,并折价抵偿或变卖该财产而优先受偿,在预先交付方面与定金不同。由于定金是预先给付货币或者其他代替物,这对于接受定金的一方来说解决了他的部分资金需要并为其创造了履约条件,从而有利于合同的正常履行。

第三,定金担保是通过定金罚则来实现的。也就是说,定金之所以能

---

⑤ 何孝元:《民法债编总论》,台湾三民书局1997年版,第194页。

起到担保合同当事人履约的作用,乃是因为定金体现了对违约者的惩罚。没有定金罚则,定金难以发挥担保作用,在这一点上它与违约金有相似性,而与保证、抵押、留置等担保形式是完全不同的。定金主要具有惩罚性,而不具有补偿性,只要一方当事人不履行合同,无论是否给对方造成损失,对方都有权要求违约方承担定金责任。定金罚则的惩罚性使定金具有较强的担保功能。

对于违约定金和预付款的关系,尚有值得讨论的余地。有学者认为,定金在交付以后,就已经作为预付款的一部分,因此不再具有担保作用。如何孝元指出,"定金应返还或作为给付之一部,盖定金此时已失其确保契约履行之作用,定金收受人应返还其定金,但当事人亦得以之作为给付之一部。"⑥笔者认为,尽管定金交付以后,因为定金都是金钱,对金钱的占有就推定所有权也发生移转,然而这并不意味着定金交付以后,就仅仅起到部分履行的作用。事实上,对当事人双方来讲,都具有督促其履行合同的作用。因为交付定金的一方不履行合同将会丧失定金,而接受定金的一方不履行合同将应双倍返还定金。当然,具有担保作用的定金主要是违约定金,但也不限于违约定金,还包括解约定金等形式。因为在设定解约定金以后,交付定金的一方要解除合同,将要丧失定金,而接受定金一方要解除合同,则必须双倍返还定金,这也有利于督促当事人履行合同。严格地来说,定金的交付也不是一种部分履行的行为,因为部分履行将发生定金所有权的移转,然而在交付定金以后,定金从法律上来说并没有移转,如果合同没有履行,定金将要返还。

(二)违约定金是一种违约责任形式

违约定金的担保作用是通过定金罚则来实现的,那么定金是否可以作为一种责任形式,理论上有不同看法。最高人民法院《关于在审理经济合同纠纷案件中具体适用〈经济合同法〉的若干问题的解答》第8条指出:"定金与违约金的性质不同。定金是一种担保方式,而违约金是违约的一种制裁和补偿手段。所以合同的一方可以在对方违约时既要求对方偿付

⑥ 何孝元:《民法债编总论》,台湾三民书局1997年版,第194页。

违约金,又可要求按定金罚则处理定金问题。"由此可见,最高人民法院并没有将定金作为一种责任的形式对待,只是将其视为一种单纯的担保方式。我国《民法通则》将定金作为债的担保方式之一,规定于第 89 条第 3 项中,《担保法》第 89 条也规定,"当事人可以约定一方向对方给付定金作为债权的担保"。那么这是否意味着定金只是一种单纯的担保方式而不是一种责任形式呢? 笔者认为,定金既可以作为担保方式也可以作为责任形式运用,主要理由是:

第一,我国现行法律所规定的定金主要是违约定金,法律关于定金的规定在原则上包含了对不履行合同的制裁。例如《担保法》第 89 条规定,"债务人履行债务后,定金应当抵作价款或者收回。给付定金的一方不履行约定的债务的,无权要求返还定金;收受定金的一方不履行约定的债务的,应当双倍返还定金。"由此可见,不履行合同就应适用定金罚则。既然定金罚则是针对不履行合同所设定的,所以在当事人设立了违约定金的情况下,任何一方不履行合同都将承担定金责任。尤其是,《合同法》在第七章关于违约责任的规定中,对定金作出了明确规定,表明《合同法》是将定金责任作为违约责任的形式对待的。《合同法》第 115 条规定,"当事人可以依照《中华人民共和国担保法》约定一方向对方给付定金作为债权的担保。债务人履行债务后,定金应当抵作价款或者收回。给付定金的一方不履行约定的债务的,无权要求返还定金;收受定金的一方不履行约定债务的,应当双倍返还定金。"

第二,定金制裁与其他责任形式如违约金和损害赔偿是不同的,它是独立于其他责任形式的一种制裁措施。尽管我国司法实践允许违约金和定金并用,但定金和其他责任形式毕竟可以针对不同的违约行为而适用。例如,我国现行法律规定定金主要针对不履行行为而适用,而违约金可以适用于各种违约行为,由此可见它们具有不同的适用范围。

第三,由于违约定金可以作为一种责任形式,这就意味着法律应对定金的适用规定一定的条件,对定金数额也应有所限制,不能将定金条款完全留给当事人自己约定;对于数额过高的定金条款,司法人员可以宣告定金条款超出法定数额的部分无效。应当看到,定金作为责任形式与其作为担保形式并不矛盾。这就是说，定金的设立主要是为了担保债务的履行，但是在当事人约定了违约定金的情况下，如果一方违约后，就要产生定金责任，就可以有力地督促当事人履行合同，实现定金的担保作用。

定金能够作为责任形式运用主要是针对违约定金而言的。其他形式的定金能否作为责任形式，是值得研究的。具体来看，首先，就立约定金来说，尽管也存在定金罚则，在定金交付以后，不订约的一方将受到定金制裁，但这种制裁只是对订约的制裁，而不是对不履行合同的制裁。例如，甲于买卖合同成立前交付定金给出卖人乙，1 月后乙拒绝签订合同，甲可否请求双倍返还定金？笔者认为，法律关于双倍返还定金的规定是对不履行主合同的行为的制裁。既然本案中主合同尚未成立，因此不能适用双倍返还的规定，甲只能要求乙退还定金或依约定的方式承担责任。其次，就成约定金和证约定金来说，定金的交付只是起到使主合同生效或证明合同成立的作用，而并不具有针对违约行为而实施制裁的功能。最后，就解约定金来说，由于解约定金只是当事人为了保留单方解除合同的权利而交付的定金，在交付定金以后，当事人双方可以以丧失和双倍返还定金为代价解除合同。而一方当事人解除合同通常不以对方当事人存在债务不履行行为为要件。也就是说，解除合同并不是基于债务不履行，而是基于定金的设定。所以解约定金实际上是解约所生的预定额，因此即使当事人一方因对方解除受到更大损害，解约方除丧失或双倍返还定金外，不再负赔偿责任。总之，笔者认为，只有违约定金才能作为责任形式，并能对合同的履行起到充分的担保作用。

（三）关于定金是否具有预付款的性质问题

按照许多学者的观点，定金具有先行给付的作用。“这种先行给付，具有预付款和协作的性质。”⑦《担保法》第 89 条规定：“债务人履行债务后，定金应当抵作价款或者收回。”正是因为定金可以抵作价款，所以它有预付款的性质。在实践中，许多当事人将定金写作“预付金”或直接写成“预付××元”，以致发生纠纷时，分不清是定金还是预付款，此种做法是

---

⑦ 覃有土：《债权法》，光明日报出版社 1989 年版，第 177 页。

不恰当的。

笔者认为,由于定金是预先给付的,所以从某种意义上讲具有预付款的作用,一方先向另一方交付一定数额的定金可以为对方解决资金的迫切需要,并为对方履行合同创造一定的条件,也有利于巩固双方的合同关系,这种预付性是定金不同于其他担保形式的特点。但是我们在探讨定金的预先给付作用时,应当严格区分定金和预付款。所谓预付款,是由双方当事人商定的在合同履行前所给付的一部分价款。定金和预付款的区别主要表现在如下几点:

第一,预付款的交付在性质上是一方履行主合同义务的行为,也就是说,尽管履行期尚未到来,但一方自愿提前履行合同义务,给付部分价款,而另一方愿意接受这种对其有利的提前履行。预付款的交付通常为对方提供了一部分资金上的帮助,有助于其履行合同,但它并不起合同担保的作用;而定金的交付并不是履行主合同的行为,只是基于主合同所产生的从合同,它主要起担保合同履行的作用。正如郑玉波指出:"盖定金与一部先付不同,仅作证明契约成立之用,并非当然应为受定金当事人所有,故契约一旦履行,则定金应即返还;但定金如与付定金当事人应为之给付,其种类相同者,则亦得抵作给付之一部。"⑧

第二,由于支付预付款在性质上属于部分履行合同债务,所以它不能适用定金的制裁罚则。如果合同没有履行,则预付款应当返还或者将预付款从违约损害赔偿责任中扣除。如果预付款超出了实际损失,那么超出部分也应该返还。所以,在交付预付款以后,无论发生何种违约行为都不发生预付款的丧失或双倍返还问题;而对定金来说则完全不同,因一方不履行合同将导致丧失或双倍返还定金的后果。

第三,由于给付预付款在性质上属于部分履行合同债务,因此,对预付款的数额法律上没有必要作出限制,而完全应由当事人自己决定,当事人所交付的预付款只要在主合同规定的全部的价款数额内都应当允许。但对于定金来说,因合同不履行将产生失去或双倍返还定金的作用,所以定

⑧ 郑玉波:《民法债编总论》,台湾三民书局1993年版,第335页。

金数额不能过高,否则,在适用定金罚则以后,可能会超出全部货款的总值,使定金责任的适用变成一种赌博。正是基于这一点考虑,许多国家的法律允许当事人酌情减少定金数额,如果定金数额过大,德国等国家的法院往往将其视为预付款而不是定金。[⑨]

三、违约定金责任与其他责任形式的关系

(一)违约定金与损害赔偿

关于违约定金与损害赔偿的关系,学者对此存在着几种不同观点:第一种观点认为,定金具有非补偿性的特点。定金罚则的适用不以违约者的行为是否给对方造成了经济损失为前提,只要有不履行合同的违约事实发生即可。[⑩] 所以定金的支付不应该影响损害赔偿的请求,计算损害赔偿的数额不能将定金列入其中。第二种观点认为,定金是法定损害赔偿的总额。如王伯琦认为,违约定金是"为契约不履行之损害赔偿。"[⑪]孙森焱指出:"以定金为契约不履行之损害赔偿担保,如因付定金当事人不履行契约,受定金当事人得没有定金。受定金当事人如不履行契约,即应加倍返还定金。"[⑫]也有人认为,我国现行的定金制度是以一方的丧失或双倍返还为代价而解除双方合同关系的。由于一方的过错不履行合同,就意味着对相对方的合法权益的损害,不履行合同的过错一方以丧失或双倍返还定金于对方,这便使定金转化为预先设立的解约赔偿额。[⑬] 第三种观点认为,定金是最低赔偿额的预定。如果当事人交付的定金过高,与当事人所受损害显然不成比例时,即应认为当事人所交付的已非违约定金,性

---

⑨ G. H. Treitel, *Remedies for Breach of Contract, A Comparative Account*, Clarendon Press, Oxford, 1988, p. 238.

⑩ 牟瑞瑾:"定金性质新探",载《福建论坛》1993 年第 7 期。

⑪ 王伯琦:《民法债编总论》,台北编译局 1962 年版,第 200 页。

⑫ 孙森焱:《民法债编总论》,台湾 1990 年作者自版,第 498 页。

⑬ 钟立志:"谈谈我国定金的性质及其法律效力",载《中外法学》1992 年第 3 期。

质上实属价金的一部分给付,必须请求返还超过损害部分的金额。[14]

笔者认为,违约定金和赔偿金是两种既相区别又相联系的责任形式。具体来说:

第一,定金责任的适用不以实际发生的损害为前提,即无论一方的违约是否造成实际损害都可能导致定金责任,不过如果定金责任超出了实际损害是否应认定定金条款无效,或者认为交付的定金在性质上属于部分价金,值得探讨。笔者认为在此情况下仍然应确定定金条款的有效性并应适用定金责任。其原因在于,定金的设定并不考虑实际的损害,定金罚则具有强烈的惩罚性,它只针对不履行或其他根本违约行为而发生效力,而无论这些违约是否产生实际损害或产生多大范围的实际损害。如果认为定金罚则的适用必须等同于实际损害,定金责任也不得超过实际的损害,这就意味着定金责任不得与法定赔偿责任相冲突,此种观点实际上等于否定了定金责任可以作为法定损害赔偿责任之外的一种单独责任存在。据此笔者认为,定金乃是最低损害赔偿额的观点是不妥当的。

第二,定金也不是法定损害赔偿的总额。笔者认为,定金不是法定损害赔偿的总额。理由在于,一方面,如果定金是损害赔偿的预定,为什么要由合同当事人一方先行交付呢?因为在当事人预定损害赔偿总额的情况下,并不需要当事人一方实际交付定金,而只需要在合同规定具体的赔偿数额,便可以解决赔偿额的预定问题;另一方面,违约造成的损害,绝不是定金的丧失或者双倍返还能够限制的。因为当事人设立定金时并没有考虑也不可能考虑到未来所发生的损害,即使是法律规定的定金数额也与实际损害不一致。我国法律已经对定金的数额作出了限制。如《担保法》第91条规定,“定金的数额由当事人约定,但不得超过主合同标的额的百分之二十”,此处所提及的20%,显然也不能等同于损失额。从实践来看,在一方违约以后,违约方给非违约方造成的损失是在订立合同时难以确定的,违约方可能给非违约方造成较小的损失,甚至没有损失,但也可能造成较大的损失。这种损失之大,有可能超过全部合同标的的总值,

⑭ 王铿:“论定金”,载《上海法学》1989年第5期。

而按照完全赔偿原则,只要这些损失是违约方在定约时能够合理预见的、依据合同法能够赔偿的,则违约方都应当赔偿。而绝不能因为一方已经交付了定金,便可以以定金的丧失和双倍返还来作为损害赔偿的最高数额。所以在定金的数额低于损失额的情况下,由于认为定金是最高法定赔偿额,从而非违约当事人不能够在请求对方承担定金责任以外另外请求赔偿损失,如此则不能补偿其所受的损失,从而不利于对其利益的保护。我国《合同法》第112条规定,"当事人一方不履行合同义务或者履行合同义务不符合约定的,在履行义务或者采取补救措施后,对方还有其他损失的,应当赔偿损失。"笔者认为,该规定也可以适用于定金的情况。也就是说,如果因为一方不履行合同义务给另一方造成损失,在承担定金责任以后,仍然不能弥补受害人遭受的损失,违约方仍然应当承担损害赔偿责任。

第三,尽管定金责任是独立于损害赔偿责任的,但也不能认为它与损害赔偿毫无关系。定金与损害赔偿责任有一定的联系,表现在定金责任和损害赔偿责任的并用原则上不能超过合同标的价金总额或者全部的损失额。最高人民法院曾经在《关于在审理经济合同纠纷案件中具体适用〈经济合同法〉的若干问题的解答》中指出:"合同的一方可以在对方违约时既要求对方偿付违约金,又要求按定金罚则处理定金问题,只要法律和法规没有相反规定,就应当予以保护,但并用的结果应不以超过合同标的价金总额为限。"实践中,这一规定常常适用于定金与损害赔偿的关系。在某些情况下,以合同标的价金总额来限制定金和损害赔偿的并用是必要的。然而在另一些情况下,合同标的价金总额并不是太高,但违约以后造成的实际损失是很高的,或者损失超过了合同标的价金总额,在此情况下,应当以全部的损失的总额来对定金和损害赔偿并用作出限制。例如,由一方交付的电视机爆炸,使受害人遭受人身伤害和财产损失,受害人所遭受的损失远远超过了电视机本身的价值,这些损失如果依据合同法可以补救,受害人也可以请求违约损害赔偿。但定金与损害赔偿并用时,在一般情况下不应当超过损害赔偿的总额,否则使定金具有较强的惩罚性,从而使受害人也获得了其不应当获得的额外的收入。不过,以合同标的价金总额和损失的总额来对定金和损害赔偿并用的限制，出现了两项限制的标准，从保护受害人利益考虑，应当选择较高者适用。

总之，定金责任乃是一种独立的责任形式。定金责任的承担不能替代损害赔偿责任，不能将定金责任作为损害赔偿的最高限额，也不能在计算损害赔偿数额时将定金列入其中，但如果同时适用定金和损害赔偿以后，其总值超过标的物价金总和的，法院应酌情减少定金的数额。

（二）违约定金责任与实际履行

根据我国法律关于当事人承担违约金责任不免除其继续履行合同义务的规定，违约方承担定金责任同样不能免除其继续履行的义务，当然，这一原则主要适用于违约定金。如果当事人特别约定其设定的不是违约定金而是解约定金，则当事人可以在抛弃定金和双倍返还定金以后而解除合同，从而免除其继续履行合同的义务。例如，甲乙公司签订购销合同一份，双方约定：乙公司供应甲公司某种摩托车 1510 辆，甲公司须于同年 10 月 25 日前将总货款近 500 万元汇入乙公司银行账户之后提货。合同签订后，甲公司如期交付了 20 万元定金，但在履行期到来时，甲既未汇款提货也未作任何说明，乙公司多次催促未成，诉至法院，要求甲公司履约并赔偿损失，甲公司提出自愿放弃 20 万元定金而解除合同。在本案中，在甲公司违约以后如果乙公司将货物转售，将遭受实际损失达 80 万元，乙公司是否有权请求甲公司继续履行合同？笔者认为，由于合同并没有特别约定定金为解约定金，因此仍为违约定金，甲方不能以抛弃定金为条件而解除合同，免除继续履行的义务，因此甲方应在承担定金责任之后继续履行合同。当然，如果合同明确规定定金为解约定金，则可以以丧失定金为代价而解除合同。总之，笔者认为违约定金责任可以和实际履行并用，当然，是否要求实际履行的权利在非违约方，如果非违约方不要求实际履行，则可以免除对方的实际履行责任。

（三）违约定金与违约金

违约定金与违约金的关系十分密切。许多学者都认为，两者是基本相同的。如胡长清指出："违约定金者，即于付定金人屑行其债务时，受定金人得没收其定金之定金也。此种定金有强制债务人履行债务之效力，与违约金同。通说谓罗马法上之定金,兼有违约定金之性质,近世亦有对于定金附以刑罚的效力者(德民第338条)。”⑮史尚宽认为,“谓授与人如不履行其债务时,收受者得没收其定金之定金。此种定金,与违约金同,同样有间接的强制契约履行之效力。违约定金通常兼有证约定金之性质。”“于债务人不履行时得保留其定金,有预付违约金之性质。”⑯应当看到,由于在我国定金主要是违约定金,因此它与违约金具有很多相似之处。一方面,两者都针对违约行为而适用,在一方违反合同的情况下,违约金和定金责任都是一种对违约的补救方式,作为责任形式两者都以违约行为作为共同的责任构成要件;另一方面,两者都具有担保作用,或者说都是担保合同履行的手段。

尽管两种责任具有相同的功能,但定金和违约金在性质上是不同的,不能将违约定金视为违约金。笔者认为首先应该区分定金的不同类型。由于定金可以分为解除定金、成约定金、证约定金和违约定金四种形式,它们在适用中的情况是各不相同的,因此与违约金的关系也不一样,表现在:第一,就解约定金来说,解除定金的根本目的就是解除合同。义务人若履约,则解约定金无效,若放弃解约金则可不履约,这是义务人依解约定金的规定而享有的权利;⑰而违约金的目的不是解约,而是促使合同履行。解约定金的支付导致了合同的解除,同时它可以作为预定的赔偿数额,受害人对于损失超过解约金的部分,不得另外提出赔偿;而违约金既具有补偿性,又具有惩罚性,违约金的支付并不导致合同的解除。在一方违约的情况下,尽管因解约定金的支付而使非违约方的损失得到违约方的补偿,但是对违约方的违约行为仍应该在法律上受到制裁,因此一方当事人违约而产生的违约金责任是客观存在的,不能因为解约金的支付而完全消失。⑱ 由此可见,因一方违约而支付解约定金以后,仍可成立违约金责任。第二,就立约定金、成约定金、证约定金来说,因其原则上不涉及

⑮ 胡长清:《中国民法债编总论》,台湾商务印书馆1964年版,第361页。

⑯ 史尚宽:《债法总论》,中国政法大学出版社2000年版,第491、494页。

⑰ 张忠野:“论私法自治下定金罚则的有限适用”,载《政治与法律》2012年第9期。

⑱ 蔡永民、高志宏:“试论违约责任中定金、违约金、赔偿损失的竞合与适用”,载《甘肃政法学院学报》2004年第1期。

对违约行为的制裁问题,因此它们和违约金是完全不同的。第三,就违约定金来说,不能认为与违约金是一样的,也不应当将违约定金视为违约金。因为一方面,违约定金是预先交付的一笔金钱,定金的设立是一种要物合同,其成立以定金的交付为要件,而违约金并不需要实际交付,而只需要事先约定具体数额;另一方面,违约金可以视为损害赔偿的预定,它具有补偿和惩罚的双重功能,而违约定金主要具有惩罚性,一般不能将其视为损害赔偿的预定。法律对定金的数额作出了明确的限制,但对违约金没有作出数额的限制。

关于违约定金与违约金能否同时并用的问题,在学理上是值得讨论的。最高人民法院曾于1987年在《关于在审理经济合同纠纷案件中具体适用〈经济合同法〉的若干问题的解答》第8条第4款中指出:“定金与违约金的性质不同。定金是一种担保方式,而违约金是对违约的一种制裁和补偿手段。所以合同的一方可以在对方违约时既要求对方偿付违约金,又要求按定金罚则处理定金问题,只要法律和法规没有相反规定,就应当予以保护,但并用的结果应以不超过合同标的价金总额为限。”由此可见,最高人民法院认为违约定金和违约金是可以并用的。不过,学者一般认为,违约金具有预付违约金的性质,因此,它与违约金在目的、性质、功能等方面相同,两者一般不能并罚。[19] 我国《合同法》第116条规定:“当事人既约定违约金,又约定定金的,一方违约时,对方可以选择适用违约金或者定金条款。”按照许多学者的解释,该条的规定是对违约定金和违约金并用的限制,也就是说,该条并不允许两者并用。[20] 因为在实践中,定金主要是违约定金,它和违约金一样,都要针对违约行为而适用,适用其中一种,便可以达到补偿受害人损失的作用。如果两者并用,其数额可能会超过因违约所造成的实际损失,这就加重了违约的惩罚,也会使非违约方获得双重的补救,特别是可能获得大大高于其实际损失的补偿,[21]因此两者不宜并用。

---

[19] 崔建远:《合同责任研究》,吉林人民出版社1992年版,第257页。

[20] 蔡晖:“违约金与违约定金的并罚与择罚”,载《人民法院报》1999年11月27日版。

[21] 张广兴等:《合同法总则》(下),法律出版社1999年版,第188页。

问题在于,从《合同法》第116条规定来看,是否意味着当事人必须对违约定金和违约金责任进行选择呢?笔者认为该条规定的内容,如果不是指必须选择适用违约金或者定金条款,那么该规定是毫无意义的。因为在当事人既约定违约金又约定定金的情况下,不管法律是否存在规定,非违约方都可以在一方违约时,选择适用违约金或者定金条款。当然,《合同法》第116条的规定仍然是任意性而非强制性的,即当事人可以在合同中对两种责任的并用作出特别的约定,从而改变合同法中的相关任意性内容。如果当事人在合同中明确约定可以并用,则只要在数额上不是过高,该约定应当认为是有效的。

四、关于定金数额的计算和责任的承担

当事人在设立定金以后,一方虽然违约,但违约行为较为轻微或者未给对方造成重大损害,是否应当减少定金的数额,对此存在两种不同的观点:一种观点认为,虽然定金的数额是由当事人约定的,但该数额在确定后,法院和仲裁机关也可以根据实际情况进行调整。如果一方违约较为轻微或者未给对方造成重大损害,则应当酌情减少定金的数额。从最高人民法院过去的观点来看,事实上赞成对定金的数额进行调整。最高人民法院《关于适用〈中华人民共和国担保法〉若干问题的解释》第120条第2款也规定:“当事人一方不完全履行合同的,应当按照未履行部分所占合同约定的比例,适用定金罚则”。这就是说,在不完全履行合同的情况下,应当将定金分为两部分:一是与已经履行部分相对应的定金;二是与未履行部分相对应的定金。在不履行行为发生以后,只能就不履行部分要求当事人承担责任。反过来说,在不履行的情况下,应当根据已经履行的情况,酌情减少定金的责任数额。从我国审判的实践经验来看,基本上都采纳了这一观点。另一种观点认为,我国《合同法》第114条只是规定了违约金的数额过高或过低的,法院或仲裁机关可以调整,而并没有规定对定金的数额进行调整,因此对定金的数额不得作出调整。

笔者认为,上述两种观点各有道理,但我们更赞成第二种观点。因为《合同法》第114条只是规定了违约金的数额过高或过低的,法院或仲裁机关可以调整,而并没有规定对定金的数额进行调整。合同法为什么要作出这种规定呢?因为违约金和定金在性质上是不一样的。违约金具有补偿性,尤其是因为法律对违约金的最高数额没有作出限制,因此如果违约金的数额过高或过低的,法院或仲裁机关可以调整以维护利益平衡。但是定金并不具有补偿性,它与实际的损失并没有直接的联系,尤其是我国法律已经将定金的数额限制在主合同标的额的20%以内,这就没有必要在当事人约定了定金以后,对定金的数额进行调整。即使定金的数额高于实际的损失,只要没有超过主合同标的额的20%,则无论数额是否合理,都不应当对该数额进行调整。在一方违约以后,可以根据违约的情况确定是否适用定金。也就是说,只有在根本违约的情况下,才适用定金罚则,如果是轻微违约,则不应当适用定金罚则。无论如何,不能根据违约的情况而减少定金责任的数额。即使是在部分履行的情况下,如果部分履行构成根本违约,也应承担定金责任。

目前我国《担保法》对定金数额的上限规定为合同标的额的20%,对定金的下限是否也应当作出规定,值得探讨。总的来说,由于各个合同中的标的额不同,定金的数额也应有所区别,法律应当允许当事人自由确定定金的数额。但定金的数额过低,也可能难以起到担保的作用。据此,笔者认为,法律也可以对定金的下限规定出一个合理的幅度,如规定定金的数额为合同标的额的5%,这对于合同当事人正确设立定金,减少不必要的纠纷,也不无意义。

民商法研究(第四辑)
第 410 ~436 页

融资租赁合同法律问题研究*

按照美国学者阿波曼的看法,融资租赁交易的制度支柱包括四个方面:私法制度、会计制度、税收制度和监管制度。其中私法制度中的核心制度之一是融资租赁合同制度。① 我国《合同法》第十四章专章规定了"融资租赁合同",这一规定不仅借鉴了国外的经验,尤其是参考了《国际融资租赁公约》,而且,结合了我国长期融资租赁交易和立法的经验,在我国融资租赁法的发展过程中具有里程碑的意义。因此,从解释论的角度,对《合同法》相关条文进行分析,这不仅对于我国融资租赁合同制度的适用,而且对于融资租赁交易的规范都具有十分重要的意义。

一、融资租赁合同的内涵

融资租赁起源于20世纪50年代的美国,经过数十年的发展,已经成为世界上最具生机与活力的朝阳

---

* 本文原著于2001年,后收录于拙作《合同法研究》(第3卷),中国人民大学出版社2012年版。

① 刘敬东:《国际融资租赁交易中的法律问题》,中国人民公安大学出版社2002年版,第90~91页。

产业。融资租赁合同(financial leasing, finance lease)又称“金融租赁”[②],是指出租人根据承租人的要求和选择,出资购买承租人所选定的设备并出租给承租人使用,承租人分期交付租金,租期届满后,承租人根据约定可以退回、续租或留购租赁设备的协议。有关的国际公约对融资租赁合同也予以确认。例如,《国际融资租赁公约》(unidroit convention on international financial leasing)[③]第1条规定:融资租赁交易涉及两份合同、三方当事人。典型的融资租赁结构是:一方(出租人)根据另一方(承租人)的要求,与第三方(供货方)订立一项合同(买卖合同)。根据此合同,出租人按照承租人在与其利益有关范围内所同意的条款取得工厂、资本、货物或其他设备(设备),并且与承租人订立一项合同(租赁合同),以承租人支付租金为条件授予承租人使用设备的权利。在比较法上,一些国家的法律对此种合同也予以确认。我国《合同法》第237条规定,“出租人根据承租人对出卖人、租赁物的选择,向出卖人购买租赁物,提供给承租人使用,承租人支付租金的合同。”与前述定义相比较,我国《合同法》基本上借鉴了国际上关于融资租赁规定的经验,即采纳了将融资租赁作为两类合同三方当事人结合的观点,不过在有关的具体制度设计方面,与《国际融资租赁公约》和美国《统一商法典》的相关规定有所不同。

对融资租赁的概念,在比较法上存在广义和狭义两种理解:一是狭义说,即认为融资租赁就是一种特殊的租赁,并不包括买卖的内容。尽管在学理上,美国一些学者认为,融资租赁是一个三方当事人的关系,而且是由作为租赁合同的第三方的出卖人而非出租人向租赁人承担租赁物的质量担保义务。融资租赁不仅是一个商法上的概念,还可能包含对租赁物整个经济价值的融资。[④] 但美国《统一商法典》采狭义的融资租赁概念,该法典第2A-103条(g)规定:“‘融资租赁’指这样一种租赁,就该租赁而言:(1)出租人不选择、制造或者提供(租赁)货物;(2)承租人因租赁而取

② 参见中国银行业监督管理委员会令2007年第1号《金融租赁公司管理办法》。

③ 该公约是国际统一私法协会制定的,1988年5月28日在加拿大首都渥太华召开的国际外交会议上通过。

④ Schroth, Peter W. Financial leasing of equipment in the law of the United States. 58 *Am. J. Comp. L.* (2010). at 327.

得货物或者货物的占有权和使用权。”我国《金融租赁公司管理办法》第3条规定:“本办法所称融资租赁,是指出租人根据承租人对租赁物和供货人的选择或认可,将其从供货人处取得的租赁物按合同约定出租给承租人占有、使用,向承租人收取租金的交易活动”。该办法也是采用了狭义的界定。二是广义说,此种观点认为,融资租赁既包括租赁也包括买卖,前述《国际融资租赁公约》第1条即采纳了这一观点。我国《合同法》第237条规定:“融资租赁合同是出租人根据承租人对出卖人、租赁物的选择,向出卖人购买租赁物,提供给承租人使用,承租人支付租金的合同。”通常认为,该条采取了广义说。因为从定义上看,该条明确提到了出卖人,表明出卖人在融资租赁合同中处于一方当事人的地位。笔者亦赞同此观点。如果将其与最高人民法院1996年发布的《关于审理融资租赁合同纠纷案件若干问题的规定》相比较⑤,可以看出,《合同法》第237条在对融资租赁合同所作的界定上,明确增加了出卖人这一主体。这种增加不是一种简单的列举,而是在实质上改变了这一司法解释概念的内涵。

我国《合同法》采广义说具有其合理性。理由在于:第一,规定出卖人作为融资租赁合同的当事人,有利于维护出卖人的权益。在融资租赁合同中,大量的内容涉及出卖人,虽然出卖人不能决定和干涉出租人与承租人之间的约定,但是出租人与承租人之间合同的履行状况往往直接关系到出卖人的权利能否得到实现。例如,承租人是否按期支付租金,有可能影响到出租人是否能够向出卖人支付价金。

第二,规定出卖人作为融资租赁合同的当事人,也有利于对出卖人形成有效的约束。因为出卖人往往需要对承租人从事标的物的运送、装配等工作,将出卖人纳入当事人的范围,有利于承租人直接对出卖人主张权利;否则,承租人在出卖人运送标的物时出现违约情况,则无法直接向出卖人主张权利,而只能请求出租人向出卖人主张权利,如果出租人怠于向出卖人主张权利,那么承租人的权利将无法得到及时有效的救济。因此,出卖人作为融资租赁合同的当事人,承租人就可以直接向出卖人主张交

⑤ 该司法解释第1条规定,“融资租赁合同纠纷案件的当事人应包括出租人、承租人。供货人是否需要列为当事人,由法院根据案件的具体情况决定。”

付标的物的权利，从而可以对出卖人形成有效的约束。

第三，出卖人作为融资租赁合同的当事人，有利于承租人直接向出卖人提出请求。在租赁合同中，一旦发现租赁物有质量不合格等情况，承租人应当获得救济。但是，如果出卖人和承租人之间不存在合同关系，则承租人难以向其主张权利。在现实生活中，大量的交易实践都是由承租人直接向出卖人主张交付标的物，在标的物不符合合同约定时，也是由承租人直接向出卖人主张权利。所以在一般的融资租赁合同中，出租人和承租人是当事人，但如果出租人和承租人认为出卖人直接与其诉讼内容相关而主张将出卖人列为当事人，则法院应当将出卖人列为当事人。融资租赁交易中出卖人占有相当重要的地位，因此有学者主张融资租赁合同具有三方主体，即出租人、承租人、出卖人，此种观点不无道理。⑥

从实践来看，采广义说也符合融资租赁合同交易中的真实情况。因为实践中绝大多数的融资租赁交易基本上都采取两个合同和三方当事人结合的模式。融资租赁合同是由买卖合同和融资租赁合同结合在一起，并由三方当事人组成的合同。⑦ 由于融资租赁合同是融资租赁交易的重要组成部分，此类交易通常在承租人和出租人之间签订融资租赁合同以后，由出租人按照承租人的要求，向出卖人购买标的物，交付给承租人使用。⑧在此种关系中，实际上存在着买卖合同和租赁合同的结合，其中包括了三方当事人，即出卖人、出租人（买受人）、承租人。因此，融资租赁合同是由出卖人和买受人（出租人）之间的买卖合同以及出租人和承租人之间的租赁合同构成的。⑨ 不过，融资租赁合同在生效以后，其法律效力并不完全等同于买卖、租赁合同。仅就出租人对承租人所负担的义务而言，其并不同于一般租赁中出租人的义务，如其并不负担租赁物的维修义务，也不负

---

⑥ 陆永棣："融资租赁合同的法律特征"，载《经济与法》1993 年第 10 期。

⑦ 王轶：《租赁合同、融资租赁合同》，法律出版社 1999 年版，第 129 页。

⑧ 何志：《合同法分则判解研究与适用》，人民法院出版社 2002 年版，第 274 页。

⑨ 姬新江等："论融资租赁合同中承租人的索赔权"，载《当代法学》2005 年第 6 期。

担租赁物的瑕疵担保义务。⑩ 就买卖合同而言,融资租赁合同的出卖人向承租人而非买受人(出租人)履行交付标的物和瑕疵担保义务,也不同于买卖合同。所以融资租赁合同不是买卖合同和租赁合同的简单相加,而是一种相互交错在一起的关系。一般认为,融资租赁集借贷、租赁、买卖于一体,是将融资和融物结合在一起的交易方式。⑪

融资租赁合同具有融资和融物的双重功能,这是融资租赁合同不同于租赁合同和金钱借贷合同的特点。一方面,融资租赁合同具有融资功能。在设立融资租赁时,出租人(通常是专业的融资租赁公司或者金融公司)支付了标的物的全额价款,应承租人的要求购买了标的物。实际上,这相当于是出租人贷款给承租人,用以购买后者所需要的租赁物。所以,它通常被认为是信贷的一种形式。⑫ 另一方面,融资租赁合同具有融物的功能。这是因为承租人从出租人那里获得的并非现金,而是实物,同时,承租人要向出租人支付现金形式的租金。承租人在支付租金之后,又取得对租赁物的使用、收益等权利。因此,就出租人与承租人之间的关系而言,既有融资的特点,又有融物的特点。正是因为其具有这一特点,也就决定了融资租赁合同制度中包含了诸多不同于一般租赁的规则,如风险负担、租赁物的维修义务、禁止中途解约条款等。

二、融资租赁的标的物

关于融资租赁的标的物,是否仅限于动产,有三种不同观点:第一种观点认为,其标的物仅限于动产。因为从我国法律规定来看,国家对房地产开发准入资格有严格限制,对房地产为担保物的融资法律制度相对较为

---

⑩ 参见《合同法》第 244 条规定:“租赁物不符合约定或者不符合使用目的的,出租人不承担责任,但承租人依赖出租人的技能确定租赁物或者出租人干预选择租赁物的除外。”《合同法》第 247 条规定:“承租人应当妥善保管、使用租赁物。承租人应当履行占有租赁物期间的维修义务。”

⑪ 何志:《合同法分则判解研究与适用》,人民法院出版社 2002 年版,第 274 页。

⑫ Pascal Puig, *Contrats spéciaux*, 2*e éd.*, Dalloz, Paris, 2007, p. 348.

完善,对于土地使用权的出让转让等没有必要通过融资租赁的方式来拉动房地产业的发展,也没有必要订立融资租赁合同。[13] 第二种观点认为,融资租赁的标的物可以包括房产,但是不能包括土地。因为融资租赁是基于所有权的转让而建立,而土地所有权不能转让,所以土地不能成为融资租赁的标的物。但房产可以作为租赁物。[14] 第三种观点认为可以包括不动产,其中既包括土地,也包括房屋。笔者认为,应当采纳第二种观点,融资租赁合同的标的物既包括动产也包括不动产,但是不动产仅限于房地产。主要理由在于:

第一,《合同法》第十四章关于融资租赁合同的规定中,采用了"租赁物"这样的表述,从文义解释来看,可以认为其包括动产和不动产。

第二,在比较法上,不少国家都将不动产纳入融资租赁合同标的物的范围。例如,《俄罗斯联邦融资租赁法》第3条规定:"任何可以用于经营活动的非消耗物,包括公司和其他资产、建筑物、在建物、设备、交通工具和其他不动产和动产,都可以作为租赁物。"可见,不动产在这里被明确规定为可以作为融资租赁的客体。在德国,虽然没有明确的法律规定,但实践中融资租赁的客体也包括动产和不动产。韩国、哈萨克斯坦、乌兹别克斯坦等国也都认可不动产可以成为融资租赁的对象。[15] 从美国的法律规定来看,也是完全允许将不动产作为融资租赁合同的对象的[16],而且在交易实践中,不动产的融资租赁占据着重要的位置。

第三,不动产适合于作为融资租赁的对象。不动产本身能够体现融资融物的特点,也可以在一个交易中体现两个合同、三方当事人之间的关系,有利于节约交易成本。针对房产融资租赁,国家税务总局就曾专门发布文件,明确了相应的税收征收规则,已经很好地解决了房产融资租赁中

---

⑬ 李鲁阳主编:《融资租赁若干问题研究和借鉴》,当代中国出版社2007年版,第95页。

⑭ 李鲁阳主编:《融资租赁若干问题研究和借鉴》,当代中国出版社2007年版,第238页。

⑮ 李鲁阳主编:《融资租赁若干问题研究和借鉴》,当代中国出版社2007年版,第231～351页。

⑯ 李鲁阳主编:《融资租赁若干问题研究和借鉴》,当代中国出版社2007年版,第96页。

的税收问题。[17] 目前,很多金融租赁公司都开展了房产融资租赁业务,且投入资金量大、租赁期限又长,成为一些金融租赁公司的支柱性业务。由此表明,不动产可以作为融资租赁的对象。

第四,以不动产作为融资租赁的对象,有利于促进融资租赁业的发展。在我国,融资租赁市场还处于发展的初步阶段。各种类型的融资公司都在探索融资租赁业务。房屋融资租赁的风险相对于一般设备要小得多,是不可多得的融资租赁物。在目前适格的租赁物并不太多的背景下,需要包括房产在内的不动产作租赁物以培育市场。从实践来看,房地产融资租赁可以成为与贷款买房效果相同却功能不同的另一种买房方式,以替代房屋买卖的单一模式,从而降低买房人可能面临的风险和一次性的投资成本。

第五,以不动产作为融资租赁的对象,也适应了融资租赁的国际发展趋势。从世界范围来看,融资租赁已经成为巨大的产业,对各国国民经济产生了重要影响。据统计,至20世纪90年代中期,世界租赁投资在资本形式中的比例已上升到24%。[18] 由于融资租赁实现了融资和融物的巧妙结合,所以,其适应了现代市场经济发展的需要。[19] 由于在融资租赁的发展过程中,其范围也不断地扩张到不动产。这种趋势是为了满足对物的充分利用,在合同关系中实现效率原则。通过不动产的融资租赁,既解决了承租人的融资需要,又解决了承租人融物上的需要。尤其是通过租金支付而不是价款支付的方式,使其以较少的资金获得了对不动产的使用权,从而有力地促进了经济的发展。如果允许不动产作为融资租赁的对

[17] 国家税务总局《关于从事房地产开发的外商投资企业售后回租业务所得税处理问题的批复》(国税函〔2007〕603号)规定:"从事房地产开发经营的外商投资企业以销售方式转让其生产、开发的房屋、建筑物等不动产,又通过租赁方式从买受人回租该资产,企业无论采取何种租赁方式,均应将售后回租业务分解为销售和租赁两项业务分别进行税务处理。企业销售或转让有关不动产所有权的收入与该被转让的不动产所有权相关的成本、费用的差额,应作为业务发生当期的损益,计入当期应纳税所得额"。银监会颁布的《金融租赁公司管理办法》第3条第2款规定:"适用于融资租赁交易的租赁物为固定资产。"这里所说的固定资产就包括不动产在内。

[18] 朱家贤:《租赁合同,融资租赁合同》,中国法制出版社1999年版,第158页。

[19] 郝昭成等主编:《融资租赁的税收》,当代中国出版社2007年版,第9页。

象,则可以适应融资租赁的国际发展趋势,不断满足现代市场经济的需要。

三、关于融资租赁合同生效的时间

根据《合同法》第44条的规定,依法成立的合同,自成立时生效。可见,在一般情况下,合法的合同一经成立便生效,因此,合同成立的时间可以成为判断合同生效时间的标准。[20] 但也有一些合同的成立时间和生效时间是存在区别的。融资租赁合同其成立和生效也具有特殊性。其成立是指当事人之间就合同的主要条款达成了意思表示一致。但合法成立的融资租赁合同,是否一旦成立就可以生效,涉及买卖合同和租赁合同的关系,对此,理论上存在不同的看法:

(一)独立生效说

此观点认为,买卖合同与租赁合同相互独立、互不影响,一个合同的成立、生效并不影响另一个合同的成立、生效。出租人与承租人所订立的租赁合同一般应自成立起生效。再从融资租赁合同中的出租人与承租人所订立的租赁合同的内容看,它一般只是约定一方有交付租赁物的义务,另一方则有缴纳租金的义务,不必约定须待出租人交付租赁物后才生效。如果出租人到期不交付租赁物,则为违约,应承担违约责任。因此,出租人与承租人之间的租赁合同的成立和生效亦即整个融资租赁合同的成立与生效。[21] 此种观点的优点是可以防止融资租赁合同中的两方当事人恶意串通,欺诈损害另一方当事人的利益。

独立生效说的缺点在于,其否定了买卖合同与租赁合同之间的密切联系,剥夺了在买卖合同上有重大利益的承租人对该合同生效的参与决定权利,实质上是否定了承租人在买卖合同中的实质上的买受人地位,有违

---

[20] 赵德铭:“合同成立与合同效力辨”,载《法律科学》1994年第3期。

[21] 李克武:“关于融资租赁合同几个问题的探讨”,载《华中师范大学学报》(哲社版)1995年第3期。

融资租赁合同的本质。

(二)非独立生效说

该理论认为,融资租赁合同由两个有着有机联系和合同构成,因此,买卖合同与租赁合同不能独立生效。该理论又分为两种不同的观点:一种观点认为,租赁合同签订之后,出租人和出卖人之间还应当签订一个买卖合同,应当以买卖合同的生效时间为融资租赁合同的生效时间;另一种观点认为,融资租赁合同必须以买卖合同的订立为前提,该观点认为,虽然有时先签订租赁合同,有时先签订买卖合同,但租赁合同的生效依一般合同的生效规则,而买卖合同则应在租赁合同订立后方可生效。[22] 但租赁合同成立并生效后,有可能买卖合同并未生效。如因供应商对买卖合同临时有异议等导致买卖合同不成立,此时对于出租人而言,履行租赁合同就存在很多困难。总体上看,独立生效说确实把握了租赁合同和买卖合同之间的相互关系,也注意到了两者之间的密切联系,但是其不足在于,没有注意到融资租赁合同是一种独立的交易类型,如果认为融资租赁合同必须以买卖合同的生效为前提,买卖合同不生效则融资租赁合同也不生效力,从而不利于当事人信守融资租赁合同。

(三)租赁合同交付生效说

此种观点认为,融资租赁合同是要物合同,即租赁合同自供应商交付设备并经承租人验收和向出租人出具接受设备的收据后才生效。就租赁与买卖的关系而言,租赁合同自当事人双方签订合同之日起成立,但合同自承租人收到出卖人交付的标的物时生效。[23] 因为出租人与承租人订立租赁合同,合同已成立,但并未生效,须待用户验收货物后且承租人交付受领且支付第一期租金,租赁合同才为有效,即租赁期间开始计算,用户负租金交付义务。[24] 这一观点虽然强调了交付的标的物对当事人权利义务确定的重要意义,但由于我国现行法没有规定租赁合同是一种实践合同,即使强调融资租赁合同的租赁性质,也不能够因此确定其必然是要物

---

[22] 徐维熔、王忆华、王成芝:《租赁会计与实务》,中信出版社1990年版,第150页。

[23] 胡康生主编:《〈中华人民共和国合同法〉释义》,法律出版社1999年版,第356页。

[24] 梁慧星:“融资性租赁若干法律问题”,载《法学研究》1993年第2期。

合同或者实践合同,因此其缺乏法律上的依据。

笔者认为,在融资租赁合同中,虽然租赁合同与买卖合同有密切的联系,但是这并不意味着融资租赁合同的生效必须以买卖合同的生效为前提条件,实践中通常有以下两种方式:第一种情况是由出卖人、出租人和承租人三方共同签订融资租赁合同,其中详细规定了三方当事人在融资租赁交易当中的权利义务内容,在此种情况下,以各方当事人达成合意作为融资租赁合同的生效时间是没有争议的;第二种情况是出租人和承租人签订租赁合同,出租人依承租人的选择和特定的出卖人签订买卖合同,在这种情况下才有讨论买卖合同和租赁合同关系的可能。从这些情况来看,既然融资租赁合同目的包括融物和融资两个部分,出租人是根据承租人的选择和要求而与出卖人订立买卖合同,且出卖人要直接向承租人交货,买卖合同也可以成为融资租赁的一部分。但是,这并不意味着,融资租赁合同必须以买卖合同的生效为前提条件,也不意味着,融资租赁合同的生效以买卖合同标的物的交付为要件,其原因在于:一方面,从实践来看,当租赁合同签订时,买卖合同可能尚未签订,承租人与出租人签订租赁合同之后,有可能由出租人按照承租人对标的物的要求,亲自或委托他人去寻找出卖人。如果在此时否认租赁合同的效力,则承租人的信赖利益则无从得到保护。另一方面,合同的生效问题应当尊重私法自治的原则,由当事人自己决定。在当事人没有就生效顺序作出明确约定的情况下,则买卖合同和租赁合同应当依据各自生效条件来确定生效时间,买卖合同生效以后,可以成为融资租赁合同的组成部分,而不能笼统地认为,融资租赁合同必须以买卖合同的生效为前提。还应当看到,如果将融资租赁合同的订立与买卖合同的订立等同起来,则融资租赁合同中任何一方违反合同时,对方当事人都无法获得救济。例如,出租人不按时寻找出卖人,或者合同签订后承租人未按照合同约定支付第一期租金,导致出租人没有足够的资金购买,如此,则不利于保护守约方的利益。

四、关于承租人的租金支付义务

融资租赁合同是双务、有偿的合同,出租人主要负有支付买卖合同价金,并保证承租人获得对租赁物的使用的义务,承租人主要负有支付租金的义务。《合同法》第248条规定:“承租人应当按照约定支付租金。承租人经催告后在合理期限内仍不支付租金的,出租人可以要求支付全部租金;也可以解除合同,收回租赁物。”该条明确了在融资租赁合同中,支付租金是承租人的主要义务,因为收取租金是出租人订立合同的主要目的。所谓“按照约定支付租金”,就是指承租人应当按照约定的时间、地点、方式、币种等支付租金。

《合同法》第243条规定:“融资租赁合同的租金,除当事人另有约定的以外,应当根据购买租赁物的大部分或者全部成本以及出租人的合理利润确定。”该条实际上是关于租金构成的规定,通常融资租赁合同的租金由成本、购买租赁物的费用、利息等组成。依据该规定,租金应当考虑如下因素确定:第一,购买租赁物的大部分成本或者全部成本。全部成本是指标的物在租赁期间,其使用价值全部耗尽,无法再租赁给他人使用,此时承租人就需要支付相当于租赁物全部的成本作为租金。大部分成本是指如果在租赁结束后,标的物仍有一定的使用价值,出租人还可将之出租给他人继续使用,此时,就只需要收取标的物大部分的成本。购买租赁物的成本主要是其价款,也包括相关的费用。例如,出租人支付的运输费、保险费、律师费、谈判费用等。第二,合理利润。在融资租赁合同中,出租方通常都是企业,其从事融资租赁交易的目的就是要获得利润。对于利润是否合理,判断标准一般是行业的平均利润水平。

关于租金的确定,是否完全由当事人自由约定?笔者认为,依据《合同法》第243条的规定,在当事人没有约定的情况下,就应当按照这一规则由人民法院确定合理的租金数额。如何理解该条所说的“当事人另有约定”?一种观点认为,“另有约定”是指对于租金的另有约定,也就是说,当事人在融资租赁合同中没有规定租金条款,而在协议达成之后,另行确定租金;另一种观点认为,“另有约定”是指对于租金的计算标准另有约定,也就是说,当事人不是按照取得租赁物的成本和利润来确定租金,而是采用其他的方式计算租金。笔者认为,“另有约定”就是指只要当事人没有就租金本身作出约定,就应当按照这一规则来确定租金的具体数额。问题在于,如果当事人约定的租金过高,具有变相高利贷的特点,法院是否可以进行干预?笔者认为,如果租金过高、显失公平,承租人可以要求法院适当减少和变更租金。

租金一旦确定,承租人应当按照约定支付租金。如果承租人没有按照约定支付租金,经催告后在合理期限内仍不支付租金的,出租人可以要求其支付全部租金。这实际上是指出租人可以要求承租人支付所有尚未到期的租金,从而加速债务到期,其目的在于保障出租人的租金债权。与此同时,出租人也可以解除合同,收回租赁物。在融资租赁合同中,出租人常常按照合同约定交付了租赁物,其主给付义务已经履行完毕,而承租人的租金是分期支付的,只有督促其按时、足额支付租金,才能保障出租人的租金债权。

在标的物意外毁损灭失的情况下,承租人是否负有继续支付租金的义务?这涉及融资租赁合同中的风险负担问题。所谓融资租赁合同中的风险负担,是指租赁物意外毁损灭失的风险应当由何人承担的问题。对此,我国《合同法》并没有作出明确规定。笔者认为,对此问题,首先应当考虑当事人是否通过合同作出了约定。如果作出了约定,就应当尊重当事人的约定。在当事人没有约定,而在租赁期间内发生租赁物意外毁损灭失的风险时,应当由承租人负担风险。这就意味着,在标的物意外毁损灭失的情况下,承租人仍然负有继续支付租金的义务。作出此种考虑的主要理由在于:第一,出租人享有的所有权主要具有担保功能,不能因此要求其承受标的物毁损灭失的风险。融资租赁合同具有融资的功能,出租人所享有的所有权主要具有担保功能,因此,不能简单地认为,出租人享有所有权,其就应当负担标的物毁损灭失的风险。在这一点上,融资租赁合同与租赁合同是不同的,不能类推适用租赁合同的一般规则。第二,承租人占有标的物,并对其进行了实际控制。在融资租赁关系存续期间,标的物置于承租人的占有、控制和管领之下,承租人更容易知悉标的物所面临的风险以及如何消除此种危险。由承租人负担风险责任,从效率的角度来看,有利于减少事故预防的成本,例如承租人可以通过投保防范风险。㉕此外,由承租人负担标的物毁损灭失的风险,也有利于避免和防范承租人的道德风险。如果承租人占有使用标的物,却又不用负担标的物毁损灭失的风险,则极容易引发承租人恶意导致标的物毁损灭失的道德风险。第三,虽然从原则上说,物的风险由所有人负担,但是在融资租赁的情形,承租人实际上享有了相当于所有人的权益,仅仅只是缺少名义上的所有权。因此,要求承租人承担风险,符合权利义务对等的原则。第四,从比较法的经验来看,有关的国际公约和示范法对此也作出了规定。例如,《国际统一私法协会租赁示范法草案》第 11 条第 1 款规定:“融资租赁中,(租赁物)灭失风险由承租人承担。如果没有约定风险转移时间,则自租赁合同签订之时,灭失风险即转移由承租人承担。”同条第 2 款规定:“融资租赁之外的其他租赁,灭失风险仍由出租人承担,并不转移予承租人。”《俄罗斯民法典》第 669 条规定:“自交付租赁物之时起,租赁物的风险由承租人负担,但融资租赁合同另有规定的除外。”这表明,承租人承受风险的规则在比较法上是受到认可的。既然风险应当由承租人负担,那么,在承租人占有租赁物期间,租赁物毁损或者灭失,出租人有权要求承租人继续履行合同义务;也就是说,在租赁期间,租赁物毁损或者灭失的风险应由承租人承担。租赁物毁损或者灭失的,不影响承租人按照融资租赁合同应承担的义务,即其仍然应当继续支付租金。

承租人不支付租金,严重影响出租人租金债权的实现。支付租金是承租人的主给付义务。一般来说,承租人轻微的违约行为(如支付迟延数日),不应当赋予出租人解除合同的权利。但是,如果承租人不支付租金,已经严重影响了出租人的利益,达到了根本违约的程度,也应当允许出租人享有解除权。问题在于,如何判断承租人未支付租金已经到达严重的

㉕ 梁慧星:“融资性租赁契约法律性质论”,载《法学研究》1992 年第 4 期。

程度？有学者认为，应当类推适用《合同法》第167条关于分期付款买卖的规定，即承租人未按约定的期限和数额支付租金，未付租金达到租金总额1/5，经出租人催告后在合理期限内仍不支付的，出租人可以解除合同。笔者认为，简单地类推适用《合同法》第167条关于分期付款买卖的规定也不合理，主要原因在于：一方面，融资租赁合同和分期付款买卖合同在性质上是存在区别的。从我国《合同法》的规定来看，其是将融资租赁合同作为一种独立的有名合同加以规定，并没有将其规定在分期付款买卖合同之中。在分期付款买卖合同中，出卖人和买受人通常是经营者和消费者的关系。例如，购买汽车、电视机分期付款，购买主体一般是特定的消费者。由于买受人一般属于经济上的弱者，所以，有必要通过"五分之一"规则的限定对买受人给予特别保护。[26] 但是，在融资租赁合同中，出租人和承租人往往都是经营者，承租人不需要获得特殊的保护。所以，采取类似于分期付款买卖中"五分之一"规则的限制，与融资租赁合同当事人双方的经济地位不完全相符。另一方面，融资租赁业属于金融业的范畴，融资租赁合同更类似于银行借款合同。《合同法》第167条关于"五分之一"规则的限制也与融资租赁的金融性质不相符合。从实践来看，融资租赁公司用于融资租赁的资金，大部分是从银行拆借过来的，更应比照银行借款合同确定合同解除条件。而在我国《商业银行法》等法律之中，并没有类似的限制银行合同解除权的规定。所以，笔者认为，只要承租人不支付租金，严重影响出租人租金债权的实现，出租人就有权解除合同。如何判断严重影响出租人的租金债权，应当从个案考虑，以达到根本违约为标准予以认定。与此同时，出租人也可以解除合同，收回租赁物。在融资租赁合同中，出租人常常按照合同约定交付了租赁物，其主给付义务已经履行完毕，而承租人的租金是分期支付的，只有督促其按时、足额支付租金，才能保障出租人的租金债权。

㉖ 房绍坤、郭明瑞主编：《合同法要义与案例析解（分则）》，中国人民大学出版社2001年版，第66页。

五、承租人对出卖人享有的索赔权

在融资租赁交易中,买卖合同和租赁合同具有密切的联系,出租人是名义上的买受人,而承租人是实质上的买受人,因此,为了保障承租人的权利,应当赋予其对出卖人进行索赔的权利。依据《合同法》第240条规定:"出租人、出卖人、承租人可以约定,出卖人不履行买卖合同义务的,由承租人行使索赔的权利。承租人行使索赔权利的,出租人应当协助"。因此,在出卖人不履行合同义务时,如交付的货物不合格或迟延交付标的物,承租人有权直接请求其承担责任,出卖人也负有修理、替换以及损害赔偿的义务。《合同法》第240条所说的"协助",主要包括如下几个方面的内容:一是帮助寻找出卖人。出租人负有协助义务的原因在于,在一些融资租赁中,承租人只是确定了租赁物,而没有确定出卖人,由出租人具体确定出卖人,在发生争议后,出租人就应当帮助承租人寻找出卖人。二是帮助提供证据。在租赁物买卖过程中,主要是出租人和出卖人之间磋商谈判,所以,在承租人向出卖人主张权利时,出租人应当提供合同文本、订约资料、相关的单据票证等证据材料。㉗ 三是诉讼过程中的协助义务。例如,出租人要出庭作证等。依据《合同法》第240条规定,只有在当事人有约定时,出租人应当协助的义务。但是,依据诚信原则,即便当事人没有约定,出租人也应当负有一定的协助义务,以保障承租人实现其索赔权。

法律之所以赋予承租人对出卖人索赔的权利,主要原因在于:第一,承租人受领标的物,并对标的物进行验收。承租人对于标的物是否符合合同约定的情况最为了解,因此,应当由承租人行使索赔的权利。第二,因承租人对标的物进行实际使用,如果标的物存在瑕疵或功能上的缺陷,承租人持有第一手资料,只有其才能够提出此种不合格的证据,而出租人一

㉗ 姬新江等:"论融资租赁合同中承租人的索赔权",载《当代法学》2005年第6期。

般是融资租赁公司,对于标的物的具体的性能、使用方法、操作规范等情况并不了解,因此出租人应当协助承租人行使索赔的权利。第三,有利于简化索赔权的行使程序。因为按照合同相对性规则,此种索赔的权利应当由出租人行使。如果不移转索赔权,则需要形成两个诉讼,即首先由承租人向出租人主张权利,然后再由出租人起诉出卖人;而如果法律直接允许承租人诉出卖人,则极大地简化了索赔权的行使程序,节约了权利行使的成本。

问题在于,《合同法》第240条的规定只是明确了在当事人通过约定移转索赔权的情形下,承租人享有向出卖人索赔的权利,该规定明确地指出,承租人取得索赔权,必须以约定的方式。但从比较法上来看,考虑到融资租赁合同的特殊性,一些国家的法律直接规定了承租人所享有的索赔权。例如,《国际融资租赁公约》第10条第1款规定:"供应商根据供应协议所承担的义务亦应及于承租人,如同承租人是该协议的当事人而且设备是直接交付给承租人一样。"依该条规定,出卖人对出租人的义务及于承租人,因而,在出卖人违约的情况下,承租人可直接请求出卖人承担责任。据此,有学者解释为,该公约的规定旨在赋予承租人索赔权,从性质上看,此种索赔权是基于法律规定产生,而非基于约定产生。赋予承租人对出卖人的法定请求权,这既方便了出租人,也有利于保护承租人的利益,便利承租人的权利救济。[28] 此种观点不无道理。笔者认为,《合同法》的上述规定确实存在一定的缺陷,因为依照该规定,只有在当事人有约定时,承租人才能享有索赔权。[29] 从反面解释的角度来看,当事人没有约定,承租人就不能取得索赔权。而且,承租人要取得索赔权,需要三方的约定。这显然就严格限制了承租人索赔权的行使。在当事人没有约定的情形,承租人也应当有权向出卖人主张索赔。事实上,我国《合同法》也规定,承租人应当享有与受领标的物有关的买受人权利,与此相一致,其也应当依法享有对出卖人的索赔权。

---

[28] 吴君年、李兰秋:"《国际融资租赁公约》与我国融资租赁法律的比较",载《华东政法学院学报》2001年第5期。

[29] 姬新江等:"论融资租赁合同中承租人的索赔权",载《当代法学》2005年第6期。

一旦当事人在合同中约定了索赔权的转移,承租人享有和出租人同等的权利,也就是说,出租人所享有的所有的索赔权都转移给承租人。如果索赔权已经转移给承租人,承租人就享有类似于买受人的权利,从而可以直接向出卖人请求修理或者交付同条件的替代物。而如果索赔权没有转移给承租人,承租人则不享有类似于买受人的权利,他只能及时通知出租人,出租人再向出卖人主张权利,如请求修理或者交付同类的替代物。

在承租人行使索赔权的情形下,融资租赁合同继续有效。如果出租人已移转租赁物的索赔权给承租人,承租人拒绝受领租赁物的,应当及时通知出卖人在合理期限内修复或者交付同类替代物,这实际上属于实际履行的救济方式。此时,融资租赁合同应继续履行。但由此而导致租赁物交付迟延的,承租人可以向出卖人请求赔偿。如果出租人未移转租赁物索赔权给承租人的,承租人拒绝受领租赁物,应及时通知出租人。出租人应当通知出卖人在合理期限内修复或者交付同类替代物,融资租赁合同继续履行。由此而导致货物交付迟延的,出卖人和出租人共同对承租人承担责任。

六、融资租赁合同中对解除权的限制

融资租赁合同是为了承租人对租赁物的长期使用而订立的合同,为了实现融资租赁合同的缔约目的,就应当保持租赁物的利用关系的稳定性。这也决定了,对于此类合同的解除应当有比较严格的限制。从比较法上来看,各国法律对融资租赁合同的解除都有比较严格的限制,不适用一般的合同解除事由。美国《统一商法典》新增第二编第 2A－407 条规定:“如果合同不是消费租赁而是融资租赁……则承租人在租赁合同中作出的承诺在没有得到接受承诺一方同意的情况下不能取消、终止、修改、拒绝履行、免予履行或替代履行。”《国际融资租赁公约》第 10 条规定了中途解约之禁止:“1. 供货商根据供货协议所承担的义务亦应及于承租人。如同承租人是该协议的当事人而且设备是直接交付给承租人一样。但是,供货商不应因为同一损害同时对出租人和承租人负责。2. 本条不应使承租人有权不经出租人同意终止或撤销供货协议。”这些经验值得借鉴。

我国《合同法》对融资租赁合同的解约没有严格限定,笔者认为,虽然《合同法》没有规定,但是考虑到此类合同的特殊性以及比较法上经验的借鉴,应当认可限制合同解除的规则。之所以在融资租赁合同中,关于合同的解除通常有严格的限制,是从当事人双方的利益考虑的,主要理由在于:

第一,因为租赁物是按照承租人的要求购买的,并不是以出租人的需求为出发点购买的。所以,如果承租人可以任意解除合同,租赁物就回归出租人,而出租人实际上不需要该物。所以,如果允许融资租赁合同随意解除,就可能导致租赁物的闲置,从而损害出租人的利益。

第二,出租人已经为租赁物的购买投入了大量的成本,如果承租人任意解除,会严重影响出租人的利益。因为出租人购买租赁物所需资金除自有资金外,绝大部分是来自第三者的融资(如从银行贷款),且出租人还要投入各种税收、保险费、手续费等,在固定租赁期间采用租金形式分期偿还。出租人需从承租人支付的租金中偿还其从第三者手中融资所需支付的本息,如果允许承租人单方解约,则出租人就很难收回投入的资金,更难偿付融资本息及其他资金成本。[30] 所以,如果融资租赁合同的解除不受到严格限制,就可能因承租人解除合同而导致一系列的连锁反应,给相关当事人都带来不利影响。

第三,从承租人的角度考虑,如果合同的解除不受严格限制,也可能给其造成重大不利影响。融资租赁是一项以融物为手段、以融资为目的的业务,它可以缓解承租人缺乏资金又难以获得贷款的困难。在合同签订前,承租人可能已做好生产准备,对租赁物件使用的配套设施也可能投入了相当的资金。在租赁物交付之后,承租人要将其投入到生产经营活动之中,如果出租人解除合同的权利不受严格限制,承租人的生产经营计划

---

[30] 高圣平、乐沸涛:《融资租赁登记与取回权》,当代中国出版社2007年版,第12页。

将被打乱,可能使承租人蒙受极大损失。

所以,许多学者认为,从融资租赁合同的法律性质及其经济目的看,禁止中途解约是有其合理性的。禁止中途解约是相对于任意解约而言的。如双方协商解约,也应允许。[31] 在没有特别约定的情形,原则上如果没有正当的理由,不应允许当事人解除合同。在这个意义上,融资租赁合同的解除事由在解释上应当作严格限制,尤其是对《合同法》第94条所规定的根本违约的情形要作严格限定。

从比较法上来看,融资租赁合同的性质必然要求禁止中途解约。我国《合同法》对此没有作出明确规定,从实践来看,应当鼓励当事人订立此种条款。所谓中途解约禁止条款,是指出租人和承租人约定,在融资租赁合同存续期间,双方都不得任意解除合同。融资租赁合同是长期性、继续性的合同,出租人是按照承租人的指定购买租赁物,而非基于自己的需要购买,而且也很难向其他人出租。如果融资租赁合同中途被解约,对于出租人来说,在取回标的物以后,难以实现其使用价值,可能造成资源浪费。所以,在融资租赁合同中,当事人需要特别约定禁止中途解约。通过规定中途解约禁止条款,对于承租人而言,就能够保证其对标的物享有长期稳定的使用权;对于出租人而言,因为禁止中途解约,就不会使其遭受标的物浪费的损失。需要讨论的是,如果当事人约定了中途解约禁止条款,是否实际上排除了《合同法》第94条关于法定解除权的适用?换言之,《合同法》第94条是否可以通过当事人合意加以排除?笔者认为,《合同法》第94条的规定属于任意性规定,如果当事人有特别约定,就不能适用该条的规定。因而,如果当事人约定了中途解约禁止条款,就排除了《合同法》第94条的适用。这就是说,如果当事人约定了该条款,即便发生了一方根本违约的情形,另一方也不得随意解除合同。

---

[31] 梁慧星:"融资性租赁契约法律性质论",载《法学研究》1992年第4期。

七、融资租赁合同期限届满后所有权的归属关系

(一)租赁物的所有权原则上归属于出租人

融资租赁合同是设定债权性使用权的合同,其应当有一定的期限,否则,与该合同的性质相悖。不过,在融资租赁合同届满之后,租赁物如何归属,在比较法上有不同的做法。《合同法》第250条规定:"出租人和承租人可以约定租赁期限届满租赁物的归属。对租赁物的归属没有约定或者约定不明确,依照本法第六十一条的规定仍不能确定的,租赁物的所有权归出租人。"可见,融资租赁合同期限届满后租赁物所有权的归属,原则上应当依当事人约定来确定,如无约定则一般归出租人所有。具体来说,确定所有权的归属应当采用如下两项规则:

1. 依据约定确定归属。依据《合同法》第250条的规定,当事人可以约定租赁期限届满后租赁物的归属。因为租赁物经过长期使用,其可能几乎没有剩余的价值,尤其考虑到它是根据承租人的特殊需要而购买的,对于出租人而言,可能无法使用。如果在当事人对租赁物的归属没有约定或者约定不明确的情况下,应当依据《合同法》第61条的规定确定租赁物归属。依据该条规定,一是要由当事人达成补充协议;二是如果不能达成补充协议,按照合同有关条款和交易习惯确定。例如,如果合同中相关条款规定为:"租赁期满,双方没有约定,合同自动续期。"据此可以解释为,允许承租人继续承租,则在租赁物归属上可以理解为,出租人保留所有权。

2. 没有约定或者约定不明确,租赁物的所有权归出租人。约定是对租赁物归属的特殊安排,在没有约定时,租赁物的所有权归出租人。这一规则也是符合国际通行做法的。例如,《国际融资租赁公约》第9条第2款规定:"当租赁协议终止时,承租人应将处于前款规定状态的设备退还给出租人,除非承租人行使权利购买设备或继续为租赁而持有设备。"因为在融资租赁合同中,出租人并没有将租赁物的所有权转让给承租人。承

租人虽然依照租赁合同享有对租赁物的占有、使用和收益的权能，但是处分的权能仍然由租赁物的所有权人即出租人享有。如果在租赁期间内，承租人没有经过出租人的同意，将租赁物转让、抵押、出租等，都构成对出租人权利的侵害。如果租赁物附合于其他动产、不动产上时，将可能改变出租人对租赁物享有的权利。租赁物附合后的动产、不动产转让时，在租赁物价值范围内的转让价款归出租人。

正是因为在没有约定时，租赁物的所有权归属于出租人，所以租赁期限届满后，承租人应当负有返还义务。租赁物的返还义务是承租人依据合同应当负有的义务。当然，出租人也可以依据其所有权而行使所有物返还请求权。承租人应当将租赁物以其交付使用时的状态返还给出租人（合理损耗除外），如果租赁物已经因添附而发生改变，则应当依据添附的规则确定物的归属，再明确是否返还租赁物。

需要指出的是，在融资租赁合同订立前，双方当事人是否可以通过合同约定，由出租人向承租人转让所有权于承租人？对此，两大法系的规定并不完全相同：一是赞成说。在许多大陆法系国家（如法国），允许当事人在合同中设立提前转让所有权的协议。[32] 二是反对说。在英美法系国家，大多禁止当事人作出此种规定。例如，美国《统一商法典》规定，凡出现承租人有权不支付额外对价，或者仅支付名义对价续租，或者购买租赁物件的条款的，任何合同都不属于租赁合同，而应视为有担保利益的其他合同，如买卖或贷款。笔者认为，如果当事人事先约定出租人转移所有权给承租人，并非导致合同无效，但是，该合同在性质上已经发生了改变，不再属于融资租赁合同，而属于分期付款买卖合同。因为融资租赁合同的根本特点在于其属于租赁，即出租人保留所有权，而承租人仅仅只是享有对标的物的占有和使用权。如果标的物的所有权在合同订立时就已经转移给了承租人，则在性质上转化为买卖。即便当事人在合同中约定的是“租金”，但实际上，其属于价金而非租金。因此，当事人提前约定转移所有权，就使得该合同转化为分期付款买卖合同。

---

[32] 李鲁阳主编：《融资租赁若干问题研究和借鉴》，当代中国出版社2007年版，第49页。

(二)在融资租赁合同期限届满后所有权归属的确定方法

在融资租赁合同期限届满之后,当事人可以约定租赁物的归属。毕竟融资租赁合同已经终止,此种约定不会对合同的性质产生影响。尤其是就融资租赁合同而言,重新确定租赁物的归属更有必要。因为在融资租赁合同中,租赁物是按照承租人的指定购买的,对出租人本无利用价值,而且融资租赁的主要目的是融资,出租人无意再将其取回利用,所以出租人与承租人协商确定租赁物的归属可以实现双方的利益。在融资租赁合同期限届满后,当事人一般采用"退租、续租、留购"等方法来确定所有权的归属,具体而言:

1. 退租。是指在融资租赁合同期限届满后,承租人将租赁物返还给出租人。由此可见,退租是合同期限届满之后,合同权利义务终止所产生的效果。

2. 续租。在租赁期限届满以后,承租人可以与出租人协商,以确定是否延长租赁期限。如果延长租赁期限,则该合同继续有效,只不过,租赁期限将要延长。

3. 留购。是指承租人与出租人协商通过支付一定价款的方式以取得租赁物的所有权。从实践来看,承租人往往支付名义性的价款,就可以获得租赁物的所有权。应当看到,在融资租赁合同期限届满后,出租人虽然依法享有所有权,但其所有权主要具有担保租金债权实现的功能,一旦承租人不支付租金,出租人享有取回权,从而担保租金债权的实现。[33] 在租赁期限届满以后,租赁物对出租人已没有利用价值,还不如留在承租人手上以发挥其应有的作用。在期满之后如果返还租赁物,该物对于出租人的意义不大,所以可以协商处理,转让给承租人。

在融资租赁合同中,由于租赁期限届满后,承租人有三种选择权以确定租赁物所有权的归属,这显然与分期付款买卖不同。在分期付款买卖中,买受人有权获得标的物所有权的期待权,在支付最后一笔价款后即获得标的物所有权。[34] 通常来说,究竟采取何种方式,由当事人协商。如果

---

[33] 王轶:《租赁合同·融资租赁合同》,法律出版社1999年版,第167页。

[34] 李鲁阳主编:《融资租赁若干问题研究和借鉴》,当代中国出版社2007年版,第23页。

没有特别的约定,则合同因期限届满而终止。

(三)租赁物价值的部分返还

租赁物价值的部分返还,是指在当事人约定了租赁期限届满租赁物归承租人所有,期满之前出租人解除合同,应当返还租赁物与债权额之差。《合同法》第 249 条规定:“当事人约定租赁期间届满租赁物归承租人所有,承租人已经支付大部分租金,但无力支付剩余租金,出租人因此解除合同收回租赁物的,收回的租赁物的价值超过承租人欠付的租金以及其他费用的,承租人可以要求部分返还。”在此情形下,出租人因为合同的解除,获得了超出其合同约定的利益,此种利益称为“中途解约而取得的利益”。如果此种利益完全归出租人,将使得出租人和承租人之间利益失衡。如果合同约定租期届满后租赁物归承租人的,租金通常高于平均水平,在分期支付的过程中,其可能因一时资金周转困难或经营不善而无力继续支付。但是,毕竟承租人已经支付了大部分,如果仅仅因一时不能支付,而使其无法最终获得租赁物,对承租人损失较大。出租人收回租赁物后,其取得了租赁物的所有权。同时,租赁合同的解除,就使得出租人取得了大部分租金,而承租人交付租金,又不能获得租赁物,出租人就取得了其不应获得的利益。如果当事人约定了清算条款,则可以依据约定进行清算。但是,如果当事人没有相关的约定,则应当适用《合同法》第 249 条的规定,允许承租人可以请求部分返还。

依据《合同法》第 249 条,租赁物价值的部分返还应当满足如下要件:第一,当事人约定租赁期间届满租赁物归承租人所有。这就是说,当事人已经作出了特别约定,租赁期限届满后排除了出租人享有所有权。此时,考虑到期满后要将所有权移转给承租人,租金通常较高,才有可能发生租赁物的剩余价值如何处理的问题。如果租赁物归出租人所有,则没有设立这一规则的必要。第二,承租人已经支付了大部分租金,但无力支付剩余租金。如果承租人已经支付了全部租金,则出租人不可能解除合同;而如果承租人支付的租金较少,解除合同后承租人的实际损失不大,这两种情形都没有适用该规则的必要。第三,出租人行使解除合同的权利,并收回租赁物。出租人收回租赁物以解除融资租赁合同为前提,而且根据本条规定，出租人解除合同的原因是承租人欠付租金。如果融资租赁合同没有解除，出租人不可能收回租赁物，也不可能返还租赁物的部分价值。第四，收回的租赁物的价值超过承租人所负的债务。在融资租赁合同解除之后，出租人就可以要求承租人返还租赁物。出租人收回租赁物的主要目的是保障其债权的实现。但是，其收回的租赁物的价值如果超过承租人欠付的租金以及其他费用的，承租人可以要求部分返还。这实际上是不当得利返还制度的具体化。[35]

八、出租人不承担瑕疵担保责任

所谓瑕疵担保义务，是指出租人应当保证其享有出租租赁物的权利以及租赁物的质量能够满足合同约定的租赁目的。就一般租赁合同而言，出租人应负有瑕疵担保义务。[36] 出租人应保证租赁物的质量，如果合同约定了租赁物的特定用途的，租赁物也应当符合该用途。如果合同没有对租赁物的用途作出约定的，则出租人应当保证租赁物具有通常的作用。但在融资租赁合同中，出租人并不负有此种瑕疵担保责任，这也是融资租赁合同与一般租赁合同在效力上的重要区别。

《合同法》第 244 条规定："租赁物不符合约定或者不符合使用目的的，出租人不承担责任，但承租人依赖出租人的技能确定租赁物或者出租人干预选择租赁物的除外"。该条规定实际上确认了出租人免于承担瑕疵担保责任。法律作出此种规定的理由主要在于：第一，原则上，出租人是按照承租人的选择来购买租赁物；换言之，出租人是为了承租人而特别订购的，租赁物的质量等都是承租人自己选择的结果，因此，承租人应当承担自己的选择的后果。第二，承租人可以通过行使其向出卖人索赔的

---

[35] 王轶编著：《租赁合同·融资租赁合同》，法律出版社 1999 年版，第 160 页。

[36] 《合同法》第 216 条规定："出租人应当按照约定将租赁物交付承租人，并在租赁期间保持租赁物符合约定的用途。"该条实际上确立了出租人的物的瑕疵担保义务，具体来说，这种义务就是指出租人应当保证租赁物具有符合约定的用途。

权利来保障其权益。依据法律规定,出租人已经移转了向出卖人索赔的权利。如果发现租赁物存在瑕疵,承租人可以及时向出卖人主张索赔,从而维护承租人的利益。即使出租人不承担瑕疵担保责任,也不会损害承租人的权益。㊲ 第三,依据法律规定,承租人享有受领标的物的权利。既然承租人享有受领租赁物的权利,其应当承担验货的义务,发现瑕疵应当及时提出,而出租人没有参与这一过程,也就不应当要求其承担过重的义务。第四,融资租赁合同的性质是融资。出租人订立该合同的目的主要是收取租金,在承租人确定了标的物之后,其一般也不会也不必考虑标的物的性质。所以,也不可能要求其承担瑕疵担保责任。第五,出卖人承担自己所交付标的物的瑕疵担保责任,这才足以保证承租人的利益且符合《合同法》关于买卖合同的基本规则。在《合同法》上,出卖人负有瑕疵担保义务。只不过在融资租赁中,买卖合同的出卖人不是向买受人担保此项义务,而是依约定向租赁物的占有者、使用者即承租人承担。㊳ 第六,《合同法》作出此种规定也符合国际上通行的做法。例如,《国际融资租赁公约》第8条第1款规定:"除本公约或租赁协议另有规定外,出租人不应对承租人承担设备方面的任何责任,除非承租人由于依赖出租人的技能和判断以及出租人干预选择供应商或设备规格而受到损失。"出租人不承担瑕疵担保责任,符合国际通行的惯例。

依据《合同法》第244条的规定,出租人不承担瑕疵担保责任规则的适用条件是:第一,租赁物已经交付给承租人。如果租赁物没有交付给承租人,而交付给了出租人,一旦标的物出现瑕疵,应当由出卖人向出租人负责,显然不适用该规则。第二,租赁物不符合约定或者不符合使用目的。这又分为两种情况:一是租赁物不符合约定。这就是说,只要出卖人向承租人交付的标的物不符合约定,出租人都不负责。此处所说的不符合约定,是指买卖合同中的约定。二是不符合使用目的的。这通常是指买卖合同没有对租赁物作出约定的,应当考虑其使用目的来确定。从法律

㊲ 魏耀荣等:《中华人民共和国合同法释义(分则)》,中国法制出版社2000年版,第256页。

㊳ 马思萍:"论融资租赁合同的基本特征",载《当代法学》1999年第6期。

上看,此处规定了出卖人的默示担保义务。所以,我国《合同法》规定的适用范围是很宽泛的。第三,不存在承租人依赖出租人的技能确定租赁物或者出租人干预选择租赁物的情况。所谓依赖出租人的技能确定租赁物,是指在出租人和出卖人订立买卖合同时,租赁物的确定是借助于出租人的专业知识、经验等而确定的。出租人并非不了解标的物的情况,而且,承租人是基于对出租人的信赖确定了租赁物。所谓出租人干预选择租赁物,就是指在选购租赁物的过程中,出租人影响了承租人选择租赁物,导致承租人不能按照自己的意愿选择租赁物。例如,融资租赁公司影响承租人,要求其购买自己关联企业的产品,最终该产品不符合使用目的。[39]

此外,还应当看到,在融资租赁合同中,存在着租赁物对第三人侵权的出租人免责规则。所谓对第三人的侵权责任,是指因租赁物本身及其设置、使用、保管等造成第三人的财产损害或者人身伤害而应当承担的责任。我国《合同法》第246条规定:“承租人占有租赁物期间,租赁物造成第三人的人身伤害或者财产损害的,出租人不承担责任。”据此,在融资租赁关系存在期间内,租赁物造成第三人损害的,出租人免责。法律作出此种规定的原因在于:一方面,由于承租人对租赁物具有完全的控制力,因此如果发生第三人侵权,应当由承租人承担责任;另一方面,由承租人承担责任,有利于风险的防范。因为在融资租赁中,租赁物处于承租人的占有之下,由承租人承担责任有利于督促其更好地保管、使用租赁物,避免租赁物的使用给其他人造成损害。由于承租人是风险的实际控制人,由其负责更有利于督促其防范风险。此外,由承租人承担责任,也有利于对第三人的保护。在租赁物对第三人造成损害的情况下,第三人可能难以知晓出租人,但是,其比较容易获悉承租人,而且,受害人向其请求赔偿比较便利。对于一般的租赁而言,特别是对不动产的租赁,是由出租人负担此种损害赔偿责任。

---

[39] 房绍坤、郭明瑞主编:《合同法要义与案例析解(分则)》,中国人民大学出版社2001年版,第253页。

九、结语

著名国际租赁专家阿曼波先生认为,“融资租赁是当今世界上最具生机与活力的产业之一。它为设备及不动产融资提供了便利。它刺激了经济的发展、扩大了就业而且增加了税收。它影响着我们生活的每一部分,因为它涵盖了汽车、家具、飞机、厨房设备、电脑、通讯设备以及医院设备”。[40] 据不完全统计,截至2007年,我国融资租赁业累计引进外资约70亿美元,累计租赁业务达1900亿元人民币。[41] 而截止到2010年,我国融资租赁业务总量已经达到了7200亿元人民币。[42] 融资租赁交易涉及民商法、税法、会计法、监管法等诸多领域,而且,随着我国融资租赁业的发展,出现了很多新问题。但是,从我国理论研究的现状来看,无论是基础理论还是具体制度规则的研究,都还有待进一步深入。笔者从我国融资租赁合同制度入手,探讨理论与实践中的重要问题,希望能够引起学界的进一步关注,以期推动理论的发展和我国融资租赁立法的完善。

---

⑩ Sudhir P. Amembal, *International Leasing: the Complete Guide*, Volume one p. 5. 2000 Amembal and Amembal, V. S. A.

⑪ 欧阳卫民主编:《中国金融融资租赁业的现状和出路》,中国金融出版社2000年版,第20页。

⑫ “2010年金融租赁行业风险分析报告”,载http://doc.mbalib.com/view/,最后访问时间2011年4月2日。

民商法研究(第四辑)
第 437 ~447 页

独立保证的相关问题探讨*

一般保证合同中,保证人的保证责任具有从属性,其以主合同的成立和存在为前提,在国际贸易中,由于各国对合同效力的认定不同,固守保证合同的从属性可能不利于发挥保证制度的功能,也妨碍了保证制度在融资方面所应有的作用,因此,独立保证的产生具有其必然性。然而,有关独立保证的特点、存在的合理性以及适用范围等问题,仍有必要做进一步探讨。本文拟对此谈几点看法。

一、独立保证的概念和特征

独立保证,也称为见索即付的担保、见索即付、备用信用证、无条件或不可撤销的担保,它是指与主合同之间不具有从属关系的保证。① 一般而言,保证合同是为担保主合同的履行而订立的,它以主合同的成立和存在为前提,保证合同是从属于主合同的法律关系,

* 本文原著于 2001 年,后收录于拙作《合同法研究》(第 4 卷),中国人民大学出版社 2013 年版。

① Bertram, *Bank Guarantees in International Trade*, Kluwer Law International 2004, p. 11.

不能与主合同相脱离，主合同的效力直接决定了保证合同的效力。但独立保证却不同，它突破了保证合同从属性的规则，即保证合同的效力不受主合同效力的影响。保证合同生效后，保证人只需审查附单据索赔是否符合保函文本的规定，而不对基础交易是否实际违约进行判断，因此保证人负有凭相符交单的独立付款义务。在国际贸易中，当事人经常运用独立保证。例如，当事人在合同中约定"该保证为不附任何条件和不可撤销的"或约定"本保证是保证人向债权人作出的独立的保证，该保证不因主合同无效而无效，保证人在该保函项下的保证人责任和保证责任的履行不因基础合同即借款合同的任何原因和抗辩而减弱、减少、减免和免除"，在这些约定中，当事人都对保证责任的独立性作出了约定，即在主债务人不履行债务时，只要债权人提出承担保证责任的请求，不论主合同效力如何，保证人都应当立即承担保证责任。

国际贸易中的"见索即付"是否属于独立保证？对此存在不同看法。所谓见索即付，通常是指受益人凭在保函有效期内提交的符合保函条件的要求书，以及保函规定的任何其他单据，请求担保人支付款项。见索即付是一种独立的担保方式，通常适用于国际贷物买卖。《联合国独立保证与备用信用证公约》指出，独立保证"在国际惯例中称之为独立担保或备用信用证，此种承诺系由银行或其他机构或个人作出，保证当提出见索即付要求时，或随同其他单据提出付款要求，表明或示意因发生了履行义务方面的违约事件，或因另一偶发事件，或索还借支或垫付款项，或由委托人/申请人或另一人的欠款到期而应作出支付时，即根据承保条款和任何跟单条件，向受益人支付一笔确定的或可确定数额的款项"。这一立法将见索即付纳入独立保证之中。笔者认为，见索即付属于独立保证的类型，因为其符合独立保证的特点。为在交易中准确认定独立保证，有必要对独立保证的特点进行探讨。一般而言，独立保证主要具有如下特点：

1. 排除了保证合同中的从属性规则。与一般保证不同，保证人责任的成立以主债务成立并生效为前提，主债务不成立或者无效，则保证合同无效，与主债务合同相比，保证合同在效力上具有从属性。而在独立保证中，保证人的责任具有一定的独立性，独立担保的主要特点在于排除了保证合同中的从属性规则,[②]但独立保证并非与主债务无任何关联。一方面,独立担保合同作为主合同的担保,其成立以主债务的成立为前提,如果主债务不存在,则担保就失去了存在的依据;另一方面,在功能上,独立担保的目的在于担保主债务的履行,如果主债务已经因履行而消灭,也不可能再要求担保人承担责任。此外,保证人承担义务的前提是主债务人的违约行为,如果主债务人已经履行债务,则债权人不得再请求保证人履行义务。所以,从这个意义上说,独立保证的效力并非绝对独立于主债务,只不过其部分排除了保证合同的从属性规则,这种排除主要表现在:

第一,不存在效力上的从属性。虽然独立保证的成立应当以主债务成立为前提,但独立保证合同的效力独立于主债务合同。也就是说,独立保证在效力上不受主债务效力的影响。独立保证的保证债务并不以主合同有效为存在前提,即使主债务被撤销,保证合同仍然有效,在主债务移转的情形,保证人仍要在担保的范围内承担责任。[③] 独立保证一旦生效,通常都是不可撤销的,任何一方都不能单方面的撤销合同或解除合同。即便主债权人允许债务人转让其债务,保证人也不能免于承担责任。

第二,排除了抗辩权上的从属性。在一般保证中,在债权人违约的情形下,债务人享有同时履行抗辩等各种抗辩权,保证人也可以以此对抗债权人。也就是说,保证人享有主债务人可以对债权人主张的抗辩权。但在独立保证中,其核心是保证人要严格按照文本(保函或备用信用证)所约定的条件付款,保证人不能以主债务人对债权人享有的抗辩对抗债权人,其主要体现在:保证人不得行使主债务人享有的抗辩权。在主合同中,债务人可能享有多种抗辩权,如不安抗辩权、先履行抗辩权、同时履行抗辩权等,在主债务人行使上述抗辩权的情形下,即使主债务人没有按照约定履行债务,也不构成违约[④],保证人也可以行使主债务人享有的抗辩权;但就独立保证合同而言,保证人的责任具有一定的独立性,其不得向债权人

---

② 李燕:《独立担保法律制度》,中国检察出版社 2004 年版,第 338 页。

③ 曹士兵:《中国担保诸问题的解决与展望》,中国法制出版社 2001 年版,第 23 页。

④ 沈达明编著:《法国/德国担保法》,中国法制出版社 2000,第 61 页。

主张主债务人所享有的抗辩权。[5]

2. 排除了先诉抗辩权。在一般保证中,保证人享有先诉抗辩权,即如果债权人不先向主债务人提出履行债务的请求,则保证人有权拒绝债权人请求其承担保证责任的请求。但在独立保证中,保证人并不享有先诉抗辩权,只要独立保证合同生效,保证人就应当依据保证合同的约定承担付款义务,而不考虑主债务人是否作出了清偿。在独立保证的情形下,只要单证相符且不存在欺诈,独立保证人都必须无条件地承担保证责任。保证人不需要审查主合同当事人之间基础关系的有效性。在付款之前也不需要考虑主合同有效无效、是否实际违约、是否已经履行完毕等问题,从而根据单证审查结果即承担付款义务。在付款之后,可以进一步就这些问题进行争议,但这不影响保证人义务的履行。这就是所谓"先付款,后争论"(pay first, argue later)的机制。一般而言,此种做法比较有利于保护债权人的利益,但这并不意味着债权人一方可以随意索赔。[6] 债权人索赔不得违反基础交易合同以及保证合同的约定,基础交易合同以及保证合同会对债权人所申请的保证范围、索赔的条件以及债权人应该履行的义务等作出规范,如果受益人违反基础交易合同或者保证合同的约定索赔,则保证人有权拒绝,同时,主债务人或者保证人也可以请求债权人返还不当得利。[7]

3. 存在对付款金额的限定。在独立保证中,通常要有确定的或可确定的金额。在该金额范围内,独立保证人负有保证的义务。但保证金额并非与主合同毫无关联,其还是来源于主合同,当事人往往约定不超过主合同金额的一定比例。当事人为了降低风险,通常会直接在文本中明确界定责任。无论主合同有效无效,独立保证人都在此金额范围内承担责任。但独立保证只是意味着付款义务具有独立性,但并非意味着付款义务是绝

---

⑤ 刘青峰、李长军:"传统担保制度的反叛:独立保证制度研究",载《法律适用》2004年第3期。

⑥ Dr. Jens Nielsen, Nicolai Nielsen, *The German Bank Guarantee Lessons to Be Drawn for China*(*unpublished*), p. 2.

⑦ 请参考美国商法典有关条文(UCCArticle 5 1995 revisionSection 5 - 11 (WARRANTIES)).

对的。如果单证不符,独立保证人有权拒绝支付;如果主合同当事人存在欺诈(主要是债权人欺诈),担保人有权拒绝付款。同时,债务人和担保人也有权向法院申请中止付款。这主要是因为独立保证的风险太大,要通过该制度适当减轻保证人的付款义务,其最终也有利于保护债务人。

4.具有要式性。独立保证都具有书面性的特点,我国《担保法》第13条规定了担保合同应当以书面形式订立,该条规定同样适用于独立保证合同,不论是见索即付还是备用信用证,都必须具有书面形式。法律规定独立担保合同应当具有要式性,一方面是为了明确保证人的保证义务范围,避免纠纷的发生,独立担保必须要由保证人特别承诺,否则,在法律上不能给其强加此种责任。[8] 另一方面,由于债权人请求保证人承担保证责任时需要提供相关的单据等材料,因此,要求独立保证合同具备书面形式,也有利于债权人主张请求保证人承担保证责任。

从我国现行法律相关规定来看,并没有对独立保证的适用范围作出明确的限定,依据《担保法》第5条的规定,"担保合同另有约定,按照约定"。如何理解此处所说的"另有约定"?一种观点认为,我国《担保法》实际上承认当事人可以通过约定而改变从属性规则。只要当事人在合同约定担保合同效力不受主合同效力影响,则法律上应承认约定的效力。[9] 另一种观点认为,"另有约定"并不意味着要改变从属性规则,而只是允许当事人可以就违约责任作出特别安排。在担保法司法解释起草的过程中,对独立担保的问题曾经也经过讨论,但司法解释最终并没有对此作出规定。《担保法司法解释》第6条第5项规定:"(五)主合同变更或者债权人将对外担保合同项下的权利转让,未经担保人同意和国家有关主管部门批准的,担保人不再承担担保责任。但法律、法规另有规定的除外。"这就意味着,即使是在对外担保中,仍然不承认独立担保,保持着担保的传统特点,维持了保证合同的从属性。笔者认为,从《担保法》第5条的体系解释来

---

⑧ 高圣平:《保证合同重点疑点难点问题判解研究》,人民法院出版社2005年版,第16页。

⑨ 张晓君:"无效保证合同的认定和责任问题",载《现代法学》2000年第1期。

看,“另有约定”可以理解为是对独立担保的认可。⑩《担保法》起草者也认为,所谓“担保合同另有约定的,按照约定”是一个灵活的规定,其目的就是给独立保证留下合法的空间。⑪

二、关于独立保证的适用范围

但关于独立保证的适用范围,主要有两种不同的观点:一种观点认为,独立保证应当普遍适用于国际贸易和国内贸易;另一种观点认为,独立保证仅适用于国际贸易,而不适用于国内贸易。如有学者认为,当事人虽然可以在国内贸易中也可以订立独立保证合同,但当事人关于保证独立性的约定无效,保证合同仍具有从属性,其并不属于独立保证。⑫ 从我国司法实践来看,一般也将独立保证的适用范围限于国际贸易,国内贸易中并不适用独立保证。2000 年,在上诉人意大利商业银行与被上诉人江苏溧阳莎菲特非制造有限公司等购销合同不能交货纠纷案中,最高人民法院首次确认了国际见索即付保函的有效性。⑬ 在“湖南机械进出口公司、海南国际租赁公司与宁波东方投资公司代理进口合同案”⑭中,最高人民法院认为:“担保合同中虽然有本担保函不因委托人的原因导致代理进口协议书无效而失去担保责任的约定,但在国内民事活动中不应采取此种独立保函方式,因此该约定无效。”可见,最高人民法院明确认可了国际见索即付保函的效力,在一定程度上承认了独立担保的效力。

笔者认为,从独立保证的功能来看,其主要目的是解决国际贸易各国对合同效力等认定不同而可能产生的纠纷,独立担保作为一种新型担保方式,是近代经济交往活动的产物。尤其是 20 世纪中期以来,随着经济全球化的发展,国际贸易日益频繁,传统保证方式适用于国际贸易遇到了一

⑩ 曹士兵:《中国担保诸问题的解决与展望》,中国法制出版社 2001 年版,第 35 页。

⑪ 孙礼海主编:《担保法释义》,法律出版社 2000 年版,第 6 页。

⑫ 刘贵祥:“独立保函纠纷法律适用刍议”,载《人民法院报》2009 年 6 月 25 日版。

⑬ 最高人民法院(1998)经终字第 289 号民事判决书。

⑭ 民事判决书(1998)经终字第 184 号。

定障碍(如判断基础合同和保证合同的效力以及责任承担的成本较高等),尤其是因为各国法律规定的不同,导致保证经常遇到无效、可撤销等风险。在此情形下,为了保障国际贸易的顺利进行,必须要采用独立保证的方式,从而满足交易迅捷的需要。例如,在国际贸易中,常常被称为"凭要求即付"(on demand)或"见索即付",由银行出具不可撤销的、无条件支付的保函。无论是独立保函还是备用信用证,一经开出,未经受益人同意,不能修改或解除保函下的相关义务,其效力通常不受基础合同关系的影响,担保人一般不得拒绝付款,至于是否违约,应当在付款之后通过诉讼等方式予以解决。由于在国际贸易中独立保证具有独特的功能,而且随着中国加入世界贸易组织以来,国际交往日益频繁,确有必要承认独立保证。因此,独立保证能够使其所担保的债权获得即时实现。因此,将其适用范围限定为国际贸易,具有一定的合理性。

尤其应当看到,独立担保本身确实存在一定的缺陷:一是独立担保加重了保证人的责任,且独立保函的受益人可能滥用权利或从事其他行为,债权人在未履行义务的情形下,提供虚假单据,声称其已经履行债务或者主张债务人未履行债务,而要求保证人付款,即债权人可能利用独立保证效力的独立性,通过欺诈和滥用权利而获得利益。⑮ 二是可能导致对强行法的规避。因为主合同因违法而被宣告无效,保证人仍然要履行主合同义务,就意味着,主合同仍然继续有效,从而有可能使当事人通过设立独立担保而规避法律的强行性规定,这显然会造成对法秩序的损害。基于这一原因,在相关制度尚不健全和完善的情形下,不宜扩大其适用范围,将其适用范围限定于国际贸易领域是不无道理的。

从今后的发展趋势来看,可以适当扩大独立担保的适用范围。一方面,独立保证存在的效用在于它依靠独立性原则的确立和适用,为当事人提供了一种简化的、与基础交易分离的形式主义的违约救济方式,促使国际交易经济、安全和快捷开展,有力地保障了债权的及时实现;另一方面,由于独立保证具有独立于主债务合同效力的特点,尤其是其主要适用于

---

⑮ 曹士兵:《中国担保诸问题的解决与展望》,中国法制出版社2001年版,第26页。

有关借款等合同关系中,因此其具有一定的融资功能。[16] 例如,有关的经营主体与银行订立委托合同,向银行支付一定的费用,由银行开具保函、备用信用证等,由银行提供不可撤销的付款保证,并由银行提供一定的信用,使其能从市场上获得一定的资金。[17] 即只要债权人出具保函,银行就应当在一定期限内付款,因此其支付的效率较高。[18] 只要债权人提出了相关的保函依据,银行就应当付款,因此,独立保函的流通性较强。此外,引入独立保证制度以后,诚信的债权人可以很便利地实现其债权,但其一旦存在欺诈就被止付。所以,为了要依据独立保函实现其债权,债权人就必须诚实守信地行为,而不能欺诈债务人。因此,独立保证制度的发展,对于培育市场信用具有一定的促进作用。因为这一原因,各国普遍认可了见索即付保函和备用信用证,[19]《联合国独立担保与备用信用证公约》也将独立保证和备用信用证统一进行调整。[20]

笔者认为,独立保证的动因是当事人对风险的自主分配,无必要限制独立保函的运用,虽然独立保证加重了保证人的责任,但毕竟保证人是自愿作出此种保证,从尊重当事人私法自治的角度出发,法律不应当进行过多的干预;而且从实践来看,出具保函或备用信用证的主体主要是银行,其出具保函或备用信用证也往往是其经营活动的一部分,所以其承担较重的责任是以获得对价为前提的,法律上禁止其设立独立保证,反而会限制其经营自由。只要完善欺诈和滥用索赔权止付的规则,就可以克服独立保证所带来的弊端。从各国情况看,债务人已全部履行义务、单据伪造都可以止付,这一经验也是值得我们借鉴的。关于对强行法的规避问题,从现实来看,却有可能存在此种问题。譬如,如果主合同的交易标的为禁止流通物(如枪支弹药),保证合同中不得特别约定其被宣告无效以后,保

---

⑯ 刘青峰、李长军:“传统担保制度的反叛:独立保证制度研究”,载《法律适用》2004 年第 3 期。

⑰ 刘青峰、李长军:“传统担保制度的反叛:独立保证制度研究”,载《法律适用》2004 年第 3 期。

⑱ 李燕:《独立担保法律制度》,中国检察出版社 2004 年版,第 5 页。

⑲ 贺绍奇:《国际金融担保法律理论和实务》,人民法院出版社 2001 年版,第 106 页。

⑳ Georges Affaki & Roy Goode:《国际商会见索即付保函统一规则 URDG758》,中国国际商会,国际商会中国国家委员会译,中国民主法制出版社 2012 年版,第 7 页。

证人可以代债务人进行履行。在此种情形下,如果允许当事人通过合同约定而使保证合同继续有效,实则意味着合同仍可继续获得履行,这实际上是允许当事人运用独立保证规则来规避法律。笔者认为,在此种情况下,不应认可此种独立保证的效力。但通过独立保证制度,约定即便主合同被宣告无效,若违约责任继续存在,则继续担保违约责任的履行,具有一定的合理性。

三、独立保证的效力

独立担保在效力上具有一定的独立性,主要表现在以下几个方面:

(一)付款义务(obligation)的独立性

所谓付款义务的独立性,是指只要单证相符,独立保证人就要承担付款义务。具体而言:独立保证人应当按照文本确定的付款条件(如单证相符)、在保证期间内付款,并应按照文本所确定的金额付款。一方面,无论主债务因何种原因未被履行,只要出现主债务未被履行的情形,债权人无须通过诉讼确定债务人的违约行为,即可直接要求独立保证人承担保证责任,即一旦主债务人不履行债务,保证人应当按照一定的数额赔付,[21]另一方面,主合同是否无效或者被撤销,都不影响保证合同的效力,也不影响保证人的付款义务。独立保证的效力不受一般担保从属性规则的影响,在主债务合同无效或者被撤销时,独立保证合同的效力一般不受影响,这也正是它被称为独立担保的原因之所在。[22] 如果涉及工程的建造,通常需要一个第三方鉴定人作出的鉴定。在此情况下,鉴定意见也要符合文本的规定;否则,独立保证人有权以单证不符为由拒绝付款。独立担保虽然在功能上是为了担保主债务的履行,但自其生效时起,应当认为保证债务在效力上具有相对独立性,保证人不再是次要的、辅助性的和补偿性的责任人,其与主债务人一样,也成为债务的主要责任人之一。

---

[21] 沈达明编著:《法国/德国担保法》,中国法制出版社2000年版,第64页。

[22] 李燕:《独立担保法律制度》,中国检察出版社2004年版,第43页。

需要讨论的是,如果主债务的不履行是由于不可抗力所致,那么独立保证人是否可以以此来对抗债权人?笔者认为,保证人同债权人订立独立保证合同,表明保证人已经同意在任何情况下,只要主债务未被履行,其都愿意承担保证责任。所以即使主债务不履行是由于不可抗力所致,独立保证人仍需承担责任。尤其是独立保证的设立就是为了避免因主合同的纠纷而影响债权人的债权实现,所以主债务的不履行是否是因不可抗力所致,保证人都应当承担保证责任。

(二)抗辩权的受限制性

既然独立保证效力上独立于基础关系,其部分排除从属性,因此,在独立保证中,保证人行使抗辩权要受到严格限制。这主要表现在:原合同债务人依据主债权债务合同所享有的抗辩权,保证人一般不享有。债务人对债权人所享有的抗辩权,如债务人所享有的先履行抗辩权、不履行抗辩权等[23],通常在担保书中约定予以排除。因此,对于债务人享有的抗辩权,独立保证人不得行使。债务人因抗辩权的行使而使其免除责任,并不当然免除保证人的责任。[24] 保证人承担的保证责任是第一位的、独立的,除非有明确约定,不能以主合同债务是否履行作为抗辩事由。

但在独立保证中,并非意味着保证人的责任是绝对的,保证人不存在任何的抗辩权。通常,保证人享有两项抗辩权:一是因单证不符而拒绝付款,在实践中,独立保证人常常以单证不符作为抗辩事由,这也是独立保证人所享有的主要抗辩。二是存在欺诈。如果单据内容虚假或系伪造的,受益人与保函申请人或第三方恶意串通提交内容虚假的单据,没有真实的基础交易关系的;或者受益人提交索赔时,有管辖权的法院或仲裁机构已经作出终局裁决,认定基础交易不存在、无效、解除或终止且债务人并无付款责任的;这也构成保证人的重要抗辩事由,保证人有权要求止付。

独立保证人也享有追偿权,在承担保证责任后,其有权对主债务人进行追偿。在这一点上,独立保证和一般保证没有区别。尤其需要指出的

---

[23] 沈达明编著:《法国/德国担保法》,中国法制出版社2000年版,第61页。

[24] 曹士兵:《中国担保诸问题的解决与展望》,中国法制出版社2001年版,第23页。

是，债务人应无条件地负有偿还保证人所支付金额的义务。在通常情况下，债务人也常常在独立保证人（通常是银行）处存有保证金，作为独立保证人的银行可以从该保证金中直接扣除，从而实现其追偿权。

民商法研究(第四辑)
第448~462页

试论和解协议*

和解协议是合同的一种类型,它是指当事人通过约定,互相让步,以终止争执、解决争议或使法律关系的内容得以确定的协议。① 和解协议就是当事人为了解决争议、确定法律关系的内容。在现代社会,和解协议已经成为化解矛盾和纠纷的一种重要方式②,也是合同法所规定的一类重要的有名合同。本文拟对该合同的若干问题谈一点看法。

一、和解协议是一种独立的有名合同

所谓和解,是指当事人约定,互相让步,以终止争执或排除法律关系不确定状态的合同。和解一词,古已有之。《荀子·王制》中说"和解调通",其意是指宽容、宽和,后引申为平息争端,重归于好。③ 从比较法

---

* 本文原著于2001年,后收录于拙作《合同法研究》(第4卷),中国人民大学出版社2013年版。

① 黄立主编:《民法债编各论》(下),中国政法大学出版社2003年版,第831页。

② 李双元、黄为之:"论和解合同",载《时代法学》2006年第4期。

③ 如《史记·韩信卢绾列传》中说"匈奴冒顿大围信,信数使使胡求和解"。

上看,历来承认和解协议为一项独立的有名合同。早在罗马法中就确认了和解合同,《查士丁尼法典》和《学说汇纂》中都对和解合同作出了规定,14世纪的著名评论法学家巴尔托勒(Bartole)就宣称:“和解是所有合同中最有用的种类之一。”作为《法国民法典》的编纂者之一的佩阿马卢(Preameneu)曾声称:“和解将是解决争议的最巧妙的手段”。[④]《法国民法典》第2044~2058条规定了和解合同。《德国民法典》第779条规定,“合同约定以互相让步的方式,消除当事人对某一法律关系的争执或者不确定性的,在依合同内容作为确定根据的情节不符合实际事实,并且此争执或者不确定性在知悉事实情况时将不会发生的,其合同不生效力。”由此也表明,和解协议本身并不是对原债权债务关系的变更,而形成了一种新的债权债务关系。我国台湾地区“民法”第736条至第738条也对和解进行了规定,其中,第736条规定,“称和解者,谓当事人约定,互相让步,以终止争执或防止争执发生之契约。”在现代社会,和解与仲裁、调解相结合,有效地化解社会矛盾,多元纠纷解决机制(ADR)正逐渐成为纠纷的重要解决方式之一,而在多元化的纠纷解决机制中,和解的地位日益突出。

在我国,有关法律和司法解释历来重视和解协议,并在法律上予以确认。《合同法》第128条规定:“当事人可以通过和解或者调解解决合同争议。当事人不愿和解、调解或者和解、调解不成的,可以根据仲裁协议向仲裁机构申请仲裁。”从合同法的规定来看,虽是将和解作为一种解决争议的方法而加以规定,但和解协议实际上也构成一种特殊的有名合同。我国《民事诉讼法》第230条明确承认了和解协议的效力,并承认和解协议可以作为起诉的依据。最高人民法院1998年6月11日《关于人民法院执行工作若干问题的规定(试行)》规定:“在执行中,双方当事人可以自愿达成和解协议,变更生效法律文书确定的履行义务主体、标的物及其数额、履行期限和履行方式”。因为上述法律以及有关司法解释也对和解协议作出了规定,因此,和解协议是一种有名合同。同时,虽然《合同法》对

④ 周建华:“《法国民法典》中的和解合同”,载《人大法律评论》2012年第1辑。

和解未采用协议的提法,但在学理上,一般都认为和解在本质上不同于一般的民事合同,其不是双方当事人相互对立的意思表示一致的产物,而是一种具有共同指向性的合意,因此,和解协议在性质上是一种共同法律行为。在和解协议中,双方当事人需要相互让步、达成合意,从而实现解决纠纷这一共同目的。例如,在道路上两车发生轻微碰撞,为了尽快解决纠纷、避免道路拥堵,双方可以达成一个和解协议,尽快撤离现场。不过,虽然和解协议是一种共同的法律行为,与一般的民事合同存在一定区别,但其本质上仍是一种协议,在有关合同的订立、履行、变更、解除以及合同的无效等,仍可以适用《合同法》的一般规定。⑤

和解协议以解决争执为目的。所谓争执,是指当事人就某种法律关系的成立、内容、效力等存在争议。只要当事人之间存在争执,就可适用和解,至于客观上法律关系的种类如何,并无限制。⑥ 实践中,争执的表现形式具有多样性,而和解是解决争执的一种方式。和解协议是当事人通过约定,互相让步,以解决争执或防止争执的发生。罗马法谚云,“和解为最适当之强制执行”。⑦ 学理上一般认为,和解是为了解决争执,并消除不明确状态。所谓不明确状态,是指双方的争执在尚未解决之前,双方的法律关系和权利义务内容仍处于不明晰的状态。即使法律关系客观上已经明确,但当事人主观上认为法律关系不明确,则仍属于法律关系不明确的状态。⑧ 针对各种争执或不明确状态,都可以达成和解协议。和解主要是通过当事人对自己权利的处分,及时化解矛盾。

和解协议兼具创设和认定效力,即和解既可能是对原有权利义务内容的认定,也可能创设新的权利义务关系。具体而言,一是认定效力。这就是说,无论和解协议的内容是否为原权利义务关系所有,只要当事人达成和解协议,就对双方当事人都具有约束力。和解协议达成之后,当事人可以直接以该协议向法院请求履行协议所确定的义务内容。同时,对于双

---

⑤ 郑玉波:《民法债编各论》(下),台湾三民书局 1981 年版,第 803 页。
⑥ 郑玉波:《民法债编各论》(下),台湾三民书局 1981 年版,第 804 页。
⑦ 包冰锋:“我国民事诉讼和解制度的反思”,载《西南政法大学学报》2005 年第 6 期。
⑧ 黄立主编:《民法债编各论》(下),中国政法大学出版社 2003 年版,第 833 页。

方当事人而言，在无合法抗辩事由时，都不得以原基础关系向对方当事人提出请求。[9] 因此，在此种意义上，和解协议具有确定效力。二是创设效力。这就是说，当事人应当以和解协议为依据确定各自的权利义务内容。就认定效力而言，和解协议是对当事人所争执的原权利义务关系内容的确定，并不发生否认原基础关系的效力，但就争议事项而言，当事人在达成和解协议后，应当以和解协议直接请求对方履行该义务内容[10]。无论当事人创设新的权利义务内容，或是对原权利义务关系的认定，都是以平等协商为基础而形成的合意。对于当事人所达成的和解协议，应当保护其作为民事合同而具有的拘束力，当事人无正当抗辩事由不得拒绝和解协议的履行。

在现代社会，司法仍然是化解矛盾的主要途径，但因诉讼程序烦琐、持续时间较长、诉讼成本较高，其并不一定是最有效的纠纷解决方式。因此，应当构建以和解、调解和仲裁等为内容的多元化纠纷解决机制。从世界范围来看，多元解决机制已经为各国所广泛采纳。[11] 在当事人发生争议后，应在分清是非的基础上，鼓励沟通、协商和宽容，鼓励当事人互谅互让，通过达成和解协议的方式解决纠纷。尤其需要指出，在现代社会中，人与人之间难免发生各种摩擦和冲突，如果发生争议之后都必须通过诉讼程序来解决，则难免造成司法机关的诉累。在各种解决冲突的纠纷解决方式之中，和解也是一种重要的方式，它通过双方理性对待纠纷、适当作出让步、处分自己权利的方式，起到尽快平和地解决纠纷的作用。从今后的发展趋势来看，由于通过和解解决纠纷的成本较低且迅速快捷，便于从根本上解决纠纷，因此，和解将会在纠纷解决的过程中发挥越来越重要的作用。

---

⑨ 陈自强："民法上和解之效力"，载《政大法学评论》1999 年第 61 期。

⑩ 陈自强："民法上和解之效力"，载《政大法学评论》1999 年第 61 期。

⑪ 杜闻："论 ADR 对重塑我国非诉讼纠纷解决体系的意义"，载《政法论坛》2003 年第 3 期。

二、和解协议的适用范围

如前所述,和解在ADR中发挥着重要的作用,因而,和解在民法上适用的范围是非常宽泛的。和解协议达成的前提是当事人之间存在争执或相关法律关系处于不确定的状态。我国台湾地区学者大多认为,当事人进行和解,既可以是针对当事人之间既存的争执,也可以是为了预防可能发生的争执。[⑫] 笔者认为,仍应以当事人之间存在争执或法律关系处于不确定状态作为和解协议达成的前提,因为只有争执已经发生并存在,才有进行和解的必要。如果当事人之间尚未发生争执,而其针对可能发生的争执达成协议的,应仅视为各自对其权利的处分,而并非和解。当事人之间的争执或者法律关系处于不确定状态具体表现为如下形态:一是法律关系内容的不确定。所谓法律关系内容不确定,主要是指当事人之间就各自的权利、义务等内容存在争议。例如,双方订立买卖合同后,对于出卖人所应的交付货物的数量存在争议等。二是责任承担不确定,即当事人之间就是否应承担具体的责任存在争议。例如,在发生侵权行为后,一方主张侵权责任应由另一方承担,但另一方认为其行为并不构成侵权,也不应承担具体的侵权责任。三是责任的范围不确定。这就是说,当事人之间就承担责任不存在争议,但对于应在何种范围内承担责任以及承担多大的责任,存在争议。例如,某人致他人损害,究竟应赔偿多少金额,双方存在争执。

和解协议的适用范围主要包括如下几个方面:

第一,合同之债。在发生合同争议之后,无论是在合同履行过程中还是合同履行完毕后,无论是在提起诉讼前还是在提起诉讼后,当事人都可以通过达成和解协议的方式解决合同纠纷。如果当事人针对合同纠纷达成和解协议,实际上是在原有合同基础上达成了新的协议。一方不履行

---

⑫ 林诚二:《民法债编各论》(下),中国人民大学出版社2007年版,第196页。

和解协议约定的义务，另一方当事人可以直接依据和解协议的约定请求其承担责任，而无须依据原合同关系请求其承担违约责任。问题在于，如果当事人对原合同内容是否违反法律、行政法规的强制性规定或者公序良俗以及合同效力本身是否存在瑕疵存在争议，是否可以通过和解协议解决此类纠纷？笔者认为，这应当依据具体情形进行判断，如果合同本身已经违法而被宣告无效，但无效的合同仍然存在返还或损害赔偿问题，这些债仍然可以由当事人通过和解解决。如果合同本身违反了法律的强制性规定和公序良俗，则当事人就合同效力达成的和解协议应当无效。凡是，如果合同内容并没有违反法律、行政法规的强制性规定或者公序良俗，只是合同当事人对于合同效力存在不同看法，在不存在无效事由的情况下，此时当事人达成的合同和解协议应属有效。

和解协议也可能是对原合同进行变更，但和解协议与合同的变更仍存在区别。一方面，合同的变更只是使原合同内容发生变更。但和解协议的范围更为宽泛，和解协议既可能是对原合同关系的变更，也可能是对原合同关系的确认。和解在某种程度上并不仅仅是变更权利义务内容。同时，和解在本质上是对自身权利的处分。[13] 但是，在合同变更中，并不涉及权利处分，也可以是在原权利基础上扩大自身的权益。另一方面，合同变更不以当事人之间发生纠纷为前提，在合同履行过程中，只要当事人愿意就合同相关条款作出变更，法律一般应当认可其效力；而当事人达成和解协议一般以解决实际纠纷为目的，因此，和解协议的达成通常以已经发生纠纷为前提，并且以解决该纠纷为目的。

第二，侵权之债。在侵权之债中，只要不违反强行法的规定，都应当允许当事人进行和解。侵权责任以损害赔偿为主要责任形式，关于侵权损害赔偿的数额、支付方式等，均可以通过达成和解协议的方式解决。此外，对于停止侵害、恢复原状等责任形式，也可以通过和解协议约定此类责任的履行时间、方式等内容。通过达成和解协议的方式解决侵权纠纷，

---

[13] 参见蒋学跃："债的更新若干问题探讨"，载《云南大学学报法学版》2004 年第 5 期。

有助于维护社会的和谐与稳定。[14]

第三,其他民事争议。和解协议的适用范围十分宽泛,从争议的性质来说,无论何种性质的法律关系发生争议,都可以通过和解解决,除了合同纠纷和侵权纠纷外,对于其他民事纠纷,如一些无因管理、不当得利、物权纠纷、知识产权纠纷以及婚姻家庭等纠纷,原则上也应当允许当事人通过达成和解协议的方式解决。

和解既可以在诉讼过程中,也可以在诉讼外达成。所谓诉讼外的和解,是指当事人在诉讼之外,通过互相洽商、互相让步,以终止争端、解决争议的协议。[15] 诉讼外的和解又叫庭外和解,它是一种典型的民事合同,许多国家的民法中将其规定为有名合同,表明它与一般的民事合同没有本质的区别。诉讼外的和解本身是作为一种独立的解决争议的方法,其并未通过公权力的介入,而是通过当事人之间的意思加以和解的。而诉讼中的和解,又称庭内和解,是指当事人在诉讼过程中通过互相让步,在法院作出确定判决之前就相关争议达成的谅解,实现争议解决和争端终止。诉讼中的和解是在诉讼过程中达成的,如果诉讼程序已经终结,则不属于诉讼中的和解。依据《民事诉讼法》第50条规定,"双方当事人可以自行和解。"因此,只要法院尚未作出确定判决,当事人均可以进行和解。和解成立后,当事人所争执的权利即归确定,所抛弃的权利随即消失。一旦当事人达成和解协议,诉讼即宣告终结,因此,诉讼中的和解具有终结诉讼的效力。当事人在诉讼中达成的和解协议,可以结束诉讼程序的全部,也可以仅结束部分诉讼。如果经和解结束全部程序的,可以视为当事人撤销诉讼。

在执行程序中,双方当事人也可以就纠纷的解决达成和解协议,此种协议也被称为执行中的和解。根据《民事诉讼法》的规定,[16]双方当事人一旦达成和解协议,则执行程序应当终止,如果当事人不履行和解协议,则

---

[14] 吴世彬:"论侵权和解协议的效力及对民事诉讼的影响",载《学术交流》2008年第1期。

[15] 汤维建、单国军:《香港民事诉讼法》,河南人民出版社1997年版,第30页。

[16] 参见《民事诉讼法》第230条。

应当恢复原执行程序。《民事诉讼法》第230条规定,“在执行中,双方当事人自行和解达成协议的,执行员应当将协议内容记入笔录,由双方当事人签名或者盖章。”但是,如果在执行和解的达成过程中,申请执行人因受欺诈、胁迫与被执行人达成和解协议,或者当事人不履行和解协议的,依据《民事诉讼法》第230条第2款规定,当事人可以向法院申请继续执行原有的生效判决,从而恢复对原生效法律文书的执行。最高人民法院《关于人民法院执行工作若干问题的规定(试行)》第86条规定:“和解协议一般应当采取书面形式。执行人员应将和解协议副本附卷。无书面协议的,执行人员应将和解协议的内容记入笔录,并由双方当事人签名或盖章。”据此,执行中的和解协议确与一般的和解协议不同,即一般的和解协议没有执行员主持或没有执行员将和解协议的内容记入笔录,一方当事人不履行该和解协议的,也不必恢复对原生效法律文书的执行。但这并不妨碍这种协议本身的效力,当事人可以以和解协议为依据,在法院提起诉讼,请求法院保护债权人基于和解协议所享有的权利。有一些学者认为,构成和解协议必须要符合形式要件的要求,即必须要采取书面形式,必须由执行人员将和解协议的内容记入笔录,必须由双方当事人签名或盖章,否则不能产生法律效力。⑰ 笔者认为,无论是当事人私下达成的和解协议,还是在执行人员主持下达成的和解协议,只要当事人意思表示一致且内容不违反法律和社会公共利益,就应当承认该和解协议的法律效力。只不过,不符合执行和解的形式要件的,并不妨碍将其作为一般的和解协议。当事人在执行过程中,一旦达成和解协议,就发生执行中止的效力⑱,但如果当事人在达成和解协议后,不履行和解协议的,当事人可以申请恢复原有判决的执行。从内容上讲,执行中的和解协议与诉讼中的调解协议大体相同。只不过前者是由当事人通过协商订立,后者是在法院主持

---

⑰ 廖仕梅、廖月顺:“民事执行和解协议效力问题研究”,载《北京理工大学学报》(社会科学版)2004年第2期。

⑱ 最高人民法院1992年7月14日《关于适用〈中华人民共和国民事诉讼法〉若干问题的意见》第267条规定,“申请恢复执行原法律文书,适用民事诉讼法第二百一十九条申请执行期限的规定。申请执行期限因达成执行中的和解协议而中止,其期限自和解协议所定履行期限的最后一日起连续计算。”

下由当事人自愿达成的。前者不具备直接的执行力,而后者具有直接的执行力。[19] 它们基本上都是就终止当事人之间的协议通过相互让步而达成和解。

此外,在刑事案件中,也可以考虑通过和解的方式解决争议。[20] 一方面,刑事案件涉及民事赔偿,对此部分,可以适用和解。因为刑事附带民事赔偿,性质上仍属于侵权损害赔偿关系,可适用私法自治原则,从有利于受害人保护的角度出发,应当允许在刑事领域进行和解。另一方面,对一些情节轻微的自诉案件,应当允许进行和解,因为这些案件中,如侮辱诽谤罪等自诉案件,如果情节并不严重,虽然行为人的行为已侵害被害人的权利,但如果被害人愿意通过和解的方式解决,法律原则上也应当允许。对于国家而言,由于"国家法律秩序……亦为权利提供法律保障,并使权利具有实际的稳定性,这种稳固性对财产和服务的经济交易成为可行以及对经济价值快速和可靠的流转均起着重要的作用。"[21]

总之,通过达成和解协议,双方互谅互让、促进和谐。这不仅有利于尽快解决纠纷,而且能够减少调查取证的费用、聘请律师的费用等诉讼成本,并有效地化解矛盾。

三、和解协议的效力

和解协议的效力的本质究竟为何,主要存在三种观点:一是创设效力说。此种观点认为,和解发生创设效力。所谓创设效力,是指因和解协议而创设新的法律关系,使权利消灭或取得权利。在当事人达成和解协议之后,即使有新的证据证明协议所确定的法律关系与之前的基础关系之间存在不一致,和解的效力也不受影响。[22] 二是认定效力说。此种观点认

---

[19] 徐继军:"论执行和解协议的效力与性质",载《法律适用》2006 年第 9 期。

[20] 于锐:"民法视阈中的刑事和解协议",载《理论与改革》2012 年第 6 期。

[21] [葡]马沙度:《法律及正当论题导论》(第 2 版),黄清薇、杜慧芳译,澳门大学法学院 2007 年版,第 107 页。

[22] 郑玉波:《民法债编各论》(下),台湾三民书局 1981 年版,第 812 页。

为,和解发生认定效力。和解协议的达成只是确认之前的基础法律关系,使其继续存续,而非创设新的法律关系。如果有证据证明和解所确定的法律关系与之前的法律关系不一致的,和解协议应当归为无效。[23] 三是折中说。此种观点认为,和解的效力应当根据和解协议的具体内容而确定,其既可以发生创设效力,也可以发生认定效力。[24] 笔者赞成第三种观点,因为前两种观点都未能全面概括和解的本质,而只是部分地反映了和解的效力。事实上,和解既可能是对原有法律关系的确定,也可能在原有的法律关系的基础上形成一种新的权利义务内容。只要当事人达成和解协议,就应尊重当事人之间的合意。

(一)对当事人双方的效力

和解协议既然是在当事人之间达成的,则其主要应当对当事人产生拘束力,和解协议对当事人的效力主要体现在:

1. 对原法律关系内容的确定

和解协议通常是在原债权债务关系发生争执时达成的,为解决这一争执,需要对原债权债务关系的争议进行确定,具体来说:一是确定原合同关系的内容。例如,双方当事人对原合同应支付的价款、利息、交货的数量、期限以及违约金、损害赔偿金的数额等发生争议,在和解协议中,双方需要重新确定原合同关系的争议。至于法律规定合同当事人所享有的抗辩权、撤销权等,即使当事人不对其作出约定,权利人也应当享有。二是对侵权之债的内容的确定。这主要是指在发生侵权之后,对是否存在侵权行为、是否存在侵权之债的确定,此外,对侵权损害赔偿的数额、精神损害赔偿的数额等进行确定,属于和解协议的内容。三是对其他法律关系内容的确定。例如,在婚姻家庭关系中,双方当事人可以在和解协议中对是否存在扶养义务以及扶养的期限、范围等予以明确,而这些都属于对原法律关系内容的确定。一旦和解协议确定相关法律关系的内容,当事人都应当按照和解协议所约定的内容履行,而不得再行主张变更前的权利义务内容。

---

[23] 史尚宽:《债法各论》,中国政法大学出版社2000年版,第820~821页。

[24] 谭振波:"和解合同的效力",载《河北法学》2012年第10期。

2. 对原债务关系内容的变更

当事人对原来的债权债务关系的内容通过协议加以改变,主要表现为:一是对原给付的减少。如减少原借款合同中的利息数额。二是增加原给付义务的内容。例如,原借款合同只是规定了合同的履行,但是在和解协议中约定了违约金的数额或者增加损害赔偿金的数额。三是通过和解协议,以新的债权债务关系取代原债权债务关系。例如,当事人在原合同中约定一方应当向另一方交付一笔货物,但在合同履行过程中发生争议,当事人通过和解协议解决该争议,并在和解协议中约定以新的给付内容取代原给付。如果当事人在和解协议中只是约定对原债权债务关系作出部分变更的,则已变更部分应依据和解协议的约定履行,未变更的部分仍应按照原合同约定履行。如果当事人在和解协议中明确约定以新的债权债务关系完全取代原有的债权债务关系,则原债权债务关系应当终止,当事人应当按照和解协议的约定履行债务。[25]

需要讨论的是,和解协议虽然通常涉及原合同内容的变更,但其与合同变更之间存在差异。和解协议和合同变更的主要区别在于:一方面,是否就法律关系存在争议不同。就和解协议而言,当事人是就存在争议的原合同关系的内容作出让步,从而达成协议。但是,在合同变更中,当事人对合同关系却并不存在争议。另一方面,是否需要作出让步不同。在当事人协议变更合同时,相互之间既可以作出让步,也可以不作出让步,而仅是通过协商而对合同的内容(如债务履行的时间、地点等)进行变更。但和解协议的达成,则需要当事人作出让步,否则和解协议便无法达成。

(二)对第三人的效力

和解协议不仅对当事人双方发生效力,也可能对第三人发生效力,主要体现在以下几方面:一是对担保人的效力。担保人既包括保证人,也包括物上保证人。如果和解协议已经全部或部分免除原债务人的债务,则担保人在免除范围内不再承担相应的责任。如果和解协议延长债务履行期限而未经过担保人同意的,则担保人对履行期限延长的部分债务不再

---

[25] 黄立:《民法债编各论》(下),中国政法大学出版社 2003 年版,第 845 页。

承担担保责任。二是对其他连带债务人的责任。如果当事人在和解协议中有免除各连带债务人全部债务的意思,则各个连带债务人不再承担债务;如果当事人在和解协议中仅仅免除连带债务人中一人或数人的责任,则各个连带债务人的债务并不因此免除,但在被免除责任的连带债务人所应分担的份额内,其他连带债务人不再承担连带责任。㉖ 同时,如果当事人在和解协议中新增加连带债务之外的新债务,则该项新债务对其他连带债务人不发生效力,其他连带债务人仍可以依据原约定向债权人履行原连带债务。㉗

四、违反和解协议的责任

和解协议既然是有名合同的一种类型,因此,在和解协议达成之后,如果任何一方当事人不履行或不完全履行协议的,非违约方既可以主张违约方履行原合同的义务,也可以向其主张因违反和解协议而产生的违约责任。如果和解协议中明确约定违约金的,则非违约方可以向对方主张违约金;如果和解协议中未约定违约金条款的,则非违约方可以向其主张实际损失。

和解协议达成后,如果另一方拒不执行和解协议,是否应当恢复原合同的履行?在大陆法系中存在着所谓"为清偿之给付"或称"间接给付"理论。《德国民法典》第364条第1款规定:"债权人一经受领他种给付以代替履行给付时,债的关系即告消灭。"在解释上认为旧债务只能因新债务的履行而消灭,在新债务清偿时,新旧两债务并存,因此,其与代物清偿不同,如果新债务不能得到履行,债权人也可以要求恢复履行旧债务。㉘ 此种理论是否可以适用于和解协议?在达成和解协议的过程中,债权人通

㉖ 黄立:《民法债编各论》(下),中国政法大学出版社2003年版,第849页。

㉗ 林诚二:"连带债务人中一人所订和解契约之效力",载《月旦法学教室》2010年第97期。

㉘ 史尚宽:《债法总论》,中国政法大学出版社2000年版,第821页。

常需要作出一定让步或放弃一定的利益,较之于原合同,和解协议的约定通常对其更为不利。但债权人作出让步的目的是换取对方的自愿履行,如果对方未自愿履行和解协议,则和解协议的基础已不复存在,债权人应有权要求恢复原合同的履行。从我国司法实践来看,也是采纳同样的做法。在和解协议生效以后,不管是在和解协议规定的履行期间届满之后,还是在履行期限届满之前,只要一方当事人不履行和解协议,则法院当然可以依据债权人的申请,恢复原生效法律文书的执行。这主要因为:一方面,和解协议都是在相互让步的基础上达成的,且在一般情况下,债权人基于原判决所获得的权利和利益会因和解协议的达成而遭受一定的损失,否则当事人无法达成和解协议。因而,既然当事人没有履行和解协议,理应恢复对原判决的继续执行,从而实现对债权人的保护的。另一方面,原审判决仍然是有效的,它是直接执行的依据,尽管当事人可以通过和解协议处分自己的权益,放弃判决中获得的某些利益,但是在当事人不愿意履行和解协议的情况下,当然应当使原来继续有效的判决发生效力。

问题在于,在一方拒不履行和解协议的情形下,是否可以认为和解协议自动失效,和解协议自始不存在,而应当继续履行原合同?笔者认为,认为和解协议当然失效的观点是不妥当的。其根据在于,第一,《民事诉讼法》第230条只是规定“恢复对原生效法律文书的执行”,但并没有规定和解协议当然失效,且从法律上看,恢复对原判决的执行不能成为使和解协议无效的理由。第二,在未对和解协议进行审理确定其效力的情形下,且又没有任何依据认定和解协议当然无效,否认和解协议的效力是不妥当的。如前所述,和解协议也具有确定力,可以成为确定权利义务内容的根据。从法律上看,一旦和解协议达成,就形成一个新的合同,原合同已经被替代或被终止,当事人以新的意思表示替代了原合同所约定的权利义务内容。此时,应当以和解协议作为依据而要求拒绝履行的一方继续履行。但是,如果新的和解协议在权利义务关系上并未完全替代原合同关系,而仅是对原债权债务的内容进行补充或确定,也可以恢复原合同的履行。第三，简单地认定和解协议当然无效，极不利于对债权人的保护。[29]毕竟，和解协议是当事人意思一致的产物，在该协议达成之后，当事人已形成合理的期待，一方不履行或不完全履行和解协议，会使另一方遭受损失，此时，如果未经法院审理而认定和解协议具有无效或可撤销因素的，则仍应维持该和解协议的效力，保持其对当事人的法律约束力。

和解协议达成后，履行和解协议是否会导致时效的届满？例如，某市贸发有限公司（以下简称贸发公司）因拖欠该市信托投资公司（以下简称投资公司）人民币1200万元，一直未还本付息，投资公司于1993年5月向该市某中级法院提起诉讼，一审法院于1994年4月作出判决，判贸发公司应当还本付息，向投资公司支付人民币1300万元，当事人于1994年5月1日达成执行和解协议，约定贸发公司应于1997年8月1日以前全部偿还本金及利息1300万元。在该案中，在履行期届满后，显然已经超过了申请执行的期限两年，一审法院据此认为，债权债务已经过了时效期限，债权已经转化为自然债务，法院不应予以保护。笔者认为，这一看法是不妥当的。最高人民法院1997年4月16日《关于超过诉讼时效期间当事人达成的和解协议是否应当受法律保护问题的批复》中指出，“超过诉讼时效期间，当事人双方就原债务达成的和解协议，属于新的债权、债务关系”。时效制度的根本目的在于督促当事人及时行使权利和履行义务，而在本案中，债权人和债务人之间达成和解协议，本身表明债权人已经及时行使了权利，因而不发生诉讼时效届满的效果。尤其应当看到，由于本案中双方达成和解协议形成了另外一种债权债务关系，已经不再是原有的债权债务关系。根据《民法通则》第137条，诉讼时效期间从知道或者应当知道权利被侵害时起计算。据此，应当从和解协议规定的履行期限届满债务人不履行和解协议时起，开始计算时效期限。如果这样考虑，显然本案不存在时效期限届满的问题。

从本案来看，在和解协议规定的履行期到来时，债权人根据和解协议提出请求，要求执行和解协议，法院以已过执行期和诉讼时效届满为由予

---

[29] 李科：“论执行和解协议之执行力”，载《政治与法律》2008年第11期。

以驳回,不符合民法的基本精神和原则,主要原因在于:第一,不利于保护债权人的利益。因为,在法院作出判决以后,债务人本应当自觉履行法院的判决,但债权人要求与债务人达成和解协议,这对债务人可能是有利的,因为在和解协议达成之后,债权人不仅放弃了判决所确定的某些利益,也使债务人得到了延期还款的机会。因而,在和解协议的履行期到来后,如果债务人又不履行和解协议,而法院又以上述理由驳回债权人请求的,债权人的利益则无法得到保护。这种驳回无异于给恶意逃债行为提供了机会,甚至是在某种程度上鼓励了此种逃债行为的发生。第二,有悖于诚实信用原则。从本案的实际情况来看,被告在原合同债务中欠钱不还,在达成和解协议后仍不履行和解协议,显然是违背诚实信用原则的。尤其是在判决作出后,债务人主动要求与债权人达成和解协议,在和解协议期限届满以后,又以执行期或时效期限已经届满而拒绝履行和解协议,这种出尔反尔的行为,是严重违反诚信原则的。法院如果支持此种行为,则与诚信原则是相背离的。第三,违反了公平原则。和解协议是当事人意思一致的产物,如果和解协议无法得到司法保护,当事人故意的违约行为也不予追究,守约方的利益不能得到任何保护,则很难使守约方相信司法的公正性,也与民法的公平原则相悖。

第五编 | 侵权行为制度

民商法研究(第四辑)
第465～493页

合久必分：侵权行为法与债法的关系[*]

侵权行为法是有关对侵权行为的制裁以及对侵权损害后果予以补救的民事法律规范的总称。源远流长的民法传统历史将侵权行为法作为债法的一部分而将其归属于债法之中。此种模式的合理性极少受到学者的怀疑并一直被赋予高度评价。① 但现代社会发展及民主法制建设的需要,已使侵权行为法所保障的权益范围不断拓展。其在传统债法体系中所负载的功能显然已不足以适应时代的需求。笔者认为,侵权行为法应当从债法体系中分离出来而成为民法体系中独立的一支。侵权行为法的独立,是完善我国民法体系的重要步骤,也是侵权行为法得以不断完善发展的重要条件。

---

* 本文原载《法学前沿》(第1辑),法律出版社1997年版。作者在撰写本文过程中,曾得到台湾大学王泽鉴教授及中国人民大学法学院姚辉博士的大力帮助,在此谨致谢意。

① 王泽鉴教授在评价债法体系时,认为“在大陆法系,尤其是在素重体系化及抽象化之德国法,历经长期的发展,终于获致此项私法上之基本概念,实为法学之高度成就”。参见王泽鉴:《民法学说与判例研究》(第4册),台湾1979年版,第87页。

一、两大法系的比较:英美侵权行为法独立的模式更具合理性

债的概念(Obligation)起源于罗马法。罗马法学家保罗曾将债描述为:"债的本质不在于我们取得某物的所有权或者获得役权,而在于其他人必须给我们某物或者做或履行某事。"②罗马法的债的概念,最初起源于以后被称为侵权行为的私犯(ex delicto)中的罚金责任。在《十二铜表法》制定以前,同态复仇依然盛行。而至《十二铜表法》以后,对私犯的制裁变成了由法律制度加以确定的财产刑(poena pecuniaria),这是一种由私人通过维护自己权利的诉讼手段而取得的私人罚金。《十二铜表法》中已经对盗窃、侮辱、伤害规定了罚金,但直到共和国末期才逐渐完善。③ 给付罚金的义务被列入债的范畴以后,罗马法债的概念才获得了其真正的含义。正如彭梵得所指出:"法律规定首先应当要求支付'罚金(poena)'或'债款'(pecunia 或 res credita),只是当根据债务人的财产不能给付或清偿时,权利享有人才能通过执行方式对其人身采取行动;直到此时,债(obligatio)才第一次获得新的意义,即财产性意义。"④而正是因为给付罚金义务列入债的范畴,从而使罗马法债的体系得以建立,"就这样,在债的体系中,除契约之债(obligationes ex contractu)外,出现了私犯之债(obligationes ex delicto 或 ex maleficio)。作为早期私人复仇的替代物,这种债的历史地位使它具有自己的特点"。⑤

罗马法将债分为契约之债和基于不法行为之债,这一分类方法及依此建立的债法体系对后世法律产生了重大影响。至 13 世纪,罗马法复兴运

② [意]彼德罗·彭梵得:《罗马法教科书》,黄风译,中国政法大学出版社 1992 年版,第 283 页。

③ [意]彼德罗·彭梵得:《罗马法教科书》,黄风译,中国政法大学出版社 1992 年版,第 285 页。

④ [意]彼德罗·彭梵得:《罗马法教科书》,黄风译,中国政法大学出版社 1992 年版,第 284 页。

⑤ [意]朱塞佩·格罗索:《罗马法史》,黄风译,中国政法大学出版社 1994 年版,第 131 页。

动在法国兴起，“法学家们对罗马法的复兴和中世纪欧洲共同法的创设作出了重大贡献。他们的著作与查士丁尼的《国法大全》一起，构成了为全西欧所接受的罗马法。整个中世纪，法学家对于法律问题的解答在一些地方对法院具有约束力”。⑥ 罗马法完备的债法制度，尤其是债的体系，对法国法无疑产生了重大影响。17 世纪，法官多马(Domat)根据罗马法精神，在《民法的自然秩序》一书中提出了应把过失作为赔偿责任的标准。他指出：“如果某些损害由一种正当行为的不可预见结果所致，而不应归咎于行为人，则行为人不应对此种损害负责。”⑦在该书中，他强调，不法行为产生的损害赔偿仍然属于债的关系，并应适用债的一般规定。1804 年的《法国民法典》完全采纳了罗马法的体系，将合同称为“合意之债”，而将侵权行为和准侵权行为称为“非合意之债”。在该法典第 1370 条中规定：“有些义务或债务，无论在义务人或债务人一方或在权利人或债权人一方，并非因合意而发生；前项义务或债务中，有些由于法律的规定而产生，有些则由于义务人或债务人的行为而发生。”这就是《法国民法典》将侵权行为法置于债法中的主要原因。

《德国民法典》在制定中也深受罗马法的影响。该法典按罗马法的学说汇纂理论而将民法典分为五部分，即总则、债的关系法、物权、亲属、继承。而在债的关系法中，德国法突出规定因契约产生的责任，而将侵权行为、不当得利等与各种具体合同并列，集中规定在“各种债的关系”一章中。从德国法开始，将侵权行为法作为债法的分则加以规定，这一模式对于许多大陆法系国家的民法产生了重大影响。德国法将侵权行为纳入债的体系的主要根据在于，债法是关于“债”的权利，它是某人基于契约、不当得利或侵权行为而获得的，是针对特定人的一种请求权利。⑧ 目前，无论是在德国的法学著作中还是在大学课程中，侵权行为都未被视为一个独立的法学领域，而只是被作为债权法论著或课程的一部分。这一点已

⑥ [美]约翰·亨利·梅利曼：《大陆法系》，顾培东等译，法律出版社 2004 年版。

⑦ Andre Tunc, *International Encyclopedia of Comparative Law*, *Torts*, *Introduction*, J. C. B. Mohr(Paul Siebeck) Tübingen, 1974, p. 71.

⑧ [德]K. 茨威格特、H. 克茨：《比较法总论》，贵州人民出版社 1992 年版，第 269 页。

成为德国民法的一个重要特点。⑨

英美法没有继受罗马法债法概念和体系,侵权行为责任也从未视为一种损害赔偿之债。尽管近几十年来,也有一些学者,如 Fuller 、Atiyah 试图将大陆法系债的概念引入英美合同法之中,⑩但极少有学者主张将债的概念引入侵权法。由于不存在债和债法,因而侵权行为法不可能作为债法的组成部分而存在。应当看到,英美侵权行为法作为独立的法律而存在,是有其历史原因的。在 13 世纪,英国法在侵权责任的适用方面主要采用“令状”制度,这就是萨尔曼德所说的,“在五百年中,令状决定权利”。⑪在这个时期,已出现了一种直接侵害诉讼(The action of trespass)的诉讼形式。现代的英国侵权行为法就是在直接诉讼的基础上产生的。1852 年《普通法诉讼程序条例》颁行后,废除了诉讼形式,但是在直接和间接的侵害诉讼基础上,产生了一系列新的侵权行为,如强暴、殴打、侵占、妨害、欺诈、诽谤、不正当竞争、干涉合同自由等。其产生的经过是:如果某人的不法行为形成了某种损害,与直接和间接侵害类似,法院便可以发出一种令状。当事人根据这些令状在法院提起诉讼,如果法院确认这种令状表达了一个良好的诱因,就形成一种新的侵权行为,这就决定了普通法的侵权行为是一个“内容最为丰富的法律”,⑫同时因采纳了“无限多重原则”,因而缺乏一般规则,在侵权行为的分类上也十分庞杂。当代许多英美法学者如 Winfield 以及 Lord、Atkin 等都希望提出一些侵权行为法的基本规则,但均不成功。由于侵权法的庞杂性、包含的内容的复杂性加上无债的一般规则都决定了英美侵权法必须成为一个独立的而不是依附于其他法律而存在的法律。

两大法系侵权行为法模式的形成历史表明,各个法系中侵权行为法体

---

⑨ [德]罗伯特·霍恩、海因·科茨、汉斯·G. 莱塞等:《德国民商法导论》,中国大百科全书出版社 1996 年版,第 161 页。

⑩ 沈达明:《英美合同法引论》,对外贸易教育出版社 1993 年版,第 24 页。

⑪ Jean Limpens, *International Encyclopedia of Comparative Law*, Vol. 4, Torts, Chapter 2, Liability for One's Own Act, J. C. B. Mohr(Paul Siebeck, Tübingen), 1975, p. 45.

⑫ Andre Tunc, *International Encyclopedia of Comparative Law*, *Torts*, *Introduction*, J. C. B. Mohr(Paul Siebeck) Tübingen, 1974, pp. 50 – 58.

系的形成，都是特定历史条件以及相关的文化传统、立法模式乃至审判方式交互作用的结果；换句话说，将侵权行为法独立化还是置于债法之中，并不是基于天经地义的理念或价值定律，而只是一种立法技术的选择。这种选择最终受制并服务于侵权行为法调整侵权责任关系并对受害人提供最佳补救的目的。站在这一立场比较而言，笔者认为，英美法模式至少在以下三个方面更具合理性：

第一，体系的开放性。[13] 所谓开放的模式，是指其可以容纳随着现代社会发展而产生的各种侵权行为和责任关系。不管这些侵权行为是否产生损害赔偿的债的关系，也无论赔偿是具有制裁还是补偿的功能，还是如 G. Willams 所称的仅是一种"道义上的补偿"(ethical compensation)，[14]都可置于侵权法范畴之内。20 世纪以来，特别是第二次世界大战以来，英美法中过失侵权行为的形成，产品责任、公害责任、经济侵权、新闻诽谤的产生或发展等，都悉数被纳入侵权行为法调整。[15] 在过失侵权中，形成了注意义务(duty of care)标准，它已经成为判断侵权责任是否成立的重要标准。[16] 不像在大陆法系因受到债法的限制以及债的关系的约束，使许多新的侵权行为及其责任不能及时反映在成文法之中，反使侵权行为法本身的发展也受到严重制约。尤其是在英美法系国家，"法官依据新的情况适时造法以将各种新出现的侵权行为纳入法律调整的范围之内，使受害人的权益得到公正的救济，这样便保持了侵权行为法应有的活力"。[17]

第二，体系的完整性。侵权行为法是与合同法等相对应的独立体系，具有其自身的内在逻辑性。英美侵权行为法尽管内容庞杂、分类多样，但各种不同的侵权行为类型均在独立的侵权行为法中各得其所。大陆法体系尽管凝炼简洁，但失之于过分抽象。例如，《法国民法典》共计 2281 条，有关合同法的规范约有 1000 多个条文，而侵权行为法规范则只有 5 条。

---

⑬ 张新宝：《中国侵权行为法》，中国社会科学出版社 1995 年版，第 5 页。

⑭ G. Willams, *The Aims of the Law of Tort*, (1951) 4 Current Lp. 137.

⑮ Andre Tunc, *International Encyclopedia of Comparative Law*, *Torts*, *Introduction*, J. C. B. Mohr (Paul Siebeck) Tübingen, 1974, p. 55.

⑯ Winfield, Duty in tortuous Neglience, 34 *Colum. L. Rev.* 41 (1934).

⑰ 张新宝：《中国侵权行为法》，中国社会科学出版社 1995 年版，第 5 页。

民法典的起草人泰尔内伯(Tarrible)曾在解释民法典第1382条时指出:“这一条款广泛地包括了所有类型的损害,并要求对损害作出赔偿,赔偿的数额要与受损害的程度相一致。从杀人到轻微伤人,从烧毁大厦到拆除一间价值甚微的板棚……对任何损害都适用同一标准。”⑱事实上,这一条款显然不可能涵盖纷繁复杂的各种具体侵权类型。由于债法模式的限制,迫使法官不得不在侵权行为法中大量借助判例,其结果是在侵权行为法方面造成如法国学者所说的“判例法的恶性发展”。⑲ 与其这样任由判例法发展,还不如将其归纳在一起,自成体系,这样将更有利于侵权行为法的完善。

第三,体系的实用性。较之于大陆法系的抽象模式,英美法模式更具有针对性。它不仅强调了侵权责任的补偿功能,而且也注重了补偿之外的其他功能。正如英国学者B. A. Hepple所指出的,功能多元化正是现代英美侵权行为法的重要特征。⑳ 英美侵权行为法在侵权行为分类标准上的多样化,也为法官处理各种侵权行为提供了具体适用的标准和规则。尤其应当看到,英美法将侵权行为及各种责任都置于侵权行为法中进行处理,从而将侵权行为责任与买卖等合同上的责任分开处理,从而更宜于为法官所掌握且简洁易行。㉑ 这就避免了在大陆法系中“不管是在买卖抑或是在侵权两种情况下,特定的人却可向另外一人有所请求,以致这两种内容都属债权法而且至今在同一教学活动中予以处理”。㉒

在英美法中,侵权行为法在相对独立的同时,也与财产法、合同法等发生密切联系。B. A. Hepple指出:“英美侵权行为法已经被作为决定权利

---

⑱ Jean Limpens, *International Encyclopedia of Comparative Law*, Vol. 4, Torts, Chapter 2, Liability for One's Own Act, J. C. B. Mohr(Paul Siebeck, Tübingen), 1975, p. 13.

⑲ Tony Weir, *International Encyclopedia of Comparative Law*, Vol. 4, Torts, Chapter 12, Complex Liabilities, J. C. B., mohr(Paul Siebeck, Tübingen)1975, p. 25.

⑳ B. A. Hepple, Tort, Cases and Materials, p. 1.

㉑ [德]K. 茨威格特、H. 克茨:《比较法总论》,贵州人民出版社1992年版,第269~270页。

㉒ [德]K. 茨威格特、H. 克茨:《比较法总论》,贵州人民出版社1992年版,第269~270页。

(determining rights)的工具。"[23]尤其是涉及财产权的设定问题,因此和财产法发生了许多交叉,但这丝毫不否定两个法律的独立存在。而大陆法系因强调侵权损害赔偿之债与债法的联系,因此将侵权行为法置于债法之中,在强调其共性的同时,完全忽略了其自身的特殊规定性。且"侵权行为之债"或"侵权损害赔偿之债"的提法难免使人们对侵权民事责任的性质产生一种片面的理解,即认为它不过是私人间的一种财产流转关系或财产补偿关系。[24]

二、传统债法体系的内在缺陷是侵权行为法独立的依据之一

传统民法中的债法体系是基于债的各种发生原因(合同、侵权行为、不当得利、无因管理)建立起来的,债法规范的对象为债之关系(Schuldverhaeltnis)。由于上述各种债的发生原因都在形式上产生相同的法律效果,即一方当事人可以向另一方当事人为特定的行为,此种特定人之间可以请求特定行为的法律关系,就是债的关系。[25] 王泽鉴先生指出:"债之关系为现代社会最复杂之关系,民法债编设有严密之规定,为债之关系之一般原则,适用于任何债之关系,具有模式性(Model-charakter)。"[26]

基于债的发生原因建立债法体系,按照许多学者的理解,其最突出的优点表现在此种模式为各种债确立了适用的一般规则。如民法关于债的担保可以适用于侵权损害赔偿之债。杨立新指出:"把侵权行为仅仅规定为民事责任,立法者的意图是强调国家强制力的保障,加重民事责任的强制意义。但是,实际的后果却使侵权行为丧失了其他的债权保证形式,削弱了对侵权受害人债权的法律保护,这可以说是在立法之初所始料不及

---

[23] B. A. Helple and M. H. Matthew, *Tort Cases and Materials*, Butterworths, 1991, p. 1.

[24] 佟柔主编:《中国民法》,法律出版社 1990 年版,第 562 页。比较而言,这一模式显然不如英美法模式更为合理。

[25] 王泽鉴:《民法学说与判例研究》(第 4 册),台湾 1979 年版,第 85 页。

[26] 王泽鉴:《民法学说与判例研究》(第 4 册),台湾 1979 年版,第 127 页。

的。"[27]这些观点都旨在强调侵权损害赔偿之债等债的关系对债的一般规则的依存性。这一体系因其是高度抽象化的产物,因此也为长于三段式思维模式的大陆法系民法学家所青睐。[28]

然而,债的发生原因是纷纭复杂的,产生债的法律事实,"或源于人之行为,或源于与人之行为无关之自然事件。人之行为得为债之关系者,或为法律行为,或为违法行为,或为事实行为"。[29] 在民法典所列举的庞杂的债的关系中,尚未包括大量的法律未规定的无名合同和无名债。各种债的关系几乎囊括绝大多数民事关系,从而使债的体系表面上看富有逻辑性,实际上却是极为杂乱的。正如邱聪智所指出的:"民法债编所涉事项既然繁多、类型亦杂,则不同事项、类型之间,难免常有同异互呈之情形。"[30]在这样的体系中,"侵权行为法都未被视为一个独立的法学领域,而几乎总是被作为债权法论著或课程的一部分,这一点颇让普通法学者感到惊奇。"[31]从法律上看,这一体系是不无缺陷的。

大陆法系的债法体系虽然注重了各种债的关系的共性,但忽略了各种债的关系的个性。严格地说,各种债的共性主要体现在各种债都是发生在特定人之间的请求关系这一共性上。王泽鉴先生曾将其称为"形式的共同性"。但由于各种债或基于法定或基于约定产生,或基于合法行为或基于非法行为产生,在很多方面表现出来的个性往往大于其共性。就侵权损害赔偿之债与合同之债相比较,两者存在着明显的区别:因为合同行为是商品交易的法律形式,是法律所鼓励的合法行为。只有促进合法的交易行为充分发展,才能促进市场经济的繁荣和社会财富的增长。由此决定了合同法的目的在于保障交易关系,鼓励交易行为,保护交易当事人的合法权益。尤其是合同法应当充分贯彻合同自由原则,赋予交易当事人在合同的订立、履行、变更、转让、补救方式的选择等方面的广泛的行为

---

[27] 杨立新:《侵权特别法通论》,吉林人民出版社 1992 年版,第 21 页。

[28] 张新宝:《中国侵权行为法》,中国社会科学出版社 1995 年版,第 5 页。

[29] 邱聪智:"债各之构成及定位",载《辅仁法学》1992 年第 11 期。

[30] 邱聪智:"债各之构成及定位",载《辅仁法学》1992 年第 11 期。

[31] [德]罗伯特·霍恩、海因·克茨、汉斯·G.莱塞:《德国民商法导论》,中国大百科全书出版社 1996 年版,第 161 页。

自由,从而充分尊重当事人的意志,只要合同内容不违反法律禁止规定及所谓“公序良俗”,法律便承认合同的效力。[32] 而侵权行为则是侵害他人财产、人身的行为,是法律所禁止的行为。侵权行为虽可产生债的关系,但此种债务与合同当事人自愿设立的合同之债关系是完全不同的。在侵权行为发生之后,行为人负有对受害人作出赔偿的义务,但损害赔偿的同时也是行为人对国家所负有的责任,行为人是否愿承担责任和在多大范围内承担此种责任,不以行为人的意志为转移。因此,侵权法体现了强行性的特点。尤其应当看到,由于侵权责任关系由侵权法调整,而合同法调整的乃是交易关系,从而决定了两法在责任的归责方式、构成要件、责任主体、举证责任、责任方式、诉讼时效、免责条件等方面的规定上是各不相同的。因此,当某一种民事违法行为发生以后,行为人依据合同法承担违约责任,或依据侵权法承担侵权责任,在责任后果上是不同的。由此可见,侵权行为“与合同在性质、特点和适用法律上个性大于共性,同‘债’概括在一起,并没有严格的科学性”。[33]

传统的债法体系主要是以合同法为中心建立起来的,一部债法主要就是合同法,侵权的规范寥寥无几。债法中,侵权法的规范与合同法的规范极不成比例,内容本来极为丰富的侵权法完全被大量的甚至以上千个条文表现出的合同法规范所淹没。因此,学者在表述债法的特性时,实际上都是在表述合同法而非侵权法的特性。例如,郑玉波认为,债法为财产法、任意法、交易法。[34] 而邱聪智则认为,“债法为直接规范财货创造活动之法律规范”。[35] 这些表述都不无道理,但都是对合同法特点的概括,它们不能反映侵权法的特性,相反,侵权法的特性与此完全不同。一方面,侵权法并不是规范交易关系的法律,也不是创造财富的法律,而是规范侵权责任关系,保护财产的法律,侵权法正是通过为财产受到损害的受害人提供补救,从而使其所受损害尽快得到恢复。所以,法国学者 Tony Weir 指

---

[32] 王家福等:《合同法》,中国社会科学出版社 1986 年版,第 14 页。

[33] 王作堂等:《民法教程》,北京大学出版社 1983 年版,第 14 页。

[34] 郑玉波:《民法债编总论》,台湾三民书局 1993 年版,第 125 页。

[35] 邱聪智:“债各之构成及定位”,载《辅仁法学》1992 年第 11 期。

出,侵权之债的规则主要起到保护财富的作用,合同之债的规则应具有创造财富的功能。[36] 我国学者沈达明也认为,侵权行为法旨在保护财产,并不创造财产,而合同法给予债权人的保护将成为财产,因此合同法所处理的是财富的创造。[37] 另一方面,侵权法并不是任意法,由于侵权法所规定的责任并不是不法行为人所自愿承受的,而是法律规定的侵害人必须对国家所负有的责任,所以侵权法的规定是强行性规范,同时,侵权行为法规定了各种侵权行为,只有符合法律的规定,才可以提起侵权之诉。如果完全将侵权法当作任意法不仅不符合侵权法的性质,而且忽视国家对侵权责任关系的干预而使侵权法迷失发展方向,侵权纠纷在实践中也难以得到正确处理。[38] 由此可见,完全以合同法的属性来解释债法的规则恰恰表明了侵权法在债法体系中并未找到适当的位置。将各种不同性质的债的关系都置于债法的调整范围之中,至少存在如下缺陷:第一,债的内容过于杂乱,不能使债法找到明确的、特定的规范对象。如前所述,债法体系设计的根据在于各种债的关系应置于债法的调整之中。此种理论注重了形式的共同性却忽略了实质的共同性,因而各种债的关系作为社会关系的法律表现形式,因社会关系的复杂性使债之关系也呈现出纷纭复杂的状态。债权关系本身不是某一类型平等主体之间的关系,而是各种关系的反映。因此债法实际上要规范许多类型的平等主体之间社会关系,这就使债法规范的对象难以具有特定性和单一性,其结果是使债的特性和功能难以概括,而且在内容上也过于膨胀。第二,债的一般规则主要适用于合同之债,并不能完全适用于侵权及其他债的形式。毫无疑问,债的某些一般规则是可以适用于侵权之债的,如有关连带之债、按份之债的规定可以适用于侵权责任,担保之债也可以适用于侵权损害赔偿之债。[39] 然而,大量的债的一般规则,是针对交易关系设定的,不能直接适用于侵权责任关系。这就使债法的设计存在着明显的缺陷。当然,这并不是说要否

---

[36] Andre Tunc, *International Encyclopedia of Comparative Law*, Torts, Introduction, J. C. B. Mohr (Paul Siebeck) Tübingen, 1974, pp. 1 – 2.

[37] 沈达明:《英美合同法引论》,对外贸易教育出版社 1993 年版,第 88 页。

[38] 王家福等:《合同法》,中国社会科学出版社 1995 年版,第 15 页。

[39] 杨立新:《侵权特别法通论》,吉林人民出版社 1992 年版,第 20 页。

定债的概念,只是说由债法囊括各种债的关系并不具有充分的合理性。尤其是由于债法内容只注重反映了合同法的规则,而忽略了侵权法完整性,并使侵权行为法的发展状况难以得到反映。例如,德国在民法典之外制定了大量的有关侵权行为责任的单行法规,许多重要规则难以包括在债法之中。从立法技术上看并不妥当。[40] 第三,由于侵权法包含在债法之中且规定得过于简略,必然导致合同责任的不适当的扩张,从而人为地产生了一些责任竞合现象。例如,德国法中因侵权责任规定较为简单,对受害人的保护措施并不周延,因此德国法采纳了"附保护第三人作用的合同"的制度,以强化对债权人或受害人的保护,旨在"透过契约法之处理,能使受害人或债权人易获得救济"。[41] 然而,由此也改变了传统的债的相对性规则,人为地造成了违约责任与侵权责任的竞合现象。

或许是考虑到传统债法过分偏重于合同法,而忽视了侵权法的特点,或者是考虑到侵权责任的特殊性,《民法通则》一改传统的大陆法系的立法体制,未将侵权行为责任规定在债法之中,而是单设民事责任一章,将合同责任和侵权责任合并作出了规定。尽管这一独特的创举在学术界仍有不同的看法,但正如一些学者所指出的:"《民法通则》给我们提供了一条新的思路,即在债法之外考虑侵权行为法的发展空间。"[42]也就是说,即使在既定的大陆法系模式中,在不摒弃债的概念且不否定侵权行为是债的一种发生根据的情况下,也可以将侵权责任制度从债法中分离出来,形成为相对独立的制度。[43] 按照这一体系,侵权行为不仅产生债法的损害赔偿之债,而且也产生侵权民事责任。就损害赔偿之债而言,可适用债的某些规定(如共同侵权行为要适用《民法通则》第87、86条关于连带之债和按份之债的规定),就侵权责任关系而言,又具有独立于债法的一整套制度和体系。尤其应当看到,如果侵权行为只是单纯的债的关系,容易使其成为"私人意思自治"的领域,不利于国家运用强制力保障受害人的权利、

---

[40] [德]格·霍洛赫:"德国债法改革的现状及评析",载《中德经济法研究年刊》1993年。

[41] 刘春堂:"契约对第三人之保护效力",载《辅仁法学》1985年第4期。

[42] 张新宝:《中国侵权行为法》,中国社会科学出版社1995年版,第9页。

[43] 佟柔主编:《中国民法》,法律出版社1990年版,第562页。

制裁不法行为人。民事责任制度的设立,将使侵权法不至于因置于债法之中而有可能成为任意法的危险。总之,《民法通则》的创新规定表明侵权法的相对于债法的独立不仅是可能的,而且是可行的。

三、侵权责任形成的多样性决定了债权法对侵权责任关系调整的有限性

一般认为,“侵权行为法之基本目的,系在于移转或分散社会上发生之各种损害”。[44] 侵权行为总是与特定的损害后果相联系的。按照结果的不法性理论,损害结果的存在表明侵权行为侵害了为法律所保护的权利和利益,具有一定程度的社会危害性。如无损害,则不构成侵权行为,亦不产生责任。因此,侵权责任的形式便是损害赔偿。正如《法国民法典》第1382条所规定的:“任何行为使他人受损害时,因自己的过失而致行为发生之人对该他人负赔偿责任。”在大陆法系,传统民法甚至历来认为侵权行为所产生的唯一的责任后果便是损害赔偿。损害赔偿也是侵权行为的受害人可以获得的唯一补救方式。[45] 而由于损害赔偿本质上属于一种债的关系,即受害人作为债权人有权请求作为债务人的加害人赔偿损害,而加害人作为债务人有义务赔偿因其不法行为给受害人造成的损害。因此,侵权行为及其责任关系应当受到债法的调整,侵权行为法也应当作为债法的组成部分。

应当看到,侵权行为中重要的责任方式乃是损害赔偿。侵权行为法就是通过损害赔偿的方式,而形成了对公民、法人的财产权利的充分保障。财产损害赔偿制度谋求当事人之间的利益平衡,反对对他人劳动成果的侵占和无偿占有,因此,它巩固了以价值为基础的交换关系。对人格权侵害的赔偿,尤其是精神损害的赔偿,不仅对受害人的精神利益提供了补救,对受害人的精神痛苦提供了抚慰,而且也对加害人形成了有力的制

[44] 王泽鉴:《民法学说与判例研究》(第2册),台湾1979年版,第147页。

[45] 佟柔主编:《中国民法》,法律出版社1990年版,第562页。

裁。由于损害赔偿请求权是市场经济条件下对民事权利因遭受侵害而提供补救的最佳方式，因而“现代债权法之主要重点，可说在于规范损害赔偿，同时，债权关系除因给付结果发生而消灭外，其最后解决途径，不外强制执行与损害赔偿”。[46] 将侵权行为法置于债法之中，在一定意义上亦可突出损害赔偿补救方式的重要性。

我们并不否认损害赔偿作为侵权责任形式的极端重要性。然而，传统民法理论大多将损害赔偿作为侵权行为的唯一责任形式，首先是基于这样一种考虑，即侵权行为法的主要目的在于补偿受害人遭受的损失。“侵权行为法所论及的是有关一方由于他方非法的或危险的行为引起的损害、防止或赔偿问题。”[47]侵权行为的受害人之所以提起诉讼，乃是为了获得赔偿，因为“若被告遭受惩罚但原告并未获得任何赔偿金，那原告的报复目的是否能够满足？人们没有理由支持这种类型的侵权法体系。满足坐看被告受到惩罚而不能对损害进行任何可能的补偿，获得这样一睹为快的机会与提起诉讼而耗费的时间及金钱相比，实在太不相称了”。[48] 损害赔偿可以最大限度地保护受害人利益，并可以有效地遏制不法的或反社会的行为。[49] 尤其是在市场经济条件下，损害赔偿作为侵权损害补救方式的功能更为突出，法国社会学家杜尔克姆曾认为“机械形态社会”（农业社会）的法律主要是刑法或强制法，而“有机形态社会”（商品经济社会）的法律主要是赔偿法或合同法；赔偿法的着眼点是用赔偿或归还等方式处理当事人之间的利益冲突。[50]

然而，在侵权法领域，损害赔偿作为责任形式并不是万能的。我们不妨回顾一下德国著名法学家耶林在其不朽的论文——《为权利而斗争》中的论述。耶林在该文中抨击了罗马法中赔偿制度的广泛采用的不合理

---

[46] 林诚二：“论债之本质与责任”，载郑玉波主编：《民法债编论文选辑》（上册），台湾1984年版，第39页。

[47] 上海社会科学院法学研究所编译：《民法》，知识出版社1981年版，第224页。

[48] ［美］迈克尔·D. 贝勒斯：《法律的原则——一个规范的分析》，张文显等译，中国大百科全书出版社1996年版，第256页。

[49] 王家福主编：《民法债权》，法律出版社1991年版，第414页。

[50] ［英］罗杰·科特威尔：《法律社会学导论》，潘大松等译，华厦出版社1989年版，第85页。

性,“罗马法官使用的金钱判决制度(Geldcondemation)是正确评价权利侵害的理念上利益的充分手段。这一制度给我们的近代证据理论带来灾难,变成司法为防止不法而曾使用过的手段之中尤为绝望的一个”。[51] 近代法学借鉴罗马法的这一经验完全是“呆板的、乏味的物质主义”,当损害难以举证或受害人提起诉讼不是为了获得金钱利益,而是“为了主张人格本身及其法感情这一理想目的”,则盲目采用损害赔偿无助于对权利的充分保护。[52] 耶林的上述观点充分地表明了损害赔偿并不是对侵权行为的受害人提供保护的唯一方法。

损害赔偿作用的有限性最典型地表现在对人格权的侵害提供保护的场合。19 世纪末期,大陆法系许多学者曾认为:由于人格权为非财产权,因此应采取排除妨害的补救方法作为对人格权的民法保护方法。《德国民法典》在制定的过程中就有不少学者对以金钱赔偿非财产损害的观点持反对态度,如德国法学泰斗萨维尼就对此种观点持否定意见。“二战”以后,德国仍然有不少学者对金钱赔偿持反对态度,其主要根据在于金钱赔偿使被害人的人格沦为了可交易的财产,因而是不道德的。人格利益是无价的,不是用金钱可以交易的,所以德国民法对侵害人格权的责任采取了恢复原状主义。所谓恢复原状,就是恢复损害事件发生以前的状态。在侵害名誉权的情况下,就是要使受害人受到损害的名誉恢复到原来的状态。《德国民法典》第 253 条规定:“非财产上之损害,以法律有规定者为限,得请求金钱赔偿。”而由于法典中对非财产赔偿的情况列举得不多,因此对人格权侵害的金钱赔偿适用范围极为有限。德国法主要采用恢复原状而不是损害赔偿的办法,确有利于保护受害人。因为按照这一模式,“基于权利而产生的排除妨碍请求权是以客观上存在侵害权利的违法行为为其成立要件的。如果把恢复名誉的请求作为一种损害赔偿请求来考虑,就不需要加害人的故意、过失这种必要的责任要件……这种要件的缓

[51] [德]耶林:“为权利而斗争”,载梁慧星主编:《民商法论丛》(第 2 卷),法律出版社 1994 年版,第 53 页。

[52] [德]耶林:“为权利而斗争”,载梁慧星主编:《民商法论丛》(第 2 卷),法律出版社 1994 年版,第 21 页。

和对受害人的过敏反应也轻而易举地予以了保护”。[53] 而损害赔偿的责任作为侵权责任的一般责任形式，应以加害人的故意或过失作为构成要件，这无疑增加了受害人的举证负担。

诚然，在大陆法系国家，确有一些国家对人格权的侵害注重用损害赔偿的方式提供补救。《日本民法典》第709条规定：“因故意或过失侵害他人之权利者，对因此所生之损害，负赔偿责任。”这一规定说明，可以请求非财产损害赔偿的情形与财产损害赔偿的情形没有什么不同，其范围并不以法律的明文规定为限。为此，《日本民法典》第710条作了进一步规定：“不论侵害他人身体、自由、名誉或财产权，依前条（侵权行为要件）规定应负损害赔偿责任者，对于财产以外之损害，亦应赔偿。”可见日本民法中对人格权的损害赔偿应用得十分广泛。日本流行的判例和学说通常认为，金钱赔偿的方法可以充分保护受害人的利益，它不仅具有补偿的功能，而且具有制裁功能，金钱赔偿方法在很大程度上可取代恢复名誉的责任。[54] 受害人选择金钱赔偿还是恢复原状，实际上只是损害赔偿的方法问题。但是，最近的日本判例学说认为，精神损害赔偿的请求与恢复原状的请求在机能上是有区别的，应该对原状恢复请求权的独立性进行再认识。例如，四宫教授在谈到恢复措施的机能时说：“基于名誉侵害发生的损害，如果不消除其损害源，至少这种侵害还会持续一段时间，所以仅用金钱赔偿填补并不恰当。对被毁损的社会评价进行现实性的恢复很有必要。”也就是说，金钱赔偿并没有消除损害源，并没有对被毁损的社会评价进行现实恢复的功能。如果是这样的话，名誉恢复请求权当然应该有其独立的要件。日本甚至有一些学者如齐藤等人主张，在名誉侵害的场合首先应该考虑适用恢复名誉的请求权，而不是损害赔偿的请求权。[55]

笔者认为，在侵害人格权的情况下，即使强调损害赔偿的作用，但也不

---

[53] ［日］和田真一：“民法第723条关于名誉恢复请求权的考察”，载《立命馆法学》1991年第4号，第472页。

[54] ［日］和田真一：“民法第723条关于名誉恢复请求权的考察”，载《立命馆法学》1991年第4号，第471页。

[55] ［日］和田真一：“民法第723条关于名誉恢复请求权的考察”，载《立命馆法学》1991年第4号，第472页。

能以此种方法代替恢复名誉等补救方式。因为,此种方式旨在使受害人遭受的直接损害得以恢复,从而消除如日本学者所说的“损害源”,这种作用当然是损害赔偿方式所不可替代的。根据我国《民法通则》第120条第1款,“公民的姓名权、肖像权、名誉权、荣誉权受到侵害的,有权要求停止侵害、恢复名誉、消除影响、赔礼道歉,并可以要求赔偿损失。”可见我国法律对人格权的侵害采取了多种责任形式。司法实践中,由于注重了恢复名誉和损害赔偿的结合运用,从而有效地、充分地发挥了这些责任形式对受害人的保护和对加害人的制裁作用。

将损害赔偿作为侵权行为的唯一补救方法,理论上的另一个根据是侵权行为主要是侵害财产权的行为,至于在侵权行为造成人身伤害及死亡的情况下,也应将人身伤亡的损害转化为财产损失,[56]使受害人获得损害赔偿的补救。然而,随着社会经济的发展和侵权法的不断完善,侵权法所保障的范围也在不断拓宽,现代侵权法也突破了单纯注重对物的权利和人身的保护的格局,特别注重对权利主体在精神方面的自由和完整利益提供保护,这就需要采取多种补救手段。为加强对知识产权的保护,侵权法也广泛采用了损害赔偿以外的其他责任方式。我国《民法通则》第118条规定:“公民、法人的著作权(版权)、专利权、商标专用权、发现权、发明权和其他科技成果权受到剽窃、篡改、假冒等侵害的,有权要求停止侵害、消除影响、赔偿损失。”可见,对知识产权并非采取单一的损害赔偿的方式进行保护。即使就侵害所有权和其他物权的责任形式而言,也不应该单纯采用损害赔偿的方法。一方面,赔偿财产损失只能使受害人遭受的财产损害得到恢复,而并不能使物权人重新获得被侵权人侵占的财产,从而恢复物权人对其原有财产的支配状态;也不能使权利人正在面临的侵害或将要面临的妨害得以消除。可见,对物权的保护不仅应当采用损害赔偿的方式,而且还应当采用返还原物、排除妨害、恢复原状、停止侵害等方式。另一方面,按照大陆法系的一般理论,对物权最充分的保护乃是恢复物权人对物的最圆满的支配。物权赋予权利人一种支配的权利,任何人

---

[56] 佟柔主编:《民法原理》,法律出版社1987年版,第240页。

都负有不得侵害或妨碍物权人所享有的权利的义务。当他人侵害物权人的物权时,物权人可通过请求返还原物、排除妨害、恢复原状,以恢复物权人应有的圆满状态。这些方法是对物权的特殊保护方法,也是由物权本身的特性所产生的保护绝对性。[57]

将损害赔偿作为侵权损害的唯一责任形式,也忽略了侵权损害和妨害的多样性。侵权行为必然造成损害,但损害并不一定都是能够通过金钱加以准确计算的财产损失;反之,侵权行为可能仅仅造成财产损失,但不一定造成对权利的侵害(这便是所谓的"纯粹经济损失")。[58] 侵权行为既可能是对他人财产的实际占有,也可能是对他人财产的侵害;既可能表现为正在持续进行的损害行为,也可能表现为尚未实际发生的、将有可能出现的妨害。针对各种不同的侵权行为,应该采取不同的责任形式。例如,对正在进行的损害,采取停止侵害、排除妨害的方式;对未来可能发生的损害,亦应用排除妨碍的方式。这些方式都具有不同于损害赔偿的独特的功能,甚至在某些侵害名誉权的情况下,采用赔礼道歉方式可能比赔偿一笔金钱对受害人来说更为重要。

多种侵权责任方式的采用,既实现了侵权行为法本身应当具有的补偿受害人的损失、制裁不法行为等多方面的功能,同时,也对遭受损害的受害人提供了充分的补救。责任形式的多样性是侵权行为法发展的必要结果,也是现代侵权行为法的一个重要特征。责任的多样化,对民法体系也提出了挑战,由于侵权责任尽管主要是损害赔偿,但又不限于损害赔偿,侵权行为主要产生侵权损害赔偿之债,但也可产生多种责任形式,而损害赔偿之外的责任形式并不是债的关系。债法并不能涵盖这些责任形式,因此债法对侵权行为法的调整便受到了限制。当侵权行为法越来越注重对各种人格利益提供补救,越来越注重适用多种责任形式对受害人的财产利益提供保护时,侵权行为法摆脱债法而独立的必要性也日益加强。从这种意义上说,侵权责任形式的多样性,是侵权行为法相对独立的重要

---

[57] 谢在全:《民法物权论》,台湾三民书局1994年版,第39页;郑玉波:《民法物权》,台湾1986年版,第24页。

[58] 王泽鉴:《侵权行为》,北京大学出版社2009年版,第296页。

根据。

四、侵权损害赔偿之债的特殊性为侵权行为法的相对独立提供了根据

自1804年的《法国民法典》将侵权行为的定义与损害赔偿联系在一起以来，[59]大陆法系许多学者也普遍认为侵权行为也就是侵权损害赔偿之债。[60] 如前所述，侵权行为责任并不限于损害赔偿，不能仅仅将侵权责任等同于损害赔偿之债。诚然，侵权责任最重要甚至最主要的形式仍然是损害赔偿，不管是财产损害赔偿，还是人身伤亡的损害赔偿，乃至于精神损害赔偿，都在侵权责任形式中占据重要地位。然而，即使强调损害赔偿的作用，也不能漠视侵权损害赔偿之债的特殊性，并得出债法总则必然全面适用于侵权损害赔偿之债的结论。

侵权损害赔偿之债在各种债的形式中是极富个性的。它与债的最重要的形式即合同之债相比较，在性质与特点上存在诸多的区别，各自的个性大于共性。事实上，合同关系本质上是交易关系，而损害赔偿乃是一种责任关系，两者是根本有别的。有一种观点认为，损害赔偿也是一种交易关系，它是“沦为零值或负值的交易”。[61] 也就是说，是正常交易失败后的关系。此种观点虽不无道理，但未免偏颇。尽管损害赔偿从经济上反映了等价有偿的要求，等价有偿的方法意味着任何民事主体不得非法给他人财产造成损失，一旦造成损害，必然要用等量的财产进行补偿。损害赔偿从效果上看，常常有助于巩固以价值为基础的交换关系。然而，赔偿毕竟是一种责任形式，它并不是基于当事人的意思产生的，而是侵害人依法向国家负有的责任。即使是财产损害赔偿，也不能完全等同于交易关系。因

---

[59] 参见《法国民法典》第1382～1383条。

[60] 郑玉波：《民法债编总论》，台湾三民书局1993年版，第131页。

[61] ［美］迈克尔·D. 贝勒斯：《法律的原则——一个规范的分析》，张文显等译，中国大百科全书出版社1996年版，第172页。

为财产损害乃是由于行为人不法侵害他人财产权的行为所致,此种侵害行为乃是法律所禁止的非法行为,而交易行为则是法律所鼓励的活跃经济、创造财富的合法行为。由此可见,侵害财产的损害赔偿关系不同于交易关系。尤其应当看到,侵害人格权所发生的损害赔偿(包括精神损害赔偿)更不是交易关系在法律上的表现。如果将侵害生命、健康、名誉、肖像、隐私等侵权行为所引起的损害赔偿关系等同于交易关系,则必然会导致人身的客体化、人格尊严和人身自由的商品化。这显然与法律通过损害赔偿来保护人格权的目的是相违的。

正是因为侵权损害赔偿关系不同于一般的交易关系,由此也决定了侵权损害赔偿与一般的合同之债在性质上是有区别的。根据传统的大陆法系的观点,由于侵权损害赔偿请求权在本质上是一种债权,当侵害他人的财产权和人身权的不法行为发生以后,在不法行为人和受害人间即产生债的法律关系。此种损害赔偿与合同之债及其他债并无根本的区别,都属于债法规范的对象。因此,侵权行为法应属于债法的范围。[62] 尽管许多学者也区分了侵权损害赔偿之债与合同之债,[63]但是大多认为:两种债的关系并不具有性质上的区别,由于侵权损害赔偿的财产关系仍然属于债的范围,所以按照大陆法系国家的立法,学者常将侵权损害赔偿责任称为侵权损害赔偿之债。

笔者认为,因侵权行为所发生的损害赔偿关系,根本不同于因交易行为所发生的合同之债。将两种性质不同的行为及由此所发生的关系等同对待,是不妥当的。合同行为是当事人旨在设立、变更或终止债权债务关系的合法行为。[64] 它是民事法律行为的一种,可适用于民事法律行为的一般规则。而侵权行为乃是一种非法行为,它不仅不产生行为人所预期的后果,而且将产生与之相反的法律后果。因此,侵权行为不是民事法律行为,根本不可能适用民事法律行为的一般规则。这一区别乃是因为侵权行为的非交易性和非法性所决定的。

---

[62] [日]北川善太郎:《日本民法体系》,科学出版社 1995 年版,第 48 页。

[63] 曾隆兴:《现代损害赔偿法论》,台湾 1988 年作者自版,第 15 页。

[64] 梁慧星:《民法学说判例与立法研究》,中国政法大学出版社 1993 年版,第 242 页。

侵权损害赔偿关系不仅不适用于法律行为的一般规则,而且由于侵权行为的非交易性和非法性,也使侵权赔偿之债具有强烈的“个性”,债的许多一般规则对其并不适用。这具体表现在:

第一,从其产生来看,由于债法主要是任意性的法律,所以在债的产生上,也贯彻了意思自治和合同自由原则,当事人只要不违反法律的强制性规定,不违反公序良俗,均可依自己的意思,设定债权。[65] 而侵权损害赔偿并不是基于当事人的意愿所设定的,它是法律强制规定的结果,侵权责任既是对加害人的制裁措施,同时也是对受害人的补偿手段。侵权损害赔偿责任的承担是与侵权行为人的意愿和目的恰好相反的。在侵权损害赔偿之债的设定上,体现了法律的干预。例如,现代产品责任允许因产品的瑕疵遭受人身和瑕疵产品以外的其他损害的受害人向与其无合同关系的第三人(如生产者、销售者)提起侵权之诉,从而在合同法的补救之外为消费者提供了侵权法上的补救。此种补救方式并未考虑合同的相对性问题,更没有遵循“意思自治”原则。它完全是法律为保护广大消费者利益而对于责任关系进行干预的结果。现代侵权行为法的发展表明侵权责任的产生越来越具有法律强制的特点。

第二,从债的关系的内容来看,对一般债的具体内容,法律允许当事人自由商定,国家对此并不加以过多干预。[66] 但是对于侵权损害赔偿之债来说,无论是侵害财产权的损害赔偿,还是侵犯知识产权的损害赔偿,在赔偿范围上都必须要由法律作具体规定。尤其应当看到,对违约损害赔偿之债来说,其范围可以由当事人事先约定,通过这种约定,在违约发生后就可以凭此了结当事人之间发生的争议。按照《民法通则》第 112 条的规定,如果当事人在合同中约定了对于违反合同而产生的损失赔偿的计算办法,则应按约定方法确定赔偿金额。对于侵权损害赔偿来说,当事人预先作出的赔偿责任的约定,因为在本质上违反了法律规定的任何人不得侵害他人财产、人身的强行性义务,同时违背了社会公共道德,因而应该是无效的。

---

[65] 王家福主编:《民法债权》,法律出版社 1991 年版,第 3 页。

[66] 王家福主编:《民法债权》,法律出版社 1991 年版,第 3 页。

第三,从性质上来看,一般债务关系主要具有补偿性,一般不具有惩罚性。所谓损害赔偿补偿性,是指损害赔偿适用的目的主要是弥补和填补债权人因债务人的行为所遭受的损害后果。在一般情况下,损害赔偿的确定以实际发生的损害为计算标准,而不是以当事人的主观过错程度作为确定赔偿的标准。损害赔偿的目的一般不是处罚过错行为,而是补偿受害人的损失,损害赔偿的补偿性特征表明了它是其他补救方式所不可替代的。然而,对于侵权损害赔偿而言,其不仅包括财产损害赔偿和人身伤害的赔偿,而且在受害人因他人侵害人格权而蒙受精神损害的情况下,可以通过侵权之诉而获得救济,所以,侵权损害赔偿兼具补偿性和制裁性的特征。因此,精神损害赔偿不仅具有抚慰和补偿作用,而且具有惩罚功能,其适用目的之一在于制裁他人侵害人格权的行为,以达到防止侵权行为、稳定社会秩序的目的。[67]

第四,从损害赔偿范围的限定来看,一般损害赔偿,特别是违约损害赔偿的范围,在法律上没有明确的限定。《民法通则》第 112 条第 1 款规定:"当事人一方违反合同的赔偿责任,应当相当于另一方因此所受到的损失";《涉外经济合同法》规定:损害赔偿不得超过违反合同一方订立合同时应当预见到的违反合同可能造成的损失。因此,可预见的损失是赔偿的最高限额。只有对违约损害赔偿作出限制,才能减轻交易当事人的风险,并鼓励交易活动的进行。对于侵权损害赔偿来说,则没有赔偿范围的明确限定,只要因侵权行为造成受害人的财产损失、人身伤亡、精神损害,都应由侵权行为人负责赔偿。唯其如此,才能充分补偿受害人因侵权行为所蒙受的损害,并能对侵权行为起到限制和遏止的作用。因此,"契约法上的赔偿有别于侵权上的赔偿。法律不要求违反契约者对其违约行为的所有后果负责,而侵权者都必须对其行为的一切后果承担责任"。[68]

第五,从债的抵销来看,对于一般的债务来说,如两个债务人互负债务,则可以各以其债权充当债务的清偿,而使债务发生相互抵销。抵销是

---

[67] 杨立新:《人身权法论》,中国检察出版社 1996 年版,第 260 页。

[68] [美]格兰特·吉尔莫:"契约的死亡",载梁慧星主编:《民商法论丛》(第 3 卷),法律出版社 1997 年版,第 207 页。

消灭一般债务的重要方法,而对于侵权行为所产生的债务,各国法律大都规定,因故意、重大过失的侵权行为所产生的债务,不得抵销。[69] 如允许债权人可抵销此种债务,则意味着法律确认了债务人所实施的侵害他人财产和人身的行为具有合法性。这显然与侵权行为的违法性质是根本不符的。

第六,关于债的移转。就一般债权来说,可以由债权人自由转让,债权作为一种交易的对象而进入流通是市场经济发展的结果,而债权转让制度又极大推动了投资的自由转让和流动化,刺激了经济的增长。[70] 然而,对于侵权行为所产生的债权是否可以转让,大陆法系的民法对此并未作出规定。笔者认为,这并不意味着因侵权行为所产生的债权可以自由转让,对此应当作具体分析。对于因侵害财产权所产生的债权来说,此种责任的转让并不违反法律和公序良俗,所以也有一些国家的法律对此作出了肯定,如德国 1926 年 1 月 9 日的《帝国保险条例》第 1542 条第 1 项规定了财产损害赔偿的法定移转。然而,对侵害人格权的损害赔偿,特别是精神损害赔偿,在一定程度上体现了对不法侵害人的制裁,且此种赔偿与人格利益的维护联系在一起,如允许侵害人身权的债权可以转让,既难以体现对加害人的制裁,又容易导致人格利益的商品化倾向。因此,法律应禁止侵害人格权所产生的债权的转让。尤其应当看到,人格损害赔偿范围、精神损害赔偿数额在法院作出判决以前是很难确定的,这与某人欠他人多少金钱、债务在数额上容易确定的情况是不相同的。人格损害的赔偿标准迄今为止仍难以确定,甚至精神损害赔偿的请求能否获得法院支持,也在事先很难预料。这些债权与合同债权所体现的期待利益相比根本不同,既然赔偿数额事先不能确定,甚至可能完全得不到,则此种债权如何能够转让呢?

第七,关于免责条款的设定。对合同债务而言,当事人可以通过事先设定的免责条款而限制或免除其未来的合同责任。当事人可以自由设定免责条款,这是合同自由的内容,只要免责条款符合法律规定的有效要

---

[69] 《德国民法典》第 393 条规定:“不准须抵销因故意实施的侵权行为而发生的债权。”

[70] 史尚宽:《债法总论》,台湾荣泰印书馆 1978 年版,第 674 页。

件，就可以产生免责的效果。然而，对于侵权责任来说，当事人不得随意设立免责条款而免除其侵权责任。在这方面，法国法甚至认为，任何侵权行为责任，"无论是为自己行为所负的责任还是为他人行为所负的责任，无论是为牲畜还是因本人失去谨慎和控制所发生之事件所负的责任，免责条款的协议都是无效的"。[71] 许多大陆法系国家的民法均采纳了这一主张。[72]《德国民法典》虽然未对侵权责任的免责条款的效力专门作出规定，但一般认为，《德国民法典》第276条关于"债务人基于故意的责任，不得预先免除"的规定乃是对故意侵权行为的规定，而并不适用于违约行为。[73] 在我国，对免除侵权责任条款的效力问题，法律尚无明确规定。从司法实践来看，虽承认此种免责条款，但禁止当事人设立免除故意和重大过失的侵权责任的条款。[74] 因为故意和重大过失致人损害的行为，不仅表明行为人的过错程度是重大的，而且表明行为人的行为具有不法性，此种行为应受到法律的谴责。如果允许当事人可通过免责条款免除此种责任，则事实上给予一方故意侵害他人权利的权利，这既与法律的规定和公序良俗相违背，而且也必然构成对法律秩序的危害。此外，对侵害人身权利的侵权责任也不得通过免责加以免除，如果免除，则将允许他人享有自由侵害他人人身的权利，这显然不符合法律的规定和公序良俗。

第八，关于经济利益对责任的影响，由于合同关系乃是交易关系，因此合同义务的确定和违约责任的认定要考虑到当事人之间的利益关系。例如，无偿保管人的注意义务显然要轻于有偿保管人的注意义务；如因保管人的过失致委托人财产遭受损害，确定责任要考虑利益关系。而对于侵权责任的认定和赔偿范围的确定来说，不能考虑各种利益关系。

由于侵权损害赔偿之债与合同之债等债权关系相比较，存在着诸多的

---

[71] Jean Limpens, *International Encyclopedia of Comparative Law*, Vol. 4, Torts, Chapter 2, Liability for One's Own Act, J. C. B. Mohr (Paul Siebeck, Tübingen), 1975, p. 128.

[72] 参见《埃塞俄比亚民法典》第2147条、《埃及民法典》第217条、《突尼斯债法典》第82条、《摩洛哥债法典》第77条。

[73] Jean Limpens, *International Encyclopedia of Comparative Law*, Vol. 4, Torts, Chapter 2, Liability for One's Own Act, J. C. B. Mohr (Paul Siebeck, Tübingen), 1975, p. 131.

[74] 梁慧星："雇主承包厂房拆除工程违章施工致雇工受伤感染死亡案评释"，载《法学研究》1989年第4期。

区别。这些区别导致了自《德国民法典》制定以来,大陆法系民法典的制定者在确定债法的一般规则时,不得不考虑侵权损害赔偿之债的特殊性。因此,在债法总论规定了损害赔偿的一般规则以后,在债法各论有关侵权行为的规定中,又要对侵害财产、人身及侵害人格权等损害赔偿问题作出特别规定。[75] 学者常常认为:“债总规定之概念,系采抽象意义者,其相对之债各规定,常为确定性规定;债各规定系在强化债权人之权利保护者,常属附加性规定。”[76]债各中有关侵权行为的规定有大量的修正或排斥债总的一般规定的规定,从而导致“债总与债各之相互关系,绝非单纯为特别法与普通法之关系,且无宁以个别法与共通法之结合关系为多”。[77] 从体系观点来看,以债的发生原因而建立起来的债法体系确实存在着不协调现象,从而决定了侵权行为所生之债有必要与合同之债相分离。

还应当看到,从法律解释学角度来看,由于侵权损害赔偿不同于其他损害赔偿关系,也不能完全适用债法的一般规定,因而将侵权行为法置于债法之中,也很难采用体系的解释方法,对单个的侵权行为法规范作出解释。因为,在债法中运用体系解释方法的前提是,债法总论和作为债法各论部分的侵权法是相互协调的、有机的整体,不应存在过多的所谓“不完全性”和“体系违反”的情况。如果两者之间互不协调,则只能对侵权行为法规范采用个别解释,而不能从债法的总体上采用体系解释的方法。这一点也说明了侵权行为法不应当依附于债法,而应相对独立地存在。

五、侵权法的不断发展和完善,需要突破传统债法的体系

现代民法与传统民法是一脉相承的。但同时,民法体系本身又是一个动态的、不断整合的过程。正如日本民法学家北川教授所说:“民法的现代图像极富有变化,且内容复杂。古典的民法图像以其抽象的概念和制

---

[75] 参见《德国民法典》第842条以下。

[76] 邱聪智:《债法各论》,台湾1994年作者自版,第56页。

[77] 邱聪智:《债法各论》,台湾1994年作者自版,第56页。

度成为自我完结的学问体系,而民法的现代图像则很难从这种学问的体系来把握。”[78]大陆法系民法一贯沿袭罗马法的传统体例,不论是采用“法学阶梯”(institution)模式编纂的《法国民法典》,还是采用“学说汇纂”(Pandekten)模式制定的《德国民法典》,都将侵权行为法视为债法的一部分,从而使其禁锢在债法之中,成为民法中第二层次的法律。罗马法之所以未使侵权行为法独立,是有其深刻的经济原因的。在当时的宗法社会条件下,个人在家庭的、地域的、身份的羁绊中,不可能提出更多的财产和人身权利的要求,义务成为农业社会中法的依归和表现。所以,尽管侵权行为法的历史悠久古老,[79]但在民法体系中都一直未找到适当的地位。而法国民法及德国民法则是从北川教授所谓的“自我完结的学问体系”出发,继续沿用传统的债法模式,使侵权行为法未能获得良好的继续发展的基础。法、德民法所产生的历史条件虽与罗马法所处的简单商品经济社会不同,但由于偏重于对社会财产流转关系的调整和交易安全的维护,因而所采纳的债法模式以其中的绝大部分的条款规范社会交易关系,而仅以很少的篇幅,甚至是寥寥无几的条文来规范侵权责任关系,从而使侵权行为法在民法体系中未能获得合适的地位。

20 世纪以来,社会经济生活发生了巨大的变化。英国侵权法学家 John Fleming 描述道:英国著名侵权法学者弗莱明(Fleming)教授指出,“今天工业的种种经营、交通方式及其他美其名曰现代生活方式的活动,逼人付出生命、肉体及资产的代价,已经达到骇人的程度。意外引起的经济损失不断消耗社会的人力和物资,而且有增无减。民事侵权法在规范这些损失的调节及其费用的最终分配的工作上占重要的地位。”[80]现代化加重了人类对物的依赖性,核辐射、环境污染和生态的破坏以及现代文明所带来的各种副产品、各种自然力的灾难和人为的危害,都使得生存与毁灭问题严重地摆在人类面前。对人身和财产损害的赔偿问题成为社会所

---

[78] [日]北川善太郎:《日本民法体系》,科学出版社 1995 年版,第 115 页。

[79] 梅因提出:“在法学幼年时代,公民赖以保护使不受强暴或欺诈的,不是犯罪法而是侵权行为法”。[英]梅因:《古代法》,商务印书馆 1984 年版,第 209 页。

[80] [英]弗莱明:《民事侵权法概论》,何美欢译,香港中文大学出版社 1992 年版,第 1 页。

普遍关注的问题,这就需要以侵权行为法来对付业已发生的种种损害,为无辜的受害人提供补偿。同时,现代社会已成为风险社会,在人类生活中,无形的、不可预测的风险无处不在,随时可能造成严重灾害。[81] 因而需要借助侵权行为法遏制不法或疏忽的行为,防止各种事故的发生。现代社会还是一个信息化社会,科学技术的广泛运用和计算机的普及,在为人类生活带来更大便利的同时,也提出了对技术、智力成果、软件等进行侵权法上的保护的问题。可以说,现代社会生活的需求扩张了侵权行为法的内容和范围,使其正在成为一个社会正常运转所须臾不可或缺的法律体系。

侵权行为法地位的突出,也是与现代社会强调法治及保障人权联系在一起的。一方面,法治作为人类文明的成果和千百年来社会政治组织经验的体现,其特定内涵就是公民在法律面前人人平等,公民的权利得到充分尊重和保护,法律成为社会全体的一切行为的规范和标准。法治的基本精神,在于对权利的合理确认和对权利的充分保障。而侵权法的基本功能就是对权利的保障。不仅如此,现代侵权行为法"已经被作为决定权利(determining rights)的工具"。[82] 例如,人格利益抽象成人格权,隐私作为一项独立的权利出现,都是法官运用侵权法保障权利的结果。可以说,侵权行为法最集中地体现了法治的精神。另一方面,人权作为个人所享有的基本权利,主要是由个人所享有的各种基本民事权利(如财产权、人格权)以及宪法所确认的各种经济文化权利等组成的。侵权行为法保障民事权利方面的作用自不待言。现代城市化生活所带来的"个人情报的泄露、窥视私生活、窃听电话、强迫信教、侵害个人生活秘密权、性方面的干扰以及其他的危害人格权及人性的城市生活现状必须加以改善。"[83]这就必须借助侵权行为法。侵权行为法不仅通过民事权利的保障来维护个人的人格尊严、价值以及生活的安定;同时还扩大到对宪法及其他法所确

---

[81] [日]北川善太郎:"关于最近之未来的法律模型",载梁慧星主编:《民商法论丛》(第6卷),法律出版社1997年版,第306页。

[82] See Epstein, Gregorg & Kleven, *Cases and Materials on Torts*, Little, Brown and Company, 1984, p. 1.

[83] [日]北川善太郎:《日本民法体系》,科学出版社1995年版,第48页。

认公民享有的各种经济文化权利(如劳动权、自由权、环境权、受教育权、休息权等)的保障。当公民的这些权利受到侵害时,均可借助侵权行为法获得救济。可见,侵权行为法保护公民各项权利的功能,集中体现了法律的基本价值。

现代社会经济生活条件造就了侵权行为法发展的基础,而民主与法治的加强又扩张了其规范的功能。尽管20世纪以来,特别是二次大战以来,因为责任和损失分担制度的产生使侵权法的某些价值发生了“急剧的变化”(abrupt change)。[84] 但侵权行为法依然获得了空前的发展。例如,名誉、肖像、隐私等个别人格权的侵害以及精神损害赔偿的提出,使侵权法保障的对象大大拓宽,也充实了其责任形式;产品责任、侵害债权等制度的发展使侵权行为法已经延伸到传统的合同法规范的领域;各种事故损害赔偿、公害责任等的兴起,使侵权行为法的内容急剧膨胀;而国家赔偿制度的发展甚至使侵权法所作用的领域已扩张到传统的公法领域。侵权行为法的发展使其内容的丰富复杂程度不亚于民法中的任何一个部门,其地位和在社会生活中的重要性也不亚于物权法、债与合同法等法律。在这种情况下,仍将侵权法禁锢于债法之中,既不适应侵权法的发展状况,也与侵权行为法的作用极不相称。尤其是这样一种立法安排将会严重限制侵权行为法的不断发展及完善,不利于发挥其对社会及公民权利以充分保障的功能。

侵权行为法的发展也促使其自身体系不断完善,从而使其已具备了从债法脱离而自立的条件。无论是按照单一的过错责任原则建立起来的侵权法模式,还是按照有限的多重原则建立起来的侵权法模式,都随着社会经济的发展而事实上采纳了多重的归责原则。[85] 而归责原则的多样化,也为侵权行为法体系的建立奠定了基础。随着侵权行为类型化的确立,侵权行为法的分则体系也已形成。从我国《民法通则》看,现行民事立法已

---

[84] Andre Tunc, *International Encyclopedia of Comparative Law*, Torts, Introduction, J. C. B. Mohr(Paul Siebeck) Tübingen, 1974, p. 3.

[85] Jean Limpens, *International Encyclopedia of Comparative Law*, Vol. 4, Torts, Chapter 2, Liability for One's Own Act, J. C. B. Mohr(Paul Siebeck, Tübingen), 1975, p. 45.

包含了关于侵权行为的一般规定、各种具体侵权行为、行为人责任的免除或减轻、共同侵权、无行为能力及限制行为能力人的侵权责任、承担侵权责任的方式等丰富内容。有学者认为,这些规定已经形成一个较为完整的,符合逻辑要求的,便于条款安排的立法结构。[86] 侵权行为法的上述结构是自成一体的,完全不需要依赖债法的一般规则而存在,这就为侵权行为法脱离债法奠定了基础。诚然,债法中的某些规则对侵权行为法也是适用的,但这并不意味着侵权法对债法具有体系上的依存性。事实上,民法总则中的所有规则对侵权行为法都是适用的,但这并不导致侵权行为法成为民法总则的组成部分。侵权行为法甚至与物权法都有密切的关联性。如美国学者斯耐尔曾认为:"排他性规则、惩罚规则、损害赔偿规则和责任规则是一个完整的财产权概念的内容",这就表明了对权利的保护和对权利的确认之间的密切联系。但这并不意味侵权法会成为物权法的组成部分。

侵权行为法的相对独立,意味着侵权行为法和物权法、债和合同法等一样,都是民法内平行的法律规范体系。这样一种体系的建立,正是现代民法体系完善的内容及标志。一方面,这样的体系突出了民法对权利的保障功能,使民法不仅仅是一部权利法,而且各项权利都具有充分的保障机制,整个民法就是按权利和权利保障机制建立起来的体系;另一方面,现代民法规范功能的扩张,在很大程度上乃是侵权行为法功能扩张的结果。由于侵权行为法本身是一个变动而开放的体系,从而使得民法体系在确立了侵权行为法的地位以后必将获得更为蓬勃旺盛的生命力。各种新的民事权利和利益借助侵权行为法的保障,将会最终在民事立法中得到确认和反映。民法也将在这样的过程中不断得到发展和完善。

结语

中国民法典的制定,经过无数学者的热烈呼吁,已被纳入立法机关的

---

[86] 张新宝:《中国侵权行为法》,中国社会科学出版社1995年版,第6页。

议事日程。而完成这样一个举世瞩目的工程，首先需要对传统的民法体系进行检讨，建立科学的、符合中国实际的民法体系。而侵权行为法从债法中的独立，应是创建我国新的民法体系的组成部分。当然，笔者主张侵权行为法从债法中独立，并不是要否认债的概念和债法的一般规则；相反，笔者认为，债的概念和债的一般规则在民法中应当具有不容置疑的重要性，它们当然应构成民法中的一个组成部分。侵权行为法的独立，丝毫不影响债权一般规则存在价值。唯其如此，才能使民法的各项制度既能不断完善和发展，又能保持协调一致。

民商法研究(第四辑)
第 494 ~520 页

论违反安全保障义务的责任*

违反安全保障义务的责任,是指侵权人未尽到法律法规所规定的,或基于合同、习惯等产生的对他人的安全保障义务,造成他人损害时应承担的赔偿责任。安全保障义务,又称安全关照义务,来源于德国法上的社会交往安全义务①,它是指在一定社会关系中当事人一方对另一方的人身、财产安全依法承担的关心、照顾、保护等义务。目的在于保护危险源周围的环境,或处于危险环境中的法益,②明确债务人对危险源的控制义务。③ 在违反安全保障义务的情况下,违反义务的行为可能因行为人直接导致损害的产生,也可能因第三人的直接侵权行为而导致损害的发生。在现代社会,人与人之间的团体协作关系的重要性逐渐凸显,课以行为人负担一定的安全保障义务,也是社会和谐秩序的重要保障。因此,在侵权责任法中,安全保障义务的产生和发展也是为了适应这一趋势而产生的。

---

* 本文原著于 2002 年,2009 年修改,后收录于拙作《侵权责任法研究》(下册),中国人民大学出版社 2011 年版。

① 该概念的翻译不尽一致,有的译为“交易安全义务”,有的译为“交通安全义务”,有的译为“社会安全注意义务”,大多数学者将其译为“交往安全义务”。参见周友军《交往安全义务理论研究》,中国人民大学出版社 2008 年版,第 1 页。

② Wagner, in Münchener Kommentar zum BGB, § 823, Rn. 235.

③ Wagner, in Münchener Kommentar zum BGB, § 823, Rn. 236.

一、安全保障义务的比较法分析

一般认为,违反安全保障义务的责任产生于德国的司法实践过程中。在德国法上安全保障义务也被称为"交往安全义务"(Verkehrspflicht)。不过,1900 年施行的《德国民法典》最初并未对安全保障义务作出规定,该制度是由法官通过判例而创设发展起来的。④《德国民法典》生效后,法院在实践中逐步地创设和采纳了交往安全义务的理论,最典型的是在 1902 年 10 月 30 日的"枯树案"判决中,德国帝国法院(RG)通过类推适用民法典第 836 条的规定,初步确立了交往安全义务,认为"每个人都要为其财产造成的损害承担责任,也必须尊重他人的利益"。⑤ 在 1903 年的"道路撒盐案"中,法院进一步详细论述了交往安全义务理论,认为所有者负有保证其物品符合交往安全的责任。⑥ 通过这两个案例,德国法上的交往安全义务理论的基础得以确定。在德国法上,"危险"是确定交往安全义务的重要依据。⑦ 如有学者认为,交往安全义务是指任何人,无论其为危险的制造者还是危险状态的维持者,都有义务采取一切必要的和适当的措施保护他人的绝对权利。⑧ 德国的审判实践也认为,"交往安全义务存在与否的关键在于是否造成和维持了一种危险状况"。⑨ 交往安全义务的最初产生原因就是"开启公共交通",义务人要对公共道路等场所负责。后来,德国法院又将其适用范围予以扩张,包括实施职业活动等,并在第二次世

---

④ Wagner, in Münchener Kommentar zum BGB, § 823, Rn. 50.

⑤ See RGZ 52, 373, 379.

⑥ See RGZ 54, 53, 57.

⑦ Wagner, in Münchener Kommentar zum BGB, § 823, Rn. 50.

⑧ [德]冯·巴尔:《欧洲比较侵权行为法》(上),张新宝译,法律出版社 2001 年版,第 145 页。

⑨ [德]马克西米利安·福克斯:《侵权行为法》,齐晓琨译,法律出版社 2006 年版,第 102 页。

界大战之后在教义学上获得了承认,[10]并最终将其归于第823条第1款之下。[11] 需要指出的是,在德国法上,交往安全义务的适用范围比较广泛,其重要原因是德国合同法的调整范围与违约赔偿范围有限,因而不得不通过将交往安全义务扩大适用于由物造成的各种损害,适用于由人造成的损害责任,以弥补合同和侵权制度的不足。[12] 因此,有德国学者认为德国法中的交往安全义务较之于英美法上的注意义务制度(duty of care)适用范围较为宽泛。[13]

在法国法中,也采纳了类似于安全保障义务的制度。19世纪法国法社会学家杜尔克姆曾提出了社会有机体学说,认为社会是一个整体,每个人是这个整体不可分割的部分,个人自由要为了社会的整体利益而受到限制。[14] 每个人都负有对他人的照顾、注意等义务。在法国司法实践中,安全保障义务制度最初是为了对工伤事故中的受害人提供保护,后来,其适用范围不断扩张,被适用到所有的合同关系。法国侵权法上没有一般意义上的安全保障义务,判例所承认的"安全保障义务"(obligation de sécurité)基本源于合同。例如,运输合同和其他的服务提供合同。根据这些判例,负有安全义务的机构有:治疗机构、餐馆、咖啡馆、酒店、演出场所、音像店、洗浴场所、发廊、自动洗衣店、停车场等;体育比赛或者演出的组织者同样负有此种义务;对于旅行社同样也适用安全义务。[15] 在1984年"不动产内发生火灾致他人损害案件"中,法官适用《法国民法典》第1384条关于"由其照管之物造成的损害负赔偿责任",认为不动产所有人对不动产具有控制能力,火灾的发生是由其过错引起的,不动产所有人需

---

⑩ Wagner, in Münchener Kommentar zum BGB, §823, Rn. 51.

⑪ Wagner, in Münchener Kommentar zum BGB, §823, Rn. 61.

⑫ 林美惠:"侵权行为法上交易安全义务之研究",台湾大学法律学研究所2000年博士学位论文,第30页以下。Wagner, in Münchener Kommentar zum BGB, §823, Rn. 51.

⑬ [德]克尔默尔:"侵权行为法的变迁(下)",王洪亮等译,载张双根等主编:《中德私法研究》第5期,北京大学出版社2009年版,第43页。

⑭ [法]杜尔克姆:《社会学研究方法论》,胡伟译,华夏出版社1988年版,第5页。

⑮ See Geneviève Viney, Patrice Jourdain, *Les conditions de la responsabilité*, 3éd, LGDJ, 2006, pp. 470 – 471.

要就其过错承担损害赔偿责任。[16] 这实际上就可以认为《法国民法典》第1384条已经扩张适用于安全保障义务领域。在合同责任向侵权责任的转变过程中,包括旅馆、酒店、商场、停车场、公园等经营者的安全注意义务也通过有关司法判例逐渐得以确立。在法国法上,安全保障义务实际上作为契约一方当事人在履行契约所规定的主要义务时对另一方所承担的确保其安全的附属性义务。此种制度首先要保护合同当事人的生命和身体完整性,但也要保护其财产的安全。[17]

在日本法上,判例和学说最初是在工伤事故中适用安全保障义务(日本法上称为"安全照顾义务"),在昭和五十年(1975年)的一个判决中,使用人的安全照顾义务被界定为"使用人对为实施劳务行为的场所、设施或器具进行管理或对劳动者按使用人或上司的指示执行的劳动进行管理时,为保护劳动者的生命及健康免受危险,而应当进行照顾的义务"。[18] 以后,将此种责任扩张到其他领域。此种义务最初被认为仅是合同法上的义务,后来才逐步扩张到侵权法领域。在这一点上,与德国法上安全保障义务的发展具有相似性。[19]

在我国台湾地区,学界借鉴德国法的经验,提出了安全保障义务的理论,而且,台湾地区的相关判例也对此予以确认。[20] 在我国内地,张新宝教授等人最早提出"经营者的安全保障义务"理论,[21]并被最高人民法院《人身损害赔偿司法解释》等所采纳。我国《侵权责任法》正是在总结有关司法解释和学说的经验基础上,在第37条中全面规定了违反安全保障义务的责任。《侵权责任法》规定安全保障义务制度的主要目的在于以下几个方面:一是救济受害人。二是预防侵权的发生,"违反交往安全义务责任的核心功能就在于避免和防止危险,每个人都应该在自己掌控的范围内

---

⑯ 罗结珍译:《法国民法典》(下册),法律出版社2005年版,第1105~1106页。

⑰ See Walter van Gerven, Jermy Lever & Pierre Larouche, *Cases, Matetials and Text on National, Supranational and International Tort Law*, Hart Publishing, 2000, p. 56.

⑱ [日]宫本健藏:"日本的安全照顾义务论的形成与展开",金春龙译,载《清华法学》(第4辑),清华大学出版社2004年版。

⑲ 李昊:《交易安全义务论》,北京大学出版社2008年版,第92页。

⑳ 李昊:《交易安全义务论》,北京大学出版社2008年版,第92页。

㉑ 张新宝、唐青林:"经营者对服务场所的安全保障义务",载《法学研究》2003年第3期。

采取一切措施来防止给他人造成损害”。[22] 通过确立此种责任,实际上强化了宾馆、商场、银行等公共场所管理人或群众性活动组织者所负有的对他人的安全保障义务。此处,强化此种义务不仅有助于预防损害发生,而且也有助于维护社会安全。

二、违反安全保障义务的责任与相关责任的比较

(一)违反安全保障义务的责任与不作为侵权责任

过错侵权包括作为侵权和不作为侵权。不作为侵权责任,是指因违反作为义务的不作为,而承担的过错侵权责任。自罗马法以来,侵权法上历来存在不作为侵权的责任。在阿奎利亚法上,作为义务的产生原因就包括法律规定、合同约定和先前行为。即便在“自己责任”鼎盛时期的19世纪,各国侵权法上也仍然确立了不作为侵权制度。不作为侵权归责的基础就是作为义务的存在。传统上,侵权责任构成要件中的“行为”原则上是指作为,不作为只有在违反了作为义务时才被视作“行为”。[23] 也就是说,一个消极行为或不作为,只有在具体案件中存在积极的法律上的作为义务,才能成为法律责任的基础。不过,在比较法上,也存在作为义务不断扩张的趋势。[24] 在我国《侵权责任法》中,违反安全保障义务的责任是不作为侵权责任的一种类型,其具有不作为侵权责任的本质特点,主要包括:一方面,安全保障义务是作为义务的一种,责任人承担责任的原因是

---

[22] [德]马克西米利安·福克斯:《侵权行为法》,齐晓琨译,法律出版社2006年版,第102页。

[23] 王泽鉴:《侵权行为法》(第1册),中国政法大学出版社2001年版,第92页。

[24] 例如,《欧洲侵权法原则》第4:103条规定:“行为人积极行为保护其他方免受损失的责任存在于下列情况:在有法律规定时,或行为人制造或控制危险局面时,或当事方之间存在特殊关系时,或一方面危险的严重性,另一方面避免此损失的容易性共同指向此责任时。”据此,如果某个盲人走到工地边上,其前面有土坑,但是,路人没有大声喊叫,提醒其注意。因此,路人就违反了作为义务。按照上述规定,路人作为行为人就违反了作为义务,应当承担侵权责任。European Group on Tort Law, *Principles of European Tort Law: Text and Commentary*, Springer, 2005, p. 88.

其违反了作为义务;另一方面,责任的构成要件必须以过错为前提。这也与不作为侵权责任属于过错责任的理论之间具有内在一致性。

不过,违反安全保障义务的责任与不作为侵权责任也存在一些区别,表现在:第一,从范围上看,不作为侵权责任的范围广泛,不仅限于违反安全保障义务的责任,还包括其他类型的责任,如违反法律规定的作为义务而承担的责任。严格地说,《侵权责任法》中网络服务提供者的责任、教育机构的责任等都可能涉及不作为侵权。安全保障义务的产生原因是特定的,就《侵权责任法》的规定来看,其仅限于"场所责任"和"组织责任"两种类型。第二,从作为义务的产生原因上看,如法律规定、合同约定、先前行为等,安全保障义务只是作为义务的一种类型而已。第三,从法律后果来看,如果存在直接侵权人,违反安全保障义务的责任是补充责任。而在其他的不作为侵权责任中,作为义务人是否承担补充责任,则值得探讨。

我国《侵权责任法》没有规定不作为侵权责任的一般条款,这是合理的。因为一般性地规定作为义务,将很大程度上限制人们的行为自由;如果规定一般人负有普遍作为的义务,将会使人们动辄得咎,负担极不合理的沉重作为义务。有学者认为,因为《侵权责任法》没有规定不作为侵权责任的一般条款,所以,在出现不作为侵权时,应当适用《侵权责任法》第37条的规定作为不作为侵权责任的一般条款。这一观点有一定道理,但值得商榷。事实上,《侵权责任法》第37条的规定在适用范围上,不仅仅限于"场所责任"和"组织责任",而且也可以适用于《侵权责任法》规定的其他类型的不作为侵权。例如,《侵权责任法》第40条关于教育机构违反安全保障义务的责任,第54条关于医疗机构违反安全保障义务的责任,第89条关于公共道路的管理人违反安全保障义务的责任等。这就是说,违反安全保障义务,不仅仅是单独的侵权,在特殊的侵权中也可以援引这一规定。但这并不意味着,应当将《侵权责任法》第37条的规定视为不作为侵权的一般条款,主要理由在于:第一,从《侵权责任法》的立法目的考量,其之所以对安全保障义务的产生采具体列举的方式,就是为了保障人们的行为自由,避免作为义务的任意扩张。如果将该法第37条作为不作为侵权责任的一般条款,就违反了这一立法目的。第二,安全保障义务的违反只是不作为侵权的一种类型,而不是全部。《侵权责任法》第37条采用封闭式列举的方式,其本意就是考虑到《人身损害赔偿司法解释》第6条采用"等社会活动"的表述,使其适用范围比较宽泛。第37条的表述表明立法者的意图就是限制其适用范围,如果将其扩张到所有的不作为侵权,是违反立法者意图的。第三,不作为侵权的形态各样,是否构成侵权要根据具体形态来判断。例如,救助他人的义务,只是特定人群负有的义务,如医生、警察等,所以一般人违反救助义务而没有帮助他人,并不承担侵权责任。也就是说,在确定责任时,首先要明确责任人是否负有作为义务。如果无法确定责任人负有此种作为义务,就不能确定其侵权责任。

(二)违反安全保障义务的责任与缔约过失责任

所谓缔约上的过失责任,是指在合同订立过程中,一方因违背其依据诚实信用原则所产生的义务,而导致另一方信赖的落空,应承担损害赔偿责任。诚信义务不仅适用于合同的履行,同样适用于合同的缔结过程,在缔约过程中如恶意导致合同不成立,就应承担责任。[25] 应当看到,违反安全保障义务责任和缔约过失责任也存在竞合的可能。例如,某人在银行存钱,在大厅内遭到抢劫,此时其尚未与银行订立储蓄合同,仍处于缔约阶段。此种情况下,受害人是应当依据缔约过失责任还是违反安全保障义务的责任请求银行赔偿?从比较法的角度来看,安全保障义务的保护范围就不限于人身。我国安全保障义务制度是借鉴德国法上的交往安全义务(Verkehrspflichten)制度而来的,而德国法上的交往安全义务的保护范围并不限于人身,也包括财产。笔者认为,上述情况应构成两种责任竞合:一方面,银行应保障存款人在营业大厅内的人身财产安全,否则,构成对安全保障义务的违反;另一方面,虽然当事人还没有正式形成合同关系,但是当事人之间已经进入了缔约阶段,顾客已经对银行产生了信赖,因此,此时也可以依据缔约过失责任来处理。

但是,违反安全保障义务的责任与缔约过失责任仍存在重要区别。主要表现在以下几个方面:第一,是否形成信赖关系。在缔约过失的情况

---

[25] Franois Terré, Philippe Simler, *Yves Lequette*, *Droit civil*, *Les Obligations*, 8e éd., Dalloz, 2002, p. 434.

下,当事人之间基于社会接触而形成特别的信赖关系。它实际上是解决存在社会接触的人之间的法律制度,当事人是否负有先契约义务,应根据具体缔约磋商接触的情况,依据诚信原则而确定。[26] 而在安全保障义务案件中,当事人并未直接发生信赖关系。第二,当事人是否特定。在缔约过失案件中,当事人是特定的,即进行缔约磋商双方都是特定当事人。而在安全保障义务案件中,当事人大多是不特定的,例如,公共场所的管理人要对进入该场所中的不特定的人负有安全保障的义务。第三,责任的性质不同。缔约过失责任是介于侵权与违约之间的特殊责任类型,在我国法律体系中,是一种特殊的法律责任。而违反安全保障义务的责任是侵权责任。第四,保护的利益不同。在缔约过失责任中,其保护的利益主要是信赖利益,而违反安全保障义务的责任保护的利益主要是绝对权,如生命权、健康权等。一方面,因为信赖利益并非一种实有财产,很难受到侵权法的保护,在受害人遭受信赖利益的损失的情况下,常常会产生纯经济损失,不能完全根据《侵权责任法》而要求赔偿。[27] 另一方面,根据侵权行为而作出的赔偿,包括受害人所遭受的各种直接的和间接的损失,在范围上是十分广泛的。各种机会的损失,不应当包括在信赖利益的赔偿范围内,但受害人却可以基于侵权行为要求赔偿。总体上说,安全保障义务的适用范围较为广泛,而缔约过失责任的适用范围较窄,其主要适用于一些法律规定的特殊情形。[28]

(三)违反安全保障义务的责任与合同责任

在违反安全保障义务的情况下,安全保障义务人和受害人之间可能存在合同关系,这特别发生在宾馆、医院、银行、娱乐场所等负有安全保障义务的情形。例如,在"银河宾馆案"中,二审法院认为,"本案中罪犯七次上下宾馆电梯,宾馆却没有对这一异常举动给予密切注意。宾馆未履行对王某的安全保护义务,自应承担违约责任"。因此,法院以银河宾馆违反

---

[26] 韩世远:《合同法总论》(第2版),法律出版社2008年版,第117页。

[27] 李永军、易军:《合同法》,中国法制出版社2009年版,第107页。

[28] 参见我国《合同法》第42、43条。

合同义务,而确立银河宾馆应承担的违反安全保障义务的责任。[29] 虽然二审法院是用违约责任来解释义务产生的原因,但是,通过合同义务的确定,实际上强化了对受害人人身安全保障的义务。这一义务的设定,可以有效督促经营者以及实施在先行为的人采取积极措施来避免人身损害的发生。这就涉及违反安全保障义务的责任与合同责任的关系问题。

虽然违反安全保障义务的责任与合同责任之间具有密切联系,但是,两者之间仍存在明显的区别,主要表现在以下几个方面:第一,义务的性质不同。安全保障义务是侵权法上的作为义务,而合同责任中保护他人固有利益的义务是附随义务。第二,归责原则不同。违反安全保障义务的责任是过错责任,而合同责任的归责原则是严格责任。第三,当事人之间的关系不同。在违反安全保障义务的情况下,当事人之间可能存在合同关系,也可能不存在合同关系,责任的认定不考虑当事人之间是否存在合同关系。但合同责任必须以当事人之间存在合同关系为前提。在实践中,关于停车场丢失车辆是否应赔偿及赔偿范围的问题,经常引发争论。例如,受害人到酒店等经营场所消费,酒店同时提供免费停车服务。后因为车辆在停车场被盗,受害人请求酒店予以赔偿。对这类案件的处理,关键要看是否形成了合同关系以及合同关系的类型,如果没有形成合同关系,或者所形成的合同关系不足以对受害人提供充分保护,就可以考虑适用违反安全保障义务责任的制度。具体而言,如果经营者仅提供停车场免费给他人使用,就不能因此认为双方之间形成了有偿保管合同关系。但考虑到经营者也会从经营中获利,或者按照行业惯例,其应当负有妥善照管义务,也可能因此违反安全保障义务。当然,如果经营者明示不负任何看管义务,受害人在此停车就应当自担风险。第四,赔偿范围不同。在合同责任中,其赔偿范围既不包括精神损害,又要受到可预见性原则的限制。而在违反安全保障义务的责任中,其赔偿范围包括赔偿精神损害。不过,在存在直接侵权人时,安全保障义务人仅负有相应的补充责任。因此,其不可能承担全部的赔偿责任,而是相应的责任。

---

[29] 参见《最高人民法院公报》2010年第2期。

如果当事人之间存在合同关系，就可能构成责任竞合，受害人既可能请求一方当事人承担侵权责任，也可能请求其承担违约责任。依据《合同法》第 122 条的规定，受害人可以选择对其最为有利的方式来提出请求。

三、违反安全保障义务的归责原则

违反安全保障义务的责任的归责原则，在我国司法实践中，历来采取过错责任说。例如，《人身损害赔偿司法解释》第 6 条第 2 款明确规定："安全保障义务人有过错的，应当在其能够防止或者制止损害的范围内承担相应的补充赔偿责任。"该规定明确要求，只有在义务人有过错时，才应当承担责任。《侵权责任法》在总结既有的立法和司法经验的基础上，也继续采纳了过错责任原则。虽然该法第 37 条没有明确使用"有过错"的表述，但是，从解释上来看，其仍然采过错责任原则，具体表现在：第一，从文义解释来看，所谓"未尽安全保障义务"实际上就是指具有过错，即如果已经尽到了安全保障义务但仍然造成了损害，行为人不必承担责任。第二，根据第 37 条第 2 款的规定，管理人或组织者未尽到安全保障义务，承担相应的补充责任。此处所说的"相应"，实际上就是责任的范围与管理人或组织者的过错相适应。所以，违反安全保障义务的责任应当是过错责任，否则，无法按照过错程度来判断责任的"相应"。第三，从体系解释来看，该条可以适用于教育机构的责任（第 40 条）、公共道路管理人的责任（第 89 条）以及医疗机构的责任等，在后几种情况下都采取过错责任。例如，在公共道路上遗洒物品的情况下，道路的管理人要承担责任，如果要求其承担过错推定责任，则会过分加重其责任。所以，解释为过错责任是公平的。

笔者认为，我国《侵权责任法》将违反安全保障义务的责任定位为过错责任，理由在于：

第一，对安全保障义务人的责任提供合理限制。在违反安全保障义务的情况下，责任主体大多不是行为主体，也就是说发生了责任主体与行为主体的分离，但责任主体要对所发生的损害负责。所以，为了防止给违反安全保障义务的人强加过重的责任，有必要通过过错要件的限制来实现当事人之间的利益平衡。在要求组织者、管理者负担保护他人的义务的同时，也应将该义务限制在合理的限度之内，即通常应当以其对该风险能够预测和控制为前提，如果所引发的危险超出其预测和控制能力，则不能认为其违反安保义务。如果安保义务人对潜在的风险具有识别和控制能力，且此种风险对与其交易的相对人的人身和财产安全有着至关重要的影响，但是其没有积极消除和防范此种风险的发生，则说明安保义务人主观上具有过错，因此应当承担违反安全保障义务的侵权责任。例如，在"李彬诉陆仙芹等人身损害赔偿案"中，原告李彬与朋友在被告所开办的西凤饮食店就餐时，被身份不明的人入店寻衅，无辜被打受伤。法院认为，被告经营的是一家规模小、收费低、设施简陋的个体饭店，在被告力所能及的范围内，已经对原告的人身安全尽到了谨慎注意和照顾的义务，不应承担赔偿责任。[30] 在确定安全保障义务人的责任时，尤其应该考虑其防范能力，因为不能要求一个人能够尽到事无巨细的防范。再如，在"马青等诉信泰证券公司、古南都明基酒店等人身损害赔偿纠纷案"中，法院认为，经营者提供的安全保障义务应受到合理限度的限制；有证据证明受害人的损害是因为其自身故意或者重大过失所致且超出安全保障义务的范围的，安全保障义务人不承担赔偿责任。[31] 要求安全保障义务人承担合理的义务，是为了避免过分限制义务人的行为自由，也是为了实现当事人之间的利益平衡。另外，安全保障义务本身可以理解为判断过失的客观标准，违反了安全保障义务本身就表明义务人具有过错，这也必然要求违反安全保障义务的责任采过错责任原则。

第二，防止作为义务的过分扩张。原则上，社会一般公民仅负有不得侵害他人的消极不侵害义务，而不应一般性地负有积极保护他人的义务。在特殊情况下，基于政策考量，法律也在一定范围内设定了积极保护他人的义务。尤其是对于银行、酒店、物业公司等特定的经营者而言，为了保

㉚ 参见《最高人民法院公报》2002 年第 4 期。

㉛ 公丕祥主编：《审判工作经验（1）》，法律出版社 2009 年版，第 336 页。

护公众的人身安全,应当负有积极的安保义务。但是,作为义务的产生并非意味着要突破过错责任原则,侵权法上坚持"'应当'以'能够'为前提"的基本原理,不要求人们负有过重的义务。例如,"见义勇为"作为一种道德上的义务,是社会应当大力提倡的,但并不应将其上升为每个人必须承担的法律义务。总之,在侵权法中,不宜将不作为义务规定得过于宽泛,因为不作为义务是法律要求的作为义务不履行而产生的后果,如果对此规定过多,则会限制人们的行为自由。"在现代多元的风险社会中,人类必须放胆行事,不能老是在事前依照既定的规范或固定的自然概念,来确知他的行为是否正确,亦即人类必须冒险行事。"[32]在违反安保义务责任中,过错要件的设计,虽然是从安全保障义务人主观心理状态的角度考虑的,但是,其间接也具有限制作为义务扩张的作用。

第三,平衡安全保障义务人的行为自由和受害人的权益保护。比较而言,严格责任的重心在于受害人的保护,而较少考虑行为自由的保障;而过错责任可以兼顾自由保障和权益保护。在安全保障义务的案件中,对二者进行妥当权衡尤为必要。虽然对受害人应当给予充分的救济,但毕竟安保义务人不是行为人,要求其承担过重的责任也会带来人人自危的不利后果。通过要求受害人举证证明安全保障义务人的过错,就可以平衡自由保障和权益保护。在违反安全保障义务的案件中,行为人是否承担责任,要判断其是否具有过错,过错的判断要在不同的情况下由法官根据不同的标准来作出,因而过错的标准也成为限制责任的一种重要因素。例如,在某个案件中,受害人到某小区拜访客人,在小区内的拐弯处因为没有路灯且地面湿滑,导致受害人摔倒受伤。本案中,事故发生在道路拐角黑暗处,该损害的发生若采取路灯等安全措施即可防范,而管理者没有尽到该必要的安保义务,因此应当负责。如果侵权法对此种责任采取严格责任,规定无论是否设置路灯,无论是否进行了必要提示都承担责任,将会导致诉讼泛滥,甚至引发道德风险。

第四,公平合理地确定责任范围。违反安全保障义务的情况,大多涉

---

[32] [德]考夫曼:《法律哲学》,刘幸义等译,法律出版社2004年版,第426页。

及行为人和责任人并存的情形,此时,不能使责任人承担过重的责任,这也违反了责任自负的原则。因此,在确定安全保障义务人的责任时应当考虑过错程度。所以,我国《侵权责任法》对违反安全保障义务的责任采过错责任原则,规定在因第三人行为造成损害的情况下,违反安保义务的人应承担相应的补充责任。相应的责任是以过错责任为基础的,这种责任的设计既公平合理,又很好地实现了预防侵权行为的目标。

如前所述,虽然违反安全保障义务的责任是过错责任,但它仍然是一种特殊的过错责任。其特殊性表现在:其在过错的认定、责任承担方式等方面,都具有特殊性。从这个意义上,仍然应当将其作为特殊侵权对待。在此需要讨论的是,《侵权责任法》第37条和第6条第1款关于过错责任的一般条款的相互关系。笔者认为,第6条第1款的规定在性质上是一般条款,在法律上没有作出特别规定的情况下,都要依据一般条款来判断侵权责任的构成。第6条第1款和其他过错责任的规定之间形成一般规范与特别规范的关系,如果法律上对过错责任作出了特别规定,则应当按照"特别规范优先于一般规范"的规则来适用法律。《侵权责任法》关于违反安全保障义务的责任的规定,限于场所责任和组织的责任,但是,并没有规定因先前行为而引发的责任问题。例如,三人在一起饮酒,一人醉倒,另两人将其送回家,将醉酒者送至家门口后,二人即离开,醉酒者在家门口昏睡,后冻伤致死。受害人家属于是诉请二人承担损害赔偿责任。从广义上说,此类案件也应属于违反安全保障义务责任的类型且属于因在先行为而引发的安全保障义务,违反此种安全保障义务也应当承担责任。但我国《侵权责任法》并无明文对此种情形提供救济,因此,因先前行为引发的违反安全保障义务的责任,并无适用第37条的余地。此时,就应当适用该法第6条第1款关于过错责任归责原则的一般规定。

四、违反安全保障义务的两种类型

依据《侵权责任法》第37条的规定,违反安全保障义务的行为大致可以分为场所责任和组织者责任两类。

（一）场所责任

所谓场所责任，是指在宾馆、商场、银行、车站、娱乐场所等公共场所，因场所的管理人未尽到安全保障义务导致受害人遭受损害，而应当承担的责任。场所责任的主要特点在于：第一，管理人所负有的安全保障义务是与特定的场所联系在一起的。这里所说的场所是指公共场所，通常是处于管理人的控制之下；如果是非由管理人所控制的公共场所，则应当由政府或其他管理人负责。例如，在城市马路上发生的人身损害，即使该地点离管理人所控制的场所很近，也不应当由管理人而应当由公安等部门负责。第二，管理人对公共场所内的不特定的人负有安全保障义务。一方面，损害应当是在公共场所之内发生的。场所责任的管理人是因为其在场所控制方面的不作为而产生的责任，特定的场所是管理人承担义务和责任的依据。另一方面，场所责任并非针对特定的人，管理人对于所有进入公共场所的人都负有安全保障义务，无论受害人是否与管理人存在合同关系和缔约关系，管理人对进入场所之中的所有不特定人所遭受的损害，都可能要承担违反安全保障义务的责任。第三，责任主体是管理人。依据我国《侵权责任法》第37条的规定，场所责任的主体是管理人，如何理解"管理人"？管理人就是指宾馆、商场、银行等公共场所的所有者、使用人和占有人。管理人是一个宽泛的概念，首先包括了所有人。有些情况下，公共场所的所有人可能将该场所出租给他人经营，而经营者可能聘请专门的管理人员进行管理，此时，实际的经营管理人应当是"管理人"。但是，管理人也并非排斥所有人，即便将自己的场所交给他人经营，也不能免除所有人的责任。例如，某人将自己的物业交给他人开歌厅，所有人仍然要对房屋的各种安全设施等承担责任。在此情况下，场所的所有人、使用人、占有人都是管理人，首先应当由实际的管理人负责。实际的管理人不能承担责任，应由所有人等承担责任。将场所责任的责任主体范围适当扩大，有利于对受害人提供保护。

管理人之所以应当承担责任，主要基于如下几个方面的原因：一是经营获利说。管理人通过控制特定场所，从中获取了利益，因此，应当承担较重的责任。[33] 二是形成危险说。管理人开设或管理某个场所,就制造了危险源,因而管理人负有防范危险、避免损害发生的义务,以防止给社会公众带来危险。[34]

(二)组织者责任

组织者责任,是指群众性活动的组织者在组织有关活动的过程中,未尽到安全保障义务,造成他人损害,应当承担的侵权责任。例如,大型晚会临时搭建的舞台倒塌造成人员伤亡、元宵灯会发生踩踏事件等,组织者应对受害人承担责任。如何理解组织者责任中的"组织者"? 笔者认为,组织者是指具体组织群众性活动的人,规定组织者责任有利于督促大型活动的组织者加强安全措施和防范,保护活动参与人的人身权益。组织者之所以负有安全保障义务,其根据在于:一是组织者组织了群众性活动,并导致了危险的产生;二是组织者对于组织的活动具有一定的控制力,即组织者应当在活动中负监督、管理等义务。若组织者对于参与活动者没有管理、监督等可能性,如邀请数人爬山,但并不能约束他人的行为,也就不应当承担组织者责任。

《侵权责任法》第37条中所规定的场所责任和组织者责任各自具有不同的特点,后者的根据在于:组织者以自己的意思判断取代了成员个人的意思判断,因而,组织者应当对成员的安全承担保障义务。在单独的活动中,活动者是自行决定活动的方式、场所、路线等内容,因此单个的活动者对于自己进行的活动可能遇到的风险有着直接的认识,基于对自己行为负责的原理,其应当对自己活动可能遭受的风险损害等情况承担责任。而在组织者组织的活动中,单个的活动者被组织起来,以组织者的意思来替代成员自己的判断,由组织者来负责安排活动的场所、路线、方式等。这些事故的发生,不能因为活动有偿无偿而改变组织者的责任。即使组织者组织了无偿参与的活动,也应当对参与者负有义务。

---

[33] 张新宝、唐青林:"经营者对服务场所的安全保障义务",载《法学研究》2003年第3期。

[34] [德]马克西米利安·福克斯:《侵权行为法》,齐晓琨译,法律出版社2006年版,第102页。

组织者责任是因组织群众性活动而产生的责任。群众活动主要指的是大型集会活动,其大多都具有一定的社会性,会产生一定的社会影响。其特点主要表现在:一是活动参与人数的庞杂性。群众性活动通常具有众多的不特定人群参与。参与人既包括应邀而来的,也包括自发而来的。如果某人邀请两位朋友一同前去爬山,组织几个人打篮球,即使发生伤害事故,这些都不属于组织群众活动。二是活动开展的非普遍性。此种活动往往是偶发的活动或者事件,吸引了不特定群众的参与。如果特定场所经常性地开展某种活动,则属于"公共场所"责任的范畴。三是有组织性。虽然"群众性活动"的参与人具有不确定性、开展的非普遍性,但其仍然是有人组织开展的。在群众性活动中,即便组织者没有从活动中营利,但其仍然是此种活动场所的最为知悉者和场所控制者。此种安全保障义务是基于组织者的此种地位产生的,旨在要求组织者保障活动参与者的人身财产安全。因为组织者对于群众性活动的参与者具有指挥、监督等义务,因此应保障其安全。

组织者责任和场所责任之间存在很多共同之处,两者都是违反安全保障义务的责任,都属于不作为侵权。组织群众性活动常常在一定的场所内进行,也会发生与场所责任的交叉。组织大型活动时一般也需要在一定的场所实施,如果在组织某个大型群众性活动过程中,因为设施缺陷(如楼梯坍塌等)而导致他人损害,组织者和场所的管理者都可能要承担违反安全保障义务的责任。但是两种责任之间仍然是存在区别的,主要表现在:第一,场所责任注重的是管理人针对特定场所是否尽到安全保障义务,管理人的义务以场所的范围为界限,只要是在特定场所内发生的损害,则场所管理人就可能对场所范围内的受害人承担责任。而组织者责任的范围是以活动期间为标准的,即从活动开始到活动结束的时间段之内,组织者都负有安全保障义务,无论活动进行的地点是否发生变化。第二,组织者责任是因组织一定的活动而负有的责任,而场所责任是因控制一定的场所而负有的责任。第三,组织者责任大多是因在先行为而引起的不作为侵权责任,也就是以先前组织了某种活动而负有安全保障义务;而场所责任只是针对进入特定的场所的不特定人,管理人负有安全保障义务。第四,责任主体不同。组织者责任是以“组织群众性活动”为出发点,从而界定责任主体,即组织者;而场所责任是以场所的控制为出发点,从而界定责任主体,即管理人。

《侵权责任法》第37条规定了两种类型的安全保障义务,采取的是封闭式列举的方式,没有设置兜底条款。立法者的意图就在于严格限制安全保障义务责任的范围。但这并不意味着出现了一些新型的违反安全保障义务的责任之后,就完全没有法律适用的依据。因为《侵权责任法》第37条关于违反安全保障义务的责任规定,在性质上是过错责任的特别规定,如果不符合第37条规定的两种形态的安全保障义务,则可以适用第6条第1款关于过错责任的一般规定,因此不会遇到法律适用上的障碍。需要指出的是,适用过错责任的一般规则和适用第37条的规定仍然是存在区别的,一方面,关于过错的证明不同。第6条第1款需要证明的是过错的存在,而第37条主要是证明是否违反了安全保障义务,因此两者虽然有一定联系,但也存在着区别,前者因为要证明过错,范围更为宽泛。另一方面,责任范围不同,在第三人造成损害的情况下,违反安全保障义务人只承担补充责任,但如果要援引第6条第1款的规定,在责任成立的情况下,责任人应当承担全部的赔偿责任。

五、过错的判断及其与违反安全保障义务的关系

违反安全保障义务的责任是过错责任,以义务人违反其安全保障义务为承担责任的前提,但是,过错究竟是指违反安全保障义务本身,还是指违反安全保障义务行为以外的心理状态?过错与违反安全保障义务的关系如何,对此有两种不同的观点:

1. 等同说。此种观点认为,过错和违反安全保障义务是同一问题,违反安全保障义务本身就意味着过错。既然行为人已经违反了安全保障义

务,那么,他在主观上应当有过错,推定其有过错是合理的。[35]

2. 区分说。此种观点认为,安全保障义务和过失的判断标准之间虽然趋同,但是,两者毕竟属于侵权责任中不同的构成要件的范畴,不能相互替代。[36] 前者是对外部注意(äußere Sorgfalt)义务的违反,而后者则是违反了内在注意(innere Sorgfalt)义务。[37] 安全保障义务即为"在自己与有责任的领域内,从事或持续特定危险的,负有义务情况采取必要的、具期待可能性的防范措施,保护第三人免于危险"的义务。[38] 因而,在违反义务之外,还需要进一步确定行为人主观上是否具有过错。

根据《人身损害赔偿司法解释》第6条的规定,"安全保障义务人有过错的,应当在其能够防止或者制止损害的范围内承担相应的补充赔偿责任"。因此,该解释采纳了区分说,成立违反安全保障义务的责任还必须要确定行为人具有过错。这就是说,未尽到安全保障义务并不等于过错。在确定相关主体是否应承担违反安全保障义务的责任时,该主体本身仍应有过错。因而,该条规定实际上仍是采纳了主观过错的概念,将违反安全保障义务与过错本身加以区别。但是,笔者认为,应当采纳等同说,违反安全保障义务本身即表明该主体具有过错。主要原因在于,一方面,采取等同说意味着,违反安全保障义务的过失是客观过失,应当以客观的行为标准来判断,这是符合客观情况的。在实践中,违反安全保障义务的情形都是过失的行为,应当以客观标准来判断过失。也就是说,考察行为人是否违反了安全保护义务主要的依据还是行为人是否采取了合理的措施,尽到了必要的注意义务。另一方面,采取等同说有利于简化侵权责任的认定,这不仅有利于受害人的救济,而且有利于简化法官认定责任的过程。笔者认为,违反安全保障义务的行为本身便体现了义务人的过错,若要求受害人在证明行为人违反义务之外再额外证明其过错,显属不当。

但如何判断过错?如前所述,违反安全保障义务本身体现了义务人的

---

[35] 杨立新:《侵权责任法》,法律出版社2010年版,第275页。

[36] 周友军:《侵权责任认定:争点与案例》,法律出版社2010年版,第307页。

[37] Wagner, in Münchener Kommentar zum BGB, § 823, Rn. 62.

[38] 林美惠:"交易安全义务和'我国'侵权行为法体系之调整",载《月旦法学杂志》第80期。

过错。据此,过错的判断可以分为两个步骤:一是首先确定责任人是否负有针对特定人的安全保障义务;二是要确定责任人是否尽到了安全保障义务。

安全保障义务主要包括如下几个方面的内容:一是保护义务。安全保障义务主要是针对人身的保护义务。例如,宾馆对入住其中的顾客,要提供保护义务,避免其遭受不法的人身侵害。当然,根据《侵权责任法》第37条的规定,其也不限于保护人身权益,也可以保护财产权益。二是警示义务。在公共场所和群众性活动中可能存在危及他人的危险时,安全保障义务人应当负有警示义务,提醒潜在的受害人注意危险的存在。如在组织灯会时提醒游人注意安全。[39] 三是防护义务。此处所说的防护主要是指提供防护措施,对受害人进行保护。例如在公园内的深水池边设置栅栏,避免游人不慎落入水中。四是看管义务,即对他人所有的或自己所有的危险装置高度注意,并加以保管的义务。[40]

关于安全保障义务的来源,有不同的学说。德国传统理论认为其来源主要有三项:法律规定、合同约定以及义务人的先行为。[41] 就我国的相关学说来看主要有附随义务说、法定义务说和注意义务说等。笔者认为,安全保障义务来源于法律规定、行业习惯、合同约定及基于特定关系而负有的注意义务。因为在法律上不存在一个一般的、通行的标准来普遍适用于各类情形,因此违反安全保障义务应当采用个别化理论(die individuelle Theorie)来分别确立。[42] 具体而言,安全保障义务的确定应当参考如下标准:

第一,法定标准。根据法律、法规、规章或者操作规定等所要求达到的程度,判断义务人是否尽到了法律要求的特定安全防护措施的设置义务。此处所说的法律既包括法律法规,也包括部门规章和地方规章。但此处所说的“法律规定”是比较宽泛的概念,具体包括如下规定:一是侵权法中

---

[39] 周友军:《侵权责任认定:争点与案例》,法律出版社2010年版,第303页。

[40] 周友军:《侵权责任认定:争点与案例》,法律出版社2010年版,第304页。

[41] Wagner, in Münchener Kommentar zum BGB, § 823, Rn. 235.

[42] Wagner, in Münchener Kommentar zum BGB, § 823, Rn. 235 ff.

的直接规定。例如,《侵权责任法》规定的学校、幼儿园等教育机构对学生的安全保障义务。二是民事特别法的直接规定,例如,《妇女权益保护法》之中关于禁止性骚扰的规定,这些规定实际上是强加了公司、企业等的安全保障义务。三是侵权法中关于安全保障义务的一般规定,如《侵权责任法》第37条就是对安全保障义务的一般规定。四是法律法规和规章等规定的技术规则等。例如,娱乐场所应当采取必要措施防止安全门被堵塞,这是法律明确规定的义务。如果因为火灾造成受害人不能及时脱离现场,而遭受损害,就违反了消防法的有关规定。只要法律法规出于安全生产生活的需要规定了特定主体的安全措施设置义务,相应主体就应当严格遵守,这也是维护整个社会秩序安全与稳定的需要。如果承担相应义务的主体未能依法履行安全措施设置义务,则可以认定违反了此种义务。

第二,行业标准。在法律、法规没有明确规定的情况下,安全保障义务应当达到同类经营者或者其他社会活动组织者所应当达到的通常注意义务。[43] 行业标准在一定程度上就是习惯标准,具有补充法律不足的作用,因而,在考虑法定标准之后,如果无法查找到法律规定的依据,就应当考虑行业标准。例如,目前,许多银行的ATM机的密码输入键盘采用了盒盖式保护装置,如果经过一段时间的发展,此种措施已经成为了一种操作惯例,但是,若仍然有银行未采用此种措施的,则应当被认定为未尽必要的安全保障义务,以防止顾客密码泄露。

第三,合同标准。安全保障义务的判断也要考虑当事人的约定,如果合同约定一方负有对另一方的安全保障的义务,则在违反合同约定的情况下,可能也会产生违反安全保障义务的责任,当然也会产生合同责任与侵权责任的竞合。例如,顾客在自动取款机取款时,被犯罪嫌疑人通过偷拍方式窃取密码,后来,窃取顾客银行卡中的钱款。在该案中,考虑到银行与储户之间存在储蓄合同,银行应负有保障储户存款安全的义务,银行在此情况下也应当承担侵权责任。再如,某人在公交车上有人突然昏倒,公交公司的乘务员因为不愿交费而不通知"120"救护车前来急救,导致该

---

[43] 畦鸿明等:"经营者的安全保障义务之探析",载李飞坤、李力主编:《参阅案例研究》(民事类第1辑),中国法制出版社2009年版,第24页。

乘客错过了最佳抢救时间而死亡。在该案件中,公交公司所负有的义务,虽然没有法律规定,但基于合同所产生的附随义务,公交公司应当积极进行抢救,以帮助顾客脱离险情。如果未能做到事后的救济,那么责任人就违反了安全保障义务。

第四,合理人标准或善良管理人标准。安全保障义务人应当达到一个理性的人应当具有的注意义务。在法定安全保障义务和行业标准之外,行为人是否还负有安全保障义务,不仅需要根据合理谨慎的一般人的标准来判断,而且在某些情况下的要求可能更高。例如,原告宿于被告旅馆。第二天起来游泳,发现泳池已对外开放,但没有人看守,也没有救生员,便决定自行游泳。此时,池内的水位由于渗漏和泳池修整等原因,尚未达到游泳的标准。原告未加注意,在跳入泳池时摔断了两根肋骨。原告以违反安全保障义务为由起诉被告旅馆。在该案中,关键问题是判断被告是否具有过错。在分析此案时,首先应当查找有关规定,例如泳池达到多深才能对外开放、是否应当设置救生员等。只有在不存在相关规定时,才能根据一般合理、谨慎人的标准对被告是否违反注意义务进行判断。安全保障义务人应当达到一个理性的人应当具有的注意义务。

在确定是否违反义务时,要注意如下问题:第一,要确定是否负有义务以及义务的内容,然后,需要确定义务人是否违反义务,如果没有相应的法律规定或行业标准、合同依据,判断某人是否具有过失,要考虑行为人是否具有一个在同样的情况下合理的人为了避免损害的发生所应当采取的注意义务。[44] 也要考虑行为人注意义务的范围、损害的来源、侵害的强度以及损害预防的能力等,综合判断行为人能够尽到此种义务。例如,在前述“李彬诉陆仙芹等人身损害赔偿纠纷案”中,法院认为,受害人所受到的伤害,不是由陆某等人的经营行为所直接造成的,而是被第三人入店滋事所伤,且当不明身份的第三人进入店内滋事时,陆某等人确实进行了劝阻并报警,其已经在经营者力所能及的范围内对李某进行了保护,虽未能

[44] Vgl Hein Koetz/Gerhard Wagner, Deliktsrecht(9th ed. 2001), No. 106.

成功,但依法不承担赔偿责任。[45] 这就是说,对于一个小店而言,面对一群犯罪行为人的行为,其根本没有防范能力,只要其已打电话报警,就履行了其义务;而对于五星级酒店来说,面对同样情形,则应当要求其保安人员尽力制止相应的犯罪行为。第二,在确定行为人是否尽到安全保障义务时,也需要考虑违反安全保障义务人防范损害的能力以及预防与控制风险和损害的成本。如果预防成本过高,远远超出了安全保障义务人的承受限度,则其未尽到此种义务便不能认为其具有过失。[46] 例如,在"马青诉古南都酒店等人身损害赔偿纠纷案"的二审判决书中,法院认为涉案房屋内没有通向平台的门,常人据此应当能判断窗外平台是不允许进入的。出事的窗户还有限位器限制窗户开启的幅度,正常情况下人们不可能通过窗口到达平台。就正常认知水平而言,无论是古南都酒店还是信泰证券公司、信泰证券营业部,都无法预料室内人员会动用工具卸开限位器翻窗到达平台。因此,要求古南都酒店、信泰证券公司营业部对该窗外平台的危险性再予警示,超出了安全保障义务的合理限度。[47]

六、违反安全保障义务的损害赔偿责任

依据《侵权责任法》第37条的规定,在违反安全保障义务的情形下,即应由安全保障义务人承担侵权责任。但是,在安全保障义务人之外,还存在第三人侵权时,如何确定损害赔偿责任,则较为复杂。

(一)全部赔偿

根据《侵权责任法》第37条第1款的规定,在没有直接侵权人时,安全保障义务人违反了安全保障义务,就要承担侵权责任。之所以要安全保障义务人承担全部赔偿责任,一方面,是因为在没有直接侵权人的情况

---

[45] 公丕祥主编:《典型裁判案例》,法律出版社2009年版,第107页。

[46] 眭鸿明等:"经营者的安全保障义务之探析",载李飞坤、李力主编:《参阅案例研究》(民事类第1辑),中国法制出版社2009年版,第24页。

[47] 公丕祥主编:《典型裁判案例》,法律出版社2009年版,第165页。

下,损害是由义务人的原因造成的。此时,安全保障义务人不是为他人行为负责,而是为自己的行为负责。另一方面,从强化对受害人救济的角度考虑,在没有直接侵权人时,如果安全保障义务人不承担全部的赔偿责任,受害人的救济就存在困难。需要指出的是,安全保障义务人对受害人的全部赔偿,也必须以损害与违反安全保障义务之间有因果联系为前提。在某些情况下,虽然有因果联系,但是原因力较弱,此时法官可以根据具体情况适当减轻安全保障义务人的责任。

值得探讨的是,安全保障义务人所承担的责任,究竟是全部赔偿责任还是相应的责任?首先要确定是否存在第三人侵权的情况,如果没有第三人侵害等因素的介入,而损害的原因主要是由安全保障义务人引发的,在此情况下,违反安全保障义务的人可能要承担全部的赔偿责任。如果其过错程度较轻,或者其行为对损害结果所起的作用不大,也可能只是承担部分责任。当然,如果受害人对于损害的发生也存在过错,则安全保障义务人可以依法减轻损害赔偿责任。例如,原告依约到依山而建的某公司办公楼办事,在其走下台阶的时候,由于视线模糊,台阶长满青苔,其不小心摔倒,导致小腿骨折,共花去治疗费用4.2万元。后来,原告将该公司诉至人民法院,认为该公司未尽对其应尽的安全保障义务,要求该公司赔偿其医疗损失费用。本案中,虽然没有第三人的侵害,原则上该公司应当承担赔偿责任,但是,如果法院认定,受害人违反了一个普通人对日常生活危险的合理注意义务,也可以适当减轻该公司的义务。侵权法毕竟是救济法,强化其对受害人的保护,从这一点来说也是有其道理的。但是也应根据受害人的过错而适当减轻责任人的责任。

(二)相应的补充责任

根据《侵权责任法》第37条第2款的规定,因第三人的行为造成他人损害的,由第三人承担侵权责任;据此,实施行为的第三人所承担的责任为第一顺序的责任(primary liability),[48]且是独立的责任。从因果关系的角度来看,该行为独立地引发了损害后果,故直接加害人应对损害结果负

---

[48] 王竹:《侵权责任分担论》,中国人民大学出版社2009年版,第184页。

责。只有在受害人无法从第三人那里获得救济的情况下，才应当要求违反安全保障义务的人承担责任，这就是所谓补充责任。确立该责任的理由主要在于，侵权责任法的功能在于弥补受害人的全部损失，而不能使其获得超过损失的额外补偿。如果受害人已经获得了完全的补偿，就不能额外地要求安全保障义务人赔偿，否则，就构成不当得利。具体来说，如果第三人无法确定，或者第三人虽然确定但受害人无法向第三人主张赔偿，或者第三人无力赔偿，受害人才能要求安全保障义务人承担责任。问题是，第三人无力赔偿是否必须以法院强制执行而无法实现债权为要件？笔者认为，从救济受害人的角度考虑，只要受害人证明第三人不具有足够的清偿能力即可，不需要经过法院强制执行的程序。从这个意义上说，违反安全保障义务的责任是对直接侵权人责任的补充。

根据《侵权责任法》第 37 条第 2 款的规定，安全保障义务人应承担相应的补充责任。所谓相应的责任，是指根据补充责任人的过错程度和原因力大小承担的责任。之所以如此考虑，主要在于：第一，从因果关系的角度来看，如果存在第三人（直接加害人）的行为，第三人的行为是损害发生的充分原因，在此情况下，首先应当由第三人负责。如果第三人不能承担，或者不能全部承担责任，就要考虑违反安全保障义务人的过错以及行为对结果的原因力，来确定其最终所要承担的责任。如果要使违反安全保障义务人承担全部的而不是相应的责任，这实际上就是把违反安全保障义务的人当作了直接加害人，这也不符合因果关系的基本原理。即使没有直接加害人，毕竟安全保障义务人没有直接实施侵权行为，也要根据其原因力从而确定最终应当承担的责任。第二，从过错的角度来看，安全保障义务人通常只是未履行危险控制义务，对损害的发生存在消极的不作为，[49]且安全保障义务人往往只具有一般过失，其在主观心理状态方面的可非难性程度较低，要求其承担过重的责任，显然与其过错程度不相符合。第三，这是我国既有立法经验的总结。我国《人身损害赔偿司法解释》在吸收理论界研究成果的基础上，确立了安全保障义务人的补充责

---

[49] 刘德祥、侯进荣："以利益平衡解决纠纷之和谐语义实践"，载《山东法官培训学院学报》2008 年第 5 期。

任。《侵权责任法》总结既有立法经验确立了安全保障义务人的补充责任,从而实现适当减轻其责任的法政策目标。

在考虑违反安全保障义务人承担的相应的责任时,应当考虑如下几个因素:

第一,原因力大小。在所有的安全保障义务案件中,都应当考虑原因力的问题。原因力是指安全保障义务人对于损害的防止和制止所起的作用大小。在判断原因力时,必须考虑如下因素:一是义务程度。安全保障义务人的义务大小,必须根据不同的案件具体认定。例如,在大酒店住宿,酒店所收取的费用较高,其所负担的保障顾客人身安全的义务也应当更重;而在小旅馆住宿,旅馆所收取的费用较低,其所负担的保障顾客人身安全的义务也应当较轻。一般来说,从事不同的经营活动,举行不同形式的集会,组织不同的活动其义务的程度也不同。例如,组织高山探险活动与组织一般的文体活动,其危险程度也不同。注意程度越高,越要求其尽到更多的注意和保障义务,没有尽到此种义务就是有过错的。二是未尽安全保障义务,对结果产生的影响力。在安全保障义务案件中,损害的发生可能因为多种原因,违反安全保障义务对于损害发生的影响力也是不同的。例如,安全保障义务人的行为与自然力结合,其行为对于损害发生的影响力可能较小。

在通常的侵权案件中,判断原因力是比较容易的。但是,在违反安全保障义务案件中,判断原因力的大小相对困难。因为损害是由直接加害人造成的,责任人只是起到了疏于防范或者未能阻止的作用。在考虑原因力时,应当综合考虑直接加害人的行为对损害结果的作用、违反安全保障义务人对阻止损害发生所具有的能力和采取的措施等因素。如果违反安全保障义务的人采取了其能够采取的各种措施,也不能阻止损害的发生,则不能认为,其行为对结果的发生具有原因力。例如,在“银河宾馆案”中,犯罪行为人多次上下楼梯形迹可疑,宾馆应当注意到这一事实并采取措施。如果犯罪行为人没有多次上下楼梯的行为,那么宾馆安排了足够的保安人员并进行了按照规定的保安巡逻,宾馆的行为与损害结果之间便没有直接因果关系。

第二,过错程度的比较。过错程度的比较包括三种情况:一是受害人和安全保障义务人的过错比较。例如,在前述案例中,某酒店室外游泳池的深水区,其水深没有达到规定的标准,酒店也没有配备救生员便对外开放,某顾客在游泳时没有看清水的深度就往池内跳水,结果摔伤肋骨。在此案件中,就要比较受害人和酒店之间的过错程度。由于宾馆在水深没有达到规定标准又没有安全保卫人员看守的情况下,明显违反了有关的规定,那么酒店的过错程度是重大的,应当承担较重的责任。而顾客只是因为没有看清水的深度而跳水,其过错程度是较低的,因此不应该过多地减轻酒店的责任。二是直接加害人和安全保障义务人的过错比较。一般来说,直接加害人的行为都足以导致损害的发生。但是,在不同的案件中,直接加害人的行为可能不同,直接加害人实施的可能是故意行为(如故意杀人),也可能是过失行为(如不慎打飞台球致人损害)。如果直接加害人的过错程度重于安全保障义务人的过错程度,那么直接加害人应当承担主要责任。三是安全保障义务人之间的过错比较。例如,某人在小区内设置的会所中遭到他人的无故殴打,小区会所的管理人和物业公司都没有尽到安全保障义务。这就有必要比较会所管理人和物业公司之间的过错程度,来确定他们应当承担的责任。

过错程度的考虑主要是从主观心理状态进行的考虑,但其具体的认定应通过客观的标准进行。在安全保障义务案件中,仍然可以对过错程度进行区分。责任人的心理状态都是过失,而不可能是故意。在过失的情况下,要区分安全保障义务人是否意识到其没有尽到安全保障义务的后果。例如,在精神病患者住院期间,医院明知其可能走失,或者侵害他人,但医院疏于防范,导致损害后果,因此医院可能构成重大过失,要承担比一般过失更重的责任。

根据《侵权责任法》第37条第2款的规定,违反安全保障义务人所承担的责任是“相应的补充责任”,如何理解“相应的补充责任”?笔者认为,确定相应的补充责任应当根据如下步骤:第一,首先确定补充责任的范围。这就是说,在第三人能够承担全部责任的情况下,违反安全保障义务人的责任将消灭,不承担任何责任。如果找不到第三人,或者第三人无力赔偿,那么,第三人所承担的全部赔偿责任就是补充责任的范围。如果第三人仅承担了部分责任,那么,剩余部分的责任就是补充责任的范围。第二,要确定相应的责任的比例。这就是说,要根据违反安全保障义务的人的过错程度和原因力在整个损害赔偿中所应当占有的比例,来确定责任。例如,如果法官根据违反安全保障义务人的过错程度和原因力,确定其应当负有30%的责任,该比例就是相应的责任范围。第三,最终确定相应的补充责任。这就是说,在补充责任的范围内,乘以相应的补充责任的比例,最终确定的责任就是相应的补充责任。例如,某小旅馆中两位顾客甲、乙因身体碰撞而发生争吵,甲挥拳将乙多个身体部位打伤,但小旅馆未及时制止。后乙诉至法院,要求甲和某小旅馆一起就其医疗费和误工损失费等10万元承担连带赔偿责任。人民法院经各种证据认定,甲系乙遭受损害的直接原因,应对受害人损失承担全部赔偿责任。某小旅馆不及时制止打斗,未尽必要安全保障义务,其主观过错对损害的发生占有30%的原因力,即应当赔偿3万元。在本案中,所谓相应的补充责任,首先要确定补充责任的范围,如果甲有8万元的责任财产赔偿,那么,在未获赔的2万元之内,应当由小旅馆补充赔偿。但是,如果甲的责任财产只有5万元,那么,小旅馆的补充责任范围仍然不超过3万元,受害人只能请求其承担3万元的赔偿责任。如果需补充范围超过相应份额的,以相应份额为准;如果需要补充范围小于相应份额的,以实际需要补充的份额为准。

安全保障义务人在承担责任之后,能否向第三人追偿?《侵权责任法》第37条没有规定安全保障义务人的追偿权,主要原因在于:一方面,在不存在第三人侵权的情况下,损害是安全保障义务人违反义务的结果,此时,应由违反安全保障义务的人自己负责,谈不上追偿的问题;另一方面,在存在第三人侵权的情形下,违反安全保障义务人的责任是相应的责任。所谓相应,就是指与自己的过错和原因力相一致的责任,显然,义务人不是为他人行为负责,而是为自己行为负责。既然是对自己的过错和行为后果负责,就不应当再行使追偿权。此外,相应的补充责任已经限制了安全保障义务人的责任范围。尤其是如果相应的比例较低、责任范围又小,就没有必要赋予安全保障义务人追偿权。

民商法研究(第四辑)
第521～541页

论侵权责任和违约责任的竞合*

违约责任和侵权责任的竞合,是指行为人所实施的某一违法行为,具有违约行为和侵权行为的双重特征,从而在法律上导致了违约责任和侵权责任的共同产生。从权利人(受害人)的角度来看,因不法行为人的行为多重性,使其具有因多种性质的违法行为而产生的多重请求权,此种现象称为请求权的竞合。责任竞合和请求权的竞合是同一问题的两个不同的方面。在司法实践中,由于责任竞合现象大量存在,因此,要正确认定民事责任,充分保障当事人的合法权益,必须从法律上确定责任竞合的规则。

一、责任竞合的概念

20世纪初,法国学者黑尔维希(Hellwing)曾断言:“一个法律构成要件只产生一个请求权。”这一观点曾被西方学者奉为请求权行使的重要原则。诚然,现实生活中大量的不法行为只能导致一种请求权和一类责任的产生,在此情况下,无所谓请求权和责任竞合的问题。但是,现实中各种违法行为的复杂性和多样化的

* 本文原写作于2000年。

特点以及由此所提出的责任和请求权竞合现象,使上述原则不断遇到挑战。

什么是竞合?从词义上说,竞者,争也;合者,符合、该当也。竞合就是指争相符合,或同时该当之意。① 从民法上看,竞合是指由于某种法律事实的出现而导致两种或两种以上的权利产生,并使这些权利之间发生冲突的现象。责任竞合作为法律上竞合的一种类型,它既可能发生在同一法律部门内部(如违约责任和侵权责任的竞合),亦可发生在不同的法律部门之间(如侵权责任与刑事责任、行政责任的竞合)。本文所讨论的责任竞合,仅指侵权责任和违约责任的竞合现象。从权利人(受害人)的角度来看,因不法行为人的行为的多重性,使其具有因多种性质的违法行为而产生的多重请求权,此种现象称为请求权竞合。通常,一方行使请求权与另一方承担责任是不可分割地联系在一起的。从这个意义上,学者有时将责任竞合称为请求权竞合。在民法上,责任竞合具有如下特点:

第一,责任竞合因某个违反义务的行为引起。众所周知,有义务才有责任,责任乃是违反义务的结果。责任竞合的产生是因一个违反义务的行为所致,一个不法行为产生数个法律责任,是责任竞合构成的前提条件。若行为人实施数个不法行为,分别触犯不同的法律规定,并符合不同的责任构成要件,应使行为人承担不同的法律责任,而不能按责任竞合处理。

第二,某个违反义务的行为符合两个或两个以上的责任构成要件。这就是说,行为人虽然仅实施了一种行为,但该行为同时触犯了数个法律规定,并符合法律关于数个责任构成要件的规定,由此使行为人承担一种责任还是数种责任的问题,需要在法律上确定。从司法实践来看,一种行为符合数个责任构成要件,既可能是因为行为本身的复杂性所致,亦可能是因为法律规定本身的交叉所引起的,不论出于何种原因,此种现象完全不同于行为人实施数个行为而造成不同损害的情况。

第三,数个责任之间相互冲突。这里所说的相互冲突,一方面是指行

---

① 陈兴良等:《法条竞合论》,复旦大学出版社1993年版,第22页。

为人承担不同的法律责任,在后果上是不同的;另一方面,相互冲突意味着数个责任既不能相互吸收,也不应同时并存。所谓相互吸收,是指一种责任可以包容另一种责任。例如,在某些情况下,适用补偿性违约金可以包容损害赔偿责任。所谓同时并存,是指行为人依法应承担数种责任形式,如返还原物之后不足以弥补受害人的损失的,还应要求不法行为人承担损害赔偿责任。若数种责任是可以相互包容或同时并存的,则行为人所应承担的责任已经确定,不发生责任竞合的问题。

责任竞合不同于多个违法行为产生多种法律责任的现象。例如,原告李某与被告赵某在谈恋爱期间,曾合影留念。后来两人关系破裂,被告赵某为发泄怨恨,将该合影照片的底片送至某照相馆放大,并请该照相馆职工李某将放大的照片摆在橱窗内。照相馆认为该放大的相片效果很好,遂同意赵某的请求。照片放在橱窗展览后,原告受到他人非议,感到其名誉严重受损,遂在法院起诉,请求被告赵某和照相馆撤出照片、赔偿其精神损害。本案中,被告赵某基于恶意,毁损原告名誉,已构成对原告的名誉权的侵害。而照相馆未经原告同意以盈利为目的将相片展出,亦构成对原告的肖像权的侵害。因此,两种行为是相互独立的,分别触犯了不同的法律规定,应使各行为人分别承担不同的侵权责任。所以,本案不属于责任竞合的案件。

责任竞合不同于责任聚合(Anspruchshaftung)。所谓责任聚合,是指不法行为人实施某一种违法行为,将依法承担多种责任,受害人亦将实现多项请求权。例如,某人的行为构成对他人的名誉权的侵害,行为人应承担消除影响、恢复名誉、赔礼道歉、赔偿损失等多种责任形式。在责任聚合的情况下,行为人承担多种法律责任形式,乃是法律为保护受害人的利益、制裁不法行为人而特别作出的规定;承担多种责任形式,是行为人实施不法行为的结果。当然,如果不同的责任形式之间是相互排斥、不能并存的,亦可形成责任竞合现象。如行为人不法占有他人的财产后造成财产的毁损灭失,是应使行为人以替代的实物返还财产,还是应以金钱作出全部赔偿,这两种责任是相互排斥的。在此情况下,应按责任竞合处理。

责任竞合不同于规范竞合。所谓规范竞合,是指同一法律事实的出现引起两种以上的法律关系的产生,并符合数个法律规范的要件,致使该数个规范皆可适用的现象。规范竞合包括两种情况:一是发生在不同的法律部门之间的规范竞合,如伤害、盗窃、诈骗、毁损财物等行为,既可以构成侵权又可构成犯罪;二是发生在同一法律部门内部的规范竞合。一般来说,责任竞合和规范竞合常常是相似的,它们是从不同的角度来研究竞合现象的,两者都是由于同一行为所产生的数种关系的错综交织,法律关于责任的规定的重合和交叉所产生的。责任竞合实质上是因为同一行为违反了数个法条的规定,符合多种责任构成要件,导致了多种责任并存和冲突。所以,责任竞合也是规范竞合的表现形态。不过,两者存在区别:即若同一行为违反了数个法条的规定,导致多种责任的并存,如果这些责任是相互包容,可以同时并用,则构成规范竞合,但不构成责任竞合。

二、侵权责任与违约责任竞合的原因

侵权责任与违约责任是两类基本的民事责任。我国《民法通则》专设"民事责任"一章,不仅就两类责任的共性问题作出了规定,而且就两类责任分别作出了规定。然而,由于民事关系的复杂性、民事违法行为性质的多重性,使这两类责任常常发生竞合。解决两类责任的竞合,是各国民事立法和司法极为关注的问题。

(一)侵权行为与违约行为

违约责任和侵权责任的分离是因合同法与侵权行为法的分离所产生的。这种分离在早期罗马法中即有体现,以后为盖尤斯的《法学阶梯》所明确肯定。从现代各国的立法实践来看,尽管两大法系在合同诉讼与侵权诉讼中存在一些明显的区别,但在法律上都接受了所谓"盖尤斯分类法"。根据这种分类,违约行为和侵权行为的区别主要体现在不法行为人与受害人之间是否存在着合同关系,不法行为人违反的是约定义务还是法定义务;侵害的是相对权(债权)还是绝对权(物权、人身权等)以及是否造成受害人的人身伤害等。法律将违约行为和侵权行为作出区别,使两种行为可导致不同的法律责任的发生。我国的民法学说也持上述分类法。然而,在现实生活中,上述的区别都只是相对的。同一违法行为常常具有多重性质,同时符合合同法和侵权法中不同的责任构成要件。具体而言:

第一,合同当事人的违约行为同时侵犯了法律规定的强行性义务,包括保护、照顾、通知、忠实等"附随义务"或其他法定的不作为义务。在某些情况下,一方当事人违反法定义务的行为,同时违反了合同担保的义务。

第二,在某些情况下,侵权行为直接构成违约的原因,这即是所谓"侵权性的违约行为",如保管人依保管合同占有对方的财产并非法使用,造成财产毁损灭失。同时,违约行为也可能造成侵权的后果,这即是所谓"违约性的侵权行为",如供电部门因违约中止供电,致对方当事人财产和人身遭受损害。

第三,不法行为人实施故意侵害他人权利并造成对他人损害的侵权行为时,如果加害人和受害人之间事先存在着一种合同关系,那么,加害人对受害人的损害行为,不仅可以作为侵权行为,也可以作为违反了当事人事先规定的义务的违约行为对待。

第四,一种违法行为虽然只符合一种责任要件,但是,法律从保护受害人的利益出发,要求合同当事人根据侵权行为制度提出请求和提起诉讼,或者将侵权行为责任纳入合同责任的适用范围。

应当承认,责任竞合现象是伴随着合同法和侵权法的独立就已经产生的现象,它的存在既体现了违法行为的复杂性和多重性,又反映了合同法与侵权法既相互独立又相互渗透的状况,因此,责任竞合现象是不可避免的。尽管我国现行立法对两类责任的共同规则、时效制度作了一些规定,②但1999年我国颁布的《合同法》将我国违约责任的归责原则确定为严格责任,③以期减少请求权的不同选择导致不同结果的可能性,当然这并不可能解决或消除责任竞合问题。在司法实践中,责任竞合经常发生,

② 参见《民法通则》第六章第一节、第四节,第七章。

③ 参见《合同法》第107条。

迫切需要在法律上予以解决。

(二)侵权责任和违约责任

尽管侵权责任和违约责任的竞合是不可避免的现象,但竞合现象并不能抹杀两类责任之间的区别,也不应导致两种责任制度的完全融合。由于两类责任在法律上存在着重大的差异,因此对两类责任的不同选择将极大地影响到当事人的权利和义务。换言之,是依合同法提起合同之诉,还是依侵权法提起侵权之诉,将产生完全不同的法律后果。具体来看,两类责任的区别主要体现在:

第一,归责原则的区别。许多国家的法律规定,违约责任适用过错推定责任原则或严格责任原则。④ 侵权责任在各国法律中通常以过错责任为基本原则,而对某些特殊的侵权行为实行严格责任原则。根据我国侵权行为法的规定,对侵权责任采用过错责任、严格责任、公平责任原则,实际上是采用了多重归责原则。在侵权之诉中,只有在受害人具有重大过失时,侵权人的赔偿责任才可以减轻。而在合同之诉中,只要受害人具有轻微过失,违约当事人的赔偿责任就可以减轻。

第二,举证责任不同。根据大多数国家的民法规定,在合同之诉中,受害人不负举证责任,而违约方必须证明其没有过错,否则,将推定他有过错。在侵权之诉中,侵权行为人通常不负举证责任,受害人必须就其主张举证。当然在某些侵权行为中,也实行举证责任倒置,但这毕竟只是特殊现象。根据我国民法规定,在一般侵权责任中,受害人有义务就加害人过错问题举证,而在特殊的侵权责任中,应由加害人反证证明自己没有过错。不过,在合同责任中,违约方应当证明自己没有过错,否则,应承担违约责任。

第三,义务内容的区别。合同的义务内容往往是根据合同当事人的意志和利益关系确定的。根据大陆法系各国的规定,在无偿合同中,利益出让人只应承担极低的注意义务;在英美法中,虽然不存在无偿合同,但当事人的义务与对价与否有关。在侵权行为中,义务内容是由法律规定。所

④ 参见《法国民法典》第1142、1147条;《英国上诉法院1947年判例》第156页。

以,某些形式上的双重违法行为,依据侵权法已经构成违法,但依据合同法却可能尚未达到违法的程度,如果当事人提起合同之诉,将不能依法受偿。

第四,时效的区别。绝大多数国家的民法典对合同之诉和侵权之诉规定了不同的时效期限。有些国家(如德国)的民法规定,“侵权之诉适用短期时效,合同之诉适用长期普通时效。”还有些国家(如法国、英国)的法律对合同之诉和侵权之诉规定了同样的时效,只是对某些特殊的案件规定了短期时效。从我国《民法通则》的规定来看,因侵权行为所产生的损害赔偿请求权一般适用2年时效规定,但因身体受到伤害而产生的损害赔偿请求权,其诉讼时效期间为1年;因违约行为产生的损害赔偿请求权,诉讼时效一般为2年,许多学者认为,侵权的证明建立在人证、物证和受害人伤害状况的基础上,其证据作用因时间推移发生变化,因此,对其无法适用长期时效,而违约行为的证明多建立在书证和物证的基础上,对其规定长期时效是适宜的。但在出售质量不合格的商品未声明、延付或者拒付租金以及寄存财物被丢失或者损毁的情况下,则适用1年的时效规定;货物买卖合同争议提起诉讼或者仲裁的期限为4年。⑤

第五,责任构成要件和免责条件不同。在违约责任中,行为人只要实施了违约行为且不具有有效的抗辩事由,就应当承担违约责任。但是在侵权责任中,损害事实是侵权损害赔偿责任成立的前提条件,无损害事实,便无侵权责任的产生。在违约责任中,除了法定的免责条件(如不可抗力)以外,合同当事人还可以事先约定不承担责任的情况(故意或重大过失的责任除外)。在侵权责任中,免责条件或原因只能是法定的,当事人不能事先约定免责条件,也不能对不可抗力的范围事先约定。

第六,责任形式不同。违约责任除采用损害赔偿责任以外,还采取违约金形式,违约金是由法律规定或当事人约定的,因而在违约事实发生以后,违约金的支付并不以对方发生损害为条件。而侵权责任主要采取损害赔偿的形式,损害赔偿是以实际发生的损害为前提条件的。此外,根据

⑤ 参见原《涉外经济合同法》第39条。

《民法通则》第112条的规定,当事人可以在合同中约定对于违反合同而产生的损害赔偿额的计算方法,但侵权责任不可能通过此种办法来解决。

第七,责任范围不同。合同的损害赔偿责任主要是财产损失的赔偿,不包括对人身伤害的赔偿和精神损害的赔偿责任,且法律常常采取"可预见性"标准来限定赔偿的范围。⑥ 对于侵权责任来说,损害赔偿不仅包括财产损失的赔偿,而且包括人身伤害和精神损害的赔偿,其赔偿范围不仅应包括直接损失,还应包括间接损失。

第八,对第三人的责任不同。在合同责任中,如果因第三人的过错致合同债务不能履行,债务人首先应向债权人负责,然后才能向第三人追偿。而在侵权责任中,贯彻了为自己行为负责的原则,行为人仅对因自己的过错致他人损害的后果负责。在合同责任中,债务人的代理人或使用人,对于债务不履行有故意或过失时,债务人应依自己的故意或过失,负同样的责任。但是,代理人或使用人实施侵权行为给被代理人和他人造成损害的,应由代理人或使用人承担责任,除非代理人知道被委托代理的事项违法仍然进行代理活动的,或者被代理人知道代理人的代理行为违法不表示反对的,才由被代理人和代理人负连带责任。

第九,诉讼管辖不同。根据我国民事诉讼法规定:因合同纠纷提起的诉讼,由被告住所地或者合同履行地人民法院管辖,合同的双方当事人可以在书面合同中协议选择被告住所地、合同履行地、合同签订地、原告住所地、标的物所在地人民法院管辖;而因侵权行为提起的诉讼,由侵权行为地或者被告住所地人民法院管辖。⑦

从以上分析可见,由于侵权责任和违约责任存在着重要的区别,因此,在责任竞合的情况下,不法行为人承担何种责任将导致不同的法律后果的产生,并严重影响到对受害人利益的保护和对不法行为人的制裁。所以,责任竞合问题近百年来一直是国外民法学者争论的热点。

---

⑥ 参见原《涉外经济合同法》第19条。

⑦ 参见《民事诉讼法》第29条。

三、侵权责任和违约责任竞合的三种学说

违约责任和侵权责任竞合的现象在民法上性质如何，在法律上应承担何种责任，学者为解决这一问题曾先后提出以下三种理论。

（一）法条竞合说（Theorie der Gesetzeskonkurrenz）

法条竞合，亦称为法规竞合，最初是由大陆法系的刑法学家所提出的。按照大陆法系的刑法理论，法条竞合是指一个行为表面上似乎符合几个构成要件，但在这些构成要件相互关系上，仅适用其中一个，其他均被排斥，结果仅符合一个构成要件的情况。[8] 还有的刑法学家认为，所谓法条竞合是指某一行为虽然从外观上看与数个刑罚法规相符合，但实际上，由于这些刑罚法规的构成要件的内容是重合的，所以只能适用这些法规中其中对该行为评价的一条法规，而排除其他条文适用的情况。[9] 上述这两种表述都认为应从构成要件的重合上解释法条竞合的内容，因此，法条竞合实际上是构成要件的竞合。

刑法中的法条竞合理论对民法的竞合理论产生了重大影响。在 19 世纪末期及 20 世纪初期，德国学者如 Endemamn、Von Tuhr 等人借鉴刑法的理论而创设了民法中的法条竞合理论。该理论认为，违约行为与侵权行为都为侵害他人权利的不法行为，两者在性质上是相同的。如果一种违法行为违反了债务不履行和侵权行为的规定，则应当将债务不履行作为侵权行为的特别形态来对待。因为侵权行为乃是违反了不得侵害他人权利的一般义务，而债务不履行则是违反了根据合同产生的特殊义务。因此，当同一事实具备侵权行为与违约行为的构成要件时，按照特别法优于普遍法的原则，仅发生合同上的请求权，权利人只能享有合同上的请求

---

⑧ ［日］福田平、大冢仁：《日本刑法总论讲义》，李乔等译，辽宁人民出版社 1986 年版，第 192 页。

⑨ ［日］木村龟二主编：《刑法学词典》，顾肖荣等译，上海翻译出版公司 1991 年版，第 397 页。

权,而不能享有侵权行为的请求权。[10]

法条竞合说在发展过程中又形成了两种学说:一是纯粹法条竞合说。此种观点认为,违约行为与侵权行为的法律规定适用完全不同的情况,违约责任制度仅适用于合同关系的当事人,而侵权行为制度则适用于无合同关系的当事人,二者具有不同的法域。[11] 在纯粹法条竞合说中,也有不少学者主张侵权行为与违约行为的规定也具有共同的法域,但是,法律关于违约行为的规定属于特别法的规定,而法律关于侵权行为的规定则是普通法的规定,依据特别法优先于普通法适用的规则,应当适用法律关于违约行为的规定。二是折中的法条竞合说。此种观点认为,合同法与侵权行为法所支配的法域虽然各不相同,但也有相同的部分,就相同的部分仍可以产生请求权竞合。[12] 在一般情况下,如果违约行为又符合侵权行为的构成要件时,应适用违约责任而不得适用侵权责任,但是适用违约责任对当事人显失公平时,也可在例外情况下适用侵权责任,这一主张实际上是为了弥补纯粹法条竞合理论的不足。

法条竞合说认为,侵权行为与违约责任违反了不同的法律规定。合同责任适用于合同关系的当事人;侵权责任适用于无合同关系的当事人。这些观点具有一定的合理性,但从总体上看,仍存在着明显的缺陷,表现在:

第一,此种观点未能准确认识侵权行为法与合同法的性质。在大陆法系国家,侵权行为法与合同法都是债法的组成部分,都是地位平等的法律,它们都受民法的基本原则和债的一般规定的指导。即使将侵权行为法从债法中分离出来作为独立的侵权责任制度加以规定,它同样也要适用债法的一般规定,在这一点上它与合同法并无区别。所以,不能认为侵权行为法与合同法之间是普通法与特别法之间的关系。

第二,此种观点也未能准确地认识侵权行为与违约行为的性质。法条

---

[10] 王泽鉴:《民法学说与判例研究》(第1册),台湾1979年版,第402页。

[11] 吴德桥:“违约责任与侵权责任竞合的几种理论学说述评”,载《法学评论》1991年第2期。

[12] 参见汪世虎:“合同责任与侵权责任竞合问题研究”,载《现代法学》2002年第4期。

竞合说认为,违约行为是对基于合同产生的特殊义务的违反,侵权行为是对权利不可侵犯的一般义务的违反,二者所产生的责任都是侵权责任,但应依特别法优先于普通法的原则来确定责任,此种观点是不妥当的。尽管从广义上说违约行为也侵害了债权人的债权,但二者在性质、构成要件、免责条件等方面都是不同的,而且在责任后果上也不完全相同,所以,认为违约行为也是侵权行为的观点是不妥当的。

第三,此种观点不利于对受害人的保护。按照法条竞合说,如果一种行为同时符合违约行为和侵权行为的构成要件,只能按合同责任处理,这显然对受害人不利。从我国的立法与实践来看,由于合同责任与侵权责任在责任后果上存在着重大差异,因此,在责任竞合的情况下适用不同的责任对受害人的保护程度是有区别的。在许多案件中,适用合同责任确实不如适用侵权责任对受害人有利。例如,因产品瑕疵造成受害人人身伤害和死亡的情况下,适用合同责任不能使受害人或其近亲属获得精神损害的赔偿,而侵权责任则可以提供这方面的补救。所以,依法条竞合说简单地排斥侵权行为的适用对受害人确实不利。

(二)请求权竞合说(Theorie der Anspruchskonkurrenz)

请求权竞合说认为,一个具体的事实如果同时具备了侵权行为和债务不履行的要件,由此应产生侵权行为的损害赔偿请求权与债务不履行的请求权,二种请求权可以独立并存,权利人可以选择其中一项请求权,也可以同时行使两种请求权。[13] 此种理论在产生过程中又形成了两种不同的学说:

第一种学说是请求权自由竞合说。此种学说认为,侵权行为与债务不履行可以产生两次独立的请求权,这两种请求权在成立要件、举证责任、赔偿范围、抵销、时效等方面各不相同,所以,就这两项请求权,债权人可以择一行使。[14] 若其中一项请求权的行使已达目的而发生消灭时,则另一

---

⑬ 吴德桥:“违约责任与侵权责任竞合的几种理论学说评述”,载《法学评论》1991 年第 2 期。

⑭ 舒瑶芝:“侵权责任与违约责任竞合的探讨——兼评《合同法》第 122 条的规定”,载《河北法学》2002 年第 3 期。

个请求权也因此而消灭;若其中一个请求权因已达目的以外的原因而无法行使(如因时效期间届满而消灭)时,则另一个时效尚未届满的请求权依然存在。此种学说承认请求权可以让与,认为既然两个请求权独立并存,则债权人对这两个请求权可以分别让与给不同的人,或者自己保留一项请求权而将另一项请求权让与他人。⑮

第二种学说是请求权相互影响说。此种观点认为,基于一个具体事实而产生的侵权行为与债务不履行的两项请求权虽然可以独立存在,但又是相互影响和相互作用的,合同法上的规定可以适用于因侵权行为而产生的请求权。强调请求权的相互影响旨在克服两项独立的请求权所发生的不协调和矛盾现象。⑯ 就两项请求权相互影响的问题,王泽鉴先生等人曾列举了各种情况,概括起来,主要有如下几种:其一,从责任要件上看,如果债务人依法仅就故意或重大过失或具体轻过失负责,此种责任限制也适用于侵权行为责任,因此,如果债权人主张依侵权行为负责时,应当考虑到责任限制问题;其二,从时效来看,法律对于合同上的请求权常常规定了短期时效,该短期时效对侵权行为的请求权也可以适用;其三,就损害赔偿的范围来看,根据《德国民法典》第842、843条,伤害他人身体或健康者,受害人基于侵权行为而能主张范围较广泛的赔偿,此种范围同样适用于基于合同所产生的请求权;其四,从抵销上看,根据《德国民法典》第393、700条规定,因故意侵权行为而负担之债,其债务人不得主张抵销。这一规定,对于故意违约而必须承担违约责任的行为也同样适用。⑰

请求权竞合说从强调对债权人的保护出发,认为一种行为符合两种责任构成要件时,应成立两项独立的请求权。⑱ 这对债权人十分有利,而且在逻辑上较为严谨。债权人可以选择请求权是这一学说的最大贡献,在这方面较之于法条竞合说具有明显的合理性。但这一学说在强调对债权

---

⑮ [日]木村龟二主编:《刑法学词典》,顾肖荣等译,上海翻译出版公司1991年版,第402~403页。

⑯ 参见王泽鉴:《民法学说与判例研究》(第1册),北京大学出版社2009年版,第211页。

⑰ 王泽鉴:《民法学说与判例研究》(第1册),台湾1979年版,第402页。

⑱ 蓝承烈:"民事责任竞合论",载《中国法学》1992年第3期。

人的保护的同时，又忽视了债务人的利益，没有考虑到对当事人的平等保护问题。一方面，根据自由竞合说，享有请求权的不同主体可以分别向法院起诉，造成多个诉讼的发生，尤其是使债务人将面临多次请求和判决，并使其承担双重的责任，这对债务人来说是极不公平的。[19] 另一方面，按照该学说，即使法律有特别减轻债务人责任的规定（如法律特别减轻债务人注意义务及短期时效的规定），或合同当事人之间有特别约定减轻债务人的责任时，债权人仍然有权就两种请求权作出选择，从后果上来看，法律的规定或当事人之间的特别约定将失去其存在的意义。由此可见，请求权竞合说似乎有值得完善之处。

（三）请求权规范竞合说（Theorie derAnspruchsnormenkonkurrenz）

这一学说为德国学者拉伦兹所倡导。拉伦兹认为，请求权竞合说主张不得侵害他人权益的一般义务与契约上的特别义务属于两个独立的法律义务的观点是不能成立的。在许多情况下，这两项义务具有共同的内容：不得侵害他人权利的一般义务，因当事人在合同中设立特别义务而得以强化和具体化，但当事人设立的义务并非导致两项义务产生，所以，债务人基于违约或不法行为所生侵害者，不是两个义务，而只是一个义务，因而产生一项请求权；对于请求权人来说，他只能作出一次起诉，一次让与。[20] 拉伦兹认为，请求权竞合说主张债权人可以保留一项请求权而转让另一项请求权，则必然会认为债权人与请求权的受让人均为连带债权人，都可以对债务人起诉，这对债务人来说显然是不合理的。正是在批评请求权竞合的基础上，拉伦兹提出了请求权规范竞合说。[21]

请求权规范竞合说认为，一个具体的生活事实如果符合债务不履行和侵权行为双重要件，并不能产生两项独立的请求权，而只能产生一个请求

---

[19] ［日］木村龟二主编：《刑法学词典》，顾肖荣等译，上海翻译出版公司1991年版，第403～404页。

[20] ［德］卡尔·拉伦茨：《德国民法通论》，王晓晔、谢怀栻译，法律出版社2003年版，第355页。

[21] ［日］木村龟二主编：《刑法学词典》，顾肖荣等译，上海翻译出版公司1991年版，第404～406页。

权,但该请求权产生的基础则有两个:一是契约关系,二是侵权关系。[22] 拉伦兹认为,确立请求权的基础十分重要,由于请求权基础不同,举证责任也不一样。假如某项请求权基于某项法律基础不成立,不排除以其他的法律基础成立的可能性。当然,这项原因并不是绝对的,在某些情况下仍有例外。如果债务不履行的损害赔偿因法律要求的注意程度较低而不能成立时,侵权行为也不能成立,否则,该项法律规定将失去意义。请求权规范竞合学说提出以后,对德国学术界影响很大。

尽管请求权规范竞合说确实使竞合理论得到完善,但该理论也具有明显的缺陷:一方面,该理论认为在责任竞合的情况下仅产生一项请求权,请求权的基础关系仍然有两项(合同关系和侵权关系),债权人可以依据对其有利的基础关系而行使权利。这一观点存在着与竞合的内涵相矛盾之处。因为,既然只能产生一项请求权,那么就谈不上请求权的竞合问题,从而债权人也不可能就请求权问题作出选择并主张对自己有利的权利。另一方面,请求权规范竞合说认为受害人仅享有一项请求权,这并不利于对债权人的保护。因为,如果债权人仅享有一项请求权,而该请求权在行使过程中遇到障碍,或者在提起诉讼时其请求被法院驳回,则债权人就不能再行使另一项请求权。

从以上分析可见,上述三种理论尽管均有一些合理之处,并从不同程度和不同方面揭示了责任竞合的性质和特点,但也存在明显的不足。笔者认为,解释责任竞合现象应当考虑如下观念:

第一,从原则上讲,一个法律构成要件只能产生一项请求权。但是,在责任竞合的情况下,因行为人的某种行为违反了侵权行为法与合同法的规定,同时符合侵权责任与违约责任的构成要件,因此,产生两项请求权。这是责任竞合现象与一般违法行为的不同之处。

第二,在两项请求权同时存在的情况下,依据民法的公平和平等的原则,不能使债权人同时行使两项请求权,也不能使债务人承担双重的责任,更不允许债权人在保留一项请求权的情况下将另一项请求权随意转

---

[22] 许洪臣:"论侵权责任与违约责任的竞合",载《政法论坛》1997 年第 6 期。

让,从而引起诉讼上的混乱。

第三,为加强对债权人的保护,应允许债权人就请求权的行使作出自己的选择,但法律有特别规定或当事人在法律允许的范围内有特别约定时,应依特别规定或特别约定。这样,既不与立法目的相违,又尊重了当事人双方的意愿。

四、对责任竞合的处理

从我国多年来的司法实践来看,在出现责任竞合的情况下,法院通常的做法有两种:一是允许受害人就两种责任同时提出请求,并使两种责任得到并用;二是由法院来决定应当采用哪一种责任,而不是由当事人自己选择责任的运用。例如,对于"侵权性的违约行为"和"违约性的侵权行为"一般都是按照违约行为处理,而对于已经发生责任竞合的案件(交通事故、医疗事故以及产品责任案件)都是按照侵权行为处理的,可见我国司法实践过去主要采取的是禁止责任竞合的制度。

值得注意的是,在最高人民法院下发的《全国沿海地区涉外、涉港澳经济审判工作座谈会纪要》中,对责任竞合问题已明确给予承认,并允许当事人选择有利于自己的一种诉由或诉因提起诉讼。该纪要指出:"一个法律事实或法律行为有时可以同时产生两个法律关系,最常见的是债权关系与物权关系的并存,或者被告的行为同时构成破坏合同和民事侵害。原告可以选择两者之中有利于自己的一种诉因提起诉讼,有管辖权的受诉法院不应以存在其他诉因为由拒绝受理。"[23]不过,纪要是就涉外、涉港经济审判工作而言的,其中确立的处理竞合问题的原则,尚未得到扩大适用。

应当看到,我国司法实践采纳禁止竞合的方式也有其合理之处:一方面,这一做法减少了法院对援引法律、确立责任等方面的麻烦,这在我国

㉓ 最高人民法院:《司法文件选编》,1989 年,第 8 页。

法官的整体素质并不是很高的情况下,无疑是有一定的作用的;另一方面,这一做法在某些特殊的情况下,也因为允许受害人就两种责任同时提出请求,并使两种责任得到并用而能够充分保护受害人的利益。然而,这一做法也具有明显的缺陷,表现在:

第一,禁止受害人就违约责任和侵权责任选择一种对其最为有利的责任方式提起诉讼,不能充分尊重当事人的自主自愿,在许多情况下并不利于保护受害人的利益。有一种观点认为,允许当事人选择请求权,会导致滥用请求权的后果。笔者认为,这种担心是完全没有必要的。因为,无论受害人选择何种请求权,都是加害人应承担的责任,因此谈不上滥用请求权的问题。如果排斥当事人的选择,完全由法官决定当事人应行使的请求权问题,则可能因为法官的选择不符合当事人的利益,从而不利于对债权人的保护。例如,违约行为造成另一方当事人的人身伤害,在此情况下,如果完全按违约行为处理,则会因为合同责任主要限于保护当事人的财产利益而使受害人的人身伤害难以得到补偿;再如某些医疗事故,如果完全按侵权行为处理,必然使受害人面临举证的困难,而按违约行为处理,举证责任由加害人承担,则对受害人将更为有利。因此,允许竞合和选择请求权,是十分必要的。

第二,如果使受害人可以同时就违约责任和侵权责任提起诉讼,将会获得双倍的赔偿,而加害人则承担了其不应该承担的额外的经济负担,这也违背了公平正义的原则。

第三,在绝大多数情况下,受害人选择一种对其最为有利的方式提起诉讼,是能够使其损失得到充分的补救的。

正是由于责任竞合制度有利于在大多数情况下保护受害人,公平合理地确立责任,因此,我国《合同法》正式确立了这一制度。《合同法》第122条规定:"因当事人一方的违约行为,侵害对方人身、财产权益的,受侵害方有权选择依照本法要求其承担违约责任或者依照其他法律要求其承担侵权责任。"在《合同法》中正式确认责任竞合制度,这在世界各国的合同立法中是少见的,《合同法》对责任竞合的确认不仅表明我国《合同法》注重合同立法发展的趋势和两大法系的成功经验,而且也表明我国的《合同法》是一部面向21世纪的、能够适应新的经济情况的法律。《合同法》第122条主要确立了如下三项规则：

第一，确认了责任竞合的构成要件。这就是说责任竞合是指“因当事人一方的违约行为，侵害对方人身、财产权益的”情况；换句话说，必须是一种违约行为同时侵害了非违约方的人身权和其他财产权益的，才能构成责任竞合。如果是因为多种行为而侵害对方人身、财产权益的，或者当事人一方的违约行为并没有侵害对方人身和财产权益的，不构成责任竞合。

第二，允许受害人就违约责任和侵权责任中的一种作出选择。所谓“受侵害方有权选择依照本法要求其承担违约责任或者依照其他法律要求其承担侵权责任”是指在发生责任竞合以后，应当由受害人作出选择，而不是由司法审判人员为受害人选择某种责任方式。在通常情况下，受害人能够选择对其最为有利的责任方式，如果受害人选择不适当也应当由受害人自己负担不利的后果。允许受害人选择，这正是市场经济要求的私法自治和合同自由的固有内容。

第三，受害人只能在违约责任和侵权责任中选择一种责任提出请求，而不能同时基于两种责任提出请求。所谓“受侵害方有权选择依照本法要求其承担违约责任或者依照其他法律要求其承担侵权责任”实际上意味着受害人只能选择一种责任形式提出请求，法院也只能满足受害人的一种请求，而不能使两种责任同时并用。如果受害人在提出一种请求以后，因为时效届满等原因，而使该项请求被驳回或不能成立，受害人也可以提出另外一种请求，但无论如何受害人不能同时基于侵权责任和违约责任提出两个请求。如果受害人提出一种请求以后，尚不能使其损害获得充分补救，在此情况下，法院是否可以使其再提出另外一种请求，值得研究。笔者认为，尽管应充分保护受害人的利益，但又不能使受害人获得双倍的赔偿，最好的办法是允许受害人仅选择一种请求提起的诉讼。

问题在于，受害人应当在什么时候作出选择。是应当在起诉时作出选择，还是应当在庭审开始前作出选择？笔者认为，由于受害人在起诉的时候，证据收集尚不全面，而且对对方收集的证据了解不够，在此情况下要求受害人马上作出准确的选择是很困难的,因此在庭审开始前作出选择,从而给受害人一定的时间去思考和作出选择看来是必要的、较为合理的。在此之前受害人即使作出了选择,如果选择不恰当,也应当允许受害人放弃原有的选择而重新作出选择。

允许受害人选择请求权,是否使民法关于责任的规定完全变成了任意性规范?或者允许合同当事人提起侵权之诉,只是基于一方的要求解决合同的问题,从而不符合双方的意愿呢?这是一个直接涉及应否允许受害人选择请求权的问题。从允许竞合制度的经验来看,虽然允许受害人选择请求权,强调并保护了一方的意愿,但并没有对加害人造成不利的后果:一方面,尽管民法关于责任的规定特别是侵权行为责任的规定大都是强行性规范,不允许当事人排斥适用;但是,不管受害人如何选择请求权,都不会免除或加重加害人所应负的法律责任。另一方面,允许合同当事人提起侵权之讼,是因为不法行为人所实施的违约行为具有加害于他人的故意和损害后果,因此,应借助于侵权责任,对其予以制裁,显然是符合民法保护主体权利和制裁不法行为人的目的的。法律责任作为制裁措施,本身并不是违法行为人企求的。在责任竞合的情况下,加害人可以承担这一种或另一种责任,如果由受害人选择请求权,选择对其更有利而对加害人不利的方式提起诉讼和请求,从而充分尊重了受害人的意愿和权利,同时可能加重了不法行为人的责任,而这种责任也是不法行为人依法应承担的。

允许受害人可以选择请求权,并不意味法律完全放任当事人选择请求权,在承认竞合的国家,法律和司法实践对此也是有一些限制的。比如,对于能够作为侵权行为处理的违约行为,除法律有明确规定的情况以外(如产品的销售者出售有瑕疵的产品致购买者损害),通常必须是一方合同当事人故意违反法定义务而致合同另一方当事人以损害,而且这种损害往往是比较严重的。如果把任何合同当事人既侵犯了债权又侵犯了所有权的违约行为都可视为侵权行为,则在移转财产占有和所有权的合同中,一旦发生违约行为,都将面临着责任竞合问题。因此,对受害人选择请求权是需要通过法律和判例明确规定的。严格说来,这种限定并不是对受害人选择请求权的限制，而是对违法行为在何种情况下产生责任竞合的限定。

根据我国立法和司法实践，笔者认为，从法律上对责任竞合现象作出适当的限制，对正确处理竞合案件，正确适用民事法律和保护当事人的合法权益十分必要。这种限制有如下几方面：

第一，因不法行为造成受害人的人身伤亡和精神损害的，当事人之间虽然存在着合同关系，也应按侵权责任而不能按合同责任处理。因为合同责任并不能对受害人所造成的人身伤亡、精神损害提供补救，而只能通过侵权损害赔偿对受害人提供补救。

尤其是在加害给付的情况下，应当考虑适用侵权责任。所谓加害给付，是指因债务人的不适当履行造成债权人的履行利益以外的其他损失。例如，患者安装心脏起搏器，因心脏起搏器质量不合格而导致患者实施二次手术，遭受了各种损害。如果按照违约赔偿，则无法赔偿因心脏起搏器质量不合格而导致患者遭受的其他损失，也不能赔偿精神损害。但如果按照侵权赔偿，则可以赔偿除心脏起搏器的手术费以外的其他所有的损失以及精神损害。对于购买新的心脏起搏器的费用、手术费等费用的支出，虽然属于履行利益的损失，也可转化为实际损失而请求有过错的医疗机构赔偿。

第二，当事人之间事先存在着某种合同关系，而不法行为人仅造成受害人的财产损失，此时按合同纠纷处理对受害人更为有利。例如，某县住宅公司向地方工业公司购进一批自来水管，待该批水管全部装入新建住宅后，住户反映流出的水质有问题。经检验，原因是水管内的铁镀锌不合格。住宅公司只得将该批水管拆除，另购新管更换。为此，住宅公司多花去拆除费、新管购置费和安装费数千元。后住宅公司向法院起诉，要求某工业公司赔偿这些损失。本案中，原告请求的拆换自来水管所支出的费用仅为被告违约所造成的财产损失。被告未按合同的规定向原告提供合格的自来水管，致使原告受到损失，应由被告承担违约责任，而不应按产品致人损害的侵权责任处理。当然，若一方当事人故意欺诈，致另一方当事人损害，应根据具体情况，使恶意的不法行为人承担合同无效后的责任或侵权责任。

第三,当事人之间事先若不存在着合同关系,虽然不法行为人并未给受害人造成人身伤亡和精神损害,也不能按违约责任,而只能按侵权责任处理。尤其应当指出,如果双方当事人事先存在着合同关系,但一方当事人与第三人恶意通谋,损害合同另一方当事人的利益,则由于恶意串通的一方当事人与第三人的行为构成共同侵权,第三人与受害人之间又无合同关系存在,因此应按侵权责任处理,使恶意串通的行为人向受害人负侵权责任。

第四,在责任竞合的情况下,如果当事人事先通过合同特别约定,双方仅承担合同责任而不承担侵权责任,则原则上应依照当事人的约定处理,一方不得行使侵权行为的请求权。但是,如果在合同关系形成以后,一方基于故意和重大过失使另一方遭受人身伤害或死亡,则应承担侵权责任。例如,某汽车公司在售票处贴一告示称:“因路上结冰难走,如遇车祸概不负责”,但原告并未注意。后因路滑发生车祸,致原告头部碰破。原告要求退票并到附近一个医院诊治,花去医药费1000元。原告要求赔偿脸部和头部受伤而医治的费用。在本案中,被告张贴的告示旨在免除其应承担的故意或重大过失的侵权责任,这是违反法律和社会公共道德的,因而不能生效,所以,在此情况下,原告既可以享有合同不履行所产生的请求权,也可以享有侵权行为的损害赔偿请求权。

第五,如果法律特别规定在特殊情况下应减轻当事人的注意义务和责任时,则应依据法律的规定合理地确定责任。例如,在保管合同中,许多国家法律规定保管人的注意程度因合同的有偿和无偿而有差异。在无偿保管合同中,保管人只须具有与保管自己所有物同样的注意;而在有偿保管合同中,保管人应具有善良管理人的注意。这些注意义务的规定在很大程度上也体现了对保管人利益的保护。如果保管人因其不注意造成保管财产的毁损灭失,则不仅要根据保管合同是否有偿而决定保管人是否应承担责任,同时也应注意到保管人在合同关系中所负的注意义务较之于其在侵权行为责任中的注意义务为轻。这就意味着,保管人只承担合同责任而不承担侵权责任是符合法律的宗旨的。当然,如果保管人故意侵害寄托人的财产，如将保管物非法交给他人使用、故意毁损保管物等，则可以成立侵权行为。

还要看到，如果当事人之间已经设立了免责条款，这些条款又是合法、有效的，则在出现这些条款所规定的情况时，应使当事人免责，不应产生责任或责任竞合。当然，如果免责条款不符合法律规定的生效要件，如免责条款违背法律和社会公共道德、免除故意或重大过失的责任等，则不应该产生效力。

民商法研究(第四辑)
第542～559页

试论患者知情同意权*

患者知情同意权是患者知情权和患者同意权的合称,它是医学伦理的重要内容,也是现代侵权法和人格权法上的一项基本制度。从实践来看,医患关系紧张、医闹的频繁发生,很多都是与患者知情同意权没有受到充分尊重和保护有关。① 因此,保障患者依法享有的知情同意权,是维护患者合法权益、化解医患紧张关系、保障良好医疗秩序的重要措施。

一、患者知情同意权是患者自主决定权的体现

患者知情同意权包含了两种具体的权利,即患者知情权与同意权。所谓患者知情权,是指患者在诊疗过程中所享有的知悉其病情和医疗机构将对其采取的医疗措施及其后果的权利;所谓患者同意权,是指临床上具备独立判断能力的患者,或者在其丧失独立判断能力时由其近亲属代为行使的、对医疗人员制定的诊

---

* 本文原著于2002年,后收录于拙作《侵权责任法研究》(下册),中国人民大学出版社2011年版。

① 徐昕、卢荣荣:"暴力与不信任——转型中国的医疗暴力研究:2000～2006",载《法制与社会发展》2008年第1期。

疗计划自行决定取舍的一种权利。严格地说,患者知情权和同意权是紧密联系的,难以分开的权利,因此在判例学说上通常将其称为"知情同意权(Informed Consent)"。也有学者将患者的知情同意权称为"告知后同意"法则(the Doctrine of Informed Consent)。[②] 具体而言,两者的关系体现为:一方面,患者的知情权是患者同意权的基础,只有当患者对于医疗机构及其医务人员将对其采取的各种诊疗措施、存在的风险、可能造成的各种后果等情况都充分知悉之后,在此基础上患者才能够作出符合其最佳利益的选择。如果患者的同意权是在没有充分享有知情权的基础上作出的,则不能认为是患者的真实意思表示,因为其对于将要采取的诊疗措施及其风险尚未充分知悉,在此基础上作出的选择必定是片面的,未必符合其最佳利益。另一方面,患者知情的最终目的就是决定是否对医疗措施表示同意,从而实现患者的自主决定权和对其生命健康权、身体权的充分尊重。知情同意权是以患者自主决定权、生命健康权及身体权为基础而产生的,而患者知情的最终目的就是决定是否同意特定的医疗措施。[③]

患者知情同意权是近代法律发展的产物,是适应现代社会对患者人格的尊重、对患者人身权益的日益周密的保护而产生的,是人权运动发展的结果,也是消费者权益保护运动的产物。在罗马法中,曾有"经承诺的行为不为违法"的法谚,但其并没有明确患者知情权的规则。据学者考证,知情同意规则最早可追溯到1767年的英国的一个案件,[④]而文艺复兴时期的人本主义思潮也极大地促进了该规则的产生和发展。1914年,美国纽约州上诉法院法官卡多佐(Cardozo)在"Schloendorff v. Society of New York Hospital"医疗纠纷案中才首次明确提出了患者自主权的概念,在该案的判决中,法官卡多佐认为:"所有具有健全精神状态的成年人,都有决定对自己身体作何处置的权利,医生如不经患者同意而对其进行手术,则

---

② 龚赛红:《医疗损害赔偿立法研究》,法律出版社2001年版,第224页。

③ 龚赛红:《医疗损害赔偿立法研究》,法律出版社2001年版,第224页。

④ Slater v. Baker & Stapleton(95 Eng Rep 860 [KB 1767]),参见赵西巨:《医事法研究》,法律出版社2008年版,第57页。

构成伤害罪,应承担损害赔偿的责任。"[5]该判决第一次在法律上认可了患者的知情同意权。而自第二次世界大战以来,由于人权活动的兴起和对人权保护的加强,患者的知情同意权获得了各国的广泛承认。例如,在德国民法中,医生未经患者同意或误以为患者已经同意并对其进行治疗和手术的,其行为具有违法性,应当承担侵害患者健康权的损害赔偿责任,此外,医生还可能因侵害患者的知情同意权而承担精神损害赔偿。[6] 当然医生可以证明即使自己尽到交往中必要的注意也无法避免这种错误发生的,即不具有过错。[7] 故只有经患者有效同意的,医生才能采取治疗措施,[8]在发生损害以后,医生对患者的治疗行为才不具有违法性。[9]

在"二战"以后,鉴于纳粹德国和日本等以人体作战争实验的暴行,纽伦堡大审判特将人体实验事件列为审理之案件,并针对人体实验提出了所谓《纽伦堡纲领》(1947 年),其中规定了人体试验中的患者知情同意问题。[10] 1964 年第十八次世界医学大会通过的《赫尔辛基宣言(Declaration of Lisbon on the Rights of the Patient)》采纳了《纽伦堡十项道德准则》的观点,正式确认了患者的自主决定的权利(Right to Self-determination)和知情权(Right to Information)。[11] 其第 3 条规定:"一个心智健全的成年患者,有权给予或者保留对医疗措施或者方法的同意。患者有权获悉其作出决定所必需的任何信息。患者应当明确知悉其所接受的任何诊疗措施的目的以及结果,以便患者能够拒绝适用这些措施。"这也是对患者知情同意权的确认。

---

⑤ Schloendorff v. Society of New York Hospital,211 N. Y. 125,105 N. E. 92(1914).

⑥ LG Aachen VersR 1990,1358.

⑦ MünchKomm/Wagner, § 823,Rn. 741.

⑧ OLG Frankfurt,Urt v. 12. 3. 2009 - 15 U 18/08.

⑨ MünchKomm/Wagner, § 823,Rn. 729 ff.

⑩ 在审判后通过的《纽伦堡十项道德准则》中针对人体实验规定:"人类受试者的自愿同意是绝对必要的;应该使他能够行使自由选择的权利,而没有任何暴力、欺骗、欺诈、强迫、哄骗以及其他隐蔽形式的强制或强迫等因素的干预;应该使他对所涉及的问题有充分的知识和理解,以便能够作出明智的决定。"

⑪ 1981 年 10 月,《里斯本患者权利宣言》在葡萄牙首都里斯本召开的世界医学大会上通过。该宣言于 1995 年 9 月和 2005 年 10 月分别在印度尼西亚巴厘和智利圣地亚哥的世界医学会议上进行修订。该宣言包括序言、原则和患者应享有的 11 项权利等具体内容。

1957年美国加州上诉法院在“Salgo v. Leland Stanford Jr. University Board of Trustees”一案中，正式确立了知情同意(informed consent)规则。[12]根据这一规则，医生必须向病人介绍治疗方案、可能出现的副作用和风险，否则，有可能承担侵权责任。[13] 自此之后，不仅美国各州相继接受，而且也对其他国家和地区产生了重要影响。[14] 近几十年来，一些国家立法或判例正式承认了患者知情同意权。例如，奥地利1956年的《医院法》第8条第3款就明确规定，实施包括手术在内的特殊治疗行为，应获得患者同意。1973年美国医院协会在美国人权运动、消费者权利运动的推动下通过了《患者权利典章》，其中宣称“患者就所有疾病有关之诊断、治疗、预测及危险性，有知的权利。对于看护、治疗有接受或拒绝的权利。在受到充分说明后，有亲身判断利害得失之自我决定权。”从各国立法和国际公约来看，承认患者的知情同意权，可以说是国际上通行的、普遍适用于医疗领域的做法。

我国历来重视患者的知情同意权。《医疗事故处理条例》第11条规定：“在医疗活动中，医疗机构及其医务人员应当将患者的病情、医疗措施、医疗风险等如实告知患者，及时解答其咨询；但是，应当避免对患者产生不利后果。”《执业医师法》第26条规定，医师应当如实向患者或者其家属介绍病情。正是总结既有法律法规关于患者知情同意权的规定的基础上，我国《侵权责任法》第55条规定：“医务人员在诊疗活动中应当向患者说明病情和医疗措施。需要实施手术、特殊检查、特殊治疗的，医务人员应当及时向患者说明医疗风险、替代医疗方案等情况，并取得其书面同意；不宜向患者说明的，应当向患者的近亲属说明，并取得其书面同意。医务人员未尽到前款义务，造成患者损害的，医疗机构应当承担赔偿责任。”这就在法律上第一次确认了患者的知情同意权。在法律上承认患者知情同意权具有重要意义：一方面，它有利于患者充分了解自己的病情，

---

[12] Salgo v. Leland Stanford Jr. University Board of Trustees, 317 P. 2d 170 (Cal. Ct. App. 1957).

[13] 李响：《美国侵权法原理及案例研究》，中国政法大学出版社2004年版，第113页。

[14] 王泽鉴：《侵权行为》，北京大学出版社2009年版，第232页。

判断、接受特定医疗活动的危险，并自主决定是否接受特定医疗活动并承担相应的风险。因为特定诊疗措施可能存在各种失败的风险，可能使患者遭受更为严重的健康损害。而患者是否要通过承受此种风险去追求诊疗措施成功后带来的利益，这在本质上仍属于民事主体对自己人身权益的处分。我国《侵权责任法》之所以强调患者的知情权和同意权，归根结底，是出于现代法律对人作为民事主体的自主权的尊重，是对自然人的自主决定权的尊重。[15] 另一方面，确认患者的知情同意权也有利于缓和医患关系，化解医患矛盾，有利于社会主义和谐社会的构建。

二、患者知情同意权是患者的重要人格权

由于患者知情同意权是在我国《侵权责任法》中确认的，而且，并没有直接地以民事权利的形式加以确认，因此，学界对于该权利的性质存在不同看法。有学者认为，其只不过是身体权在医疗领域的具体体现，并非独立的权利。也有学者认为，人格权应采法定主义原则，既然我国《民法通则》和《侵权责任法》中对于人格权的具体列举并没有包括患者知情同意权，尤其是其只是针对特定的主体而不是一般人所普遍享有的权利，所以，该项权利不属于人格权。此种看法不无道理，但笔者认为，患者知情同意权是患者的重要人格权。

民事权利从总体上可分为人身权与财产权两大类。患者知情同意权涉及患者对自己身体权和健康权的处分，因此，从内容上来看，患者知情同意权主要涉及人身利益，而非财产利益。所以，患者知情同意权在权利属性上不属于财产权，而属于人格权。但首先需要讨论的是，知情同意权的主体是特殊的，其不同于一般的人格权之处在于，并非所有主体均享有知情同意权，只是患者才享有知情同意权。应当看到，人格权都是公民和法人普遍享有的民事权利，人格权应当规定在一般法之中。笔者认为，人

---

[15] 赵西巨：《医事法研究》，法律出版社2008年版，第62页。

格权的主体也可以包括特殊主体。一方面,《民法通则》关于人格权的规定中,于第104条和第105条规定了有关残疾人、妇女等所享有的权利。这就表明,其在列举一般主体普遍享有的人格权的同时,也对特殊主体的人格权作出了规定。另一方面,从民法的内在价值体系出发,应当将患者知情同意权规定为独立的人格权。法律上承认特殊主体的人格权,实际上是民法保障人权、更注重实质正义的体现,即民法不仅关注一般的人、抽象的人,而且关注具体的人、特殊的人,尤其是对弱者的关注,更能体现了民法的人文关怀。就患者的知情同意权而言,虽然《侵权责任法》第2条没有详细列举,但是,该法第55条的规定可以认为是对此种权利的明确确认。正如有学者所指出的,"病人将自己的生命、身体、健康等最重要的人格法益委托于医生诊断治疗,在病人与医生(医院间)形成一个以契约为基础,具人格性的信赖关系。其应受特别保护的,系病人的自主决定权及隐私权。"⑯

我们之所以认为,患者知情同意权是一项人格权,还具有如下几个原因:

第一,患者知情同意权是患者自主决定权的体现。所谓自主决定权,主要是指自然人对自己与公共利益无关的私人生活领域进行自由决策、自主安排的权利。⑰ 赋予患者知情同意权,就是为了保证患者自主决定是否通过承担特定风险来追求诊疗活动的利益。因此,该权利属于患者的自主决定权,它是患者对于造成自身损害的医疗行为有自主决定的权利。正是因为这一原因,一些国家将患者知情同意权纳入了人格权的范畴。例如,在德国法中,患者的自主决定权被认为是一般人格权的内容;而在美国法上,其被认为是隐私权所包含的基本权利。⑱ 许多国家通过判例也承认了患者的自主决定权。在我国法律法规确立患者知情同意权归根结底,是出于现代法律对人作为民事主体的自主权的尊重,是对自然人的自

---

⑯ 王泽鉴:《人格权法》,台湾三民书局2012年版,第113页。

⑰ 杨慧艳:"患者权利立法研究",载《法学杂志》2009年第5期。

⑱ 赵西巨:《医事法研究》,法律出版社2008年版,第62页。

主决定权的尊重。[19] 自主决定权是患者自主决定的权利,是其重要的人格利益。患者据此有权对医疗机构及其医务人员将对患者采取的诊疗措施、存在的风险、可能需要支出的费用等情况充分了解和知悉,并在此基础上作出是否同意的决定。患者知情同意权产生的基础是患者对自己的人身权的处分。

第二,患者知情同意权与生命健康权是不可分割的。虽然生命权、健康权等多项具体的人格权中也包含了自主同意权,保护患者的知情同意权,实际上也是为了保护患者的生命、健康权。对于涉及其生命健康的手术、特殊治疗等活动,患者有权知悉具体的医疗风险、替代医疗方案等情况,并有权决定是否接受此类医疗措施。当然,患者知情同意权属于一种独立的权利类型,并不能被生命、健康权所涵盖。

第三,患者知情同意权还关系到个人的人格尊严和人身自由,体现了人格权的本质属性。一方面,如果医疗机构不尊重患者的意愿而擅自作出决定,则侵犯了患者的人格尊严。因为对于涉及其生命健康的手术、特殊治疗等活动,如果不保障患者的知情同意权,其人格尊严就不能得到应有的尊重。[20] 另一方面,患者有权对自己的身体和健康作出决定,这是患者人身自由的具体体现,如果医疗机构无需征询患者的同意即可作出手术的决定,则剥夺了患者的这种自主决定权,也侵害了患者的人身自由。

第四,患者知情同意权不能预先抛弃的特点也表明其属于人格权。理论上一般认为,患者的知情同意权是不得预先抛弃的权利。“病人因医生的说明而为手术的同意,既系其基于人格权及自主权,应认此项同意不得预先抛弃。”[21]此种权利不得预先抛弃的特点也表明了,其属于人格权,而不属于财产权,因为“财产权原则上可以抛弃”是一项基本原则。

因此,笔者认为,患者的知情同意权应当属于人格权的范畴,具体而言,其应当属于自主决定权的内容,其在行使过程中,又与生命健康权、身

---

[19] 赵西巨:《医事法研究》,法律出版社2008年版,第62页。

[20] See Daniel P. Sulmasy, Informed Consent Without Autonomy, 30 *Fordham Urb. L. J.* 207, 211(2002).

[21] 王泽鉴:《侵权行为法》,台湾2009年自版,第296页。

体权有着密切的联系。因而,在我国未来人格权立法中,应当对此加以规定。

三、患者知情同意权的内容

(一)患者知情权

从广义上讲,患者知情权,是指患者在诊疗活动中或者诊疗活动结束后,对病情、拟实施诊疗措施的风险和替代方案、采取诊疗措施后的诊疗效果以及病历资料的知情权。从狭义上讲,患者知情权仅包括患者对其病情、拟实施诊疗措施的风险和替代方案、采取诊疗措施后的诊疗效果等享有的知情权。确认患者此种知情权,主要是为了保证患者全面知晓病情和医疗措施以及相关诊疗结果的情况,以便自由选择自己认为最适合自己的诊疗措施。狭义上的患者知情权并不包括《侵权责任法》第 61 条第 2 款赋予患者的知情权,即对病历资料的知情权。狭义上的知情权旨在保证患者对正在进行的诊疗活动的知情同意,而病历资料知情权主要是便于患者在接受其他诊疗活动时准确判断病情;狭义上的知情权必然伴随着同意权,而病历资料是一个已经确定的客观内容,患者了解病历资料,并不一定需要作出同意。所以,此处所探讨的限于狭义上的患者知情权。

从患者的角度来说,知情权是患者的权利;而从医疗机构的角度来说,是其负有的告知义务,此种义务被称为"说明义务"。[22] 如果医疗机构未能全面告知相关情况,而有所隐瞒,甚至不向患者告知真相,表明医疗机构违反了说明义务,并有可能损害患者的利益,构成侵权。医疗机构的说明义务与患者的知情权之间是一种对应的关系,即前者的义务正好对应着后者的权利。因此,医疗机构说明义务的履行,就可以使患者知情权得到行使。而判断医疗机构说明义务是否已经履行,其标准也是患者知情权

㉒ 黄丁全:《医事法》,中国政法大学出版社 2003 年版,第 244 页。

是否被尊重。所以,医疗机构的说明义务与患者知情权的内容是同一问题的两个不同方面。对于医疗机构来说,这种"告知后同意"的义务不仅仅是一种伦理上的义务,更是一种法律上的义务,"如果医师没有尽到此告知义务,应告知而未告知,以致影响到病人做决定的话,医师应该就医疗行为之一切后果负责,不论该后果是否是由医师的过失行为所造成"。[23]

医疗机构的说明义务的内容可以分为两个部分,即一般的说明义务和特殊的说明义务。一般的说明义务,是指在所有诊疗活动中,医疗机构所负有的就患者的病情和医疗措施的说明义务;特殊的说明义务,是指在法律特别规定的特定类型的诊疗活动中,医疗机构所负有的说明义务。医疗机构的告知义务主要包括:

1. 医疗机构在诊疗活动中应当负有向患者说明病情和医疗措施的一般说明义务

《侵权责任法》第55条规定:"医务人员在诊疗活动中应当向患者说明病情和医疗措施",这是对医疗机构在一般诊疗活动中应当对患者负有说明义务的规定。关于医师说明的标准,美国法院采纳了三种不同标准:一是"理性医师标准(reasonable physician standard)",它是指应当将说明义务的范围、内容交由医疗专业机构来判断,依照个别医疗专业的医疗习惯(customary practices)而定。二是"理性病人标准(reasonable patient standard)","理性病人标准"于1972年在"Canterbury v. Spence"一案中被提出,其基本观点是以病人为导向,尊重病人的知情权,贯彻病人的自主权。[24] 它是指告知的范围、程度应当由"一般理性的病人,在一般情况下,都会想要知道的信息"为标准。三是具体病人标准,即要根据具体患者的情况,来决定说明义务的内容和方式。笔者认为,从对受害人最为有利的角度考虑,应当采取具体病人标准,考虑患者的具体情况,来决定医疗机构的说明义务的内容和方式。如果采取理性医师标准,而无视病人的具

---

[23] 杨秀仪:"论病人自主权:我国法上'告知后同意'之请求权基础探讨",载《台大法学论丛》第36卷第2期。

[24] 杨秀仪:"论病人自主权:我国法上'告知后同意'之请求权基础探讨",载《台大法学论丛》第36卷第2期。

体情形,可能因为告知的内容过于专业、过于抽象,使得病人无从理解其内容,从而难以作出合乎自己意志的决定。如果采理性病人的标准,不仅过于抽象,而且由于有的患者难以达到理性病人的理解能力和认识能力,不能正确、全面理解医疗机构的说明,进而难以行使同意权。从这一意义上说,应当根据病人的具体情况来决定告知的内容,有一些病人不能告知得过于详细,但对另一些病人来说,如果告知的不详细,会侵害其知情权,就这一点而言,采"具体病人标准"比较合理。

依据《侵权责任法》第55条规定,医疗机构在诊疗活动中应当向患者履行必要的说明义务,主要包括两个方面的内容:一是说明病情的义务。医疗机构要具体告知患者所患何种疾病,并且该疾病的严重程度等。二是告知医疗措施的义务。这主要是指针对患者的病情,医疗机构可以选择的各种医疗措施、各种医疗措施的利弊分析,医疗机构希望采取的医疗措施等。告知是医院负有的义务,其目的在于通过告知病人相关事项,由患者在充分知情的基础上,作出相应的决定。因为医患关系本身就是具有高度人身信赖性质的关系,患者对于医疗机构和医务人员具有高度的信赖,如果任何诊疗活动都必须得到患者的同意才能实施,则医疗活动难以正常开展,这对于患者显然是不利的。所以,在一般情况下,医务人员只需要对患者说明病情和医疗措施,如果患者对此没有明确提出异议,则医务人员就可以实施医疗措施。但是如果患者明确表示反对,则医务人员不得实施。

2. 医疗机构进行特殊检查、实施手术和特殊治疗时的特殊说明义务

《侵权责任法》第55条规定:"需要实施手术、特殊检查、特殊治疗的,医务人员应当及时向患者说明医疗风险、替代医疗方案等情况,并取得其书面同意;不宜向患者说明的,应当向患者的近亲属说明,并取得其书面同意。医务人员未尽到前款义务,造成患者损害的,医疗机构应当承担赔偿责任。"此处规定了特殊的说明义务,该条对医疗机构负有特殊说明义务的情形采取封闭式列举的方式,并没有采用"等"之类的表述,表明负有特殊说明义务的情形只限于法定的三种情形,即需要实施手术、特殊检查和特殊治疗。

(1)实施手术。出于尊重个人生命权的需要而对病人实施新的治疗方法,实施麻醉、外科手术、切除或移植器官,必须要求得到病人本人的同意。例如,美国加州高级法院在1990年曾经作出过一个判决,该判决认为,医生应当告知病人拟切除哪些细胞、组织,法院认为,病人对切除的细胞和组织并不拥有法律上的利益,但切除这些细胞和组织时,医生应负有告知义务。[25]《侵权责任法》第55条规定,实施手术时,医疗机构应当履行告知义务,此种告知的内容包括手术过程中可能要承受的不适和麻烦以及手术不成功可能出现的后果、潜在危险,手术的成功率、目的、方法、预期效果等。[26]

(2)特殊检查。此处所称的特殊检查并不是指一般的检查,而是可能给就诊者带来一定身体伤害的检查,例如人体特定组织的活检。特殊检查包括使用CT、B超、X光等诊断仪器和对体液的化验等诊断方法。特殊检查可能是运用对肉体侵袭性伤害的治疗方法与手段,因此可能给患者带来一定的痛苦,甚至会影响患者的健康因此需要取得患者的同意。[27]

(3)特殊治疗。所谓特殊治疗,是指医疗机构对患者采取的不同于常规治疗的治疗方法。例如,特种癌症早期患者在住院期间,适逢某医药公司开发的新型抗癌药物临床试验。该药虽然在早期癌症患者群体中取得了不错的临床效果,但并没有被批准广泛应用。对于此种治疗方法,医院需要征得患者的同意。无论是特殊检查还是特殊治疗,都具有如下特点:第一,有一定危险性,是可能产生不良后果的检查和治疗。例如对患者进行化疗可能导致患者极度消瘦。第二,由于患者体质特殊或者病情危急,可能对患者产生不良后果和危险的检查和治疗。第三,收费可能对患者造成较大经济负担的检查和治疗。[28] 例如,对患者进行脑部CT扫描等。

㉕ Moore v. Regents of the University of California, 51 Cal. 3d 120, 793 p. 2d 479, 271 Cal. Rptr. 146(1990), cert. denied, 499 U. S. 936(1991).

㉖ 唐德华主编:《〈医疗事故处理条例〉的理解与适用》,中国社会科学出版社2002年版,第158页。

㉗ 唐德华主编:《〈医疗事故处理条例〉的理解与适用》,中国社会科学出版社2002年版,第160页。

㉘ 参见《医疗机构管理条例实施细则》第88条。

由于特殊检查和特殊治疗措施的采取，都将对患者的人身权和财产权产生较大的影响，因此医疗机构应当慎重对待，必须对患者或者其近亲属进行充分的告知说明，并取得其书面同意方可进行。

关于医疗机构及其医务人员告知的内容，根据《侵权责任法》第55条的规定，应当是与患者的诊疗活动密切相关的内容，主要包括医疗风险、替代医疗方案等情况。一是告知诊疗措施，就是针对病人的病情所应该采取的措施、准备采用的医疗方案、可能引发的医疗风险、药剂的疗效，介绍应该客观、实事求是，不能隐瞒、遗漏。二是告知医疗风险，是指诊疗措施失败之后可能出现的风险。三是替代方案。替代方案是指一旦预定的诊疗方案无法采取或者失败，而应当采取的补救方案或候选方案。医务人员应当及时向患者说明医疗风险、替代方案等情况。[29] 医疗机构的告知应当严谨、完整，不能有歧义；告知应当真实，不能夸大，也不能隐瞒不良后果。[30] 在告知的方式上，介绍病情应当客观，如确诊还是没有确诊，既不能夸大，也不能轻描淡写。告知义务的履行标准，要达到确保患者行使知情权所掌握的信息达到使其能够作出正当合理的判断的程度。[31]

关于医疗机构告知的对象，可以分为两种情况：一是一般情况下，医疗机构应当直接向患者本人作出告知和说明；二是在不宜向患者直接告知的情况下，医疗机构应当向患者的近亲属进行说明和告知。具体来说，不宜向患者直接告知的情形包括两种：一是直接告知患者会增加患者的心理负担等，不利于患者的康复。例如，患者对癌症极为恐惧却身患癌症，医疗机构就应当向其近亲属告知。二是患者不具有正常的理解能力或完全的行为能力。例如，患者年龄尚小，不足以理解医疗机构的告知内容，医疗机构可以告知其父母。即便在这种情况下，医疗机构的说明义务仍然不能免除，而应当向患者的近亲属进行说明。[32] 因为不宜向患者本人说明时，医疗机构仍然应当尊重患者的同意权，由于患者的近亲属与患者有

---

[29] 关于替代方案，参阅厦门同安医院案例，载《最高人民法院公报》2004年第2期。

[30] 何志：《侵权责任判解研究与适用》，人民法院出版社2009年版，第491页。

[31] 赵明华："医疗损害纠纷案件适用侵权责任法初探"，载《人民司法·应用》2010年第11期。

[32] 刘士国：《侵权责任法重大疑难问题研究》，中国法制出版社2009年版，第205页。

着血缘等亲密的关系，能够代表患者的利益，因此医疗机构应当向患者的近亲属进行说明，由患者的近亲属代替患者作出判断，这仍然是对患者知情权和同意权的尊重。

总之，正是由于医疗机构对患者进行了说明和告知，才能保障患者知情权的实现。可见患者知情权不是依靠自身的行使就能实现，而是依赖于医疗机构说明义务的履行才能得到实现。

（二）患者同意权

患者同意权是以患者知情权得到实现为前提的。所谓同意，是指当医疗机构尽到了说明义务、患者完全知情之后，对是否采取医疗机构所建议的诊疗措施作出同意与否的意思表示的行为。在医疗机构及其医务人员行使告知义务之后，只有符合相应条件的患者才能行使同意权，且只有按照法定方式行使的同意权才具有法律效力。具体而言，患者作出同意的前提条件包括如下几个方面：

第一，同意能力。患者行使其同意权，应当具有同意能力。所谓同意能力，是指患者同意医疗机构对其实施手术等特殊治疗的能力。[33] 患者的同意能力包括两个方面：一方面，在通常情况下，患者应当具有完全民事行为能力。完全民事行为能力表明患者能够自主从事民事法律行为并自负其果。另一方面，即使是具有完全民事行为能力的人，其神志不清醒，如成年患者因疾病而处于昏迷状态的，也不具有同意能力。如果患者不具有完全民事行为能力，则应当由其法定代理人来作出同意的意思表示。若本人为未成年人、丧失行为能力人或者处于昏迷状态的，则必须得到其父母、监护人或近亲属的同意。

第二，同意的内容。患者应当针对医务人员告知的内容作出，即针对医务人员告知的、将对患者本人采取的医疗措施、特殊检查等事项而作出。另外，患者同意不仅包括其愿意接受特殊的治疗行为（包括手术、特殊检查、特殊治疗），而且包括愿意接受特殊治疗行为的风险。患者同意的内容，应当针对医疗机构要采取的特殊治疗方式，包括医疗机构对患者

---

[33] 黄丁全：《医事法》，中国政法大学出版社2003年版，第270页。

的身体组织进行切开、切除、隔开、更换等具有一定伤害性的行为,对于这种行为,患者的同意构成医疗机构的免责事由。但患者的同意只表明医务人员有权对其身体实施医疗合同约定的诊疗行为,并不代表医务人员可以实施超出合同约定范围的其他伤害行为,也不意味着可以免除医疗机构在诊疗过程中的过错责任。一旦医务人员对患者实施的诊疗行为超出了合同的约定,或者诊疗过程中存在过错行为,并造成患者损害,医疗机构仍然不能被免除责任。

第三,同意的方式。患者同意权的行使应当采取要式的方式。《侵权责任法》第55条规定,患者必须作出书面同意。法律之所以如此规定,是考虑到同意权不论是对患者还是对医院来说,关系都非常重大。对患者来说,同意治疗的行为可能会严重伤害自己的身体,尤其是在手术具有较大风险的情况下,是否同意治疗对患者的意义更为重大。在患者签订书面同意书之后,该书面同意书就是医务人员依法履行告知义务的主要证据。[34] 此外,同意必须以明示的方式作出,否则应当视为不同意。

患者知情权和患者同意权,知情是同意的前提,同意是知情的实现。同意和知情是密不可分的,如果不知情而作出的同意,实际上不是真正的同意,是对自己的权益的损害。[35] 如果只强调患者知情权或者患者同意权中的任何一个方面而忽视另外一方面,那么患者知情同意权都是不完整的、难以得到真正实现的。因为只有在患者知情之后作出的同意,才是真正的有效的同意,而患者作出同意的意思表示,正是其知情权得到满足之后的结果。患者行使同意权以医疗机构尽到说明义务为前提。因为患者要行使同意权,医疗机构首先要履行必要的说明义务,才能使其作出正确的判断,从而实现患者的自主决定。患者在知晓医生提供其医疗决定所必需的足够信息的基础上,才能自愿作出同意。[36] 所以,必须将这两方面视为一个整体,这也说明患者知情同意权是一种权利而不是两种权利的原因。

---

[34] 林文学:“《侵权责任法》医疗损害责任规定若干问题探析”,载《法律适用》2010年第7期。

[35] 李大平:“患者知情同意权”,载中国民商法律网,最后访问时间2010年2月28日。

[36] 何志:《侵权责任判解研究与适用》,人民法院出版社2009年版,第491页。

四、患者知情同意权在紧急情况下的排除

如前所述,患者知情同意权是患者的一项重要权利,医疗机构未尽到充分的告知义务并取得患者或其近亲属的同意,造成患者受到损害的,应当承担侵权责任。但这并不是说,医疗机构履行告知和获得同意的义务不存在例外。从比较法来看,大多数国家都存在例外的规定,允许在特殊情况下,免除医师的告知说明义务。[37] 有的国家要求当疾病已经危及患者生命时,为了保护患者的生命健康,即使代理人或者监护人不同意也应当进行治疗。[38] 1981 年《里斯本患者权利宣言》第 6 条规定:"只有在有法律授权且符合医疗伦理的情况下,才能够采取违反患者意愿的诊疗措施。"据此,该宣言表达了,只要符合本国法律的规定,并且符合医疗伦理,则医疗机构可以不经过患者的同意,为保护患者的生命安全,在紧急情况下采取适当的医疗措施。我国有关法律、法规对于医疗机构在紧急情况下救治病人,也规定了可以在不经患者及其近亲属同意的情况下,实施特殊的诊疗行为。[39]《侵权责任法》第 56 条规定:"因抢救生命垂危的患者等紧急情况,不能取得患者或者其近亲属意见的,经医疗机构负责人或者授权的负责人批准,可以立即实施相应的医疗措施。"该条款确定了医疗机构在紧急情况下可以不经过患者及其近亲属的同意就可以对患者采取相应的治疗措施的规则。"肖志军拒绝签字案"发生以后,虽然医院的做法并不

---

[37] 李大平:"患者知情同意权",载中国民商法律网,最后访问时间 2010 年 2 月 28 日。

[38] 全国人大常委会法制工作委员会民法室编:《中华人民共和国侵权责任法条文说明、立法理由及相关规定》,北京大学出版社 2010 年版,第 231 页。

[39] 例如,《医疗事故处理条例》第 33 条第 1 项规定:"在紧急情况下为抢救垂危患者生命而采取紧急医疗措施造成不良后果的",不属于医疗事故。《执业医师法》第 24 条规定:"对急危患者,医师应当采取紧急措施进行诊治;不得拒绝急救处置。"《医疗机构管理条例》第 33 条规定:"无法取得患者意见又无家属或者关系人在场,或者遇到其他特殊情况时,经治医师应当提出医疗处置方案,在取得医疗机构负责人或者被授权负责人员的批准后实施。"

违反现行法律的规定，[40]但社会各界要求确立紧急情况下知情同意的例外规则。《侵权责任法》第56条规定反映了这一要求。[41] 根据《侵权责任法》第56条的规定，紧急情况下知情同意的例外必须符合如下条件：

第一，必须出现抢救生命垂危的患者等紧急情况。它是指出现了患者生命垂危、客观上来不及取得患者或者其近亲属同意的紧急情形。此处所说的紧急情况应存在严格的限制条件，必须是为了抢救生命垂危的病患，才能够视为紧急情况，普通的急症患者，如果病症并不危及生命，则不能够视为处于紧急情况。如何理解"生命垂危"？笔者认为，这里所说的"生命垂危"是指如果不采取必要的医疗措施，则病患很可能将会失去其生命，因为患者已经处于生命垂危的危急状态，需要进行抢救。[42] 这种危及生命之虞必须得到医学上的普遍认可。除了生命垂危之外，其他如不采取相应措施将给患者造成难以挽回的巨大损害的情形也属于紧急情况。例如某患者被切断手掌，只有在某个特定时间段内为患者进行缝合，患者的手掌才能接上，否则就成为残疾。

第二，不能取得患者或者其近亲属意见的。所谓"不能"，是指因客观原因而无法取得患者或者其近亲属的意见。例如，患者因生命垂危等处于昏迷或神志不清的状态，不可能取得患者的同意。此处所说的不能取得意见，是指既不能取得患者的意见，也不能取得患者近亲属的意见。如果医疗机构无法取得患者的意见，但可以取得患者近亲属的意见，则不属于该条规定的适用范围。

值得探讨的是，如果医疗机构征求了患者或者其近亲属的意见，但是得到了否定的答复，则此种情形是否属于《侵权责任法》第56条的适用范围？笔者认为，如果是要抢救生命垂危的患者，则既不需要得到患者的同

---

[40] 朱苏力："医疗的知情同意与个人自由和责任——从肖志军拒签事件切入"，载《中国法学》2008年第2期。

[41] "肖志军拒绝签字案"的案情是：2007年11月21日，怀孕9个月的李丽云因呼吸困难，在同居男友肖志军的陪同下赴北京某医院检查，医生检查发现孕妇及胎儿均生命垂危。由于肖志军多次拒绝在手术单上签字，医生无法进行治疗，最终孕妇及体内胎儿同时不治身亡。此事件在社会上引起了广泛的争议。

[42] 孟强：《医疗损害责任：争点与案例》，法律出版社2010年版，第97页。

意,也不需要得到其近亲属的同意。因为一方面,救死扶伤乃是医疗机构的天职,对这一点不应产生疑问。不能为了取得患者同意而耽搁对患者的救济。如前所述,患者的知情同意权属于人格权的一种,但是在出现患者生命垂危的紧急情况时,面对生命健康权和人格权之间的利益权衡,医疗机构应当首先保护患者的生命健康权。为了这一更为重要的权益,而适度减损患者的知情同意权,是具有正当性的。另一方面,从《侵权责任法》第56条的规定来看,只是规定"取得患者或其近亲属意见",并没有明确规定,必须取得患者及其近亲属的同意。在抢救生命垂危的患者时,因情况紧急,不能取得患者或者其近亲属的意见,可以采取相应的医疗措施。依据《侵权责任法》第56条的规定,即使不能取得患者或者其近亲属的意见,经过医疗机构负责人或者授权的负责人的批准,也可以立即实施相应的医疗措施。

第三,经医疗机构负责人或者授权的负责人批准。所谓医疗机构的负责人,是指医院、卫生所等机构的行政负责人。所谓授权的负责人,是指由医疗机构负责人授权可以代表医疗机构作出紧急决策的人员。例如,在负责人不在场的情况下,其事先授权的主治医师作出决定就属于授权的负责人批准的情况。

《侵权责任法》作出此种例外规定,是为了抢救患者的生命健康,因此,医疗机构在采取紧急抢救时,其所采取的措施也应当以抢救患者生命健康为限,而不能以此为由而对患者进行过度检查、过度医疗,否则必将加重患者的经济负担,从而损害患者的合法权利。即便是在紧急情况下,能够取得患者及其近亲属同意的,就应尽量征求患者及其近亲属的同意。这样也可以避免事后发生医患纠纷。

关于医院是否负有确认患者近亲属身份的义务,笔者认为,不宜给医疗机构课以过重的对患者近亲属身份的识别义务。因为,一方面,医疗机构作为专业的诊疗疾病的机构,让其承担严格的对患者近亲属身份的识别义务,超出了医疗机构的业务范围和业务能力;另一方面,医疗机构一般也并不具备专业的身份识别技能和措施,其难以对患者近亲属身份作出准确识别。毕竟医疗机构不是公安机关的户籍部门,其难以在短时间内查明患者的家庭成员及其亲属情况,也难以核实对方是否属于患者的近亲属。因此,由患者的近亲属或者陪同前往医疗机构者承担对患者近亲属身份的主动披露义务更为合理。要求医院核查近亲属身份,势必给医院增加过多的负担,不利于对危急患者的抢救。相反,在危急情形下,患者近亲属信息的披露义务应当由患者的陪同人员承担,因为这是医疗机构与患者近亲属取得联系的最有效方式,且此种负担对患者的陪同者来说不会造成利益损害,符合以人为本的基本精神。

民商法研究(第四辑)
第560~572页

地震中建筑工程质量缺陷的民事责任探讨*

在汶川大地震之后的艰苦岁月,举国上下倾情关注,捐款捐物、建言献策。法学界也在这个过程中表现出了强烈的社会责任感,尤其能够在悲恸中冷静思考大地震对法律观念和法律制度带来的挑战和要求,这也是法学理论界和实务界当前需要面对和解决的重大问题。汶川大地震中的每一个场面足以让每一个国人深为震撼,其中最让笔者痛心的要数灾区校舍废墟中的一幕又一幕,尤其是孩子们的凄惨和家长们的无奈。由于大地震所引发的法律新问题着实太多,笔者拟仅对建筑工程质量所涉及的民法问题谈一些粗浅看法。

一、司法介入地震中建筑工程质量缺陷案件的必要性

所谓建筑工程质量缺陷,是指由于建筑物的工程质量问题引起的倒塌致使他人财产和人身的损害。此次汶川大地震,确实以一种巨大的摧毁力致使无数房

---

* 本文原载《社会科学战线》2008年第9期。

屋坍塌。但从媒体报道可见,在地震中,有些建筑物不排除是由于工程质量问题等原因而倒塌,并导致了严重的人身和财产损失。对于因建筑工程质量而引发的民事责任问题,是否需要通过民事诉讼的方式来处理,法学界对此存在不同的看法:一是司法不宜主动介入说。此种观点认为,中小学校垮塌所引起的人身伤亡,不宜通过民事诉讼途径实现救济,责任人的刑事和行政责任追究应当与民事赔偿区分开来。对于受害人及其家属的救济,政府应制定特别政策,通过行政救济和救助途径统一解决。损害赔偿作为一种民事责任机制,其目标主要针对的是个别性损害,地震所引起的大规模损害救济,非其所能解决。诉讼程序不能获得最佳社会效果。① 二是司法提前介入说。此种观点认为,司法机关不仅应当主动介入,而且应当提前介入这些纠纷,从而消除既有纠纷和潜在矛盾,促进灾区集中力量开展重建工作。三是司法积极介入说。此种观点认为,人民法院应当积极应对地震民事纠纷,以充分发挥民事审判职能,理由在于:国难当头,法院和法官应当充分发挥审判职能;地震引发民事纠纷不可避免,必须依法解决,法院不能推脱自己的司法责任;民事纠纷的发生不以法院和法官的意志为转移。②

笔者认为,司法不宜主动介入,主张法院"主动出击"的思想,没有正确认清法院的职能。司法本身的性质决定了,司法权的行使具有被动性,应遵循"不告不理"的原则。司法以依法公正裁判纠纷为目的,也就是说,由法院对当事人之间的纷争进行裁判。而争议的产生和当事人诉权的行使是司法权行使的前提。法院和行政机构的不同就在于,行政机构可以主动行使其公权力从而保障公民的权利,而司法机关只能是在案件起诉到法院以后才能行使其权力,从而实现定分止争。更何况,在立案之前,法院也无权进行主动的调查、取证等。为了保全证据而进行的鉴定等工作,也不应当由法院来进行,而应当由政府部门、相关专业机构等来进行。

我们也不赞成司法不宜介入的观点,理由在于:

---

① 张新宝:"司法不宜过早介入地震民事纠纷",载《检察日报》2008 年 6 月 10 日版。

② 杨立新:"驳'司法不宜过早介入地震民事纠纷'论",载《法制日报》2008 年 6 月 15 日版。

第一,2008年6月8日起施行的《汶川地震灾后恢复重建条例》明确规定,汶川地震中毁损严重的基础设施、公共服务设施等,如果在工程质量上有重大问题,将追究相关责任。这就是说,我国政府的态度并不是说,不追究因工程质量而产生的责任。而追究责任的途径有多种,其中最主要的当数司法途径。诚然,地震属于不可抗力,其可能构成民事责任免除事由,但这并不影响相关责任人承担行政责任和刑事责任。即便是追究行政责任,如果当事人不服,最终仍然要走司法途径。所以,简单地否定司法介入地震中的房屋质量纠纷不利于对责任的追究。

第二,司法介入地震中的纠纷有利于实现程序正义。司法解决纠纷的方式,实际上是遵循了正当程序原则,赋予当事人程序性权利,这符合程序正义的要求。尽管地震灾害是罕见的事件,但只要其中的纠纷依循法律程序来解决,就应当遵循正当的程序,赋予双方当事人平等的诉讼地位和诉讼权利。只有通过司法的正当程序,才能正确认定案件事实,合理分配当事人的权利、义务和责任。

第三,司法介入有利于保持解决建筑工程质量纠纷的及时性与权威性。曾有人认为,司法解决纠纷容易引起不良社会效果,甚至引发社会问题。此种观点值得商榷。如果纠纷客观存在,它总要通过一定的途径来解决,司法方法被公认为是解决社会纠纷的重要途径和最后途径。通过司法来解决纠纷的特点在于,它使纠纷在权威机构和正当程序中得到化解,政府与人民之间的矛盾能得到及时的解决。在社会转型的时期,把各种社会冲突通过诉讼和审判机制予以吸收和中和,把尖锐的矛盾转化为技术问题,通过一定的程序而得到公正的解决,正是司法所要完成的任务。所以,即使将这些案件提交到了法院,它通过程序进行的方式来化解矛盾,可以在很大程度上减轻政府的压力。

第四,司法介入有利于发挥预防纠纷功能。违法行为人实施了贪污受贿、偷工减料等行为以后,就应当依据相关法律法规承担行政责任和刑事责任,否则,就难以实现法律的一般预防和特殊预防功能。司法最终裁决还意味着,所有的纠纷如果起诉到法院,符合起诉和受理的条件,法院就应该立案审理,而不能让其游离于司法之外。汶川大地震发生后,灾后重建工作中最为重要的任务之一便是建造大量校舍、住宅性房屋和经营性房屋，司法介入对以前开发商和建造商责任的追究，可以警示现在的开发商和建造商保质保量完成重建工作，也有利于预防将来的损害。

需要指出的是，即便大地震引起的诉讼数量多、争议大，但司法介入工作仍然应当符合既有的法律标准和要求，不能因为情况特殊就放松对责任人的追究，也不能因为损失严重而加重责任人的责任。在该类案件起诉到法院以后，法官就应当依法审理，而不能违反法律的规定。当然，化解社会纠纷是社会各界的共同任务，如果地震中的纠纷能够通过非诉渠道有效化解，则没有必要提起诉讼。如果在民法的框架内解决该类纠纷，不仅要严格遵守民事诉讼的程序，而且要严格掌握民事责任的构成要件、免责事由等。当事人起诉符合诉讼条件的，法院应当依法受理；不符合司法救济条件的，法院则应当驳回诉讼请求，告知通过其他渠道解决。

二、严格把握建筑工程质量缺陷的责任构成要件

与普通的因建筑物质量至损案件不同，因地震引发的建筑物倒塌案件确有很多特殊性，尤其是关于侵权责任的主体、过错认定、免责要件等。因此，司法机关应当在既有法律和经验基础上严格把握侵权责任的构成要件。

（一）明确责任主体

如果建筑物倒塌确实是因为工程质量不合格引起的，我们就需要进行客观的分析，究竟是何种原因造成了建筑物的工程质量问题，其责任主体是谁。

1. 建设设计单位

建设工程的设计是建筑物质量达标的第一道关口。如果工程的设计出现问题，就应当追究设计单位的责任，如设计中降低了工程建材的质量标准，不符合建材所应承受的压力。根据建设部2005年颁布的《房屋建筑工程抗震设防管理规定》第6条的规定："新建、扩建、改建的房屋建筑

工程,应当按照国家有关规定和工程建设强制性标准进行抗震设防。任何单位和个人不得降低抗震设防标准。”如果设计单位的设计没有达到抗震标准,或者采用的新技术、新材料没有达到国家技术标准,设计单位是有过错的,应当承担相应的责任。

2. 建设施工单位

建设施工是按照建筑设计标准来建造建筑物的行为。施工可能由建造人亲自完成,也可能由建造人委托的施工单位来完成。按照国务院《建设工程质量管理条例》第 7 条的规定,“建设单位应当将工程发包给具有相应资质等级的单位。建设单位不得将建设工程肢解分包。”从实践来看,部分质量问题是因为施工单位没有达到相应的资质等级,或者承包方擅自转包、分包等;大部分工程质量问题还是因为是施工单位没有按照建造设计施工引起的,如偷工减料、以次充好,甚至出现“豆腐渣工程”等。在发生工程质量问题后,如果是因施工不当引起的质量问题,应当由建筑商施工单位负责。因为建筑商是施工单位,它应当对工程质量的问题承担责任。从预防损害的角度考虑,建筑商承担责任也是合理的。因为它是最直接的建造者,侵权责任的承担可以督促其严格按照法律法规和工程设计进行施工,避免建筑物对公众造成威胁。

3. 工程监理单位

在施工过程中,工程监理单位负有监理的义务。按照国务院 2000 年颁布的《建设工程质量管理条例》第 36 条的规定,“工程监理单位应当依照法律、法规以及有关技术标准、设计文件和建设工程承包合同,代表建设单位对施工质量实施监理,并对施工质量承担监理责任。”如果工程监理单位没有按照相关规定进行监理,虽然施工单位要承担责任,监理单位也应当承担相应的责任。

在具体案件中,责任主体的确定以工程质量问题的具体情况为依据。因此,司法机关首先需要查明工程质量问题的具体情况,并对有争议的工程进行必要的鉴定。只有在确定质量问题的具体引发环节和主体后,才能够正确认定责任的主体。《汶川地震灾后恢复重建条例》明确规定,如果在工程质量上有重大问题,将追究相关责任。这实际上就意味着,要查清工程质量的真相,明确责任主体。确定是否存在重大问题,其前提仍然也是要进行证据的收集和事实的调查。

(二)明确归责原则、构成要件和免责事由

在建筑物倒塌致损害案件中,应当区分合同责任与侵权责任。合同责任是当事人之间因违约而产生责任,例如,因施工单位的过错而导致工程质量问题,建设单位(委托人)就可能追究施工单位的违约责任。如果不符合质量标准的房屋倒塌后给他人带来了财产损失和人身伤害,则可能构成侵权责任。从此次汶川地震引发的纠纷来看,可能主要是侵权责任的问题,其次才是合同责任问题。有鉴于此,本文探讨的归责原则和构成要件限于侵权责任。

1. 归责原则

归责原则,是指行为人承担责任的依据和基础,即究竟是依照过错责任还是依照严格责任来确定责任的承担。归责原则的不同会引起过错的确定、举证责任的分配、免责事由等方面的区别。笔者认为,汶川地震引发的损害赔偿,仍然属于过错责任的范围。一方面,因工程质量问题而引发的侵权,不是法律规定的特殊类型的侵权。在此有必要讨论,我国《民法通则》第126条是否可以适用于此类案件。我国《民法通则》第126条规定的建筑物致害责任是建筑物的所有人或管理人承担责任依据;换言之,它确定的是建筑物的所有人或管理人对自己的或自己管理的建筑物倒塌、脱落而造成他人损害的责任。如果建筑物的设计者、施工者或监理者不是建筑物的所有人或管理人,他们就不应当依据该条承担过错推定责任。所以,在委托他人建造的情况下,不应当适用该条规定。另一方面,过错责任原则是我国侵权法的基本原则,也是具有“兜底条款”性质的原则。在法律没有明确规定适用严格责任的情况下,就应当适用过错责任归责原则。

2. 责任构成要件

责任构成要件,是指行为人承担责任的必备要件。笔者认为,因建筑物工程质量而产生的侵权责任主要包括如下要件,即过错、损害、因果关系,其中最为复杂的就是因果关系问题。所谓因果关系,是指损害结果和造成损害的原因之间的关联性。因果关系是确定责任的重要条件,无论是在过错责任还是在严格责任中都是不可或缺的条件。尤其是就汶川大地震来说,如果房屋等建筑物的倒塌,完全是因为地震这一不可抗力引起的,而不是"人祸"的问题,此时,设计单位、施工单位、监理单位就不应当承担责任。笔者认为,对于因果关系的认定,应当采相当因果关系理论,即按照一般人的观念,有此行为通常就会有此结果,就存在因果关系。③按史尚宽先生的解释,一般的有发生同种结果之可能者,其条件与其结果为有相当因果关系。④ "苟基于适当条件发生,其为通常所生之损害或为因特别之情事所生之损害,在所不问……例如,射击野兽,霰弹回击,达于通常所不达之所而伤人,虽非通常所生之结果,然射击伤人为一般所得之结果。又例如受创伤者,因创伤而死亡,其死亡虽不为创伤之通常结果,然创伤致死,亦为一般所得生之结果,故得为适当之条件。"⑤

就地震中建筑物倒塌的案件,其相当因果关系的判断要注意如下问题:第一,是否可以排除因地震带引起的。此时可以采用"删除说"(the elimination theory),即在判断因果关系时,将被告的行为从损害发生的整个事件进行的过程中完全排除,而其他条件不变,如果在排除以后,损害结果仍然发生,则被告的行为就不是损害发生的不可欠缺的条件。反之,如果将被告的行为从损害发生的整个事件进行的过程中完全排除以后,损害结果不可能发生,或以完全不相同的方式发生,则被告的行为就是损害发生的原因。⑥ 例如,有些房屋恰好处于地震带上,此时,即使工程质量没有问题也会倒塌,就不应当认定侵权责任。但是,如果房屋不是处于地震带上,周边的房屋都没有倒塌,甚至是完好的,仅有部分房屋倒塌,就可以考虑认定因果关系的存在。第二,考虑地质结构的区别。即使在同一区域的建筑物,因为地基的地质结构不同,在地震中所受到的影响也不同,因此,导致损害程度不同,这也导致因果关系判断的复杂性。如果是因为

---

③ 陈聪富:"侵权行为法上之因果关系",载《台大法学论丛》第29卷第2期。

④ 史尚宽:《债法总论》,台北1978年作者自版,第163~164页。

⑤ 史尚宽:《债法总论》,台北1978年作者自版,第163~164页。

⑥ 潘维大:"美国侵权行为法对因果关系之认定",载《东吴大学法律学报》第7卷第2期,第3页。

地质结构的原因,仍然可能否定因果关系的存在。第三,考虑工程是否存在严重的质量问题。例如,建筑物的抗震级别明显低于国家要求的标准,或者有充足的证据证明施工中存在严重的偷工减料等违法行为。需要指出的是,因果关系的判断是非常复杂的问题,不能草率地下结论。毕竟,此次大地震所产生的“无坚不摧”的巨大破坏力是造成建筑物大量倒塌的主要原因,因此,不能把房屋的倒塌全部简单地归咎于建筑质量问题。但是,我们也不能据此完全否定工程质量对于建筑物倒塌的作用。

3. 免责事由

免责事由,是指减轻或者免除行为人责任的原因。毫无疑问,不可抗力是大地震中侵权责任的主要免责事由。我国《民法通则》第 107 条规定:“因不可抗力不能履行合同或者造成他人损害的,不承担民事责任,法律另有规定的除外。”而该法第 153 条进一步解释了“不可抗力”,即不能预见、不能避免并不能克服的客观情况。地震作为不可抗力,这是没有争议的。问题在于,如果设计单位、施工单位、监理单位等存在过错,同时,又可以认定不可抗力的存在,此时,是否要进行原因力的区分。原因力的确定与比较也是因果关系中的一项重要内容。它通常是指在数个行为致他人损害的情况下,通过原因力的确定与比较来确定责任或责任的范围。一般来说,原因力的确定与比较大多是服务于责任范围的确定以及责任的分担,属于责任范围的因果关系。申言之,在责任归属的因果关系已经确定的前提下,通过原因力的确定,以正确确定责任的范围以及各个责任人之间如何分担责任。这就是说,虽然地震是免责事由,但是,它是否会导致责任的完全免除,则要考虑其对于损害发生的影响和影响的程度,而不能认为地震是不可抗力就导致全部免责。

总之,笔者认为,确定设计单位、施工单位、监理单位等的责任,必须依据侵权责任的构成要件严格进行。

三、认定建筑工程质量缺陷责任的关键在于证据

在进入诉讼程序以后,法院所依据的事实应当是证据所证明的事实,

因此,证据的运用对于该类案件的解决至关重要。笔者认为,人民法院在审理该类案件时,首先要高度重视政府部门组织专家就房屋质量等所作的鉴定意见。为了便于查清事实真相、确立责任,有必要由人民政府组织专家进行鉴定,主要原因在于:第一,确立地震中因建筑工程质量而导致的损害赔偿责任时,受害人收集诉讼证据会遇到一定的困难。因为地震发生以后,基于各种客观原因,受害人基本上不可能收集相关证据。针对此种情况,我们在民事诉讼方面要采取措施应对,以实现对受害人的充分救济。更何况,因为客观原因(如卫生防疫等)受害人不可能直接接触证据,且地震以后,迫切需要保存证据,因此,就必须借助于政府组织的鉴定来保存证据。第二,地震中建筑物倒塌,社会上出现了各种传言,并且已经引起了社会各界的高度关注,尤其是校舍的倒塌,已经成为社会关注的焦点,为了查明真相、明辨是非也有必要进行鉴定。由权威部门组织专家进行认定,可以减少认定事实的成本。第三,我国《汶川地震灾后恢复重建条例》第22条规定:“县级以上人民政府应当依据各自职责分工组织有关部门和专家,对毁损严重的水利、道路、电力等基础设施,学校等公共服务设施以及其他建设工程进行工程质量和抗震性能鉴定,保存有关资料和样本,并开展地震活动对相关建设工程破坏机理的调查评估,为改进建设工程抗震设计规范和工程建设标准,采取抗震设防措施提供科学依据。”根据这一规定,县级以上人民政府也有义务组织专家进行鉴定。

人民法院也应当高度重视受害人所提供的各类证据。鉴于工程质量和地震问题的技术性很强,笔者认为,诉讼之中应当重视专家的鉴定结论和专家证人的证言。建筑物工程的质量问题是比较专业的问题,它的认定需要详细的调查资料、权威的统计数据和精辟的实证分析等。因此,设计单位、施工单位、监理单位的责任认定,必须要借助专业人士的力量。这些专业人士包括:地震方面的专家、工程设计方面的专家、工程材料方面的专家、工程施工方面的专家、工程监理方面的专家等。

专家的聘请可以采取两种渠道:一是法院直接聘请专家。法院聘请专家对相关事实进行鉴定,鉴定结论是鉴定人接受人民法院的委托,通过专业知识的运用,对案件中所涉及的某些专门性问题进行监测、分析、判断后，所出具的结论性的书面意见。[⑦] 因为鉴定专家是由法院委托的，他处于中立地位，因此，在当事人没有提出足以反驳的相反证据和理由时，法院可以直接认定鉴定结论的效力。[⑧] 二是当事人委托专家就专业问题发表意见，此时，就属于专家证人。所谓专家证人（Expert Witness），是指是由当事人自己聘请的、利用其专业知识而就案件的特定事实作出证明的证人。专家证人在作出证言以后，通过在法庭上作出询问和质证，由法官进行比较分析和判断。最高人民法院《关于民事诉讼证据的若干规定》（以下简称《证据规则》）第61条采纳了这一制度，[⑨]我国《民事诉讼法》确立了鉴定结论制度，没有规定专家证人的证言。而《证据规则》的规定引入专家证人制度。这两项制度都有利于法庭查证和认定事实。就汶川大地震而言，因建筑工程质量而引发的侵权案件，可以运用鉴定结论和专家证人制度，就地震和工程质量等专业问题提供意见，从而有利于法院查明案件事实。但对于专家证人，法院要经过质证环节来认定其证言是否可以作为证据予以采纳。

除此之外，为了减轻受害人的举证负担，也有必要采取两种证据的运用方法：一是推定，即根据社会经验和法律规定，从已知的事实中推出未知的事实。[⑩] 已知的事实和未知的事实之间存在着高度的因果关系或逻辑关系，证明未知事实很困难，而证明已知事实较容易，从而根据已知事实推断出未知事实的存在或真伪，这样可以减轻当事人的举证负担和便于法官认定事实。该条规定即被认为是推定概念规定。根据一般的生活常识，可以认为，倒塌后的预制板的钢筋数量和质量与建设规划和要求严重不符，甚至完全是豆腐渣工程，也可以推定施工单位存在偷工减料等严

---

⑦ 肖建华主编：《民事证据法理念与实践》，法律出版社2005年版，第442页。

⑧ 参见《关于民事诉讼证据的若干规定》第71条。

⑨ 该条规定："当事人可以向人民法院申请由一至二名具有专门知识的人员出庭就案件的专门性问题进行说明。人民法院准许其申请的，有关费用由提出申请的当事人负担。审判人员和当事人可以对出庭的具有专门知识的人员进行询问。经人民法院准许，可以由当事人各自申请的具有专门知识的人员就有关案件中的问题进行对质。具有专门知识的人员可以对鉴定人进行询问。"

⑩ 《证据规则》第9条第1款第3项规定，"根据法律规定或者已知事实和日常生活经验法则能推定出的另一事实"。

重的违法行为。但是,我们绝不能简单地从房屋倒塌的事实中推定,直接认定是因为工程质量问题造成的。二是事实本身证明(Res ipsa loquitur)法则。依据这一原则,若损害事实的发生,明显表明是由于被告所致,而事情经过只有被告能够得知,原告无从知晓,原告仅能证明事实之发生而不能证明该事实发生的原因,则认为事实本身已推定被告有过失的可能,该案无须由法官审核,可以交由陪审员裁决。但是,如果被告能够对此提出疑问,则原告对于被告的过失仍不能被免除举证之责。按照英美法学者的看法,“事实本身证明”是原告负过失举证责任的例外,属于过失举证的范畴。⑪ 大陆法的证据规则也采纳了事实自证的规定。对于汶川地震中涉及的建筑物质量问题,也可以考虑运用该项证明规则。例如,如果排除了完全是因为地震的原因而造成的房屋倒塌,而且,发现倒塌的房屋中没有钢筋,或者有证据证明房屋明显属于“豆腐渣”工程,那么,事实本身已经证明,房屋的倒塌很大程度上是因为施工中的违法行为造成的,就应当追究违法行为人的责任。但我们也不能简单地认为,建筑物倒塌本身证明了工程质量瑕疵。“推定”和“事实本身证明”这两种证明方式都是为了减轻受害人的举证负担,对于“推定”的结论,如果当事人一方能够提出相反证据,则可以推翻通过推定得出的结论,但是,法官依据“事实本身证明”得出的结论不能被推翻。

四、汶川大地震与建筑工程质量法制的完善

汶川大地震暴露出的房屋质量问题,是对法制完善的呼唤。其对今后法制的完善有几点启示:

1. 对农村房屋质量应当强化监管。目前,农村房屋建造的监管属于薄弱环节,农村房屋建造几乎处于无人监管的状况。应当看到,从中国的实际情况出发,农村房屋建造必须由达到特定资质等级的单位来进行,或者

---

⑪ Richard Epstein, *Cases and Materials on Torts*, 4ed., Little, Brown and Company, p. 239.

对其建造质量提出过高的要求确实有一定的困难。但是,完全不要求,也难以保护受害人,而且可能威胁房屋所有人的自身安全。以本次地震反映的情况来看,许多农村房屋都是土坯房,发生地震以后,出现严重倒塌。所以,农村房屋的监管问题应当纳入政府有关部门的视野。如果农民确实无力建造房屋,国家是否应当拨付专项资金来资助,也需要进一步探讨。

2. 关于确定责任主体的特殊问题。除了前述设计单位、建设施工单位和建设监理单位外,建筑物质量责任主体还有如下问题需要探讨。其一,在建筑物的建造采取项目公司的模式下,工程完工以后项目公司就被解散,此时,如何确定应当承担责任的主体?笔者认为,在通过项目公司来建造的情况下,该项目公司的股东应当承担连带责任。虽然项目公司已经解散,但是,该公司的侵权责任没有实际承担就被解散,此时,应当由项目公司的股东承担责任。其二,工程的投资者是否应当承担责任?对此,笔者认为,应当区分投资者建造建筑物等的方式来分别确定。如果投资者自己建造,此时,他自己就是施工者,它应当依据其过错承担相应的责任。但是,如果投资者委托施工单位来建造,投资者只是需要对其没有恰当选任、监督施工者而负责。如果投资者故意压低工程款、缩短工期,而此种行为会直接导致工程质量的下降,表明投资者也是有过错的,其应当承担过错责任。当然,投资者和建筑商应该是连带的还是按照过错分担责任,我比较倾向于建筑商承担主要责任,投资者按照过错承担相应的责任,这个责任是补充性的。

3. 请求权人和请求依据的确定。在发生了建筑物倒塌致人损害的情况下,谁是请求权人?根据什么提出请求?从实践来看,受害人提出请求,经常会遇到请求权依据的障碍。因为工程质量的瑕疵,都是发生在有合同关系的当事人之间,如果涉及第三人,第三人以侵权起诉遇到障碍以后,是否可以依据合同来请求责任的承担。此时似乎可以考虑借鉴法国法上的直接诉权的理论。所谓直接诉权理论,也称合同链理论,是指在数个合同形成合同链的情况下,该合同链上任何主体都可以向其他人主张合同责任。⑫ 在建筑物存在隐蔽瑕疵的情况下,为了充分保护受害人,似乎应当突破合同相对性规则,允许其向该合同链上的任何人请求合同责任。例如,在二手房买卖的情况下,二手房屋的购买人可以直接向开发商主张合同责任。当然,在直接诉权制度的运用中,被告也可以基于抗辩不切断原理而向原告主张其可以向其他主体提出的抗辩。

4. 关于时效制度。我国《民法通则》第135条规定:“向人民法院请求保护民事权利的诉讼时效其间为二年,法律另有规定的除外。”同法第137条规定:“诉讼时效期间从知道或者应当知道权利被侵害时起计算。但是,从权利被侵害之日起超过二十年的,人民法院不予保护。有特殊情况的,人民法院可以延长诉讼时效期间。”这些规定运用到建筑物工程质量问题时,确实会遇到障碍。一是期限过短。按照该法第137条的规定,从受害人知道或者应当指导权利被侵害时起2年,该时效期间就届满。地震发生以后,因工程质量问题而发生侵害,仅仅适用2年的期限恐怕过短。例如,地震发生以后,受害人的生活恢复正常都需要很长的时间,他们再收集证明、查明被告等,也需要较长的时间。特别是对隐蔽瑕疵而言,如预制板没有钢筋,都需要很长时间才能发现。二是适用该法规定的20年的最长诉讼时效期间也略显不足。该20年的最长诉讼时效一般认为,都适用于极特殊的情况,对于建筑物致害仍然属于一般的侵权损害赔偿,不宜引用最长时效期间。如果采用最长时效期间,由于时过境迁,取证比较困难,反而不利于受害人的保护。所以,笔者认为,可以考虑对建筑物致害的时效作出特别规定,例如,可以考虑规定5年到10年的诉讼时效期间,而对于隐蔽瑕疵应当作特别规定甚至超过20年。

---

⑫ 梁慧星:“论出卖人的瑕疵担保责任”,载《比较法研究》1991年第3期。

民商法研究(第四辑)
第573~594页

精神损害赔偿若干问题探讨*

一、什么是精神损害赔偿

所谓精神损害赔偿,是指自然人因人身权益受到不法侵害而导致严重精神痛苦,受害人因此可以就其精神痛苦要求金钱上的赔偿,以对受害人予以抚慰并制裁不法行为人。精神损害赔偿是由于精神损害无法通过恢复原状等救济方式使受害人恢复到原有的精神状态,因此,法律只能要求以金钱赔偿方式对此种精神损害作出抚慰,从而弥补受害人所遭受的精神损害。

精神损害赔偿是针对自然人遭受的精神痛苦、肉体痛苦等进行补救的方式。关于精神损害的概念,理论上存在广义和狭义两种学说。广义说认为,精神损害包括精神痛苦与精神利益的损失。精神痛苦主要是指自然人因人格权受到侵害而遭受的生理、心理上的痛苦,导致公民的精神活动出现障碍,或使人产生愤怒、绝望、恐惧、焦虑、不安等不良情绪。精神利益的损失是指公民和法人的人身利益(包括人格利益和身份利益)遭受侵害,如名誉受到毁损、肖像权受到侵害等,

---

* 本文原作于1995年,《侵权责任法》通过之后略作修改。

有学者将此种损害称为“一般的精神损害”。[①] 还有学者认为,精神损害不仅限于精神痛苦,因此法人的人格权受到损害时,也会产生精神损害赔偿。[②] 狭义说认为,精神损害就是指公民因其人格权受到侵害而遭受的生理上、心理上的痛苦及其他不良情绪;也就是说,因公民的人格权遭受侵害而使其产生愤怒、绝望、恐惧、焦虑、不安等不良情绪。这些不良情绪,在学术上统称为精神痛苦。大多数学者采纳此种观点。[③]

比较上述两种学说,笔者认为,采用狭义说更为妥当,一方面,因为精神损害是一个特定的概念,它与精神损害赔偿有着密切的联系。精神损害赔偿作为一种对人格权的补救方式,它只是对受害人的人格权遭受侵害以后的精神痛苦所进行的补偿。人格权受侵害以后将分别产生精神痛苦和财产损害。而精神损害赔偿只是就精神痛苦的部分补偿,以对受害人进行抚慰,对加害人进行补偿。正是因为这个原因,精神损害只是限于受害人因人格权或其他权利受到侵害以后,而遭受生理疼痛、精神痛苦以及其他不良情绪,不包括人格权遭受侵害的事实本身,即所谓的“精神利益”的丧失。在英美法中,精神痛苦是由两个词所组成,即“pain”和“suffering”。某些学者试图对这两个词语加以区别,认为“pain”这个词语是指当人们的身体遭受损害或伤害时,受害人即刻感觉到的对其神经和智力所造成的影响,而“suffering”这一词则是指在不直接同身体条件相联系时,受害人所遭受的苦恼等精神损害。[④] 这就比较准确地概括了精神损害的概念。另一方面,精神损害具有特定的范围。它只是指公民因人格权遭受侵害以后所遭受的生理疼痛和精神痛苦等,因此,法人不可能存在精神损害。广义说认为,法人也具有精神痛苦,从而可以获得精神损害赔偿,这是不妥当的。法人作为一个社会组织,不可能像自然人那样具有思维活动和心理状态。法人的人格权遭受损害,是不可能产生精神痛苦的,也不可能遭受精神损害。所谓法人的精神利益的丧失或称为人格利益的

---

① 沈晓鸣:“完善我国现行精神损害赔偿制度的若干构想”,载《法律适用》2004年第5期。

② 杨立新:《侵权责任法》,法律出版社2012年版,第165页。

③ 张新宝:《名誉权的法律保护》,中国政法大学出版社1997年版,第141页。

④ McComick, *Damages*, Minnesota, 1935, p. 588.

侵害，本身也不是精神损害。在法人的人格利益受到侵害的情况下，其所导致的损失，主要是财产上的损失，而赔偿这些损失后，亦不应再主张精神损害赔偿。当然，如果法人因不能证明其遭受了财产损失而不能主张财产赔偿，也可要求行为人承担其他侵权责任。

精神损害这一概念术语已经约定俗成，是自然人遭受的精神痛苦和不良情绪。精神损害可分为三种基本类型，即公民因其人格权受到侵害而遭受的生理上、心理上的痛苦及其他不良情绪。具体来说，精神损害包括肉体上的痛苦、精神痛苦和其他不良情绪三类：一是肉体上的痛苦（physical pain and physical impairment），主要是指侵害物质性的人格权而造成的肉体上的疼痛、奇痒、失禁、恶心、听力损害、视力下降、功能丧失等。[⑤] 二是精神上的痛苦（mental distress），是指因为侵害各类权利而造成的精神痛苦。精神痛苦要区分侵害身体造成的精神痛苦和非侵害身体造成的精神痛苦。[⑥] 三是因侵害各类权利而造成的各种不良情绪，包括忧郁、绝望、怨愤、失意、悲伤、缺乏兴趣、惊惧、不安、羞辱等。精神痛苦本身即为不正常的心理状态，这种不良反应会导致受害人缺乏食欲、疲乏、焦虑，轻者致人食欲不佳，重者可能导致精神疾病，甚至危及生命。精神损害来源于生理上和心理上损害。[⑦] 总之，精神损害是一种实际发生的生理和心理上的痛苦，它是因人格权遭受侵害而引发的一种损害类型，而非直接的权利侵害。对权利的侵害可能产生这种后果，也可能不产生这种后果。

二、精神损害赔偿与财产损害赔偿的关系

精神损害赔偿与财产损害赔偿之间存在十分密切的联系，因为在侵害

---

⑤ 杨立新主编：《民商法理论争议问题——精神损害赔偿》，中国人民大学出版社 2004 年版，第 19 页。

⑥ F. Bydlinski, *System und Prinzipien des Privatrechts*, Wien, 1996, S. 222.

⑦ 周利明："论法人的精神损害赔偿"，载《政法论坛》2002 年第 3 期。

自然人生命权、身体权和健康权的情况下,受害人同时遭受了两种损害,法官在作出精神损害赔偿时,还应当考虑财产损害赔偿的数额。如果财产损害赔偿已经足以弥补受害人的损害,则可以适当减轻精神损害。在法国法中,对这两种损害都以损害(dommage)的概念统称之。而德国法则对两者作出了一定的区别。[⑧] 我国《侵权责任法》也区分了这两种损害赔偿。精神损害赔偿与财产损害赔偿的区别主要表现在:

第一,赔偿的前提不同。财产损害赔偿的前提是,因侵害受害人的财产权益或人身权益而导致其财产损害。而精神损害赔偿的前提是侵害受害人的人身权益导致其精神损害。精神损害包括精神痛苦和肉体痛苦等,或者说是受害人生理和心理的不良状态。但并非所有的精神损害都应当予以救济,通常只有在损害较为严重或者无法期待一个合理的人能够予以忍受时,法律才会给予受害人一定的补偿。[⑨]

第二,赔偿目的不同。财产损害赔偿的目的比较单一,主要是使受害人的财产状况得到恢复,填补其损失。而自然人遭受精神损害之后,很难通过赔偿的方式使其遭受的损害得到恢复,只能受害人遭受的精神损害得到抚慰和减缓。所以,精神损害赔偿的目的不仅限于赔偿,还包括制裁侵权人的功能。在特殊情况下,还具有调整的功能。

第三,赔偿权利人的范围不同。在财产损害赔偿中,赔偿权利人一般限于直接受害人,可以是自然人,也可以是法人或其他组织。而在精神损害赔偿中,赔偿权利人只能是自然人,而不是法人或其他组织。至于胎儿是否具有精神损害赔偿请求权,在学理上仍然存在争论。[⑩] 另外,精神损害的赔偿权利人也可以扩展到直接受害人以外的人,尤其是在自然人死亡之后,其近亲属也可以请求精神损害赔偿。

第四,计算方法不同。财产损害是可以以金钱衡量的损害,其计算方法是客观的计算方法。例如,《侵权责任法》第19条规定:“侵害他人财产的,财产损失按照损失发生时的市场价格或者其他方式计算。”这就是以

---

⑧ 曾世雄:《非财产上之损害赔偿》,台湾元照出版有限公司2005年版,第4页。

⑨ 谢哲胜等:《中国民法典立法研究》,北京大学出版社2005年版,第70页。

⑩ 砌坤:“试论精神赔偿权利的扩展”,载《广西商业高等专科学校学报》2004年第1期。

市场价格作为计算方法。而精神损害本身是一种无形的损害,很难用市场价格加以计算,通常采用主观的计算方法。法官应当根据受害人精神痛苦的性质、程度、后果,加害人的主观动机、行为、事后的态度,事发地点地经济发展状况,双方的经济条件等多种因素综合确定赔偿数额。⑪

第五,是否存在法定的赔偿限制不同。在财产损害赔偿中,法律上往往不会对其赔偿作出限制,原则上实行完全赔偿原则。而在精神损害赔偿中,法律往往对其赔偿作出限制,这既是为了避免"人格"的商化,也是为了避免法官自由裁量权的滥用。例如,《德国民法典》第253条规定,"对于财产损害以外的损害,只限于法律有规定的情形,始得请求以金钱赔偿。"但现在德国法院通过判例产生一般人格权,扩大了精神损害赔偿的适用范围,这一经验值得我们借鉴。另外,精神损害赔偿的限制还表现在法官在确定精神损害赔偿的数额方面具有一定的限制,以防止法官滥用自由裁量权,保障法律的确定性。

第六,过错对损害赔偿的影响不同。财产损害赔偿原则上适用完全赔偿原则,无论侵权人是故意还是过失,不应当影响损害赔偿的数额。而在比较法上,许多国家规定,精神损害赔偿要考虑过错。根据奥地利法,精神损害赔偿通常只是在行为人具有故意或重大过失的情况下才能适用。⑫有些国家法律规定,行为人的重大过失会增加非财产损害赔偿的额度,而没有过错会减轻被告的损害赔偿责任。⑬ 我国《侵权责任法》第22条规定了严重精神损害的概念,其中就包括了对过错因素的考量。

三、精神损害赔偿适用的范围

精神损害赔偿主要适用于侵害人格权益的情形。具体来说,包括如下

---

⑪ 杨立新主编:《精神损害赔偿》,人民法院出版社1999年版,第167~169页。

⑫ 参见《奥地利民法典》第1324条。

⑬ W. V. Horton Rogers (ed.), *Damages for Non-Pecuniary Loss in a Comparative Perspective*, Springer Wien NewYork, 2001, p. 247.

几类:

(一)人格权

精神损害赔偿作为损害赔偿的类型之一,是伴随着人格权的发展而产生的,其目的在于对人格权受到侵害提供救济,因此其主要是人格权的保护方法。精神损害赔偿受到严格的限制,通常限制在人格权受到侵害的领域。《精神损害赔偿司法解释》第 1 条规定:"自然人因下列人格权利遭受非法侵害,向人民法院起诉请求赔偿精神损害的,人民法院应当依法予以受理:(一)生命权、健康权、身体权;(二)姓名权、肖像权、名誉权、荣誉权;(三)人格尊严权、人身自由权。违反社会公共利益、社会公德侵害他人隐私或者其他人格利益,受害人以侵权为由向人民法院起诉请求赔偿精神损害的,人民法院应当依法予以受理"。该规定就将精神损害赔偿主要限于人格权遭受损害的情形。原因在于,一方面,在受到侵害的情况下,人格利益无法恢复,客观上需要通过精神损害赔偿来加以救济;另一方面,精神利益主要包含在人格权中。侵害财产受到侵害,原则上不会发生精神利益的损害,自然也没有精神损害赔偿适用的前提。如果扩大精神损害赔偿范围,则会破坏等价交换和公平原则,而且必然会导致滥诉。所以,尽管对精神损害赔偿适用范围仍然存在争议,但通说认为,精神损害赔偿主要适用于人格权侵害的情形。

(二)人格权以外的其他人格利益

精神损害赔偿不仅可以适用于对人格权的侵害,也可以适用于对人格法益的侵害。尽管《侵权责任法》第 2 条没有对各项人格利益加以规定,但是《侵权责任法》第 22 条使用人身权益的提法显然包括了其他人格利益在内。所以,有必要对合法的人格利益加以法律保护,允许法官对人格利益的侵害适用精神损害赔偿。《精神损害赔偿司法解释》第 1 条规定:"违反社会公共利益、社会公德侵害他人隐私或者其他人格利益,受害人以侵权为由向人民法院起诉请求赔偿精神损害的,人民法院应当依法予以受理。"可见,我国司法实践中承认了对人格利益侵害可以产生精神损害赔偿请求权。根据这一规定,在其他人格利益遭受侵害的情况下,与人格权的侵害是不同的,在法律上存在更多的限制。这种限制表现在:一方面，对人格利益的侵害，行为人主观上应当具有故意；而对人格权的侵害，并不以故意为要件，从而实现对人格权的充分保护。另一方面，该行为客观上应当违反社会公共利益、社会公德。通过这些限制，就能够避免过度扩张对人格利益的保护，从而维护人们的行为自由。而侵害人格权并不要求这一要件，因为人格权是法定的、典型的，社会一般人都应当知晓并尊重他人的人格权。而其他人格利益并非法律明确规定的，而是法官事后判断的，如果人格利益侵害的要件过于宽松，就会给法官过大的自由裁量权，而且也会导致诉讼的泛滥。所以，对其他人格利益的侵害，必须在法律上作出限制。

适用精神损害赔偿的其他合法利益，主要是指下列情况：一是具体人格权无法容纳的人格利益。将这些人格利益作为人格法益加以保护并适用精神损害赔偿。例如，侵害人格平等、人格尊严造成他人精神损害的。二是死者的人格利益。死者的人格利益虽非具体的权利，但在侵害这种利益之后也会发生精神损害赔偿。三是胎儿的人格利益。胎儿出生后是活体的，可以就其在母体中遭受的损害请求赔偿，包括精神损害赔偿。

（三）身份权益

侵害身份权是否可以产生精神损害赔偿，值得研究。由于身份权以精神利益为内容，因此，受害人在身份权遭受侵害以后，极少产生财产性的损害，因此大多不适用财产损害赔偿。但受害人有可能遭受精神损害，因此有必要通过精神损害赔偿的办法对受害人进行救济。[14] 正因如此，侵害身份权也可适用精神损害赔偿。

侵害身份权的精神损害赔偿主要有如下几种情况：

1. 损害亲属关系。基于亲属关系所产生的人身利益受法律保护，当此人身利益遭受损害时，受害人可以要求精神损害赔偿。根据《精神损害赔偿司法解释》第 2 条规定，"非法使被监护人脱离监护，导致亲子关系或者近亲属间的亲属关系遭受严重损害，监护人向人民法院起诉请求赔偿精神损害的，人民法院应当依法予以受理"。例如，强迫、引诱未成年人脱离

---

[14] 曾世雄：《损害赔偿法原理》，中国政法大学出版社 2001 年版，第 357 页。

家庭，强行将小孩从监护人处带走等。从严格意义上来说，监护权属于一种法律地位，但是其中也体现了一定的身份利益。非法使被监护人脱离监护，不仅损害了未成年人的利益，而且也可能导致监护人精神遭受痛苦，因此，应当使监护人获得精神损害赔偿。

2. 侵害配偶权。一般认为，配偶权是指基于婚姻关系，当事人互负有贞操、互守诚信及维持圆满之权利与义务。⑮ 在实践中，因侵害配偶权而引发的精神损害赔偿主要是指夫妻一方违反忠贞义务导致离婚的，无过错的另一方要求给予精神损害赔偿。对此种精神损害赔偿的合理性，学术界一直存在争论。许多学者认为，在夫妻关系存续期间的财产都是共有财产，即便一方有过错，由其对另一方进行赔偿是没有意义的。《婚姻法》第46条规定："有下列情形之一，导致离婚的，无过错方有权请求损害赔偿。"笔者认为，该损害可以理解为精神损害赔偿，因为明知他人有配偶与之同居或重婚的，将会给受害人造成极大的精神痛苦，也应当允许受害人提出精神损害赔偿，但是夫妻在婚姻关系存续期间内，一方侵害另一方的配偶权，另一方可以请求赔偿；如果夫妻财产没有分割或者没有个人财产，则这种赔偿实质上并没有太大意义。最高人民法院《关于适用〈中华人民共和国婚姻法〉若干问题的解释（一）》第29条规定也体现了夫妻关系存续期间不宜采损害赔偿的做法。⑯ 当然，随着社会的发展，未来夫妻约定财产分别归各自所有的情形将会越来越多，所以此时精神损害赔偿制度就具有相当重要的意义。

3. 其他侵害身份权的行为。例如，夫妻在婚姻存续期间内所生子女并非男方的子女，在夫妻离婚以后，应当允许无过错男方要求对方承担精神损害赔偿。当然，侵害身份权的行为也需要类型化；也就是说，应将各种

---

⑮ 王泽鉴：《民法学说与判例研究》（第1卷），中国政法大学出版社1997年版，第175页。

⑯ 最高人民法院《关于适用〈中华人民共和国婚姻法〉若干问题的解释（一）》第29条规定："承担婚姻法第四十六条规定的损害赔偿责任的主体，为离婚诉讼当事人中无过错方的配偶。人民法院判决不准离婚的案件，对于当事人基于婚姻法第四十六条提出的损害赔偿请求，不予支持。在婚姻关系存续期间，当事人不起诉离婚而单独依据该条规定提起损害赔偿请求的，人民法院不予受理。"

侵权行为具体列举出来。“身份权之众多内容中，并非任何一种内容受侵害时，其非财产上之损害，均可获得赔偿，认定上仍应以法律明文规定者为限。”⑰

我国《侵权责任法》第22条将精神损害赔偿的适用范围限于人身权益，从文义解释和反面解释来看，财产权益的损害不适用精神损害赔偿。《精神损害赔偿司法解释》第4条规定：“具有人格象征意义的特定纪念物品，因侵权行为而永久性灭失或者毁损，物品所有人以侵权为由，向人民法院起诉请求赔偿精神损害的，人民法院应当依法予以受理。”该条承认，在特殊情况下具有人格象征意义的特定纪念物品受到侵害时，权利人可以主张精神损害赔偿，但是《侵权责任法》没有采纳此种规定，原因在于，一方面，财产权益遭受侵害时适用财产损害赔偿即可救济受害人，财产权益损害也适用精神损害赔偿可能会导致精神损害赔偿适用范围过泛，从而影响交易关系，并给交易当事人造成不可预测的负担；另一方面，财产权益损害适用精神损害赔偿也可能会导致诉讼泛滥，法官自由裁量权过大。所谓具有人格象征意义本身是一个很难判断的标准，一旦解释过宽，就可能造成诉讼的泛滥。

四、关于违约是否适用精神损害赔偿

关于因违约所发生的精神损害能否赔偿的问题，现行立法并未作出规定。对此，学界存在两种截然不同的观点：一种观点认为，违约责任不能适用精神损害赔偿，其主要理由是精神损害是合同当事人在订约时难以预见的，因此不能基于合同之诉请求赔偿，如果确因一方的违约给另一方造成人身权益的损害，可产生违约和侵权责任的竞合。⑱ 另一种观点认为，违约责任中应适用精神损害赔偿，因为在以实现或维持精神利益为主

---

⑰ 曾世雄：《损害赔偿法原理》，中国政法大学出版社2001年版，第358页。

⑱ 陈明添等：“精神损害赔偿法律关系之客体研究”，载《福建政法管理干部学院学报》2002年第7期。

要履行利益的合同(如旅游合同等)中,违约导致精神损害赔偿是订立合同时当事人所能够预见的。[19] 违约责任中适用精神损害赔偿也不会产生不当得利,因为判处违约方承担财产损害赔偿与精神损害赔偿,受害人弥补了财产损失之后,非财产损失也得到补偿,并未得到双重赔偿。[20]

在比较法上,也有许多学者认为,违反合同也可以主张精神损害陪偿。[21] 例如,在旅游合同中,如果合同的目的是满足精神利益,因而在违约以后受害人可以主张赔偿。[22] 国外的有些判例也承认,在例外情况下可以对违约所造成的精神损害赔偿进行补救。例如,在法国,精神损害赔偿的适用范围是比较宽泛的,如果一个精神损害是因为违约造成的,被告也必须补偿原告的精神损害。[23] 在英国,如果合同订立的目的是追求精神享受,则可以适用违约精神损害赔偿。此种观点对我国立法和司法实践也产生了一定的影响。[24] 在我国司法实践中,一些法院在一些特殊的违约案件中已经开始适用精神损害赔偿。如原告在被告处作激光扫斑美容后,致面部形成麻斑而要求精神损害赔偿;[25]因为殡仪馆的过失造成寄存人寄存的亲人的骨灰被丢失;[26]保管人因为重大过失而丢失他人寄存的祖传的物品等,而要求精神损害赔偿的,法院都判定被告应赔偿精神损失。

应当看到,《精神损害赔偿司法解释》并没有承认基于违约的精神损害赔偿,相反,根据该解释第1条,强调精神损害赔偿应当以侵权为由,实际上是将精神损害赔偿仅限定在侵权,而不包括违约。在我国,尽管对旅

---

[19] 沈晓明:"完善我国现行精神损害赔偿制度的若干构想",载《法律适用》2004年第5期。

[20] 姜作利:"美国合同法中的精神损害赔偿探析",载《法学论坛》2001年第6期。

[21] Armin Ehrenzweig, *System des österreichischen Allgemeinen Privatrechts* II/1 (2 Aufl. 1928), S. 627.

[22] H. Koziol, *Österreichisches Haftpflichtrecht I*(3rd ed. 1997), p. 181.

[23] W. V. Horton Rogers ed., *Damages for Non-Pecuniary Loss in a Comparative Perspective*, Springer Wien New York, 2001, p. 103.

[24] Heywood v. Wellers (1976) QB, 446, CA.

[25] 最高人民法院中国应用法学研究所编:《人民法院案例选》(第1辑),人民法院出版社1994年版,第89页。

[26] 最高人民法院中国应用法学研究所编:《人民法院案例选》(第1辑),人民法院出版社1994年版,第83页。

游合同等以精神享受为目的的合同的违约是否适用精神损害赔偿,尚处于探讨阶段。笔者认为,原则上,精神损害赔偿不应适用于合同责任。其主要原因在于:

第一,在违约责任中,对精神损害提供补救违反了合同法的可预见性规则。诚然,违约行为会发生精神损害,但精神损失毕竟是违约当事人在订约时难以预见的。一方面,违约当事人在缔约时很难知道在违约发生以后,非违约方会产生精神的痛苦、不安、忧虑等精神损害,也不知道究竟会有多大的精神损害。精神损害毕竟是因人而异的,是违约方在缔约时难以预见的。另一方面,即使存在着精神损害,也难以以金钱计算,也就是说,违约方在订约时根本无法预见以金钱计算的精神损害。正是因为违约所造成的精神损害是违约方在订约时不可预见的,因此,根据《合同法》第113条规定:"当事人一方不履行合同义务或者履行合同义务不符合约定,给对方造成损失的,损失赔偿额应当相当于因违约所造成的损失,包括合同履行后可以获得的利益,但不得超过违反合同一方订立合同时预见到或者应当预见到的因违反合同可能造成的损失。"受损害一方无权要求违约方赔偿精神损害。在合同法中,可预见规则是对违约方所承担的损害赔偿的范围的限制,而不仅仅是对可得利益的限制。换言之,该规则是对其违约赔偿的损失的限定。任何损害只要应当由合同法予以补救,就应当适用可预见性规则。如果将精神损害也作为违约方赔偿的范围,当然应当适用可预见性规则。而按照这一规则,精神损害是违约方在缔约时显然不可预见的。

应当看到,在某些特殊的合同关系中,合同的履行与当事人的精神利益之间具有密切的联系,甚至当事人订立合同的目的是满足某种精神利益,而违约方在缔约时也可能预见到因其违反合同将可能造成受害人的精神损害。例如,殡仪馆为他人保管其亲属的骨灰,殡仪馆应当知道该骨灰与他人的精神利益有着密切的联系。如果因为其保管不善造成骨灰丢失,会造成他人的精神损害。这就表明,在特殊的合同关系中不能完全以可预见性规则解释对精神损害不予补救的合理性。笔者认为,即使在这些特殊的情况下,违约方在缔约时对违约造成的精神损害可以预见,也不能适用精神损害赔偿。主要原因在于:一方面,这种赔偿违反了交易的性质,它将使一方获得了从交易中不应该获得的较大的利益;另一方面,受害人针对保管人因为过失造成物品丢失的行为,究竟是应当提起侵权之诉还是应当提起违约之诉,是值得研究的。笔者认为,在此情况下,受害人通过选择侵权之诉完全可以使其精神利益得到补救,没有必要基于违约主张精神损害赔偿。也就是说,对保管人因为过失造成物品丢失的行为,既可以看作是对保管合同的违反而构成违约,也可以看作是因保管人的过错而侵害他人的财产权利,并造成他人的财产损失和精神损害。换句话说,保管人的过错行为直接导致对寄存人的财产权的侵害,同时这种侵害造成了精神损害的,可以直接基于侵权之诉获得补救,而不必根据违约提起诉讼。在侵害财产权造成精神损害的情况下,必须根据侵权行为请求赔偿。这既保持了侵权责任与违约责任分类的标准,又维持了民法内在体系的和谐一致,有利于对受害人提供全面的保护。

第二,在违约中实行精神损害赔偿,将会给缔约当事人带来极大的风险,并会增加交易成本,极不利于鼓励交易。如前所述,违约造成精神损害是订立合同时不可预见的,如果在一方违约以后,要求违约方赔偿因违约造成的精神损害,尤其是精神损害赔偿的数额过大时,将会给缔约当事人带来极大的风险,交易当事人将会对是否订约顾虑重重,甚至害怕从事交易,从而会严重妨害交易和市场经济的发展。合同法重在帮助缔约当事人合理安排其将来的交易,预见到所订立的合同对其利益状态可能发生的影响,如果在违约中实行精神损害赔偿,合同法的这一功能将难以实现。还要看到,如果允许在合同责任中赔偿精神损害,则当事人也可以在合同中约定在一方违约后,另一方如果遭受精神损害,违约方应当支付一笔违约金。这样一来,将会使违约金具有赌博的性质。而且,由于精神损害本身难以准确界定,因此也很难说这种约定超出了实际的损害并应当被宣告无效,或者应增减数额。

第三,在违约中实行精神损害赔偿,会赋予法官过大的自由裁量权。一方面,由于违约责任与侵权责任相比较,对受害人而言,在举证上更为简便,因此获得补救的机会明显高于侵权责任。如果允许在违约中对精神损害提供补救,将会使法官较为容易地决定在许多合同案件中适用精神损害赔偿。另一方面,精神损害的最大特点是难以以金钱计算和准确确定,而只能由法官考虑各种参考系数而确定数额。这也是目前确定精神损害赔偿仍然缺乏明确标准的原因。㉗ 正因如此,对相同的案件,各地法院在精神损害赔偿数额的确定方面大相径庭,甚至同一地方的法院判决也不一致,也不利于保持裁判的统一性和可预期性。

《侵权责任法》第22条规定:"侵害他人人身权益,造成他人严重精神损害的,被侵权人可以请求精神损害赔偿。"此处采用"侵害他人人身权益"的表述,表明只有侵权法才能提供对精神损害的补救,而合同法对因违约行为而造成的精神损害,一般是不提供补救的。应当坚持违约责任与侵权责任在结果上的划分标准,对违法行为造成精神损害的,一般应当归入侵权责任的范畴。如果违约行为已经构成侵权行为,则因此引发的精神损害应受侵权法的保护。能否对精神损害提供补救,可以看成是违约责任和侵权责任的区别之一。在一般情况下,对违约损害赔偿,主要应当赔偿财产损失,而不包括非财产损失,特别是精神损害。至于因瑕疵履行造成人身伤害时,也仅赔偿因人身伤害所致的各种财产损失。㉘ 而对于侵权损害赔偿而言,不仅应赔偿财产损失,而且在侵害人格权情形下,也应当赔偿非财产损失。对于受害人因侵权遭受的精神损害,可通过侵权之诉获得救济。所以,侵权损害赔偿所称的"损害",作为对权利和利益的侵害后果,包括了财产损失和精神损害等非财产损失,而违约损害赔偿所称的损害限于财产损失,仅指财产的减少或丧失。

五、关于国家赔偿诉讼中的精神损害赔偿

《民法通则》第121条规定:"国家机关或者国家机关工作人员在执行

㉗ 王泽鉴:《民法学说与判例研究》(第2册),中国政法大学出版社1998年版,第244页。

㉘ 梁慧星:《民法》,四川人民出版社1998年版,第420页。

职务中,侵犯公民、法人的合法权益造成损害的,应当承担民事责任。"该规定确立了国家侵权的民事责任。但该法并没有规定对国家侵权是否应当适用精神损害赔偿问题。1995年1月1日实施的《国家赔偿法》也没有明确规定精神损害赔偿,理论上一般认为,国家赔偿诉讼中不能请求精神损害赔偿。例如,在著名的麻旦旦"处女嫖娼案"中,二审法院对麻旦旦要求的500万元精神损害赔偿金以没有法律依据为由予以驳回,而仅对其被限制人身自由给予了74.66元的赔偿。[29] 但2010年《国家赔偿法》修改时,新增了关于精神损害赔偿的规定,依据该法第35条的规定:"有本法第三条或者第十七条规定情形之一,致人精神损害的,应当在侵权行为影响的范围内,为受害人消除影响,恢复名誉,赔礼道歉;造成严重后果的,应当支付相应的精神损害抚慰金。"这一规定明确了国家赔偿诉讼中受害人的精神赔偿请求权,该规定具有如下重要意义:

第一,对受害人真正提供全面的救济和保护。既然法律上已经承认了国家侵权,而此种侵权行为也必然会导致公民的精神损害,但是在公民人格权遭受侵害的情况下,如果受害人无法证明其遭受多少财产损失,而仅能证明其遭受了精神损害,对此种精神损害又不能给予精神损害赔偿,其后果必然是漠视了受害人的人格尊严和人格利益,使其不能获得应有的救济。前述麻旦旦"处女嫖娼案"就明显暴露了我国法律对公民权利保护中存在的缺陷。警察的违法行为不仅仅对其名誉造成重大损害,而且对其人格尊严、贞操权都是一种侵害。毫无疑问,这种侵害行为对其身心造成极大的痛苦,被告理应赔偿其精神损害。但由于国家赔偿法中没有承认精神损害赔偿,因此,法院判定仅赔偿74.66元,这与法律的公平和正义精神是背道而驰的。

第二,进一步强化对人权的保护。我国宪法已经将"尊重和保障人权"引入宪法之中,人格权是最基本的人权,而人格权遭受侵害,不仅来自于其他民事主体,更有可能来自政府等公权力机关,例如,错误拘禁或错

---

[29] "麻旦旦的悲剧——反思处女嫖娼案中法律的尴尬",载《中国青年报》2001年8月8日版。

误决定的行为在被纠正以前,都会使受害人承受巨大的精神压力和痛苦。[30] 前述"麻旦旦案件"就是典型的体现。实践中,因非法拘禁、错误逮捕、非法采取其他强制措施等都有可能造成对公民人格权的侵害,而这些侵害也会产生实际的精神损害的后果,对此种后果进行有效的救济也是十分必要的。如果在国家赔偿诉讼中,不能对受害人进行精神损害赔偿,就不能充分体现对人权的尊重和保障。

第三,督促行政机关依法行政,保障公民和法人的合法权益。尊重和保障人权也是行政机关依法行政的重要标准。国家赔偿中的精神损害赔偿有利于促进国家机关依法行政。例如,刑讯逼供行为不仅会造成对公民生命健康权的侵害,也可能造成公民精神的极大痛苦,通过民事责任的方式在一定程度上也有助于遏制公权力机关的不法行为。不赔偿精神损害对于保护公民、法人的权益极为不利。像在麻旦旦这样的案件中,行政机关给予公民造成巨大的精神损害,而仅赔偿 74.66 元,这无论如何不能有效督促行政机关依法行使职权,保障行政机关行为的合法性,甚至会放纵国家机关的侵权行为。[31]

还需要指出的是,1995 年《国家赔偿法》制定之时,之所以否定精神损害赔偿,是因为当时精神损害赔偿并没有被广泛接受且担心国家不具有足够的财政支付能力。而现在精神损害赔偿已经为社会所广泛接受。尤其是随着经济的发展,国家的财政支付能力不断增强。国家完全有能力负担对国家侵权造成的精神损害的赔偿,在物质上具有建立精神损害赔偿制度的可靠保障。[32] 即使国家承担赔偿的能力有限,也不能成为国家免除精神损害赔偿责任的理由,因为从价值取向来看,权衡节省财政开支与提高人权保护二者的价值,显然后者更为重要。[33]

---

[30] 沈晓明:"完善我国现行精神损害赔偿制度的若干构想",载《法律适用》2004 年第 5 期。

[31] 殷蓉蓉:"精神损害国家赔偿之研讨",载《人民司法》2004 年第 3 期。

[32] 郭卫华等:《中国精神损害赔偿制度研究》,武汉大学出版社 2003 年版,第 365 页

[33] 邵坤:"试论精神赔偿权利的扩展",载《广西商业高等专科学校学报》2004 年第 3 期。

六、关于刑事附带民事诉讼中的精神损害赔偿

许多侵害人格权尤其是侵害物质性人格权的行为,往往也构成犯罪。《刑事诉讼法》第77条第1款规定:“被害人由于被告人的犯罪行为而遭受物质损失的,在刑事诉讼过程中,有权提起附带民事诉讼。”但在刑事附带民事诉讼中,受害人是否可以主张精神损害赔偿?对此,理论上存在两种不同的观点:一是赞成说。此种观点认为,既然精神损害赔偿在一般的民事侵权中可以适用,在附带民事诉讼中也可以适用,因为刑事附带民事诉讼本质上仍然是民事诉讼,应贯彻民事诉讼的理念和原则。否则,在一般的侵害人身权利的民事诉讼中,受害人可以主张精神损害赔偿,而在严重侵害人身权利的民事诉讼中,受害人却不能主张精神损害赔偿。这既不符合逻辑,对受害人也不公平。况且,适用精神损害赔偿,有利于制裁和教育犯罪人。[34] 二是否定说。此种观点认为,刑事附带民事诉讼只是给予受害人必要的财产补偿,但并不包括精神损害赔偿。尤其是对犯罪行为人实施刑事制裁以后,受害人已经得到了一定程度的公正待遇,在精神上已经得到抚慰,所以不应该再行请求精神损害。[35]

在最高人民法院曾经颁布的一些司法解释中,否认了刑事附带民事诉讼中的受害人可以请求精神损害赔偿。例如,最高人民法院《关于刑事附带民事诉讼范围问题的规定》(法释〔2000〕47号)第1条规定:“因人身权利受到犯罪侵犯而遭受物质损失或者财物被犯罪分子毁坏而遭受物质损失的,可以提起附带民事诉讼。对于被害人因犯罪行为遭受精神损失而

---

[34] 参见郭卫华等:《中国精神损害赔偿制度研究》,武汉大学出版社2003年版,第356~357页。

[35] 在号称“中国第一贞操案”中,加害人以强奸罪被深圳市中级人民法院判处有期徒刑12年,但受害人向深圳中院提出的要求赔偿精神损失10万美元的诉讼请求被驳回。法院驳回的主要理由是,认为原告的起诉理由不符合《刑事诉讼法》的相关规定且对此法无明文规定。参见“我国大陆第一例:女青年贞操受损获赔八万元”,载《新民周刊》2001年4月4日版。

提起附带民事诉讼的,人民法院不予受理。”[36]值得注意的是,《侵权责任法》第4条规定:“侵权人因同一行为应当承担行政责任或者刑事责任的,不影响依法承担侵权责任。”尽管该条没有明确规定刑事附带民事案件中的精神损害赔偿,但笔者认为,可以从目的性扩张的角度加以解释,采取此种目的性扩张解释的理由在于:

第一,允许提起精神损害赔偿,符合刑事附带民事诉讼的固有性质。在刑事附带民事诉讼中,就民事部分而言,其是因犯罪行为而发生的民事赔偿,仍然是民事诉讼。所以,刑事附带民事诉讼不应只是发挥刑事责任的功能,还应体现民事责任的功能。

第二,刑事责任不应当取代精神损害赔偿。无论对行为人采取了何种刑事制裁,都不能替代其所应承担的民事责任,包括精神损害赔偿责任。对受害人而言,尽管刑事责任的承担在一定程度上确实具有精神抚慰的作用,但仅仅承担刑事责任还不能完全消除受害人所遭受的精神痛苦。只有精神损害赔偿才具有某种补偿功能,通过补偿给受害人一定的金钱,使其能够购买到相应的享受、娱乐,从而克服心灵的创伤。[37]

第三,允许受害人在刑事附带民事诉讼中主张精神损害赔偿,其就不必再单独提起民事诉讼,从而可以简化诉讼,提高审判效率。

第四,允许受害人主张精神损害赔偿也符合相关的国际法规则。1985年联合国批准通过的《为罪行和滥用权利行为受害者取得公理的基本原则宣言》第1条规定:“‘受害者’一词系指个人或整体受到伤害包括身心损伤、感情痛苦。经济损失或基本权利的重大损害的人,这种伤害是由于触犯会员国现行刑事法律,包括那些禁止非法滥用权利的行为或不行为所造成的。”第4条规定:“对待罪行受害者时应给予同情并尊重他们的尊严。他们有权向司法机关申诉并为其所受迅速获得国家法律规定的补

[36] 2002年7月15日公布的最高人民法院《关于人民法院是否受理刑事案件被害人提起精神损害赔偿民事诉讼问题的批复》(法释〔2002〕17号)则进一步规定:“对于刑事案件被害人由于被告人的犯罪行为而遭受精神损失提起的附带民事诉讼,或者在该刑事案件审结以后,被害人另行提起精神损害赔偿民事诉讼的,人民法院不予受理。”

[37] 尹飞:“人身伤亡的精神损害赔偿”,载王利明主编:《人身损害赔偿疑难问题:最高人民法院人身损害赔偿司法解释之评论与展望》,中国社会科学出版社2004年版,第661页。

救。”从这些规则来看,在刑事案件的受害人遭受损害以后,加害人不仅应赔偿受害人财产损失,还应赔偿其所遭受的精神损害。

七、关于精神损害赔偿的确定和数额的计算

关于精神损害赔偿的确定,首先必须判断行为人侵害人格权益的行为是否造成严重精神损害后果。根据《侵权责任法》第22条,只有在造成严重精神损害的情况下,才能适用精神损害赔偿。因此,造成严重精神损害是获得精神损害赔偿的法定必要条件。但如何判断严重的精神损害,对此,学界看法不一。笔者认为,所谓严重是指后果的严重性,是指超出社会一般人的容忍限度的损害。[38] 也就是说,在其人身权益遭受侵害的情况下,如果因此造成了精神痛苦和肉体痛苦,一个普通人一般都难以忍受和承受,则表明这种精神损害的后果是严重的。此种损害往往也会对受害人的正常生产、生活造成负面影响。在网络侵权的情形下,侵害一旦发生,受众对象具有广泛性,传播具有及时性,一旦造成侵害,损害后果具有不可逆转性,因此可以据此直接推定,一旦网络侵权行为侵害了他人人格权,即会造成严重精神损害后果。当然,对于“严重后果”应当依具体情况判断。应当考虑受害人在人格权益遭受侵害后,其心理与生理上的反应是否达到了影响其正常的生活、工作以及影响其正常交往的程度等。如果受害人只是遭受了短暂的精神痛苦或者心理情绪上的不愉悦,则不属于要予以赔偿的精神损害。[39]

对于如何限制以及如何计算精神损害赔偿的数额,从比较法上来看,主要存在如下三种做法:一是限额赔偿。此种观点认为,对于精神损害赔偿应当确立最高与最低的额度,从而既限制赔偿的数额又能充分发挥精

---

[38] 参见张礼洪:“意大利法中非财产性人身损害赔偿制度及其启示”,载全国人大常委会法工委民法室和中国人民大学法学院主编:《2009年中日侵权责任法研讨会会议资料》,第43页。

[39] 参见扈纪华、石宏:“侵权责任法立法情况介绍”,载《人民司法(应用)》2010年第3期。

神损害赔偿制度的功能。例如,《墨西哥民法典》第2116条规定,如果侵权行为人是故意为了侵害所有人的情感,而实施对他人的财产的侵害,则可以赔偿财产所有人情感上的价值损失,甚至可以达到财产的市场价值的1/3。[40] 再如,依据《埃塞俄比亚民法典》的规定,对无形损害的金钱赔偿不得超过1000元(相当于450美元),哥伦比亚法律规定不得超过2000比索(相当于120美元)。[41] 按照普鲁士法典的规定,法官不得就精神损失判决支持超过一半或必要医疗费用的两倍的赔偿。二是酌定赔偿。此种观点认为,在精神损害赔偿中,无法确定一个具体的标准,更不可能规定上限或下限,法律只能规定一些参考的因素,由法官依据个案的具体情况自由裁量。如《瑞士债务法》第47条规定:"对于致死或伤害,法院得斟酌特殊情事,许给被害人和死者之遗属,以相当金额之赔偿。"大多数国家的法律都是采取此种做法。三是定额赔偿。此种观点认为,应将精神损害赔偿进行类型化,然后对不同性质的精神损害规定了不同的数额确定的精神损害赔偿金。有学者认为,在受害人遭受精神损害赔偿时,可以采取表格化的形式客观地计算精神损害赔偿。例如,可以身体受伤部位、客观上严重程度、被害人受伤前之社会地位、生活方式等作为计算赔偿金额的标准,从而避免酌定精神损害赔偿时的随意性。[42] 此种理论对法院的判决也产生了一定的影响。

笔者认为,上述几种理论都具有一定的合理性,但也均有不可避免的缺陷。首先,定额赔偿说的不合理性在于,精神损害赔偿具有很强的主观色彩与个体差异性。由于受害人对精神痛苦的感受程度具有很大的差异,采定额赔偿说就会极大地抹杀了个体间的差异性,其造成的不良后果是对无须给予赔偿的人给予了较高的赔偿,相反对于那些遭受了巨大精神痛苦的人又没有给予足够的赔偿。[43] 尤其应当看到,精神损害赔偿具有很强的调节功能,它要考虑加害人的赔偿能力等因素而调节赔偿的数额,

---

[40] Mexico 1928 Civil Code for the Federal District and Territories art. 1916.

[41] 《埃塞俄比亚民法典》第2116条第3款;1936年《哥伦比亚刑法典》第95条。

[42] 陈忠五:"法国侵权责任法上损害之概念",载《台大法律评论》2001年第30卷第4期。

[43] 曾世雄:《损害赔偿法原理》,中国政法大学出版社2001年版,第409页以下。

从而更有效地实现公平正义。但是定额赔偿说就使得精神损害赔偿制度比较僵化,无法充分发挥调节的功能。

限额赔偿说具有一定的合理性,这主要表现在通过确定上限与下限可以防止法官自由裁量权的滥用,也可以减少和避免出现滥诉行为,导致社会资源的浪费。但是,该说强制性的设定上限与下限也具有相当的缺陷。尽管我国一些地方规定了精神损害赔偿数额的上限或下限,[44]但最高人民法院《精神损害赔偿司法解释》并没有对精神损害赔偿的数额作出限制。之所以不能设立上限下限,其主要原因在于:第一,采取全国统一的、整齐的标准也是十分困难的。一方面,我国各地区的经济发展不平衡,各地的收入差距很大,如果采用统一的标准,则可能导致在一些地方偏高,而在另外一些地方偏低。如果各地法院自行确定上限与下限,又将导致司法的不统一,不利于法治建设。另一方面,精神损害赔偿的类型在各地也很不一样。在经济发达的地区,利用名人肖像等侵害商品化人格权的现象较多,而在经济欠发达的地区,这些案件就相对较少。所以适用统一的标准也是非常困难的。第二,无论上限与下限都是旨在确定一个金钱的标准,但是金钱数额的标准会随着经济的发展、人民生活水平等因素的改变而改变,现在规定的标准很可能在数年之后会变得非常低,因此这种标准将要被不断地修改,这样又导致法律丧失了稳定性与可预期性。第三,精神损害赔偿的性质也决定了上限与下限究竟为多少是无法确定的,在这一点上限额赔偿说存在与定额赔偿相同的缺陷。

较之于前述两说,酌定说通过赋予法官在确定精神损害赔偿数额过程中的自由裁量权,有助于实现精神损害赔偿的功能。但是,此说的缺陷在于,所谓"斟酌特殊情事"实际上完全是法官自行掌握的,这会导致法官的自由裁量权过大。如此一来,精神损害赔偿的数额确定将没有一个明确的操作标准,完全取决于法官的个人认知。在我国,鉴于当前法官整体素

㊹ 如重庆市法院规定:公民的姓名权、肖像权、名誉权、荣誉权遭受损害的,精神损害赔偿金额一般不超过1000元;侵权行为情节恶劣、后果严重的,赔偿金额为1000~5000元,这一规定的合理性仍有待于探讨。参见重庆市高级人民法院2000年1月13日颁布的《关于审理精神损害赔偿案件若干问题的意见(试行)》。

质尚不高、且精神损害赔偿制度司法实践的历史和时间都尚短，如果采取酌定说，同样的案件在不同地区的法院甚至在同一地区不同法院之间，精神损害赔偿的数额将会存在很大的差异。我国以前司法的实践已经出现了这一问题，因此，我国不能照搬国外的酌定说。

综上所述，笔者认为，在精神损害赔偿数额的计算方面应当采取必要的限制，但是这种限制不是僵化地划定上限下限或确定一个具体的数额，而应通过明确法官在确定精神损害赔偿数额时必须考虑各种具体因素来加以限制。从世界各国的判例学说发展的趋势来看，各国对精神损害赔偿的限制以及计算都是朝着一个更多的考虑除损害以外的其他因素的方向发展。例如，荷兰、希腊等国家的法院认为，在确定精神损害赔偿的数额时，应当充分考虑加害人的过错、双方的经济状况等因素。[45] 在德国，很多学者也建议法院在确定精神损害赔偿数额时应考虑一些参考因素。[46] 在我国，自《民法通则》颁布以来，精神损害赔偿的适用范围逐渐扩大，为了消除法律适用上的差异，最高人民法院颁布了《精神损害赔偿司法解释》，该解释没有对精神损害赔偿数额的限制与计算采取设定上限与下限的做法，而是规定了法官应当参考的因素。笔者认为，由于精神损害赔偿没有一个客观的标准，迄今为止也没有一种客观的、可操作的方法可资运用，所以它可能会给予法官过多的自由裁量空间。但是，法律上可以明确法官在确定精神损害赔偿时的一些参考标准，这些标准的确定本身就可以实现对法官自由裁量权的必要限制。这是比较符合精神损害赔偿的发展趋势的，这种规定既有利于实现精神损害赔偿功能的最大发挥，也可在一定程度上限制法官的自由裁量权，因此具有相当的科学性。

综上所述，笔者认为，在精神损害赔偿数额的计算方面应当采取必要的限制，但是这种限制不是僵化地划定上限下限或确定一个具体的数额，而应通过明确法官在确定精神损害赔偿数额时必须考虑各种具体因素来加以限制。依据最高人民法院《关于确定民事侵权精神损害赔偿责任若

---

[45] Hans Stoll, *International Encyclopedia of Comparative Law*, Vol. 4, Torts, Chapter 8, Consequences of Liability: Remedies, J. C. B. Mohr(Paul Siebeck, Tuebingen), 1972, p. 47.

[46] Schneider, Egon: *Über Fehlbemessungen des Schmerzensgeldes*; JZ 1962, p. 277.

干问题的解释》第10条的规定，在计算精神赔偿的具体数额时，主要应当考虑如下因素：一是行为人的过错程度。行为人的过错程度越重，其承担的损害赔偿数额就越高。如果是恶意侵权，显然其赔偿数额要高于过失侵权。二是侵害的手段、场合、行为方式等具体情节。例如，侵权人在网上发布诽谤他人的言辞，与侵权人向第三人传播诽谤他人的言辞，其过错程度是不同的。三是侵权行为所造成的后果。如应当考虑行为人实施的侵害他人人格权的行为所造成的社会影响和不良后果以及受害人自身遭受的痛苦程度。四是侵权人的获利情况。这主要是指对于一些具有财产因素或者商品化的人格权的侵害，需要综合考虑行为人在侵害他人人格权之后所获得的利益。五是当地的平均生活水平。在我国，由于城乡差别、地区差别较大，各地的收入和生活水平等有区别，这些都影响到加害人的赔偿能力问题。因此，最高人民法院的有关司法解释要求在确定精神损害赔偿数额时适当考虑当地的平均生活水平，这也具有一定的合理性。[47]

---

[47] 最高人民法院法〔1999〕231号文件下发全国法院贯彻执行的《全国民事案件审判质量工作座谈会纪要》也指出："各地在判令侵权人赔偿精神损害赔偿金的数额和标准时，要从国家经济社会和文化发展形势以及当时当地的实际情况出发，赔偿数额不宜过高，但允许经济发展状况不同的地区因地制宜确定不同的赔偿参数，以求做到对侵权人的行为予以制裁。"

第六编 | 其　　他

民商法研究(第四辑)
第597~604页

以案例研究促进法学教育的变革*

一、案例研究的意义

霍尔姆斯曾言,“法律的生命不在于逻辑,而在于经验”。这种经验产生于各种典型案例的司法实践。案例就是活生生的法律,也是行动中的法律。虽然我国是成文法国家,法律规范主要表现为立法机关制定的法律文本且尚未建立也不承认判例制度,但是,案例研究在我国的立法、司法和法学教育中都具有重要意义。加强案例研究仍然对完善社会主义法制,提高法律适用技术和司法裁判质量,促进法学教育具有重要的作用和意义。

从立法层面来看,案例研究为立法实践提供了大量鲜活的经验,在案例中总结的规律是对立法的实证。案例资料对立法技术的完善和立法水平的提高提供了经验,同时对于法律的“废、立、改”提供了迫切性的需求。因为案例研究的重要内容之一就是对现行法律法规的研究,尤其是对疑难复杂问题的研究。通过这些研究,一方面可以发现现行民商事法律规范的缺陷;另

---

* 原载《中国法学教育研究2010》,中国政法大学出版社2010年版。

一方面可以通过运用各种法律解释技术,弥补现行法律的缺陷,为相应案件提供妥当裁判规则,并通过案例研究成果的推广和应用,逐步完善社会主义法律制度和体系。

从司法层面来看,案例研究会对司法产生最为巨大的影响。虽然我国没有判例制度,但是近几年来最高人民法院在典型案例的推广上不遗余力做了大量工作,公布了许多典型案例和疑难案例的判决,为相类似案例发挥了重要指导作用。其积极意义还在于:其一,通过案例的总结和公布推动了我国司法解释的形式由成文化向判例化变化。这些以司法实践为基础的案例研究成果,又反过来影响今后的司法实践,指导司法裁判活动,有助于帮助提高法律适用技术,增强司法裁判结论的妥当性。从这个意义上讲,案例研究不是对既有案例的单纯评述,更不是对臆造案例的学术构造,而应当是立足于司法实践,以指导司法裁判实践为导向的作业。法律实践中有关法律的技巧及其应用问题,使“纸上的法律”变成“主体行动中的法律”。[①] 其二,司法中的案例研究可以起到解释法律的作用,以弥补成文法的不足,推动成文法的与时俱进。由于立法历史背景的差异,分散于各民事单行法中的法律规范可能存在制度和价值的冲突和矛盾;由于社会和时代的发展变迁,以原有法律制度适用于当前的社会关系可能背离了公平正义的基本精神;由于部分新型社会关系的产生,现有法律中可能根本没有调整该关系的具体规则,形成了明显的法律漏洞;凡此等等。在这些情况下,加强民商事案例研究对于弥补现行法的不足,完善社会主义市场经济法制具有重要意义。其三,通过典型案例的总结,发现社会生活中的“活法”,为确定司法判决三段论中的大前提(“找法”)提供依据。美国学者庞德指出,司法是一门艺术。法官仅仅通过法律条文和教科书的阅读,能够掌握法律的知识,但是很难掌握法律运用的艺术。而案例研究实质上就是司法实践具体化经验的总结,同时也是司法实践经验的升华,可以为法官正确适用法律提供有益的技巧与方法。

从法学研究的层面来看,案例研究可以明确现实中对法学理论的需

① 谢晖:《中国古典法律解释的哲学向度》,中国政法大学出版社2005年版,第19页。

求，发现实践中的真问题，从而有助于法学研究工作。通过典型的案例，学者能够发现社会实践对法学理论的新的需要，激发理论的创新，有助于学者真正把握时代发展的脉搏，实现理论和实务的良性互动。法学研究不是阳春白雪，更不能闭门造车，它必须面对实务中生动活泼的案例才能永葆青春，而大量生动的案例正是理论之树常青的源头活水。案例研究本身也是对于理论成果的验证，理论能否对实务提供指导，通过案例研究可以予以证实或者证伪。对于民法等部门法而言，应用性是其本质特征，如果某种理论不能为司法实务服务，不能帮助解决纠纷，则未免无的放矢。

从法学教育层面来看，案例研究具有重要意义。尽管我国属于大陆法系国家，重视以法律条文为中心的教科书的讲授②，但是这绝不意味着可以削弱案例研究的作用。案例教学的模式是以问题为中心，以实务为导向，以讨论为教学手段，以理论与实践相结合为教学目的。案例研究立足于司法实践，通过真实的案例发现法律适用中的焦点问题，并在此基础上探明法律的意旨，或者填补法律的漏洞，这就为培养实务型、创新型的人才提供了有效的途径。案例研究是一门实践性很强的学问，需要对案例进行全方位研究，尤其是要结合司法裁判中表现出的争议焦点，对司法审判实践中较为典型、突出和疑难的问题进行总结和归纳，并以学说理论对其进行逐一分析和定性，尤其是要对法律适用中的具体问题作出理论上的解答，最终得出科学妥当的案例分析结论，这些都有助于培养学生的思辨能力、表达能力和实际操作能力。

总之，案例研究工作应当是集推动法制建设与完善，提高司法裁判技术与裁判质量，促进法学实践教育等功能为一体的整体作业。

二、案例教学模式的改革与创新

案例研究必然要求在教学中得到运用，其运用的过程中有必要采取案

---

② [日]星野英一：《民法的另一种学习方法》，冷罗生、陶芸、黄育红译，法律出版社2008年版，第57页。

例教学法。案例教学法是19世纪70年代美国哈佛大学法学院院长兰德尔(Langdell)首创的,其特点是采用问答式,仿效古希腊苏格拉底的提问式教学,以启发学生的思考。[③] 由于受历史传统、司法体制及法官素质等诸多因素的影响,我国在短期内无法创建判例法制度,但可以肯定的是,无论在学院教育还是法官培训中,案例教学法的运用都是极为迫切、非常重要的。

尽管我国的法学教育已经取得了相当的成就,但在教学方法与手段方面仍然需要改进。一方面,我国当前法学教育存在的问题在目标定位上没有明确实务导向。社会实践对于人才的需求与法学教育存在着脱节,从法律实务部门反馈的意见来看,许多法律院校的毕业生的法律实践能力仍然有待提高,不少法律毕业生单独办案的能力不强。在很大程度上,这与我国案例教学等实践教学手段不发达有着重要关系。这也在一定程度上反映了我国的法学教育存在改革的必要。我国法学教育的人才培养定位应当是最大限度地满足法律实务部门的需要,培养合格的法律人才,这就要求采用以实务为导向的人才培养模式,强化学生运用法律解决问题的能力。为此,需要通过案例研究的方法促进法学教育的改革。另一方面,近几年很多法律院校开始招收法律硕士生,但是法律硕士的培养和教育如何产生特色,仍然在探索之中。笔者认为,既然要区分法学硕士和法律硕士,那么法律硕士班就应当办出不同于法学硕士的特点,在很大程度上表现为法律硕士应当比法学硕士具有更强的法律实务能力。这就需要一套注重培养实务能力、方法、手段的教材与之相配套。还应该看到,自我国实行统一司法考试以来,法学教育事业因此也受到不同程度的影响。由于司法考试是法律人从事司法的资格和门槛,因此通过司法考试已经成为毕业生就业的一个重大优势和条件。鉴于统一司法考试更多地强调案例的分析和法律的操作,所以我们的教学方法和教材建设也应当相应作出一些调整。多年来笔者一直呼吁我们应当改革法学教育方法,引入案例教学法,由于上述原因,在现阶段引入案例教材方法显得更为迫切

---

③ 尹超:"法律职业教育的比较与探索",载《中国法学教育研究》2006年第2期。

了。但令人欣慰的是，在近几十年来的法学教育教学改革实践中，很多法学教育界同人围绕法学实践教育开展了大量的有益尝试，摸索和总结出了一系列经验和成果。有的案例研究成果还注重理论和实践的结合，注重提高法科学生实践能力的重要辅助工具，已经取得了良好的效果，这些需要总结、推广和提高。

通过案例教学可以使学生掌握适用法律的方法和技巧。方法在古希腊语中，有“通向正确的道路”之义。赫克（Heck）曾经指出：“在所有的改变中，方法的改变才是最大的进步”。④ 法学方法是一系列关于法律运用和操作的技巧，对这些技巧的抽象和系统研究便构成法学方法论。关于方法的知识才是最重要的知识。案例教学重视为学生提供一种方法，通过案例教学的运用也促进了学生对知识的掌握。表现在：一是学生通过案例的学习才能掌握法条的运用技巧，培养解决纠纷的能力。尤其是通过案例能够促使学生举一反三，融会贯通。二是通过案例学习，可以帮助学生形成立体的视角，从整体上把握法律的精神实质。案例与教科书不同，不是就法律谈法律，而是在一个案例中可能涉及实体法、程序法等多个部门法的综合运用，这有助于学生培养综合运用的能力和体系化的知识框架。三是通过案例学习，可以最大限度地激发学生的主动性、创造性和探索知识的热情。从概念到概念的枯燥学习削弱了学生的主体地位和学习的积极性，而案例教学可以通过讨论式的教学激发学生的学习热情和创造性，发觉其内在的智慧和潜力，使所学知识直接转化为处理具体问题的能力，并且通过自由的讨论对于教师也产生启发，实现课堂互动，教学相长。四是课堂讨论直接应用于真实案例的解决，并使学生在案例分析中学到了他人处理问题、解决问题的思路和技巧。这有助于学生走出象牙塔，了解社会生活，了解实务操作，实现真正的理论与实际相结合，并且通过实际案例的学习，了解社会的变迁，从而为进入社会做准备。

案例教学模式，可以与理论课的教学结合起来进行，也可以单独设立案例教学课程。换言之，既可以在现有的课程之外增设有关的案例选修

---

④ Heck, Interessenjurisprudenz und Gesetzestreue, DJZ 9(1905), S. 32.

课程,也可以在理论教学课程中加大案例教学的比重。在教学过程中,教师应当事先让学生了解案例的事实,并做相应的准备。在课堂上,教师应当尽可能启发学生自己思考、运用已有学习的法律知识来寻求法律的适用。教师应当更多地采用苏格拉底式的提问法,引导学生思考各种可能的解决方案,发现各种解决方法的优劣,寻找最具有说服力和妥当性的结论。当然,这种讨论不应当成为漫无目的的"漫谈",而应当在教师的引导下有序进行,同时,教师也注重进行必要的讲解和点拨。在案例教学中,应当结合理论的学习,而不是就案例讲案例,而是要实现案例与理论的结合,在理论中培养实践意识,在实践中增进理论素养。

当然,我们不能指望案例教学取代全部的课程讲授,毕竟我国属于成文法国家,教学要以法律条文的解释为中心,尤其要注重知识的体系性和全面性。在基础知识的学习上还应当以体系化的知识为核心,完全推翻既有的教学模式代之以英美式的案例教学,也是不利于学生的成长和成才的。

三、案例教学教材的编写

推进案例教学必须要以相应的教材配套。教材是实现教育功能的重要工具和媒介,法学教材不仅仅是法学知识传承的载体,而且是规范教学内容、提高教学质量的关键,对法学教育的发展有着不可估量的作用。一本良好的案例研究教材,应当注重对制定法、裁判技术和法学教育等多重因素的总结。但能够集中体现这些特征的案例研究著述远远不够实践的需要。一方面,目前案例教学已经在法学教育中逐渐推广,但是教材严重缺乏,尤其是理论与实物结合较好、比较有个性色彩的案例研究教材较少。大量参考书只是注重规则的简单适用,而没有关注法教义学上的需求,缺乏对规则阐述的系统性和逻辑性。另一方面,许多案例分析往往只注重结论而忽视对相关规则的运用及逻辑推理过程的详细分析,从而难以使学生通过研习而达到预期的效果,不能起到案例教学教材所应具有的作用。所以在当前，引入案例教材方法，必然要求有相应的案例教学教材与之配套。目前已有很多案例分析和案例汇编的书籍出版，这些著作无疑可以作为案例教学的参考书目，学生阅读这些书籍，一定会使自己的实际分析运用能力有所提高。但从案例教学的要求来看，仅有这些参考书籍是不够的。因为这些参考书毕竟不是专为案例教学而设计编纂的，因而缺乏对规则阐述的系统性和逻辑性。

案例教学模式的改革与创新，不但需要教学方法的创新，更需要教学工具的创新。案例教学模式的改革与创新是当代法学教育教学改革的重要内容之一，其与传统的"兜售式"理论型法学教育不同，培养学生的实践能力必要辅之以大量的案例教学，并要求大量的真实、典型且丰富的案例作为教学素材，可以说，翔实、深入且严谨的案例研究是重要的教学资料。

近些年来，笔者也曾经在民法的案例教学方面进行过一点探索和尝试，在案例教材的编写上，笔者个人有如下几点体会：

第一，所选案例应该具有典型性和系统性。案例不在多少，内容不在繁简，关键在于所选案例能否解释一个或多个法律规则的内涵及其运用。所谓典型性，不在于案件当时所产生的新闻效应，而在于案情与法律规则的联系性。所谓系统性，是指案例的编排能够在总体上系统阐述法律规则体系。

第二，案例应当具有一定程度的疑难性，疑难主要是指在案件的定性、法律关系的性质、法律的适用、责任的承担等方面存在着分歧意见。重大案例不一定是疑难的，但某些情节非常简单的案件，却能出现多种结论性意见。各种处理意见、方案及理由均应提供出来，从而给学生开辟一个广阔的思维空间，避免采用单一化和模式化的僵硬思维方式。

第三，案例的选用不能拘泥于现行法的框架。现实生活是极为丰富复杂和多样化的，而立法不可能对之包罗万象或一成不变，法律漏洞在所难免。许多案例的处理必然在现行法上难以找到现实的依据。将这些案例适当的引进教材，并通过学理的分析及各种研究方法（如比较法的方法、请求权基础分析方法、经济分析的方法等）的导入找到对案件的最佳解决方案，这将进一步增强学生分析问题和解决问题的能力。

第四，案例的研究应当注重推理的过程，此处所谓推理，既包括事实的推理，也包括法律适应的推理。案件的处理结论应该是缜密推理的结果，也只有通过周密推理所导出的结论，才足以具备说服力，学生也只有在掌握了这样的推理手段之后，才真正掌握了法律思维方式及正确适用法律的能力，从而真正掌握法律。

第五，案例的分析应注重培养学生把握案件的关键点、区分事实问题和法律问题以及综合运用各种规则的能力。案例的分析应当将典型的案例与所讲述的理论密切结合，这不是一个机械的、“两张皮”式的拼凑，而是案例与分析、理论与实务的有机结合。在案例的分析过程中应当展示严密的逻辑推理以及分析过程、法律条文内涵的解释以及与案件事实的联结性，应当将形式逻辑的三段论和法律的解释方法结合在一起，形成一套完整的分析法律现象的方法。

我国幅员辽阔，各地案例各具特点，且目前社会转型剧烈，新型疑难案例层出不穷，不胜枚举。最高人民法院正在推进指导性案例制度，这对于充分发挥案例在教学中的运用也将起到重要的推动作用。

民商法研究(第四辑)
第605～630页

审判方式改革中的民事证据立法问题探讨*

一、我国民事证据立法模式的选择

关于证据法律制度的立法模式,英美法系与大陆法系各不相同。英美法系许多国家采用统一的证据立法模式,将民事证据与刑事证据规范规定在一起;大陆法系国家则大都采取将民事证据法律制度分立于民法典或民诉法典的模式。我国民事证据立法究竟应采何种模式,学者看法各不相同,主要有统一证据法说、完善程序法说、制定单独的民事证据法说、民法典组成部分说四种观点,各种观点均不无道理。

应当看到,民事证据法与刑事证据法具有一定的共性,如关于举证的原则、在庭审中必须质证等方面,然而,从总体上来说,两者的个性大于共性,主要表现在:刑事责任的目的在于惩罚犯罪、保护人民,其中涉及是否对犯罪嫌疑人的人身自由加以限制或剥夺的重大问题;而民事责任主要在于对受害人的损失加以补偿。这一差别决定了在民事诉讼与刑事诉讼中的证明

---

* 本文原载于《中国法学》2000年第2期。

标准不同、对证据的证明力的要求也是不一样的。例如,在英美法系中,刑事案件的证明标准为“超过合理怀疑”的高度盖然性,而民事案件则采取优势证据法则。因此,在我国制定一部统一的证据法确有一定的难度,而且,分别制定民事证据法和刑事证据法在立法技术上也会遇到相当的困难。从国外的立法经验来看,只有极少数国家采取此种模式。因此,在不能采取分别立法的情况下,恐怕只能采取统一证据立法模式。

尽管民事证据法涉及大量的不宜在实体法中作出规定的程序规则,如关于举证、质证、交换证据的程序规则,然而,程序法与实体法有着不可分割的联系。因为,证据的形式与法律行为的方式是密切联系在一起的,证据的使用具有两方面的目的:一方面是在发生纠纷后用来解决纷争(主要是用于诉讼活动中);另一方面证据也可以用来规范、指导当事人的民事法律行为。当某人从事某一法律行为时,自然希望其从事该行为而产生的各项权利均有证据支持,因此也应当了解使用何种证据才能使权利获得保障或确保权利的有效行使。例如,法律对证据的形式及其证明力的规定,实际上是告诉当事人应当采用何种正确的方式从事法律行为。从这个意义上来说,证据制度与实体权利的保障具有密切联系。正因如此,大陆法系许多国家或地区的民法典都设有证据规则方面的规定。我国澳门特别行政区的民法典就完全仿照葡萄牙的模式,在总则第四编“权利的行使及保护”中对民事证据制度作出了系统完备的规定。该编不仅规定了证据的一般规则,而且也对推定、自认、书证、鉴定证据、勘验、人证等作出了详细的规定。① 同样,《德国民法典》、《法国民法典》中也有大量关于证据制度、证据规则的规定。因此,民事证据制度完全能够也可以成为民法典的组成部分。

笔者认为,民事证据法应当单独立法或制定统一的证据法典,如不能

① 葡萄牙自1867年的民法典开始,便模仿法国及意大利的做法,将关于证据法的规范置于民法典内。1966年民法继续采用这一模式,当时法典的主要起草人 VAZ SERRA 坚持认为有关举证责任、各种证据的可采纳性及其证明力等规范均属实体法范围。如果将其纳入实体法范围中,就将证据法的效力仅局限于某一具体诉讼案件,不能完全表现证据法的功能,因为证据法的功能已超越了对解决个案争议的规范作用。此外,证据法对法律行为中的利害关系人能就其所订立的行为建立信心及产生安全感也有作用。

制定单独的证据法律,则可以将民事证据法放在实体法中。民事证据法从性质上来说是程序法与实体法结合的产物,它既可以融合于实体法与程序法之中,也可以成为一个独立的法域。从我国立法的实际情况来说,与其将民事证据法放在程序法中,不如将其放入实体法。理由主要有:第一,如果将民事证据法放在民事程序法中规定,由于证据规则在民事诉讼进行中的每一个阶段、每一个环节里都可以适用,因此,无法将之放在各个具体的民事诉讼制度中作出规定。既然不可能分散地作出规定,那就只能将所有的证据规则集中起来加以规定。可一旦这样集中规定之后,又使民事证据法在民事诉讼法中显得过于臃肿庞大、极不协调,从立法技术上看也是不合理的。如果将民事证据法作为一个整体规定在民法典中,则可将之放在分则中加以规定(不必像有些大陆法系国家的民法典那样放在总则中规定),而且倘将证据法规定在民法典分则中,还能够实现与合同法、物权法及侵权法的协调一致。第二,目前我国程序法(民事、刑事)修改不久,短期内不可能完全废弃现有的《民事诉讼法》而完全重新制定,甚至不可能作重大的修改。如果将证据法放在《民事诉讼法》中加以规定,则必然要对《民事诉讼法》作“伤筋动骨式”的重大修改,甚至是重新起草,这在目前来说是不现实的。第三,我国民法典已纳入了立法计划中,立法机关已组成了起草小组,正在加紧制定民法典。如果将证据法作为民法典的组成部分,证据法也可以“搭制定民法典的便车”而得以尽快出台。现在可以考虑将证据法作为一个完整的制度放在民法典的分则部分加以规定,以后即便因适应实践的要求须将证据制度从民法典中分离出来作为单独的法律也是可行的。当然,如果放在民法典中,也并不意味着这些规则全部是实体法的规则,更不是要回归古代法中实体与程序不分的“诸法合一”状态。其实,无论将证据法放在《民事诉讼法》还是放在民法典中加以规定,都只是法律渊源的表现形式不同而已。我国《民法通则》也曾规定“涉外民事关系的法律适用”的规则,这本属于国际私法的领域,但并不因此就将“涉外民事关系的法律适用”的规则从国际私法这个法律部门中分离出来。

在尽快展开民事证据立法的同时,最高人民法院也应当着手制定统一的证据规则。一方面,最高人民法院的统一解释可以将目前现有的各级各地人民法院的证据规则统一起来,并能根据各地人民法院的司法实践经验,对证据规则进一步加以充实完善;另一方面,最高人民法院统一证据规则的制定和施行,也可以为制定统一的民事证据法提供有益的资料与经验。当然,从长远的角度来看,笔者认为,不能仅仅以最高人民法院的司法解释来代替证据立法,而应当制定统一的证据法。有一种观点认为,由于证据规则主要是在诉讼中使用的,也是民事审判方式改革的产物与重要内容,因此,证据规则不宜立法而应通过司法解释的方法解决之。笔者认为,这种观点是不妥当的。因为,最高人民法院的司法解释不能代替立法,尤其在证据规则方面更加需要立法。其原因为:第一,民事证据规则是用来解决民事纠纷的,而解决民事纠纷的途径既包括诉讼,也包括仲裁、调解等。在仲裁过程中证据规则的适用亦是非常重要的,最高人民法院制定的证据规则怎能适用于仲裁活动中?如上所述,证据规则也具有指导当事人正确从事民事法律行为的功能,它为当事人从事民事法律活动提供了可预期性,使当事人清楚采用不同的证据形式订合同、立遗嘱将会有不同的法律效果,进而预防纠纷、减少纠纷。最高人民法院显然不宜为民事主体制定各种行为规则。第二,在我国审判方式改革中,由各地法院所摸索创新出来的许多民事证据规则实际上已经突破了《民事诉讼法》的规定。例如,关于举证时效的规定是对《民事诉讼法》关于证据可以随时提出的规定的突破;审前交换证据及不交换将导致证据失效的规定,也是与《民事诉讼法》的规定相矛盾的。在我国法制尚不健全的今天,由人民法院通过实践摸索、积累适当的经验,从而发展一些法律规则是可行的,也是有必要的,但如果通过司法解释将之固定化成为当事人从事诉讼活动和人民法院判案的基本规则,就必须要与现行立法保持一致,至少不能存在着重大的尖锐的冲突。从法律效力体系角度来看,司法解释也必须符合法律而不能随意修改法律,否则这种解释是无效的。为此,必须通过立法确认审判方式改革的经验。第三,证据规则不仅仅是要确立一些诉讼活动的准则,更重要的是为当事人设定了一些基本的诉讼权利与诉讼义务。例如,证人、鉴定人的权利义务及保障,这些都涉及公民的基本权利和义务，因此只能通过立法加以规定而不能通过司法解释来确认。总之，司法解释不能代替民事证据立法。

二、关于当事人举证和法官依职权收集证据

在我国原有的超职权主义民事诉讼模式下，证据并不由当事人提出，而是由法官负责调查收集。尽管自20世纪80年代末期的民事审判方式改革以来，人民法院逐步强调了当事人的举证责任，但《民事诉讼法》仅用10条（第64～73条）对证据问题作出规定。从这些规定来看，主要是有关证据的种类以及人民法院调查、收集及审查证据的规定，根本没有涉及当事人收集证据的程序与手段的规定。此种缺陷并不是立法技术上的问题，而是民事诉讼模式的选择问题，即仍然选择的是“以法官依职权收集、调查证据为主”的民事诉讼模式。选择这种模式的指导思想之一就是“以事实为根据”。持这种想法的人们认为，只有法官亲自调查收集证据，才能发现真实。笔者认为，作为一种司法的理想，“以事实为根据”的司法原则无疑是正确的，但司法活动是一种实践性和操作性都很强的活动，“以事实为根据”实际是指以法律上的事实为根据，也就是以证据证明的事实为依据。[②] 尤其需要指出的是，“以事实为根据”绝不是说由法官亲自调查所认定的事实才是可以认定的客观事实。[③] 由于“以事实为根据”归根结底仍是“以证据为根据”，而“以证据为根据”要求在诉讼中，任何当事人若

---

② 人类的文明史表明，迄今为止，人们尚未找到比通过证据证明事实更有效地发现真实的方法，唯有证据才是发现真实的方法，诉讼中的事实都要靠证据来证明，依据充足的证据而确定的裁判才有可能是公正的裁判。也正是在这个意义上，边沁（Jeremy Bentham）才指出：“证据为正义之基础”（Evidence is the basis of justice）。由于诉讼中的事实都要靠证据来证明，因此诉讼中认定的事实并不一定是客观上存在的事实，司法裁判只能以证据证明的事实为依据进行裁判，而不能也不可能离开证据而追求完全客观的真实。从“以事实为根据”转变到“以证据证明的事实为根据”，就必然要求完善有关证据的收集、调查、采纳、时限、辩论等一系列证据制度与证据规则。

③ 齐树洁等：“民事审判方式改革与证据制度的完善”，载陈光中、江伟主编：《诉讼法论丛》（第2卷），法律出版社1998年版，第589页。

要主张一定权利的存在,就必须要主张该权利发生的原因、事实,也就是说,要承担提出证据的义务,倘其不能举出足够的证据,则要承担败诉的危险。法官在诉讼中的主要职责是对当事人提交法庭的证据予以分析和判断,而非亲自去调查收集证据。之所以在民事诉讼中必须由当事人负担提出证据的义务并承受由此可能带来的不利判决,其原因在于:一方面,民事诉讼直接关系到当事人的切身利益,当事人有义务对自己诉讼请求赖以存在的原因、事实加以证明,他们为了实现自己的权益会毫不犹豫地承担提出证据的责任,各方当事人为了在诉讼中获胜,都会在诉讼中努力举证。另一方面,当事人都亲自参与了纠纷发生与发展的全过程,他们完全能够向法庭提供较为充分的证据材料;④还要看到,通过双方当事人的充分举证不仅可以获得比法官亲自调查取证要多得多的证据,而且通过双方从不同的方面和角度所举出的证据也可以使法官进一步了解案件的事实,通过当事人的说明和辩论,法官也可以逐渐了解证据的真实价值,从而在此基础上,对双方的证据加以认定并作出准确的判断。我国的司法实践一再证明,允许法官享有广泛的调查取证的权力,很难避免法官滥用权利,对司法公正也极易造成严重的危害。

由当事人承担举证责任,既是我们审判改革的重心,也是我国民事证据立法模式的基础。未来我国民事证据立法应该紧紧围绕由当事人举证这一原则展开;同时,在民事证据立法中也应当完善各种配套措施,努力保障司法的公正性、权威性、稳定性。⑤ 从当前民事审判方式改革的实际情况来看,需要在法律上规定当事人收集证据的方法和程序、关于举证责任分配原则及其例外、司法认知、推定和自认规则,从而完善我国民事证据立法。

《民事诉讼法》第64条第2款规定:“当事人及其诉讼代理人因客观原因不能自行收集的证据,或者人民法院认为审理案件需要的证据,人民法院应当调查收集。”由于该条对于造成当事人及其诉讼代理人不能收集的证据的“客观原因”并没有作明确具体的解释,尤其是对法院认为确有

---

④ 参见单云涛:“民事举证责任若干问题研究(下)”,载《政法论坛》1992年第3期。

⑤ 景汉朝、卢子娟:“经济审判方式改革若干问题研究”,载《法学研究》1997年第5期。

必要收集的情况没有作出严格的限制,从而使这一条款在实践中往往被过分扩大地解释,法官因此而享有了主动收集调查证据的极大的权限。此种做法很难保证法官在调查取证过程中始终保持独立、中立和清廉,尤其是法官在调查过程中容易形成先入为主的认识和偏见,因此从根本上说是不利于公正裁判的。在实践中,个别法官利用其独立收集、调查证据的权力,与当事人之间实行所谓的"同吃"、"同住"、"同办案",也难免滋生司法腐败。尤其是,只要保留了法官独立收集证据的权力,而且这些证据又具有优先于当事人提出的证据的效力,就必然会给法官滥用职权提供机会,当事人也会利用这种法律上的缺口诱使法官实施有利于自己的职权行为。

虽然自审判方式改革以来,人们已对法院依职权包揽调查取证和收集证据的做法进行了一些改革,但对于是否保留法院调查取证的职权及其范围,依然存在着不同的看法:一种观点主张应当完全取消,另一种观点则认为应当保留但应予完善或改进。⑥ 笔者认为,对《民事诉讼法》第64条的规定应当理解为:法官调查取证的范围仅限于当事人及其代理人依法律规定的原因不能收集而主动要求法官收集的证据。这就是说,一方面,必须是当事人及其代理人依法律规定的原因不能收集的证据。例如,当事人是否在银行开户、账号、存款数额等依据法律规定只有司法机关等有关国家机关才有权查阅,而当事人不能够查阅该情况。如果当事人因为人力物力的限制而不能自行收集证据,不应属于《民事诉讼法》第64条规定的范围。另一方面,必须是当事人主动向人民法院提出申请,请求法院调查取证,如果当事人并没有向法院提出要求,则法院不应当行使该项职权。在审判方式改革中,我国许多地方的法院开始严格限制法官调查取证的范围。例如,将法官的主动收集证据限定在当事人主动申请法官查证,该要收集的证据是处理案件需要的证据,而非因当事人自己所能克服的客观原因造成的当事人自己难以收集。⑦ 尤其需要指出的是,即使是

---

⑥ 参见陈琴:"论当事人举证与人民法院调查收集证据的关系",载《北京科技大学学报》(社会科学版)1999年第3期。

⑦ 刘兰芳等:"关于庭审方式改革的思考与实践",载《中外法学》1996年第4期。

当事人客观上不能收集的证据也必须由当事人主动提出请求法院收集该证据。当事人在提出申请的时候必须要详细说明不能收集的理由,如涉及商业秘密、银行存款账户等。法院要认真审查其理由,在一方请求法院收集证据以后,也应当允许另一方对此提出异议,如果另一方所提出的异议合理,法院应当拒绝一方请求收集证据的申请。

诚然,在实践中,会出现某些当事人因为法律知识欠缺、不懂举证的要求从而收集的材料不符合证据要求的现象,但据此就认为法官有义务帮助当事人收集证据的观点却是值得商榷的。[⑧] 如果当事人诉讼经验缺乏,应当聘请律师帮助其调查取证,否则因不能举出足够的证据就应当承担败诉的责任。即便当事人没有聘请律师,法院也只有对当事人提供某些必要的法律建议的义务,如告诉当事人应当举出哪些证据,或者指出在哪方面的举证不足;法官也应当通过交换证据的方式使诉讼经验缺乏的一方当事人意识到自己在举证方面的不足,从而积极地、全面地履行举证责任。但无论如何,法院不能以一方当事人不能举证为由而主动地代当事人收集证据。

三、关于庭审前交换证据问题

在当前的民事审判方式改革中,各地法院普遍采用了一种被称为"一步到庭"的审判方式。所谓"一步到庭",其含义是:法院在受理案件之后开庭之前,不接触双方当事人,也不接触任何证据,甚至也不详细阅读案卷材料,当事人的一切主张和证据都要在开庭时予以出示,法官只有在开庭时才能接触证据了解案情。"一步到庭"的做法,不仅增强了当事人的举证责任,而且使法官在庭审前因不能接触证据和当事人而使案件蒙上了一层厚厚的面纱,从而使法官避免产生先入为主的判断。尤其因法官不能在庭前接触当事人,极大地减少了司法腐败现象,保证了庭审活动的

⑧ 陈玉玲:"审判方式改革中举证责任的承担及证据认定",载《福建论坛》(经济社会版)1998年第2期。

公正进行。对许多简单的民事纠纷来说，因证据较为简单，案情并不复杂，采取“一步到庭”的做法是可行的。但对于某些较为复杂的民事经济纠纷，如集团诉讼案件、复杂的合同争议、产品责任案件、重大事故案件等，采用“一步到庭”的办法并不一定有效。一方面，由于这些案件十分复杂，证据千头万绪，尤其当法庭上一方当事人随时提出新的证据而另一方要求就该证据另外收集新的证据加以反驳时，因法官在庭审前对案情和证据未加分析归纳，则整个庭审活动将会变得杂乱无章，一次开庭了解不了基本的证据，就必然会导致多次开庭，案件审结也因而会一拖再拖，诉讼效率无法保障；另一方面，尽管某些案件十分复杂，但当事人仍然有可能达成和解，如果在庭审前能够达成和解，也不一定必须要开庭。综上所述，笔者认为，对“一步到庭”的实践经验也不能采取简单的“一刀切”的办法。

事实上，所谓“禁止法官在庭审前与当事人接触”，指的是法官不得与当事人私自接触，而不是指法官不能与当事人有任何接触，更非法官不能接触任何证据。法官是否能接触证据不能一概而论。因案件的情况不同，对法官了解证据的过程也应当有不同的要求。从国外的经验来看，两大法系并没有采取“一步到庭”的做法，相反对重大的案件则采取了庭前的准备程序。⑨ 这些经验都是值得借鉴的。笔者认为，对于审判方式改革中出现的“一步到庭”的做法应区分不同的情况而适用，对于简易的案件可以采取这一做法，但对复杂的案件则应当由法官或者书记员召集双方当事人及其律师参加庭前会议，实行庭前交换证据。所谓庭前交换证据，是指一审中双方当事人及其代理人在审判人员的主持下，于庭审前相互交换各自拥有的证据，并向审判员说明证据与诉讼请求主张之间的关系及其证明力等问题。通过庭前交换证据，可以使各方了解对方的主张和所拥有的证据，从而对诉讼的结果能形成合理的预期，既可以有效地减少诉讼成本及法院资源的消耗，又可以防止滥讼致他人诉累情形的发生。通过交换证据，使各方都知道自己在证据收集方面的不足，从而可以积极地

---

⑨ J. Skelly Wright, *The Pretrial Conference in American Court Systems*, *Readings in Judicial Process and Behavior*, Sheldon Goldman and Austin Sarat, 1978, p. 120.

全面地收集证据,并可以防止一方隐藏证据以达到诉讼突袭的效果。[10] 庭前交换证据的规则在适用中应注意如下几点:第一,庭前交换证据是在审前的阶段进行的,如果在庭审阶段,则只能采用事实调查的方式。第二,庭前交换证据包括两个方面:一方面,双方将各自拥有的证据提交法院,法院应当将这些证据在当事人之间进行交换,使当事人相互了解对方所拥有的证据。这些证据的形式不应当局限于原件,可以是复印件,可以是证人证言、专家证言等。另一方面,由于该阶段仅仅是相互交换证据、了解情况,所以没有必要传唤证人,更没有必要对已经交换的证据展开辩论。[11] 绝不能因为实行了庭前交换证据,便可以省略庭审程序。第三,庭前交换证据并不是开庭,所以主要应当采用会议的形式,但要由法院主持进行。庭前交换证据原则上主要适用于复杂的案件,并且应主要限于普通诉讼程序,对于简易的民事案件不应当适用此种方式。

如果当事人无正当理由在庭前不交换证据,将会发生何种后果?对此,学者的观点与司法实践的做法各不相同:第一种观点认为,未经庭前交换证据的,该证据不应当质证和认定;[12]第二种观点认为,除非一方有正当理由证明另一方故意隐瞒证据而不交换的,否则另一方仍然可以在庭审期间提交证据;第三种观点认为,我国《民事诉讼法》规定,在任何时候都可以提交证据,没有在庭前交换证据,因此给另一方造成损失的,应当承担赔偿责任,但未提交证据的一方可以在任何时候提交证据。在最高人民法院《第一审经济纠纷案件适用普通程序开庭审理的若干规定》中规定了庭前交换证据问题,但并未对不交换证据的后果作出规定,实际上是允许当事人在开庭时继续提交。笔者认为,尽管《民事诉讼法》规定了可以在案件审理期间内随时提交证据,但是这一规定显然不合理。庭前交换证据作为审判方式改革的一种措施,与其他改革措施一样已经突破了《民事诉讼法》的规定。但如果采纳第一种观点,则未免对未提交证据的一方过于苛刻。因为,要求当事人在起诉时就将所有的证据收集齐全,这

---

[10] 参见叶健:“论审前准备程序之重构”,载《人民司法》2000年第10期。

[11] 徐建新、黄晨雁:“论庭前交换证据制度”,载《人民司法》1998年第12期。

[12] 参见《广东省法院民事、经济纠纷案件庭前交换证据暂行规则》。

实际上是很难做到的。尤其对于被告来说,他在收到原告的起诉状副本之后,需要一段时间进行反驳或提出反诉。如果当事人身处外地,要在本地收集证据,往来奔波也需要花费很长的时间,所以不可能要求当事人在庭审前将所有证据收集齐全并交换证据。如果当事人在庭审期间收集到有关证据,当然有正当理由在庭审期间提出来。甚至在第一次庭审结束时,如果一方要求有更多的时间继续收集证据,只要该要求是合理正当的,法院也应当准许其在一定期间内收集证据。[13] 当然,如果在庭审前已经收集到了证据而故意不交换,对这一部分证据另一方有权在庭审期间不予质证。故意是指一方已经声称其取得了某证据或在起诉书中已经提及了其取得的某证据,或者另一方有充足的理由认为其已经掌握了某证据,而故意不提供。有关故意的问题,应当由另一方负举证责任。

四、必须建立证人出庭作证的制度

证人证言是我国《民事诉讼法》所规定的一种证据形式,也是民事诉讼中经常采用的证据形式。而所谓证人证言,是指根据法院的传唤而出庭作证的证人在法庭上所作的能够证明案件情况的口头陈述。换言之,只有当证人在法庭上所作的能够证明案件情况的口头陈述,并经法庭当庭笔录固定后才能被确认为证人证言。[14] 根据《民事诉讼法》第 72 条规定,“凡是知道案件情况的单位和个人,都有义务出庭作证”。然而实践中,证人出庭率很低,许多当事人只是在法庭上提出书面证言,或者由提交书面证言的一方提请审判长宣读之后,由双方各自提出自己对该证言的看法和理解。笔者认为,在证人不能出庭作证、仅仅只是由一方当事人向法庭提供书面证言的情况下,该证言因并没有经过质证,是很难作为证据使用的。因为,证人证言必须当庭陈述并质证,而仅仅由一方向法庭提

---

⑬ 李伯安、张遂:“试论审前证据的立法缺陷及完善”,载《湘潭大学学报》(哲学社会科学版)1998 年第 3 期。

⑭ 罗锡南:“谈民事诉讼庭审中的证人出庭”,载《法律适用》1995 年第 3 期。

供书面证言,根本无法判断该证言是否确实,是否由某证人所作以及该证人是在何种情况下提供了该书面材料。尤其是因证人不出庭,对方当事人无法就该书面材料进行对质,更不能就证人提供的证言向证人提出询问,因此,很难确定证人证言的准确性和可靠性,甚至不排除有捏造证人证言的可能。这样的证人证言因没有经过有效的质证是不应被作为证据采纳的。

证人出庭作证率低的状况不仅影响到了证人证言的运用及采纳,更重要的是对我国当前进行的民事审判方式改革形成了极大障碍。可以说,证人出庭率低的问题不解决,民事审判方式改革是很难取得应有效果的。在大多数民事经济案件中,由于证人证言是证明案件事实最重要的证据之一[15],如果证人不能出庭作证,对事实的辩论将会缺乏可靠的依据甚至是无的放矢,公开审判的功能因此会大打折扣。由于审判方式改革的一项重要环节是在公开审判中加强质证的作用,当事人对证人进行发问和质询的权利是其依法享有的重要的诉讼权利,如果证人不能出庭,质证措施的作用就很难得到充分发挥。[16] 各种伪证不能得到揭露,程序很难说是公正的。尤其应看到,证人出庭率低必然会促使法官被迫进行依职权调查、取证的工作。因为,在证人不出庭的情况下,仅凭一纸在庭外形成的证言,很难判断其内容的真实性,书面证言中难免出现虚构、篡改的现象。如果法官不能仅仅凭此作为定案的依据,那么他必然会在一方提供书面证言后,因证人没有出庭,而在庭外对该证言加以查证,从而会形成“暗箱操作”。法官依职权所从事的调查活动不仅因此而难以减少,更会为司法腐败提供机会,同时还会导致审判效率低下。

造成证人出庭率低的原因是多方面的,如对证人出庭作证缺乏可靠的安全保障和提供适当的经济补偿。尤其是许多公民作证意识淡薄,害怕涉及官司惹麻烦,多一事不如少一事,因此不愿意出庭作证。[17] 笔者认为,

---

⑮ 参见谭兵、黄胜春:“论我国民事诉讼中的质证制度”,载《法学评论》1995 年第 5 期。

⑯ 龚德云:“论‘证人未到庭’与言词直接原则”,载《河北法学》2000 年第 3 期。

⑰ 徐文:“证据与证人保护制度”,载《现代法学》1999 年第 6 期。也有一些证人因害怕报复而不愿意出庭作证。参见刘琪、扶民:“当前民事损害赔偿案件的特点”,载《人民法院报》1999 年 12 月 31 日版。

当前完善证人证言制度急需解决如下问题：

1. 明确规定出庭作证是证人对国家应尽的义务。既然证人出庭是对国家应尽的义务，因此对拒绝作证的行为必须规定相应的强制措施。证人出庭作证并保证不作伪证，绝不是单纯地为了帮助一方当事人打赢官司（即使是当事人一方聘请的证人也不完全是为了该当事人的利益而出庭作证）。证人出庭作证主要是为了帮助法院调查事实、查明真相，从而作出公正的裁判。所以，证人出庭作证，是对国家所负的一项义务。任何公民都应当负有此种义务。如果证人拒绝出庭作证，应当以国家强制力保证证人出庭作证。一方面，在法律上应当规定，如果证人不出庭作证，其证言不能作为定案依据被采纳；另一方面，对拒绝出庭作证的证人，法院有权加以罚款。如果因其无正当理由拒不出庭而造成案件审理的迟延，法院还有权责令其赔偿损失。⑱

对于拒绝出庭作证的证人，能否采用拘传、拘留的办法？对此，学术界有很大争议。有人认为证人主要是害怕报复，采用拘传可能会打消遭到报复的担忧、减轻其出庭作证的心理负担，反而有利于对证人的保护。应当看到，民事案件毕竟涉及的是当事人的民事争议，对证人不出庭作证采取拘传、拘留的措施，实际上是对公民的人身进行了强制，已具有了严厉惩罚和制裁的色彩。但如果对无正当理由拒不到庭的证人，不采取强制措施，则证人出庭率低的问题很难解决。所以，笔者认为对无正当理由拒不到庭作证的，可以采取强制措施，但证人到庭以后，可以以自己不知道案情而保持沉默。

2. 必须明确界定证人确有困难不能出庭的范围。实践中，证人常常以健康等原因不出庭作证，笔者认为，证人原则上都应当出庭作证，当然，强调证人应出庭作证并非没有例外情形。在以下情形中，应当允许证人提交书面证言：一是证人在庭审期间身患严重疾病或者行动极为不便的；二是由于出国等原因，暂时无法出庭作证的；三是因为不可抗力等原因而无法到庭的；四是争议双方当事人均认为无须证人出庭的；五是合议庭同意

---

⑱ 赵高岭、徐金荣、吕利民：“对民事诉讼中证人出庭作证制度的几点思考”，载《现代法学》1995 年第 6 期。

证人不出庭的。在上述五种情形下,除双方当事人都认为无须到庭的情况外,对其他几种不出庭的情形,应当要求证人提供电话录音甚至录像,否则其出具的书面证言因未经过质证不应成为定案的根据。如果证人确有正当理由无法出庭作证,除非经一方申请要求法院查证,法院也不应在庭外单独与该证人接触。

3. 应当建立交叉询问制度。通过由双方对证人实行询问,不仅可以及时发现伪证或证人证言中的虚假部分,而且也可以真正对证人证言实行质证。由此可见,交叉询问是一项较为公正的程序,即使在实行过程中需要花费一定的时间,但对于发现真实却是十分必要的。

4. 关于证人出庭的经济保障问题。如前所述,证人出庭作证是证人对国家应负的义务。因此,即使是一方当事人提供的证人,也不能认定其仅是帮助一方打官司的人,也不能采取谁提供证人谁负担费用的做法。其结果难以保证证人证言的客观性,造成谁提供证人就为谁作证的情况,甚至导致一方以经济利益为引诱,而诱使证人出庭作证。然而,民事诉讼毕竟涉及当事人双方的利益,因此,一方提供证人以后,也不应当由法院承担证人出庭的费用,这样做的结果,也会在一定情况下鼓励当事人随意提供证人,而要求法院传唤并报销费用。笔者认为最好的办法是,由当事人提供证人或证人证言,法院认为有必要时,可传唤其出庭,对于证人出庭作证的合理费用,由法院确定,并在案件审结时,由败诉的一方承担该费用或由双方予以分担。[19]

5. 关于对作伪证的制裁。目前,在实践中证人作伪证的情况较为严重。这一方面是因为证人出庭率低,不能在出庭作证时予以揭露,另一方面也是因为法律对证人作伪证问题没有明确规定其责任。此外,个别律师缺乏职业道德,采取非法手段,教唆当事人作伪证,或要求证人作伪证。[20] 笔者认为,就某一事实的证明而言,如果一方作伪证,可依具体情况

---

⑲ 赵高岭、徐金荣、吕利民:“对民事诉讼中证人出庭作证制度的几点思考”,载《现代法学》1995 年第 6 期。

⑳ 刘琪、扶民:“当前民事损害赔偿案件的特点”,载《人民法院报》1999 年 12 月 31 日版。

推定另一方在这方面的证据证明的事实是真实的。对证人当庭作伪证的,法庭应当予以训诫、批评;情节严重的,可予以罚款。对于一方当事人采用暴力、威胁、贿买方式或纵容、唆使证人作伪证的,法庭可以对该当事人予以训诫或者罚款、赔偿损失或者责令其承担所有证人出庭的费用;情节严重构成犯罪的,应依法追究其刑事责任。

6. 应当建立证人宣誓制度。证人出庭作证之前,应当宣誓不作伪证。这在一定程度上,对证人不作伪证能起到约束作用,而且也体现了法庭审判的神圣性和法庭的尊严。对证人违背誓言而作伪证,追究其责任也是顺理成章的。

最后是对于证人的人身安全的保障问题。这是一个较为复杂的问题,不仅需要对侵害人实施制裁,更重要的是应当建立一整套安全保障制度和体系。通过公、检、法三家的密切配合,司法行政部门的合作,从而对证人的人身安全形成一种强有力的保障机制,为证人出庭作证创造一种良好的环境。

五、关于举证时效问题

《民事诉讼法》第139条规定"当事人在法庭上可以提出新的证据"。对此规定,一般都理解为当事人可以在任何时候向法庭提出新的证据。这就是所谓的证据随时提出主义。

证据随时提出主义的弊端是明显的。首先,允许当事人随时提出证据可能会违背二审终审所设定的目标。法律上之所以设定二审终审,就是为了在二审期间对一审判决的事实认定和法律判断加以审查,据此发挥一种监督和制约的作用。如果当事人一方在一审中只提出部分证据甚至不提出证据,那么,一审根据当事人所提出的证据而作出的判决自然应成为二审的审查对象。但如果当事人在二审中提出新的证据,那么,二审据此所作出的判决,实际上又成为一审,受此不利判决的当事人却再也不可能提出上诉。其次,允许当事人随时提出证据,必将造成诉讼资源的浪费。因为,一方面,诉讼活动本身有一定的时间限制,法院不可能对一个案件无止无休地审理。如果当事人一旦提出新证据,法院就要进行审理,那么法院的审判活动无疑屈从于当事人提出证据的活动。当事人在一审中不提出证据而在二审中提出证据,法院根据二审中提出的证据进行判决时可能使一审法院付出的资源白白浪费。㉑ 同理,当事人在一审或二审中不提出证据而在审判监督程序中提出证据,将使一审、二审法院付出的资源被无端耗费。㉒ 因此,证据的提出如无时间的限制将根本违背诉讼效率的原则。最后,证据的提出没有时间限制,很可能被当事人滥用。实践中,某些当事人对部分证据故意在一审中不提供,而留在二审提出,从而导致二审更改一审的判决或者案件被发回重审。这不仅使一审法院的公正审判活动受到人为地妨碍,也给另一方当事人造成了损害。如果允许当事人随时提出证据,那么,一方就可以在庭审前不提出证据或不进行证据交换,而在庭审中突然提出证据,搞突然袭击,或者在一审中不提出证据而在二审中提出新的证据,使对方措手不及。这种诉讼突袭的现象破坏了公平诉讼的原则,使受攻击的另一方缺乏足够的时间进行防御准备,也对其充分行使辩论权造成了障碍。㉓ 此外,证据随时提出原则会鼓励当事人恶意诉讼,从事违背诚信原则的行为。

总之,我国《民事诉讼法》的上述规定已经对审判方式改革形成了某种障碍,然而,在现有的体制下能否通过司法解释以及各级法院的规定对该条作出突破,是值得研究的。一方面,我国宪法体制并不允许法院享有立法以及修改法律的权限,如果通过司法解释改变《民事诉讼法》的规定必然出现法院的越权现象。另一方面,从九届人大三次会议通过的《立法法》的规定来看,对法律的修改与完善应由立法部门进行,而不能由法院享有此项权力。所以,笔者认为即使法院通过司法解释进行某种改变,其合法性依然值得怀疑。因违反举证时限的规定而败诉的当事人也无法接

㉑ 陈桂明、李仕春:“程序安定论——以民事诉讼为对象的分析”,载《政法论坛》1999 年第 5 期。

㉒ 参见邱星美:“民事举证期限问题研究”,载《政法论坛》1999 年第 3 期。

㉓ 左卫民、陈刚:“证据随时提出主义评析”,载《法学》1997 年第 11 期。

受败诉的结果。

然而,如果仍然采纳证据随时提出主义,则审判方式改革中所采纳的庭前交换证据、当庭质证等都将变得毫无意义,庭审改革是很难进行下去的。改革证据随时提出主义,就是要采纳举证时效制度。那么如何将举证时限合法地引入到诉讼过程中呢?笔者认为,可以采用合同约定的方法,这就是在庭审的事实调查阶段即将结束的时候,法院可以将有关举证时限的规定提交给各方当事人,如果当事人愿意接受举证时限的规定,视为当事人与法院之间已经就受举证时限的拘束的问题达成了合意,而这种合意改变了《民事诉讼法》的上述规定。法院在庭审中就举证时限的问题与当事人达成了合意,从根本上来说是为节省诉讼成本、提高诉讼效率,是有利于诉讼当事人双方的,因此达成这种改变也是合法的。当事人事后不能任意反悔,否则违反了禁反言规则。当然,当事人也可以拒绝接受该举证时限的规定,在此情况下,对当事人依然适用证据随时提出主义。可见举证时效的规则应当以当事人具有合意为前提和基础。

所谓举证时效包括两方面的内容:一是由法律明确规定或由法院确定一定的举证期限,当事人只能在该期限内举证,超过了该期限而不举证,将产生举证不能的法律后果。对于由法律规定的举证期限应到何时届满存在着不同的观点:一种观点认为,举证时效的终点应定在第一审法庭辩论的终结之日。[24] 另一种观点认为,应以开庭日期为法定的举证时限终点。[25] 笔者赞成第一种观点,因为要求在开庭前提出证据时间显得过短,在这个期间,当事人可能还不了解对方证据掌握的情况,从而难以确定应当提供哪些证据。尽管有些法院实行庭审前的证据交换程序,但审前交换证据适用的范围是有限的,同时,如果当事人不交换证据,也不能认定其行为是无效的,更何况庭审阶段就是当事人提供证据、证明自己的主张、法院查清案件事实的过程。如果当事人有证据而不允许其提供,显然与该阶段的目的相违背。依据法律规定,在事实调查阶段终结,进入辩论阶段之前,法官都可以要求当事人回答是否还有新的证据予以提供,只有

---

[24] 赵争平:“论举证时限的设立”,载《人民司法》1996 年第 6 期。

[25] 陈桂明、张峰:“民事举证时限制度初探”,载《政法论坛》1998 年第 3 期。

在当事人允诺没有新的证据提出后,庭审才应进入辩论阶段。

当事人在一审不举证而在二审举证,即使该证据是真实的也不能作为证据使用。如果当事人已经受举证时限的限制,在二审终审判决已经生效后,也不能在申诉阶段提出新的证据。[26] 事实上,从一审到二审已经给予当事人足够的时间向法院提供证据,因此没有必要在二审终结以后再给当事人提供新证据的机会。审判监督程序只能就一审和二审中提出的证据以及二审法院认定的事实和裁判进行审查。当事人只能以对其在一审和二审中提供的而法院无正当理由没有认定的证据,请求再审,不能通过提出新的证据请求再审。检察院也不能够依据当事人提供的新的证据对已经生效的裁判提出抗诉。

二是逾期举证的法律后果。如果当事人不能在举证期限内提出证据,该证据将不为法院所采纳,从而失去证据的证明力。[27] 举证时效届满以后,原则上法院不应当采纳此时当事人提出的证据,也就是说,这些证据将失去证明力。当然,当事人在逾期提供证据的时候,可能会同时提供其迟延提交的理由,如果这些理由是正当的,则法院应当采纳该证据。[28] 由于逾期提供证据的理由直接关系到证据能否被采纳,因此必须以法律明确规定,而不能由法官作出判断。笔者认为这些正当理由应当包括:第一,当事人在一审期间明确要求延长收集证据的时间并且有合理的理由,但被法院拒绝;第二,因不可抗力的发生,导致当事人不能及时地收集证据;第三,一审法院违反了证据规则和程序,使一方当事人认为没有必要对某诉讼请求举证,或者没有必要提出某项证据,致使当事人不能及时举证。如果出现这些情况,法院不能拒绝当事人提出的新证据。

---

[26] 参见蔡虹、羊震:"民事诉讼证据失权制度初探",载《法商研究》(中南政法学院学报)2000年第6期。

[27] 宋艳华、张钢成:"民事审判方式的改革瓶颈:举证时限制度"。该文为作者在1999年12月9日至10日由最高人民法院经济庭、民庭与中国人民大学法学院合办的"完善我国民事证据制度座谈会"上提交的论文。

[28] 曹守晔:"论民事诉讼第二审程序的改革",载《人民司法》1999年第3期。

六、关于当庭质证和认证

所谓当庭质证，是指当事人双方在法庭上出示了各种证据以后，应当在法庭的主持下，相互对双方所出示的证据进行对质核实，以确认证据的证明力。㉙《民事诉讼法》第68条前段规定："证据应当在法庭上出示，并由当事人互相质证。"可见，当庭质证是法定的必经程序。

质证是在法官的主持下，由当事人对证据进行质对与核证。法官虽需主持此项活动，但其本身与案件的调查、收集以及依证据证明事实没有关系。也就是说，法官不能成为质证主体。如果法官成为了质证的主体，则其本身就与案件的事实发生了利害关系。而且法官成为质证主体，不仅因此会与当事人发生冲突和矛盾，导致整个质证活动甚至诉讼活动都难以进行，更易使法官失去独立性与公正性。法官只能在当事人因法定原因不能调查收集证据的情况下，才能根据当事人的请求调查收集证据。如果确实是法院依职权收集的证据，对该证据也应当在庭上出示，并由当事人双方进行质证。《民事诉讼法》第68条规定，"证据应当在法庭上出示，并由当事人互相质证。"依据这一规定，所有的证据，包括法院依职权调查取得的证据都应当进行质证。即使是公安和检察机关在侦查阶段取得的证据，认为当事人涉嫌刑事犯罪从而要求法院中止或终止民事案件的审理，对这些材料也要由当事人双方进行质证，才能作为证据使用。《民事诉讼法》要求所有的证据都要在法庭上出示，并由当事人质证，其中就包括了法院依职权所收集的证据。如果该证据不具备客观真实性和合法性，则不应当成为定案的根据。质证的内容主要是对证据的客观性、关联性和合法性进行对质、核实，法院也应当围绕这三个方面来组织质证活动。质证的主要内容是由当事人对证据的客观真实性与合法性进行对质核实。至于证据的关联性，则是由法庭判断的问题，原则上不属于质证的

㉙ 谭兵等："论我国民事诉讼中的质证制度"，载《法学评论》1995年第5期。

范围。[30] 一般来说,所有与案件事实有关的证据材料都应该当庭质证。如果当事人及其诉讼代理人对证据有疑问的,经法庭允许,可以向对方当事人、证人、鉴定人发问,被发问人应当对所提的有关案件事实和证据的问题予以回答。对于证人出具的书面证据,如果当事人有疑问也可以要求该证人出庭接受质询。

所谓认证是指法庭对当事人所提交的及法院依职权调查收集的证据材料予以审查判断,并决定是否予以采纳的诉讼活动。[31] 认证的主体是指担任民事、经济案件审理的合议庭或独审法官。认证的对象包括两方面的证据材料:一方面是当事人及诉讼代理人向法庭所提交的证据;另一方面是法院依职权调查收集的证据,包括由法院指定的鉴定人出具的鉴定结论。当然,这些证据都必须是经过当庭质证的证据,才能作为认证的对象。在此要区分证据材料与证据的概念。从广义上来说,它们都包括在证据的概念之中。但严格地说,当事人向法院所提交的证据,甚至法院依职权调查收集的证据,在法院正式采纳为证据之前,实际上只是作为证据材料使用的。这些材料必须经过质证、认证、采证过程,最终才能成为证据。

对于"认证"一词,人们容易误解为"确认证据"。实际上认证包含两个部分;一是对已质证的证据进行审查判断。这是司法审判人员从事的查明案件事实的专门法律活动。通过审查判断证据而鉴别证据的真实性、合法性和关联性,判定证据资格和证明力,剔除虚假证据,确认证据和案件事实之间的联系,并据此确认其是否能作为证据使用以及对案件事实的证明力。[32] 二是指采证。采证是审查判断证据的目的和结果,不仅由司法审判人员决定是否采纳某一证据,还要对采纳该证据的理由予以说明,同时也要阐明该证据所能证明的事实。作为一项制度,认证不仅包括了审查判断证据和采证,还包括对证据"三性"的要求以及采纳证据的规则等。

---

[30] 参见叶向阳:"论质证制度及立法之完善",载《法律科学》1995 年第 3 期。

[31] 叶永禄、周刘金:"论民事诉讼中的举证、质证和认证",载《上海交通大学学报》(社会版)2000 年第 3 期。

[32] 江伟主编:《证据法学》,法律出版社 1999 年版,第 281 页。

关于认证是否应当庭作出,理论界和实务界存在着不同的看法。在许多法院,都已将当庭认证作为审判方式改革的一种方式。笔者认为此种方式是不妥当的,因为认证与质证是不同的。认证通常是在质证完成后,对经过质证的证据由法院进行审查判断。质证应当发生在事实调查阶段并当庭进行,它是认证的前提。在一般情况下,没有经过质证的证据材料不应当进行认证。质证需当庭进行,认证一般应当在庭审后进行,不应当当庭解决。认证在一般情况下不必当庭作出的主要原因在于:第一,认证是审查判断并确认证据的过程。在大多数案件中,当事人提出的证据需要由合议庭合议讨论,认证过程同时也是合议庭讨论过程。如果要求当庭作出,合议庭不可能在庭上合议。[33] 第二,认证的过程是一个综合分析判断的过程,需要有一定的时间给法庭以充分考虑、研究,尤其是在多数案件中,证据多种多样,更应当给予法庭一定时间进行分析判断。如果当庭必须认证就必然会草率行事,更何况对某些证据,当事人还需要补充,一时也不能予以确定,因此不宜都当庭认定。第三,当庭认证也会使法庭辩论程序虚化。在质证结束后马上进入认证阶段,当事人就很难再进一步进行辩论。因为,法庭辩论不仅是适用法律的辩论,也是对案件事实的辩论,而后者是有助于法庭认证的。在辩论过程中,一方提出证据的证明力,另一方提出反驳意见,能够加深法庭对当事人提供的证据包括法院依职权收集的证据的证明能力的认识。

认证不应当庭作出并不是绝对的,在某些情况下也可以在质证后当庭认证,主要包括以下几种情况:第一,一方当事人对另一方提出的证据没有表示异议;第二,对法庭调查的证据,双方都没有提出异议;第三,对当事人一方提交的或法庭依职权收集的证据,另一方虽有异议但未能在规定时间提出相应的证据材料予以反驳。

在认证过程中,如果证据确凿充分,各个证据之间没有冲突,认证是不困难的。但在很多情况下,法庭所掌握的证据并不可能达到确实充分程度,从现有证据不可能确定案件事实。此时,应当怎样认证?笔者认为,可以引

---

[33] 齐树洁等:“民事审判方式改革与证据制度的完善”,载陈光中、江伟主编:《诉讼法论丛》(第2卷),法律出版社1998年版,第587页。

人“优势证据”法则。所谓“优势证据”(preponderance of evidence),是指证明某一事实存在或不存在的证据的分量与证明力比反对的证据更有说服力,或者比反对的证据的可靠性更高。[34] 所以,优势证据实际上是指一方提出证据比另一方提出的证据的证明力处于优势地位且达到了合理可信的程度,就可以认定。[35] 之所以在法律上应采纳优势证据原则,有以下几点理由:第一,民事诉讼主要是涉及双方当事人的权益,当事人对自己的主张应提出证据,并反驳对方。双方这种攻击和防御就像一场比赛一样,法官居于中立的裁判地位。如果双方举出的证据都不充分,就只能由举出更为充分证据的一方胜诉或者使其某一方面的主张被采纳。第二,案件事实都是已经发生的事实,证据的不充分在许多案件中都是难免的。一味地追求客观真实,事实上是不可能做到的。[36] 第三,如果在证据不确凿充分的情况下,为了追求案件的客观真实,其结果必然是当事人不断调查、法院不断查证。不管最终是否能收集到证明案件事实的证据,都会造成案件审理的延误,所以,笔者认为,我国应采纳“优势证据”规则。

在认定证据的过程结束以后,必须在判决中得到反映。如果在裁判书中对证据的认定不举出理由,则同样会给予法官很大的自由裁量权。也就是说,如何认定证据,如何从证据中确定事实,完全由法官自由决定,且不需要给当事人说明理由,这同样会导致司法的专横,也会为司法的腐败提供机会,从根本上说是不利于裁判的公正的。如果判决书中仅仅指出“上述事实,有某某书证、某某证人证言证明,足以认定”,至于这些证据是由谁提供的、是否经过了当庭的质证与认证、每一项证据究竟能证明什么问题、证明力怎样、其与案件的事实的关联性如何等极为重要的问题,通通语焉不详,这样的判决是不可能保证裁判的公正和使当事人信服的,也不可能树立司法的权威。因此,判决书中一定要详细反映认证的过程。

---

[34] [美]E. M. 摩根:《证据法之基本问题》,台湾世界书局1982年中文版,第49页。

[35] 魏献平:“改进民事审判方式的若干问题”,载《法学》1993年第9期。

[36] 毕王谦:“证明标准研究”,载《诉讼法论丛》,法律出版社1998年版,第427页。

七、关于鉴定人与专家证人的问题

鉴定是民事诉讼与仲裁中运用得十分广泛的方式，依据《民事诉讼法》第76条的规定，鉴定人是有专门知识的具备鉴定资格的人。而鉴定结论也通常是法院就专门问题交给鉴定部门进行鉴定而得到的书面结论。长期以来，在实践中，鉴定人只能由法院聘请或指派，而不能由当事人聘请并提交鉴定意见。笔者认为，这种做法应当改变。因为，鉴定意见本身只是证据的一种形式，提出鉴定意见属于当事人举证责任的范围，而非完全是法院职权活动的内容。既然法律规定当事人提出主张就负有举证责任，当然应允许当事人聘请鉴定人并提出鉴定意见。除非当事人因自身能力所限无法聘请，向法院请求聘请鉴定人，法院才可以依职权聘请或指定鉴定人。

剥夺当事人聘请鉴定人的权利在实践中也会造成许多危害后果，主要表现在：第一，无法使法官保持独立与中立。在实践中，许多案件甚至一些重要的案件（如邱满囤案等）之所以一审、二审的判决结果截然对立，就是因为不同的法院聘请的鉴定人不同，作出的鉴定结论也完全不同。由于某一鉴定结论常常决定着案件的基本事实，因此结论的差异从根本上改变了案件的事实与判决。在鉴定部门众多、素质参差不齐的情况下，完全由法院聘请鉴定人，必然会在一定程度上使法院介入了对立的双方当事人的纠纷之中。显然法院并不比当事人具有更多的判断鉴定人优劣的能力与素质，完全由法院选择双方当事人都满意的鉴定人是困难的，甚至是根本做不到的。尤其当案件中的当事人分处两地时，法院对外地的鉴定人根本一无所知，如果完全聘请本地的鉴定人，则外地当事人又不会相信这种聘请或指定是公正的。即使法院具有这种判断能力，在鉴定结论与一方差距巨大的情况下，该当事人是很难相信法院聘请的鉴定人是合适的，由此当事人对法院判决的公正性必然会产生怀疑甚至不满。即使鉴定人作出的鉴定是公正的客观的，但只要对一方不利，那么不利的一方必然会认为法院在帮助对方聘请鉴定人。第二,完全由法院聘请鉴定人容易产生司法腐败。因为,在鉴定结论对案件结果起决定性作用的时候,鉴定人的选择权极为重要,如果由法院保有此种权利,则法官想偏袒一方甚至枉法裁判就变得很容易。实践中出现的个别法官造假案、颠倒黑白、混淆是非,确与法官享有对鉴定人的聘请权有关。第三,如果当事人本身没有要求鉴定,法院主动进行鉴定也是对民事诉讼处分权原则的根本违背,而且在法院有倾向性地聘请鉴定人的情况下,高额的鉴定费用还要由败诉的当事人承担,这无论如何是令人难以接受的。

正是看到了上述弊端,许多法院已着手对此加以改革。这些措施主要有:第一,将鉴定人聘请为法院的陪审员参与案件的审判,在合议庭中直接体现专家证人的意见。这种方式的优点是,法院不是直接出面聘请鉴定人,而是将鉴定人的意见直接转换为合议庭的意见,从而不会产生当事人对法院直接聘请鉴定人的怀疑和不满。同时,由于鉴定人意见直接体现在判决书上,当事人即便不满也可以通过上诉程序来表达。但这种方式依然没有减少法官决定鉴定意见的权力,因为陪审员归根结底还是要由法官选择和聘请的。第二,在涉及案件需要鉴定的情况下,法院首先要求当事人就鉴定人的聘请达成合意,否则由法院聘请鉴定人。这种方式较之以前的做法更为尊重当事人的程序权利,但由于在民事诉讼中双方是处于对立状态的,因此在绝大多数情况下当事人是很难达成合意的,其结果最终仍是由法院作出决定。第三,完全由当事人自愿聘请鉴定人,法院只是对当事人分别提出的鉴定意见结合其他的证据加以审查,最后决定采纳哪一方提供的鉴定结论。从实践来看,这种做法取得了明显的效果。

应当看到,第三种做法是较为合理的,但这一做法在法律规定上遇到了很大的困难,即当一方对另一方的鉴定结论提出异议或双方的鉴定结论互相冲突时,法院如果希望进一步了解鉴定的情况和内容,必然要求鉴定人出庭进行质证。然而,我国《民事诉讼法》既未规定鉴定人必须出庭的情形,也未对鉴定人出庭时的身份及相应的权利义务作出规定,因此在实践中操作起来十分困难,甚至有的当事人明确指出鉴定人出庭是非法的。由于遇到这一困难,某些法院也就没有要求鉴定人出庭,但这又会遇到新的问题,因为当事人聘请鉴定人并提出鉴定意见只是向法院提供了一种证据资料,最终还要由法院来审查判断。既然只是一种证据材料,鉴定人当然应当出庭并在法庭上质证。

笔者认为,聘请鉴定人并非是法官的职权范围,相反,主要应当由当事人自己协商确定。如果当事人已经在合同中约定了鉴定机构,则应当完全尊重当事人的合意。如果当事人没有特别约定鉴定机构,在诉讼中又不能达成协议,则应当由当事人各自聘请鉴定人。应当看到鉴定人并不一定是鉴定单位,鉴定人通常是具有一定专业知识的个人或者机构,除非当事人同意,对鉴定人的聘请应当由当事人自己决定而不应当由法院聘请。事实上,既然民事诉讼涉及的是双方当事人的权益,那么鉴定人也应当由当事人自己去聘请。在这方面可以借鉴英美法关于专家证人的经验。所谓专家证人是指基于特有的实践经验或专门知识对案件事实提出判断性意见的人。[37] 按照美国《联邦证据规则》第 702 条的规定,“如果科学技术或其他专业知识将有助于事实审判者理解证据或确定争议事实,凭其知识、技能、经验、训练、教育够格为专家的证人可以用意见或者其他方式作证”。笔者认为,在我国,也可以将鉴定人转变为专家证人。其必要性在于:首先,民事案件涉及双方当事人利益,应当由双方当事人自己聘请鉴定人,而法院是不宜出面聘请鉴定人的。既然鉴定人不是由法院聘请而是由当事人自行聘请的,则称为当事人的证人而不是鉴定人就更为恰当。当事人聘请的鉴定人,与《民事诉讼法》规定的鉴定人在性质上是不同的。当事人聘请的鉴定人,称为专家证人,只是证人的一种。其次,由于专家证人主要是由当事人聘请的,所以就案件的鉴定问题,双方当事人都能够向法院提供专家证人。对于专家证人,双方当事人在法庭上也都可以分别进行询问与反询问。[38] 当事人完全可以采用交叉询问的方式以及相互辩论的方式来了解事实的真相。通过这种方式也可以使法官查证哪一方当事人聘请的专家证人的证言更为可靠。最后,民事诉讼

---

[37] 毕玉谦:《民事证据法及其程序功能》,法律出版社 1997 年版,第 282 页。

[38] 邱星美:“民事诉讼鉴定证据质疑”,载《法律科学》1998 年第 4 期。

中所涉及的鉴定,并不完全如刑事案件要求实施的法医和物证技术鉴定。民事案件错综复杂,如对于医疗事故、交通事故、房屋验收、合同和遗嘱文本等是否真实的问题进行鉴定,无法像刑事案件中那样设立统一的鉴定中心来进行鉴定,同时也不可能通过机构进行鉴定,而可能需要借助于专家个人的知识进行鉴定,所以,采用专家证人的方式是适当的。因为双方都可以聘请专家证人,这样在一方聘请了专家证人以后,如果另一方并没有提供专家意见,而又没有充足的理由来反驳对方的专家证人的意见,法院就应当采纳一方所提供的专家证人的意见。如果双方都提供了专家证人,那么,法院就应当传唤双方的专家证人出庭作证,法官通过对双方的提问以及双方当事人的相互询问,可以判断哪一方的鉴定意见更为可靠。因此,专家证人的意见最终需由法院审查并确认,以决定是否采纳作为案件判决的证据。[39] 这样既可以避免法官介入当事人的争议,保持司法的独立和程序的正义,也有利于减少腐败,保障司法的公正。

---

[39] 邱星美:"民事诉讼鉴定证据质疑",载《法律科学》1998年第4期。

民商法研究(第四辑)
第631～663页

人民法院机构设置及审判方式改革问题研究*

江泽民同志在中共十五大报告中明确提出,“推进司法改革,从制度上保证司法机关依法独立公正地行使审判权和检察权”,是加强法制建设的重要内容。改革开放以来,我国的法制建设确已取得了明显的进步,尤其是市场经济的立法体系已经初步建立。现在,在国家和社会生活的各个方面,我们已经制定了一系列重要的法律和法规。执法、司法和法律监督工作不断得到加强和改善。然而,我们同时也看到,社会主义民主和法制建设是一项艰巨的社会系统工程,法制建设的现状与改革开放和社会主义市场经济建设的要求相比,还有不小的差距。由于司法体制改革进展缓慢,大量执法人员素质欠缺等各方面原因,严重地影响了审判工作的进行,导致执法效果尚不如人意。因此,进一步完善司法部门的机构设置,深化审判方式的改革,已显得十分必要和非常迫切。

司法公正是我国法制建设的最重要的内容,而公正的司法制度是对权利受到侵害的人民给予救济的关键一环,也是实现社会公正、保障法律得以正确实施的

---

* 本文系与中国人民大学法学院姚辉博士合著,原载《中国法学》1998年第2期、第3期。

最后一关。[①] 按照十五大报告的要求,进一步推进司法改革,对我国司法机关从机构设置、职权划分到管理体制、诉讼制度、监督制约机制等各个方面进行必要的完善和改革,应该置于当前法制工作的首要位置。而这其中首要的突破,是法院的改革。

以下谨就人民法院机构设置及审判方式的改革谈几点看法。

一、关于人民法院的机构设置

众所周知,当前司法审判工作中最大的弊端是地方保护主义以及裁判不公。任建新同志在第八届全国人民代表大会第五次会议上所作的《最高人民法院工作报告》中即指出:“在过去的一年里,全国法院工作取得了进展,但也存在一些缺点和问题,主要是:一些案件审判质量不高,特别是少数经济、民事案件裁判不公。”而导致裁判不公的原因之一是地方保护主义。从现实情况来看,产生地方保护主义,尤其是致使民事、经济审判中地方保护主义发展、蔓延的原因是多方面的,但概括起来主要是两个方面:一是由于少数法官将审判工作为经济建设服务曲解为替本地区的经济建设服务,或者由于收受本地当事人请吃送礼而未能做到严肃执法、秉公裁判;二是一些地方的党政领导出于维护本地区利益的考虑,干预民事、经济审判,要求法院照顾本地一方当事人,法院则难以抵制地方党政领导的压力。[②] 审判实践中常见的是各级地方领导从维护本地法律关系主体以及地方的特殊利益的目的出发,在执法活动中置国家法律及案件事实不顾,偏袒本地当事人,损害外地当事人的合法权益,对法院的审判工作横加干预。就某一案件的审理过程而言,从是否受理、由谁审理、到如何审理(比如公开还是不公开)、判决还是调解、判决后如何执行等,各个环节都有可能遇到来自地方政府方方面面的指令。其结果,一方面是法院执法严重不公。比如,对外地当事人起诉的案件不及时立案,对跨地

① 王家福等:“论依法治国”,载《法学研究》第18卷第2期。

② 李浩:“论改进管辖制度与克服地方保护主义”,载《法学家》1996年第5期。

区的涉及本地当事人的案件则争夺管辖权;随意地追加外地当事人为诉讼第三人并判令其承担责任;对外地司法机关的工作不予配合或予以刁难;对外地当事人胜诉的判决不予执行或消极抵抗;等等。另一方面某些素质较差的法官则以地方保护主义为保护伞,徇私枉法,处处为本地当事人开脱责任或谋取利益,任意曲解法律,歪曲或掩盖事实真相,千方百计、不择手段地单纯维护本地当事人的利益,同时也用以换取个人的好处及非法利益。由于地方保护主义猖獗,导致现实生活中当事人不敢在外地起诉和应诉,有时即使侥幸胜诉,也无法使案件判决结果得以执行,“赢了官司赔了钱”,法律的严肃性因此受到极大破坏;而争管辖现象愈演愈烈,亦使司法的统一性遭到质疑。

这些现象的存在,对我国社会主义市场经济的孕育发展是极为有害的。建立社会主义市场经济制度是一场深刻的法制改革,为了防止市场经济的自发的消极作用,必须造就新的市场经济法律秩序。与计划经济不同,新的社会主义市场经济法律秩序必须符合市场的统一性、自由性、公正性、竞争性和市场的可控性等条件。③ 而要维护全国市场的统一性,首先要求全国市场经济活动遵循统一的法律、法规,严禁人为设置壁垒和障碍,导致市场被人为肢解分割。要达到市场的公正性,首先要做到法制制度同一,即一切市场参加者,在市场经济中应遵守同样的法律法规,不容许同一行为因行为者或行为地不同而服从于不同法律规则的情况存在。④ 地方保护主义的发展蔓延,必然损害了法律的公正性,并使审判权成为可与当事人进行交易的对象。长此以往,徇私枉法、滥用审判权现象将不可遏止,统一市场将被分割和垄断。⑤ 正如有的学者所指出的,不断蔓延升级的民事、经济审判中的地方保护主义现象,正日益严重地破坏法制的统一,亵渎法律的尊严,损害法院的形象,动摇着人民群众对共和国审判制度的信赖。如果不能迅速有效地解决这一问题,经济审判工作就

---

③ 任建新主编:《社会主义法制建设基本知识》,法律出版社 1996 年版,第 104 页。

④ 任建新主编:《社会主义法制建设基本知识》,法律出版社 1996 年版,第 105 页。

⑤ 李铁映:“解放思想转变观念建立社会主义市场经济法律体系”,载《法学研究》第 19 卷第 2 期。

无法真正负担起服务于建立社会主义市场经济体制的任务,统一的全国性大市场的建立也会因此而延宕。⑥

解决上述现象的根本措施之一,是保证司法公正,自上而下建立健全一套科学有序的司法审判系统。为此,首先需要从人民法院机构设置上建立一套保障司法公正的机构体系。笔者认为,所谓机构设置包括两个方面,一是各级法院的设置;二是法院内部机构的设置。以下分别论述。

(一)法院的设置

目前,我国的法院除了各专门法院及军事法院的设置外,主要分为四级,即基层、中级、高级人民法院和最高人民法院。按行政区划设置的地方各级法院,实行的是块块领导,司法管辖区域从属于行政管辖区域。除最高人民法院是由中央设置并由中央财政拨付经费外,其他各级人民法院都分别由各级地方解决其人、财、物。尽管宪法明确规定人民法院依法独立行使审判权,但这仅是就其业务或职责而言的,至于法院的组织关系、人事管理、办案经费、物资装备等方面,则均由地方负责。虽然人民法院组织法规定下级人民法院的审判工作受上级人民法院监督,但这种纯粹业务上的监督关系,在与人、财、物三权分离的情况下,由于缺乏实质性的内容,往往起不到应有的作用。

比如,在法院的人事管理方面,现行的法官管理体制延用的是地方主管、上级法院协管的传统干部制度。法官制度是干部人事制度的一部分,法官级别等同于行政级别。虽然法官的产生依照法律规定的程序进行,但法官的资格、待遇、职级、晋升、奖惩等方面,则是按国家行政干部进行管理,实行的是干部职务系列等级制,即科员、副科、正科、副处、正处、副局、正局等。这种体制对于专业性要求较高的法院来讲,显然是不够科学的。⑦ 有些基层领导从未学过法律或从事过司法工作,但为了获得诸如副县级、副地级、副省级之类行政级别上的安排,亦可经由上述体制进入法院,成为法院各项实际工作的领导者。更重要的是,由于法院一般干部本来就属政府人事部门管理,这便使地方行政长官实际握有法院干部的升

---

⑥ 李浩:“论改进管辖制度与克服地方保护主义”,载《法学家》1996 年第 5 期。

⑦ 周道鸾:“法官法——现行法官制度的重大改革”,载《中国法学》1996 年第 2 期。

迁选拔大权。

法院现行的经费管理体制则更是产生和助长地方保护主义的一个重要原因。因为在目前的经费管理体制中,法院本身的部门利益和地方团体利益结成了相互依附的“锅与碗”关系。法院吃拿地方财政这碗饭,就难以摆脱自我保护的本能要求及其与地方的感情纠葛。在这种情况下,地方保护主义,实质上也是自我保护主义。⑧

要改变这些状况,必须从人财物三方面真正实现法院的独立,进而摆脱司法的地方化和行政化。

在法院的人事管理体制上,自1995年以来,全国各级人民法院相继成立了法官考评委员会,最高人民法院举行了初任审判员、助理审判员的全国统一考试。这些做法,对于现行法官制度的改革,对于法院人事制度的科学化、法制化管理,具有重大而积极的意义,同时也为今后的深化改革开辟了道路。我们建议,应当废除目前仅凭领导意志与好恶决定而后报人大任命的形式考核任命法官的做法,应当在目前工作的基础上设立与各级地方行政部门相分离的专门的司法官考试与选拔中心,由其通过考试为各省市任命法官,而高级法官则一律由中央司法考试与选拔中心任命。这样做的目的,是通过法院自身的垂直领导,首先从人事上脱离地方各级的束缚。取得法官资格,不管是初级法官还是高级法官,必须通过严格的考试。通过考试和考核,把政治品德、法律知识、文化素质高,忠于人民、廉洁奉公、主持正义,必要时敢以身殉职的人选拔到机构中来。⑨ 使法官的取得及晋升体现公开、平等、竞争、择优的原则,真正做到能者上、庸者下,不辱法官的光荣称号与使命。⑩ 其实,中国自古即有通过考试选拔人才的传统。正如有的学者所言:中国古代的科举考试尽管有许多弊病,但其进步意义在于,它能通过考试将社会上合格的人才吸收到政权中来。

---

⑧ 《中国司法制度改革纵横谈——全国法院系统第六届学术讨论会论文选》,人民法院出版社1994年版,第424页。

⑨ 刘海年:“依法治国:中国社会主义法制建设新的里程碑”,载《法学研究》第18卷第3期。

⑩ 《中国司法制度改革纵横谈——全国法院系统第六届学术讨论会论文选》,人民法院出版社1994年版,第394页。

如果我们没有对司法队伍的资格考试,就难以避免一些庸才滥竽充数。[11]从国外经验来看,与中国现行法律制度体系具有更多渊源的大陆法系各国,都设立了针对那些选择法律职业的大学毕业生的司法培训或司法考试制度。例如,在日本,法官、检察官和律师这三类主要法律职业者的研修统一到隶属于最高法院的日本司法研修所中进行。任何一个打算从事法律职业的大学法科毕业生都必须参加淘汰率高达97%的国家司法考试,成功者作为“司法门徒”进入研修所进行为期2年的司法研修。研修结束后还需要经过一次考试方能开始其各自的职业生涯。由于极其激烈的竞争和极高的淘汰率,从而更提高了法律职业的价值。[12] 在我国,通过统一考试而选拔法官也是十分必要的。

在财力和物力方面,目前体制的最大弊端是无视法院作为审判机关的特点,将其与行政机关一样采用地方经费包干。由于法院经费没有从行政经费中独立,经费的项目和标准也缺乏明确的法律规定和法定程序,因而各地法院的经费只能依赖地方财政提供,导致法院在财政上过多依赖地方。对此,我们的建议是:要增强各地上缴中央的财税,由中央财政作为专项支出,对司法部门的经费实行单列,由中央财政统一预算,逐级专项下达,用于各地法院。如果实现法院经费的单列及统一预算,对诉讼费等实行统收统支,不再借手地方财政,必将使法院真正获得经济上的独立,斩断地方保护主义滋生的一个重要根源。

在法院组织体系、人事体制及财政体制的全面独立上,可选择司法区域的独立为改革的突破口。所谓司法区域的独立,即改革现行的按行政区划设置地方各级人民法院的体制,使司法管辖区域不与行政管辖区域重合。[13] 考虑到法院的重新设置是一项繁重而艰巨的任务,不可能在短期内完成,有关方面应当设计一个较长的规划予以通盘考虑。作为过渡性安排,可先在几个大区设置若干个最高法院的派出机构(这种机构类似于

---

⑪ 王家福等:“论依法治国”,载《法学研究》第18卷第2期。

⑫ 贺卫方:“法律教育散论”,载《湘江法律评论》(第1卷),湖南出版社1996年版,第11页。

⑬ 《中国司法制度改革纵横谈——全国法院系统第六届学术讨论会论文选》,人民法院出版社1994年版,第470页。

美国的巡回法院,在设计上可借鉴其做法)。这种机构的设置,首先,可将许多民事经济案件的审级提高,比如原一审在中级人民法院审理的,可提高至高级人民法院审理;而二审审理的可提高到最高人民法院的派出法院审理。其次,则可提高诸如死刑复核程序的级别,而提高死刑复核程序的级别也是十分必要的。当然,从长远来看,最好的办法还应是设立法院系统自上而下的垂直领导。同时,不同地区的法官应定期实行轮换,不应在一个地方工作时间过长。

(二)法院内部机构的设置

法院现行的内部管理体制大体是:人民法院正、副院长构成院级行政领导层。案件的审理,由法院内部的各审判业务庭完成,庭长是主持审判业务庭工作的中层负责人。法院内部集体领导审判工作的组织机构是审判委员会,具有对重大疑难案件的讨论决定权。合议庭和独任庭则是人民法院具体承办案件的审判组织。除基层人民法院审理一审简单的民事案件适用独任制外,中级以上的各级法院、基层人民法院审理非简单的民事案件均适用合议制,即由 3 人以上单数的审判人员组成合议庭审判民事案件。应当说,这套机构设置的模式是基本符合我国的国情的。实践中出现的问题,多数在于机构内部的运作上。

1. 审判委员会

《人民法院组织法》第 10 条规定:各级人民法院设立审判委员会,实行民主集中制。审判委员会的任务是总结审判经验,讨论重大的或者疑难的案件和其他有关审判工作的问题。但目前的状况是,审判委员会权力过大,在一些地方法院,不仅重大疑难案件由审判委员会决定,就是一些普通案件,也往往提到审委会去讨论。由此产生了如下问题:

(1)审判委员会的委员们不一定都是民事、经济审判方面的专家,更不会都是这方面的业务主管,他们对民法理论及民事经济审判并不是都具有专门研究。针对所讨论的案件,仅仅只是靠听汇报或看材料就提出处理意见。民法学本身是博大精深且专业性极强的理论体系,尤其是一个复杂的民事案件,动辄卷宗上千页,证据数十个,单靠短短数十分钟的汇报,何以得窥案件全貌?指望审判委员会的委员们如此匆匆浏览加讨论就对所有案件给出科学公正和合理的解决,岂非天方夜谭!

(2)我国审判方式改革的一项重要内容,是真正落实公开审判制度。而审判委员会决定案件,只是凭听取有关人士的汇报,委员们根据汇报发表各自的意见,这就难以全面了解当事人双方各自的证据和理由。大量民事经济案件均由审委会决定,与公开审判的原则及要求,是背道而驰的。

(3)某些法官为偏袒一方当事人,往往把案件甩给审判委员会,并以带倾向性的汇报影响后者,使其作出对己有利的决定。这样,体现个人私利的判决却可能经由集体决议的方式表现出来,从而有可能歪曲了审判责任制。

尽管《人民法院组织法》规定审判委员会应讨论重大或疑难案件,但笔者认为,在民事、经济案件的审理上,应尽量限制提交案件的条件及数量,使审判委员会将工作重心放在总结审判经验上,而不应过多地处理具体民事、经济案件。我国的市场经济体制尚处在创建的初期,新的问题、新的纠纷类型层出不穷,在这种情况下,非常需要及时总结审判经验,从而有效地指导法院的审判活动。事实上,总结审判经验正是审判委员会法定的首要任务。[14] 当然,应当看到,在面对某些行政干预太多的案件时,将案件提到审判委员会去讨论,可以免去审判人员的麻烦和困难,在这种情形下,审判委员会的存在,无疑是为法官树立了一道挡箭牌。但这也只能作为特殊的情况来考虑,总的来看,审判委员会还是应将重心放在宏观的审判工作指导及经验总结上,即使是对具体案件的指导,也一定要严格限制于重大、疑难案件。另外,即使是经审判委员会讨论过的重大疑难案件,也应实行错案责任追究制度。

2. 业务庭及业务庭负责人

从20世纪80年代以来,我国各级法院的业务庭呈逐渐增多的趋势。从最初的民、刑庭,增加到后来的经济、行政庭,为加强执行,设立了执行庭,为处理信访告诉申诉,又专设了告诉申诉庭。近几年法院内部新增了

---

⑭ 丁卫强:“法院审判委员会工作应该改进”,载《法学》1993年第6期。

不少业务庭,诸如知识产权庭、房地产庭、消费者权益保护庭、赔偿委员会等;而原先的民庭、经济庭也大都再分为了民一、民二、经一、经二等庭。由于业务庭的划分及收案范围缺乏统一的标准和科学性,导致彼此交叉,职能模糊,机构重叠,人员增多,力量分散。而另外,由于在多数情况下,合议庭或审判员在案件审判前须将所理案件向业务庭庭长报批,由后者予以“把关”,结果业务庭虽多,但审判员反而并无权力。

笔者建议尽量减缩业务庭的设置,按照科学合理的原则及方案,重新划分业务庭并明确其职责。尤其是对业务庭的负责人,应进一步规范其在审判工作中的作用和角色。在我们看来,业务庭的庭长其主要职责应该是案件的分配、业务的指导、日常行政工作的管理以及有关政策的上传下达等,而不应是对具体案件的把关和审批。⑮ 实际上,我国法院对案件的审批有明确具体的规定,院长、庭长对案件的审批,必须在符合法定程序的前提下,才能进行。

3. 合议庭

法律规定人民法院审理案件的方式主要是合议制,⑯而合议制的具体体现就是合议庭。但是,在司法实践中,合议庭的作用并没有得到充分发挥,突出的问题表现在合议庭自身的运作以及合议庭中陪审员作用的发挥两个方面。

就合议庭自身运作而言,存在的问题主要是“合而不议”。就大多数案件来说,名义上是合议庭审理案件,实际上是由“主办人”或“承办人”一人审理,其他合议庭成员不直接参与,评议案件也是主审法官的意见起主要作用,其他成员多数情况下不进行实质性的合议,只表个态;个别的甚至先裁判然后再分别通气,既不“合”也不“议”。还有一种情况,是案件判决前要经庭长、院长“把关”审批,合议庭对案件的处理实际上没有完全的决定权。有些地方还明确提出:合议庭或独任审判员只负责查明案件事实,不负责适用法律。⑰ 从制度设计角度来看,案件审理采用合议制并运

---

⑮ 陈泉生:“审判制度改革之我见”,载《政法学报》1994 年第 4 期。

⑯ 参见《民事诉讼法》第 40 条、第 41 条。

⑰ 景汉朝等:《审判方式改革实论》,人民法院出版社 1997 年版,第 50 页。

用合议庭方式，是为了强调合议庭各成员发挥自己的聪明才智，互相补充制约，形成整体智慧和优势，防止法官个人认识上的失误、审判工作中的专断和司法腐败的产生。[18] 而无论是“合而不议”，还是层层审批，都完全背离了上述宗旨。

合议庭中陪审员作用的发挥亦是合议庭中存在的突出问题。陪审制首先在英国形成，并为世界其他国家所承袭或借鉴。典型的现代陪审制度的特点是：陪审团由普通公民组成，陪审员在审前对案件没有任何倾向性意见，陪审团在诉讼过程中始终处于冷静旁观的地位，陪审员单独行使事实裁定权。[19] 可见，陪审员的设置是与一定的诉讼模式及审判方式紧密联系在一起的。

在我国，人民陪审员是由公民依法选举的参加法院审判活动的人员。在审判活动中，人民陪审员与人民法院审判员具有同等的权利。但是，目前全国各基层法院陪审员的出勤率极低，有的地方因此常常临时抓差随便找人，或者干脆不再请陪审员陪审，致使陪审制度名存实亡。即使有陪审员参加陪审，大多都不提前阅卷，而是开庭审理时才被召来，对案情一无所知，庭审时根本无法介入。这样，整个案件的审判及其他工作大都是由法院审判员一人进行，陪审完全成为陪衬。[20]

为解决上述问题，一种改革方案是舍弃现在较为普遍存在的只陪不审、形同虚设的人民陪审员制度，代之以真正意义上的陪审团制度。在案件的审理当中，由陪审团对案件的事实予以认定，法官则仅负责适用法律。当然，此种改革方案涉及极为复杂的配套改革问题，在实施时确有一定的难度。另一种可行的改革方案是，借鉴我国目前经济纠纷仲裁中仲裁庭的设置方法，实行投票制。案件的裁判结果，由合议庭成员投票决定其意见，如不能达成一致，则可将案件提交审判委员会讨论。

如采用上述方案，则相应需要扩大合议庭的编制，尤其是在第一种方案中，陪审员的数量必须大大增加，而对陪审员个人素质的要求也相应更

---

⑱ 景汉朝等：《审判方式改革实论》，人民法院出版社 1997 年版，第 51 页。

⑲ 左卫民、周云帆：“国外陪审制的比较与评析”，载《法学评论》1995 年第 3 期。

⑳ 《审判工作热点问题透析》，人民法院出版社 1997 年版，第 348 页。

高。在组织陪审团或确定陪审员时，就必须尽量吸收法学界的专家学者，或者，在衡量或挑选人民陪审员时，应当考查其是否具备一定的法律知识或法学素养。

4. 建议在人民法院设立专家咨询机构

考虑到目前各级法院总体上执法水平尚有待提高，并须充实加强力量，尤其是考虑到案件的审判质量的提高，笔者认为有必要在各级法院设置专家咨询机构。该机构的成员由专家、学者以及法律界对法律较有研究的专业人士组成，基层法院不具备条件的，也可跨地区聘请一些大城市或大专院校的专业人士参加。人民法院专家咨询机构的主要职能是对案件提出咨询意见或参考性方案，以供法官在审理案件时参考。但是，专家咨询机构及其成员的意见只起参考作用，不对案件的最后审理结果起决定作用。其实，现在在北京、上海、深圳等一些大城市和较发达地区，法院已比较自觉和经常地邀请专家学者对审理中的案件提供咨询或发表见解。最高人民法院也常常聘请大专院校及研究机构的专门人士参与司法解释的制定及案件的讨论。这些做法已经产生了极其良好的效果，法院对此也很满意。我们应当总结这些成功的经验，使其真正成为一项制度而落到实处。

二、法官独立审判及责任制

法院的执法，最终是通过一个人格化的终端——法官来体现的。法院的严格执法、公正裁判，除去制度上设计外，实际就是法官的严格执法和公正裁判。也正是在这个意义上，法官的审判行为常被视为“伸张正义”、“主持公道”，殚恶彰善、抑浊扬清的“善行”，[21]法官就是“青天”。这也就难怪英国最著名的法官布莱克斯通（William Blackstone）要把法官誉为“法律的保护者”、“活着的圣谕”。而被美国人推为民族英雄的20世纪初

[21] 柴发邦主编：《体制改革与完善诉讼制度》，中国人民公安大学出版社1991年版，第127页。

美国最高法院法官霍姆斯甚至还把法官定义为“是法院要作出的判决的预言”。[22]

然而,目前实际情况是,在法院内部,经常实行审理和判决分离,即对案件的审理由独任审判或合议审判的审判人员进行,而对案件的最后裁判却由庭长、审判委员会、主管院长等最后决定。在法院外部,上级法院对下级法院的独立审判也时有不适当干预。如某些案件,在案件作出裁判前,上级法院对下级法院的具体案件定调划框甚至对个别案件直接下达判决指示(也包括下级法院主动请示要求先定后审)。这实际上是将行政隶属关系混同于法院的审判监督及审级监督关系,事实上干扰了法院独立审判。对于这种状况,目前尚缺乏有效的排除机制。[23]

笔者认为,法官执法中的公正首先依赖于法官的独立审判及法官责任制,这其实是一个问题的两个方面。具体来说,所谓法官独立审判和责任制,是指法官享有全权审理和裁判案件的权利,同时对自己的不正确或错误裁判承担完全责任的审判工作制度。[24] 众所周知,司法权是中立性权力,司法权若不保持中立,法治便无法推行。保持司法中立,需满足两个基本条件:一是独立审判,法官除向法律负责外不向任何机关负责;正如马克思所说,“法官除了法律就没有别的上司”。[25] 二是在体制上司法权只接受监督不接受命令。指挥方式在审判中须绝对避免。[26] 同时,在赋予法官的独立地位和相对较大的权力的情况下,必须建立和完善明确的法官责任制。从诉讼制度的发展来看,一方面是世界各国的立法及司法实践不断重视和强调法官的主动精神和创造意识,表现为立法中一般性条款受到重视和司法中自由裁量权的运用;另一方面,制度上对法官个人行为的制约也越来越趋于强化。建立法官的独立审判和责任制,也应当成为

---

[22] 柴发邦主编:《体制改革与完善诉讼制度》,中国人民公安大学出版社 1991 年版,第 104 页。

[23] 钱卫清:《法苑新论》,法律出版社 1996 年版,第 4 页。

[24] 《中国司法制度改革纵横谈——全国法院系统第六届学术讨论会论文选》,人民法院出版社 1994 年版,第 391 页。

[25] 《马克思恩格斯全集》(第 1 卷),人民出版社 1965 年版,第 76 页。

[26] 徐显明:“论‘法治’构成要件”,载《法学研究》1996 年第 3 期。

我国当前的审判方式改革所追求的目标。

宪法所规定的法院独立行使审判权,实际上体现为法官独立行使审判权。笔者认为,这是一个有机的整体。法院的审判活动并不是抽象的,而是由法官具体体现的;法官不独立,法院的独立、审判权的独立都无从谈起。有一种观点认为,中国是法院依法独立审判,不是法官独立审判,这一体制决定了有些案件不能由法官说了算,我们觉得这一看法显然不妥。第一,现行的审判体制,其中许多做法是新中国成立初期乃至解放前革命根据地的法院的做法的习惯性延续。那是在特定历史条件下,基于实体法和程序法都缺乏、审判员的水平普遍不高的情形而产生的。现在的情况已经有了很大的变化。第二,所谓法院独立审判而不是法官独立审判,其具体做法之一是案件由庭长、院长审批。而实际上,庭长、院长的这一权限并无法律依据。这样做其实超越了法律赋予其应有的职权范围。人民法院组织法和民事诉讼法及刑事诉讼法都明确规定人民法院审理案件实行合议制和独任制。换言之,只有合议庭和独任审判员才是法定的审判组织,其他任何组织及个人,包括人民法院内部除审判委员会以外的组织和个人,都不能代替行使审判权。㉗ 第三,法官不独立的结果,是约束机制缺乏、责任不明确。强化审批的初衷是担心法官权力大了会“搞鬼”,于是层层汇报、层层把关、层层审批,其实这样做照样可以搞鬼,而且承办人可以不负责任。㉘ 由于案件层层审批,大量案件由庭长、院长或审判委员会决定,案件审理的好坏不能与法官个人的责任联系,即使是错案,也往往找不到负责任者。更为糟糕的是,责任不明为徇私舞弊创造了条件,审判人员可以在集体的名义下,行个人私利,而且不会或难以受到追究。

尤其应当看到,在这样一种体制下,法官容易养成不思进取的惰习。当个人法律素养的高低并不决定案件的审理的时候,恐怕没有太多的人会费心去钻研业务,也不会太在乎案件处理的质量。这样做的结果,是使法官成为一种人人皆可为之的职业,法官职业的专业技术性荡然无存。

㉗ 参见吴培洪:“试论法官审判案件负责制”,载《政治与法律》1994 年第 5 期。

㉘ 王怀安:“关于审判方式改革的几点思考——在最高人民法院咨询委员会第四次会议上的讲话。”

笔者认为,应当将独立审判落实到法官个人,确立法官在诉讼中独立的地位、权利和责任,明确责任制。使法院的院长、庭长等行政高中层领导放弃对审判组织承办的案件的审批和干涉,从“案必躬亲”中解脱出来。这样,法院院长可以将主要精力置于领导法院的全面工作上,庭长可将主要精力放于分类组织安排依法应由本庭审理的案件、负责对本庭承办的案件进行总结和研究指导、配合法院的其他机构抓好本庭司法行政工作等方面,[29]从而真正发挥其职能。

法官的独立审判,首先要求法官独立公正地审判,为此需要完善一整套机制。这当然可以通过制定严格的法官职业道德和职业纪律来达到,如法官不得擅自与当事人接触、不得接受当事人吃请、离退休的法官在一定期限内不能在本地任律师等。但笔者认为更重要的是从制度上进行制约和限制,以保障司法公正。

1. 将公开审判落到实处。有关公开审判的具体看法及建议,见后面的专门论述,此处不赘。

2. 必须明确规定法官不得介入庭外的事实调查活动。《法官法》第30条第12项规定:法官不得“私自会见当事人及其代理人,接受当事人及其代理人的请客送礼”。此项规定尽管合理,但缺乏制度的保障。实践中,由于法官与当事人接触太多、打成一片,给腐败现象的滋生提供了机会。“案子一进门,两头都托人”;有的法院甚至由当事人一方或当事人的律师付费,到外地直接采证或办案,或与一方当事人一同办案。杜绝此类现象的根本措施之一,是改变现行审判方式,取消主要由法官在庭外进行调查取证活动的做法。具体而言,是由诉讼的职权主义转变为当事人主义。[30]

传统的民事诉讼体制在经历了结构性的变革后,已基本上由以法院对诉讼运行的职权干涉为特点的职权主义转变为以当事人主义为特征的民事诉讼基本模式。在所有实行市场经济体制的国家里,其民事诉讼的基本模式都是当事人主义。这种现象实证地说明了经济体制与民事诉讼体

---

[29] 蔡彦敏:“论市场经济形势下民事诉讼结构的调整”,载《政法学刊》1994年第3期。

[30] 参见戴兆奕等:“论法庭调查方式的改革”,载《河北法学》1994年第5期。

制相互关系的本质。[31] 当事人主义民事诉讼模式的基本特征是当事人在诉讼中始终处于主动和能动的地位。与职权主义下的情形相比，作为裁判主体的法官从基本意义上讲是消极的和被动的。按照职权主义的模式，法官可以以自己独立收集的证据为依据对案件进行裁决，法院在诉讼中完全不受当事人双方陈述的约束；在各种具体程序的发动和终结方面，法院具有主动性和决定性；在证据收集方面，法院可以在当事人主张的证据范围以外收集其他任何证据；等等。而按照当事人主义的民事诉讼基本模式，法院裁判所依据的事实来源于当事人，法院只是对当事人所提出的事实以真伪为根据进行取舍，法院不能在当事人主张的事实范围以外主动收集证据；裁判所依据的事实以及裁判的请求都必须经过当事人双方的辩论，否则不能成为裁判的依据和对象；诉讼程序和其他辅助性程序都必须由当事人自己主动发动。[32] 在审判方式改革中，我们已开始强化当事人的举证责任，今后我们应当创造条件，逐步实行当事人主义。据此，在案件的正式审理开始之前，法官应尽可能避免与案件材料的接触，以免对纠纷的是非曲直产生偏见。法官（以及陪审员）在庭审过程中，应随着双方当事人及其律师的陈述，随着证据的相继提出和对质，逐渐地了解案件原委，并形成对案件的裁决。[33] 而法院调查收集证据的目的只是核实当事人所提证据的真实性，法院不应主动收集当事人主张事实以外的证据。值得注意的是，现行民事诉讼法虽已将原来“审判人员必须认真审阅诉讼材料，进行调查研究、收集证据”的规定修改为“审判人员必须认真审核诉讼材料，调查收集必要的证据”，[34]但仍然引导着审判主体过早投身于纠纷的解决之中，既易使审判主体失却中立、超然的立场，又不利于充分调动双方当事人举证和诉讼的积极性。[35]

---

[31] 张卫平：“转制与应变——论我国传统民事诉讼体制的结构性变革”，载《学习与探索》1994 年第 4 期。

[32] 张卫平：“转制与应变——论我国传统民事诉讼体制的结构性变革”，载《学习与探索》1994 年第 4 期。

[33] 朱苏力等：“关于司法改革的对话”，载《市场社会与公共秩序》（公共论丛）1996 年第 2 期，第 162 页。

[34] 参见《民事诉讼法》第 116 条、《民事诉讼法（试行）》第 87 条第 1 款。

[35] 蔡彦敏：“论市场经济形势下民事诉讼结构的调整”，载《政法学刊》1994 年第 3 期。

应当弱化庭前活动,强化庭审活动。笔者认为,案件的事实部分应由当事人在法庭上通过提供证据或辩论来认定,至多也只是由陪审员或书记员予以调查,法官在开庭前绝对不得与当事人或其律师私自见面。此项要求,既要作为工作纪律来约束案件的承办人,也应化作相应的诉讼制度体现在审判程序上,比如,一方当事人在发现主审法官有上述行为之后,可提请其回避。

独立审判和法官责任制,其前提是要求法官具有较高的政治及业务素质。按照英国近代著名法官科克(Edeward Coke)的经典说法,法律上各种案件"是由人为理性和法律判决来决定的;而不是由自然理性来决定的;法律是一门艺术,在一个人能够获得对它的认识之前,需要长期的学习和实践"。㊱ 和自然科学以及社会科学的许多其他门类不同,法律与人类社会生活有着千丝万缕的联系。没有社会生活经验的人,对于法律纠纷是难以作出明智而公正的裁判的。㊲ 在诉讼过程中,无论是对案件事实的认识确定、证据的审查判断,还是对所适用的法律的选择,都不能不受到审判主体自己的世界观、社会政治见解、价值取向、文化水平、专业修养、思维能力、审判经验、禀性情操、情感意志以致生活经历、生理状况等诸多因素的影响和限制。㊳ 从这个意义上来说,英美法在法官选任上所采用的"年长加精英"的模式确是符合法律这个行业的专门要求的。在赋予法官全权审理案件的权利和责任后,法官要想办好案子,就必须精通业务、提高水平。从制度上来说,应相应完善以下配置:

1. 法官的任职资格及选拔淘汰机制。法官应少而精。法官的选拔应由专门的机关负责进行。建议成立"法官资格审查考核委员会",专门负责法官的考试考核及选拔录用。我们建议法官应有一定的司法实践经验或法律工作经验,从未从事法律方面工作的,不能立即担任法官。

2. 法官的考核。应该说,对法官实行考核,在我国已经形成制度。

㊱ 转引自[美]诺内特、塞尔兹尼克:《转变中的法律与社会》,张志铭译,中国政法大学出版社1994年版,第69页。

㊲ 朱苏力等:"关于司法改革的对话",载《市场社会与公共秩序》(公共论丛)1996年第2期,第164页。

㊳ 蔡彦敏:"论市场经济形势下民事诉讼结构的调整",载《政法学刊》1994年第3期。

《法官法》就在其第八章专门规定了“考核”。不过,从实际的运作来看,现实所实行的考核,尤其是对法律知识的考核往往流于形式。具体表现在:一是内容过于简单,公式化、单一化,不足以考出真实水平;二是考核均由法院内部自己掌握,缺乏约束。《法官法》第19条就规定:“对法官的考核,由所在人民法院组织实施。”

真正意义上的法官考核,应该不仅仅是对某个或某些概念、名词的记忆或解释,而应是对法律的实际掌握和运用、对具体案件的分析及判断、对证据的辨别和取舍以及公开审理中对法庭庭审的组织驾驭。另外,当然还应包括对法官个人品行、工作业绩等的考察。这样的考核,就其内容而言,绝不仅止于卷面考试,还要考察办案质量、判决书的制作、庭审的表现等多个方面。最后,考试一定须由被考核者所在法院以外的专门机构进行,否则不足以保证考核的质量。

3. 法官的淘汰。对于考核不合格的法官,应安排其从事其他工作。法官职业,原则上不应是“铁饭碗”。一个法院内部,除极个别业绩突出、德高望重的人可作终身法官外,其他人都不应是终身制的。

4. 强调法官职业的技术性,否定其行政性。法官应当分成若干级别,每个级别内部可再细分,以刺激法官不断努力上进。现行《法官法》设专章规定了法官的等级,从而在法律上首次确认了实行法官等级制度。根据该法第16条,中国法官分为四等十二级。但必须强调的是,法官的级别绝对不能等于或套用行政级别。应当明确,法官等级既不是职务,也不是职称或者衔级,而是针对法官特点所创设的独立的法官序列,主要是对法官的技术性的评价,而不能套用行政级别。行政级别的套用,一方面根本否认了法官的职业性和专业性;另一方面也刺激了一些不相干的人为了套取行政级别而挤进法院。[39]

5. 法官应成为高薪阶层。在法制发达国家,法官的收入一般都较为丰厚,法官收入高于公务员,是世界大多数国家的通例。法官也因此得以跻身上流社会。之所以这样,一是因为法官的职业及其审判行为被视为一

---

[39] 参见周道鸾:“法官法——现行法官制度的重大改革”,载《中国法学》1996年第2期。

种复杂劳动,法官是纠纷的最后裁判者,因此理应获得较高的物质补偿;二是高薪制更有助于养廉。[40] 法官职业的特点决定了法官应尽量避免以营利为目的的活动,因而不可能从其他途径获得收入,薪金几乎是其唯一的收入来源。这样,国家就必须保证法官享有相对优厚的待遇。长期以来,中国法官没有自己的工资序列,而是适用国家行政人员的工资序列。法官法虽然对法官的工资、保险等福利作了专章规定,[41]该法第36条还首次以法律形式确认了法官可以享受“审判津贴”。但这些规定尚缺乏具体的可操作性,而且国家有关部门也尚未拿出实际的方案和履行实际的步骤。当然,培养法官的廉洁作风不能只凭高收入,毕竟法官这种职业往往“被看作是超脱狭隘的自身利益的一切考虑的”。[42] 但对法官实行高薪制,仍应作为整个改革措施中的一个重要环节加以考虑。实践证明,为了使法官队伍稳定发展,使更多的优秀的法律人才进入法院担任法官,并使其能抗拒腐蚀,为此应不断加强对其进行职业道德教育,与此同时,还应在国家经济发展的基础上,不断提高他们的物质待遇,充分认识以俸养廉的必要性和重要意义。[43]

三、关于审判方式的改革

所谓审判方式,简单地说就是指因法官和当事人在诉讼活动中所处的地位和作用不同而形成的审理案件的方法和形式。[44] 为了适应建立社会主义市场经济体制的需要,人民法院的审判必须提高质量和水平。为此,最高人民法院于1996年7月专门召开了全国法院审判方式改革工作会

---

[40] 柴发邦主编:《体制改革与完善诉讼制度》,中国人民公安大学出版社1991年版,第130页。

[41] 参见《法官法》第十二章“工资保险福利”。

[42] [英]科特威尔:《法律社会学导论》潘大松等译,华夏出版社1989年版,第262页。转引自柴发邦:《体制改革与完善诉讼制度》,中国人民公安大学出版社1991年版,第131页。

[43] 刘海年:“依法治国:中国社会主义法制建设新的里程碑”,载《法学研究》第18卷第3期。

[44] 景汉朝等:《审判方式改革实论》,人民法院出版社1997年版,第5页。

议,确定以学习贯彻修正后的刑事诉讼法、推进刑事审判方式改革为重点,全面改革和完善民事、经济、行政审判方式。改革的基本内容是依法强化庭审功能,强化合议庭和独任审判员的职责;强化当事人的举证责任,加强对人民群众合法权益的司法保护。核心是进一步贯彻公开审判的原则,把审判活动更好地置于社会监督之下。

审判方式只是一种手段、方式的改革,最终目的是保障法院独立公正行使审判权,严格执法,实现司法公正。而法院独立行使审判权,实际上应体现为法官依法独立审判。所以,审判方式的改革,亦应围绕如何保障法官独立公正地审判、实现司法公正这一中心目的而展开。能否达到这一效果,也是衡量审判方式改革成功与否的重要标志。

笔者认为,围绕这一重点,除上述方面外,还应注重以下问题:

(一)将公开审判落到实处

公开审判,在有的地方亦称"一步到庭"、"直接开庭"等。早在20世纪50年代,董必武同志就提出过要推行公开审判。我国《宪法》第125条规定,"人民法院审理案件,除法律规定的特别情况外,一律公开进行"。《民事诉讼法》第6条也规定,"人民法院依照法律规定对民事案件独立进行审判,不受行政机关、社会团体和个人的干涉"。然而,很长时期以来,在许多地方的民事、经济审判中,公开审判并未真正落到实处。一方面,许多案件因行政干预或地方保护主义的影响,在开庭审理前即已形成倾向性意见,使公开审判流于形式、成为过场;另一方面,在庭审中当事人提供的证据或辩论有可能不为法官所接受或考虑,从而对判决结果并不产生实质性的影响。在许多案件中,法官自己包揽调查取证,也不注重法庭上的公开质证;当庭也不对当事人讲解认定或不认定某一证据的理由,审判活动的透明度很差。结果,公开审理并未起到应有的作用。㊺ 加上案件的所谓层层审批、层层把关,也往往使判决意见由法院领导说了算。

广泛推行公开审判与民事诉讼辩论原则的采用是联系在一起的。大陆法系民事诉讼辩论原则在性质上属于一种约束民事裁判者的基本规

㊺ 参见左卫民等:"公开审判新论",载《现代法学》1990年第4期。

范,它至少包含了以下三个方面的含义:其一,法院不能以当事人没有主张的事实作为裁判的事实根据;其二,法院应将当事人没有争议的事实作为裁判的事实根据;其三,法院对证据事实的调查,只限于当事人双方在辩论中所提出的事实。[46] 现行《民事诉讼法》已相应调整了庭前准备工作的重心,将原试行的《民事诉讼法》第 87 条第 1 款"审判人员必须认真审阅诉讼材料,进行调查研究、收集证据"修改为"审判人员必须认真审核诉讼材料,调查收集必要的证据"。[47] 这一修正无疑是一个进步。但它仍然引导着审判人员过早投身于冲突解决之中,不利于充分调动双方当事人举证和诉讼的积极性,且有可能造成审判人员在开庭审理前根据自己调查收集的证据材料形成先入之见,进而难以摆脱开庭审理只不过是这些先入之见的再次推演和展示的状况,使开庭审理形式化和庭审功能萎缩。因此,民事经济案件实行公开审判,应采纳辩论原则,主要由当事人举证和辩论,从而达到公开审判的效果。

自审判方式改革以来,各地都在民事、经济审判中大大加强了公开审判方式。这种方式都在不同程度上强化了庭审功能,强化了当事人的举证责任。特别是通过公开审判,在法庭上讲清事实、说明是非,极大地保障了裁决的公正性;树立了法院和法官"讲理、公正、廉洁"的形象;也确有助于防腐倡廉。所以,公开审判方式已受到法院和人民群众的普遍欢迎。另外,公开审判也为锻炼法官提供了条件。公开审判,使法庭成为法官履行职务的主要活动舞台,这就要求法官不仅要有较高的政治素质、深厚的法律理论知识;还要有丰富的审判经验和较强的组织公开审理的能力。公开审理的法庭既是检验法官能力的场所,又是法官增长才干的课堂。[48]

然而,公开审判制度的真正贯彻落实,还须做大量的工作。首先,应切实实行法官独立审判和责任制,根本废除所谓层层把关的层层审批制度。只有这样,才能真正强化庭审的功能。如果法官不能独立审判,合议庭没

---

[46] 张卫平:"转换时期我国民事诉讼理论体系的逻辑发展与契合",载《湘江法律评论》(第 1 期),湖南大学出版社 1996 年版,第 239 页。

[47] 参见《民事诉讼法》第 129 条。

[48] 景汉朝等:《审判方式改革实论》,人民法院出版社 1997 年版,第 409 页。

有决定的权限,甚至不能当庭向当事人说明证据的采纳、事实的认定的意见,不能当庭作出判决,公开审判就根本不会起到应有的效果。甚至可能出现这样的情况,即一方当事人提供的证据再多、合议庭审理的意见再充分明确,却抵不上某位领导的一句话。这样的"公开审判",必定流于形式。其次,除法律规定不得公开审理的案件外,第一审民事经济案件均应公开进行。"要做到证据在法庭审查、是非在法庭辨明、责任在法庭分清;真正使法庭成为最讲理、最公正、最权威的地方。"㊾再次,强化当事人的举证责任,应抓住举证、质证和认证三个环节,当庭审查和判定证据,当庭运用证据认定案件事实,当庭辩论,当庭作出调解或判决。最后,公开审判的"公开",应当是向社会的公开,应当最大限度地允许各界民众进入法庭旁听案件的审理。公开还应包括对群众和社会公开案情、公开审理过程和审理结果,除了法律另有规定外,应允许新闻记者采访报道案件的审理和判决情况。㊿

(二)民事、经济案件判决书应详写判案理由

《民事诉讼法》第152条明确规定,判决书应当写明判决结果和作出该判决的理由。但事实上,很长时期以来,法官只注重事实的调查与认定,不重视判决的说理。这一现象,已到了必须引起重视并予以切实解决的时候了。

英美国家由其法律传统和思维方式所决定,有着发达的判例法,法院出具的判决书内容具体、推理非常严谨。法官往往从某一个具体的案件出发,通过该案件的审判,阐发或归纳出一项具有普遍指导意义的法律规则。大陆法系国家虽为成文法国家,但法官所作的判决,特别注重推理、说理。而我国法院作出的判决书等法律文书,大多内容过于简单,尤其是推理部分往往下笔太少,对判决中引证的法律条文也未作阐释,有时令人不知其所以然。

㊾ 参见最高人民法院副院长唐德华1994年10月21日在第三次全国经济审判工作会议上的工作报告《全面加强经济审判工作,为经济建设和社会主义市场经济体制的建立提供司法保障》。

㊿ 王发荣等主编:《中国民事审判学》,法律出版社1991年版,第116页。

当然,出于成文法制度的背景,由于法官不能创制有拘束力的先例,因而其判决通常仅局限于对可适用法律条款的分析,而不必像英美法系国家的法官在判决中那样注重推理。[51] 但在我国,法官之所以不重视判决的说理,还有其制度上的特定原因。由于错案的认定标准是事实认定的错误,法官便只对事实的真实可靠负责,这样,自然也就不重视或根本就忽略对判决书中判案理由的阐述。有一种观点甚至认为,法院的判决书应尽量少说理由,说理越多,越易被当事人抓住辫子甚至惹出麻烦。这样的认识和做法显然是十分错误的。正如有的学者所尖锐地指出的:法官们以此为理由使其判决一般较为简洁时,也就同时将他们对于从事冗长论证的不情愿合理化了。事实上,强调法官在判决中说理对正确适用法律是十分必要的。成文法的演绎推论的方法决定了法官的判决及当事人的请求无法通过法律规范而只能借由具体的判决中的理由来阐述。加之成文法产生的历史悠久,理论基础深厚,法律规范体系编排严谨,这就更需要借助法官的判决尤其是判决书中的判案理由来达致活的、变动不居的社会生活与死的、刻板固定的法条之间的沟通。[52]

笔者认为,应大力提倡法官在判决书中说理。其理由还在于:第一,判案不说理,不仅不能保证司法的公正,而且会掩盖执法不公甚至贪赃枉法的各种非法行为。因为,在民事、经济审判中,事实的认定与如何适用法律并作出裁判,仍然是两个不同的问题。事实即便清楚,也并非必然可以推导出正确的结论。许多案件表明,法官在审理中所作的事实认定是清楚的,但法律适用却是错误的。从审判实践来看,说理透彻、令当事人心服口服的案件,基本上都能表明法官执法的公正;而只认定事实,不谈理由或理由不清、牵强附会的判决,即使事实清楚,也不能使当事人信服,其中亦难免出现执法不公。第二,随着社会的发展进步,民事、经济案件大量涌入法院,案情亦越来越复杂,标的动辄几百、上千万甚至上亿元。法官一纸判决,有时要直接决定一个企业或公司的存亡,决定经营者一生心血的成败。这不仅使得法官的权力加重,也使得其责任大大增强。对于如

---

[51] [美]埃尔曼:《比较法律文化》,贺卫方等译,三联书店1990年版,第230页。

[52] [美]埃尔曼:《比较法律文化》,贺卫方等译,三联书店1990年版,第230页。

此艰巨的使命,如果只是在说理部分寥寥几笔就作出判决,何以体现法官应尽的责任?尤其是对败诉的一方而言,要其承担成百上千万的财产责任而不对其讲清任何道理,即使理应败诉,当事人也不会服气。所以在不少案件中,当事人在二审终结后,仍然没完没了地告状、申诉、上访,影响了社会的安定。第三,判决书不说理由,也不利于提高法官素质。法官作为法律的专门家,其主要职责是准确认定事实、正确适用法律。如果判决书不讲理由,就无须其具有较高的学识素养和法律运用能力。从实际情况来看,有不少法官不思进取,将大量的业余时间消磨在各种娱乐活动和社会交际上,而认真读书、钻研业务的行为却得不到应有的鼓励,这在很大程度上与判决书不需要明理由有关。长此以往,法官的素质只能是每况愈下。第四,判决说理透彻,亦会大大增强对司法审判工作的监督。事实上,我们的许多案件之所以没有公开披露,很多是因为判决书说理不明而难以披露。要真正加强对司法审判的监督,就应该将依法可以披露的案件一律公开。说理透彻的高质量判决,自然经得起社会公众舆论的评判。

在我们看来,一份判决书,实际就是法官向社会呈现的考试答卷。在国外,一篇判决主文,往往就是一篇极好的学术论文。当然,使判决都成为学术论文,这显然是不现实也不必要的。但一份判决至少要讲出足够的理由,这样的要求,无论如何不算过分。可以说,民事、经济判决,理由说得越多,越说明法官是忠实于法律、认真维护当事人合法权益的。凡是道理透彻的判决,也足以说明该法官是一名称职合格的法官。在当前,应把强化案件判决书的说理,尤其是强化民事、经济案件的说理作为一项基本的要求提出并予以贯彻落实。如果忽视了这一要求,审判方式改革是根本不可能取得应有成效的。

(三)修正请示制度

所谓案件请示制度,是指下级法院在案件审理过程中,就案件的实体处理或程序问题以口头或书面形式向上级法院请示,上级法院研究后予以答复的制度。这种制度法律上并没有明文规定,但在审判实践中却非常普遍,并得到司法解释的认可。[53] 在办案过程中,下级法院就一些重大疑难案件向上级法院和最高人民法院请示,成为一种十分流行的做法。翻阅最高人民法院公报,大量出现的是地方向最高人民法院所作的请示及最高人民法院所作的批复。

应当看到,请示制度在我国的审判实践中确也起到了积极的作用。由于基层法院或中、高级法院水平所限,对一些重大疑难案件,确实把握不准;特别是在对新的法律规定如何理解、法律缺乏规定时如何处理等方面,尚有较大不足。通过请示制度,确有助于提高办案质量。另外,某些地方法院的法官在审理某一案件时,因对当地行政干预和地方保护主义无可奈何,亦可借由请示制度而适当摆脱困境。

但是,随着审判方式改革的进行,尤其是对照严格执法的要求,请示制度越来越显出其弊端:

1. 不符合《宪法》和法律规定的独立审判的要求。法院的独立审判,包括上下级法院之间的相互独立。下级法院的独立审判,不仅仅是摆脱社会行政的干预,也包括脱离上级法院不合法的干预。请示制度则为这种干预提供了机会。

2. 妨害了当事人上诉权的行使。在实践中,下级法院向上级法院请示,往往需要的是对案件的审理结果作出直接的结论,而并不仅仅是希望上级法院提供一些启示或参考意见。上级法院一旦对案件作出结论,以后案件上诉到上级法院便难以更改;甚至即使有错误,也会因上级法院碍于不能自己推翻自己而维持原状。这样,实际上使当事人的上诉失去意义。这种状况,实际上使法律规定的二审终审变成了一审终审。变相剥夺了当事人的上诉权、申请再审权。[54]

3. 根本不利于保证案件的审理质量。对于请示的案件,上级法院一般只是听下级法院的汇报,并不直接审理。而下级法院的案情汇报又难免带有汇报者的个人主观色彩,使得上级法院对案情的了解难以全面、深入和客观。如果办案人员希望袒护某一方当事人,就可能在汇报中只谈对

---

[53] 景汉朝等:《审判方式改革实论》,人民法院出版社1997年版,第63页。

[54] 景汉朝等:《审判方式改革实论》,人民法院出版社1997年版,第65页。

该当事人有利的一面而少谈或不谈对其不利的方面,借机徇私舞弊。

笔者认为,下级法院在遇到重大疑难案件时,可以向上级法院提出咨询,只限于由上级法院对案件提供参考意见;尤其是在法律规定不清楚的情况下,应依照法律的规定由上级法院作出司法解释。这对于完善法律,也是必要的。但是,这并不是说,要由上级法院对下级法院所审理的个案的审判结果直接下结论,更不能衍变为由上级法院命令下级法院按照某一种结论定案或判案。这是完全违背法定程序的。

(四)完善调解制度

调解制度以及调解主导型的民事、经济审判方式曾被认为是中国审判实践中最重要的特色之一和主要经验。但无庸讳言的是,这一肇始于新民主主义革命时期并在新中国成立后的数十年间不断得到强化的经验,实际上是与改革开放前中国社会经济计划化、利益单一化、人口居住固定化、法律简约化、权利淡漠化的社会条件相适应的。[55]

1982 年制定《民事诉讼法》(试行)时,将“调解为主”的方针修改为“着重调解”的原则,1991 年修订试行法时,又将其修正为“自愿、合法”的调解原则。2012 年《民事诉讼法》修订时又将其修改为“当事人自愿的原则”。上述修正,主要是为了解决审判实务中长期存在过度重视调解的问题。但从新法实施以来的情况来看,这些问题并未真正得到解决。以至于发展到某个时期许多基层和中级人民法院纷纷成立经济纠纷调解中心从而完全背离了调解的宗旨。[56] 在现行的审判方式中,调解中存在的问题:一是“背靠背”地进行,即双方当事人不见面,由法官分别在当中穿梭斡旋。这种办法在实践中被认为是最行之有效的办法,既能避免双方当事人面对面地吵架,从而提高调解的成功率,又能使双方当事人均摸不清对方的意图,使法官手中留有余地,便于“斡旋”。实际上,这种方式常导致法官与当事人讨价还价,法官的中立地位与尊严也难以得到维持。二是存在违背当事人的意愿,强压一方或双方当事人接受调解的情况。三是

---

[55] 李浩:“民事审判中的调审分离”,载《法学研究》第 18 卷第 4 期。

[56] 李浩:“民事审判中的调审分离”,载《法学研究》第 18 卷第 4 期。

为了使一方或双方接受调解意见,经常反复做工作,久调不决。[57] 上述特点突出地反映了目前施行的调解制度中所存在的重调解轻判决、压服式的非自愿性调解、"和稀泥"式的无原则调解等问题。

如何既保持调解制度作为中国民事诉讼制度特色的地位,同时又努力克服其存在的诸多问题,是一个需要花相当时间和精力去研究解决的重大课题。笔者认为,在这一问题上,至少应明确的是:第一,调解必须遵循当事人自愿的原则。自愿原则是法院调解所必须遵守的基本准则。调解的本质特征是始终尊重当事人意志,使当事人在自愿的前提下参加调解过程,在互相理解的基础上达成共识,从而使纠纷得到解决。[58] 与此相应,是否用调解方式结案、是否同意由法院予以调解以及是否接受某种调解意见,都应由当事人自愿决定。当事人愿意接受调解就调解,不愿意接受,就应当立即判决。法院不得以任何形式直接或变相地向当事人一方或双方施加压力。第二,应当注重调解方式。法官主持调解,主要是引导当事人互谅互让,以达到既解决纠纷又不伤和气的目的,[59]决不应以事先拟好的调解协议为筹码而与当事人讨价还价。调解协议一旦形成,就应对双方当事人产生法律约束力。但是,如果当事人未达成协议或者在调解书送达前便反悔,就应及时地作出判决。

四、关于监督机制的完善

保障人民法院审判权的正确行使,必须强化监督机制。尤其是如果落实法官独立审判制,法官权力将进一步扩大。权力若不受监督和制约,必然导致专断和滥用,必然导致腐败。从目前司法审判活动所反映的问题来看,完善对审判活动的监督机制,十分必要。

对法院审判活动的监督由审判的社会监督和人民法院审判监督两个

---

[57] 景汉朝:"经济审判方式改革若干问题研究",载《法学研究》1997 年第 5 期。

[58] 季卫东:"法制与调解的悖论",载《法学研究》1991 年第 5 期。

[59] 景汉朝等:《审判方式改革实论》,人民法院出版社 1997 年版,第 70 页。

方面构成。社会监督是指国家机关、社会团体、民主党派、法人和公民等对人民法院审判活动的监督;人民法院的审判监督是指各级法院院长对本院审判活动的监督、上级法院对下级法院审判活动的监督、最高人民法院对地方各级人民法院审判活动的监督。这是两种性质不同的监督,但同时又有着密切的联系。无论是审判监督抑或社会监督,目的都在于保证各类案件能够得到公正合理的处理;而且,社会监督往往引起审判监督,社会监督甚至可以引发审判监督。[60]

目前,除了法律所规定的审判监督外,我国的社会监督形式主要有:人大的法律监督、政协的民主监督、监察的行政监督、纪委的纪律监督、检察的法纪监督、新闻的舆论监督和社会民众的监督等。从实践来看,由于多种因素的制约,这些监督未能发挥应有的作用,[61]需要加强并完善监督机制,以下试作具体分析。

(一)审判监督

1. 关于法院自身监督

根据《民事诉讼法》第198条的规定,按审判监督程序提起再审有以下几种情形:(1)各级人民法院和审判委员会提起再审;(2)最高人民法院提起再审;(3)上级人民法院提起再审。

(1)《民事诉讼法》第198条第1款规定:“各级人民法院院长对本院已经发生法律效力的判决、裁定、调解书,发现确有错误,认为需要再审的,应当提交审判委员会讨论决定。”这种规定及其做法,值得商榷。我国已经进入追求高度社会化和市场化的市场经济体制,体现在法律制度上,是应当接受公私法相对独立的事实以及私法优先以观念,承认公法与私法在调整对象、适用原则等方面的不同。在市场经济条件下,大量的民事、经济争议是关于平等主体之间财产关系的争议,争议主体之间的平等性,也是民事诉讼质的规定性。换言之,民事、经济案件,应以意思自治为其基本的出发点。当事人对诉讼程序的起始、发展和终结以及对诉讼上

---

[60] 王发荣等主编:《中国民事审判学》,法律出版社1991年版,第493页。

[61] 中共乐山市政法委员会、乐山市中级人民法院:“当前地方保护主义与部门保护主义的表现、成因、危害及对策”,载《法学研究动态》1996年第6期。

某项具体权利的支配或处分,均应依当事人本人的意思而定。[62] 甚至就是对作为裁判基础的诉讼事实,亦可由当事人自由处分。比如,当事人在辩论程序中没有提出的事实,法院及审判员就不能以之作为判案的依据。[63] 也就是说,如果当事人自己没有主张,法院就没有必要去主动干预。况且,如果当事人自己并未提出要求,法院何以"发现确有错误",何以判定当事人权利受到侵害?或者,即便当事人的权利确实受到了损害,但若当事人自己愿意承受,人民法院又有什么理由非由院长提起再审呢?[64] 从民法角度来看,当事人有权对民事权利进行处分,那么在诉讼上,当事人亦可放弃其请求权。归根结底,民事诉讼属于私法的范畴,对这一领域,国家对纯属当事人的利益的关系应不干预或尽可能少干预。

从实际情况来看,这种自我监督的情形其实也是极少发生的。道理很简单,要法院在本院内部主动去否定自己及更正自己的错误,极为难得。审判实践中,凡是由人民法院自身或人民检察院抗诉提起再审程序的,几乎百分之百都是因当事人自己申请或反映而引起的。[65]

因此笔者认为,此种监督应主要适用于刑事案件及涉及国家或社会公共利益的民事、经济案件,而不应普遍运用于所有的案件。特别是对纯粹关涉当事人之间的利益的案件,不应采用此种监督方式。

(2)《民事诉讼法》第198条第2款规定,最高人民法院对地方各级人民法院已经发生法律效力的判决、裁定、调解书,发现确有错误的,有权提审或指令下级人民法院再审。鉴于腐败导致的裁判不公及地方保护主义严重泛滥,作为一种过渡措施,这样规定有一定合理性。如受地方保护主义困扰,当事人经常确实在某一地方告状无门,甚至在两审终审后,仍无法跳出地方保护主义束缚。在此情况下,最高人民法院的此种监督,确有必要。但这种方式,就民事、经济案件的审理而言,应主要是针对因地方保护主义及腐败等导致的裁判不公问题而适用,对民事经济案件的判决

---

[62] 景汉朝等:《审判方式改革实论》,人民法院出版社1997年版,第57页。

[63] 张卫平:"转换时期我国民事诉讼理论体系的逻辑发展与契合",载《湘江法律评论》(第1卷),湖南出版社1996年版,第248页。

[64] 景汉朝等:《审判方式改革实论》,人民法院出版社1997年版,第58页。

[65] 景汉朝等:《审判方式改革实论》,人民法院出版社1997年版,第58页。

中的轻微的不公或不当，不可均作为错误的裁判处理。否则，一个案件在两审终结后仍不能结案，对一方当事人极为不利。

2. 当事人自己提起的再审

在试行的民事诉讼法中，提起再审只能由有审判监督权的组织等进行。新的民事诉讼法对此作了改变，《民事诉讼法》第 199 条规定："当事人对已经发生法律效力的判决、裁定，认为有错误的，可以向上一级人民法院申请再审，当事人一方人数众多或者当事人双方为公民的案件，也可以向原审人民法院申请再审。当事人申请再审的，不停止判决、裁定的执行。"这就使我国再审程序产生的基础发生了变化，原来的再审程序适用的基础是审判监督权，这种权利只有法定的国家机关才享有。而现在的再审程序适用的基础不仅有审判监督权，还有诉权。诉权是当事人行使的权利。[66] 再审当然可以由当事人发动。显然，这样的规定符合民事诉讼发展的趋势，是非常合理的。但此套程序亦有须进一步完善之处。例如，当事人提起再审的期限、再审所适用的程序、再审案件事实及证据的认定、再审程序开始后的效力以及在原判决部分正确的情况下如何处理等，都尚待予以完善。

3. 人民检察院的监督

人民检察院是国家的法律监督机关，依法对人民法院的审判工作负有监督的职能。《民事诉讼法》第 208 条规定："最高人民检察院对各级人民法院已经发生法律效力的判决、裁定，上级人民检察院对下级人民法院已经发生法律效力的判决、裁定，发现有本法第二百条规定情形之一的，或者发现调解书损害国家利益、社会公共利益的，应当提出抗诉。"第 211 条规定："人民检察院提出抗诉的案件，接受抗诉的人民法院应当自收到抗诉书之日起三十日内作出再审的裁定；有本法第二百条第一项至第五项规定情形之一的，可以交下一级人民法院再审，但经该下一级人民法院再审的除外。"这些规定，是我国民事诉讼立法上的重大发展。

有一种观点认为，人民检察院的监督意义不大。理由是，既然在民事

---

[66] 章武生主编：《民事诉讼法学》，河南大学出版社 1991 年版，第 339 页。

诉讼中应当充分尊重当事人的意思自治,充分保障当事人的处分权,那么人民法院或人民检察院依靠自己的职权强行提起再审,就有侵犯当事人处分权之嫌;而从实际上看,通过当事人以外的其他途径"发现"已经发生法律效力的判决、裁定有错误,然后由人民检察院提起再审,几乎没有或少有。[67] 这一观点确也不无道理,但笔者认为人民检察院的监督还是必要的。刑事方面的必要性自不待言,就民事、经济审判而言,虽然法律已经规定了当事人自己可以提起再审,但仍不能代替检察院监督的作用。首先,当事人毕竟势单力薄,提起再审后不一定能引起足够的注意,即使发现有错误,也不一定不够得到重视。如果由人民检察院提起,根据《民事诉讼法》第209条的规定,人民法院必须处理,这当然就比由当事人提起的请求要强得多。因为在当事人申请再审时,毕竟还要由法院来决定是否受理再审。其次,人民检察院的监督,是一种来自法院外部的监督,它体现了检察权与审判权的互相制衡,这种制衡,不仅要体现在刑事案件的审理上,同样也应在民事、经济案件中得到落实。监督仅仅出自内部是肯定不够的,如果缺乏来自外部的、直接针对个案的监督,并不足以保障当事人所应该享有的权益。最后,由人民检察院专司对错误裁判的监督,也可避免某些当事人病急乱投医的四处上访,进而缓解社会矛盾,使党政机关可以摆脱大量告状申诉的困扰。

笔者认为,人民检察院的监督是必要的,同时也是可行的。当然,应当明确的是,民事检察是对法院审判的制约,而绝不是对当事人自治行为的干预。所以,检察院的监督,其出发点应当是通过对法院审判的制约以保障当事人私法上自由意志的实现。[68] 要使其监督称职、合格、规范、有效,人民检察院的工作人员就必须大大提高其民事、经济法律方面的知识和素养,不断提高自身素质,真正成为民事法律方面的专家。在这方面,目前的实际状况恐怕尚不尽如人意。

在人民检察院对民事经济审判的监督水平日益提高的基础上,还应当考虑适当拓宽人民检察院在民事、经济审判中发挥作用的领域。民事检

---

[67] 景汉朝等:《审判方式改革实论》,人民法院出版社1997年版,第58页。

[68] 陈桂明:"民事检察监督之系统定位与理念变迁",载《政法论坛》1997年第1期。

察监督应当强调公益监督的概念，而不是一般性地谈加强和扩大对民事诉讼的参与及监督。在保障当事人私法上意思自治的同时，必须注意对社会公共利益的维护。[69]

（二）社会监督

1. 人大的监督

根据宪法和地方组织法的规定，我国的各级人大及其常委会是各级国家权力机关，也是监督机关。国家行政机关、审判机关、检察机关等都由同级人民代表大会产生，对其负责并报告工作，受其监督。

由于目前地方保护主义及裁判不公问题较为严重，因此要求加强人大对司法审判活动的监督的呼声也较为强烈。我们也认为，强化人大的监督确有必要。但笔者认为，人大的监督应是整体、抽象、一般的监督，即透过一个时期、一批案件所暴露出来的现象，发现问题，进行调查，以利决策，而主要不应是对个案的直接监督。在具体操作上，人大不应该过多地针对某个具体案件要求听汇报、调案卷，甚至提出处理意见。在我国的审判体制上，法院的各项监督确实还有待完善，但是另外，法院及其审判工作又确实受到太多干扰，“婆婆”太多，亦同样是法院面临的困扰。对此，必须有一些具有针对性的对策。

2. 社会公众的监督

我国宪法不仅规定了“一切国家机关和国家工作人员必须依靠人民的支持，经常保持同人民的密切联系，倾听人民的意见和建议，接受人民的监督，努力为人民服务”，而且规定了公民对任何国家机关和国家工作人员有提出批评和建议的权利；对其违法失职行为，有提出申诉、控告或者检举的权利等。

从我们人民民主专政的社会主义国家的性质来讲，在民事程序制度中，实行群众监督机制是最根本的。我国的一切权力来自人民，人民对国家机关行使权力，有权进行监督。要保证民事程序制度的正确和有效执

---

[69] 陈桂明：“民事检察监督之系统定位与理念变迁”，载《政法论坛》1997 年第 1 期。

行,必须依靠群众。[70] 社会公众的监督,是执法公正及民主的有力保障。笔者认为,公众的监督,主要体现在两个方面:一方面是在公开审判中,人民群众向有关部门所进行的情况反映及对案件审判结果的反馈;另一方面,则是法学家及其他专家学者的特殊监督,对后者,尤其值得加强。法学家和其他专家学者,就其身份而言,既是专家,又是公众。他们对已经判决的裁判,有权通过发表论文、撰写著作或通过媒体表达见解,以达到特定的监督目的。

这样做的前提是案件的披露,否则,社会一般公众也好,专家学者也好,其评判或监督都会失去对象。为此我们建议完善有关案件披露的制度,我国的各级法院都应定期或经常性地出版判例或公开其判决书,这应形成为一项专门的制度,以法规的形式规定下来。

3. 新闻舆论的监督

新闻监督并不是一种独立的社会监督类型,因为新闻手段作为一种媒介,它所反映的主要是社会成员的意志和见解。政府、政党以及法学家和其他社会公众对于司法行为的意见都可以通过新闻媒介而得以反映。[71]

新闻自由,是我国宪法规定的公民的言论、出版自由在新闻活动中的体现,它作为言论出版的重要组成部分,已被我国法律所确认。[72] 新闻自由是广大新闻工作者基于人民的委托所享有的依法自由从事采访、写作、发表、出版新闻作品并不受他人非法干涉的权利。而人民群众也基于新闻自由原则,可广泛了解各种新闻和信息,撰稿发表意见,监督人民法院及其工作人员的工作。

舆论监督是舆论界(主要是指新闻界)利用传媒发表各种意见或言论,对社会的政治和文化生活进行批评、实行监督的权利。[73] 就新闻与舆

---

[70] 柴发邦主编:《体制改革与完善诉讼制度》,中国人民公安大学出版社 1991 年版,第 241 页。

[71] 柴发邦主编:《体制改革与完善诉讼制度》,中国人民公安大学出版社 1991 年版,第 210 页。

[72] 汪习根、李伟娜:"论我国新闻自由的法律保障——发展权视角的思考",载《甘肃政法学院学报》2004 年第 5 期。

[73] 王利明等:《人格权与新闻侵权》,方正出版社 1995 年版,第 2 页。

论的关系来看,舆论是新闻报道的重要内容,新闻报道是舆论传播的主要方式。作为审判方式改革的一种配套步骤,我们应当采取切实有效的方针和措施,强化新闻舆论对司法审判的监督。应当允许新闻界经常披露、报道有关的案件,允许新闻媒体就案件发表评论、展开讨论。当然,这样做,决不意味着法院就要受新闻舆论的支配,被舆论导向牵着走。在提倡新闻舆论监督的同时,应切忌出现舆论判案的现象。这其实就是要求新闻舆论应有其规范,不能滥用其对公众的影响力。

五、结语

司法公正是保持社会安定、维护人民福祉、保障经济繁荣的关键所在,它是亿万人民群众的真正企盼。实现司法公正必须促进司法改革。应当看到,司法体制改革,包括法院体制的改革,是政治体制改革的一部分,其成效如何,最终取决于整个政治体制改革;同时,司法体制改革的效果,亦必然会对政治体制改革带来深远的影响。因此,应当将司法体制改革提高到战略高度来认识,认识到司法体制改革与政治体制改革之间这种彼此促进的关系,就应对新形势下司法体制的改革保持客观、进取、认真、踏实的态度,采取积极有效的步骤,全力予以推进。由于创建社会主义法治国家,建立和完善市场经济体制,是一场深刻的历史变革和社会进步,为此必须调动各个方面的因素,发动各个层次的改革。从这个意义上来说,广大司法工作者及法学研究人员任重而道远。

图书在版编目(CIP)数据

民商法研究.第4辑/王利明著.—北京:法律出版社,2013.10
ISBN 978-7-5118-5277-9

Ⅰ.①民…　Ⅱ.①王…　Ⅲ.①民法—研究—中国②商法—研究—中国　Ⅳ.①D923.04

中国版本图书馆CIP数据核字(2013)第192251号

民商法研究(第四辑)　|　王利明 著　|　责任编辑 吕丽丽
装帧设计 李　瞻

开本 720毫米×960毫米　1/16
印张 42.25　**字数** 576千
版本 2014年1月第1版
印次 2014年1月第1次印刷
出版 法律出版社
编辑统筹 学术·对外出版分社
总发行 中国法律图书有限公司
经销 新华书店
印刷 北京北苑印刷有限责任公司
责任印制 陶　松

法律出版社/北京市丰台区莲花池西里7号(100073)
电子邮件/info@lawpress.com.cn
销售热线/010-63939792/9779
网址/www.lawpress.com.cn
咨询电话/010-63939796

中国法律图书有限公司/北京市丰台区莲花池西里7号(100073)
全国各地中法图分、子公司电话:
第一法律书店/010-63939781/9782
西安分公司/029-85388843
重庆公司/023-65382816/2908
上海公司/021-62071010/1636
北京分公司/010-62534456
深圳公司/0755-83072995

书号:ISBN 978-7-5118-5277-9
定价:70.00元
(如有缺页或倒装,中国法律图书有限公司负责退换)